INTRODUCCIÓN
AL NUEVO
TESTAMENTO

INTRODUCCIÓN AL NUEVO TESTAMENTO

Un estudio histórico, literario y teológico

Mark Allan Powell

Traducido por Mayra Ileana Urízar de Ramírez

Baker Academic
a division of Baker Publishing Group
Grand Rapids, Michigan

Library of Congress Cataloging-in-Publication Data
Names: Powell, Mark Allan, 1953– author.
Title: Introducción al Nuevo Testamento : un estudio histórico, literario y teológico / Mark Allan Powell.
Other titles: Introducing the New Testament. Spanish
Description: Segunda edición. | Grand Rapids, MI : Baker Academic, 2020. | Includes bibliographical references and index.
Identifiers: LCCN 2019033788 | ISBN 9780801099694 (paperback)
Subjects: LCSH: Bible. New Testament—Introductions.
Classification: LCC BS2330.3 .P6718 2018 | DDC 225.6/1—dc23
LC record available at https://lccn.loc.gov/2019033788

A Missy Bebé

Te amo

Contenido

Mapas

Prefacio

¡Bienvenido al Nuevo Testamento! Probablemente usted es estudiante universitario o de un seminario. Tal vez toma este curso porque verdaderamente le interesa aprender más acerca de estos escritos cristianos, o quizá lo necesita simplemente para cumplir un requisito académico. De cualquier manera, mi intención al escribir este libro es ayudarle a tener una experiencia interesante, agradable e intelectualmente gratificante.

El Nuevo Testamento es un libro fascinante. Y cualquiera que haya sido su experiencia con él hasta ahora, un encuentro académico en un ambiente educativo le abrirá sin duda los ojos a ideas y conceptos que no había considerado antes. Algunos serán estimulantes, otros pueden ser inspiradores, unos cuantos podrían ser exasperantes, pero no muchos serán aburridos. En resumidas cuentas, esta debería ser una buena clase.

Démosle un rápido vistazo general a este libro. Unos cuantos capítulos tratan temas generales (p. ej., el mundo del Nuevo Testamento, la vida y pensamiento de Pablo), pero la mayor parte del libro trata directamente de los escritos del Nuevo Testamento en sí. Un capítulo típico toma uno de los libros del Nuevo Testamento y le ofrece tres cosas:

- Un panorama general del contenido del libro.
- Una discusión de preguntas del contexto histórico: ¿Quién escribió el libro? ¿Dónde? ¿Cuándo? ¿Por qué?
- Una presentación de los temas importantes: ¿Cuál es el mensaje del libro? ¿Qué temas de este libro han interesado más a la gente a lo largo de los años?

Ahora bien, permítame observar unas cuantas cosas que son distintivas en cuanto a esta introducción particular al Nuevo Testamento, cosas que podrían distinguirlo de otros libros de texto que usted ha usado (y de otras introducciones al Nuevo Testamento).

Los capítulos se pueden leer casi en cualquier orden

Creo que el libro funciona bastante bien si simplemente se lee como fue escrito, comenzando cada parte del Nuevo Testamento en su orden canónico (p. ej., el orden en que los escritos aparecen en las ediciones modernas del Nuevo Testamento). Pero muchos profesores querrán introducir los capítulos en un orden distinto, y pueden tener buenas razones al hacerlo. He aquí unas cuantas ideas.

- Quizá algunos quieran leer el capítulo acerca de Marcos antes del capítulo sobre Mateo, porque creen que Marcos fue el primer Evangelio que se escribió. También es el más corto de los cuatro Evangelios y, por esa razón, puede ser un buen «Evangelio inicial» para los estudiantes principiantes.
- Quizá algunos quieran leer los capítulos sobre Lucas y Hechos uno tras otro, porque esos dos libros del Nuevo Testamento probablemente fueron escritos por la misma persona.
- Quizá algunos quieran leer los capítulos sobre Efesios y Colosenses, o el de Judas y 2 Pedro uno tras otro. En ambos pares, parece que los dos libros se relacionan entre sí y, frecuentemente, se les trata como «hermanos literarios».
- Quizá algunos quieran leer los capítulos sobre las cartas de Pablo antes de leer los capítulos sobre los Evangelios porque, cronológicamente, las cartas de Pablo fueron escritas antes que cualquiera de los Evangelios.

Hay otras variaciones posibles. No se trata de que se asuste si su profesor revuelve el libro y lo dirige a leer capítulos fuera de orden. El libro fue diseñado para que funcione de esa forma, y su profesor (probablemente) sabe lo que hace.

El libro impulsa el enlace de ideas, pero no trata de resolver disputas

El libro es algo único en este sentido. La práctica convencional de un libro de texto del Nuevo Testamento es que el autor (1) presente preguntas y controversias que hayan surgido en cuanto a los documentos del Nuevo Testamento, (2) describa diversas posturas que se hayan tomado en cuanto a estos asuntos y (3) le diga al estudiante qué ideas y posturas deben aceptarse (p. ej., qué puntos de vista son correctos en la mente del autor). He omitido este tercer paso, no porque no tenga opiniones en cuanto a esos asuntos, sino porque, como maestro, generalmente no me parece útil que el libro de texto me haga esas determinaciones (o a mis estudiantes). Asumo que su profesor le dará alguna guía en cuanto a evaluar las distintas ideas, y lo hará de una forma apropiada para el ambiente académico particular en el que usa este libro. Esas evaluaciones se hacen de manera distinta en contextos distintos (en una universidad bíblica protestante, en un seminario católico romano, en una universidad estatal): los distintos principios, prioridades y presuposiciones entran en acción, y lo que cuenta como evidencia convincente en un escenario, puede requerir menos atención en otro. De cualquier manera, la meta de este libro es la participación, no el adoctrinamiento. Sin embargo, si alguna vez nos conocemos, ¡me encantará decirle lo que pienso que debe creer en cuanto a toda clase de cosas!

El libro hace uso de los recursos abundantes del arte cristiano

Probablemente, usted ya se dio cuenta del uso extenso que este libro hace de las obras de arte, suponiendo que este prefacio no le haya intrigado tanto como para leerlo antes de mirar cualquier otra cosa. Este libro contiene los mapas usuales y las fotos históricas que caracterizan a las introducciones convencionales del Nuevo Testamento, pero también ofrece reproducciones de obras de arte de muchas tierras y muchos siglos. ¿Por qué?

- Espero que estas ilustraciones tengan un atractivo estético y hagan que su uso del libro de texto sea más placentero. La vida debe ser placentera, o por lo menos tan placentera como sea posible, y estudiar no siempre es la ocupación más placentera. Tal vez el arte ayude. En cualquier caso, no hay mucho en el arte que tenga que aprender para los exámenes, así que, agradezca eso.

- Las obras individuales ilustran temas o puntos clave que se enfatizan en el libro o en los mismos escritos del Nuevo Testamento. No han sido elegidas al azar; cada obra corresponde a un motivo o concepto, o ilustra algún punto en particular que se discute. A veces es obvio; en otras ocasiones quizá no lo entienda al principio («¿Para qué está esto aquí?»). Piénselo, pregúntele a alguien más, permita que el arte inspire a la reflexión y a la conversación.

- Espero que el arte transmita algo de la *influencia* de estos escritos, la importancia del Nuevo Testamento para la historia y la cultura. Mucho del arte se ve muy antiguo; algo se ve muy nuevo. Algunas piezas son representativas; otras son abstractas. Algunas son occidentales; otras, orientales. Algunas le gustarán, otras no tanto. Si se toman juntas, ilustran el alcance del impacto espacial, temporal, cultural y estético del Nuevo Testamento en nuestro mundo. Representan su atractivo, lo cual ayuda a explicar por qué estudiamos un libro como este en primer lugar.

El libro tiene un sitio web complementario que presenta numerosos recursos adicionales

Se desarrolló un sitio web para la edición en inglés de este libro que está disponible en www.IntroducingNT.com. Los lectores que tengan alguna facilidad con el idioma inglés encontrarán materiales que podrían ser útiles en este curso y después del mismo. Si lo desea, puede imprimir y reproducir estos materiales. Por supuesto, los instructores o estudiantes también pueden tener la libertad de traducir cualquiera de estos recursos para hacerlos más adecuados para los contextos del idioma español.

Reconocimientos y un anuncio interesante

Los que aprecian este libro y les parece valioso para su estudio del Nuevo Testamento tienen una deuda de gratitud con el Trinity Lutheran Seminary, la magnífica institución donde enseño. Los líderes de la comunidad de Trinity me otorgaron tiempo y recursos para completar este proyecto, y lo hicieron sin más motivo que el compromiso de promover la educación bíblica y teológica. De igual manera, los que aprecian este libro deben estar agradecidos con muchas buenas personas asociadas con Baker Academic: James Kinney y James Ernest tuvieron la visión de que este proyecto culminara en la altamente exitosa primera edición de la obra; Brian Bolger fue el administrador del proyecto; Rachel Klompmaker aseguró los derechos de la mayor parte del arte; y Jeremy Wells desarrolló el sitio web. Kinney, Bolger y Wells continuaron con su servicio en esta nueva edición; a ellos se unió la especialista de libros de texto, Christina Jasko, quien tuvo la responsabilidad principal del sitio web que se ha expandido considerablemente, y a la asistente de adquisiciones, Brandy Scritchfield, quien obtuvo los derechos del arte y otras imágenes maravillosas. Le invito a que juntos agradezcamos a todas estas personas.

Creo que eso es todo por ahora. ¿Por qué está leyendo el prefacio? ¿No debería estar estudiando?

INTRODUCCIÓN AL NUEVO TESTAMENTO

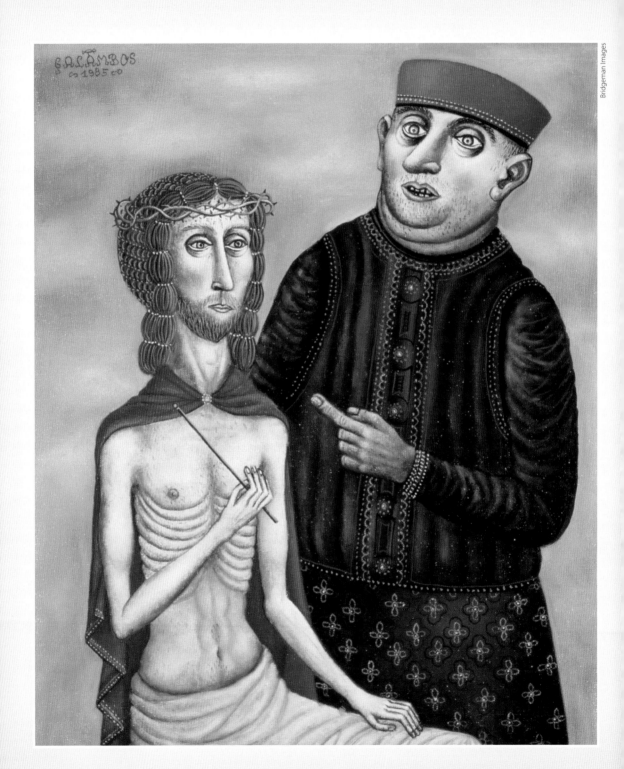

1

Contexto del Nuevo Testamento

El mundo romano

El mundo del Nuevo Testamento puede ser un lugar desconocido para el principiante. La gente se golpea el pecho (Lc. 18:13; 23:48), se rasga su ropa (Mr. 14:63), habla en lenguas (Hch. 2:4-13; 1 Co. 14), y se lava los pies entre sí (Jn. 13:3-15). Algunas personas usan filacterias, que Jesús cree que deben ser angostas no anchas (Mt. 23:5). Cuando la gente come, no se sienta a la mesa; se acuesta en el suelo (Jn. 13:23, 25). Cuando las personas quieren elegir a un líder importante, no vota; echa suertes (Hch. 1:26).

Según nuestros estándares, ese mundo frecuentemente es riguroso. Cuando una mujer quiere pedirle algo a un hombre, se arrodilla en la tierra y espera que él le ceda la palabra (Mt. 20:20); cuando un hombre se atrasa en el pago de una deuda, a su esposa e hijos los venden como esclavos (Mt. 18:25). Es un mundo brutal, en el que los ladrones pueden ser clavados desnudos en palos de madera y colgados en público, donde la gente pueda ver que mueren lentamente (Mr. 15:27). Es un mundo en el que algunas personas creen que una mujer que comete adulterio debe ser arrastrada por la calle y lapidada hasta que muera (Jn. 8:2-5).

También es un mundo lleno de sorprendente ternura y dignidad. La gente habla libre y afectuosamente de cuán profundamente se aman unos a otros (Fil. 1:3-8; 4:1). Se valora a las familias, se atesoran las amistades y la hospitalidad hacia los extranjeros casi se puede dar por sentada. Es un lugar donde la fe, la esperanza y el amor son valores fundamentales (1 Co. 13:13) y donde la conservación u obtención de honra supera a todas las otras metas de la vida. Ese es también un mundo con una pauta moral muy bien ajustada, con

filacteria: una pequeña caja que contenía textos de las Escrituras y que los judíos piadosos portaban en la frente o en el brazo izquierdo, como obediencia a Éxodo 6:8; 11:18.

echar suertes: práctica semejante a una «lotería», que se usaba para elegir a una persona para determinada tarea: las «suertes» eran piedras marcadas, similares a los dados (véase Hch. 1:26).

algunas nociones ampliamente aceptadas de lo que constituye la virtud y lo que constituye el vicio (véase, p. ej., Ro. 1:29-31; 13:13; 1 Co. 5:10-11; 6:9-10; 2 Co. 6:6-7; Gá. 5:19-23).

Todos los libros del Nuevo Testamento fueron escritos por personas a quienes llamaríamos cristianos, así que, para entenderlas, tenemos que saber unas cuantas cosas acerca de lo que estos cristianos creían: lo que ellos valoraban, lo que temían, cómo vivían. Pero, para ser un poco más específicos, todos los libros del Nuevo Testamento fueron escritos por cristianos romanos, es decir, que vivían en el Imperio romano. Además, aunque todos estos libros fueron escritos *por* cristianos, no todos fueron escritos acerca de cristianos. Jesús, Juan el Bautista, la Virgen María y muchas otras personalidades célebres del Nuevo Testamento no eran cristianas sino judías. Para ser más específico, ellos eran judíos romanos, es decir, judíos que vivían en el Imperio romano.

Mapa 1.1.
El Imperio romano

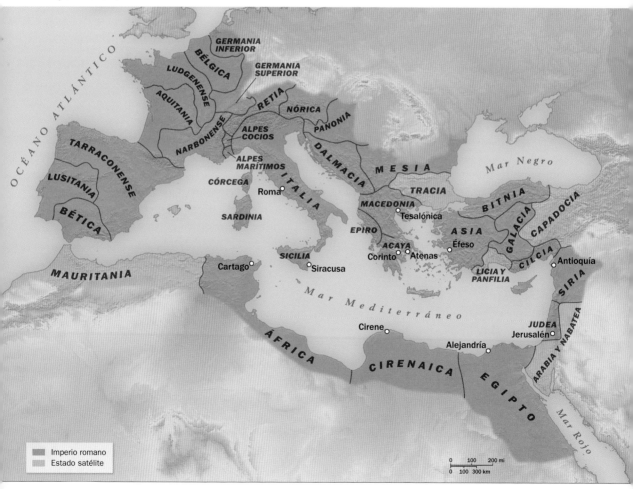

Entonces, para entender el Nuevo Testamento, debemos estar conscientes de tres mundos distintos: el mundo cristiano, el mundo judío y el mundo romano. En todos los escritos del Nuevo Testamento, estos tres mundos convergen.

El gobierno romano durante la era cristiana

Jesús nació durante el reinado del primer gran emperador romano, César Augusto (27 a. e. c.-14 e. c.), y llevó a cabo su ministerio durante el reinado del siguiente emperador, Tiberio (14-37 e. c.). Roma estaba distante de Jerusalén, pero la presencia del emperador siempre se sentía. Posteriormente, a medida que el cristianismo salió al mundo que rodea el mar Mediterráneo, la fe nueva llamó la atención de los emperadores de maneras que invitaban a la participación directa. Por ejemplo, el historiador romano Suetonio relata que el emperador Claudio expulsó a los judíos de Roma alrededor de 49 e. c., debido a un disturbio sobre alguien conocido como «Cresto» (probablemente una referencia a Cristo mal pronunciada). El sucesor de Claudio, Nerón, persiguió violentamente a los cristianos, y los asesinó de maneras sádicas que generalmente eran repugnantes para el público romano.

a. e. c.: abreviatura que significa «antes de la era común»; en los estudios académicos a. e. c. se usa típicamente para fechas en lugar de a. C. («antes de Cristo»).

Sin embargo, para Jesús y sus seguidores en Palestina, los gobernantes romanos locales tenían más importancia inmediata que los emperadores de la lejana Roma. Cuando los romanos conquistaban un país, típicamente establecían un rey, gobernador o algún otro mandatario en la tierra, pero también trataban de conservar algunas instituciones del gobierno nativo. De esa manera, según el Nuevo Testamento, el concilio de líderes judíos, el Sanedrín, tenía autoridad en Jerusalén en algunos asuntos (Mr. 14:55-64; Hch. 5:21-40), pero las autoridades romanas siempre tenían la palabra final (cf. Jn. 18:31). Un poco de conocimiento de estas autoridades romanas es importante para entender el Nuevo Testamento, por lo que aquí consideraremos brevemente a algunos de estos gobernantes.

e. c.: abreviatura que significa «era común»; en los estudios académicos, e. c. se usa típicamente para las fechas en lugar de d. C. («después de Cristo»).

Herodes el Grande

Herodes el Grande gobernó en toda Palestina de 37 a. e. c. a 4 a. e. c. Fue nombrado primero por el rey Marco Antonio, pero después fue confirmado en ese puesto por César Augusto, el archirrival de Antonio. El hecho de que obtuvo el apoyo de estos dos líderes rivales indica que era experto en las maniobras políticas (cambiaba de lado exactamente en el momento preciso). Herodes también llegaría

Cuadro 1.1

Herodes y el Templo

El historiador judío romano Josefo relata: «A los quince días de su reinado Herodes reconstruyó el Templo, rodeándolo de una muralla a una distancia que era el doble de lo que antes lo circundaba. Los gastos fueron muy grandes y las riquezas que le puso, indescriptibles» (*Las guerras de los judíos* 1.XXI.1). Flavio Josefo, *Las guerras de los judíos*, Colección Historia (Barcelona: CLIE, 2013), 1.XXI.1.

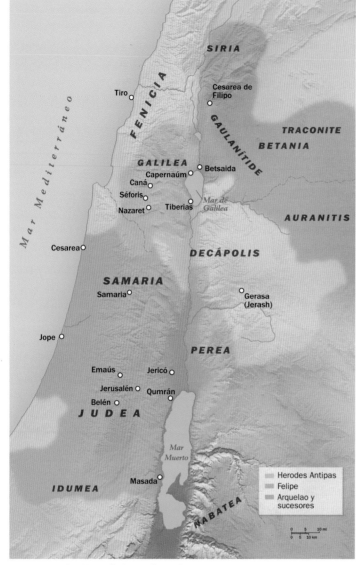

Mapa 1.2. Palestina en la época de Jesús

Dentro del mapa:

SIRIA

FENICIA

Tiro

Cesarea de Filipo

GAULANÍTIDE

TRACONITE
BETANIA

GALILEA

Betsaida

Capernaúm

Caná

Séforis

Nazaret

Tiberias

Mar de Galilea

AURANITIS

Mar Mediterráneo

Cesarea

DECÁPOLIS

SAMARIA

Samaria

Gerasa (Jerash)

Jope

PEREA

Emaús

Jericó

Jerusalén

Qumrán

Belén

JUDEA

Mar Muerto

IDUMEA

Masada

NABATEA

Herodes Antipas
Felipe
Arquelao y sucesores

0   5   10 mi
0   5   10 km

---

a ser conocido como un experto constructor; entre sus proyectos están un puerto en Cesarea y una cantidad de fortalezas (como Masada, Maqueronte y Herodión). Él reconstruyó la antigua ciudad de Samaria en la metrópolis griega Sebaste y, tal vez más importante aún, fue responsable de la expansión y renovación del templo judío en Jerusalén. En la época de Jesús, este «templo herodiano» se consideraba como una de las siete maravillas del mundo antiguo; su pináculo era el punto arquitectónico más alto del mundo.

A Herodes, que étnicamente era idumeo, se le consideraba «medio judío», pero el pueblo judío lo veía como extranjero y colaborador romano. Aunque Herodes el Grande parece haber sido un gobernante competente en muchos aspectos, todo el mundo sabía que era paranoico hasta el punto de que en realidad inspiró un proverbio romano atribuido a César Augusto: «Es mejor ser un cerdo que un hijo en la casa de Herodes» (a los romanos les parecía cómico el hecho de que no comiera cerdo, pero sí mató a tres de sus hijos cuando sospechó que ellos querían usurpar el trono). Herodes también asesinó a su esposa judía Mariamna, cuando sospechó que ella confabulaba en su contra, y este incidente inspiró muchas leyendas (p. ej., cuentos de cómo permaneció desesperadamente enamorado de ella o que era acechado por su espíritu). Herodes era gobernador de Palestina en el tiempo en que Jesús nació (Mt. 2:1), y sigue siendo conocido por los cristianos por la historia bíblica en la que confronta a los magos y ordena una masacre de bebés en Belén (Mt. 2:1-18).

magos: astrólogos o brujos relacionados con la religión persa.

Herodes Antipas

Herodes Antipas gobernó Perea y Galilea desde 4 a. e. c. hasta 39 e. c. En la literatura romana, frecuentemente se refiere a él como simplemente «Antipas», pero los Evangelios del Nuevo Testamento constantemente lo llaman «Herodes», y eso puede llevar a un poco de confusión, ya que a Herodes el Grande también se le llama «Herodes» en el Nuevo Testamento. De cualquier manera, Herodes Antipas gobernó en menos territorio que Herodes el Grande (cuyas tierras se dividieron cuando murió), y solamente era tetrarca, no rey. Aun así, su período fue largo, e incluye todo el tiempo de la vida y ministerio de Jesús en Galilea.

tetrarca: gobernante de la cuarta parte de una provincia o región.

Alrededor de la época en la que Jesús comenzó su ministerio público, Juan el Bautista criticó a Antipas por casarse con su sobrina Herodías, que ya estaba casada con otro tío. Antipas hizo que arrestaran a Juan y, posteriormente, lo decapitó a petición de Herodías (Mr. 6:14-29). El Evangelio de Lucas narra que Antipas también tenía un interés siniestro por Jesús, quien se refería al gobernante como «zorro» (13:31-33), probablemente una referencia a su gusto por la violencia (los judíos consideraban a los zorros animales rapaces, que mataban no solo por comida sino también por deporte). Según Lucas, Antipas escuchó especulaciones de que Jesús podría ser Juan el Bautista que había resucitado (9:7-9) y examinó brevemente a Jesús cuando fue arrestado en Jerusalén, esperando ver que Jesús hiciera un milagro (23:6-12).

Poncio Pilato

Poncio Pilato gobernó Judea como prefecto o procurador entre los años 26 y 36 e. c. En esencia, fue un gobernador que fungía como representante de César. A Pilato se le representa en alguna literatura (notablemente en los escritos de Filo de Alejandría) como un gobernador cruel, que odiaba a los judíos y no entendía su religión. Algunos eruditos creen que este vilipendio quizá sea exagerado, pero muchos relatos sí indican que el período de Pilato en el puesto estuvo empañado por episodios de conflicto y violencia. Durante su primera semana en el poder, buscó instalar estandartes imperiales en Jerusalén, lo cual precipitó una crisis entre los judíos, quienes veían los estandartes como idolátricos. Avergonzado, Pilato retiró los estandartes como respuesta a protestas virulentas y amenazas de disturbios. Más adelante, usó dinero del templo para financiar un acueducto, y eso precipitó más protestas, pero esta vez él no dio marcha atrás; envió a soldados (disfrazados como civiles) entre la multitud de manifestantes y, a una señal preestablecida, hizo que golpearan y mataran a la gente al azar. El Nuevo Testamento narra que Pilato fue el gobernador que sentenció a Jesús para que fuera crucificado, en tanto que también lo declaró inocente (Mt. 27:1-26; Mr. 15:1-5; Lc. 23;

prefecto: en el Imperio romano, el magistrado o alto funcionario cuyos deberes y nivel de autoridad variaban en contextos distintos.

procurador: gobernador nombrado por el emperador romano para administrar una provincia por un período indefinido.

Figura. 1.1. La muerte de un profeta. Marcos 6:14-29 narra la historia de un banquete repugnante en el que Herodes le regala a su hijastra «en una bandeja la cabeza de Juan el Bautista», después de que su madre, Herodías, la impulsa a pedir eso como recompensa por complacer al gobernante ebrio con su danza. (Bridgeman Images)

Jn. 18:28-19:26). Algunos años más tarde, a Pilato se le recordaba por haber usado la fuerza extrema para suprimir un avivamiento religioso dirigido por un profeta samaritano. Otros dos procuradores de Judea figuran en historias posteriores del Nuevo Testamento: Félix (53-60 e. c.) y Festo (60-62 e. c.), que mantuvieron a Pablo preso en Cesarea y presidieron sus audiencias allí (Hch. 23-25).

Herodes Agripa I

Herodes Agripa I gobernó Galilea (al igual que Herodes Antipas) desde 37 e. c. a 41 e. c. y después llegó a ser rey de toda Palestina (al igual que su abuelo Herodes el Grande) desde 41 a. e. c. a 44 e. c. También se le llama simplemente «Herodes» en el Nuevo Testamento, que puede ser confuso para los lectores que no se dan cuenta de que hay tres personas distintas que tienen ese mismo nombre; por otro lado, la persona llamada «Agripa» de Hechos 25:13-26:32 no es Herodes Agripa sino un gobernador posterior de Galilea a quien los historiadores llaman «Herodes Agripa II». Herodes Agripa I fue un gobernante políticamente popular y exitoso, pero persiguió al movimiento cristiano incipiente en Jerusalén, y mató al discípulo de Jesús, Jacobo, y encarceló a

Pedro (Hch. 12:1-3). Finalmente, tuvo una muerte un poco atroz, que el Nuevo Testamento atribuye a la ira divina (Hch. 12:20-23).

Filosofía y religión en el mundo romano

Todos los que vivían en el mundo que produjo el Nuevo Testamento fueron influenciados directa o indirectamente por distintos patrones de pensamiento que los griegos y romanos llevaron a las tierras que dominaron y ocuparon. La gente de esa era fue heredera de los tres filósofos griegos más grandes: Sócrates (*ca.* 470-*ca.* 399 a. e. c.), Platón (*ca.* 428-*ca.* 348 a. e. c.) y Aristóteles (384-322 a. e. c.), y, hasta cierto punto, el pensamiento de la mayoría de la gente estaba formado por lo que estos maestros habían enseñado. Por cierto, se podría decir que el pensamiento de la gente hoy día todavía se ha formado con las ideas expuestas y exploradas por estos pensadores influyentes.

Sin embargo, los eruditos del Nuevo Testamento centran más su atención en ciertos movimientos filosóficos que eran populares durante el período en el que se escribieron los documentos del Nuevo Testamento. Entre ellos están los siguientes:

- El cinismo: La orientación que hacía énfasis en la autenticidad radical, el repudio a la vergüenza, la simpleza en el estilo de vida y en el deseo de poseer solamente lo que se obtenía natural y gratuitamente.
- El epicureísmo: La orientación que hacía énfasis en el libre albedrío, cuestionaba el destino y estimulaba la obtención del verdadero placer por medio de la evasión de la ansiedad, la concentración en el presente y el disfrute de todas las cosas en moderación.
- El platonismo: La orientación que hacía énfasis en la realidad de un mundo trascendental de «ideales» que apoyan todo lo que es físico o terrenal.
- El pitagorismo: La orientación que hacía énfasis en el valor del razonamiento inteligente, la memoria y la honestidad radical, todo al servicio de una búsqueda para obtener armonía de ideas, y de cuerpo y alma.
- El estoicismo: La orientación que hacía énfasis en la obtención de virtud a través de la aceptación del destino, con base en la noción de que todas las cosas son predeterminadas y que hay lógica en todo lo que transpira en el universo.

Los eruditos del Nuevo Testamento detectan la influencia de estas escuelas filosóficas en varias maneras. A Pablo se le describe interactuando con filósofos epicúreos y estoicos en Hechos 17:16-34, pero el impacto de la filosofía griega y romana se puede detectar incluso cuando no hay razón para sospechar

esenios: judíos ascetas, separatistas que vivían en comunidades privadas; probablemente debe identificárseles con el grupo que vivió en Qumrán y conservó la biblioteca de manuscritos conocidos como los Rollos del Mar Muerto.

Rollos del Mar Muerto: la colección de documentos judíos que fueron copiados y conservados entre 250 a. e. c. y 70 e. c. Véase «esenios», «Qumrán».

diatriba: estrategia retórica que se deriva de la filosofía griega, en la que un autor argumenta con un oponente imaginario proponiendo objeciones y luego respondiéndolas.

el contacto directo. Josefo, un historiador judío romano del siglo I, pensaba que los esenios (que produjeron los Rollos del Mar Muerto) eran similares a los pitagóricos, y que los fariseos tenían mucho en común con los estoicos. De igual manera, muchos eruditos modernos han observado similitudes entre los primeros seguidores de Jesús y los filósofos cínicos (p. ej. en su renuncia al materialismo y condición mundana). Varias cartas del Nuevo Testamento (incluso 1 Corintios, Gálatas y Santiago) hacen uso de la «diatriba» y otras formas de argumento retórico que eran populares entre los filósofos cínicos y estoicos. La Carta a los Hebreos frecuentemente se lee como una interacción con la filosofía platónica, y el concepto del «Logos» en Juan 1:1-18 también le debe mucho a esa escuela de pensamiento. Las «pláticas en los banquetes» que Jesús da en el Evangelio de Lucas (7:44-46; 14:7-14) y los discursos largos que da en el Evangelio de Juan (5:19-47; 6:25-70; 7:14-52; 8:12-59; 10:1-18, 22-39; 12:23-36; 14:1-16:33) son similares en cuanto a estilo y contenido a los escritos de diversas escuelas filosóficas.

Por supuesto, no todos en el mundo romano se habrían identificado como seguidores de una de estas escuelas particulares. Los campesinos judíos de Palestina quizá no habrían distinguido uno de otro. Aun así, estas filosofías representan la clase de pensamiento que estaba «en el aire» en ese entonces. Representan los esfuerzos por responder las preguntas que prácticamente todos se hacían: ¿Cuál es el propósito, meta o bien supremo en la vida? ¿Está todo predeterminado o puede la gente tomar decisiones que afecten el resultado de sus vidas? ¿Hay vida después de la muerte? ¿Cuál es el secreto de la felicidad? Hasta las personas sin educación de los rincones más remotos del imperio (p. ej., los pescadores, pastores o carpinteros galileos) tendían a pensar en cosas como estas, y a orientarse de una manera más compatible con un sistema filosófico que con otros. Naturalmente, la gente entonces (así como ahora) también podía ser ecléctica e inconsecuente, que se aferra simultáneamente a nociones derivadas de escuelas que los mismos filósofos quizá no habrían considerado compatibles.

La religión romana

Además de los sistemas filosóficos principales, el mundo romano ofrecía una variada selección de opciones religiosas. En primer lugar, estaban los numerosos dioses de la mitología griega y romana que todos conocemos (Zeus, Afrodita, Apolo y otros). La mayoría de ellos tenían templos en su honor, y a la gente se le invitaba a participar en diversas festividades y prácticas para ganarse el favor del dios o para celebrar sus dones. Parece que algunas personas del imperio habían tomado esto muy en serio y literalmente. Para otros, las prácticas aparentemente religiosas eran más experiencias sociales y simbólicas, algo parecido a la gente moderna que celebra la Navidad con rituales diseñados en torno a la historia de Santa Claus. De esa manera, cuando los paganos romanos se convertían al cristianismo, había algunas preguntas en cuanto a si las prácticas puramente sociales relacionadas con la mitología romana eran incompatibles con su fe nueva. Algunos cristianos romanos no veían nada malo con celebrar los festivales tradicionales inspirados por las historias de dioses míticos, que ellos sabían que no eran reales. Otros cristianos (como la mayoría de los judíos) veían eso como un acomodo terrible.

paganos: gentiles no convertidos, los judíos y los cristianos frecuentemente los relacionaban con la idolatría, el politeísmo, las creencias religiosas erradas y un estilo de vida inmoral.

Algo similar probablemente se aplicaba a la adoración del emperador. A los emperadores romanos frecuentemente se les identificaba como figuras divinas a quienes se les debía un honor apropiado. En la piedad popular, a los emperadores se les atribuían diversos milagros y beneficios divinos. Sin embargo, aparte de esto, ninguna «religión» real se desarrolló alrededor de los emperadores: lo que los judíos y cristianos consideraban como «adoración» de los emperadores, la mayoría de los romanos lo veían como simples actos de patriotismo (similar a jurarle lealtad a una bandera). Los romanos rara vez entendieron por qué los cristianos se rehusaban a darle semejante honor al César.

El mundo romano también exhibió una amplia variedad de sectas que los eruditos modernos identifican como «religiones de misterio». Estas se desarrollaban alrededor de dioses y diosas de diversas mitologías: Demetrio, Dionisio, Orfeo, Cibeles, Astarté (Ishtar) y Artemisa (Diana) eran particularmente populares. Diferían una de la otra, pero siempre implicaban participación en ritos secretos como lavamientos rituales, comidas comunes y, a veces, ritos sexuales relacionados con las preocupaciones de fertilidad (de cosechas o de humanos). El conocimiento secreto que se obtenía permitía a los devotos afianzarse con el dios o la diosa en esta vida y establecer una conexión íntima que continuaría en el mundo más allá de la muerte. Sabemos que estas religiones eran populares, pero sabemos poco de ellas porque sus practicantes deliberadamente mantuvieron sus ideas y prácticas en secreto. Los reportes que sí tenemos podrían ser relatos hiperbólicos con base en la especulación y el rumor. Después de todo, algunos romanos consideraban el cristianismo como una religión de misterio cuando apareció por primera vez, y los primeros relatos en cuanto a la adoración cristiana incluyen acusaciones de orgías y canibalismo, probablemente porque los cristianos llamaban a su comida eucarística «banquete de amor», y hablaban de «comer el cuerpo de Cristo».

fertilidad: la habilidad de producir descendencia; se usa con los humanos capaces de concebir hijos, o con los campos capaces de producir cosechas.

eucaristía: de una palabra griega que significa «acción de gracias»; la comida ritual que practican los cristianos de una manera que conmemora la última cena con sus discípulos; también llamada «Santa Cena» y «Sagrada Comunión».

Finalmente, podría ser útil mencionar unas cuantas otras áreas de interés espiritual que estaban tan generalizadas en el mundo del Nuevo Testamento, que no es necesario relacionarlas con alguna religión en particular.

El animismo

Había una creencia generalizada en la existencia de espíritus, buenos y malos, y en la posibilidad de que estos espíritus pudieran poseer personas y animales.

Figura 1.2. Animismo. En el mundo romano, comúnmente se creía que los espíritus habitaban en los árboles, las rocas, los ríos y en otros fenómenos naturales. (Bridgeman Images)

adivinación: cualquier práctica usada para discernir la voluntad de los seres divinos o para predecir el futuro.

oráculo: la persona, generalmente femenina, capaz de recibir mensajes de los dioses, como respuesta a solicitudes particulares, incluso preguntas acerca del futuro; el término también se usa para el lugar donde se dan esos mensajes, y para el mensaje en sí.

También podían morar en rocas, en árboles, en ríos y en otros fenómenos. La percepción común era que esos espíritus interactuaban con el mundo de la naturaleza, por ejemplo, las tormentas del mar eran ocasionadas por los espíritus del agua; las enfermedades eran ocasionadas por posesiones demoníacas. Como resultado de esas creencias, la gente de todas las clases sociales frecuentemente se ponía amuletos protectores, y se usaban pociones mágicas y hechizos para influir en o manipular a los espíritus para que hicieran la voluntad de uno. Parece que la ciudad de Éfeso había sido un centro de esas artes mágicas (véase Hch. 19:11-21). En este mismo sentido, debemos observar que prácticamente todos en el mundo del Nuevo Testamento creían en fantasmas (los espíritus de los difuntos); algunos trataban de contactarlos.

El agüero y la adivinación

Había gran interés en saber el futuro: los sueños, las visiones y otros portentos podían revelar el futuro, pero podría ser necesario un intérprete para saber su significado. Los sacerdotes conocidos como agoreros trataban de determinar la voluntad de los dioses al observar los patrones de vuelo o los hábitos para comer de las aves (los «agüeros»). Los oráculos profesionales, generalmente mujeres, afirmaban tener la capacidad de predecir el futuro a los que los buscaban (y realizaban los servicios requeridos). Los más famosos estaban en Delfos, Grecia. También se practicaba la astrología, que daba predicciones del futuro (y consejo relacionado para el presente) con base en la observación de las estrellas, que eran consideradas deidades que afectaban los acontecimientos terrenales.

El sobrenaturalismo

Había una aceptación común, entre la mayoría de la gente del mundo romano, de que lo que podríamos considerar acontecimientos sobrenaturales podrían ocurrir y ocurrían: lo que nosotros consideramos imposible, ellos lo consideraban extraordinario. Los milagros con frecuencia se atribuían a personas que parecían tener un vínculo especialmente estrecho con el reino espiritual; a la persona que se creía que tenía ese vínculo la llamaban *theios anēr* («hombre divino»). Ejemplos de esos «hombres divinos» serían Honi, el Dibujante de Círculos (un maestro judío del siglo I a. e. c.) y Apolonio de Tyana (un filósofo griego el siglo I e. c.). A Jesús, que vivió en medio de las vidas de estas dos personas, sin duda los romanos, que habían escuchado las historias de milagros que se reportan en el Nuevo Testamento, lo habrían considerado un *theios anēr*. Interesantemente, en tanto que era más probable que a las mujeres se les considerara oráculos que podían predecir el futuro, la mayoría de los hacedores de milagros eran hombres.

En el horizonte: El gnosticismo

Uno de los acontecimientos más significativos para el cristianismo del siglo II fue el surgimiento del gnosticismo, el movimiento religioso o perspectiva que atrajo a muchos cristianos y llegó a ser el azote de muchos líderes eclesiásticos prominentes, que buscaban defender la fe ortodoxa de lo que ellos llamaban la «herejía gnóstica». Es difícil definir el gnosticismo porque, como fenómeno religioso e ideológico, tomó varias formas y tuvo muchas expresiones distintas (por ejemplo, piense en lo difícil que sería definir exactamente lo que se quiere decir con la religión o filosofía de la «nueva era» hoy día). El gnosticismo también demostró una capacidad extraordinaria para la integración con religiones y filosofías distintas: había judíos gnósticos, cristianos gnósticos y paganos gnósticos. Sin embargo, en última instancia, el matrimonio del gnosticismo con el cristianismo demostró ser especialmente efectivo, y a lo largo de los siglos II, III y IV, las versiones gnósticas del cristianismo constituyeron las alternativas principales para lo que generalmente consideramos cristianismo «convencional». Había cientos de iglesias cristianas gnósticas, completas con su propio clero, obispos, liturgias y todos los demás accesorios de cualquier sistema religioso organizado. Los gnósticos también escribían sus propios evangelios, que contaban historias de Jesús de maneras que reflejaban sus intereses particulares y luego les ponían una fecha anterior a los libros, atribuyéndoselos a los discípulos de Jesús o a conocidos cercanos. En Egipto se descubrió una biblioteca de escritos gnósticos, en Nag Hammadi en 1945, y la disponibilidad de esa literatura ha realzado grandemente nuestra comprensión de la diversidad cristiana.

Todas las expresiones diversas del pensamiento gnóstico se derivan de una actitud realmente dualista, que considera el «espíritu» como fundamentalmente bueno y la «materia» como fundamentalmente mala. De esa manera, el mundo físico en general y los cuerpos humanos individuales en particular, se entiende que son prisiones materiales en las que las almas o espíritus divinos han estado atrapados. La forma más predominante de gnosticismo conocida para nosotros sostenía que el mundo fue creado por un dios malo, o por lo menos inferior, conocido como el demiurgo. Los seres humanos son básicamente espíritus eternos, que fueron capturados por el demiurgo y ahora están confinados en cuerpos de carne, en un mundo de materia. Los cristianos gnósticos creían que Cristo

herejía: falsa enseñanza, o enseñanza que no se conforma a los estándares de una comunidad religiosa.

dualismo: la tendencia de separar los fenómenos en categorías notablemente opuestas, con poco espacio para algo en medio (p. ej., considerarlo todo ya sea como «bueno» o «malo»).

había venido como un redentor espiritual (disfrazado como ser humano) a impartir conocimiento secreto (griego, *gnōsis*). Este conocimiento permite que los iluminados sean liberados de su existencia material y que se den cuenta de su verdadera identidad como seres espirituales. Las implicaciones de semejante sistema de fe para la vida en este mundo variaban drásticamente. Muchos gnósticos (probablemente la mayoría) sostenían que la liberación de la carne implicaba la renuncia a los placeres corporales y a los intereses materiales: estimulaban la virginidad, el celibato, el ayuno, las dietas estrictas y otros aspectos de un estilo de vida asceta y austero, que les permitiría llegar a ser más espirituales. Pero otros gnósticos llegaron a la conclusión opuesta: participaban libremente en toda forma de excesos libertinos debido a que ya que el espíritu es todo lo que importa, lo que uno hace con la carne es completamente irrelevante.

Tenemos que hacer énfasis en que el gnosticismo parece ser un acontecimiento de los siglos II, III y IV; no hay prueba de que el movimiento como tal tuviera alguna adherencia en la época en la que se reporta que ocurrieron los eventos en el Nuevo Testamento, ni cuando se estaban escribiendo los libros del Nuevo Testamento. No obstante, los eruditos históricos no piensan que un movimiento como este simplemente haya aparecido totalmente formado a mediados del siglo II; la suposición es que, las ideas y tendencias que definirían posteriormente al gnosticismo tuvieron que haber estado presentes antes. De esa manera, ha llegado a ser común para los eruditos del Nuevo Testamento hablar de un «protognosticismo» casi invisible y mayormente no identificado, como parte del ambiente que constituyó el mundo del Nuevo Testamento. El apóstol Pablo escribe de la distinción entre «lo que es de la carne» y «lo que es del espíritu» (Ro. 8:4-13; Gá. 5:16-26; 6:8). El Evangelio de Juan y las cartas juaninas resaltan que Jesús no era solamente un ser espiritual, sino más bien un hombre con cuerpo de carne real (Jn. 1:14; 1 Jn. 4:2). Los textos como estos (hay muchos más) parecen indicar que el gnosticismo estaba «en el horizonte»: la gente ya pensaba en las clases de cosas que el gnosticismo buscaría tratar, a veces de maneras que eran compatibles con los documentos del Nuevo Testamento, y otras veces de maneras que eran radicalmente distintas a esos escritos.

Sistemas sociales y valores culturales

Entender el mundo del Nuevo Testamento también implica llegar a conocer la mentalidad de la gente para quienes se escribieron estos documentos originalmente. En los años recientes, la erudición del Nuevo Testamento ha llegado a ponerle más atención a identificar los códigos sociales no escritos de ese mundo, asuntos que pueden haber sido tan penetrantes que simplemente podrían haberse dado por sentados. Algunos de estos temas se discutirán con más detalles en los capítulos siguientes. No obstante, unos cuantos merecen mencionarse aquí.

La riqueza y la pobreza

El Imperio romano se caracterizó por una desigualdad económica grotesca. No había nada comparado a lo que nosotros llamaríamos «clase media»; mayormente, la gente era sumamente rica (como el tres por ciento de la población) o sumamente pobre (como el noventa por ciento). La mayoría de los que pertenecían al segundo grupo vivían en o cerca del nivel de subsistencia, y ganaban precisamente lo suficiente para sobrevivir, con poca esperanza de ahorrar algo que les permitiera mejorar su condición o que los protegiera de la miseria. Las más afortunadas de estas personas empobrecidas por lo menos podían aprender un oficio (como aparentemente fue el caso de Jesús, sus discípulos y el apóstol Pablo), pero para mucha gente de las áreas rurales, «subsistencia» significaba vivir de la tierra, por lo que la vida estaba sujeta a las vicisitudes de la agricultura. De esa manera, para los menos afortunados, los mendigos, las viudas, los huérfanos, los presos, los jornaleros no calificados, la sobrevivencia en sí frecuentemente pudo haber estado en duda. Los cálculos modernos sugieren que, alrededor del veintiocho por ciento de la población del Imperio romano durante el tiempo del Nuevo Testamento vivía por debajo del nivel de subsistencia, lo que significa que esa gente no sabía de un día a otro si sería capaz de obtener las cosas necesarias para vivir.

Dados los extremos de semejante situación, las actitudes hacia la riqueza y la pobreza eran una parte importante del mundo social. Algunas personas religiosas de la época de Jesús creían que la riqueza podía verse como una señal de la bendición de Dios, y que la pobreza podía entenderse como una consecuencia de la desaprobación de Dios. Sin embargo, es difícil saber cuán generalizada era esa noción. Lo que parece más acertado es que prácticamente todos en ese tiempo se aferraban a lo que ahora se llama la teoría del «bien limitado». La gente creía que el dinero y las cosas que el dinero puede comprar eran escasos (o por lo menos finitos); la percepción común, en total contraste al capitalismo moderno, era que la adquisición de riqueza o recursos por algunos precisaba del agotamiento de riqueza o recursos para otros. Para decirlo de forma sencilla, prácticamente todos en la época del Nuevo Testamento creían que solamente había una cantidad determinada de «cosas» para todos, y que algunas personas tenían menos de lo que necesitaban porque otras personas tenían más de lo que necesitaban.

Patrocinio y lealtad

La sociedad romana (en Palestina y en todas las demás partes) funcionaba de acuerdo a expectativas fuertes en cuanto a la beneficencia y la obligación. Al nivel más simple, el intercambio de favores era prácticamente definitivo en los amigos. Los «amigos» eran personas que hacían cosas los unos por los otros y, aunque no

relación patrón-cliente: el sistema social según el cual la gente con poder es benefactora de los que carecen de poder, de quienes se espera que respondan con gratitud, servicio y lealtad.

se suponía que nadie llevara la cuenta, la ayuda y el apoyo tenían que ser mutuos a largo plazo, si no, la amistad se rompería. Sin embargo, a otro nivel, casi toda la gente estaba involucrada en las relaciones de patrón-cliente, con gente que no era similar socialmente. Muy pocas personas tenían dinero o poder, pero se esperaba que quienes los tuvieran fueran benefactores de los que no los tuviesen. Por ejemplo, los ricos podían permitir que los campesinos vivieran en su tierra o les daban comida, granos o empleo. En términos sociológicos, a esos benefactores se les llama «patrones» y a los recipientes se les llama «clientes». En esa relación, el intercambio de favores no podía ser mutuo, pero se esperaba que los clientes dieran a su patrón lo que podían: gratitud y, por encima de todo, lealtad.

Se esperaba que alabaran a su patrón, que hablaran bien de él y que realzaran su reputación social. Se esperaba que confiaran en que su patrón seguiría proveyéndoles. Y, cuando fuera necesario, se esperaba que prestaran varios servicios que el patrón pudiera requerirles. Esas relaciones no estaban constituidas legalmente, pero a un nivel básico, representaban la forma en la cual la mayoría de la gente pensaba que el mundo debía funcionar y, en efecto, la manera en que funcionaba.

Las relaciones de patrón-cliente formarían un escenario significativo para el desarrollo de la teología cristiana. El término que se usaba más frecuentemente para la concesión de beneficios del patrón es *charis* (que típicamente se traduce como «gracia» en el Nuevo Testamento), y el término que frecuentemente se usaba para la actitud de lealtad hacia el patrón, que se esperaba del cliente, es *pistis* (que frecuentemente se traduce como «fe» en el Nuevo Testamento). De esa manera, el fenómeno de las relaciones patrón-cliente parece que ha servido como una analogía severa para los encuentros divino-humanos, en los cuales los elementos constitutivos son gracia y fe: Dios da a la gente gratuita y generosamente (gracia), y esto despierta dentro de la gente una respuesta apropiada de confianza, devoción y disposición a servir (fe).

Honor y vergüenza

El valor social crucial del mundo del Nuevo Testamento (entre los griegos, romanos, judíos y todos los demás) era el honor, es decir, la condición que uno tiene ante las personas cuya opinión uno considera importante. Hasta cierto punto, el honor se asignaba por medio de factores que estaban más allá del control de la persona: la edad, el sexo, la nacionalidad, la etnicidad, la altura, la salud física, la clase económica y cosas similares podían establecer ciertos parámetros que definían los límites de cuánto honor uno podía esperar obtener. Sin embargo, de acuerdo a esos parámetros, muchas cosas podían incrementar el honor de alguien (la piedad religiosa, el valor, el comportamiento virtuoso, una disposición agradable o caritativa, etc.), y muchas cosas podían precipitar la pérdida de honor o incluso ocasionar lo opuesto: la vergüenza.

Semejante sistema de valores puede no parecernos extraño, porque incluso en la sociedad moderna occidental a todos les gusta recibir honor y nadie quiere ser avergonzado. Sin embargo, la diferencia podría ser de magnitud: el mundo del Nuevo Testamento era un mundo en el cual el honor debía valorarse por encima de todo lo demás, y la vergüenza debía evitarse a toda costa. Por ejemplo, la gente quería ser adinerada, no principalmente porque la riqueza les permitiera vivir con lujos, sino porque casi todos creían que era honorable tener dinero para gastar. De igual manera, era vergonzoso ser necesitado; Ben Sira, un prominente maestro judío del período del Segundo Templo enseñaba que «es mejor morir que mendigar» (Sir. 40:28). Él decía eso no porque mendigar fuera inmoral o pecaminoso, sino porque era deshonroso y no valía la pena vivir la vida sin honor. Todos en el tiempo de Jesús (incluso los mendigos) probablemente creían eso.

El lenguaje de honor y vergüenza se encuentra en todo el Nuevo Testamento. Algunas voces del Nuevo Testamento se aprovechan del lenguaje para presentar la fidelidad como un camino para alcanzar el honor y evitar la vergüenza (1 P. 1:7; 2:6). Otras voces buscan anular la sabiduría convencional en cuanto a cómo se aplican estos valores y afirman, por ejemplo, que es más honorable comportarse como siervo que tratar con prepotencia a otros como una persona de poder y privilegio (Mr. 10:42-43; cf. Lc. 14:7-11). Y algunos documentos del Nuevo Testamento repudian totalmente la obsesión con el honor y apelan a los lectores a desarrollar un nuevo sistema de valores definido por Cristo, que no buscó honor ni gloria, sino más bien llevó la vergüenza de la cruz (He. 12:2).

La vida bajo el gobierno romano

¿Cómo era la vida bajo el gobierno romano? Por un lado, los romanos eran excelentes en la administración, y muchas cosas probablemente funcionaban de mejor manera bajo su control que lo que habría sido de otra manera. Ellos despejaron el mar de piratas, construyeron acueductos y caminos, mantuvieron el crimen a un mínimo y dieron muchas oportunidades de empleo. La extensión del Imperio romano, y su estabilidad básica, llevó al mundo a una unidad sin precedentes, un fenómeno que a veces se le llama la *Pax Romana*. El comercio fluía más libremente que nunca antes, y tanto los viajes como las comunicaciones (p. ej., el envío de cartas) llegó a ser relativamente fácil, un factor esencial para el rápido esparcimiento del cristianismo.

Sin embargo, en Palestina estos beneficios llegaron a un precio muy alto. Primero, la carga de impuestos parece haber sido increíblemente opresora, que introducía a la mayoría de la gente a la pobreza y la mantenía allí. En efecto, se ha estimado que, en la era del Nuevo Testamento, entre un cuarto y un tercio de toda la gente del Imperio romano eran esclavos (véase el cuadro 23.2). Algunas personas, de hecho, llegaron a ser esclavas voluntariamente, con la esperanza de mejorar su suerte (por lo menos entonces tendrían alimentos). Segundo, el pueblo judío (incluso los que no eran en efecto esclavos) sabía que no era libre, y ese conocimiento era una afrenta a su honor nacional y sentimiento religioso. Había soldados en todas partes, que les recordaban que eran un pueblo conquistado. A los judíos se les permitía practicar su religión oficialmente, pero Israel tenía una tradición antigua de profetas que criticaban severamente las injusticias y exponían las trampas de los poderosos, y a los romanos no les gustaba esa clase de cosas (como lo descubrió Juan el Bautista). Lo que se permitía era una clase de religión inofensiva que no enfadara ni desafiara a las autoridades.

Varias fuentes antiguas indican que Palestina llegó a ser cada vez más inestable en la segunda mitad del siglo I (después del tiempo de Herodes Agripa I). Los apasionados judíos rebeldes, conocidos como zelotes, finalmente, dirigieron una guerra directa en contra de Roma (66-73 e. c.) que tuvo consecuencias desastrosas para el pueblo judío. La ciudad de Jerusalén fue conquistada y el templo destruido en 70 e. c. Alrededor de sesenta años más tarde, una segunda revuelta judía, dirigida por Simón ben Kosiba, popularmente conocido como Bar Kojba, también fue reprimida despiadadamente. Después de eso, bajo pena de muerte, a ningún judío se le permitía entrar a lo que alguna vez había sido Jerusalén.

No sabemos con seguridad qué le pasó a la iglesia cristiana en Palestina, pero el foco de atención para el creciente movimiento cristiano cambió de Jerusalén a lugares como Éfeso, Antioquía y Roma. Eso se debió principalmente al éxito de misioneros como Pablo en llevar el evangelio a grandes cantidades de gentiles. En esas áreas, los cristianos a veces se topaban con hostilidad de los vecinos judíos que habían llegado a ver la fe nueva como una aberración o religión falsa (véase 1 Ts. 2:14). Sin embargo, los romanos siempre eran la mayor amenaza, y su hostilidad llegó a su clímax bajo el emperador Nerón, que inició en Roma la primera persecución manifiesta de cristianos, patrocinada por el gobierno en la década de los años sesenta, una purga horripilante en la que Pedro, Pablo y un gran número de otros fueron martirizados.

Al inicio del siglo II, casi todos los libros del Nuevo Testamento se habían escrito, incluso los Evangelios y todas las cartas de Pablo. Para ese tiempo, los romanos habían llegado a considerar al cristianismo y al judaísmo como religiones separadas, y la primera entonces se consideró una innovación no

---

Cuadro 1.2

¿La paz de quién?

La *Pax Romana* fue establecida por medio de la conquista. Calgaco, un líder caledonio de una de las naciones derrotadas en este extremo afirmó amargamente: «Ellos crean desolación y la llaman paz» (Tácito, *Agrícola* 30).

autorizada y fue declarada ilegal oficialmente. Obtenemos una buena imagen de lo que eso significó en la práctica, con un conjunto de cartas enviadas por el gobernador romano Plinio al emperador Trajano, alrededor del año 112. La política general era una estrategia de «no pregunte, no lo diga»: a los cristianos no se les buscaba, pero cuando llegaban a la atención de un gobernante, serían torturados y asesinados, a menos que renunciaran a su fe e hicieran sacrificios a los dioses romanos (véase el cuadro 26.6).

Conclusión

Los documentos del Nuevo Testamento son escritos cargados de valor que critican los estándares culturales del mundo en el que se produjeron. Se evalúa tanto el sistema social romano como el judío, a veces de una forma positiva, a veces de una forma negativa. Por ejemplo, a medida que nos abrimos paso a través de estos escritos, encontramos una crítica bien sustentada del imperialismo romano. La perspectiva no es totalmente negativa, había beneficios en el sistema romano. Aun así, aunque no siempre se afirma directamente, uno no tiene que ver mucho para darse cuenta de que la mayoría de los autores del Nuevo Testamento por lo menos desconfían de la *Pax Romana*: la paz mundial es buena, ¿pero a qué costo se ha obtenido, y a qué costo se mantiene?

No debería sorprender descubrir que los teólogos modernos han buscado aplicar estas críticas al mundo en el que vivimos ahora. Las feministas desafían el *statu quo* de la supremacía masculina, y los teólogos de la liberación critican el proceso del «colonialismo» por el que los poderes europeos imponen sus sistemas políticos y religiosos en las naciones en desarrollo. En el siglo XXI, algunos teólogos hablarían en tono crítico de la *Pax Americana* o incluso de la *Pax Cristiana*, según la cual, la paz relativa se puede conservar por medio del dominio de un sistema político, cultural o religioso, y, por supuesto, los escritos del Nuevo Testamento se mencionan en esas discusiones. Sin embargo, como lo veremos, esos documentos no hablan unilateralmente, y la gente con ideas sociopolíticas distintas frecuentemente es capaz de encontrar apoyo a su postura preferida en los comentarios que se dan en uno u otro de los libros del Nuevo Testamento. Pero incluso cuando hay falta de claridad en cuanto a la aplicación de los valores del Nuevo Testamento a nuestro mundo moderno, las preguntas siempre salen a luz: ¿A qué costo se han obtenido los beneficios de la sociedad moderna? ¿Y a qué costo se mantienen?

teología de la liberación: un movimiento en la teología cristiana, desarrollado principalmente por católicos romanos latinoamericanos del siglo XX, que hace énfasis en la liberación de la opresión social, política y económica, como anticipación de la salvación final.

2

Contexto del Nuevo Testamento

El mundo judío

El Nuevo Testamento cuenta una historia que ya está en progreso. Asume que sus lectores conocen el material que constituye lo que los cristianos llaman el «Antiguo Testamento», y también se espera que sepan lo que le ocurrió al pueblo judío en los años intermedios, desde que esos libros se escribieron.

Intentemos hacer un ejercicio rápido. Mire la siguiente lista de palabras y trate de adivinar lo que todas tienen en común, en realidad son dos cosas:

Bautismo	Exorcismo	Parábola	Samaritano
Centurión	Gentil	Fariseo	Sinagoga
Crucifixión	Infierno	Rabino	Cobrador de
Denario	Judío	Romano	impuestos
Diablo	Mesías	Saduceo	

¿Qué tienen en común estas palabras?

- Primero, todas ellas designan fenómenos comunes que se mencionan frecuentemente en el Nuevo Testamento.
- Segundo, designan fenómenos poco comunes que se mencionan con poca frecuencia (si acaso se mencionan) en el Antiguo Testamento.

Claramente, mucho ha cambiado en lo que ampliamente podría llamarse «el mundo bíblico». Los israelitas del Antiguo Testamento han llegado a ser judíos del Nuevo Testamento, y mucho les ha ocurrido a ellos y al mundo en el que viven.

La historia hasta aquí

El Antiguo Testamento cuenta la historia de un pueblo que se identifica a sí mismo como el escogido de Dios. Su historia como pueblo comenzó con la elección de Dios de Abraham y Sara, y con la decisión de Dios de tener una relación especial con todos sus descendientes. Esos descendientes estaban organizados en doce tribus, pero se les conocía colectivamente como los hijos de Israel. Ellos tuvieron que soportar años difíciles de esclavitud en Egipto, pero Dios llamó a Moisés para liberarlos, darles la Torá (las instrucciones de cómo debe vivir el pueblo de Dios) y llevarlos a la tierra prometida (una región que los romanos más tarde llamarían Palestina). Allí, llegaron a ser una nación importante que alcanzó su punto más alto bajo el reinado del rey David, alrededor de 1000 a. e. c. Construyeron un templo espléndido, pero los siglos posteriores fueron marcados por la división y la decadencia.

En 587 a. e. c., los babilonios conquistaron la ciudad capital de Jerusalén, destruyeron el templo y se llevaron a la población al exilio. Cincuenta años después, Ciro de Persia permitió que el pueblo (ahora llamados judíos) regresara y construyera un templo nuevo, que fue dedicado en 515 a. e. c. y mucho tiempo después destruido por los romanos en 70 e. c. De esa manera, al período de historia judía de 515 a. e. c. a 70 e. c. se le llama el período del Segundo Templo. Se le subdivide en cuatro períodos más:

El período persa (ca. 537-332 a. e. c.)

A lo largo de este período, la nación judía fue gobernada por sacerdotes, con interferencia mínima de los reyes persas. Fue en este tiempo que las sinagogas surgieron como lugares importantes para la enseñanza y la adoración. Los judíos llegaron a enfocarse cada vez más en la fidelidad a la Torá como distintivo de su religión.

El período helenístico (ca. 332-167 a. e. c.)

helenista: afectado por el helenismo, es decir, la influencia de la cultura, costumbres, filosofía y modos de pensamiento griegos y romanos. Por ejemplo, se decía que la gente judía estaba «helenizada» cuando adoptaba las costumbres grecorromanas o llegaba a creer proposiciones derivadas de la filosofía griega.

Con las conquistas de Alejandro el Grande, Palestina estuvo bajo el control griego; después de la muerte de Alejandro, Palestina primero llegó a ser parte del impero de los ptolomeos, cuyo poder se centró en Egipto (320-198 a. e. c.). Luego llegó a ser parte del imperio de los seléucidas, cuyo poder se centró en Siria (198-167 a. e. c.). Uno de los gobernantes seléucidas, Antíoco IV Epífanes (175-164 a. e. c.) quiso exterminar la religión judía infligiendo atrocidades horribles a cualquiera que profesara o practicara la fe.

El período asmoneo (167-63 a. e. c.)

Los rebeldes judíos apodados «macabeos» («martillos») dirigieron una revuelta en contra de Antíoco y ganaron la independencia. El templo (profanado por Antíoco) fue dedicado nuevamente en un acontecimiento que llegaría a ser conmemorado durante el Festival de Janucá. Los macabeos establecieron un estado judío gobernado por la dinastía asmonea («asmonea» es el apellido oficial de los líderes de los macabeos). Las sectas judías, incluso las que con el tiempo llegarían a ser conocidas como «fariseos» y «saduceos», surgieron en esta época.

El período romano (63 a. e. c.-70 e. c.)

La guerra civil entre los asmoneos dejó al estado judío listo para la conquista del creciente Imperio romano. El general romano Pompeyo anexó el territorio sin mucho empeño en 63 a. e. c., y Palestina permanecería bajo el gobierno romano hasta el final del período del Segundo Templo, y más adelante.

La gente de Palestina en el tiempo de Jesús

Durante la vida de Jesús, la población de Palestina era increíblemente diversa. Incluso entre el pueblo judío no había un solo y unificado sistema de fe ni de

Janucá: festival judío de ocho días que conmemora la rededicación del templo judío en 164 a. e. c., después de que lo hubiera profanado Antíoco Epífanes; también se le llama «Fiesta de la Dedicación» y «Fiesta de las Luces».

Cuadro 2.1

Cronología básica del Nuevo Testamento

63 a. e. c.	Pompeyo conquista Jerusalén para Roma
ca. 6-4 a. e. c.	Nacimiento de Jesús
ca. 30-33 e. c.	Crucifixión de Jesús
ca. 32-36 e. c.	Pablo llega a ser seguidor de Cristo
ca. 46-65 e. c.	Los viajes misioneros de Pablo y su encarcelamiento (como se registra en Hechos); las cartas de Pablo se escriben en este período
ca. 62-65 e. c.	El martirio de Pedro y Pablo en Roma
ca. 65-73 e. c.	Se escribe el Evangelio de Marcos
66 e. c.	Estalla la guerra judía en Roma
70 e. c.	Destrucción del templo de Jerusalén
73 e. c.	Caída de Masada, final definitivo de la guerra judía
ca. 80-100 e. c.	Se escriben otros libros del Nuevo Testamento: Mateo, Lucas, Juan, Hechos y las cartas de la «segunda generación» por seguidores de los apóstoles originales

Figura 2.1. Galilea hoy día. La tierra en la que Jesús vivió sigue siendo un entorno exuberante y mayormente rural. El edificio octagonal cerca del centro de esta foto es una iglesia que se construyó sobre la casa que se dice que le perteneció a Pedro, uno de los discípulos de Jesús (Mt. 8:14). Justo a la derecha de la estructura están los restos de una sinagoga, en el lugar que Jesús enseñó y llevó a cabo un exorcismo (Mr. 1:21-27). (Todd Bolen / BiblePlaces.com)

prácticas. Aun así, había ciertas cosas que casi toda la gente judía creía: solo hay un Dios, y este Dios los había escogido para que fueran un pueblo elegido y santo, distinto a todos los demás pueblos o naciones de la tierra; también, Dios había hecho un pacto con ellos y les había dado la Torá. Por consiguiente, ellos vivían de maneras que los apartaban de los que no eran el pueblo de Dios: practicaban la circuncisión, guardaban el sábado, tenían restricciones alimenticias y se comprometían a ciertos estándares morales (p. ej., los Diez Mandamientos). Sin embargo, además de ese conocimiento básico, el pueblo judío en la época de Jesús era bastante diverso. Y, por supuesto, no todos en Palestina eran judíos (véase Mt. 15:21-28; Lc. 3:14; Jn. 4:5-9).

Hagamos un estudio rápido de algunas personas que conoceremos en el mundo del Nuevo Testamento en Palestina.

Los fariseos

Los fariseos pueden ser la más conocida de las sectas judías para los lectores del Nuevo Testamento. En muchas historias de los Evangelios, ellos son los oponentes de Jesús, y frecuentemente se les representa como legalistas de mente cerrada (Mt. 23:23-24) o, incluso, como hipócritas que no siguen sus propias enseñanzas (Mt. 23:3). Sin embargo, esta forma de percibirlos estaría incompleta (en el mejor de los casos), pues representa una evaluación hostil de cómo los cristianos (que llegaron a ser sus competidores religiosos) creían que algunos

Torá: la ley de Moisés, como se encuentra en el Pentateuco; o, frecuentemente, sinónimo de «Pentateuco» (refiriéndose, entonces, a los primeros cinco libros de la Biblia hebrea).

El Shemá

«Escucha, Israel: El Señor nuestro Dios es el único Señor. Ama al Señor tu Dios con todo tu corazón y con toda tu alma y con todas tus fuerzas».

En la época de Jesús, como en la nuestra, el Shemá era la oración central del judaísmo y se recitaba todos los días. Procede de Deuteronomio 6:4-5, aunque las versiones posteriores agregaban un refrán litúrgico y versículos adicionales de Deuteronomio 6:5-9; 11:13-21; Números 15:37-41. *Shemá* es la palabra hebrea para «¡Escucha!».

fariseos se comportaban algunas veces. En un sentido más amplio, a los fariseos se les conocía por hacer énfasis en la fidelidad a la Torá, que incluía el estudio de las Escrituras y la obediencia a las demandas de Dios. Ellos eran los judíos que fundaron sinagogas en toda la tierra y estimulaban a cada persona judía a participar en la oración, el estudio bíblico y la adoración regular.

Los fariseos también le atribuían una categoría autoritativa a un material oral conocido como «la tradición de los ancianos» (véase Mt. 15:2), que con el tiempo llegó a estar codificado dentro del judaísmo como la Misná (parte del Talmud). Parece que sus interpretaciones de la ley fueron impulsadas por una convicción de que todo el pueblo de Dios debe vivir con una santidad suprema. Exhortaban a los laicos a seguir en sus vidas diarias las mismas reglas de pureza que se esperaban de los sacerdotes que servían en el templo; la idea era que (en cierto sentido) cada casa era un templo, cada mesa era un altar y cada hombre era un sacerdote. Por ejemplo, los fariseos y sus seguidores practicaban el lavamiento de manos que originalmente estaba diseñado para el servicio en el templo, antes de ingerir cualquier comida (véase Mt. 15:2; cf. Mr. 7:3-4).

Parece que muchos fariseos habían sido escribas, y es posible que algunas referencias del Nuevo Testamento a «los escribas» se refieran a los escribas que eran fariseos (cf. Mr. 2:16; Lc. 5:30; Hch. 23:9). Lo mismo probablemente sea cierto de los «intérpretes de la ley» de quienes nos enteramos de vez en cuando (cf. Mt. 22:35; Lc. 11:45); ellos eran expertos en la ley (es decir, Torá) y de esa manera probablemente fueran fariseos. Muchos fariseos eran líderes de sinagoga, y a algunos se les decía «rabinos», es decir, maestros (cf. Mt. 23:6-8). Jesús (a quien también se le llamaba «rabí») probablemente tuviera más en común con los fariseos que con cualquier otro grupo judío de su época, lo cual podría explicar por qué la mayoría de sus argumentos fueron con ellos: tenían lo suficiente en común como para hacer posible un debate. El apóstol Pablo fue educado como fariseo y siguió considerándose fariseo, incluso después de que llegara a ser misionero para Cristo (véase Fil. 3:5).

Misná: colección de discusiones rabínicas en cuanto a la interpretación de la ley de Moisés; la Misná forma una parte importante del Talmud judío.

Talmud: colección de sesenta y tres libros (incluso la Misná) que contiene la ley judía civil y canónica, con base en las interpretaciones de las Escrituras.

ley: «la ley de Moisés» o cualquier regulación que el pueblo judío entendía que delineaba la fidelidad a Dios en relación con el pacto que Dios había hecho con Israel.

Los saduceos

Los saduceos probablemente hayan sido el grupo judío más poderoso de la época. Son menos prominentes en nuestras historias de los Evangelios porque

sacerdotes: en el judaísmo del Segundo Templo, la gente autorizada para supervisar el sistema sacrificial en el templo de Jerusalén; estrechamente relacionados con los saduceos.

parece que ellos estaban centrados en Jerusalén, y Jesús pasa la mayor parte de su tiempo en Galilea (pero véase Mr. 12:18-23). Parece que ellos controlaban el sistema del templo y frecuentemente dominaban el Sanedrín, el organismo rector judío. El sumo sacerdote y los sacerdotes principales, de quienes nos enteramos en el Nuevo Testamento, probablemente hayan sido saduceos. Los fariseos y los saduceos eran capaces de cooperar entre sí en asuntos de interés común, pero estaban divididos por una variedad de asuntos teológicos y políticos. Por ejemplo, se dice que los saduceos no creían en la vida después de la muerte y que eran escépticos de las historias no bíblicas en cuanto a los ángeles y demonios. Solamente consideraban el Pentateuco (los primeros cinco libros de nuestro Antiguo Testamento) como Escrituras sagradas y veían los demás libros, que los judíos y cristianos ahora consideran Escrituras, simplemente como escritos religiosos.

En tanto que los fariseos eran maestros que hacían énfasis en la Torá y las sinagogas, parece que los saduceos estaban más dispuestos que los fariseos a

Cuadro 2.3

Los fariseos y los saduceos

Fariseos	Saduceos
Generalmente de clase media	Mayormente de clase superior
Base de poder fuera de Jerusalén	Base de poder en Jerusalén
Relacionados estrechamente con la sinagoga	Relacionados estrechamente con el templo
Principalmente maestros y eruditos	Principalmente sacerdotes
Comprometidos teológicamente con mantener la relación de Israel con Dios a través de la obediencia a la ley	Comprometidos teológicamente con mantener la relación de Dios a través del sistema de sacrificios
Aceptaban como Escrituras la mayor parte de lo que los cristianos llaman «Antiguo Testamento»	Aceptaban solamente la Torá (el Pentateuco) como Escrituras
Creían en la resurrección de los humanos a la vida después de la muerte	No creían en la resurrección a la vida después de la muerte
Reconocían la existencia de seres espirituales, como los ángeles y demonios	Eran escépticos de las creencias en cuanto a los distintos seres espirituales
Eran considerados moderados socialmente, que objetaban la imposición de la autoridad romana, pero no abogaban por las revueltas armadas en contra del poder romano	Eran considerados conservadores socialmente, que buscaban la colaboración con las autoridades romanas, de maneras que asegurasen su propio lugar en el *statu quo*
Fariseos prominentes: Shammai (interpretaciones estrictas de la ley), Hillel (interpretaciones más indulgentes de la ley)	Saduceos prominentes: Caifás y Anás, identificados como sumos sacerdotes durante la vida de Jesús
En el Nuevo Testamento, discuten con Jesús por asuntos de la ley, pero se les relaciona solamente de manera periférica con la trama para ejecutar a Jesús	En el Nuevo Testamento, ellos son los principales arquitectos de la trama para ejecutar a Jesús
Los antepasados principales del judaísmo moderno	Desaparecen de la historia después de la desastrosa guerra judía con Roma 66-73 e. c.

acomodarse en cuanto a asuntos políticos, siempre y cuando el templo y el sistema sacrificial pudieran continuar sin cesar. (Para una comparación de los fariseos y los saduceos entre sí, véase el cuadro 2.3; véase también la historia en Hch. 23:6-9.)

Los esenios

Los esenios eran separatistas ascetas que vivían en comunidades privadas. Probablemente han de relacionarse con el grupo que vivía en el desierto de Qumrán y que conservó la biblioteca que ahora se conoce como los Rollos del Mar Muerto. Los esenios abogaban por leyes alimenticias estrictas y otros senderos rigurosos hacia la santidad, incluso, para algunos de sus miembros, el compromiso con el celibato; también practicaban baños rituales y comidas sagradas similares a los sacramentos cristianos del bautismo y la eucaristía. Adoptaron creencias mesiánicas y abrigaban ideas apocalípticas acerca del juicio inminente y la liberación divina. Los esenios no se mencionan nunca en el Nuevo Testamento, y no hay indicación segura de que cualquier personaje del Nuevo Testamento supiera de ellos o tuviera algún contacto con ellos. Sin embargo, a los eruditos les gusta comparar y contrastar las creencias y prácticas esenias con las del cristianismo. En particular, Juan el Bautista ha sido evaluado a la luz de esto: al igual que los esenios, vivía en el desierto, demandaba un arrepentimiento radical y bautizaba a la gente. Es imposible saberlo con seguridad, pero la mayoría de los eruditos hoy día no encuentra ninguna prueba directa para sugerir que Juan fuera esenio (o que alguna vez lo hubiera sido), pero pudo haber sido influenciado por algunas de sus ideas.

asceta: estricto o severo religiosamente, en especial en cuanto a la abnegación o renuncia de los placeres mundanos.

ideas apocalípticas: ideas influenciadas por un pronóstico pesimista para el mundo en general, combinadas con una perspectiva optimista de un remanente favorecido, que será rescatado del mundo maligno a través de algún acto inminente de intervención divina.

Los zelotes

Los zelotes eran judíos radicales opositores de Roma, que abogaban por la rebelión armada en contra de las fuerzas romanas. Entre ellos estaban los *sicarii*, asesinos que portaban cuchillos, que se mezclaban entre las multitudes y apuñalaban a los judíos sospechosos de colaborar con los romanos. En última instancia, los zelotes y sus simpatizantes serían los responsables de dirigir a los judíos a una guerra desastrosa en contra de Roma en 66-73 e. c. Probablemente no se mencionen en el Nuevo Testamento en sí, aunque uno de los discípulos de Jesús se llamaba «Simón el zelote» (el término simplemente podía significar «Simón el fervoroso»). Los zelotes quizá no aparezcan como una fuerza organizada en Palestina, sino hasta unos cuantos años después de la época de Jesús.

Los herodianos

Los herodianos eran una coalición política de judíos que apoyaban a la familia y dinastía de Herodes, e incluía a muchos líderes romanos que gobernaban varias áreas de Palestina en diversas épocas. En el Nuevo Testamento dice que colaboraron con los fariseos para hacer tropezar a Jesús políticamente y para establecer las bases para hacer que lo desterraran o destruyeran (véase Mr. 3:6; 12:13).

Los samaritanos

Los samaritanos vivían principalmente en Samaria, la región situada entre Judea (donde estaba Jerusalén) y Galilea (donde Jesús vivió y llevó a cabo la mayor parte de su ministerio; véase el mapa 1.2). Ellos afirmaban que eran el verdadero Israel (los descendientes de las tribus «perdidas» que fueron llevadas al cautiverio asirio alrededor de 722 a. e. c.) y que los judíos representaban a un grupo de disidentes que había iniciado cuando Elí estableció un santuario rival en Silo (véase 1 S. 1:3). Los samaritanos tenían su propio templo en el monte Gerizim y afirmaban que era el santuario original; consideraban el templo de Jerusalén como un santuario secundario, construido por los heréticos (véase Jn. 4:19-22). No aceptaban nada como Escritura aparte del Pentateuco (los primeros cinco libros de la Biblia), y tenían su propia versión del Pentateuco, que difería en puntos clave del de los judíos (p. ej., uno de los Diez Mandamientos afirma que se debe adorar al Señor solamente en el monte Gerizim). Los samaritanos afirmaban que su versión del Pentateuco era la original y que los judíos habían falsificado el texto producido por Esdras durante el exilio babilonio.

Según los judíos, los samaritanos no eran hijos de Israel en absoluto; más bien, eran descendientes de colonos extranjeros que los asirios habían llevado a la tierra después de la conquista en 722 a. e. c., en el mejor de los casos, la descendencia de Israel que habían abandonado sus tradiciones y se habían casado con extranjeros. Los líderes religiosos tanto judíos como samaritanos enseñaban que era incorrecto tener cualquier contacto con el grupo opuesto. Idealmente, los judíos y los samaritanos no debían ingresar al territorio de los otros, ni siquiera hablarse los unos a los otros. Sin embargo, durante el período del Nuevo Testamento, Samaria estuvo bajo el gobierno romano y los romanos no reconocieron a Samaria ni a Judea como países separados; simplemente los agruparon (junto con Idumea) como un reino con un solo gobernante. El historiador judío romano Josefo narra numerosas confrontaciones violentas entre los judíos y los samaritanos a lo largo de la primera mitad del siglo I.

En el Nuevo Testamento, a Jesús frecuentemente se le representa con una actitud compasiva, por no decir amistosa, hacia los samaritanos: sorprende a una mujer samaritana al tener una conversación con ella (Jn. 4:3-26), e incluso

---

Cuadro 2.4

Cita de la Misná

Sobre tres cosas se sostiene el universo:

sobre la Torá,
sobre el culto,
y sobre la caridad.

—Misná, Padres (*Abot*) 1:2

Carlos del Valle, *La Misna*, Edición preparada por Carlos del Valle, (Editora Nacional: Madrid, 1981).

señala a samaritanos individuales como buenos ejemplos para que sus seguidores los sigan (Lc. 10:30-37; 17:11-19). El libro de Hechos indica que algunos samaritanos llegaron a ser cristianos (Hch. 8:5-17).

Los gentiles

Los gentiles también eran prominentes en Palestina en esta época. Grandes cantidades de romanos, griegos y persas se habían trasladado al área y establecido allí, contribuyendo a la urbanización de áreas que tradicionalmente eran rurales. En efecto, las dos ciudades más grandes de Galilea en la época de Jesús eran Tiberias y Séforis, pero no se dice que Jesús alguna vez hubiera visitado alguna de ellas. A medida que viaja por la zona rural, demuestra una preferencia obvia por las aldeas, y evita completamente los grandes centros

gentil: persona que no es judía.

Figura 2.2. El templo de Jerusalén. El templo era el centro de adoración y vida religiosa del pueblo judío. Este modelo exhibe el edificio y sus patios externos como se veían en la época de Jesús. La plaza externa estaba abierta para toda la gente, pero al complejo amurallado en el centro de la plaza solamente los judíos podían entrar. El edificio alto en el centro es la parte interior del santuario, o «lugar santísimo», al que podían entrar solamente los sacerdotes designados en ocasiones concretas. (Craig Koester)

urbanos, donde vivía la mayoría de los gentiles. Las actitudes judías hacia los gentiles variaban: entre los fariseos, se narra que el rabí Shammai había adoptado una intolerancia hacia los gentiles, en tanto que se dice que el rabí Hillel había sido más conciliador. La evidencia en cuanto a Jesús es mixta (para una actitud negativa hacia los gentiles, véase Mt. 6:7; 10:5; 18:17; 20:25-26; para una actitud positiva, véase Mt. 8:5-13). Incluso Pablo, que dedicó la última parte de su vida a llevar la salvación a los gentiles, parece que no siempre pensó muy bien de ellos (véase, p. ej., Ro. 1:18-32).

La actitud de los gentiles hacia los judíos también fue un poco variada. El antisemitismo era alto, con muchos gentiles (incluso los que vivían en Palestina) que abiertamente odiaban a los judíos y despreciaban su cultura, costumbres y religión. Pero también hubo una buena cantidad de gentiles que se sentían atraídos hacia la religión judía. De particular interés para el estudio del Nuevo Testamento son aquellos gentiles que se les llamaba «temerosos de Dios». Los temerosos de Dios eran medio convertidos: gentiles que adoptaban la teología, adoración y moral judía, pero no seguían las leyes rituales de pureza, que consideraban como específicas para los judíos étnicos. Se les permitía asistir a las sinagogas, pero típicamente no eran circuncidados (lo cual habría constituido una conversión completa y los habría hecho «judíos»). Con el tiempo, estos temerosos de Dios llegaron a ser candidatos de primera clase para la conversión al cristianismo (véase Hch. 10:1-2).

Los efectos del helenismo en el mundo del Nuevo Testamento

El «helenismo» se refiere ampliamente a la influencia de la cultura griega, que era prominente en el Imperio romano (o en lo que a veces se llama el mundo grecorromano). Durante el período del Nuevo Testamento, se decía que la gente judía en todo el mundo estaba «helenizada» porque habían sido influenciados en mayor o menor grado por la cultura de Grecia y Roma.

Las influencias helenistas incluían asuntos culturales sencillos. Por ejemplo, mucha gente judía de la época, incluso Jesús y sus discípulos, habían adoptado la práctica griega de reclinarse en una mesa para comer (es decir, comían recostados, sobre cojines en el suelo). Por supuesto, el grado de helenismo variaba; en algunos casos se había adoptado, en tanto que en otros casos se había rechazado. Josefo, el historiador judío romano, narra un ejemplo extremo de la influencia helenista que dice que, en algunas ciudades, los jóvenes judíos pagaban para que les hicieran operaciones quirúrgicas en sus penes, para que cuando los vieran desnudos haciendo ejercicios en el gimnasio, pareciera que eran incircuncisos; aparentemente, la circuncisión estaba pasada de moda, y los varones judíos no querían que los gentiles los ridiculizaran. En el otro extremo, algunos judíos rechazaban hostilmente cualquier cosa que pareciera venir del helenismo, buscaban aislarse del mundo secular y denunciaban prácticas sociales aparentemente inocentes como ejemplos de infección pagana.

Las influencias helenistas eran evidentes en Palestina, pero eran más prominentes en la «diáspora». Este término (que significa «dispersión») se refiere a los judíos que vivían fuera de la tradicional tierra natal de Palestina. Algunos judíos de la diáspora eran descendientes de gente judía que no había vuelto del exilio babilonio. Muchos otros eran judíos que descubrieron que la *Pax Romana* les permitía emigrar y vivir libremente en otra parte. Lo hacían por una variedad de razones: oportunidades de negocios, educación o un simple deseo de ver más del mundo. Pero debido a que los judíos de la diáspora frecuentemente estaban lejos de Jerusalén (en efecto, muchos no vieron nunca la ciudad), el sistema del templo perdió un poco de su prominencia y significado para ellos. Los judíos de la diáspora tendían a acudir a las sinagogas en lugar del templo para sus necesidades religiosas, con el resultado de que, con el tiempo, los rabinos llegaron a ser más importantes que los sacerdotes, y la obediencia a la Torá era más prioritaria que ofrecer sacrificios (que se permitía solamente en Jerusalén).

Los efectos del helenismo también se sintieron de otra manera muy práctica: el hebreo dejó de ser el idioma principal del pueblo judío. Fue casi olvidado en la diáspora y tendía a usarse solamente en los servicios religiosos en la misma Palestina. El idioma común para Jesús y otros judíos palestinos fue el arameo. De esa manera, en Palestina se usaban ampliamente las paráfrasis de las Escrituras llamadas «tárgumes». Fuera de Palestina, el idioma común de los judíos de la diáspora era el griego, el idioma en el que se escribirían todos los libros del Nuevo Testamento. En efecto, mucho antes del tiempo de Jesús, durante el siglo III a. e. c., las Escrituras judías se habían traducido al griego. Esta traducción griega de la Biblia Judía se llama la «Septuaginta» (la palabra significa «setenta», y la abreviatura común de la Septuaginta es «LXX», el número romano para setenta). ¿Por qué ese nombre? Según la leyenda, la traducción fue hecha por setenta (o setenta y dos) eruditos quienes, al trabajar independientemente, produjeron setenta (o setenta y dos) traducciones idénticas. La Septuaginta se usaba ampliamente en toda la diáspora y también parece que se usó en muchas partes de Palestina. Notablemente, la mayoría de los autores del Nuevo Testamento citan la Septuaginta en lugar de traducir de la Biblia hebrea cuando hacen referencia a algo que se dice en las Escrituras.

La Septuaginta contenía quince libros adicionales, escritos en griego en los años después de que se escribieran las Escrituras hebreas (lo que los cristianos generalmente llaman el «Antiguo Testamento»). A estos libros adicionales, los cristianos protestantes frecuentemente los llaman «apócrifos», aunque once de ellos los católicos los clasifican como «escritos deuterocanónicos». Su condición como Escrituras fue disputada entre los judíos en la época de Jesús,

paganos: gentiles no convertidos; los judíos y los cristianos frecuentemente los relacionaban con la idolatría, el politeísmo, las creencias religiosas erradas y un estilo de vida inmoral.

rabinos: maestros judíos, muchos de los cuales tenían discípulos o seguidores; estrechamente asociados con los fariseos.

así como ocurre hoy día entre los cristianos. En el Nuevo Testamento, los apócrifos nunca se citan como *Escrituras*, pero Pablo y otros autores parece que sí habían leído algunos de estos libros y los consideraban favorablemente en sus enseñanzas.

El helenismo también aportó un aumento generalizado de sincretismo religioso. A medida que las poblaciones se mezclaban, las ideas religiosas se iban intercambiando. Por ejemplo, algunas personas judías llegaron a creer en la inmortalidad del alma, la idea de la filosofía griega de que cada persona tiene un alma que sigue viviendo después de que su cuerpo muera. Hay material en las Escrituras judías que podría interpretarse como apoyo a esa opinión, aunque no se había entendido de esa forma previamente.

Otras tendencias de la religión judía se amplificaron y modificaron a través del sincretismo judío. Aquí damos un breve vistazo a tres.

La teología de la sabiduría

La teología de la sabiduría llegó a ser más popular que antes. La tradición de la sabiduría de Israel se enfocaba menos en la verdad revelada divinamente (los profetas declaraban palabra del Señor que frecuentemente iba en contra del pensamiento humano) y más en el sentido común (la verdad que se obtiene a través del conocimiento general de la vida y la condición humana). Hay una buena cantidad de material de sabiduría en las Escrituras judías (en libros como Proverbios, Job y Eclesiastés), y los judíos helenistas quizá encontraron una teología basándose en este material que estuviera en consonancia con la vida en un mundo secular, orientado más en la filosofía. En el Nuevo Testamento, la influencia de la teología de la sabiduría es evidente en las enseñanzas de Jesús (véase Mt. 5-7) y en los escritos de algunos de sus seguidores (véase especialmente la Carta de Santiago).

El dualismo

El dualismo pasó a primera plana como un aspecto más prominente de la perspectiva religiosa. El dualismo refleja la tendencia a separar los fenómenos en categorías pronunciadamente opuestas, con poco espacio para algo intermedio. Por ejemplo, una perspectiva dualista tiende a materializar el «bien» y el «mal» como realidades dentro de la naturaleza. La religión judía originalmente se había resistido al dualismo extremo, haciendo énfasis en que toda la gente y las naciones tienen tendencias tanto buenas como malas. Sin embargo, en el mundo del Nuevo Testamento encontramos que ha llegado a ser común pensar que hay «gente buena» y «gente mala» en el mundo (cf. Mt. 5:45; 13:38), y que también hay espíritus buenos (ángeles) y espíritus malos (demonios). Además, la religión judía tradicional le había atribuido prácticamente todo el poder a lo que era bueno, a lo que se derivó del Dios todopoderoso y justo que gobernaba sobre todos. El impulso dualista le concedía mucho más poder a Satanás. De esa manera, en el Nuevo Testamento descubrimos que los cristianos influenciados por el judaísmo helenista han llegado a ser tan dualistas que en realidad se refieren a Satanás como «el dios de este mundo» (2 Co. 4:4; cf. Lc. 4:6; Jn. 14:30; 1 Jn. 5:19).

El apocalipticismo

El apocalipticismo combinaba una perspectiva dualista radical (una clara distinción entre el bien y el mal) con una perspectiva determinista de la historia (la idea de que todo se desarrolla de acuerdo a un plan divino). La perspectiva apocalíptica típicamente era dual: (1) un pronóstico pesimista para el mundo en general: las cosas empeorarán; y (2) una perspectiva optimista de un remanente favorecido, los que serían rescatados

Figura 2.3. Torá. La cultura helenista valoraba la belleza, el honor, la fortaleza y la aceptación del destino, pero en la mentalidad tradicional judía no había nada más precioso que la Torá: la revelación de la voluntad de Dios que era más dulce que la miel y que se deseaba más que el oro (Sal. 19:10). (Randy Zucker)

del mundo maligno a través de un acto de intervención divina (que siempre se ha creído que es inminente). De esa manera, se ponía un límite al poder del mal, pero era principalmente un límite temporal: Satanás puede gobernar en el mundo por ahora, ¡pero no por mucho tiempo! El apocalipticismo como una dimensión de la religión judía surgió durante el exilio babilonio (véase el libro de Zacarías) y podría haber tenido la influencia de la religión persa, que era sumamente dualista. De cualquier manera, llegó a su máxima expresión durante el período helenista (véase el libro de Daniel) y floreció durante el período romano. En los días de Jesús, los judíos tendían a adoptar el apocalipticismo como una reacción en contra del imperialismo romano y su secuela cultural, el helenismo. En el Nuevo Testamento, el apocalipticismo es más conspicuo en el libro de Apocalipsis, pero resalta también en muchos otros escritos (p. ej., Mt. 24-25; Mr. 13; Lc. 21:5-36; 1 Ts. 4:13-5:11; 2 Ts. 2:1-12; 2 P. 3:1-18).

Conservación de la identidad judía

La influencia del helenismo pudo haber sido de largo alcance en el mundo del judaísmo del Segundo Templo, pero pocos judíos querían perder su identidad nacional y cultural completamente. Algunas tradiciones: la circuncisión, la observancia del día de reposo, de los días de fiesta y los festivales llegaron a ser señales clave que le recordarían al pueblo quiénes eran, e inhibirían la total inmersión en la sociedad grecorromana. Diariamente, las señales clave de esa identidad pueden haber sido los diversos «códigos de pureza» que el pueblo judío había desarrollado. Esos códigos se derivaban típicamente de la Torá, y frecuentemente declaraban maneras públicas y observables en las que el pueblo judío viviría de manera distinta a la mayoría de la población.

Por supuesto, todas las sociedades tienen valores determinados culturalmente en cuanto a lo que consideran «limpio» o «impuro». En el mundo moderno occidental, la mayoría de la gente se lava el cabello de manera regular, no para evitar enfermedades, sino porque piensan que el cabello grasoso es repulsivo o sucio. Pero global e históricamente, ha habido mucha gente (incluso de la que leemos en la Biblia) que ha pensado que el cabello grasoso simplemente es natural, la forma en que se supone que debe ser el cabello. Esas ideas reflejan los estándares de las sociedades particulares, valores que podrían permanecer profundamente (y ser defendidos vigorosamente), pero no son universales. De igual manera, la gente judía de la época de Jesús (al igual que muchos judíos hoy día) tenía ideas firmes en cuanto a lo que era limpio o impuro, pero, como marcadores de identidad, estas ideas habían llegado a ser integrales para su religión. Comer cerdo o langosta no solamente era repulsivo o asqueroso, era algo que Dios había instruido que no se hiciera. Además, la razón principal por la que Dios les había instruido que no comieran cerdo o langosta no era porque hacerlo fuera inmoral o malo en sí; más bien, la abstención de esos alimentos los diferenciaba de los otros pueblos del mundo.

En un sentido positivo, el concepto judío declaraba que ciertas cosas eran santas o sagradas: Jerusalén era una ciudad santa (véase Mt. 27:53), el templo era un edificio santo y el día de reposo era un día santo. En un sentido negativo, había muchas cosas que podrían provocar que una persona fuera impura, como el contacto con un cadáver o con varios fluidos corporales. Los leprosos eran impuros, así como las mujeres durante la menstruación y los hombres que recientemente habían tenido una secreción sexual (incluso las emisiones nocturnas). Es importante observar que ser impuro o toparse con la impureza no necesariamente era algo malo o vergonzoso; frecuentemente, el punto era simplemente observar lo que hacía que alguien fuera impuro y realizar ciertos rituales de purificación como reconocimiento de eso. Para una analogía moderna (aunque con puntos débiles), podemos considerar la acción de cambiar pañales a un bebé: nadie en nuestro mundo moderno pensaría que es algo malo o vergonzoso, pero la mayoría de la gente probablemente se lavaría las manos después de hacerlo.

Algo que no sabemos es lo seriamente que todos consideraban los códigos de pureza. Algunos judíos podrían haberlos ignorado o cumplido selectiva y esporádicamente, pero muchas personas (frecuentemente de las que tenemos información) tomaban muy en serio la pureza ritual y no les parecía en absoluto que los códigos fueran opresivos. Los judíos de la era del Nuevo Testamento no vivían con una aversión paranoica por evitar la contaminación a toda costa ni sufrieron de una autoestima baja debido a la incapacidad de permanecer ritualmente limpios todo el tiempo. Solo evitaban lo que era evitable, observaban lo que no era y hacían ritos de purificación como parte de su disciplina espiritual regular. Esa era una parte profundamente significativa de la vida religiosa para muchos judíos, tanto en Palestina como en la diáspora.

Conclusión

El mundo del Nuevo Testamento en realidad son muchos mundos. Los Evangelios se ubican en Palestina, pero las cartas de Pablo están dirigidas a ciudades como Corinto, Filipos y Roma, lejos de la tierra natal de Jesús. Es más, aunque los Evangelios relatan acontecimientos que ocurrieron en lugares como Belén, Nazaret y Jerusalén, fueron escritos por y para gente que vivía en otras partes: Antioquía, Éfeso o Roma. Las historias se cuentan con un enfoque dual: reportan lo que ocurrió *allí* y por qué es importante *aquí*, lo que ocurrió *entonces* y por qué es importante *ahora*.

Sin embargo, algo que recordar es que, en cada escrito del Nuevo Testamento, los contextos cristianos, judíos y romanos se traslapan: los intereses cristianos, los intereses judíos y los intereses romanos se superponen. La afirmación cristiana en estos escritos es que los judíos y los romanos por igual encuentran una identidad nueva en Jesucristo (véase Gá. 3:28). El Dios de Israel es la esperanza de los gentiles y es, en efecto, el Dios de todo el universo (cf. Ro. 1:20; 15:4-12).

3

Los escritos del Nuevo Testamento

Uno de los cristianos más prominentes del siglo II fue un hombre que conocemos como Justino Mártir (es decir, Justino el Mártir). Justino produjo una cantidad de escritos teológicos, pero tal vez se le conozca mejor hoy día por un solo párrafo en el que da una primera descripción de un servicio de adoración cristiano (véase el cuadro 3.1). La mayoría de los elementos de liturgias contemporáneas ya aparecen en su lugar: la predicación, las oraciones, la comida eucarística, incluso una ofrenda.

Queremos darle atención especial a una de las observaciones de Justino: «se leen, en cuanto el tiempo lo permite, los *Recuerdos de los Apóstoles* o los escritos de los profetas». ¿Qué quiere decir él con «los recuerdos de los apóstoles»? Se refiere a los escritos que ahora se encuentran en el Nuevo Testamento (específicamente los cuatro Evangelios). Estos escritos se están leyendo públicamente en la adoración, junto con «los escritos de los profetas», es decir, las Escrituras judías que figuraban en lo que ahora los cristianos llaman el «Antiguo Testamento».

Los primeros cristianos creían que las Escrituras judías proporcionaban un registro del pacto de Dios (o testamento) con Israel. Pero los cristianos también creían que Dios había hecho algo nuevo en Jesucristo y encontraron un lenguaje para describir esto en Jeremías 31:31-34, donde el profeta habla de Dios que hace un «nuevo pacto» (véase también Mt. 26:28; Mr. 14:24; Lc. 22:20; 1 Co. 11:25). Con el tiempo, los cristianos determinaron que los escritos apostólicos que testificaban de este nuevo pacto también debían contarse como Escrituras, y parecía natural llamar a estas obras «los escritos del nuevo pacto» o, simplemente, «el Nuevo Testamento».

apóstol: «uno que es enviado» (apostolos); se usa para ciertos líderes entre los primeros seguidores de Jesús, especialmente los doce discípulos y Pablo. Véase «discípulo».

pacto: en la Biblia, un acuerdo o pacto entre Dios y los seres humanos que establece los términos de su relación continua.

testamento: aquí, una relato escrito de un pacto, en este sentido, es que las partes de la Biblia se llaman «Antiguo Testamento» y «Nuevo Testamento».

La adoración cristiana en el siglo II

En el capítulo 67 de su *Primera apología*, el teólogo cristiano Justino Mártir (110-65) nos proporciona nuestro primer relato de la adoración cristiana fuera del Nuevo Testamento en sí:

> El día que se llama del sol se celebra una reunión de todos los que moran en las ciudades o en los campos, y allí se leen, en cuanto el tiempo lo permite, los *Recuerdos de los Apóstoles* o los escritos de los profetas. Luego, cuando el lector termina, el presidente, de palabra, hace una exhortación e invitación a que imitemos estos bellos ejemplos. Seguidamente, nos levantamos todos a una y elevamos nuestras preces, y estas terminadas, como ya dijimos, se ofrece pan y vino y agua, y el presidente, según sus fuerzas, hace igualmente subir a Dios sus preces y acciones de gracias y todo el pueblo exclama diciendo *amén*. Ahora viene la distribución y participación que se hace a cada uno, de los alimentos consagrados por la acción de gracias y su envío por medio de los diáconos a los ausentes. Los que tienen y quieren, cada uno según su libre determinación, da lo que bien le parece, y lo recogido se entrega al presidente y él socorre de ello a huérfanos y viudas, a los que por enfermedad o por otra causa están necesitados, a los que están en las cárceles, a los forasteros de paso, y, en una palabra, él se constituye provisor de cuantos se hallan en necesidad. Y celebramos esta reunión general del día del sol, por ser el día primero, en que Dios, transformando las tinieblas y la materia, hizo el mundo, y el día también en que Jesucristo, nuestro Salvador, resucitó de entre los muertos.

D. Ruiz Bueno, *Padres apologistas griegos*, citado por, Enrique Moliné, *Los Padres de la Iglesia*, (Ediciones Palabra, S. A., Madrid, España, 1982) 84.

Generalidades del Nuevo Testamento

Debemos comenzar considerando un «índice» básico del Nuevo Testamento. Hay veintisiete libros que varían en longitud, desde el Evangelio de Lucas (el más largo) a 3 Juan (el más corto). Los libros están clasificados en siete categorías.

1. *Los Evangelios:* Hay cuatro de ellos (Mateo, Marcos, Lucas, Juan) y tienen el nombre de las personas que tradicionalmente han sido identificadas como sus autores. Los cuatro informan de la vida, ministerio, muerte y resurrección de Jesús; de esa manera, proporcionan cuatro versiones distintas de la misma historia básica, y hay bastante coincidencia en su contenido.

2. *El libro de Hechos:* Este libro es en realidad la «segunda parte» del Evangelio de Lucas, pero se ha colocado en su propia sección en el Nuevo Testamento (después de los cuatro Evangelios), porque es el único libro que relata la historia de la iglesia primitiva, es decir, lo que ocurrió después de los acontecimientos que se relatan en los Evangelios.

3. *Las cartas de Pablo a las iglesias:* Hay nueve de estas (Romanos, 1 Corintios, 2 Corintios, Gálatas, Efesios, Filipenses, Colosenses, 1 Tesalonicenses, 2 Tesalonicenses). Si usted no está familiarizado con el Nuevo Testamento, los nombres de estos libros pueden darnos la impresión de ser raros o

difíciles de pronunciar; son referencias geográficas a la gente de diversas ciudades o regiones a las que fueron enviadas las cartas (p. ej., «efesios» eran las personas que vivían en la ciudad de Éfeso). El autor que se ha especificado en las nueve cartas es Pablo, un misionero cristiano importante. Estas cartas se presentan en el Nuevo Testamento por orden de extensión, de Romanos (la más larga) a 2 Tesalonicenses (la más corta).

4. *Cartas de Pablo a personas:* Hay cuatro de estas (1 Timoteo, 2 Timoteo, Tito, Filemón) y tienen el nombre de las personas a quienes fueron enviadas. De nuevo, se presentan en orden de longitud. El autor que se ha especificado es el mismo Pablo que está relacionado con las nueve cartas a las iglesias, y conforman, en total, trece cartas de Pablo.

5. *La carta a los Hebreos:* Esta se encuentra en una clase propia. Es una obra anónima y no sabemos quién la escribió o a quién fue enviada, pero ya que parece que fue escrita para los cristianos judíos (es decir, cristianos hebreos), tradicionalmente se le llama «La Carta a los Hebreos».

6. *Cartas de otras personas:* Hay siete de estas (Santiago, 1 Pedro, 2 Pedro, 1 Juan, 2 Juan, 3 Juan, Judas). A diferencia de las cartas de Pablo, estas no tienen el nombre de las personas a quienes fueron enviadas, sino más bien el de las personas que tradicionalmente han sido identificadas como sus autores. Frecuentemente, se les llama «Las cartas (epístolas) generales» o «Las cartas (epístolas) católicas». La palabra «católica» del segundo título no tiene nada que ver con la Iglesia Católica Romana, sino que simplemente significa «universal» o «general».

7. *El libro de Apocalipsis:* Este también está en una clase propia. Da el relato de una experiencia visionaria, como la relata alguien cuyo nombre era Juan. A veces se le llama «El Apocalipsis de Juan» (la palabra *apocalipsis* significa «revelación»).

Dos advertencias o amonestaciones se pueden hacer sonar en cuanto a las primeras impresiones de estos libros del Nuevo Testamento. Primero, los libros no están ordenados por orden cronológico. Para tomar solamente un ejemplo, los Evangelios aparecen primero en el Nuevo Testamento, pero no fueron los primeros libros en ser escritos; los cuatro probablemente fueron escritos después de la muerte de Pablo y, de esta manera, tienen que ser posteriores cronológicamente a cualquiera de las cartas que Pablo escribió. Segundo, los títulos que estos libros ahora tienen reflejan las tradiciones de la iglesia antigua, que frecuentemente no resisten un escrutinio. El primer libro del Nuevo Testamento se titula «El Evangelio según Mateo» (o simplemente «Mateo» de forma resumida), pero la Biblia en sí no dice que Mateo escribiera este libro, y muy pocos eruditos modernos piensan que él lo hubiera hecho. De igual manera, tenemos libros en nuestro Nuevo Testamento llamados «La Primera

Carta de Juan», «La Segunda Carta de Juan» y «La Tercera Carta de Juan», pero los libros en sí son anónimos y pudieron haber sido escritos en cualquier orden (están ordenados en nuestras Biblias del más largo al más corto).

Desarrollo del canon

Los autores de los libros de nuestro Nuevo Testamento no sabían que estaban escribiendo las Escrituras, nuestros libros actuales de la Biblia. No sabían que el Nuevo Testamento alguna vez existiría, mucho menos que sus escritos serían parte de él. Sin embargo, estos escritos le deben su prominencia e influencia al hecho de que llegaron a ser incluidos en esa colección.

Para entender este punto importante, imaginemos por un momento que la carta de Pablo a los Romanos simplemente llegó a nosotros como un escrito independiente, un documento de la antigüedad que presenta los pensamientos de un misionero cristiano en la cumbre de su carrera. ¿Quién lo leería y por qué? Con toda probabilidad, sería una obra interesante para los eruditos que querían reconstruir la historia antigua de una de las religiones más importantes del mundo. Pero los hombres y las mujeres de avanzada edad no lo leerían en los asilos, los profesionales de negocios no se reunirían cada semana para leerlo en los desayunos de oración y los adolescentes no memorizarían pasajes de él en los campamentos de verano. Sin duda se le consideraría un clásico de la literatura epistolar antigua (como las cartas de Cicerón), y tal vez se citaría de vez en cuando, pero probablemente no hubiese inspirado cientos de pinturas, miles de himnos y millones de sermones. El impacto y la importancia de todos los escritos del Nuevo Testamento se deben en gran parte a su inclusión en el canon cristiano.

La palabra *canon* significa literalmente «regla» o «estándar», pero los grupos religiosos la usan para referirse a un listado de libros que oficialmente son aceptados como Escrituras. En los primeros años, los cristianos simplemente reunían escritos que les parecían útiles y los compartían entre sí. Pablo animó a las iglesias a las que les escribió a intercambiar esas cartas entre sí, para que ellos pudieran leer lo que él había escrito a otras congregaciones, así como a su propia comunidad (véase Col. 4:16). De igual manera, estamos razonablemente seguros de que múltiples copias del Evangelio de Marcos se produjeron y distribuyeron a diferentes partes del Imperio romano unos cuantos años después de que fue escrito (parece que tanto Mateo como Lucas habían tenido copias). Ya que no había imprentas en ese tiempo, la producción de manuscritos era un proceso costoso y requería de mucho tiempo; sin embargo, los cristianos en todo el mundo querían copias de estos documentos y parecía que habían hecho un trabajo extraordinario al hacer y compartir copias unos con otros.

Figura 3.1. Conservación de los manuscritos. No poseemos ninguna copia original de los documentos del Nuevo Testamento tal como sus autores los produjeron. Durante siglos, los monasterios y otras instituciones copiaron los manuscritos a mano. En algunos casos, el trabajo se hizo apresuradamente y produjeron copias llenas de errores. Pero la reproducción de las Escrituras también podría considerarse como un llamado supremo, que se llevó a cabo con una seriedad meticulosa que produjo resultados sorprendentemente precisos. (Bridgeman Images)

Al principio, no era necesario un acuerdo oficial en cuanto a qué libros había que leer; por lo general, las obras que circulaban eran los escritos producidos por la gente que había fundado o dirigido las primeras iglesias, gente como Pablo y los discípulos originales de Jesús, o por lo menos, gente que había conocido a Pablo o a los discípulos originales. Esta cadena de conexión con Jesús o Pablo llegaría a ser conocida como la «tradición apostólica», y siempre y cuando las iglesias copiaran y compartieran escritos que seguían esta tradición, no era tan necesario decidir cuál de estos escritos era digno de ser etiquetado como «Escrituras».

Sin embargo, casi desde el principio hubo voces dentro del cristianismo que estaban en tensión con esa tradición en desarrollo. Con las cartas de Pablo, aprendemos que había gente que discutía por las versiones de la fe cristiana que el mismo Pablo rechazaba; esta gente predicaba un mensaje que pensaban que era «el evangelio», pero que Pablo afirmaba que era una perversión del

tradición apostólica: materiales orales o escritos que se cree que tienen una conexión estrecha con Jesús, con sus discípulos originales o con el misionero Pablo, o que se cree que son congruentes con lo que esas personas enseñaron.

Escrituras: los escritos sagrados de una religión, se cree que fueron inspiradas por Dios y se consideran como autoritativas para la fe y práctica.

evangelio (véase Gá. 1:6-9). Algunas de estas voces alternativas del movimiento cristiano probablemente también hayan producido escritos (véase 2 Ts. 2:2), pero al parecer sus obras no han sido conservadas ni incluidas en el Nuevo Testamento. En un sentido, entonces, el Nuevo Testamento no es una *colección* de los primeros escritos cristianos; más bien es una *selección* de esos escritos. El Nuevo Testamento contiene esas obras que se consideraron como las más representativas de lo que llegó a ser la corriente principal y ortodoxa.

El proceso por el que se hicieron esas selecciones fue complejo, y hay controversia entre los eruditos modernos en cuanto a cómo se hicieron los dictámenes. Sin embargo, en el siglo II dos acontecimientos hicieron que el asunto del canon fuera una presión para los cristianos.

Primero, ahora había cristianos que querían excluir los escritos que tenían vínculos con la tradición apostólica que no eran de su agrado. La figura más prominente en este aspecto fue el erudito y evangelista cristiano Marción (*ca.* 110-60), que llegó a ser importante en la primera parte del siglo II. Parece que Marción había sido influenciado por un movimiento llamado «gnosticismo»,

---

Cuadro 3.2

De Jesús a nosotros: Seis pasos en la transmisión de la tradición del Evangelio

Primera etapa: El Jesús histórico

Jesús dice y hace cosas que se consideran extraordinarias.

Segunda etapa: La tradición antigua

Oral		**Escrita**
La gente recuerda lo que Jesús dijo e hizo y comparte esas memorias con otros.	o	La gente escribe relatos breves de cosas que Jesús dijo e hizo.

Tercera etapa: Composición de los Evangelios

Los escritores de los Evangelios compilan sus libros, y se inspiran tanto en la tradición oral como en las primeras fuentes escritas para formar narraciones de la vida y obra de Jesús.

Cuarta etapa: Conservación de los manuscritos

La gente hace copias de las narraciones del Evangelio y las distribuyen.

Quinta etapa: Traducción

Los eruditos traducen copias de las narraciones del Evangelio a otros idiomas, que incluyen, con el tiempo, el nuestro.

Sexta etapa: Recepción

En las ediciones modernas de los Evangelios, escuchamos o leemos de lo que Jesús dijo e hizo.

que valoraba lo que era espiritual, pero despreciaba cualquier cosa material o física (véase «En el horizonte: El gnosticismo» en el cap. 1). También quería depurar del cristianismo las influencias judías y hacerlo una religión más puramente gentil. Marción exhortaba a sus seguidores a rechazar escritos que enseñaran una versión de la fe distinta a la que él promovía. Con el tiempo, produjo un listado aprobado de escritos que él creía que debían ser considerados como Escrituras para los cristianos: diez cartas de Pablo (todas excepto 1 Timoteo, 2 Timoteo y Tito) y una copia del Evangelio de Lucas. Él también editó estos once libros para retirar las referencias positivas al Dios judío, o a las escrituras judías, o a otros asuntos que no encajaban con su versión antijudía e hiperespiritual de la fe (afirmaba que los escritos habían sido modificados previamente por los heréticos y que, al editarlos, estaba simplemente restaurándolos a su forma original). De cualquier manera, muchos escritos que actualmente están en nuestro Nuevo Testamento fueron rechazados por Marción y sus seguidores, no porque se considerara que estuvieran en desacuerdo con la tradición apostólica, sino más bien porque esa tradición en sí se consideraba que era corrupta (impregnada de judaísmo y demasiado interesada en la vida física en un mundo material).

Segundo, había cristianos en el siglo II que comenzaron a producir escritos nuevos y a atribuirlos a la gente que había pertenecido al círculo original de testigos apostólicos. En prácticamente cada caso, estos escritos nuevos eran versiones que imitaban los libros que habían sido escritos en el siglo I: alguien escribía una carta que promovía ideas gnósticas y afirmaba que era una carta de Pablo recién descubierta; alguien más escribía un evangelio que presentaba a Jesús como un seguidor importante del gnosticismo y afirmaba que era una obra de uno de sus doce discípulos recién descubierta. Estos libros siguieron produciéndose hasta buena parte del siglo IV. Sus anacronismos e idiosincrasias hacen que las atribuciones ficticias de autoría sean fácilmente obvias hoy día, pero la producción de esos escritos sí ocasionó confusión entre los cristianos de los primeros siglos.

Por esa razón, el problema doble: por un lado, la mayoría de las iglesias cristianas querían usar solamente aquellos escritos que pudieran estar razonablemente relacionados con la tradición apostólica; por otro lado, querían usar todos los escritos que estuvieran relacionados con esa tradición, no solo los que encajaban con las preferencias ideológicas de algún maestro en particular. De esa manera, para el final del siglo II comenzaron a aparecer listados que especificaban qué escritos se pensaba que satisfacían esos criterios. Según esos listados, llega a ser evidente que la mayoría de los escritos que ahora se encuentran en nuestro Nuevo Testamento eran aceptados universalmente como testigos confiables de la tradición apostólica. Sin embargo, a siete libros les resultó difícil obtener esa aceptación: Hebreos, Santiago, 2 Pedro, 2 Juan, 3 Juan,

Judas y Apocalipsis. No tenemos ningún indicio de que estos libros alguna vez fueran denunciados o rechazados directamente, pero parece que los líderes eclesiásticos más cautelosos fueron renuentes a considerarlos a la par con los otros (es decir, como obras que debían ser consideradas como Escrituras). Sin embargo, con el tiempo surgió un consenso, y para inicios del siglo v, el canon de nuestro Nuevo Testamento actual de veintisiete libros estaba bien establecido.

Dos conclusiones en cuanto al canon de los escritos del Nuevo Testamento serían aceptadas por la mayoría de los eruditos hoy día. Por un lado, todos los libros de nuestro Nuevo Testamento actual son libros que fueron encontrados compatibles con lo que llegó a considerarse como «cristianismo apostólico»: hay ciertos asuntos básicos de fe en los que parece que hablan con unanimidad. Por otro lado, la selección de los escritos canónicos no fue estrecha, que eliminara la diversidad de opinión: los veintisiete escritos del Nuevo Testamento presentan una amplia variedad de puntos de vista, incluso posturas que a veces son difíciles de reconciliar. En efecto, si todos los autores de estos escritos se hubieran reunido en un solo salón en un momento y tiempo determinado, es casi seguro que ellos habrían discutido entre sí muchos asuntos que han seguido siendo de interés para los cristianos a lo largo de los siglos. En pocas palabras, los escritos del Nuevo Testamento demuestran una unidad básica, pero también una diversidad extraordinaria.

Cómo estudian los eruditos el Nuevo Testamento

El campo académico del estudio del Nuevo Testamento se ha desarrollado en una disciplina que abarca distintos enfoques y emplea una variedad de métodos.

La crítica textual

variante: en la crítica de texto, otra interpretación de un texto, apoyada por algunos manuscritos.

Los críticos textuales analizan los diversos manuscritos del Nuevo Testamento que se han conservado a través de los siglos y los comparan, los fechan y emplean diversas técnicas para determinar cuáles son los más confiables. Su meta es reconstruir lo que los manuscritos originales probablemente decían, y también observan las «variantes de un texto» cuando una o más de las copias que se han hecho a través de los años dicen algo distinto. Las variantes de texto significativas, a veces, se observan en las notas al pie de página en las Biblias en español (p. ej., véase la nota al pie de página de Mt. 10:3 en la NTV, que indica que al discípulo de Jesús que se llama «Tadeo» se le llama «Lebeo» en algunos manuscritos).

La arqueología

Los arqueólogos excavan las ciudades antiguas y otros sitios importantes del mundo del Nuevo Testamento, y han descubierto una enorme cantidad de pruebas físicas que proporciona información de contexto para interpretar estos textos. También han descubierto documentos antiguos de este período. Los hallazgos más importantes son la biblioteca de los Rollos del Mar Muerto, que nos dice mucho de la diversidad de la religión judía del siglo I, y la biblioteca gnóstica Nag Hammadi, que nos dice mucho de la diversidad del cristianismo primitivo.

La crítica sociológica

Los eruditos examinan el Nuevo Testamento con perspectivas y herramientas que se derivan de las ciencias sociales, como el campo de la sociología. Prestan atención a varios asuntos que caracterizaban al mundo social del Imperio romano durante la era del Nuevo Testamento: el fenómeno de la *Pax Romana*; las migraciones de la diáspora del pueblo judío; la ocupación militar de Palestina y un sistema económico que prácticamente eliminó la clase media, dejó a poca gente rica y pobres a casi todos los demás. Los eruditos del Nuevo Testamento que están especializados en sociología examinan los escritos del Nuevo Testamento para ver cómo se tratan los efectos de estos fenómenos sociales.

La antropología cultural

La antropología cultural, que se deriva de las ciencias sociales, busca entender lo que ocurre en determinada cultura por medio de la comparación con lo que se sabe de otras culturas. Los antropólogos culturales estudian asuntos como las relaciones familiares, las estructuras de poder, los roles establecidos en función del sexo, los sistemas económicos y las estrategias para la educación. En cuanto al Nuevo Testamento, ellos han analizado los códigos de pureza que definían lo que la mayoría de la gente consideraba que era «puro» e «impuro» y el sistema de valores sociales que hizo que la gente valorara la adquisición de honra por encima de todo lo demás.

La crítica histórica

La «crítica histórica» se ha usado a veces en los estudios del Nuevo Testamento como un término genérico para aquellos planteamientos que se enfocan en las circunstancias de la composición del texto (p. ej., la crítica de las fuentes, la crítica de las formas, la crítica de la redacción [todas se discuten a continuación]) a diferencia de la «crítica literaria», que abarca planteamientos que se enfocan en la interpretación del texto que ahora tenemos enfrente (p. ej., la crítica narrativa, la crítica retórica, la crítica de la recepción, la crítica ideológica [también se discuten a continuación]). Sin embargo, en un sentido estricto, la «crítica histórica» se refiere a las formas en las que un historiador puede usar el Nuevo Testamento para aprender acerca de la historia. Los historiadores (ya sean cristianos o no) ven a Jesús, a Pablo y a otras figuras del Nuevo Testamento como personas importantes e interesantes, y entienden que el surgimiento del cristianismo es uno de los desarrollos más significativos de la historia humana. De esa manera, usan el Nuevo Testamento como un recurso para entender las vidas y circunstancias de estas personas y para reconstruir los acontecimientos que ocurrieron concernientes a ellas.

La crítica de las fuentes

La disciplina de la crítica de las fuentes intenta desplazarse detrás de los textos del Nuevo Testamento para postular hipótesis en cuanto a los materiales que los autores bíblicos pudieron haber usado al componer sus documentos. Pablo habla de una liturgia cristiana primitiva en 1 Corintios 11:23-26 y parece que incorpora un himno cristiano en su carta a los filipenses (véase Fil. 2:6-11). Al parecer los autores de nuestros cuatro Evangelios también poseían algunos materiales escritos en los que se inspiraron cuando escribieron sus libros (véase Lc. 1:1). Los críticos de las fuentes tratan de identificar estos materiales y a veces, incluso, tratan de reconstruirlos.

La crítica de las formas

La disciplina de la crítica de las formas busca clasificar distintos materiales que se encuentran en el Nuevo Testamento, de acuerdo al género o tipo literario («forma») y sacar conclusiones pertinentes a la interpretación, con base en estas clasificaciones. Se pueden distinguir distintos tipos de material: genealogías, parábolas, historias de milagros, discursos, himnos, credos, proverbios y muchos más. El fruto de esas investigaciones se hará obvio en este libro cuando consideremos «Tipos de material en los Evangelios» (en el cap. 5) y «La estructura o formato típico de una carta» (en el cap. 11). Los críticos de las formas generalmente están interesados en identificar el *sitz im Leben* («situación en la vida») en que cada uno de estos tipos de literatura habría encajado, lo cual implica ciertas suposiciones en cuanto a propósito: una broma podría emplearse para entretener, mientras que una oración podría emplearse para adoración. Los críticos de las formas han practicado su disciplina en conjunto con la crítica de las fuentes, pero con la visión de discernir las fuentes orales que están detrás de los textos del Nuevo Testamento.

análisis de la composición: el estudio de cómo las unidades están organizadas en un libro particular, orden o ubicación, secuencia y arreglo estructural.

La crítica de la redacción

La crítica de la redacción, que se usa principalmente en los estudios de los Evangelios, trata de determinar las intenciones particulares de los autores del Nuevo Testamento al analizar cómo ordenaron y editaron su texto fuente. La disciplina típicamente involucra dos métodos: (1) el *análisis de la composición* considera cómo están ordenadas diversas unidades dentro del libro en particular, el orden o ubicación de las unidades individuales, la secuencia del material y la organización general del libro; y (2) el *análisis de la enmienda* considera las alteraciones que el autor del Evangelio probablemente haya hecho en el texto fuente: adiciones, omisiones y otros cambios que revelan las prioridades y preferencias del autor. Para los resúmenes de los análisis de la crítica de la redacción de los Evangelios de Mateo y Lucas, véase el cuadro 6. 2 y el cuadro 8.2.

análisis de la enmienda: el estudio de las alteraciones que el autor probablemente hacía al texto fuente, adiciones, omisiones y otros cambios que revelan las prioridades y preferencias del autor.

La crítica de la narrativa

La crítica de la narrativa, que también se usó principalmente con los Evangelios (y el libro de Hechos), se inspira en la comprensión del análisis literario moderno, para determinar los efectos particulares que se espera que las historias bíblicas tengan en sus lectores.

Al igual que en la crítica de la redacción, la crítica de la narrativa se interesa en tratar cada libro por sí solo y en tratar de discernir lo que es característico en él, pero en tanto que la crítica de la redacción se enfoca en su composición (la forma en que el autor organizó y editó el material), la crítica de la narrativa se enfoca en la recepción (cómo se espera que la obra impacte o afecte a los lectores). La crítica de la narrativa frecuentemente analiza un Evangelio de la forma en que los críticos literarios interpretan una historia corta: le ponen atención a la forma en que avanza la trama, en que los personajes se desarrollan, la forma en que se presenta o resuelve el conflicto y la forma en que las características de la retórica, como el simbolismo y la ironía, afectan la percepción del lector de lo que está ocurriendo.

La crítica de la retórica

El foco de la crítica de la retórica está en las estrategias empleadas por los autores bíblicos para cumplir propósitos particulares. Los críticos de la retórica se interesan no solo en el punto que una obra quiere aclarar, sino también en la base en la que ese punto se establece (los tipos de argumentos o pruebas que se usan): a veces se cita la evidencia externa o documentación; a veces se nombra a un personaje confiable para el autor; en otras ocasiones se apela a las emociones o sentido de lógica del lector.

La crítica de la recepción

El acercamiento a los textos del Nuevo Testamento conocido como crítica de la recepción se enfoca en la forma en que los lectores han entendido y podrían entender el texto, quienes los emplean de diferentes maneras y en diversos contextos. Típicamente, a los críticos de la recepción les interesa la «polivalencia», es decir, la capacidad de que cualquier texto signifique cosas diferentes para

Figura 3.2. Estudiantes de las Escrituras. La inclinación cristiana a estudiar las Escrituras de una manera académica y seria se deriva del judaísmo. Los rabinos judíos establecieron primero los estándares para la interpretación de las Escrituras, muchos de los cuales todavía se respetan hoy día. En las casas judías, la instrucción en las Escrituras puede comenzar en la niñez; en efecto, muchos niños judíos aprenden hebreo para entender mejor la Biblia. (Bridgeman Images)

personas distintas. La mayoría de los críticos de la recepción se interesan en explorar la forma en que los lectores contribuyen al proceso de interpretación, les dan su propia perspectiva y presuposiciones a los textos y los leen a la luz de eso. Por ejemplo, analizan cómo los factores de la ubicación social (edad, sexo, nacionalidad, condición económica, etc.) inevitablemente afectan las formas en que los lectores emplean los textos y ayudan a determinar lo que creen que esos textos significan. Un tipo de crítica de la recepción conocido como *Wirkungsgeschichte* («historia de la influencia») busca documentar y explicar cómo determinados textos se han leído a lo largo de la historia, cómo se han usado en las discusiones teológicas, en la liturgia, en la predicación, en el arte y en otras formas de recepción, tanto académica como popular.

Las críticas ideológicas

Hay una cantidad de enfoques al Nuevo Testamento, un poco relacionados con la crítica de la recepción, que buscan explorar la forma en que estos escritos podrían interpretarse cuando se leen desde perspectivas ideológicas particulares. Las diferentes críticas feministas exponen lo que los distintos libros o pasajes quieren decir cuando se leen desde un punto de vista feminista. Un campo relacionado interpreta los textos desde una perspectiva específica de las mujeres afroamericanas, y un campo en desarrollo llamado «crítica mujerista» hace lo mismo desde la perspectiva de las mujeres latinoamericanas. La «crítica poscolonial» resalta las interpretaciones desde las perspectivas de la gente marginada y oprimida en el mundo, especialmente de Asia, África o América Latina. Estos enfoques y otros similares (marxista, jungiano, etc.)

buscan presentar interpretaciones que otros eruditos pudieron pasar por alto debido a las limitaciones de sus propias perspectivas ideológicas, generalmente no reconocidas. Ellos también hacen preguntas en cuanto a las perspectivas ideológicas de los mismos autores bíblicos, y buscan exponer suposiciones ideológicas que puedan ser inherentes en los textos producidos en culturas y contextos particulares.

La deconstrucción

El enfoque a los textos llamado «deconstrucción» es más bien un modo extremo de interpretación que surgió a finales del siglo XX y llegó a ser popular con eruditos influenciados por la filosofía posmoderna. Trata de demostrar que todas las interpretaciones propuestas son constructos ideológicos que no tienen ninguna afirmación objetiva de legitimidad. El proceso de interpretación inevitablemente favorece ciertas posibilidades a expensas de otras. De esa manera, los eruditos posmodernos frecuentemente sostienen que la interpretación revela más acerca del intérprete que del texto, y emplean el método de la deconstrucción para demostrar que las interpretaciones propuestas de cualquier texto determinado dependen del criterio subjetivo: pueden ser interpretaciones correctas desde un punto de vista en particular, pero cualquier cantidad de otras interpretaciones tendrían que considerarse como igualmente válidas. Desde la perspectiva posmoderna, el significado en cualquier sentido absoluto es inalcanzable. Aun así, los intérpretes pueden «jugar» con los textos, y eso puede valer la pena si aprenden cosas de sí mismos y de otros intérpretes en el proceso. De manera positiva, la deconstrucción frecuentemente resalta posibilidades olvidadas para el significado bíblico y hace preguntas en cuanto a por qué no se han explorado más completamente esos enfoques.

filosofía posmoderna: el enfoque relativista a la vida y pensamiento que niega los absolutos y la objetividad.

Exégesis y hermenéutica

Los eruditos bíblicos a veces hacen una distinción entre exégesis y hermenéutica. El primer término, *exégesis*, se refiere al estudio académico de la Biblia, con un énfasis en la explicación propiamente dicha de los textos; los enfoques académicos descritos anteriormente implican el uso de los métodos exegéticos. El segundo término, *hermenéutica*, se refiere más ampliamente a la reflexión filosófica en el proceso de interpretación, incluso la consideración de preguntas en cuanto a cuál debe ser la meta de la interpretación, y a las diversas formas en que los pasajes bíblicos pueden considerarse significativos o acreditados. ¿Debe estudiarse el Nuevo Testamento como una colección de documentos históricos para determinar qué revelan acerca de los orígenes de la religión cristiana? ¿Debe analizarse y evaluarse por sus cualidades estéticas y artísticas? ¿Debe abordarse como un recurso para el desarrollo de dogmas religiosos? ¿Debe estudiarse (académicamente) como Escrituras, como un libro que revela los propios pensamientos de Dios? Y, si así fuera, ¿qué significa eso? Una persona puede creer que el Nuevo Testamento es la palabra inerrante de Dios; otra puede considerar que contiene libros que retienen las marcas tanto de inspiración divina como de falibilidad humana. Claramente, la interpretación del Nuevo Testamento puede verse afectada por las distintas suposiciones hermenéuticas que los intérpretes hacen en cuanto a estos escritos.

Uno de los errores más comunes que cometen los estudiantes cuando son nuevos en el campo de los estudios bíblicos académicos es asociar los métodos exegéticos particulares con posturas hermenéuticas específicas. He aquí algunos ejemplos: (1) el estudiante lee un libro de un arqueólogo que afirma proporcionar prueba de que ciertas historias bíblicas son fácticas y correctas, por lo que el estudiante llega a la conclusión de que los eruditos que quieren demostrar la exactitud de las narraciones bíblicas típicamente usan la arqueología; (2) el estudiante lee un libro de un crítico de la redacción que afirma que los autores de los Evangelios editaron su texto fuente de maneras que revelaban que tenían motivos inconsecuentes y opuestos, por lo que el estudiante llega a la conclusión de que los eruditos que quieren hacer énfasis en puntos contradictorios de las Escrituras típicamente usan la crítica de la redacción; (3) el estudiante lee un libro de un crítico de la retórica que sostiene que el argumento de Pablo en una carta en particular es tan persuasivo que todos deben aceptarlo hoy día, por lo que el estudiante llega a la conclusión de que los eruditos que quieren animar a los lectores a aceptar lo que los autores bíblicos enseñaron como válido para nuestra época típicamente usan la crítica de la retórica; y (4) el estudiante lee un libro de un crítico de la narrativa que considera que los Evangelios son cuentos ficticios, por lo que el estudiante llega a la conclusión de que los eruditos que no creen que los Evangelios dan relatos exactos históricamente de los acontecimientos del siglo I típicamente usan la crítica de la narrativa.

Todas estas conclusiones son falsas. Todos los métodos exegéticos y las disciplinas académicas descritas anteriormente son utilizados por personas que funcionan con suposiciones e intereses distintos. Los métodos en sí son simplemente herramientas que se emplean con propósitos muy distintos, por personas con actitudes y metas diferentes. El estudiante principiante debe ser cuidadoso de no evaluar la legitimidad o el valor de un método con base en una exposición limitada a su uso. Adicionalmente, la mayoría de los eruditos usan estos métodos, combinándolos entre sí; ellos examinan un texto con un enfoque para responder un conjunto de preguntas y usan otro enfoque para responder un conjunto distinto de preguntas. Usan un método un día y otro método el día siguiente.

Conclusión

Los escritos del Nuevo Testamento no solo se leen; se estudian. De hecho, probablemente sea seguro decir que estos libros han sido investigados más cuidadosamente y analizados con más detenimiento que cualquier otro escrito de la historia. El campo académico de los estudios del Nuevo Testamento ha llegado a ser una disciplina que abarca muchos enfoques distintos y emplea una variedad de métodos. Algunos eruditos están más interesados en las preguntas históricas; dependen de la arqueología para reconstruir los escenarios en los que se escribieron los libros del Nuevo Testamento, y sacan provecho del entendimiento de la sociología, de la antropología cultural y de otras disciplinas para entender lo que se reporta dentro del contexto del mundo antiguo. Otros eruditos tienden a estar más interesados en comprender los mensajes que los libros transmiten o en los efectos que los mismos esperan tener en sus lectores, por lo que dependen más de los métodos que analizan las características retóricas y literarias de los textos. Y, por supuesto, muchos eruditos del Nuevo Testamento están interesados en los asuntos teológicos, por lo que estudian estos escritos a la luz de los intereses específicos ideológicos y doctrinales. En un sentido general, los distintos enfoques metodológicos al Nuevo Testamento se pueden comparar a las llaves en un aro: las distintas llaves abren puertas diferentes y conceden acceso a distintas clases de conocimiento. Es difícil saber al principio qué puertas uno quiere abrir. Por consiguiente, el mejor consejo para los intérpretes bíblicos incipientes generalmente es este: Traten de obtener un juego de llaves tan completo como sea posible.

4

Jesús

Levántese un domingo en la mañana y conduzca por su ciudad. Si vive en los Estados Unidos, encontrará iglesias, así como lo haría en muchos otros países. Son de muchas clases: denominaciones históricas e innovaciones recientes, comunidades de adoración, de «marcas» y genéricas. Encontrará gente que se reúne en catedrales elevadas y en locales comerciales alquilados, en auditorios espaciosos y en santuarios estilo hacienda. Verá vestimentas y menajes, vitrales y pantallas de video, costosas obras de arte encargadas y carteles improvisados de mal gusto. Y la gente es tan diversa como su mobiliario.

Ahora bien, he aquí un hecho sorprendente: toda esa gente se ha levantado y se ha reunido con otros el domingo en la mañana por causa de una persona: un judío que nació al otro lado del mundo hace más de dos mil años.

¡Escuche!

Oirá a la gente cantar:

> Dominará Jesús el Rey
> En todo pueblo bajo el sol;…
>
> …
>
> Oh, qué amigo nos es Cristo
> Él llevó nuestro dolor…
>
> …
>
> Loores dad a Cristo el Rey, suprema potestad;
> De su divino amor la ley, postrados aceptad…

Escuchará congregaciones confesar un credo:

> Creemos en un solo Señor, Jesucristo,
> Hijo único de Dios,
> nacido del Padre antes de todos los siglos:

La importancia histórica de Jesús

En una mañana de primavera, alrededor del año 30 e. c., tres hombres fueron ejecutados por las autoridades romanas de Judea. Dos eran «bandoleros»... El tercero fue ejecutado como otra clase de criminal político. No había robado, saqueado, asesinado, ni siquiera guardado armas. Sin embargo, se le acusó de haber afirmado ser el «rey de los judíos», un título político. Los que observaban... sin duda pensaron que el mundo observaría poco lo que pasó aquella mañana de primavera... Por supuesto, resultó ser que este tercer hombre, Jesús de Nazaret, llegaría a ser una de las figuras más importantes de la historia humana.

—E. P. Sanders*

Independientemente de lo que cualquiera pueda pensar o creer de él personalmente, Jesús de Nazaret ha sido la figura dominante de la historia de la cultura occidental durante casi veinte siglos. Si fuera posible, con alguna clase de superimán, retirar de esa historia cada migaja de metal que tuviera por lo menos un vestigio de su nombre, ¿cuánto quedaría?

—Jaroslav Pelikan†

*E. P. Sanders, The Historical Figure of Jesus [La figura histórica de Jesús] (Londres: Penguin, 1993), 1.
†Jaroslav Pelikan, Jesus through the Centuries [Jesús a través de los siglos] (New Haven: Yale University Press, 1985), 1.

> Dios de Dios, Luz de Luz,
> Dios verdadero de Dios verdadero,
> engendrado, no creado,
> de la misma naturaleza que el Padre.

Escuchará a un evangelista que exhorta a las personas a aceptar a Jesús como su Señor y Salvador personal, y que las invita a pedirle que entre a sus corazones para limpiarlas de pecado. Escuchará adoradores inspirados que afirman que Jesús les ha hablado esa misma mañana y les ha dado palabras de guía para otros que están presentes. Escuchará a un sacerdote que recita en latín o en griego, y que promete a los que se han reunido que están a punto de comer la carne de Jesús y beber su sangre.

Si usted no es una de esas personas, si no es cristiano, todo esto puede parecerle extraño. Incluso si es cristiano, algo de esto puede parecerle extraño, porque probablemente usted tenga algunas ideas sobre cuáles grupos de cristianos tienen razón en cuanto a Jesús, y cuáles no.

Jesús en el Nuevo Testamento: Terrenal y exaltado

Jesús es la figura central del Nuevo Testamento; cada libro se escribió por él y, en cierto sentido, acerca de él. Aun así, se puede hablar de dos formas distintas del Jesús de quien leemos en el Nuevo Testamento. Primero, el Nuevo Testamento nos habla de un hombre llamado «Jesús», que vivió en Galilea y que dijo e hizo muchas cosas extraordinarias antes de que finalmente fuera crucificado. Segundo, el Nuevo Testamento también habla de Jesús como una figura exaltada y eterna, que existió antes de la creación, que ahora sigue reinando desde el cielo, sentado a la diestra de Dios y que mora en los corazones de los que creen en él.

La fe y doctrina cristianas afirman la unidad de estas dos figuras: son el mismo Jesús, no dos distintos. Aun así, los eruditos cristianos frecuentemente descubren que es útil distinguir entre los dos, especialmente cuando interpretan el Nuevo Testamento. Por ejemplo, hay un pasaje en el Evangelio de Mateo en el que Jesús les dice a sus discípulos: «A los pobres siempre los tendrán con ustedes, pero a mí no me van a tener siempre» (26:11). Luego, más adelante en el Evangelio de Mateo, Jesús les dice a estos mismos discípulos: «estaré con ustedes siempre» (28:20). El primer pasaje se refiere a lo que los eruditos llaman la figura de Jesús terrenal, histórica (o, a veces, «el Jesús antes de la Pascua»), el hombre que vivió en Galilea y que dijo a sus discípulos que no estaría presente con ellos en la tierra para siempre. Pero luego, en el segundo pasaje, cuando Jesús dice: «estaré con ustedes siempre», debe referirse a otra cosa. Los teólogos cristianos dirían que el Jesús eterno exaltado («el Jesús después de la Pascua») está presente de una manera que la figura terrenal e histórica no lo está.

La figura terrenal de Jesús en el Nuevo Testamento: Generalidades

Los Evangelios del Nuevo Testamento se refieren sistemáticamente a Jesús como un judío de Nazaret, una pequeña aldea de la provincia de Galilea. Es el hijo de José y María y tiene varios hermanos y hermanas. Es un campesino judío que trabaja como *tektōn*, una especie de carpintero u obrero de construcción. No se dice casi nada de su vida temprana, aunque se implica algún proceso de educación con el hecho de que, como adulto, sabe leer (Lc. 4:16-20) y es conocedor de las Escrituras. No se dice nada de su estado civil, lo que probablemente quiere decir que debe considerársele un adulto soltero, comprometido (¿por razones religiosas?) con una vida de celibato (cf. Mt. 19:12).

El Nuevo Testamento se enfoca principalmente en el último año de la vida de Jesús. Es bautizado por Juan el Bautista, un apasionado predicador del arrepentimiento, que parece haber formado su ministerio con el ejemplo de profetas del Antiguo Testamento como Elías. Luego Jesús comienza un ministerio público propio y viaja por todas las aldeas de Galilea, enseñando, predicando y sanando. Llama a discípulos para que lo sigan y elige a doce de esos discípulos para que constituyan un grupo más íntimo de seguidores, siguiendo el modelo de las doce tribus de Israel. Algunas facetas de su ministerio son especialmente dignas de atención:

- Es un ministerio *itinerante*. En tanto que Juan el Bautista predicaba en el desierto, esperando que las multitudes salieran a escucharlo, Jesús predica en el camino, y lleva su mensaje a diferentes grupos a medida que él y sus discípulos se trasladan de un lugar a otro (véase Mt. 8:20).

- Es un ministerio *rural*. Aunque había ciudades grandes en Palestina (Cesarea, Séforis, Tiberias), no se dice nunca que Jesús visitara alguna de ellas, excepto Jerusalén; el foco de su ministerio son las aldeas y los pueblos comerciales, lugares como Betsaida y Capernaúm. Frecuentemente, se le describe ministrando a la gente en ambientes al aire libre (p. ej., al lado del mar de Galilea).

- Es un ministerio *judío*. A pesar de los encuentros ocasionales con gentiles o samaritanos, el ministerio de Jesús está dirigido principalmente a judíos y se conduce con términos significativos para el pueblo judío. Con frecuencia, enseña en las sinagogas, cita las Escrituras judías y discute temas como la forma en que la ley judía se puede cumplir de mejor manera y cómo se cumplen los escritos de los profetas judíos.

De esa manera, el Nuevo Testamento presenta a Jesús como un campesino judío que asume los papeles de rabino y profeta en favor de otros campesinos judíos de Galilea, durante el gobierno de Herodes Antipas; adicionalmente, la fase más prominente de su ministerio ocurre precisamente después de que Herodes arresta a Juan el Bautista (véase Mr. 1:14).

En cuanto a contenido, el tema más prominente que Jesús trata en el Nuevo Testamento es la inminencia y certidumbre del gobierno de Dios. Jesús usa frecuentemente la frase «reino de Dios» (o a veces «el reino de los cielos») para describir la esfera y el poder de la influencia de Dios, un fenómeno que ni el tiempo ni el espacio pueden restringir. Según Jesús, el «reino de Dios» (una frase que también se puede traducir como «gobierno de Dios» o «reinado de Dios») no solo está en el cielo o en el futuro, sino que es una realidad que ha de experimentarse aquí y ahora. Cuando Jesús dice: «El reino de Dios está cerca» (Mr. 1:15), quiere decir algo así: «Dios está listo y dispuesto para gobernar nuestra vida, aquí mismo y ahora mismo». Pero eso no es todo; el reino también tiene una dimensión futura, y el Nuevo Testamento presenta a Jesús que habla de eso también. Habrá un juicio final en el que el mismo Jesús presidirá, y a los seres humanos se les concederá acceso a la dicha eterna o se les condenará al castigo eterno, según su condición con relación a Dios y al mismo Jesús. Él indica que las bendiciones del reino futuro son para los que creen en él y que son fieles a él de palabra y obra.

El énfasis general en la presencia y el poder de Dios tiene numerosas implicaciones. Otros temas prominentes en las enseñanzas y predicación de Jesús incluyen: (1) un llamado a la lealtad firme a Dios y a la confianza absoluta en Dios; (2) una promesa de perdón que lleva a la reconciliación de pecadores y a una nueva inclusión de marginados entre el pueblo de Dios; (3) una revaluación de ciertas interpretaciones legales, particularmente aquellas que se consideran agobiantes o que se consideran que fomentan el elitismo espiritual; (4) una «ética de amor» radical, que declara que el amor a Dios y al prójimo son una sinopsis de todas las demandas de Dios y que impulsa a la gente a amar a todos, incluso a sus enemigos y (5) una reversión de juicios de valor que insiste en que Dios favorece al pobre más que al rico y al humilde más que al poderoso, con

El reino de Dios en las enseñanzas de Jesús

Jesús enseña frecuentemente acerca del «reino de Dios». A veces parece que habla del reino presente de Dios en las vidas humanas; otras veces parece que habla de un reino futuro donde la gente vivirá por siempre con Dios en el cielo. A menudo, parece que sus referencias al «reino de Dios» conllevan ambos significados. El reino de Dios es un fenómeno que ni el tiempo ni el espacio pueden limitar; es tanto un reino presente como un reino futuro.

- «Busquen primeramente el reino de Dios y su justicia» (Mt. 6:33; cf. Lc. 12:31).
- «Si expulso a los demonios por medio del Espíritu de Dios, eso significa que el reino de Dios ha llegado a ustedes» (Mt. 12:28; cf. Lc. 11:20).
- «Se ha cumplido el tiempo —decía—. El reino de Dios está cerca. ¡Arrepiéntanse y crean las buenas nuevas!» (Mr. 1:15; cf. Mt. 4:17).
- «El reino de Dios se parece a quien esparce semilla en la tierra. Sin que este sepa cómo y sea que duerma o esté despierto, día y noche brota y crece la semilla» (Mr. 4:26-27).
- «Les aseguro que algunos de los aquí presentes no sufrirán la muerte sin antes haber visto el reino de Dios llegar con poder» (Mr. 9:1; cf. Mt. 16:28; Lc. 9:27).
- «Más te vale entrar tuerto en el reino de Dios que ser arrojado con los dos ojos al infierno» (Mr. 9:47).
- «Dejen que los niños vengan a mí, y no se lo impidan, porque el reino de Dios es

de quienes son como ellos» (Mr. 10:14; cf. Mt. 19:14; Lc. 18:16).
- «El que no reciba el reino de Dios como un niño de ninguna manera entrará en él» (Mr. 10:15; cf. Mt. 18:3).
- «¡Qué difícil es para los ricos entrar en el reino de Dios!» (Mr. 10:23; cf. Mt. 19:23; Lc. 18:24).
- «No volveré a beber del fruto de la vid hasta aquel día en que beba el vino nuevo en el reino de Dios» (Mr. 14:25).
- «Dichosos ustedes los pobres, porque el reino de Dios les pertenece» (Lc. 6:20).
- «Allí habrá llanto y rechinar de dientes cuando vean en el reino de Dios a Abraham, Isaac, Jacob y a todos los profetas, mientras a ustedes los echan fuera» (Lc. 13:28).
- «La venida del reino de Dios no se puede someter a cálculos. No van a decir: "¡Mírenlo acá! ¡Mírenlo allá!" Dense cuenta de que el reino de Dios está entre ustedes» (Lc. 17:20-21).
- «Quien no nazca de nuevo no puede ver el reino de Dios» (Juan 3:3).

Compare estas referencias de las cartas de Pablo:

- «Porque el reino de Dios no es cuestión de comidas o bebidas, sino de justicia, paz y alegría en el Espíritu Santo» (Ro. 14:17).
- «El reino de Dios no es cuestión de palabras, sino de poder» (1 Co. 4:20).
- «El cuerpo mortal no puede heredar el reino de Dios» (1 Co. 15:50).

la consecuencia obvia de que los que quieran agradar a Dios deben humillarse a sí mismos, por medio de la pobreza y el servicio voluntarios.

El Nuevo Testamento también presenta a Jesús enseñando sobre sí mismo, es decir, acerca de su identidad como alguien que tiene una relación única con Dios, y que habla prolépticamente, es decir, de una manera que anticipa los asuntos de interés para los cristianos en la vida de la iglesia primitiva (véase, p. ej., Mt. 18:15-18). Frecuentemente, se refiere a sí mismo en tercera persona como «el Hijo del Hombre», y también quiere que se le identifique (por lo menos en privado) como el Mesías y como el Hijo de Dios. En general, parece que Jesús indica que la posibilidad y necesidad de vivir bajo el gobierno de Dios es una realidad nueva, que ahora está disponible debido a él: Jesús es el mediador por medio del cual las personas experimentan el poder y la presencia del gobierno de Dios.

El estilo o la conducta del ministerio de Jesús también merece atención. Concretamente, a él le gusta contar parábolas, aunque también usa proverbios, aforismos y otras formas memorables del lenguaje, asociadas con la tradición de la sabiduría judía. Además, se le describe realizando lo que podría llamarse «acciones proféticas» (exhibiciones públicas poco convencionales con el propósito de aclarar un asunto en particular). El Antiguo Testamento narra que Isaías anduvo desnudo por tres años para ilustrar la vergüenza que le llegaría a Israel cuando la nación fuera llevada al exilio (Is. 20:3), y que Jeremías llevó puesto un yugo (Jer. 27:1-7) y quebró un cántaro (Jer. 19:1-11). Los hechos proféticos que se le atribuyen a Jesús incluyen cenar con recaudadores de impuestos (Mr. 2:15-17), entrar a Jerusalén montado en un burro (Mr. 11:1-10) y voltear las mesas de los cambistas de dinero en el patio del templo (Mr. 11:15-17).

Otro aspecto prominente del ministerio de Jesús en el Nuevo Testamento es su práctica regular de sanar a los enfermos. Él purifica a los leprosos; hace que el mudo hable, que el sordo oiga y que el ciego vea, permite que el cojo

parábola: historia o dicho figurado que transmite una verdad espiritual a través de la referencia a fenómenos rutinarios y terrenales.

Figura 4.1. Niños en el mercado. Jesús se comparó a sí mismo y a Juan el Bautista con los niños que tocan música en un mercado. No importa qué clase de música toquen —cantos fúnebres o bailes festivos—, la mayoría de la gente no pone atención. De igual manera, Jesús y Juan tenían estilos de ministerio muy distintos, pero ambos fueron desestimados por muchos (véase Mt. 11:16-19; Lc. 7:31-35). (Lalo García)

o paralítico camine. Frecuentemente, estas curaciones se llevan a cabo por actos de exorcismo. Las personas sufren de diversas aflicciones porque están poseídas por demonios, pero cuando Jesús obliga a los espíritus inmundos a irse, la gente se cura instantáneamente. Jesús dice que es capaz de hacer esto porque el reino de Dios ha llegado (Mt. 12:28); de esa manera, sus curaciones y exorcismos también se convierten en hechos proféticos, que ilustran su mensaje central en cuanto a la presencia y al poder del gobierno de Dios. En unos cuantos casos, hasta le devolvió la vida a la gente. También hace lo que a veces se llama «milagros de la naturaleza», y realiza cosas que comúnmente son imposibles para un ser humano: camina sobre el agua, multiplica una cantidad limitada de comida, transforma el agua en vino, controla el clima, marchita una higuera. En la medida en que estos milagros son hechos proféticos, sirven para ilustrar el poder de la fe en Dios (véase Mt. 14:28-31; Mr. 11:21-24); a veces, también parece que tienen significado simbólico, por ejemplo, el agua transformada en vino simboliza una transformación de la vida rutinaria a la vida abundante (véase Jn. 2:1-11).

De cualquier manera, el ministerio de Jesús lo pone en conflicto con los líderes religiosos de Israel. No están de acuerdo con él en muchos asuntos en cuanto a la interpretación de la ley (p. ej., las regulaciones del día de reposo, el criterio para el divorcio) y la práctica apropiada de la piedad (p. ej., el ayuno, el lavado ritual de las manos, el dar ofrenda, el uso de filacterias). Según el Nuevo Testamento, estos líderes están celosos de la popularidad de Jesús entre la gente, y están escandalizados, porque se relaciona en público con los pecadores; también están ofendidos por su afirmación de que habla con una autoridad divina que sobrepasa nuestro propio juicio. Pero para Jesús, ellos también son ofensivos: los considera insensatos pedantes, falsos e hipócritas y parangones pomposos de arrogancia, por lo que los denuncia en público, precisamente con esos términos.

La carrera del Jesús terrenal llega a un clímax cuando se le arresta en Jerusalén, en lo que el Nuevo Testamento presenta como cargos inventados. Él quiere preparar a sus discípulos para este trauma al exponer conocimiento previo de lo que ocurrirá, prediciendo exactamente lo va a pasar y llevando a cabo una comida final con sus seguidores, llena de últimas palabras y consejos para ellos, a fin de que los sigan en los días venideros. Su muerte se presenta en el Nuevo Testamento como resultado del mal colectivo: los oponentes judíos de alto rango lo quieren fuera del camino y manipulan a un gobernador (Poncio Pilato) que, como era de esperar, era injusto, para que ordene la tortura y ejecución de un hombre que él sabe que es inocente. Hasta los propios discípulos de Jesús contribuyen a su muerte vergonzosa, ya que uno de ellos lo traiciona, todos lo abandonan y el hombre que era su mano derecha (Pedro) niega saber quién es Jesús. Clavado en una cruz, Jesús sufre y muere; su cuerpo es colocado en una

exorcismo: la acción de expulsar un demonio de una persona o cosa.

demonio: espíritu malo (o «impuro»), capaz de poseer a las personas y de incapacitarlas con alguna clase de enfermedad o incapacidad.

Figura 4.2. El Jesús universal. A lo largo de la historia, la gente de distintas culturas frecuentemente ha concebido a Jesús (y a veces a la Virgen María) desde el punto de vista apropiado a su contexto particular. No han tratado de representar a María y a Jesús como «realmente eran» en la Palestina del siglo I, sino como pueden parecerles a los devotos a través de los ojos de la fe. Cp. fig. 4.3. (*izquierda*, Rose Walton; *derecha*, Bridgeman Images)

tumba donada por un compasivo miembro de la élite judía. Entonces, así como lo predijo, resucita de los muertos y se les aparece a varios de sus seguidores.

El Jesús terrenal como lo entienden los autores individuales del Nuevo Testamento

El esbozo anterior del Jesús terrenal se parece a lo que frecuentemente se enseña y se cree de Jesús en las iglesias cristianas y en las clases de escuela dominical. Sin embargo, el estudio académico del Nuevo Testamento le da un enfoque un poco distinto al tema: la meta principal de semejante estudio no es entender lo que los cristianos creen de Jesús, sino entender los escritos del Nuevo Testamento en sí. Este no es un tema totalmente distinto; obviamente hay mucho traslapo entre «los escritos del Nuevo Testamento» y «lo que los cristianos creen de Jesús», ya que las creencias cristianas se basan en esos escritos. Aun así, los temas no son exactamente los mismos, y vamos a ver algunas de las formas más importantes en las que típicamente difieren.

Las creencias cristianas acerca de Jesús generalmente buscan abarcar todo lo que el Nuevo Testamento enseña en cuanto a él, todo lo que se afirma en los distintos libros combinados. Sin embargo, para entender cualquier escrito particular del Nuevo Testamento, es necesario enfocarse en lo que un libro o autor dice, al margen de la consideración de lo que se dice en otros libros. De esa manera, en los estudios del Nuevo Testamento es usual hablar del «Jesús de Mateo» o del «Jesús mateano», del «Jesús de Juan» o del «Jesús juanino», del «Jesús de Pablo» o del «Jesús paulino», y así sucesivamente. Eso puede ser un poco confuso o impresionante para un estudiante principiante, por lo que unos cuantos ejemplos ilustrarán el asunto.

En el Evangelio de Mateo, Jesús no pide información de sus discípulos ni de otra gente. En el Evangelio de Marcos, Jesús les hace preguntas a sus discípulos como: «¿Cuántas hogazas tienen ustedes?» (6:38) y «¿Qué están discutiendo con ellos?» (9:16). Las historias en las que aparecen estas preguntas se encuentran también en el Evangelio de Mateo, pero en Mateo las historias se cuentan de una manera que no se hacen preguntas (véase 14:16-18; 17:14-16). Hay varios ejemplos más de esto. ¿Qué debemos hacer con semejante fenómeno? Definitivamente, Jesús sí le pidió información a la gente, el Nuevo Testamento aclara eso. Pero el Jesús de Mateo no le pide información a la gente. Reconocer este hecho quizá no nos ayude a saber algo de Jesús (una meta de la teología y fe cristiana), pero sí nos ayuda a entender el Evangelio de Mateo (una meta del estudio del Nuevo Testamento). Para obtener una comprensión firme del Evangelio de Mateo debemos preguntar: «¿Por qué este libro no presenta a Jesús pidiendo información? ¿Es simplemente una coincidencia que no lo haga? ¿O el autor está tratando de demostrar algo?».

Tomemos otro ejemplo. En el Evangelio de Juan, Jesús no realiza ningún exorcismo y no cuenta ninguna parábola. Por los demás Evangelios, sabemos que Jesús sí hizo exorcismos y contó parábolas. Por lo que el Jesús de los Evangelios sinópticos hace esas cosas, pero el Jesús juanino no. De nuevo, saber esto probablemente no enriquezca nuestra comprensión de la vida y misión del Jesús terrenal, pero puede contribuir significativamente a nuestra comprensión de un libro en particular del Nuevo Testamento: los eruditos que estudian el Evangelio de Juan quieren saber por qué este libro no incluye exorcismos ni parábolas.

Los estudiantes del Nuevo Testamento tienen que acostumbrarse a escuchar declaraciones como las siguientes:

- El Jesús mateano insiste en que todos los mandamientos de la ley permanecerán válidos hasta el fin de los tiempos (Mt. 5:18).
- El Jesús marcano es incapaz de hacer milagros para los que carecen de fe (Mr. 6:5; cf. Mt. 13:58).
- El Jesús lucano promete que Dios dará el Espíritu Santo a quienes lo pidan (Lc. 11:13; cf. Mt. 7:11).
- El Jesús juanino frecuentemente usa metáforas para describirse a sí mismo (Juan 6:35; 8:12; 10:7, 11; 11:25; 14:6; 15:1).

Para algunos estudiantes, particularmente los que están más empapados en la fe y tradición cristiana, son más preocupantes las declaraciones que parece que indican que un libro contradice las creencias o valores del cristianismo.

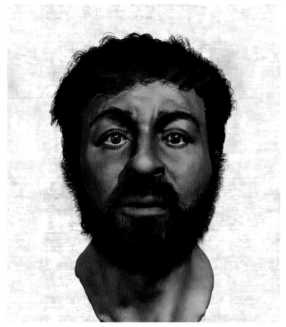

Figura 4.3. ¿El Jesús histórico? Esta «cabeza de Cristo reconstruida» fue producida por Richard Neave, un científico forense y artista médico en la Universidad de Manchester. El doctor Neave trabajó con tres cráneos de hombres galileos semitas del siglo I e. c. para componer un facsímil razonable de cómo era realmente Jesús. Además, Neave sugiere que Jesús habría medido alrededor de 1.6 m y habría pesado alrededor de 50 kilos. Probablemente, tendría barba porque era común entre los maestros, y habría tenido cabello rizado, más o menos hasta la nuca, porque en los hombres el cabello largo hasta los hombros se consideraba deshonroso (1 Co. 11:14). (Foto de la Biblioteca de la BBC)

Por ejemplo, los eruditos del Nuevo Testamento dirán: «El Jesús marcano no nació de una virgen». Para los principiantes, eso podría sonar como una negación de la doctrina cristiana del nacimiento virginal, pero los eruditos simplemente declaran un hecho: no hay referencias del nacimiento virginal de Jesús en el Evangelio de Marcos. El autor del Evangelio de Marcos no sabía la historia del nacimiento virginal, o deliberadamente decidió omitirla. De cualquier manera, si queremos entender lo que el autor del Evangelio de Marcos quería comunicar a través del libro que escribió, debemos enfocarnos o interpretar ese libro como fue escrito, en lugar de suplementarlo con información de otras fuentes. A un nivel introductorio, la meta de los estudios del Nuevo Testamento siempre es entender cada libro de acuerdo a sus propios términos; la integración posterior de temas e ideas de todos los escritos del Nuevo Testamento generalmente se asocia con un campo avanzado de estudio llamado «Teología del Nuevo Testamento».

El Jesús terrenal como lo entienden los historiadores modernos

Los historiadores también están interesados en estudiar al Jesús terrenal que se presenta en el Nuevo Testamento, y usan los escritos del Nuevo Testamento de la misma manera en que usan otros escritos de la antigüedad. Consideran estos escritos como fuentes principales para analizar, con el fin de extraer información pertinente para una reconstrucción creíble de quién fue Jesús y qué ocurrió en el mundo debido a él. Al usar el Nuevo Testamento con este propósito, debemos observar que los historiadores no lo usan de la misma manera que los teólogos cuando buscan explicar lo que los cristianos deben creer acerca de Jesús ni lo usan de la misma manera que los eruditos, cuya meta es entender los mensajes de los libros individuales. El objeto de la búsqueda del historiador no es «el Jesús del Nuevo Testamento», que es importante para le fe cristiana ni es el «Jesús mateano», ni «el Jesús juanino», ni ninguna otra figura semejante que frecuentemente es el foco del estudio del Nuevo Testamento. Ellos buscan al «Jesús histórico», es decir, la persona que surge de un análisis de fuentes de acuerdo a principios de la ciencia histórica generalmente aceptados. En este sentido, el estudio histórico de Jesús es un campo decididamente distinto a los estudios del Nuevo Testamento: es un campo que usa el Nuevo Testamento para entender la historia y no un campo que ve la interpretación del Nuevo Testamento como un fin en sí mismo. Aun así, el traslapo de intereses entre estos dos campos es considerable, a tal punto que algunas discusiones de lo que se llama «estudios del Jesús histórico» pueden ser apropiadas.

Lo primero que hay que decir es que el «Jesús histórico» no debe equipararse con Jesús, el hombre real que vivió en Galilea. Los historiadores reconocen que Jesús, la persona real, dijo e hizo muchas cosas que son desconocidas para nosotros. También aceptan que él pudo haber dicho y hecho cosas que se narran en el Nuevo Testamento, que no se pueden considerar como históricas, simplemente porque no hay prueba suficiente que verifique o confirme lo que se narra allí. La ciencia histórica es escéptica por naturaleza. Por ejemplo, los historiadores generalmente no están dispuestos a aceptar aseveraciones de que la gente hacía milagros u otras proezas sobrenaturales que desafían las leyes conocidas de la ciencia. No niegan necesariamente que esas cosas hayan ocurrido, pero generalmente sostienen que esas afirmaciones no se pueden

---

Cuadro 4.3

La biografía de Jesús por un historiador: Un extracto

Aún es un desconocido cuando llega a una aldehuela de la Baja Galilea. En él se clavan las miradas frías y duras de los campesinos, que llevan viviendo en el nivel mínimo de subsistencia el tiempo suficiente para saber con toda exactitud por dónde pasa la línea divisoria entre la pobreza y la miseria. Tiene todo el aspecto de un mendigo, aunque a su mirada le falta el encogimiento propio del pedigüeño, en su voz no se oye el típico soniquete quejumbroso y anda sin arrastrar los pies. Habla acerca de la ley de Dios, y los que lo escuchan lo hacen más que otra cosa por curiosidad. Ya saben ellos todo lo que hay que saber acerca de la ley y el poder, del reino y del imperio; en una palabra, saben perfectamente lo que son los impuestos y las deudas, la desnutrición y la enfermedad, lo que es ser un campesino oprimido o estar poseído por el demonio. Lo que a ellos les gustaría saber es qué puede hacer ese reino de Dios por el hijo que está cojo, por el padre ciego, por un alma demente gritando su torturado aislamiento entre las tumbas que marcan los límites del poblado. Jesús pasea con ellos entre los sepulcros y, en el silencio que se produce al concluir sus exorcismos, los aldeanos escuchan una vez más su voz, aunque ahora la curiosidad cede paso a la ansiedad, al temor, al embarazo. Es invitado, como exige el protocolo, a casa del principal personaje de la aldea, pero él prefiere quedarse en la de la mujer desposeída. No está bien, desde luego, pero no sería prudente criticar a un exorcista ni censurar a un mago.

John Dominic Crossan, *Jesús: Vida de un campesino judío* (Barcelona: Crítica, 1994), 9.

confirmar de maneras que les permitan ser consideradas como hechos históricos. No son asuntos que se puedan verificar basándose en lo que cuenta como prueba histórica.

Los historiadores también son cautelosos en cuanto a aceptar reportes no corroborados de autores que narran cosas que ellos habrían querido que fueran ciertas o que habrían ayudado a promover su causa en particular. De esa manera, desde la perspectiva del historiador, los documentos del Nuevo Testamento deben clasificarse como «propaganda religiosa»; fueron escritos con el propósito expreso de promover la fe cristiana y de persuadir a la gente a creer ciertas cosas acerca de Jesús. Por ejemplo, los Evangelios de Mateo y Lucas informan que Jesús (que generalmente se decía que era de Nazaret) en realidad había nacido en Belén. Pero esto es algo que los cristianos habrían querido que la gente creyera de Jesús; un nacimiento en Belén habría ayudado a fomentar sus credenciales como el Mesías judío, quien se esperaba que naciera allí (véase Mt. 2:4-6; cf. Mi. 5:2). Por consiguiente, los historiadores son cautelosos en cuanto a aceptar semejante relato como un hecho histórico.

Ese uso escéptico del Nuevo Testamento no tiene nada que ver con la apreciación teológica que concuerda con los escritos de la gente que cree que son Escrituras inspiradas. Aun así, los estudiantes no deben asumir que los «eruditos del Jesús histórico» necesariamente son irreligiosos. Muchos pueden ser

Mapa 4.1. Galilea en la época de Jesús

cristianos devotos que simplemente están comprometidos con la honestidad en cuanto a la práctica de su disciplina (la ciencia histórica); se dan cuenta de que, aunque crean personalmente en Jesús (en un sentido espiritual, teológico o religioso), no deben falsear la prueba, ni tratar los materiales históricos en cuanto a él de manera distinta a como lo harían si estuvieran estudiando a cualquier otra persona del mundo antiguo.

A los estudiantes frecuentemente les parece complicado pensar en las afirmaciones bíblicas de esa manera. Puede parecer sacrílego admitir que algunas cosas que ellos creen de Jesús, cosas que se presentan claramente en el Nuevo Testamento, no superan la prueba de la ciencia histórica. Pero puede haber un sentido en el que ya sabemos que ese es el caso. En los Estados Unidos, se pueden enseñar ciertas cosas acerca de Jesús en las escuelas públicas: un maestro de historia puede decirles a los estudiantes que Jesús fue judío, que enseñó la Regla de oro, que llamó a sus discípulos, que fue crucificado, eso se considera como «hechos históricos» de Jesús, que se pueden presentar sin ninguna sospecha de que el maestro esté promoviendo la religión cristiana. Aun así, la mayoría de la gente en Estados Unidos se da cuenta de que sería

Regla de oro: nombre tradicional que se le dio a las palabras de Jesús en Mateo 7:12: «Así que en todo traten ustedes a los demás tal y como quieren que ellos los traten a ustedes».

Imágenes y títulos de Jesús en el Nuevo Testamento

Alfa y Omega	Ap. 21:6	Intercesor	1 Jn. 2:1	Raíz de David	Ap. 5:5
Amigo	Jn. 15:13-15	Juez	Hch. 10:42	Raíz de Isaí	Ro. 15:12
Autor de la vida	Hch. 3:15	Rey de reyes	Ap. 19:16	La resurrección	Jn. 11:25
El buen pastor	Jn. 10:11	León de Judá	Ap. 5:5	Rey	Mt. 25:40
Cabeza del cuerpo	Col. 1:18	Luz del mundo	Jn. 9:5	Salvador	Lc. 2:11
El camino	Jn. 14:6	Maestro	Lc. 17:13	Salvador del mundo	Jn. 4:42
Cordero de Dios	Jn. 1:29	Mediador	1 Ti. 2:5		
Cristo (Mesías)	Mr. 8:29	Ministro	He. 8:2	Santificador	He. 2:11
Dios	Tit. 2:13	Novio	Mr. 2:19-20	El Santo de Dios	Mr. 1:24
Emanuel	Mt. 1:23	Nuestra paz	Ef. 2:14	Segundo Adán	Ro. 12:5-19
Espíritu	Hch. 16:7	El pan de vida	Jn. 6:35	Señor	Ro. 10:9
Estrella de la mañana	Ap. 22:16	Pastor supremo	1 P. 5:4	Señor de gloria	1 Co. 2:8
Garantía	He. 7:22	Perfeccionador de la fe	He. 12:2	Señor de señores	Ap. 19:16
Heredero	He. 1:2			Siervo	Mr. 10:45
Hermano	Mt. 25:40	Piedra angular	Ef. 2:20	Sumo sacerdote	He. 3:1
Hijo de Abraham	Mt. 1:1	El primogénito de entre los muertos	Col. 1:18	El Verbo	Jn. 1:1
Hijo de David	Mt. 9:27			La verdad	Jn. 14:6
Hijo de Dios	Jn. 20:31	El primogénito de toda creación	Col. 1:15	La vid	Jn. 15:5
Hijo del Hombre	Mt. 20:28			La vida	Jn. 14:6
Imagen de Dios	Col. 1:15	Profeta	Lc. 13:33		
Iniciador	He. 12:2	La puerta	Jn. 10:7		

inapropiado que un maestro de la escuela pública les dijera a los estudiantes que Jesús nació de una virgen, que era el Mesías, o que murió por los pecados de la gente. Un maestro que dijera esas cosas, probablemente, se metería en problemas por enseñar creencias religiosas en lugar de presentar simplemente información histórica. Por supuesto, las categorías de los «hechos históricos» y las «afirmaciones religiosas» se ponen confusas, pero la mayoría de nosotros probablemente tiene cierto grado de conciencia de que ciertas cosas acerca de Jesús son verificables dejando a un lado la fe, en tanto que otras no. La búsqueda del «Jesús histórico» básicamente es una búsqueda por el «Jesús verificable históricamente».

La figura exaltada de Jesús en el Nuevo Testamento

Hasta aquí hemos enfocado toda nuestra atención en la figura terrenal de Jesús, el hombre que vivió en Galilea (y que, de esta manera, está sujeto a la investigación histórica). Pero, como se indicó anteriormente, el Nuevo Testamento también le pone mucha atención a Jesús como una figura exaltada, que sigue estando activo en las vidas humanas, aunque ya no esté físicamente presente en la tierra. De hecho, el Nuevo Testamento generalmente presenta el «ser cristiano» como un asunto de estar en una relación viva con Jesucristo, una relación que debe interpretarse de manera distinta a lo que los seres humanos una vez tuvieron con el Jesús terrenal. A veces, a Jesús se le visualiza morando dentro del creyente individual (Gá. 2:19-20). Muy frecuentemente, la metáfora se invierte de tal manera que el creyente se encuentra en Cristo (Fil. 3:9), es decir, como una parte de la entidad colectiva que ahora conforma el cuerpo de Cristo en la tierra (1 Co. 12:27). En cualquier caso, la relación es mutua: los creyentes moran en Jesucristo, y Jesucristo mora en ellos (Jn. 15:5).

Hay una considerable variación en semejante simbolismo. El Jesús exaltado puede identificarse como el novio de la iglesia (Mr. 2:19), o como un gran sumo sacerdote que sirve a Dios en un santuario celestial (He. 4:14). En efecto, al Jesús exaltado frecuentemente se le ubica en el cielo (Col. 3:1), aunque permanece activo en la tierra, especialmente a través de las palabras y obras de los que hablan y actúan en su nombre (Hch. 4:30). A veces, se le identifica como un espíritu que sigue inspirando y dirigiendo los acontecimientos en la tierra (Hch. 16:7). Se comunica con la gente a través de visiones (2 Co. 12:1) y profecías (1 Co. 14:29-31). Su presencia a veces se experimenta por medio de la interacción con otra gente, especialmente los marginados (Mt. 25:40), los vulnerables (Mr. 9:37) o los perseguidos (Hch. 9:5). La comprensión de su presencia a menudo se vincula con el bautismo (Gá. 3:27) o con la participación en una representación de su última cena (1 Co. 11:23-26). Responde oraciones (Jn. 14:14) y también hace oraciones por sus seguidores (Ro. 8:34). Además, el Nuevo Testamento da una seguridad absoluta de que este Jesús exaltado vendrá otra vez: regresará a la tierra de una manera tangible al final de los tiempos, vendrá en las nubes del cielo a presidir en el juicio final (Mt. 24:30; 25:31-32).

Hasta entonces, Jesús sigue siendo objeto de devoción: los cristianos casi pueden definirse como «todos los que en todas partes invocan el nombre del Señor Jesucristo» (1 Co. 1:2), o como gente que cree en Jesús sin evidencia física de su existencia (Jn. 20:29), o como gente que ama a Jesús, aunque no lo hayan visto (1 P. 1:8). En efecto, son gente que lo considera digno de adoración y alabanza (Ap. 5:6-14).

Este panorama general de cómo el Nuevo Testamento presenta la figura del Jesús exaltado es importante para

Figura 4.4. Cristo en gloria. Una imagen del siglo VI, de Saqqara, Egipto. (Bridgeman Images)

la teología y fe cristianas. Pero, como con la figura terrenal de Jesús, el campo de los estudios del Nuevo Testamento quiere ser más específico y centrarse en cómo los libros o autores individuales entienden al Cristo exaltado. Algunos escritores exhiben lo que se llama una «alta cristología», según la cual, al Jesús exaltado se le equipara con Dios (véase el cuadro 4.5); otros se esfuerzan por mantener alguna distinción entre Jesús (por muy exaltado que sea) y Dios el Padre, de quien él sigue siendo subordinado (véase Mr. 10:18; Jn. 14:28). Algunos libros o escritores hacen énfasis en ciertos aspectos de la identidad o ministerio del Jesús exaltado y les ponen poca atención a otros. Por ejemplo, la carta a los Hebreos, en gran parte, se construye alrededor de una exposición del Jesús exaltado como sumo sacerdote, una imagen a la que se le pone poca atención (si acaso se le pone) en la mayoría de los otros libros del Nuevo Testamento. La imagen del Jesús exaltado que se manifiesta en un cuerpo de creyentes en la tierra es especialmente prominente en las cartas de Pablo. Los eruditos del

Cristo: «el ungido»; el hombre conocido como «Jesús el Cristo» finalmente llegó a ser llamado simplemente «Jesucristo».

cristología: la rama de la teología que se enfoca en la persona y la obra de Jesucristo, que se entiende como una figura divina eterna.

Jesús como Dios: Referencias del Nuevo Testamento

Los versículos siguientes frecuentemente se citan como ejemplos de ocasiones en las cuales el Nuevo Testamento se refiere a Jesús como Dios:

- «El Verbo era Dios» (Jn. 1:1).
- «El Hijo unigénito, que es Dios» (Jn. 1:18).
- «¡Señor mío y Dios mío!» (Jn. 20:28).
- «El Mesías, el cual es Dios sobre todas las cosas, alabado por siempre» (Ro. 9:5, DHH).
- «Nuestro gran Dios y Salvador Jesucristo» (Tit. 2:13).
- «Pero con respecto al Hijo dice: "Tu trono, oh Dios"» (He. 1:8).
- «Nuestro Dios y Salvador Jesucristo» (2 P. 1:1).
- «Jesucristo… es el Dios verdadero» (1 Jn. 5:20).

Véase Murray J. Harris, *Jesus as God: The New Testament Use of Theos in Reference to Jesus* [Jesús como Dios: el uso de *Theos* del Nuevo Testamento con referencia a Jesús] (Grand Rapids: Baker Academic, 1992).

Nuevo Testamento no solo asumen que cada autor funcionó con el rango completo de entendimiento en cuanto al Jesús exaltado que se encuentra en el Nuevo Testamento como un todo; sino que tratan de discernir qué aspectos del simbolismo del Nuevo Testamento son funcionales para cada libro, como para entender cada libro en sus propios términos.

Conclusión

Entonces, ¿cuántos Jesús hay? ¿Ha llevado la cuenta?

Veamos. Tenemos al «Jesús del Nuevo Testamento» (también llamado el «Jesús canónico»). Tenemos al «Jesús terrenal» (a veces llamado «el Jesús antes de la Pascua» o «el Jesús de la historia»). Tenemos al «Jesús exaltado» (llamado también «el Jesús después de la Pascua» o «el Cristo de la fe»). Y luego está el «Jesús histórico» (llamado también «el Jesús históricamente verificable»). Y tenemos a todos los distintos Jesús asociados con los diversos escritos o autores del Nuevo Testamento: el Jesús paulino, el Jesús juanino, el Jesús petrino (es decir, el Jesús de 1 Pedro) y así sucesivamente. En última instancia, también podemos hablar del «Jesús de la teología cristiana» o, en efecto, podríamos hablar del «Jesús bautista», «el Jesús calvinista», «el Jesús católico», «el Jesús luterano», «el Jesús wesleyano» y así sucesivamente. Podríamos hablar (y los eruditos definitivamente hablan) del «Jesús estadounidense», del «Jesús asiático», del «Jesús africano», del «Jesús latinoamericano» y así, sin parar.

Es impresionante y probablemente a la larga sí resulte un poco absurdo. Pero la complejidad de las clasificaciones es una medida de la estatura e importancia del hombre en sí. A ninguna otra persona de la historia o la literatura alguna vez se le ha otorgado tanta atención; nadie más atrae este nivel o esta variedad de interés. Según el Nuevo Testamento, eso no es nada nuevo; casi desde el mero principio, se dice que Jesús ha impulsado la consideración de las preguntas que las personas siguen haciendo hoy:

«¿Qué es esto? ¡Una enseñanza nueva!» (Mr. 1:27).

«¿Por qué habla este así?» (Mr. 2:7).

«¿Quién es este?» (Mr. 4:41).

«¿De dónde sacó este tales cosas?» (Mr. 6:2).

Todos esos versículos proceden de solamente un libro: el Evangelio de Marcos. Entonces, a medida que esta historia continúa (en Mr. 8:27-28), Jesús les pide a sus discípulos que respondan a esta pregunta: «¿Quién dice la gente que soy yo?». Y luego les pide que respondan otra pregunta: «Y ustedes, ¿quién dicen que soy yo?». Con todo, la tarea académica puede ser aprender acerca de cómo varios autores, historiadores y teólogos del Nuevo Testamento identifican a la persona e importancia de Jesús. Pero la mayoría de los estudiantes finalmente terminan queriendo responder las preguntas por sí mismos.

ὁ ἄγιος ἄΓΓΕΛΟΣ

ὁ ἄγιος ΛΕΩΝ

ὁ ἄγιος ΜΟΣΧΟΣ

ὁ ἄγιος ΑΕΤΟΣ

✠ ΤΥΠΟΙ ΙΕΡΟΥΡΓΙΑΣ ΑΓΓΕΛΟΣ ΜΟΣΧΟΣ ΛΕΩΝ ΚΑΙ ΑΕΤΟΣ ✠ ΕΙΚΩΝ ΤΟΝ ΕΤΟΝΣ 1997 ΟΚΤΩΒΡΙΟΥ ΙΕ ΕΝ ΜΟΝΕΜΒΑΣΙΑ ΜΑΝΩΛΗ Γ Γ Ο ΠΟΝΟΣ ✠ χ ✠

Los Evangelios

Piense en los dibujos, pinturas y otras fotos de Jesús que haya visto. ¿Cómo lo representan? ¿Qué le atrae a usted? ¿Hay fotos que en realidad le gustan o le disgustan? ¿Por qué?

¡No tiene que buscar ejemplos muy lejos! Este libro contiene una amplia variedad. Por ejemplo, en el último capítulo hay un retrato de Jesús que intenta lograr realismo y trata de describir al hombre como en realidad pudo haber sido. Y luego hay ejemplos de obras de arte que van por otro camino; intencionalmente, presentan a Jesús de maneras que ayudan a la gente contemporánea a relacionarse con él. Estos artistas no tratan de ser literales; quieren pintar a Jesús «como lo vemos hoy día».

A medida que comenzamos nuestro estudio de los cuatro Evangelios del Nuevo Testamento, puede ser útil pensar que los libros proporcionan «retratos de Jesús», y es posible que usted desee pensar un poco la pregunta de qué clase de retrato se proporciona. ¿Se esforzaron los autores del Evangelio en describir a la persona y obra de Jesús con una exactitud precisa, literal e histórica, o estaban más interesados en presentar a Jesús de una manera que lo haría pertinente para una audiencia proyectada? No se sorprenderá al escuchar que los eruditos no concuerdan en este punto, pero la discordia puede ser exagerada. Muy pocos eruditos sostendrían que los escritores del Evangelio no tenían interés en la representación históricamente exacta, y prácticamente ninguno negaría que le dieron forma a sus relatos de Jesús de maneras que resaltarían su importancia para sus lectores. La pregunta es si un interés dominó al otro.

Podemos seguir adelante con esta analogía porque «la reconstrucción histórica versus la pertinencia contemporánea» es solamente un asunto que considerar. Observe los cuadros de Jesús y encontrará obras que exhiben a Jesús en términos muy espirituales, mirando hacia el cielo, con un halo sobre su cabeza; otras veces se ve como cualquier otro hombre, como «uno de nosotros». Algunos artistas lo representan como gentil y tierno, con un corderito en su pecho o con niños en su regazo. Pero eso no se parece mucho al Jesús que les gritó a los fariseos («¡Camada de víboras!») o que sacó a los cambistas de dinero del templo. Las preguntas que los artistas enfrentan inevitablemente son estas: «¿Cuál Jesús quiero presentar? ¿Qué aspectos de su persona multifacética quiero enfatizar?».

De igual manera, cada uno de los cuatro Evangelios presenta un retrato de Jesús que es distinto a los otros tres. Cerca del final del siglo II (como cien años después de que se escribieron los Evangelios), Ireneo, obispo de Lyon, sugirió que los Evangelios fueran simbolizados por las cuatro «criaturas vivas» que se mencionan tanto en Ezequiel 1:4-14 como en Apocalipsis 4:6-8. Esto llegó a ser una práctica estándar en el arte cristiano a lo largo de los siglos. A Mateo se le representa como hombre, a Marcos como león, a Lucas como buey y a Juan como águila. De esa manera, la iglesia reconoció desde el principio que cada Evangelio era único.

La tentación para los lectores de la Biblia es combinar los cuatro retratos para obtener un cuadro de Jesús tan completo como sea posible. Pero hacer eso nos hace perder la imagen particular que cada escritor del Evangelio quería presentar. La meta del estudio del Evangelio debe ser primero reconocer los cuatro retratos separados que dan estos libros individuales (véase el cuadro 5.1). Cuando nos enfocamos en cualquiera de los Evangelios, y solamente en ese Evangelio, ¿cuál es la imagen que surge? Esa es la imagen que el autor (un artista literario) quería mostrarnos. Una vez que vemos a *ese* Jesús, podemos continuar con otro Evangelio y obtener una segunda imagen, y luego una tercera y una cuarta.

Cuadro 5.1

Cuatro retratos de Jesús

- El Evangelio de Mateo presenta a Jesús como el que mora siempre con su pueblo hasta el fin. Jesús funda la iglesia, en la que se perdonan pecados, se responden oraciones y se vence el poder del pecado (Mt. 16:18-19; 18:18-20).
- El Evangelio de Marcos presenta a Jesús como el que anuncia la llegada del reino de Dios, en el que los humildes son exaltados y los orgullosos son humillados. Obediente a esta regla, muere en una cruz y da su vida como rescate por muchos (Mr. 10:45).
- El Evangelio de Lucas presenta a Jesús como alguien cuyas palabras y obras liberan a los oprimidos. Jesús viene a buscar y a salvar a los perdidos y a liberar a todos los que él describe como «cautivos» (Lc. 4:18; 19:10).
- El Evangelio de Juan presenta a Jesús como el que revela cómo es Dios en realidad. Jesús es la Palabra de Dios hecha carne, y revela con sus palabras y obras todo lo que se puede saber de Dios (Juan 1:14; 14:8).

Género

A fin de cuentas ¿qué es un «Evangelio»? La mayoría de los lectores modernos están familiarizados con muchos tipos distintos de literatura, un recorrido por una librería moderna revela secciones dedicadas a historia, ficción, viajes y así sucesivamente. Podríamos preguntarnos: si hubiera habido librerías como esta en el mundo antiguo, ¿dónde habrían colocado el Evangelio de Mateo? ¿O el de Marcos, el de Lucas o el de Juan?

La palabra *evangelio* se usó primero para describir no una clase de libro sino el contenido de la predicación cristiana. La palabra significa literalmente «buenas noticias» (*evangelion* en griego) y por esta razón a los autores de los cuatro Evangelios del Nuevo Testamento frecuentemente se les ha llamado «los cuatro evangelistas», porque escribieron buenas noticias (esencialmente las mismas buenas noticias que otros «evangelistas» estaban predicando). En un sentido, entonces, nuestros Evangelios escritos solo son predicaciones, en forma indirecta, pero en realidad no se leen como sermones. ¿Qué son?

> **evangelista:** en los estudios del Nuevo Testamento, el autor de cualquiera de los cuatro Evangelios; Mateo, Marcos, Lucas y Juan son los cuatro evangelistas.

Muchos eruditos modernos piensan que los Evangelios se pueden introducir libremente en el género de «biografía antigua». Los libros que pertenecen a ese género eran especialmente populares en el mundo romano, y muchos de ellos han sobrevivido hasta el día de hoy. El historiador griego Plutarco (45-125 e. c.) escribió más de cincuenta biografías de griegos y romanos prominentes. Alrededor del mismo tiempo de Plutarco, Suetonio y Tácito relataron las vidas de emperadores romanos. Había biografías de generales y héroes militares y también de filósofos y líderes religiosos. Una librería o biblioteca romana probablemente habría puesto nuestros Evangelios del Nuevo Testamento en el mismo estante de *Las vidas de los filósofos más ilustres* por Diógenes y de *Vida de Apolonio de Tiana* por Filóstrato.

Entender los Evangelios como biografías antiguas es útil, pero es necesario decir por lo menos cinco cosas más en cuanto a esto.

1. *Son compilaciones.* Aunque los Evangelios, como productos terminados, podrían ser identificados como biografías completas, ellos incluyen otros géneros de literatura dentro de sus páginas: genealogías, himnos, parábolas, historias de milagros, discursos, historias de pronunciamientos y más.

2. *Tienen la influencia de la literatura judía.* Los cuatro Evangelios del Nuevo Testamento están escritos en griego, el idioma del mundo grecorromano, pero fueron escritos por personas muy versadas en las Escrituras de Israel. Esas Escrituras también contienen narraciones semibiográficas de personas como Abraham, Moisés y Elías. Aunque nuestros Evangelios fueron escritos para el mundo grecorromano, sus autores sabían estas historias del Antiguo Testamento y tuvieron la influencia de ellas.

3. *Son biografías antiguas, no modernas.* Los Evangelios no pretenden, en absoluto, dar perspectivas objetivas o equilibradas de la vida de Jesús. No revelan sus fuentes ni ofrecen ninguna manera en que los lectores corroboren la confiabilidad de lo que ellos narran. Su enfoque no es nada detallado: dan poco conocimiento de la personalidad o motivación de Jesús; casi no dan información de su vida temprana; ni siquiera se molestan en describir su apariencia física. También carecen de la clase de datos —referencias a nombres, fechas y lugares— que serían estándares para cualquier biografía: el Evangelio de Marcos nos dice que Jesús sanó a un hombre en una sinagoga (3:1-6), pero no nos da el nombre del hombre, ni nos dice cuándo ocurrió esto, ni qué pasó después (¿Fue permanente la curación? ¿Llegó a ser seguidor de Jesús el hombre? ¿Siguió asistiendo a la sinagoga?). Aunque puede parecernos extraño, las audiencias del mundo antiguo no esperaban que se hicieran esas preguntas en las biografías. El propósito de las biografías antiguas era narrar relatos que presentaban el carácter esencial de la persona que era objeto de la obra. En efecto, el propósito de la biografía era definir el carácter de esa persona de una forma que invitara a la imitación. Además, el estilo anecdótico de las biografías antiguas permitía que los acontecimientos se relataran sin mucho interés en la cronología. Los acontecimientos no necesariamente se presentaban en el orden en que ocurrieron; más bien, se narraban en una secuencia apta para tener el efecto retórico deseado en los lectores del libro. Esta característica puede explicar por qué nuestros cuatro Evangelios frecuentemente relatan acontecimientos en secuencias distintas (p. ej., el relato en el que Jesús vuelca las mesas en el templo de

---

Cuadro 5.2

Características de las biografías antiguas

- Sin pretensión de una objetividad separada
- Sin interés de establecer hechos (p. ej., al citar pruebas o fuentes)
- Poca atención a los datos históricos (nombres, fechas, lugares)
- Poca atención a la cronología de los acontecimientos o desarrollo del pensamiento del sujeto
- Sin interés psicológico en las motivaciones internas del sujeto
- Estilo de narración anecdótico
- Énfasis en el carácter y rasgos que definen al sujeto
- Foco constante en la filosofía de vida del sujeto
- Un fuerte interés en la muerte del sujeto, como algo consecuente con su filosofía de vida
- Presentación del sujeto como un modelo digno de imitación
- Descripción del sujeto como superior a sus competidores o rivales
- Interés general en el legado del sujeto, evidente en los seguidores que continúan con la tradición

Jerusalén se encuentra cerca del inicio del Evangelio de Juan, pero está cerca del final del Evangelio de Marcos). Véase el cuadro 5.2.

4. *Ellos emplean un estilo ficticio («semejante a la ficción») de narración.* En muchos sentidos, el estilo literario de los Evangelios del Nuevo Testamento se acerca más a la ficción moderna que a la presentación moderna de información histórica. Decir esto no es difamar la exactitud de lo que se relata: los eruditos que consideran que el contenido de los Evangelios es confiable históricamente todavía pueden reconocer que el estilo de escritura es bastante similar al de las obras que ahora clasificamos como ficción histórica. Los autores de los Evangelios conocían el arte de contar historias y emplean los instrumentos literarios como la ironía, el simbolismo y los presagios. Piden nuestra empatía para que, a medida que sus historias se desarrollan, nos sintamos atraídos al drama. De esta manera, los eruditos que emplean la «crítica de la narrativa» (véase «La crítica de la narrativa» en el cap. 3) frecuentemente hablan de la «trama» de un Evangelio en particular, o de cómo las características de su retórica llevan la historia a un clímax, de una forma que pretende generar efectos específicos en los lectores. El género de la biografía antigua permite ese análisis, porque las biografías del mundo antiguo tendían a tratar la historia como una anécdota y a relacionar los acontecimientos con un estilo que los lectores modernos asocian con la ficción.

5. *Son abiertamente evangelísticos.* La mayoría de las biografías escritas del mundo antiguo eran evangelísticas en un sentido amplio. No solo transmitían información acerca de personas interesantes; más bien, informaban sobre las vidas extraordinarias con una esperanza obvia de que los lectores fueran inspirados por lo que se presentaba, y se motivaran a cambiar sus valores o conducta como consecuencia. Nuestros Evangelios del Nuevo Testamento exhiben esa tendencia a un extremo. Sus autores cuentan la historia de Jesús de una manera que pueda inspirar a la gente a aceptar sus enseñanzas o practicar su estilo de vida. Pero hay más: la afirmación de los Evangelios es que lo que ha ocurrido en y a través de Jesús ha alterado el mismo curso de la historia y la naturaleza de la existencia humana. Estos autores están contando una historia de gran importancia, y relatan cosas que ellos afirman que afectarán las vidas de toda la gente, ya sea que crean en Jesús o no.

Tipos de material en los Evangelios

Como se observó anteriormente, los Evangelios se ven mejor como compilaciones. Sus autores los compusieron para que fueran biografías de Jesús, pero al

Parábolas en los Evangelios

Parábola	Mateo	Marcos	Lucas
El retazo nuevo en vestido viejo	9:16	2:21	5:36
El vino nuevo en odres viejos	9:17	2:22	5:37-38
El sembrador	13:3-8	4:3-8	8:5-8
La lámpara debajo de un cajón	5:14-16	4:21-22	8:16; 11:33
La semilla que crece en secreto		4:26-29	
La semilla de mostaza	13:31-32	4:30-32	13:18-19
Los labradores malvados	21:33-44	12:1-11	20:9-18
La higuera	24:32-33	13:28-29	21:29-31
Los esclavos vigilantes		13:33-37	12:35-38
El hombre prudente y el insensato	7:24-27		6:47-49
La levadura fermenta la masa	13:33		13:20-21
La oveja perdida	18:12-14		15:4-7
El ladrón en la noche	24:42-44		12:39-40
El siervo fiel y el siervo malo	24:45-51		12:42-48
Los talentos	25:14-30		19:12-27
La mala hierba en el trigo	13:24-30		
El tesoro escondido en un campo	13:44		
La perla de gran valor	13:45-46		
La red llena de peces buenos y malos	13:47-50		
Los tesoros nuevos y los viejos	13:52		
El siervo despiadado	18:23-34		
Los trabajadores de la viña	20:1-16		
Los dos hijos	21:28-32		
El banquete de bodas	22:2-14		
Las diez jóvenes	25:1-13		
Los dos deudores			7:41-43
El buen samaritano			10:30-37
El amigo de la medianoche			11:5-8
El rico necio			12:16-21
Los muchos golpes y los pocos			12:47-48
La higuera estéril			13:6-9
El último asiento en el banquete			14:7-14
Excusas por no ir a un banquete			14:16-24
Construcción de una torre			14:28-30
Cómo emprender una guerra			14:31-32
La moneda perdida			15:8-10
El hijo pródigo			15:11-32
El administrador astuto			16:1-9
El rico y Lázaro			16:19-31
El esclavo sirve a su señor			17:7-10
La viuda y el juez			18:2-5
El fariseo y el recaudador de impuestos			18:10-14

Resumen

9 parábolas de Marcos (todas, menos una, también están en Mateo o Lucas)

6 parábolas de material que frecuentemente se le atribuyen a Q (que se
encuentran en Mateo y Lucas, pero no en Marcos)

10 parábolas únicas de Mateo

17 parábolas únicas de Lucas

42 parábolas en total

hacerlo, incorporaron muchos tipos distintos de material a la estructura general de la «biografía». Algunos de estos son específicos en Evangelios particulares: las menciones de los cumplimientos son especialmente populares en Mateo; solo en Lucas y Juan hay himnos; solo en Mateo y Lucas hay genealogías. Pero otros tipos de material se encuentran en la mayoría o en todos los Evangelios. Estudiaremos aquí algunos tipos de material que son particularmente penetrantes.

Parábolas

Jesús es famoso por contar parábolas. Más de cuarenta parábolas se encuentran en los Evangelios de Mateo, Marcos y Lucas (véase el cuadro 5.3). No hay parábolas en el Evangelio de Juan, pero incluso allí vemos ejemplos del lenguaje figurado, no muy alejados del género de las parábolas (4:35-37; 8:35; 10:1-5; 12:24; 16:21).

¿Qué exactamente es una parábola? Las historias y los dichos que se clasifican como parábolas en los Evangelios son de muchos tipos distintos. Un par de las parábolas más conocidas de Jesús se presentan explícitamente como alegorías: él explica la parábola del sembrador (Mr. 4:3-8; cf. 4:13-20) y la parábola de la mala hierba (Mt. 13:24-30; cf. 13:36-43) e indica que cada elemento de estas historias significa algo más (la semilla es la palabra, las aves son el diablo, etc.). Sin embargo, la mayoría de estas parábolas no son alegorías. Unas cuantas son simplemente frases ingeniosas que más parecen «ideas para parábolas» que parábolas propiamente dichas (véase Mt. 15:13; cf. 15:15). Jesús compara lo celestial y espiritual con las realidades mundanas: el reino de Dios es como una semilla de mostaza (Mr. 4:30-32), o una perla (Mt. 13:45-46), o un tesoro escondido en un campo (Mt. 13:44). Muchas parábolas son anécdotas cortas que funcionan como ilustraciones de sermón: la parábola del rico necio en Lucas 12:16-21 ilustra lo absurdo de igualar la calidad de vida con la adquisición de posesiones. Pero en otros casos, las parábolas no ayudan a aclarar un punto difícil; hacen exactamente lo opuesto, e introducen un elemento de complicación en cuanto a lo que de otra manera sería claro. Dios prefiere usar a los que cumplen la Torá que a los que no, ¿verdad? Pues no en el caso de un fariseo en particular y un cobrador de impuestos en particular (Lc. 18:10-14). En efecto, en algunas ocasiones las parábolas presentan acertijos para que la gente los resuelva (Mr. 3:23), y en ciertos casos, funcionan como una clase de lenguaje en clave para hablar de asuntos divinos en términos que los no iluminados no comprenderían (véase Marcos 4:11-12, 33-34; 7:17). C. H. Dodd, un

Cuadro 5.4

Perspectiva judía en cuanto a las parábolas

Con tus ojos no debes considerar a la ligera la parábola, ya que por medio de la parábola uno llega al verdadero significado de las palabras de la Torá.

—Midrás, *Cantar de los Cantares Rabbah* 1.8

Harry Freedman y Maurice Smith, eds., *Midrash Rabbah* (Midrás Rabbah), (Londres: Soncino, 1939).

experto en parábolas, decía que una parábola tenía la tendencia de «dejar la mente con suficiente duda acerca de su aplicación precisa para provocarla al pensamiento activo» (*Parables of the Kingdom* [*Las parábolas del reino*], [Londres: Collins, 1961], 16).

En general, los eruditos buscan discernir el punto básico que se esperaba que cada parábola aclarara y advertir en contra de inferir mucho de las historias. Jesús dice una parábola acerca de la oración, y usa el ejemplo de una viuda persistente que busca justicia de un juez corrupto e indiferente (Lc. 18:2-5). El punto básico es que la persistencia es importante en cuanto a las búsquedas espirituales; malinterpretaríamos al pensar que Jesús quería que la gente viera a Dios como corrupto e indiferente. Él cuenta otra parábola acerca de unos obreros a quienes se les paga lo mismo, aunque trabajaron distintas cantidades de horas (Mt. 20:1-16). El punto básico parece ser que Dios puede ser sorprendentemente generoso de una manera que ofende a los que se ven a sí mismos como más merecedores; es menos probable que Mateo conservara esta parábola en su Evangelio porque él quisiera proponer alguna nueva escala de pagos para los jornaleros. Dicho eso, los intérpretes a veces sí tratan de ir más allá del «punto básico» de las parábolas para preguntarse por qué Jesús expondría estos puntos de esta manera particular. ¿Dan las historias anteriores algún indicio en cuanto a la opinión que él tenía de los jueces o de las relaciones laborales?

Figura 5.1. Jesús expulsa un demonio. (The Bridgeman Art Library International)

Historias de milagros

Jesús también es famoso por hacer milagros, y nuestros cuatro Evangelios contienen numerosos relatos de él haciéndolos (véase el cuadro 5.5). El término griego preferido para «milagro» en los Evangelios sinópticos (Mateo, Marcos, Lucas) es *dynamis*, que significa «poder» u «obra de poder» (p. ej., Mt. 11:20-23; Mr. 6:2, 5). En el Evangelio de Juan, a los milagros frecuentemente se les llama *sēmeia* o «señales», porque apuntan más allá de sí mismos a la verdad acerca de Dios que Jesús ha venido a revelar (p. ej., 2:11; 12:37).

Las historias de milagros más comunes son los relatos de Jesús cuando sana a los enfermos o discapacitados físicamente; en unos pocos casos incluso se

Historias de milagros en los Evangelios

	Mateo	Marcos	Lucas	Juan
Curaciones y exorcismos				
El endemoniado de la sinagoga		1:23-26	4:33-35	
La suegra de Pedro	8:14-15	1:30-31	4:38-39	
El leproso	8:2-4	1:40-42	5:12-13	
El paralítico	9:2-7	2:3-12	5:18-25	
El hombre de la mano seca	12:10-13	3:1-5	6:6-10	
El (los) endemoniado(s) gadareno(s)	8:28-34	5:1-15	8:27-35	
La mujer con hemorragia	9:20-22	5:25-34	8:43-48	
La hija de la mujer gentil	15:21-28	7:24-30		
El sordomudo		7:31-37		
El ciego de Betsaida		8:22-26		
El muchacho endemoniado	17:14-18	9:17-29		
El ciego Bartimeo (¿y compañero?)	20:29-34	10:46-52		
El siervo del centurión	8:5-13		7:1-10	4:46-54
El endemoniado mudo (ciego)	12:22		11:14	
Dos hombres ciegos	9:27-31			
El mudo endemoniado	9:32-33			
La mujer enferma			13:11-13	
El hombre con hidropesía			14:1-4	
Los diez leprosos			17:11-19	
El siervo del sumo sacerdote			22:50-51	
El inválido del estanque de Betsaida				5:1-9
El hombre que nació ciego				9:1-7
Resucitaciones (los muertos a quienes se les devolvió la vida)				
La hija de Jairo	9:18-25	5:22-42	8:41-56	
El hijo de la viuda			7:11-15	
Lázaro				11:1-44
Provisión				
La alimentación de cinco mil personas	14:15-21	6:35-44	9:12-17	6:5-13
La alimentación de cuatro mil personas	15:32-38	8:1-9		
La pesca			5:1-11	
La transformación de agua en vino				2:1-11
La pesca después de la Pascua				21:1-11
Misceláneos				
El apaciguamiento de una tormenta en el mar	8:23-27	4:37-41	8:22-25	
Caminar sobre el agua	14:25	6:48-51		6:19-21
La transfiguración	17:1-8	9:2-8	9:28-36	
El marchitamiento de la higuera	21:18-22	11:12-25		
La predicción de la moneda en la boca del pez	17:24-27			
La desaparición en Emaús			24:31	
La aparición en Jerusalén				20:19, 26

dice que resucita gente. Muchas de estas historias centran la atención en la fe, ya sea la de la persona afligida (Mr. 5:34; 10:52; Lc. 17:19) o de otros (Mr. 2:5; 7:29; 9:23). A veces, las historias de curaciones tienen el propósito de que se lean con un grado de interpretación simbólica. Por ejemplo, la historia de Jesús cuando sana a un ciego lleva al comentario sobre la capacidad de Jesús de conceder conocimiento espiritual (Jn. 9:39).

Las historias de curaciones se traslapan considerablemente con los relatos de exorcismos. En la Biblia, la posesión por un espíritu inmundo no hace que una persona llegue a ser pecadora o inmoral; más bien, hace que la persona enceguezca o enmudezca, que tenga convulsiones o que quede lisiada, o que experimente alguna otra clase de aflicción física o emocional. Las historias de exorcismos del Nuevo Testamento generalmente se enfocan en la interacción de Jesús con el espíritu inmundo, la persona afectada aparentemente es incapaz de acción o reacción independiente, lo que puede explicar por qué ninguna de esas personas en el Nuevo Testamento alguna vez pide un exorcismo (observe cómo el padre pide ayuda para su hijo poseído por un demonio en Mr. 9:18, 22).

También hay un puñado de historias de milagros en los Evangelios, en las que Jesús rescata a la gente del peligro (el apaciguamiento de la tormenta en el mar) o provee para las necesidades físicas de las personas (la multiplicación de hogazas de pan, la transformación del agua en vino, la producción de una gran pesca). Y, finalmente, hay un par de ocasiones de lo que a veces se llaman «milagros de epifanía», porque sirven para manifestar la presencia divina de Jesús (caminar en agua, la transfiguración).

En nuestro mundo moderno, las historias de milagros frecuentemente parecen presentar a Jesús como alguien que viola las leyes conocidas de la naturaleza o, de alguna otra manera, hace lo que los científicos consideran imposible. Semejante actitud sería anacrónica para el mundo del Nuevo Testamento, en el que casi todos creían que había fuerzas espirituales y mágicas que podrían permitirle a la gente hacer lo que no podrían haber hecho por su cuenta. De esa manera, la reacción más común a los milagros en el Nuevo Testamento no es incredulidad sino asombro (véase, p. ej., Mt. 9:33-34). Los espectadores reconocen que un poder extraordinario está en marcha; la pregunta supone *qué* poder y *con qué fin.*

Historias de pronunciamientos

Los cuatro Evangelios canónicos contienen numerosos ejemplos de lo que los eruditos llaman «historias de pronunciamientos», que conservan la memoria de algo que Jesús dijo (véase el cuadro 5.6). En esas historias, todo lleva a un pronunciamiento climático y provocativo: el dicho, que usualmente llega al final, es la razón de ser de la anécdota (así como la «frase clave» es la razón de ser de un chiste). Esas historias eran populares en el mundo antiguo, y poseemos

espíritu inmundo: demonio, ser espiritual que habita en las personas y las hace estar enfermas o discapacitadas.

epifanía: manifestación de la divina verdad o presencia.

Historias de pronunciamientos en los Evangelios: Algunos ejemplos

Historias de corrección

- Deja que los muertos entierren a sus muertos (Mt. 8:21-22)
- Perdona setenta veces siete (Mt. 18:21-22)
- Si alguno quiere ser el primero (Mr. 9:33-35)
- El que no está contra nosotros (Mr. 9:38-40)
- Dichosos más bien (Lc. 11:27-28)

Historias de elogio

- La confesión de Pedro (Mt. 16:13-20)
- La viuda generosa (Mr. 12:21-44)
- La mujer que unge a Jesús (Mr. 14:3-9)

Historias de controversia

- Comer con pecadores (Mr. 2:15-17)
- Los discípulos de Jesús no ayunan (Mr. 2:18-22)
- Recoger granos el día de reposo (Mr. 2:23-28)
- Comer con las manos impuras (Mr. 7:1-15)
- ¿Con qué autoridad? (Mr. 11:27-33)
- Pagar impuestos al César (Mr. 12:13-17)
- ¿De quién será esposa? (Mr. 12:18-27)

Véase Robert C. Tannehill, "The Gospels and Narrative Literature," in *The New Interpreters Bible: New Testament Survey* [«Los Evangelios y la literatura narrativa», en *La Nueva Biblia del intérprete: Estudio del Nuevo Testamento*], (Nashville: Abingdon, 2005), 1-16.

numerosos libros llenos de historias de pronunciamientos, conservadas para otras figuras antiguas. He aquí un ejemplo de un libro de texto educativo llamado el *Progymnasmata* por Theon:

> Algunas personas fueron a ver a Alejandro el Grande y le preguntaron: «¿Dónde has escondido tu tesoro?». Él señaló a sus amigos y dijo: «En ellos».

Nuestros Evangelios relatan docenas de historias acerca de Jesús que son estadísticamente similares a estas anécdotas seculares. A veces, el dicho climático de Jesús constituye una corrección: Pedro ofrece perdonar a su hermano siete veces; Jesús dice: «No te digo que hasta siete veces, sino hasta setenta y siete veces» (Mt. 18:21-22). En otros casos, da un elogio: una viuda da un centavo al templo, y Jesús dice: «Esta viuda pobre ha echado en el tesoro más que todos los demás…, de su pobreza, echó todo lo que tenía» (Mr. 12:41-44). Además, en nuestros Evangelios, las historias de pronunciamientos frecuentemente ocurren dentro de un contexto de controversia. Muchos de los dichos más memorables de Jesús están motivados por objeciones que aumentan en su ministerio o por otros desafíos a su autoridad. Como respuesta a un conflicto con los escribas y fariseos, Jesús declara: «El sábado se hizo para el hombre, y no el hombre para el sábado» (Mr. 2:23-27); como respuesta a un intento de tentarlo a la autoincriminación, él exhorta a la gente: «Denle, pues, al césar lo que es del césar, y a Dios lo que es de Dios» (Mr. 12:13-17).

escribas: profesionales judíos hábiles para enseñar, copiar e interpretar la ley judía; estrechamente relacionados con los fariseos.

fariseos: uno de los principales grupos judíos, activos durante el período del Segundo Templo; los fariseos estaban generalmente relacionados con sinagogas y le daban un gran valor a la fidelidad a la Torá; la mayoría de los rabinos y muchos escribas eran fariseos.

Dichos individuales

Los Evangelios también contienen numerosos dichos de Jesús que carecen de contexto narrativo. A veces, estos dichos están conectados para formar lo que

Dichos de Jesús: Algunos ejemplos

Los *dichos de sabiduría* proporcionan conocimiento en cuanto a cómo funciona la vida en realidad:

- «Donde tengan ustedes su tesoro, allí estará también su corazón» (Lc. 12:34).
- «Si un reino está dividido contra sí mismo, ese reino no puede mantenerse en pie» (Mr. 3:24).

Los *dichos proféticos* proclaman la actividad o el juicio de Dios:

- «El reino de Dios está cerca. ¡Arrepiéntanse y crean las buenas nuevas!» (Mr. 1:15).

Los *dichos escatológicos* reflejan la perspectiva de que el futuro es nuestra importancia principal:

- «El Hijo del hombre ha de venir en la gloria de su Padre con sus ángeles, y entonces recompensará a cada persona según lo que haya hecho» (Mt. 16:27).

Los *dichos legales* interpretan la voluntad de Dios:

- «En todo traten ustedes a los demás tal y como quieren que ellos los traten a ustedes. De hecho, esto es la ley y los profetas» (Mt. 7:12).

Los *dichos de «yo»* son autobiográficos:

- «Yo no he venido a llamar a justos, sino a pecadores» (Mr. 2:17).
- «Yo he venido para que tengan vida, y la tengan en abundancia» (Jn. 10:10).

parecen ser discursos de Jesús, dichos en alguna ocasión particular. En ciertas ocasiones, los eruditos agrupan los dichos en distintas clases o categorías para facilitar la referencia y discusión (véase el cuadro 5.7).

Narraciones de la pasión y la resurrección

pasión: en la teología cristiana, término para el sufrimiento y muerte de Jesucristo.

Los cuatro Evangelios concluyen con un relato extenso de la pasión (el arresto, el juicio, la crucifixión, el entierro) y la resurrección de Jesús. En cada Evangelio, esta porción de la historia se trata con detalles más intensos que cualquier otra porción de la narrativa, y el ritmo de la narrativa baja hasta el punto de que el lector recibe un relato de casi cada hora de lo que ocurre. Los eruditos han observado similitudes entre estos relatos y las escenas de las muertes de otros hombres famosos de las antiguas biografías grecorromanas. Estos relatos también exhiben un fuerte grado de interacción con las Escrituras del Antiguo Testamento: parece que fueron escritos por gente que ya ha pensado profundamente en cuanto al significado de la muerte y la resurrección de Jesús, y que han reflexionado en esos acontecimientos a la luz de pasajes de los Salmos, de los profetas y otros pasajes de las Escrituras. De esta manera, la muerte y resurrección de Jesús no solo es otro episodio de una serie de acontecimientos extraordinarios; para cada uno de los cuatro Evangelios, se trata como el clímax de la historia, el punto al que todo se ha estado desplazando todo el tiempo. En efecto, cada uno de los Evangelios prepara a su lector para este acontecimiento culminante y hace que Jesús pronostique exactamente lo que ocurrirá (p. ej., Mr. 8:31-32; 9:31; 10:33-34) o que haga alusiones vagas que se espera que el lector entienda, de una manera que los personajes de la historia no lo hacen (véase Mr. 2:20; Jn 2:19-22; 3:14; 8:28; 12:32-34). Más aún, cada Evangelio cuenta la historia de la muerte y resurrección de Jesús de una manera distinta que reúne ciertos hilos y cumple temas importantes de esa obra en particular. Por ejemplo, en Mateo, Jesús muere como el Mesías de Israel, y cumple profecías que indicaban que él sería quien salvaría a su pueblo de sus pecados (véase 1:21); en Marcos, él da su vida como rescate por muchos, demostrando la forma sacrificial de la abnegación que debe marcar a todos sus seguidores (8:34-35; 10:43-45); en Lucas, muere como un mártir noble, como una víctima de la injusticia, que vencerá la muerte de una manera que promete un final a la opresión (4:18); en Juan, muere victoriosamente, como alguien que es glorificado y exaltado en una expresión suprema del amor de Dios (12:23; 15:13). En estas, y en muchas otras maneras, cada una de las historias de la pasión y resurrección es el clímax narrativo y teológico del Evangelio en el que aparece.

Composición de los Evangelios: El acertijo sinóptico

La piedad cristiana a veces ha imaginado que los autores de los Evangelios eran secretarios de Dios. Las pinturas medievales frecuentemente exhiben a uno de los autores de los Evangelios sentado en un escritorio con un ángel parado

Cuadro 5.8

Las últimas palabras de Jesús

Jesús habla siete veces desde la cruz, pero no siete veces en ningún Evangelio. Los Evangelios relatan tres historias muy distintas en cuanto a las últimas palabras de Jesús. En una historia, Jesús habla solamente una vez; en una segunda historia, habla tres veces; y en una tercera, habla otras tres veces. Sin embargo, no hay paralelos entre lo que se dice en cualquiera de estas tres historias y lo que se dice en las otras dos historias.

Historia A	Historia B	Historia C
Mateo y Marcos	**Lucas**	**Juan**
«Dios mío, Dios mío, ¿por qué me has desamparado?» (Mt. 27:46; Mr. 15:34).	«Padre…, perdónalos, porque no saben lo que hacen» (Lc. 23:34).	«Mujer, ahí tienes a tu hijo… Ahí tienes a tu madre» (Jn. 19:26-27).
	«Te aseguro que hoy estarás conmigo en el paraíso» (Lc. 23:43).	«Tengo sed» (Jn. 19:28).
	«¡Padre, en tus manos encomiendo mi espíritu!» (Lc. 23:46).	«Todo se ha cumplido» (Jn. 19:30).

detrás de él, susurrándole al oído. De acuerdo a esa opinión, la composición de los Evangelios fue un proceso sencillo de tomar dictado, escribir palabra por palabra lo que un mensajero celestial decía que escribieran. La erudición académica asume que el asunto fue un poco más complicado. Los escritores de los Evangelios no afirman haber recibido ninguna guía especial de esta clase (cf. Ap. 1:10-11); en efecto, el autor del Evangelio de Lucas dice que él ha hecho investigaciones y que su intención es proveer un relato ordenado de lo que se ha transmitido «desde el principio» (1:1-4). Como lo implica este comentario, los autores de los Evangelios no tuvieron que comenzar de cero. Tenían lo que los eruditos llaman «fuentes orales» (piezas de material que se habían contado

Figura 5.2. Inspiración divina. Mateo recibe ayuda de un ángel.

Los Evangelios y la autoría apostólica

Un popular concepto erróneo sostiene que los cuatro Evangelios del Nuevo Testamento fueron escritos por apóstoles, seguidores terrenales de Jesús que estaban entre sus doce discípulos. Pero la iglesia siempre ha sostenido que ese no fue el caso en dos de los Evangelios (Marcos y Lucas), y Agustín pensaba que esto era significativo teológicamente.

> El Espíritu Santo quiso elegir para la escritura de los Evangelios a dos que ni siquiera estaban entre los que conformaban los Doce, para que no se pensara que la gracia de la evangelización había llegado solamente a los apóstoles y que en ellos se había secado la fuente de la gracia. (*Sermón* 239.1)*

La gran mayoría de los eruditos hoy día querría aplicar el pensamiento de Agustín a nuestros cuatro Evangelios, ya que Mateo y Juan probablemente no hayan sido escritos por miembros de los Doce, por lo menos en las ediciones completas que ahora poseemos.

*The Early Church Fathers [Los primeros padres de la iglesia], ed. Alexander Roberts, James Donaldson, y Henry Wace (Repr., Peabody, MA: Hendrickson, 1994), 38:244.

de memoria), y probablemente también tuvieran fuentes escritas (materiales que la gente había escrito una generación antes de que los Evangelios en sí se produjeran).

Un factor que potencialmente complica la composición de los Evangelios está relacionado con la pregunta de si los evangelistas trabajaron independientemente unos de los otros. ¿Produjo cada uno de los autores de los Evangelios su biografía de Jesús sin ningún indicio de que los otros hacían (o habían hecho) lo mismo? ¿O se consultaban entre sí? Es más, ¿tenían copias del Evangelio o los Evangelios que se escribieron primero los que escribieron último? A tres de los cuatro Evangelios: Mateo, Marcos y Lucas, se les llama «Evangelios sinópticos» porque parece que están relacionados entre sí de una manera que el cuarto (Juan) no. La palabra *sinóptico* significa literalmente «ver juntos», y llegó a aplicarse a los primeros tres Evangelios porque sus contenidos podían ponerse en columnas paralelas que permitían que se leyeran y se interpretaran uno al lado de otro. La cantidad de material que se traslapa es extraordinaria, así como las similitudes en estructura, estilo, perspectiva y tono general. La pregunta de cómo debían relacionarse exactamente los tres Evangelios puede llamarse el «acertijo sinóptico» (o, más comúnmente, el «problema sinóptico»).

Para obtener una noción de lo que esto implica, consideremos solamente una pieza del acertijo. Los eruditos, por mucho tiempo, han observado que el Evangelio de Mateo es dos veces más largo que el Evangelio de Marcos, y que alrededor del noventa por ciento del material que se encuentra en Marcos se encuentra también en Mateo. ¿A qué se deberá eso? Agustín (en el siglo IV) pensaba que Marcos tal vez tenía una copia del Evangelio de Mateo y produjo una «versión condensada» de él. Pero la mayoría de los eruditos modernos piensan que Agustín lo entendía al revés: Mateo tenía una copia del Evangelio de Marcos y produjo una versión ampliada de él. ¿Por qué piensan eso? En primer lugar, es un poco difícil imaginar a Marcos determinando que algo del material de Mateo no fuera digno de ser incluido. Por ejemplo, según la apreciación de Agustín, los pasajes como las Bienaventuranzas y el Padre Nuestro fueron eliminados de Marcos, como el relato de Mateo del nacimiento virginal y los relatos de las apariciones de Jesús después de resucitado. Además, el Evangelio de Marcos está escrito más bien en un estilo rústico e informal, en tanto que la obra de Mateo sigue reglas de gramática más convencionales y está más pulido. ¿Debemos imaginar que Marcos copió de una obra sofisticada, cambió pasajes que eran gramaticalmente correctos para que se leyeran de maneras que son gramaticalmente cuestionables? La mayoría de los intérpretes creen que debemos asumir lo opuesto: Mateo alteró el material de Marcos y lo editó gramaticalmente y en estilo para producir un Evangelio que fuera atractivo para la gente que le importaban esas cosas. Si esto es correcto, entonces el Evangelio de Mateo es casi una «segunda edición» del evangelio de Marcos, una versión reescrita y grandemente ampliada de ese libro, presentada en un estilo distinto para una audiencia distinta.

Como se ha indicado, la teoría de que Mateo tenía una copia del Evangelio de Marcos y la amplió solamente es un segmento de lo que los eruditos, esencial- mente, quieren decir cuando hablan del acertijo sinóptico. El cuadro completo que surge cuando todas las piezas están en su lugar se deja ver en la primera de las dos ilustraciones que se proveen en el cuadro 5.10. En pocas palabras, la propuesta es como sigue: (1) El Evangelio de Marcos fue escrito primero y tanto Mateo como Lucas tenían copias del Evangelio de Marcos; (2) otra fuente antigua, llamada «Q» también se produjo en la iglesia primitiva, y Mateo y Lucas también tenían copias de la fuente Q; (3) Mateo tenía algún material adicional que Lucas no tenía, al que llamamos el material «M»; y (4) Lucas tenía algún material adicional que Mateo no tenía, a la que llamamos el ma- terial «L». Esta interpretación se llama «hipótesis de dos fuentes» (o, a veces, la «hipótesis de cuatro fuentes») porque Mateo y Lucas separadamente usaron dos fuentes importantes (Marcos y Q) además de otros materiales (M y L).

Según esta teoría ampliamente aceptada, hubo un período en la historia de la iglesia primitiva (*ca*. 70-85) en el que los cristianos tuvieron dos escritos de Jesús: el Evangelio de Marcos y lo que ahora llamamos la fuente «Q». Las iglesias hicieron copias de estas dos obras y las distribuyeron. Sin embargo, la gente no tardó en comenzar a pensar: «¿Por qué no combinarlas?». Y Mateo y Lucas hicieron exactamente eso, cada uno a su manera. Cada uno de ellos lo hizo independientemente, sin saber lo que el otro hacía y, según esta teoría, también introdujeron otras tradiciones acerca de Jesús en la mezcla (el material M para Mateo, el material L para Lucas). Como escritores dotados con tiempo en sus manos, editaron todo para producir libros que valían por sí mismos. Como resultado, los Evangelios de Mateo y Lucas resultaron ser mucho más que simplemente «versiones ampliadas de Marcos» o incluso «híbridos de Marcos-Q». Resultaron ser biografías de Jesús verdaderamente singulares, que cuentan la historia de Jesús desde perspectivas particulares, obras que demostrarían ser efectivas de maneras distintas, para gente distinta. Por eso es que la iglesia cristiana decidió mantener los tres Evangelios sinópticos a pesar del traslapo de contenido.

Si esta teoría es correcta, y *simplemente* es una teoría, entonces podríamos considerar las distintas maneras en las que Mateo y Lucas ampliaron Marcos al agregar material nuevo. Los que siguen esta teoría conjeturan que Mateo decidió insertar el material de Q y M en cinco puntos clave de la narrativa de Marcos: Mateo determinó que Jesús podía dar discursos en esos puntos de la historia, y el material de Q y M se organiza temáticamente y se presenta como el contenido de esos cinco discursos. De igual manera, los que siguen esta teoría piensan que Lucas tomó material de Q y L y creó una inserción de diez capítulos en la narrativa de Marcos, según la cual, Jesús lleva a sus discípulos en un viaje y les enseña mientras viajan hacia Jerusalén. El resultado es que, en Mateo, el discipulado tiene una sensación académica, de salón de clases, Jesús el rabino instruye a sus estudiantes con lecciones temáticas, pero en el Evangelio de Lucas, el discipulado parece más una experiencia de inmersión de aprendizaje mientras se trabaja.

Debemos decir un poco más acerca de la hipotética fuente Q, que ha llamado mucho la atención de los estudios del Nuevo Testamento. Nadie recuerda cómo obtuvo su nombre. Nuestra mejor conjetura es que «Q» podría ser una abreviatura de *Quelle*, la palabra «fuente» en alemán. De cualquier manera, los eruditos que siguen esta teoría creen que el contenido de Q puede identificarse básicamente con el material que Mateo y Lucas tienen en común, pero que no se encuentra en el Evangelio de Marcos. Se proporciona un listado de este material en el cuadro 5.11. Por este listado es evidente que Q esencialmente fue una colección de dichos, ya que solo hay dos historias breves acerca de Jesús (la tentación en el desierto, la curación del siervo del centurión), en tanto que todo lo demás narra sus enseñanzas: parábolas, aforismos, bienaventuranzas y toda clase de pronunciamientos, y ejemplos de cada clase de dichos asociados con Jesús. Piénselo de esta manera: si Q hubiera sido publicado en una edición de «letra roja» (una Biblia que imprime las palabras de Jesús con tinta roja), casi todo el texto estaría en rojo.

Solamente podemos especular en cuanto a la naturaleza exacta u orígenes de semejante documento. Parece probable que uno de los discípulos de Jesús, posiblemente pero no necesariamente uno de los doce, hubiera escrito algunos dichos favoritos del Señor y que los primeros cristianos hubieran hecho copias de este «libro de dichos» para distribuirlo. En efecto, Papías, el líder eclesiástico del siglo II, escribe que Mateo, el recolector de impuestos, «recopiló los dichos

Soluciones sugeridas para el acertijo sinóptico

La hipótesis de dos fuentes

```
┌ ─ ─ ─ ─ ─ ─┐   ┌─────────────┐   ┌─────────────┐   ┌ ─ ─ ─ ─ ─ ─┐
│     M      │   │   Marcos    │   │      Q      │   │     L      │
└ ─ ─ ─ ─ ─ ─┘   └─────────────┘   └─────────────┘   └ ─ ─ ─ ─ ─ ─┘

        ┌─────────────┐              ┌─────────────┐
        │    Mateo    │              │    Lucas    │
        └─────────────┘              └─────────────┘
```

La teoría de Farrer

```
┌─────────────┐       ┌─────────────┐
│   Marcos    │ ────▶ │    Mateo    │
└─────────────┘       └─────────────┘

        ┌─────────────┐
        │    Lucas    │
        └─────────────┘
```

La hipótesis de dos Evangelios

```
┌─────────────┐       ┌─────────────┐
│    Mateo    │ ────▶ │    Lucas    │
└─────────────┘       └─────────────┘

        ┌─────────────┐
        │   Marcos    │
        └─────────────┘
```

en idioma hebreo [o arameo], y cada uno los interpretó [o tradujo] como pudo» (Eusebio, *Historia de la iglesia* 3.39). Aparentemente, Papías hablaba del libro que llamamos el Evangelio de Mateo, y en años recientes sus comentarios se han descartado porque (1) el Evangelio de Mateo no es una colección de dichos; (2) no fue escrito en hebreo ni arameo y (3) casi seguramente no fue escrito ni redactado por Mateo el recaudador de impuestos. Sin embargo, los eruditos recientes se han preguntado si Papías pudo haber confundido nuestro «primer evangelio» con lo que ahora llamamos la fuente Q. Tal vez Mateo, el recaudador de impuestos fue el responsable de recopilar la colección de dichos que nosotros llamamos «Q» y otros (es decir, los autores de dos de nuestros Evangelios) tradujeron o interpretaron estos dichos al introducirlos en sus Evangelios.

Cuadro 5.11

El contenido del material Q en Mateo y Lucas, pero no en Marcos

La predicación de Juan el Bautista	Lc. 3:7-9	Mt. 3:7-10
La tentación de Jesús	Lc. 4:1-13	Mt. 4:1-11
Las Bienaventuranzas	Lc. 6:20-23	Mt. 5:3-12
El amor hacia los enemigos	Lc. 6:27-36	Mt. 5:39-48; 7:12
Sobre juzgar a los demás	Lc. 6:37-42	Mt. 7:1-5; 10:24; 15:14
Sobre producir fruto	Lc. 6:43-45	Mt. 7:15-20
La parábola de los dos constructores	Lc. 6:47-49	Mt. 7:24-27
La curación del siervo del centurión	Lc. 7:1-10	Mt. 8:5-10, 13
Juan el Bautista cuestiona a Jesús	Lc. 7:18-35	Mt. 11:2-19
Los que van a ser discípulos	Lc. 9:57-60	Mt. 8:19-22
El discurso misionero de Jesús	Lc. 10:2-16	Mt. 9:37-38; 10:9-15; 11:21-23
Agradecimiento al Padre	Lc. 10:21-24	Mt. 11:25-27; 13:16-17
El Padre Nuestro	Lc. 11:2-4	Mt. 6:9-13
Pedir y recibir	Lc. 11:9-13	Mt. 7:7-11
A Jesús se le identifica con Beelzebú	Lc. 11:14-23	Mt. 12:22-30
El regreso del espíritu maligno	Lc. 11:24-26	Mt. 12:43-45
La señal de Jonás	Lc. 11:29-32	Mt. 12:38-42
Sobre la luz	Lc. 11:33-36	Mt. 5:15; 6:22-23
Denuncia a los fariseos	Lc. 11:37-52	Mt. 23:4-7, 13-36
Temor a los humanos y a Dios	Lc. 12:2-12	Mt. 10:19, 26-33; 12:32
No preocuparse por la vida	Lc. 12:22-34	Mt. 6:19-21, 25-33
Estar listos para el regreso del amo	Lc. 12:39-46	Mt. 24:43-51
Divisiones en la familia	Lc. 12:51-53	Mt. 10:34-36
Las señales de los tiempos	Lc. 12:54-56	Mt. 16:2-3
Llegar a un acuerdo fuera de la corte	Lc. 12:57-59	Mt. 5:25-26
La parábola de la levadura	Lc. 13:20-21	Mt. 13:33
La puerta angosta	Lc. 13:23-30	Mt. 7:13-14, 22-23; 8:11-12
Lamento por Jerusalén	Lc. 13:34-35	Mt. 23:37-39
La parábola del banquete	Lc. 14:15-24	Mt. 22:1-14
Cargar la cruz	Lc. 14:26-27	Mt. 10:37-38
La parábola de la oveja perdida	Lc. 15:1-7	Mt. 18:12-14
Sobre servir a dos amos	Lc. 16:13	Mt. 6:24
El papel de la ley y los profetas	Lc. 16:16-17	Mt. 5:18; 11:13
La reprimenda y el perdón de pecados	Lc. 17:1-6	Mt. 18:6-7, 15, 20-22
El día del Hijo del Hombre	Lc. 17:23-27, 33-37	Mt. 24:17-18, 26-28, 37-41
La parábola de los talentos	Lc. 19:11-27	Mt. 25:14-30

Pero todo esto es especulación; hay mucho que simplemente no podemos saber. En efecto, unos cuantos eruditos creen que Q quizá no haya sido una fuente escrita en absoluto. Tal vez simplemente fue una colección memorizada de dichos, un resumen de las enseñanzas de Jesús que los cristianos (o los líderes cristianos) aprendieron de memoria. Eso explicaría por qué ya no tenemos ninguna copia de él: las copias físicas nunca existieron. Pero repito, esto es especulación.

Y finalmente, tenemos que hacer énfasis en que varios eruditos rechazan la hipótesis de dos fuentes completamente, a favor de una solución distinta al acertijo sinóptico. El competidor principal, probablemente, es una solución llamada la «teoría de Farrer», según la cual el Evangelio de Marcos surgió primero, Mateo modificó Marcos y Lucas se inspiró tanto en Marcos como en Mateo. Otra alternativa es la «hipótesis de dos Evangelios» (a veces llamada la «hipótesis Griesbach»), según la cual Mateo escribió su Evangelio primero, luego Lucas se inspiró en Mateo al crear su propia obra compatible pero distinta y, finalmente, Marcos tuvo copias tanto de Mateo y Lucas y produjo un Evangelio corto y condensado, usando material de ambos. Estas dos propuestas minoritarias intentan explicar los paralelos y las diferencias entre los tres Evangelios, sin tener que plantear la existencia de una fuente hipotética, que ahora está extraviada. La diferencia clave entre las dos es el orden en el que se escribieron los tres Evangelios. La teoría de Farrer sostiene la «prioridad marcana», por lo que tiene mucho en común con la hipótesis de dos fuentes, y rechaza solamente la existencia de Q. La hipótesis de dos evangelios rechaza tanto la prioridad marcana como la existencia de Q, y de esta manera, representa una salida más radical del paradigma dominante.

Conclusión

En el siglo II, Tatiano, un cristiano prominente, determinó que la iglesia en realidad no necesitaba cuatro Evangelios: era confuso tener cuatro relatos separados de la vida de Jesús, en especial cuando frecuentemente narraban los mismos acontecimientos. Tatiano se propuso arreglar esto produciendo una síntesis de los cuatro Evangelios que fusionaba sus relatos en una narración extensa de la vida de Jesús. Llamó a su obra el *Diatessaron* («a través de cuatro» en griego). Llegó a ser muy popular, especialmente en la iglesia ortodoxa oriental, y por más de doscientos años reemplazó a los cuatro Evangelios en las Biblias y leccionarios en siriaco.

Con el tiempo, las iglesias cristianas rechazaron el *Diatessaron*. Hoy día, la mayoría de las iglesias enseñan que Dios quiso que cuatro personas escribieran los cuatro Evangelios distintos y que aceptar la Biblia como la palabra de Dios significa entender y apreciar las historias distintas que cada Evangelio cuenta.

Aun así, el enfoque del *Diatessaron* ha seguido siendo usado de formas no oficiales. Por ejemplo, la mayoría de las películas cinematográficas acerca de la vida de Jesús presentan una historia combinada, basada en segmentos de todos los Evangelios, es decir, que la historia de Jesús que ellos cuentan no es una que en realidad sea narrada por algún autor bíblico individual.

A nivel popular, la mayoría de los cristianos hoy día tienen algo de conocimiento de «la historia de Jesús», pero lo que saben es generalmente una historia compuesta, similar al *Diatessaron*. Muy pocos cristianos en realidad pueden identificar «la historia de Jesús que Mateo quiso contar», o «la historia de Jesús que Marcos quiso contar», o la de Lucas o Juan. El estudio académico del Nuevo Testamento se ocupa de remediar esto de una manera que corresponda a los intereses oficiales del cristianismo, aunque esos intereses no siempre sean evidentes en las expresiones de fe populares o prácticas. Ahora que pasamos a considerar cada uno de los Evangelios, buscaremos discernir el retrato de Jesús que cada evangelista ofrece. La meta es apreciar la imagen de Jesús que cada libro presenta y entender el mensaje distintivo que cada autor quiso transmitir.

Mateo

He aquí un dato curioso sobre la Biblia: en el Salmo 46 de la versión de la Biblia en inglés King James, la cuadragésima sexta palabra desde el principio (sin contar el título) es *shakes*, y la cuadragésima sexta palabra del final (sin contar el «Selah») es *spear*. La Biblia King James se completó en 1610, el año en que William Shakespeare celebró su cuadragésimo sexto cumpleaños. Muchos eruditos de la literatura creen que los traductores de esta Biblia, que eran grandes admiradores de la obra del Bardo, introdujeron a escondidas un tributo de cumpleaños para Shakespeare en la misma Palabra de Dios.

No se tiene que avanzar mucho en la lectura del Evangelio de Mateo para ver que el autor de nuestro primer Evangelio, de igual manera, puede hacer juegos de números. Cuando relata la genealogía de Jesús, ordena los nombres de manera que caigan en tres grupos de catorce generaciones: había catorce generaciones desde Abraham hasta David, catorce desde David hasta el exilio y catorce desde el exilio hasta Jesús. ¡Tres veces catorce! Muchos lectores modernos podrían responder: «¿Y qué?». Pero Mateo piensa que Jesús es el Mesías, y el Mesías es el hijo de David, y el nombre «David» se puede escribir con letras hebreas (*dwd*), que también servían como números, y esos números son 4, 6, 4, ¡y 4 + 6 + 4 = 14!

Al Evangelio de Mateo frecuentemente se le llama «el Evangelio del Maestro» porque se enfoca mucho en el ministerio de enseñanza de Jesús y hace un fuerte énfasis en la necesidad de que los líderes cristianos entiendan la palabra (13:23) y que la enseñen a otros (5:19; 28:19-20). Pero, de igual manera, a Mateo se le podría llamar fácilmente «el Evangelio del contador», porque su autor está muy interesado en mantener un registro de las cosas. La gente que está familiarizada con el indicador de tipo Myers-Briggs identificaría a Mateo como «una J alta», es decir, como una persona que anhela el orden y la estructura. A Mateo le encantan las tríadas, presentar ejemplos o puntos en grupos de tres (p. ej., tres

tríada: un conjunto de tres.

acciones de piedad en 6:1-18). También le gustan los pares y el dualismo: dos señores (6:24-25), dos caminos (7:13-14), dos constructores (7:24-27).

Hay cosas que simplemente no entendemos. A veces, Mateo incluye dos veces lo que parece ser el mismo material en distintos puntos de su Evangelio: las palabras de Jesús sobre el divorcio se incluyen dos veces (5:31-32; 19:9), al igual que las historias de los líderes religiosos que buscan una señal de él (12:38-42; 16:1-4) o que lo acusan de obrar con el poder de Beelzebú (9:32-34; 12:22-24). ¿Por qué haría eso Mateo? Aún más enigmático, los personajes a veces se duplican: el Evangelio de Marcos reporta que Jesús sanó a un ciego en Jericó (10:46-52) y que sacó una legión de espíritus inmundos de otro hombre y los introdujo en un hato de cerdos (5:1-14), una anécdota que a los comediantes bíblicos les gusta llamar «la historia del jamón endiablado», pero cuando Mateo cuenta esas mismas historias, Jesús sana a dos ciegos (20:29-34) y saca la legión de demonios de dos hombres (8:28-33). Y en la versión de Mateo de la historia del Domingo de Ramos, Jesús se sienta sobre dos animales cuando entra montado a la ciudad (21:6-7). ¿Es esto un cumplimiento demasiado literal de la profecía (21:5; cf. Zac. 9:9)? ¿Sabía Mateo algo que Marcos no sabía? ¿O hay algo especial en cuanto al número «dos»?

Una cosa es segura: Mateo no es un escritor desordenado. Él tiene un plan claro para su Evangelio, y está atento a los detalles. Simplemente, no siempre sabemos cuánto insistir en eso. Jesús relata siete parábolas acerca del reino del cielo; ¿se debe a que el «siete» es un número sagrado, o simplemente resultó ser el número de las parábolas del reino que Mateo sabía? Mateo nos dice doce veces que la profecía se ha cumplido; ¿se debe a que el «doce» es un número para Israel, o es simplemente una coincidencia? Mateo presenta ocho bienaventuranzas en dos grupos de cuatro, y cada grupo contiene exactamente treinta y seis palabras en griego y, bueno, en realidad, esa probablemente sea solo una coincidencia, pero con Mateo, ¡uno nunca sabe con seguridad!

Generalidades

El Evangelio de Mateo se inicia con una genealogía que traza la ascendencia de Jesús desde Abraham (1:1-17), a la que le sigue el relato del nacimiento virginal de Jesús y los acontecimientos relacionados como la visita de los magos (1:18-2:23). Luego, la narración pasa a describir el inicio del ministerio de Jesús como adulto: Juan lo bautiza (3:1-17) y Satanás lo tienta en el desierto (4:1-11); luego, comienza a llamar discípulos y pasa por Galilea predicando, enseñando y sanando (4:12-25). Predica el Sermón del Monte (5:1-7:28), que se enfoca principalmente en el discipulado (es decir, la vida que se espera de aquellos que son fieles a Dios).

Mateo continúa la historia del ministerio de Jesús al narrar una serie de historias de curaciones (de un leproso, del siervo del centurión, de la suegra de Pedro, de dos endemoniados, de un paralítico). Estas se intercalan con anécdotas en las que Jesús responde a preguntas que aclaran o desafían la naturaleza de su ministerio (8:1-9:38). Entonces Jesús nombra a doce de sus seguidores para que sean sus apóstoles y los envía con una misión similar a la suya, y los instruye en cuanto a la persecución y la necesidad de la fidelidad radical (10:1-11:1). La oposición en contra de Jesús comienza a incrementar cuando se topa con duda, apatía y hostilidad absoluta de diversas partes: Juan el Bautista, las multitudes, los fariseos e incluso su propia familia (11:2-12:50). Él cuenta siete parábolas acerca del reino del cielo (13:1-53), y luego encuentra rechazo en su propio pueblo natal (13:54-58). Su ministerio también llama la atención de Herodes, que ha mandado a ejecutar a Juan el Bautista (14:1-12).

La historia continúa con énfasis

Figura 6.1. Los tres magos. Solamente el Evangelio de Mateo cuenta la historia de los magos que llegan de Oriente a adorar a Jesús donde él nació (2:1-12). (Bridgeman Images)

en las obras milagrosas (multiplicación de comida, caminar sobre el agua, el exorcismo de un demonio de la hija de un cananeo). Esto está entrelazado con relatos que revelan que los fariseos son guías ciegos que están bajo el juicio de Dios, y con relatos que muestran que los propios discípulos de Jesús son personas de poca fe (14:13-16:12). Pero entonces, Pedro recibe la bendición de Jesús cuando confiesa que Jesús es el Mesías y el Hijo de Dios (16:13-20). Después de eso, la narración pasa a una larga sección que hace énfasis en las instrucciones de Jesús para sus discípulos (16:21-20:34): repetidas veces les dice que él va a sufrir y a morir, una revelación que para ellos es inquietante; les enseña acerca de la humildad y el sacrificio; permite que tres discípulos tengan un vistazo de su gloria divina cuando se transfigura ante ellos en una montaña; y los instruye en cuanto a la vida en comunidad y otros asuntos pertinentes para los que están siendo preparados para vivir en el reino de los cielos.

Jesús entra a Jerusalén y allí desafía a los líderes religiosos (21:1-23:39): vuelca las mesas en el templo, cuestiona la autoridad de los líderes, dice parábolas en contra de ellos, responde a una serie de pruebas que le ponen enfrente y arremete contra ellos como insensatos e hipócritas, destinados al infierno. Después, Jesús se retira al Monte de los Olivos con sus discípulos y les da enseñanzas privadas en cuanto a los últimos días, que incluye información acerca de su regreso y una serie de parábolas en cuanto al juicio final (24:1-25:46).

El Evangelio de Mateo termina con el relato de la pasión y resurrección de Jesús (26:1-28:20): es ungido por una mujer no identificada y comparte una última comida con sus discípulos, que lo traicionarán, negarán y abandonarán. A Jesús lo arrestan, se enfrenta al juicio ante los líderes judíos y gentiles, lo crucifican y lo colocan en una tumba; al tercer día resucita, se le aparece a un grupo de mujeres y luego faculta a sus discípulos para que bauticen y enseñen a gente de todas las naciones.

Trasfondo histórico

Aunque está primero en nuestro Nuevo Testamento, generalmente no se piensa que el Evangelio de Mateo fue el primer Evangelio que se escribió. La mayoría de los eruditos cree que fue escrito después del Evangelio de Marcos. Ya que casi el noventa por ciento del material del Evangelio de Marcos también se encuentra en Mateo, es posible ver a Mateo como una segunda edición ampliada de Marcos. Pero el libro de Mateo, en última instancia, no reemplazaría el Evangelio de Marcos de la manera que la segunda edición de una obra generalmente reemplaza las versiones anteriores. Más bien, los cristianos leerían Mateo junto con Marcos, exonerarían la redundancia y verían que ambos libros ofrecen relatos compatibles de Jesús.

El libro es anónimo, y su atribución a Mateo puede deberse, en parte, a un comentario erróneo o mal interpretado de uno de los primeros líderes cristianos. Alrededor de la mitad del siglo II, el líder eclesiástico Papías dijo que Mateo, el recaudador de impuestos, uno de los doce discípulos de Jesús, «recopiló los dichos del idioma hebreo [o arameo] y cada uno los interpretó [o tradujo] como pudo» (Eusebio, *Historia de la iglesia* 3.39). Líderes eclesiásticos posteriores tomaron este comentario como una indicación de que Mateo, el recaudador de impuestos, escribió el libro que ahora lleva su nombre; en efecto, eso es lo que Papías quiso dar a entender. Pero el libro que ahora conocemos como el Libro de Mateo es más que una colección de dichos. Además, está escrito en griego, no en hebreo ni arameo, y la mayoría de los eruditos simplemente hacen caso omiso del comentario de Papías, y afirman que claramente él no sabía de lo que hablaba. Sin embargo, es posible que Mateo, el recaudador de impuestos, sí tuviera algo que ver con este Evangelio. Tal vez fue la persona responsable de compilar la ahora extraviada colección de dichos que los eruditos llaman fuente Q (véase «Composición de los Evangelios: el acertijo sinóptico» en el cap. 5), y tal vez eso es lo que confundió a Papías. Pero esto sigue siendo especulativo. Tal vez Mateo recopiló algunos de los dichos que acabaron en Q, o tal vez recopiló algunos dichos totalmente distintos. Muchos escenarios son posibles, y simplemente no podemos saber con seguridad cuál pudo haber sido la contribución fundamental de Mateo, el cobrador de impuestos, a este Evangelio. En cualquier caso, muy pocos eruditos creen que él haya sido el autor de todo el libro en la forma que ahora lo tenemos. Sin embargo, de todas formas, los eruditos se refieren al autor desconocido de este libro como «Mateo»; es tradicional y conveniente hacerlo, y nadie más sabe de qué otra manera llamarlo.

Lo que podemos saber de este autor tiene que suponerse con la obra en sí. Él obviamente es un cristiano devoto y educado. Conoce las Escrituras judías bien y las usa de maneras que podrían sugerir alguna preparación de escriba.

Cuadro 6.1

Material único del Evangelio de Mateo

Esto corresponde a aquello a lo que los eruditos a veces se refieren como el material «M» (véase el cuadro 5.10).

La genealogía de Jesús (a partir de Abraham)	1:2-17	La restauración del miembro pecaminoso	18:15-20
El nacimiento de Jesús (con la atención en José)	1:18-25	Pedro pregunta acerca del perdón	18:21-22
La visita de los magos	2:1-12	La parábola del siervo que no perdona	18:23-35
La huida a Egipto	2:13-21	La parábola de los obreros en el viñedo	20:1-16
Sobre el cumplimiento de la ley	5:17-20	La parábola de los dos hijos	21:28-32
La antítesis	5:21-24, 27-28, 33-38, 43	La prohibición de títulos	23:7-12
Sobre practicar la piedad	6:1-15, 16-18	Reprimendas a los fariseos	23:15-22
Perlas para los cerdos	7:6	La parábola de las diez damas de honor	25:1-13
La misión limitada a Israel	10:5-6	Descripción del juicio final	25:31-46
La invitación a descansar	11:28-30	La muerte de Judas	27:3-10
Parábolas: la hierba mala, el tesoro, la perla, la red	13:24-30, 36-52	Pilato se lava las manos	27:24-25
Pedro intenta caminar sobre el agua	14:28-31	La resurrección de los santos	27:52-53
La bendición de Pedro	16:17-19	La guardia ante la tumba	27:62-66; 28:11-15
Pedro paga el impuesto del templo	17:24-27	La Gran Comisión	28:16-20

De esa manera, casi seguramente es un cristiano judío, y tal vez sea un rabino convertido o líder de sinagoga. Entre los cuatro autores de nuestros Evangelios, solo Mateo tiene la tenacidad de relatar que el ministerio original de Jesús estaba dirigido únicamente a Israel (10:5-6; 15:24; cf. 28:18-20).

En cuanto a la fecha, su uso de la frase «hasta el día de hoy» (27:8; 28:15) implica que él escribe una generación o más después de la época de Jesús (cf. Gn. 26:33; 2 S. 6:8), y su uso del Evangelio de Marcos indica que escribe después de la publicación y distribución de ese libro (generalmente se pensaba que había sido escrito alrededor de 65-73). Una cantidad de asuntos del Evangelio de Mateo reflejan la clase de preocupaciones que la gente tenía en las décadas posteriores a la destrucción del templo de Jerusalén en 70 e. c. (cf. 24:1-2): «¿De qué manera está Dios presente con nosotros? ¿Cuál es el valor continuo de la Torá? ¿Cómo y cuándo se cumplirán las promesas de Dios a Israel?».

También parece que el autor de Mateo favorece el material que le interesaría a la gente que vivía en un entorno más urbano y próspero que el de Jesús y sus discípulos originales. Frecuentemente, se sugiere que este Evangelio pudo haber sido escrito en la ciudad de Antioquía, un lugar importante a principios del cristianismo (véase Hch. 11:25-26). Numerosos detalles en cuanto a la interpretación de este Evangelio se pueden dilucidar con la hipótesis de que el libro fue escrito para creyentes de ese entorno, pero no es algo seguro, ya que otras ciudades similares a Antioquía también podrían reunir bien las condiciones.

Entonces, nuestra mejor conjetura es la siguiente: el libro que conocemos como Evangelio de Mateo fue escrito por un cristiano judío desconocido, en Antioquía o en otra ciudad romana similar, un poco después de la destrucción del templo de Jerusalén, muy probablemente a mediados de los años 80.

¿Qué es característico del Evangelio de Mateo?

Tal vez el primer paso para entender el Evangelio de Mateo consista en reconocer en qué difiere de los otros tres Evangelios. Para comenzar bien en esto, debemos familiarizarnos con lo que es único en este Evangelio. El cuadro 6.1 enumera historias y pasajes de Mateo que no se encuentran en ninguna otra parte en el Nuevo Testamento.

Una revisión de este material proporciona una guía rápida y fácil a algunas cosas que son distintivas en cuanto a Mateo. Por ejemplo, las únicas dos veces en las que Jesús habla de «la iglesia» en el Nuevo Testamento están en pasajes de este listado (16:17-19; 18:15-20): Jesús dice que quiere construir una iglesia, y da consejos en cuanto a la manera en que esa iglesia debe tomar decisiones y regular su membresía. De igual manera, podemos observar que en una cantidad de historias del listado que están «solamente en Mateo» Pedro figura de manera prominente (14:28-31; 16:17-19; 17:24-27; 18:21-22). Eso es interesante porque si, de hecho, el Evangelio de Mateo fue escrito en Antioquía, entonces fue producido en una comunidad en la que Pedro en realidad vivió (véase Gá. 2:11-14).

Hay otra forma de determinar qué es característico de Mateo: colocar los Evangelios de Mateo y Marcos de lado a lado y observar las diferencias que aparecen una y otra vez en el material que tienen en común. Si seguimos las teorías de la fuente dominantes, tendremos que llegar a la conclusión de que Mateo no solo copió material de Marcos, palabra por palabra; más bien, hizo cambios a lo que Marcos había escrito, y estos cambios revelan lo que es característico de la versión de Mateo de la historia del evangelio. El cuadro 6.2 proporciona un resumen de cambios que frecuentemente observan los «críticos de la redacción», eruditos dedicados a estudiar las tendencias editoriales de Mateo para discernir su perspectiva característica. Además, debemos observar que, aunque el material se presenta aquí como formulado por eruditos que creen que Mateo tenía una copia del Evangelio de Marcos y la usó como una fuente para su propio trabajo, las tendencias características de Mateo serían notorias, aunque ese no fuera el caso. Si, por ejemplo, Mateo fue el primer Evangelio escrito, como lo sostienen algunos eruditos, necesitaríamos revisar el cuadro 6.2 para presentar «el uso de Marcos de Mateo», en lugar «del uso de Mateo de Marcos». Eso podría hacerse, y las diferencias significativas entre los dos Evangelios todavía serían notorias.

Muchas de estas diferencias son simplemente de estilo, pero, a pesar de eso, sirven para señalar las prioridades y el método para contar historias. Por ejemplo, frecuentemente se dice que Mateo adopta más un enfoque de «solo hechos» que Marcos; él está menos interesado en contar historias de una manera animada o colorida de lo que está en simplificar material y organizar su presentación de una forma que establezca ciertos puntos clave. Otras diferencias pueden reflejar la audiencia que Mateo visualiza para su Evangelio: las selecciones de palabras de este Evangelio parece que tienen la intención de hacer el libro más atractivo para los lectores judíos (o cristianos judíos) o más significativo para los lectores que viven en un ambiente urbano bastante próspero.

De cualquier manera, las diferencias más interesantes que se pueden detectar en el material paralelo de Mateo y Marcos son las que afectan la forma en que se presentan los personajes principales de la historia. Jesús exhibe menos fragilidad humana en el Evangelio de Mateo que en el de Marcos. Por ejemplo, no aparecen las declaraciones que podrían implicar falta de conocimiento o habilidad en él (cf. Mr. 6:5 con Mt. 13:58). De igual manera, los discípulos de Jesús exhiben más potencial para crecimiento y liderazgo en la versión de la historia de Mateo que en la de Marcos. Sin embargo, la presentación de Marcos de los líderes religiosos de Israel exhibe la tendencia opuesta: inevitablemente terminan peor en Mateo que en Marcos.

El uso que hace Mateo de Marcos

Según las teorías de fuente dominantes, Mateo conserva alrededor del noventa por ciento de las historias y pasajes que se encuentran en el Evangelio de Marcos, pero él edita este material de acuerdo a ciertos principios. Estudiar estos cambios editoriales es el trabajo de los críticos de la redacción (véase «La crítica de la redacción» en el capítulo 3).

Organización

Selecciones del material marcano se trasladan.

Ejemplos:

- Cinco historias de milagros se trasladan a Mateo 8-9, donde ocurren otras historias de milagros.
- El encargo misionero a los discípulos se relata inmediatamente después de que se seleccionan los discípulos (Mt. 10:1-42; cf. Mr. 3:14-19; 6:7-13).

Abreviación

Se cortan detalles o personajes que no son inmediatamente pertinentes.

Ejemplos:

- Las cadenas y el comportamiento del endemoniado (Mt. 8:28; cf. Mr. 5:2-5)
- La remoción del techo para el paralítico (Mt. 9:2; cf. Mr. 2:2-5)
- La multitud y los discípulos en la historia de la curación de la mujer (Mt. 9:20-22; cf. Mr. 5:24b-34)

Sofisticación

Expresiones casuales o coloquiales se reescriben con el griego más pulido de la clase educada.

Ejemplos:

- Se cambia el tiempo «presente histórico» en muchas ocasiones (130 de 151).
- Se reduce el uso repetido de Marcos de palabras como «y» e «inmediatamente».
- Se dan antecedentes claros a los pronombres que carecen de ellos.

Exactitud

Se corrigen los casos de exactitud cuestionable.

Ejemplos:

- «El rey Herodes» (Mr. 6:14) se convierte en «Herodes el tetrarca» (Mt. 14:1).
- Se omite la referencia a Abiatar como sumo sacerdote de Marcos 2:26 (Mt. 12:4; cf. 1 S. 21:1-6).

Pertinencia contextual

Algunos cambios hacen que lo relatado sea más pertinente para la comunidad de Mateo.

Ejemplos:

- Mateo omite la explicación de Marcos de las costumbres judías (Mt. 15:1-2; cf. Mr. 7:3-4) porque él escribe para cristianos que son judíos étnicos o que están bien familiarizados con la tradición judía.
- Mateo reemplaza frecuentemente la frase «reino de Dios» con «reino de los cielos» (p. ej., Mt. 4:17; cf. Mr. 1:15) porque algunos judíos trataban de evitar decir «Dios» por respeto a la santidad del nombre de Dios.
- Donde Marcos usa «pueblo» (kōmē), Mateo frecuentemente usa «ciudad» (polis) porque él escribe para una comunidad urbana, retirada de los ambientes rurales.
- Mateo agrega «plata» y «oro» al mandato de Jesús a los discípulos de que no llevaran «cobre» con ellos en sus viajes (Mt. 10:9; cf. Mr. 6:8) porque él le escribe a una comunidad más próspera para la que la renuncia al «cobre» podría parecer insignificante.

Descripción de los personajes

Mateo cambia la forma en la que se presentan los personajes principales en la historia del evangelio. Incluso Jesús, sus discípulos y los líderes religiosos de Israel.

Jesús

- Se omiten las preguntas que podrían implicar falta de conocimiento por parte de Jesús (Mr. 5:9, 30; 6:38; 8:23; 9:12, 16, 21, 33; 10:3; 14:14).
- Se modifican las declaraciones que podrían implicar falta de habilidad o autoridad por parte de Jesús (cf. Mt. 13:58 con Mr. 6:5).
- Se reducen las referencias de Jesús cuando exhibe emociones humanas: lástima (Mr. 1:41), ira (Mr. 3:5), tristeza (Mr. 3.5), admiración (Mr. 6:6), indignación (Mr. 10:14), amor (Mr. 10:21).
- Se omiten las historias que podrían parecer que presentan a Jesús como mago (Mr. 7:31-37; 8:22-26).

Los discípulos de Jesús

- «No tienen fe» se cambia a «poca fe» (cf. Mt. 8:26 con Mr. 4:40).
- El tema de no entender a Jesús se ajusta de manera que los discípulos son simplemente lentos para entender (cf. Mt. 16:12 con Mr. 8:21; Mt. 17:9-13 con Mr. 9:9-13).
- La ambición impropia se le atribuye a la madre de Jacobo y Juan y no a los discípulos en sí (cf. Mt. 20:20 con Mr. 10:35).
- A las historias que se tomaron de Marcos se agregan referencias a los discípulos que «adoran» a Jesús y lo llaman «Señor» o «Hijo de Dios» (cf. Mt. 14:32-33 con Mr. 6:51-52).

Los líderes religiosos de Israel

- Al escriba que Jesús elogia en Marcos (12:28-34) se le describe en Mateo como oponente que pone a Jesús a prueba (22:34-40).
- A los líderes religiosos amigables como Jairo y José de Arimatea ya no se les identifica como líderes en Mateo (cf. Mt. 9:18 con Mr. 5:22; Mt. 27:57 con Mr. 15:43).

De esa manera, nuestro reconocimiento de lo que es característico de Mateo puede beneficiarse al tomar nota de lo que se encuentra solamente en su Evangelio y también al observar la forma en que Mateo, aparentemente, ha alterado el material que se ha tomado de Marcos. Además, los eruditos frecuentemente observan que la misma estructura del Evangelio de Mateo es característica. Mateo exhibe una tendencia a las fórmulas estereotípicas y a los patrones organizacionales. En todo su Evangelio hace uso de una «cita de cumplimiento» para indicar que algo de la historia de Jesús «sucedió para que se cumpliera lo que el Señor había dicho por medio del profeta» (véase 1:22-23; 2:15, 17-18, 23; 4:14-16; 8:17; 12:17-21; 13:35; 21:4-5; 27:9-10; si se agrega 2:5-6 y 13:14-15 a este listado, la mención de cumplimiento puede decirse que aparece doce veces). Jesús también da cinco grandes discursos en Mateo, y a cada uno le sigue una fórmula de transición (7:28; 11:1; 13:53; 19:1; 26:1); algunos eruditos han pensado que Mateo hace esto porque los judíos usualmente consideraban la Torá como «los cinco libros de Moisés», y él quería proporcionar un paralelo cristiano al ofrecer cinco libros (discursos) de Jesús. Mateo tiene una predilección por las tríadas, organizar el material en grupos de tres. Por ejemplo, las historias de milagros de los capítulos 8-9 caen en tres grupos de tres milagros, cada uno seguido de una enseñanza sobre el discipulado (8:1-17; 8:23-9:7; 9:18-24). En efecto,

La presencia de Dios en el Evangelio de Mateo

Dios está presente en Jesús

- Cuando Jesús nace: «Emanuel» = «Dios con nosotros» (1:23)
- Se adora a Jesús (2:11; 9:18; 14:33; 15:25; 20:20; 28:9, 17)

Jesús está presente en la iglesia

- Con los niños pequeños, que son los más grandes en el reino (18:5)
- Con la gente que se reúne en su nombre a orar (18:20)
- Con los miembros necesitados de su familia espiritual (25:37-40)
- Con los que reciben pan y vino en su nombre (26:26-28)

- Con gente que bautiza, enseña y hace discípulos (28:19-20)

La iglesia está presente en el mundo

- Sal de la tierra y luz del mundo (5:13-14)
- Ovejas en medio de lobos (10:16)
- Las puertas del reino de la muerte no prevalecerán (16:18)
- Hace discípulos de todas las naciones (28:19)

Jesús dice a sus seguidores: «Quien los recibe a ustedes me recibe a mí; y quien me recibe a mí recibe al que me envió» (Mt. 10:40).

el bosquejo básico de toda la historia del Evangelio parece que está dividido en tres partes principales, y la segunda y tercera partes se introducen con otra fórmula: «Desde entonces, comenzó Jesús…» (4:17; 16:21). La primera parte (1:1-4:16) es una introducción, y presenta historias que ayudan a identificar quién es Jesús; la segunda parte (4:17-16:20) cuenta la historia del ministerio de Jesús a Israel; la tercera parte (16:21-28:20) trata de su viaje a Jerusalén y posterior pasión y resurrección.

pasión: en la teología cristiana, término para el sufrimiento y muerte de Jesucristo.

Los temas principales del Evangelio de Mateo

La presencia permanente de Dios

El Evangelio de Mateo hace énfasis en que Dios tiene que llegar a morar con el pueblo de Dios, y que los simples seres humanos ahora pueden experimentar la realidad transformadora de la presencia de Dios en sus vidas. Por supuesto, en cierto sentido, Dios no está presente en la tierra, sino que está en el cielo. Mateo no ha abandonado esa afirmación tradicional (6:9; 23:22), pero este Evangelio está más interesado en explorar las formas en las que Dios está presente en la tierra. Responde la pregunta «¿Dónde está Dios?» con una serie de tres proposiciones (véase el cuadro 6.3). En primer lugar, según el Evangelio de Mateo, *Dios está presente en Jesús*. Esto puede no parecer una afirmación radical, ya que la gente judía habría reconocido que Dios había estado presente en muchas buenas personas a lo largo de la historia: Moisés, David, una multitud de profetas, y hasta en ciertos gentiles como Ciro de Persia. Pero Mateo simplemente no quiere decir que Jesús era un agente de Dios o que

Dios obraba a través de él; más bien, Mateo piensa que cuando Jesús nació, Dios entró al mundo como nunca antes: Dios ahora estaba «con nosotros» (con Israel o, tal vez, con la humanidad) en un sentido sin precedentes (1:23). De hecho, Mateo cree que es apropiado que la gente adore a Jesús. Como adulto, Jesús afirma la enseñanza tradicional de que uno no debe adorar (*proskynein*) a ninguna entidad, aparte del Señor Dios (4:10; cf. Dt. 6:13), pero ocho veces

Figura 6.2. **El Sermón del Monte.** Este fresco italiano del siglo XV representa a Jesús enseñando a sus discípulos en la cima de una montaña.

en este Evangelio la gente adora a Jesús y no se le reprende por eso (2:11; 8:2; 9:18; 14:33; 15:25; 20:20; 28:9; 28:17; véase también 21:15-16). Parece indicar que Dios está presente en Jesús, de una manera tal que adorar a Jesús cuenta como adorar a Dios.

Esta afirmación de la presencia de Dios en Jesús pudo haber respondido la pregunta «¿Dónde está Dios?» para la gente que vivía cuando Jesús todavía estaba en la tierra, pero para los que vivieron después de la Pascua, la pregunta simplemente se transformaría a: «Si Dios está presente en Jesús, entonces ¿dónde está Jesús?». La respuesta de Mateo es que, en segundo lugar, *Jesús está presente en la iglesia*. Jesús dice en este Evangelio que él estará en medio de sus seguidores cuando se reúnan en su nombre para orar (18:20) y que estará con ellos cuando salgan al mundo a hacer discípulos (28:20; cf. 10:40). En efecto, el mundo será juzgado de acuerdo a cómo trata a los miembros de su familia, porque lo que se les ha hecho a ellos se le hace a él (25:40; cf. 10:41-42; 18:5).

La respuesta de Mateo a alguien que busca la presencia de Dios podría ser: «Vaya a la iglesia y allí encontrará al Dios que está presente en Jesús» (véase 10:40). Pero Mateo en realidad no espera que los interesados hagan eso. De allí, una tercera proposición: *la iglesia está presente en el mundo*. Para Mateo, la iglesia no es una institución estática sino más bien un movimiento dinámico, una asamblea de misioneros que salen al mundo como ovejas en medio de lobos (10:16) a llevar la buena noticia, curación y vida (10:7-8). Los seguidores de Jesús serán la luz del mundo y la sal de la tierra (5:13-14). El mundo quizá no los aprecie, pero será un mejor lugar debido a ellos. En efecto, la iglesia que Jesús edificará vencerá las puertas del Hades (16:18), y se desplazará triunfantemente en contra de las fuerzas de la muerte y del mal.

Jesús como el Hijo de Dios

El Evangelio de Mateo le da un énfasis especial a la identidad de Jesús como el Hijo de Dios. Al igual que en Marcos, en Mateo Dios habla dos veces desde el cielo (en el bautismo de Jesús y en su transfiguración), y en ambas veces Dios llama a Jesús «mi Hijo» (3:17; 17:5; cf. 2:15). Pero Mateo se ha extendido en este tema al agregar una historia del nacimiento virginal, que presenta a Jesús como el Hijo de Dios en un sentido casi literal (1:18) y al incluir relatos de los discípulos que confiesan que Jesús es el Hijo de Dios (cf. Mt. 14:32-33 con Mr. 6:51-52; Mt. 16:16 con Mr. 8:29). Finalmente, la identidad de Jesús como Hijo de Dios en Mateo está estrechamente vinculada a la historia de su crucifixión. En una de sus parábolas, Jesús sugiere que la razón por la que sus enemigos quieren matarlo es que él es el Hijo de Dios (21:33-46) y, sin duda alguna, más adelante se le sentencia a morir por afirmar ser Hijo de Dios (26:63-66). En la cruz lo ridiculizan los oponentes que afirman que ese destino demuestra que él no es el Hijo de Dios (27:40, 43) pero, irónicamente, la forma de su muerte lleva a otros a confesar que él es, efectivamente, el Hijo de Dios (27:54).

Las enseñanzas de Jesús

El papel de Jesús como maestro judío o rabino es más prominente en el Evangelio de Mateo que en cualquier otro libro del Nuevo Testamento. En la mayor parte, esta enseñanza de Jesús se presenta en cinco bloques grandes de material, que constituyen cinco discursos de Jesús. Los eruditos se refieren a estos discursos con nombres distintos:

- El Sermón del Monte (caps. 5-7)—sobre el discipulado, la confianza en Dios y el comportamiento moral.
- El discurso misionero (cap. 10)—sobre la misión, la persecución y la fidelidad radical.
- El discurso de las parábolas (cap. 13)—sobre los misterios del reino de los cielos.
- El discurso de la comunidad (cap. 18)—sobre la vida de la iglesia, el perdón y la disciplina.
- El discurso escatológico (caps. 24-25)—sobre el fin de los tiempos, la segunda venida y el juicio final.

Los cinco discursos de Jesús son importantes, pero el Sermón del Monte recibe la mayor atención porque ofrece un compendio de las enseñanzas de Jesús que han sido sumamente influyentes. Allí es donde uno encuentra las Bienaventuranzas (5:3-12), la Regla de Oro (7:12), y el Padre Nuestro (6:9-13). Jesús insta a la gente a que «ponga la otra mejilla» y a que «lleve la carga dos kilómetros» (5:39, 41). Habla de los «lobos con piel de oveja» (7:15), de «servir a dos señores» (6:24), de hacer «tesoros en el cielo» (6:20) y de «lanzar perlas a los cerdos» (7:6). Estas y otras expresiones del Sermón del Monte se usan comúnmente incluso entre la gente que tiene poca o ninguna relación con el cristianismo.

El discipulado

La mayor parte de las enseñanzas de Jesús en el Evangelio de Mateo consiste de instrucciones en cuanto a cómo Dios quiere que la gente viva. Según Mateo, en el mundo después de la Pascua, una persona llega a ser discípula de Jesús al enseñársele a obedecer lo que Jesús ordenó (28:19-20). El Sermón del Monte, en particular, da un resumen de estos mandamientos de Jesús que deben enseñárseles a los discípulos (5:48), y semejante perfección se logra al guardar hasta el más pequeño de los mandamientos de Dios (5:18-19), en

Esos principios pueden dar ocasión a algo de discrepancia en la interpretación, pero Jesús indica que Dios responsabiliza a los creyentes por vivir de acuerdo a los juicios dictaminados por sus líderes autorizados (16:19) o por la comunidad como un todo (18:17-18).

Adoración y duda, fe y entendimiento

Mateo describe a los discípulos de Jesús como seguidores falibles que, a pesar de sus fracasos, están destinados a convertirse en apóstoles de la iglesia; en efecto, se sentarán en tronos y juzgarán a las tribus de Israel (19:28). El sobrenombre de Jesús para sus discípulos en este Evangelio es *oligopistoi*, «gente de poca fe» (6:30; 8:26; 14:31; 16:8; 17:20; se usa en otra parte solamente en Lucas 12:28). Ellos están llenos de dudas (14:31; 28:17) y miedo (8:24-26; 14:30; 17:6), y frecuentemente no logran satisfacer las altas expectativas que Jesús tiene para ellos (p. ej., 16:21-23; 17:14-17; 19:13-15). Aun así, Jesús indica que «poca fe» es todo lo que se requiere para que la gente logre lo que Dios espera de ellos (17:20). Además, las dudas y los temores de los discípulos están acompañados de adoración; en efecto, esos fenómenos aparentemente incongruentes están entrelazados en este Evangelio de manera que la adoración, la duda y el temor se dan juntos (14:30-33). Incluso al final de la historia, los testigos de la resurrección responden con una mezcla tanto de temor como de adoración (28:8-9), y la comunidad que recibe la Gran Comisión se distingue tanto por adoración como por duda (28:17).

Sin embargo, más allá de todos estos fenómenos hay un énfasis especial en el entendimiento. En este Evangelio, la semilla que cae en el buen terreno

---

Cuadro 6.4

Las Reglas de la comunidad

Compare estas pautas del Evangelio de Mateo con la *Regla de la Comunidad,* para la comunidad de Qumrán (uno de los Rollos del Mar Muerto).

- «Si tu hermano peca contra ti, ve a solas con él y hazlo ver su falta. Si te hace caso, has ganado a tu hermano. Pero, si no, lleva contigo a uno o dos más, para que "todo asunto se resuelva mediante el testimonio de dos o tres testigos". Si se niega a hacerles caso a ellos, díselo a la iglesia; y, si incluso a la iglesia no le hace caso, trátalo como si fuera un incrédulo o un renegado» (Mt. 18:15-17).
- «[no] te dirigirás [a tu] compañero con ira, o mal humor, u obstinación, o con envidia impulsada por el espíritu de maldad. No lo odiarás por su corazón incircunciso, sino que lo reprenderás el mismo día para que no contraigas culpa por su causa. Y, además, que nadie acuse a su compañero ante la Congregación sin haberlo amonestado primero en la presencia de testigos» (*Regla de la Comunidad* 5:25-6:1).*

*The Complete Dead Sea Scrolls in English [Los Rollos del Mar Muerto completos en inglés], 7ª ed., trad. Geza Vermes, (Nueva York: Penguin, 2012).

en la parábola del sembrador se identifica como «el que oye la palabra y la entiende» (13:23; cf. Mr. 4:20; Lc. 8:15). De los discípulos de Jesús, a pesar de su duda y poca fe, se dice que crecen en entendimiento a medida que la narración avanza (véase 13:11-15, 51; 16:12; 17:13). El Evangelio de Mateo sostiene que el entendimiento es algo que Dios debe dar (11:25; 13:11; 16:17), y frecuentemente se dice de los discípulos que no entienden a Jesús hasta que él les explica lo que tienen que saber. El propósito exacto de este hincapié en Mateo no es claro, pero él puede estar subrayando la importancia de lo que ahora llamamos «educación cristiana»: los grandes apóstoles de la iglesia eran personas comunes y corrientes que, cuando Jesús les enseñaba recibían el entendimiento que les permitiría producir fruto (13:23; cf. 13:19). En efecto, ellos pudieron ir al mundo y enseñar a otros (28:19-20).

Hostilidad hacia los líderes judíos

El Evangelio de Mateo exhibe una hostilidad pronunciada hacia los líderes religiosos de Israel. En los cuatro Evangelios se presenta a estas personas como oponentes de Jesús, pero el nivel de antipatía es extraordinario en Mateo. Por un lado, el Evangelio de Mateo no parece dar lugar a excepciones. Los otros Evangelios contienen ejemplos positivos de líderes judíos que no se oponen a Jesús (p. ej., Mr. 5:22; 12:28-34; 15:43; Lc. 13:31; Jn. 3:1-2), pero parece que, en Mateo, los fariseos, los saduceos, los escribas, los sacerdotes y los ancianos forman un frente unido en contra de Jesús, y todo lo que ellos hacen, dicen, piensan o creen es incorrecto.

Mateo usa frecuentemente el término «malos» para describir a estos líderes religiosos: son gente mala incapaz de hablar o pensar algo bueno (12:34; cf. 9:4; 12:39, 45; 16:4; 22:18). Esta cualidad los identifica estrechamente con Satanás, el maligno (13:19, 38-39). En todo el Evangelio de Mateo se les identifica con epítetos como «camada de víboras» (3:7; 12:34; 23:33) e «hijo del infierno» (23:15), que los caracterizan como descendientes del diablo y no como hijos de Dios. El significado de semejante identificación queda claro en una parábola que Jesús cuenta: el mundo es como un campo en el que Dios ha colocado gente potencialmente buena y en el que el diablo ha colocado gente mala (13:24-30, 36-43). Jesús identifica explícitamente a los fariseos como que están entre estas plantas «que mi Padre celestial no plantó»; no son el pueblo de Dios y serán arrancados con el tiempo (15:13, RVR60). De esa manera, en el Evangelio de Mateo (a diferencia de los otros) Jesús nunca llama a los líderes religiosos al arrepentimiento; no hace el intento de ministrarlos más de lo que lo haría con los demonios que él exorciza. Más bien, aconseja a sus discípulos a que los dejen (15:14). Ellos dan un ejemplo paradigmático de la gente que nunca entrará en el reino de los cielos (5:20), y Jesús promete que ellos no escaparán a ser sentenciados al infierno (23:33).

Los eruditos se preguntan por qué Mateo trata a estos líderes religiosos tan severamente. A menudo, se propone que él los presenta de la peor forma posible, porque está enojado con los judíos contemporáneos por rehusarse a creer en Jesús y por actuar de manera abusiva en contra de los cristianos. De esta manera, la polémica se caracteriza no solo por las tensiones históricas entre Jesús y los líderes judíos (*ca*. 30), sino también por las tensiones actuales entre la iglesia de Mateo y «la sinagoga de la cuadra (*ca*. 85). Esto es definitivamente posible, pero otros eruditos piensan que Mateo está más interesado en anotar un punto teológico a través de la retórica literaria de su historia. Mateo presenta a los líderes religiosos como una personificación de todo lo que está opuesto a Dios, para poder presentar la victoria de Cristo como una conquista del mal. El argumento principal de la historia no es que Jesús superara a los fariseos en varias competencias ideológicas; lo más importante es que Dios, a través de Jesús, venció a los poderes principales del mal, incluso cuando ellos triunfaron en hacer lo peor de sí mismos. Antes de dejar este punto, debemos observar que al Evangelio de Mateo con frecuencia se le ha acusado de fomentar el antisemitismo. Jesús les dice a los líderes judíos que «el reino de Dios se les quitará a ustedes» (21:43), y le dice al centurión gentil que «a los súbditos del reino [¿los judíos?] se les echará afuera, a la oscuridad» (8:12). Finalmente, presenta al pueblo de Israel como un todo, que asume la responsabilidad del asesinato de Cristo, y grita: «¡Que su sangre caiga sobre nosotros y sobre nuestros hijos!» (27:25). Es probable que Mateo quisiera que este último versículo se leyera irónicamente: la sangre de Cristo ocasiona perdón de pecados (26:28), por lo que el pueblo judío no evoca una maldición sobre sí mismos, sino más bien ora inconscientemente por salvación (probablemente con palabras tomadas de la liturgia cristiana). Sin embargo, el versículo generalmente no se ha leído de esta forma, y la gente antisemítica a lo largo de la historia lo ha usado, así como otros textos del Evangelio de Mateo, para justificar el odio y el abuso de los judíos, caracterizándolos como «matadores de Cristo» y como gente que Dios ha condenado.

centurión: oficial del ejército romano, típicamente a cargo de cien soldados.

Conclusión

Nos hemos centrado en lo que es característico de Mateo, pero no debemos desviarnos de la tradición común que este Evangelio proclama. Si se entiende que Mateo ha tomado material de Marcos y de otras fuentes, entonces quizá debemos también observar pasajes en los que él *no* hizo ninguna alteración seria. Y cualquier listado de «temas principales» de Mateo también podría incluir asuntos que se encuentran en la mayoría o en todos los Evangelios: Jesús predicó acerca del reino de Dios; enseñó con parábolas; recibió a los pecadores y marginados; hizo milagros; dio su vida para salvar a la gente del pecado; resucitó; predijo que volvería.

Los eruditos frecuentemente han tratado de caracterizar el Evangelio de Mateo en relación con sus rasgos más notables. Se le ha llamado «el Pentateuco cristiano», «catecismo», «manual eclesiástico» y «manual de disciplina». Para sus primeros lectores pudo haber sido de todas esas maneras, pero a un nivel básico, Mateo es «un Evangelio», una biografía antigua que cuenta la historia de Jesús, que proclama su vida y enseñanzas como la buena noticia. Es un libro de invitación, y llama al lector a buscar el reino de Dios y su justicia (6:33), a ir a Jesús y experimentar descanso (11:28), a escuchar sus palabras y actuar de acuerdo a ellas (7:24), a entender la palabra y producir fruto (13:23) y a vivir una vida de buenas obras que le dan gloria al Padre que está en el cielo (5:16).

Pentateuco: los primeros cinco libros de la Biblia: Génesis, Éxodo, Levítico, Números, Deuteronomio

Marcos

¿Qué pasaría si a la gente le pidieran que elaborara un compendio de los «Mejores éxitos de Jesús»? Por supuesto que el listado variaría, pero muchos cristianos querrían incluir la historia del nacimiento de Jesús (Lc. 2:1-20), la parábola del buen samaritano (Lc. 10:30-37), la parábola del hijo pródigo (Lc. 15:11-32), el Padre Nuestro (Mt. 6:9-13), las Bienaventuranzas (Mt. 5:3-10), la Regla de Oro (Mt. 7:12), y tal vez unos cuantos relatos de los encuentros de Jesús con personajes memorables como Zaqueo (Lc. 19:1-10), María y Marta (Lc. 10:38-42), Tomás (Jn. 20:19-29) y la mujer samaritana en el pozo (Jn. 4:5-30). En cuanto a las historias de milagros, sería difícil superar la resurrección de Lázaro (Jn. 11:1-44) o la transformación de agua en vino (Jn. 2:1-11). Y no podríamos dejar fuera la enseñanza de Jesús acerca del «amor a los enemigos» (Mt. 5:43-48) o «tanto amó Dios al mundo...» (Jn. 3:16).

Todos estos pasajes tienen una cosa en común: no se encuentran en el Evangelio de Marcos. El Evangelio de Marcos es el más breve de los cuatro Evangelios, y falta mucho del material acerca de Jesús que se ha conocido mejor y se ha querido más en la tradición cristiana. Hay unas cuantas gemas aquí: la parábola del sembrador (4:1-9), la alimentación de los cinco mil (6:30-44) y el encuentro con el joven rico (10:17-22), pero, para los que están familiarizados con los demás Evangelios, Marcos puede parecer escaso, particularmente en cuanto a su presentación de las enseñanzas de Jesús.

Además, como lo veremos, Marcos cuenta sus historias de Jesús de maneras que acentúan la fragilidad, el sufrimiento, el fracaso y la ambigüedad; esto no ha hecho que su Evangelio sea atractivo para los lectores que están enamorados del poder, la gloria, el éxito o la certidumbre.

Sin embargo, los críticos que estudian la Biblia como literatura frecuentemente eligen a Marcos como la obra maestra de los cuatro Evangelios. Su libro es menos complejo que los de Mateo y Lucas y es menos «hablador» (o filosófico) que el de Juan. Funciona como una historia que se cuenta de principio a fin, la clase de historia que uno podría haber escuchado que se leía en voz alta de una sentada. Marcos cuenta la historia de una manera singularmente viva y colorida, y nos da una trama estructurada muy compacta en la que, a veces, los personajes interactúan de maneras sorprendentes. Todo esto para decir que el Evangelio de Marcos es menos una compilación de éxitos misceláneos que un solo opus, un relato lleno de misterio, conflicto, ironía y patetismo.

Generalidades

Juan el Bautista prepara el camino del Señor (1:1-8). Cuando Jesús es bautizado por Juan, una voz del cielo lo llama el «Hijo amado» de Dios (1:9-11). Después de ser tentado por Satanás, Jesús comienza a predicar el evangelio del reino de Dios (1:12-15) y a llamar a sus discípulos (1:16-20). Marcos describe un día de su ministerio: Jesús enseña con autoridad, exorciza un espíritu inmundo, sana a mucha gente y se levanta temprano la mañana siguiente para orar y continuar con ese trabajo (1:21-40). Se involucra en una serie de controversias por asuntos como la autoridad para perdonar pecados, comer con recaudadores de impuestos, el ayuno y las leyes del día de reposo (2:1-3:6).

Al continuar con su ministerio, Jesús nombra a doce de sus seguidores para que sean apóstoles (3:7-19). Las tensiones aumentan cuando su propia familia trata de refrenarlo y los fariseos lo acusan de usar el poder de Beelzebú (3:20-35). Jesús cuenta una serie de parábolas, incluso la muy conocida parábola del sembrador (4:1-34). Luego hace cuatro milagros: calma una tormenta en el mar, saca una legión de espíritus impuros de un hombre y los lanza a una manada de cerdos, sana a una mujer que ha tenido hemorragia y resucita a la hija de Jairo (4:34-5:43).

Jesús enseña en su pueblo natal y en las aldeas vecinas (6:1-6). Luego, Jesús envía a sus discípulos en una misión, y cuando ellos no están, Marcos da un reporte retrospectivo de cómo Herodes mató a Juan el Bautista (6:7-33). Jesús alimenta milagrosamente a cinco mil personas y camina sobre el agua (6:34-52). Entonces, después de una controversia con los fariseos por la pureza ritual (7:1-23), lo acosa una mujer sirofenicia, cuya fe sorprendente obtiene la curación de su hijo (7:24-30). Jesús amplía su ministerio al territorio gentil al pasar por toda la Decápolis, donde sana a un hombre sordo (7:31-37) y alimenta a cuatro mil personas (8:1-9). Una discusión tensa con sus discípulos refleja la importancia de las dos alimentaciones (8:10-21).

Jesús sana a un ciego en Betsaida (8:22-26), y Pedro confiesa que Jesús es el Mesías, en Cesarea de Filipo (8:27-30). Esto introduce una nueva fase de la narración, en la que Jesús instruye a sus discípulos en cuanto a su pasión venidera y su significado para su vocación como discípulos (8:27-10:52). Tres veces predice su pasión, y cada vez sus discípulos demuestran un poco de fracaso que lo impulsa a dar instrucciones adicionales (8:27-9:1; 9:30-37; 10:32-45).

En este material están intercalados los relatos de la transfiguración de Jesús (9:2-13), de la curación de un chico poseído por un espíritu maligno (9:14-29) y las anécdotas que dan enseñanzas en cuanto a asuntos como la tolerancia, la fidelidad radical, el divorcio y las posesiones materiales (9:38-10:31). La sección concluye cuando Jesús sana a otro ciego (10:46-52).

Jesús entra a Jerusalén sobre un burro (11:1-11), maldice a una higuera y expulsa a los mercaderes del templo (11:12-25). Su autoridad es desafiada en una serie de encuentros con los líderes religiosos (11:27-12:37), en contra de quienes cuenta la parábola de los labradores malvados (12:1-12). Castiga a los escribas, pero elogia a una viuda que da todo lo que tiene al templo (12:38-44). Luego da un largo discurso sobre el fin de los tiempos y su segunda venida (13:1-37).

Marcos concluye su Evangelio con el relato de la pasión y resurrección de Jesús. Una mujer desconocida unge a Jesús (14:1-11) y él comparte una última cena con sus discípulos (14:17-25). Luego, esos discípulos lo traicionan, lo niegan y lo abandonan cuando a él lo arrestan y enjuician, primero ante el Sanedrín y luego ante Pilato (14:26-15:20). Cuando es crucificado, habla solamente una vez desde la cruz: «Dios mío, Dios mío, ¿por qué me has desamparado?» (15:34). En la mañana de la Pascua, algunas mujeres llegan a la tumba en la que fue colocado su cuerpo y se les dice que él ha resucitado de los muertos (16:1-8).

Trasfondo histórico

La mayoría de los eruditos cree que el Evangelio de Marcos fue el primer Evangelio escrito y que probablemente haya sido producido en algún momento entre 65 y 73, alrededor de la época de la guerra judía con Roma, y justo después de las persecuciones romanas que pusieron fin a las vidas de Pedro, Pablo y muchos otros

---

Cuadro 7.1

Papías en cuanto al Evangelio de Marcos

Papías, un cristiano del siglo II, relata la tradición que él escuchó en cuanto al Evangelio de Marcos:

> Y el anciano decía lo siguiente: «Marcos, quien fue intérprete de Pedro, escribió con exactitud todo lo que recordaba, pero no en orden de lo que el Señor dijo e hizo. Porque él no oyó ni siguió personalmente al Señor, sino que, como dije, a Pedro quien adaptaba sus enseñanzas de acuerdo con las necesidades de sus oyentes, pero sin la intención de dar un relato corrido de las palabras del Señor, por lo que Marcos no se equivocó en absoluto cuando escribía ciertas cosas como las tenía en su memoria. Porque todo su empeño lo puso en no olvidar nada de lo que escuchó y en no escribir nada falso».

Eusebio, *History of the Church [Historia Eclesiástica]*, trad. G. A. Williamson, (Londres: Penguin, 1965), §3.39.15.

cristianos. Tal vez las muertes de esos creyentes impulsaron al autor a escribir lo que anteriormente había sido el tema de la predicación cristiana. En efecto, muchos lectores observan que, el bosquejo básico del Evangelio de Marcos se parece a los relatos breves del ministerio de Jesús que dieron los predicadores como Pedro y Pablo en el libro de Hechos (véase Hch. 10:36-41; 13:24-31).

El libro es anónimo, y solamente podemos conjeturar la identidad de su autor. Sin embargo, al inicio del siglo II, los cristianos escribían «según Marcos» en los manuscritos del libro. Eso nos da una pista bastante buena en cuanto a la identidad del autor, pero «Marcos» era un nombre muy común (de acuerdo con algunos, el único nombre masculino más común del Imperio romano de la época). Sin embargo, a mediados del siglo II, Papías, un líder cristiano, identificó más al «Marcos» que escribió este Evangelio como «el intérprete de Pedro», indicando que él fundamentó su narración en los propios recuerdos de Pedro (véase el cuadro 7.1). La fuerte implicación de las observaciones de Papías es que debía identificarse al autor con el «Marcos» que se menciona en 1 Pedro 5:13, que había estado con el apóstol Pedro en Roma. Los eruditos no saben bien qué hacer con esta tradición: podría ser exacta, pero, en realidad, el Evangelio de Marcos da una descripción menos halagadora de Pedro que cualquier otro Evangelio, y también contiene menos historias de Pedro, o asuntos que Pedro habría presenciado, que cualquier otro de los demás Evangelios.

De cualquier manera, la tradición de la iglesia también ha identificado al autor de este Evangelio con una persona que se menciona en el libro de Hechos y en algunas de las cartas de Pablo, un hombre a quien se le llama a veces «Juan Marcos» y de quien se dice que fue parte de la primera comunidad cristiana de Jerusalén (véase el cuadro 7.2). A esta tradición le va mejor entre los eruditos modernos, ya que Juan Marcos algunas veces fue compañero de Pablo, y la ideología de este Evangelio refleja varios temas y prioridades paulinas (p. ej., la centralidad de la cruz, la elección de los indignos, la evangelización de los gentiles). En efecto, la influencia de Pablo puede verse en este Evangelio mucho más claramente que en el Evangelio de Lucas, a cuyo autor frecuentemente se le identifica como uno de los compañeros de Pablo.

La tradición de la iglesia sí muestra una tendencia a simplificar los asuntos, por lo que no es sorprendente darse cuenta de que al autor de este Evangelio frecuentemente se le identifica como alguien que encaja en todas las posibilidades anteriores. De esa manera, se declara que el Juan Marcos del que leemos en Hechos y en las cartas de Pablo es el mismo Marcos que se menciona que está con Pedro en Roma. Según la tradición, esta es la persona que Papías identifica como el autor del Evangelio. Él había sido parte de la primera iglesia cristiana; había viajado brevemente con Pablo; había sido el intérprete de Pedro cuando Pedro estuvo en prisión. ¿Qué mejor persona para escribir un Evangelio?

Juan Marcos en la iglesia primitiva

El autor del libro de Marcos ha sido identificado popular y tradicionalmente con un cristiano conocido como Juan Marcos, que se menciona en el libro de Hechos (12:12, 25; 13:5, 13; 15:37-39). ¿Qué sabemos de esta persona?

- Juan Marcos era un cristiano joven que vivía en Jerusalén, donde su madre celebraba reuniones de la iglesia primitiva. Cuando era niño, habría tenido la oportunidad de conocer a Pedro y a todo el resto de los discípulos de Jesús, además de la madre y los hermanos de Jesús.
- Juan Marcos era pariente de Bernabé, y acompañó a Pablo y a Bernabé en su primer viaje misionero. Sin embargo, los rigores del viaje demostraron ser demasiado para él, y regresó a casa. Pablo se rehusaba a permitir que Marcos fuera en el siguiente viaje, pero Bernabé se lo llevó en otra aventura misionera.
- De Marcos, el primo de Bernabé, después se dice que está con Pablo cuando él estuvo preso (Col. 4:10; cf. Flm. 24; 2 Ti. 4:11). Esto sugiere que Juan Marcos y Pablo se habían reconciliado.
- No está claro si Juan Marcos es el mismo «Marcos» que se menciona que está con Pedro en Roma en 1 Pedro 5:13.

Los eruditos no le restan importancia completamente a la tradición declarada, pero frecuentemente prefieren adherirse a lo que se puede saber del autor en el mismo Evangelio de Marcos. El autor es obviamente un cristiano devoto que cree en Jesús como el Mesías y el Hijo de Dios (1:1), y parece que escribe para gente que ya conoce el básico mensaje cristiano y que tiene una buena inclinación hacia él. El libro no tiene un tono defensivo, ni hay ningún elemento de suspenso en cuanto a cómo van a resultar las cosas. Parece que Marcos relata historias que la gente ya ha escuchado antes y que va a querer escuchar otra vez.

Es interesante observar lo que es necesario explicar y lo que Marcos simplemente asume que sus lectores sabrán o creerán. Él asume, por un lado, que sus lectores consideran que las Escrituras de Israel son la palabra de Dios (véase 7:8), que entenderán lo que significa decir que Jesús es el Mesías (8:29) y que Jesús da su vida como rescate (10:45). Por otro lado, él no asume que ellos tienen mucho conocimiento de los asuntos judíos inherentes a Palestina: se da cuenta de que quizá necesiten algunas palabras que expliquen lo que los saduceos creen (12:18) o acerca de lo que los fariseos quieren decir con «manos impuras» (7:2-5). Marcos asume que sus lectores sí saben el significado de las palabras y los conceptos latinos que se extrajeron del mundo romano («legión» [5:9, 15]; «denario» [12:15]; «pretorio» [15:16]; «centurión» [15:39]), pero regularmente define las palabras arameas que usan los judíos en Palestina («Boanerges» [3:17]; «talita cum» [5:41]; «corbán» [7:11]; «efatá» [7:34]; «Bartimeo» [10:46]; «Abba» [14:36]; «Gólgota» [15:22]; «Eloi, Eloi, ¿lama sabactani?» [15:34]).

Con todo esto podemos conjeturar que Marcos probablemente escribe para una audiencia de cristianos romanos para quienes la historia de Jesús y sus

legión: la unidad de tres mil a seis mil soldados del ejército romano.

denario: moneda romana de plata, igual al típico salario por un día de trabajo.

pretorio: cuartel general de un gobernador o general romano.

centurión: oficial del ejército romano, típicamente a cargo de cien soldados.

discípulos es historia sagrada, a tal grado sagrada que es fundamental para su fe religiosa, pero es historia en el hecho de que pasó hace algún tiempo entre la gente que era bastante distinta a ellos.

Como se observó anteriormente, la mayoría de los eruditos cree que el Evangelio de Marcos fue escrito alrededor del año 70, o unos cuantos años antes o después de que el templo de Jerusalén fuera destruido por los romanos durante la guerra judía con Roma. Una razón para esto es que en Marcos 13:2 Jesús predice la destrucción del templo, y muchos eruditos creen que sería más probable que Marcos incluyera esa predicción en su Evangelio si ya hubiera ocurrido, o por lo menos pareciera probable que ocurriera. Otra razón para suponer una fecha en el rango de 65-73 es que mucho del Evangelio de Marcos tiene que ver con dar consuelo, ánimo y consejo a los cristianos que sufren persecución violenta (p. ej., 13:9-13), y lo peor de las primeras persecuciones llegó bajo el emperador Nerón, a mediados de los años 60. Por esta misma razón, muchos eruditos creen que el Evangelio de Marcos pudo haber sido escrito en Roma, dirigido a creyentes que están sufriendo los terrores que se han desatado sobre ellos allí (aunque, por supuesto, esos acontecimientos habrían traumatizado también a los creyentes en cualquier parte).

No podemos estar seguros exactamente de cuándo o dónde se escribió el Evangelio de Marcos. Unos cuantos eruditos sí argumentan por una fecha más temprana (antes del año 60), y eso no es imposible. Aunque, en general, este Evangelio parece que fue producido en un punto de transición entre el cristianismo de primera generación (la edad apostólica) y el cristianismo de segunda generación (la edad posapostólica). Su autor no había conocido a Jesús personalmente, pero no estaba tan lejos de quienes sí lo habían conocido. Quizá conoció gente, como Pedro o Pablo, que habían sido parte del movimiento cristiano desde sus primeros días. También parece que tuvo acceso a algún texto original, aunque la naturaleza y la extensión de esos materiales siempre son difíciles de determinar (véase el cuadro 7.3). De cualquier manera, Marcos debe haber sentido la necesidad de proporcionarle a la iglesia un

edad apostólica: el período entre la crucifixión de Jesús y las muertes de sus primeros seguidores.

edad posapostólica: el período relacionado con la primera o segunda generación, después de las muertes de los primeros seguidores de Jesús.

Cuadro 7.3

Posibles fuentes para el Evangelio de Marcos

- La colección de historias de controversia, que incluye las que se encuentran ahora en 2:1-3:6
- La colección, o posiblemente dos colecciones, de historias de milagros, incluso muchas de las que ahora se encuentran en los capítulos 4-8
- El tratado apocalíptico que contiene mucho de lo que ahora está en el capítulo 13
- Una primera versión de la narración de la pasión (la historia de la muerte y resurrección de Jesús)

relato escrito sobre la fe de la que había testificado la generación pasada de testigos oculares y apóstoles.

¿Qué es característico del Evangelio de Marcos?

La mayor parte del contenido del Evangelio de Marcos también se encuentra en Mateo o en Lucas (o, de cualquier manera, tanto en Mateo como en Lucas). Una pequeña cantidad de material se encuentra solamente en Marcos (véase el cuadro 7.4), pero en la mayor parte, lo que es característico de este Evangelio es su perspectiva y estilo.

Marcos cuenta su historia de Jesús con una urgencia que sobrepasa lo que se encuentra en los otros Evangelios. Todo parece que ocurre muy rápidamente: la palabra griega para «inmediatamente» (*euthys*) se usa cuarenta y dos veces en este Evangelio, once veces solamente en el primer capítulo. Y la anticipación emocionante con la que Marcos escribe tiene implicaciones teológicas. Las primeras palabras de Jesús en este Evangelio son: «Se ha cumplido el tiempo» (1:15), y la historia que sigue se cuenta de una manera que confirmará esa afirmación: el mundo cambia rápidamente y nunca volverá a ser el mismo. Los acontecimientos que han acaecido son de importancia cósmica y definitiva, y los acontecimientos que están por ocurrir serán aún más trascendentales (véase 9:1; 13:28-30).

Generalmente, se dice que el Evangelio de Marcos fue escrito en un estilo de griego que es coloquial y no refinado, lo que quiere decir que no siempre está atento a los asuntos que los gramáticos estrictos consideran importantes (p. ej., dar sus pronombres con antecedentes claros). Una característica de su estilo que ha llamado una considerable atención es su uso abundante del «presente histórico»: comienza una narración en el tiempo pasado («Los fariseos se acercaron a Jesús…») y luego continúa en el tiempo presente («y le dicen…»). Marcos hace eso 151 veces, lo suficiente como para volver loco a un maestro de gramática. Aun así, como lo observan muchos eruditos, el efecto de escribir de esta manera es «hacer que el pasado cobre vida». Marcos lleva a sus lectores a la acción, y relata la historia como si estuviera ocurriendo ahora y no entonces.

Marcos también exhibe una destreza especial para contar historias en otros aspectos. Hace un uso notable de una técnica retórica conocida como *intercalación*, envolver una historia con otra para hacer lo que algunos

Material único del Evangelio de Marcos

- La parábola de la semilla que crece en secreto (4:26-29)
- La curación de un hombre que es sordo y mudo (7:31-37)
- La curación del ciego de Betsaida (8:22-26)
- Los dichos acerca de la sal (9:49, 50b)
- La huida del joven en el huerto (14:51-52)

expertos llaman un «sándwich literario». Cuatro ejemplos de esta técnica se presentan en el cuadro 7.5. El efecto retórico parece ser invitar al lector a ver más de cerca las dos historias, compararlas y contrastarlas. De esa manera, la historia de Jesús cuando maldice la higuera ayuda a interpretar el relato de su purificación del templo: al igual que la higuera, el templo ya no da fruto (es decir, no produce lo que Dios quería que produjera), y de esa manera, como la higuera, está condenado.

El final del Evangelio de Marcos también es característico, bastante impactante, por cierto. Es la mañana de la Pascua y un grupo de mujeres ha llegado a la tumba para ungir el cuerpo de Jesús. Un joven (probablemente un ángel) les dice a las mujeres que Jesús ha resucitado y que ellas tienen que transmitir ese mensaje a sus discípulos. Entonces el Evangelio de Marcos llega a su conclusión con esta oración en 16:8:

> Temblorosas y desconcertadas, las mujeres salieron huyendo del sepulcro. No dijeron nada a nadie, porque tenían miedo.

Esto parece una forma rara para concluir un Evangelio. Uno bien podría preguntar esto: Si las mujeres en realidad «no dijeron nada a nadie», ¿cómo se enteraron los discípulos de la resurrección? ¿Y en realidad vio alguien alguna vez al Jesús resucitado?

Este final abrupto es tan extraño que algunos cristianos buscaron componer finales más apropiados para el libro, uniendo relatos de lo que pasó después, basado en material que se encuentra en otra parte del Nuevo Testamento. El más conocido de estos finales improvisados todavía aparece como Marcos 16:9-20 de las Biblias en español (generalmente encerrado en paréntesis o impreso

---

Cuadro 7.5

Intercalación en el Evangelio de Marcos

La familia de Jesús se dispone a llevárselo (3:21).
Los líderes religiosos acusan a Jesús de usar el poder de Beelzebú (3:22-30).
La familia de Jesús llega y él los reprende (3:31-35).

Jesús va a sanar a la hija de Jairo, un líder de la sinagoga (5:22-24).
Una mujer con hemorragia se cura al tocar la ropa de Jesús (5:25-34).
Jesús resucita a la hija de Jairo (5:35-43).

Jesús envía a sus discípulos en una misión (6:7-13).
Marcos relata cómo Herodes mató a Juan el Bautista (6:14-29).
Los discípulos regresan con el reporte de su misión (6:30).

Jesús maldice una higuera por no dar fruto (11:12-14).
Jesús ataca el templo y lo llama «cueva de ladrones» (11:15-19).
La higuera que Jesús maldijo se secó y se murió (11:20-21).

con cursiva al final de la página). Sin embargo, todos nuestros manuscritos griegos más antiguos del Evangelio de Marcos concluyen con 16:8, que nos deja con dos posibilidades: (1) el final de Marcos se perdió en algún momento antes de que cualquiera de nuestros manuscritos más antiguos se produjera (en cuyo caso no hay forma de saber cómo concluiría en realidad este Evangelio); o (2) Marcos deliberadamente terminó su Evangelio de esa forma para lograr alguna clase de efecto retórico. Ambas teorías tienen sus defensores, pero la mayoría de los eruditos favorecen la segunda solución, lo que entonces nos deja con más preguntas: ¿Cuál era el efecto retórico que él tenía en mente? ¿Por qué terminar la historia con miedo y silencio?

Esto saca a relucir otro aspecto característico del Evangelio de Marcos: está embuido de un sentido de misterio y ambigüedad, y la historia se cuenta con una apreciación profunda a dejar que las cosas se queden sin decir (cf. 1:43-44; 5:43; 7:36; 8:26, 30; 9:9). A Jesús no le importa dejar a la gente en la oscuridad (véase 4:10-12), ni Marcos siente ningún impulso de aclarar las cosas para el lector. Observaremos un ejemplo entre docenas que se podrían citar. En Marcos 8:14-21, Jesús les dice a sus discípulos: «¡Ojo con la levadura de los fariseos y con la de Herodes!». Ellos no entienden que quiere decir eso, y él se altera con ellos. Sin embargo, lo que él hace es explicar lo que quiso decir, y muchos lectores pueden quedarse sintiéndose tan ignorantes como sus discípulos. Entendemos que se *supone* que debemos entender la metáfora de la levadura, pero ¿la *entendemos*? Es interesante que tanto Mateo como Lucas enmienden la historia de Marcos para hacer saber al lector lo que Jesús quiso decir; más interesante aún, ellos interpretaron el dicho de manera distinta. Mateo nos dice que Jesús se refería a las «enseñanzas» de estos líderes religiosos (Mt. 16:12); Lucas dice que él se refería a su «hipocresía» (Lc. 12:1). Marcos estaba satisfecho con dejarlo sin explicar; a él no le importa dejar que sus lectores pregunten: «¿Entonces qué significa?». O, a veces, «¿Qué pasó después?». O más importante aún, «¿Y ahora qué?».

Temas importantes del Evangelio de Marcos

Un retrato muy humano de Jesús

Generalmente, se dice que el Evangelio de Marcos ofrece el retrato más humano de Jesús de nuestro Nuevo Testamento. Ese tipo de juicio es necesariamente relativo y solamente se deriva al compararlo con los demás Evangelios. Si uno solo leyera Marcos, sin referencia a ningún otro libro, Jesús parecería ser un ser extraordinario y, de hecho, divino. A menudo, él sabe el futuro (p. ej., 10:32-34; 13:2; 14:18-20, 27-30) o los pensamientos profundos de otras personas (p. ej., 2:8; 12:15), y está en comunicación directa y constante con Dios, quien se complace en llamarlo «Hijo» (1:11; 9:7). Parece que él no se equivoca y que no comete ningún pecado, y exhibe poder sobre las enfermedades, la naturaleza y los espíritus impuros. Pero también tiene el cuidado de distinguirse de Dios (10:18), y se le describe como hombre sujeto a la debilidad y fragilidad humana: le da hambre (11:12), no lo sabe todo (13:32) y es incapaz de hacer milagros para los que no tienen fe (6:5; cf. Mt. 13:58). Exhibe un rango completo de emociones humanas, como misericordia (1:41, RVR60), enojo (3:5), tristeza (3:5), asombro (6:6), compasión (6:34), indignación (10:14), amor (10:21) y angustia (14:34). A veces, tiene que batallar para saber la voluntad de Dios (14:36), y en cierto momento de la historia, incluso parece cambiar de parecer y llega a una comprensión más profunda del plan de Dios a la luz del comentario inteligente de una mujer (7:24-30). Por supuesto, algunos de estos elementos también están presentes en los demás Evangelios, y Marcos definitivamente no es único al presentar a Jesús como ser humano. Los cuatro Evangelios le atribuyen a Jesús características tanto humanas como divinas, pero a la mayoría de los lectores les parece que la humanidad de Jesús se exhibe con particular claridad en la narración de Marcos.

La centralidad de la cruz

En el siglo XIX, el erudito Martin Kähler describió el Evangelio de Marcos como «una narración de la pasión con una introducción amplia» (en cuanto a las narraciones de la pasión, véase «Narraciones de la pasión y la resurrección» en el capítulo 5). El objeto de tal observación puede ser que, aunque el Evangelio de Marcos es solamente la mitad de largo que Mateo o Lucas, la narración de la pasión en Marcos tiene más o menos la misma longitud que en los demás Evangelios. De esa manera, un mayor porcentaje de toda la narración de Marcos lo ocupa su relato del rechazo, el sufrimiento y la muerte de Jesús. Pero eso no es todo. En el Evangelio de Marcos, la trama de matar a Jesús se presenta al principio (3:6); en Mateo, se presenta considerablemente después (12:14), y en Lucas, aún más tarde (19:47). De esa manera, la mayor parte de la historia de Marcos se puede leer como un preludio a lo que ocurre en el final, cuando Jesús muere en la cruz. Una sección larga de la historia (8:22-10:52) parece que está organizada en torno a las predicciones que Jesús hace de su pasión (8:31; 9:31; 10:33-34) y a la incapacidad de los discípulos de entender la importancia de la cruz para la salvación humana y para su propio discipulado (véase el cuadro 7.6).

Ya que el Evangelio de Marcos generalmente se considera como el primero de los cuatro en ser escritos, se percibe como una transición entre dos tipos importantes de material en el Nuevo Testamento: las cartas de Pablo, por un lado, y los Evangelios sinópticos más recientes (Mateo y Lucas) por otro lado. En las cartas de Pablo, el enfoque en Jesucristo se centra casi exclusivamente

pasión: en la teología cristiana, término para el sufrimiento y muerte de Jesucristo.

El camino de la cruz

Jesús sana la ceguera (Mr. 8:22-26).			
Jesús predice su pasión.	8:31	9:30-31	10:32-34
Los discípulos no entienden.	8:32-33	9:32-34	10:35-40
Jesús enseña el camino de la cruz.	8:34-38	9:35-37	10:41-45
Jesús sana la ceguera (Mr. 10:46-52).			

en el Señor crucificado y resucitado. En ninguna parte de sus cartas Pablo menciona que Jesús enseñaba con parábolas, que hacía milagros, que cenaba con marginados o que discutió con los fariseos por causa de las leyes del día de reposo; más bien, Pablo quiere transmitir lo que considera ser «lo más importante»: «Cristo murió por nuestros pecados tal como dicen las Escrituras. Fue enterrado y al tercer día fue levantado de los muertos» (1 Co. 15:3-4, NTV). Los Evangelios de Mateo y Lucas difieren radicalmente de Pablo en que la mayor parte de su contenido lo ocupan relatos de cosas sobre Jesús que Pablo no incluye en su listado de lo que es más importante: ellos dan exposiciones largas de las enseñanzas de Jesús y relatos biográficos de su vida y ministerio antes de la pasión. Marcos está en algún lugar entre estos: él quiere narrar algunos aspectos de la vida de Jesús (las cosas que Pablo no menciona), pero quiere mantener el enfoque, desde el principio hasta el fin, en la historia de la muerte de Jesús en una cruz.

Temáticamente, la crucifixión de Jesús es sin dudas lo que más le importa a Marcos. En última instancia, Jesús no ha venido a sanar a los enfermos ni a discutir con los fariseos; ha venido a dar su vida (10:45). Es la voluntad de Dios que él lo haga (14:36); de hecho, parece ser la voluntad de Dios que muera en la cruz como alguien que ha sido traicionado (14:44-45), abandonado (14:50), negado (14:66-72) y desamparado (15:33-34). Ese es su destino, lo que Dios quiere que ocurra y Satanás quiere evitar (8:31-33). Marcos no explica exactamente por qué Jesús tiene que hacer eso, o cómo su muerte cumple los propósitos. En lugar de explicaciones elaboradas, obtenemos dos imágenes figuradas: rescate y pacto. El lenguaje de «rescate» (10:45) implica que su muerte, de alguna forma, compra la libertad humana, y el lenguaje de «pacto» (14:24) que sella o establece una relación entre la humanidad y Dios. Cómo o por qué hace esas cosas, Marcos no lo dice, pero la cruz de Cristo también es muy importante para él por otra razón: es el símbolo principal para la vida de abnegación, servicio y sacrificio que los seguidores de Jesús están llamados a adoptar (8:34).

rescate: la redención de un prisionero o esclavo por un precio; o, en el judaísmo, la ofrenda de un sacrificio sustituto.

pacto: en la Biblia, un acuerdo o pacto entre Dios y los seres humanos que establece los términos de su relación continua.

El secretismo

En el Evangelio de Marcos, Jesús habla del «secreto [o misterio] del reino de Dios», y parece que sus parábolas funcionan como una clase de lenguaje en clave que le permite hablar del reino de Dios con términos que solo las personas de confianza comprenderán (4:10-12). A muchos lectores eso les parece algo extraño, pero el reino no es el único secreto de este libro. Repetidas veces, Jesús le dice a la gente que no dé a conocer los milagros o curaciones que él realiza (1:43-44; 5:43; 7:36; 8:26); a veces lo desobedecen y, de todas formas, se lo comunican a la gente (1:45; 7:36). También instruye a sus discípulos para que no le digan a la gente que él es el Mesías (8:30), y silencia a los espíritus impuros que, de otra manera, anuncian que él es el Hijo de Dios (1:23-25, 34; 3:11-12; cf. 5:7). Por supuesto, Dios habla dos veces desde el cielo y afirma la condición de Jesús de Hijo de Dios, pero la primera vez que eso ocurre, parece que solo él escucha la voz (1:11), y la segunda vez, Jesús instruye a los que presencian el acontecimiento que no le cuenten a nadie hasta después de su resurrección (9:9). De esa manera, no es de sorprender que su identidad siga siendo un misterio para casi todos, a lo largo de la historia (véase 1:27; 2:7; 4:41; 6:2-3, 14-16; 8:27-28). Solo Pedro confiesa que él es el Mesías (8:29), y no es claro en absoluto que Pedro entienda qué clase de mesías va a ser Jesús (cf. 8:31-33).

Los eruditos se refieren a este tema como «el secreto mesiánico». En cierto momento, algunos eruditos especularon que Marcos podría estar usando el secreto como un pretexto para narrar cosas de Jesús que no habían ocurrido en la historia. Podía fabricar historias sobre Jesús, atribuyéndole milagros y afirmaciones mesiánicas, y declarar que la razón por la que nadie había sabido esas cosas antes era porque apenas ahora él revelaba asuntos que se habían mantenido en secreto. Esta tesis no ha sido bien acogida. Por un lado, el Evangelio de Marcos en realidad no parece una obra obviamente falsa; por otro lado, Marcos parece más interesado en hacer afirmaciones teológicas que históricas. Una versión modificada de la teoría sostiene que Marcos usaba el tema del secretismo como una forma de explicar por qué Jesús no fue reconocido como el Mesías (por el público general) durante su vida: intencionalmente, él mantuvo su identidad en secreto. Esta explicación sigue teniendo defensores, pero una vez más, la mayoría de los intérpretes modernos no cree que Marcos estuviera especialmente interesado en las cuestiones históricas.

Hoy día, la mayoría de los eruditos entiende el tema del secretismo como un recurso literario que proporciona una interpretación teológica de la historia. En pocas palabras, Marcos no cree que cualquier aspecto de la historia de Jesús pueda comprenderse aparte de la cruz. Jesús le dice a la gente que no hable de sus milagros ni de su transfiguración gloriosa, porque esos elementos de su biografía deben entenderse en contexto, y el contexto apropiado para interpretarlos no llega sino hasta el final de su historia, cuando Jesús muere en la cruz. Hasta entonces, la gente puede impresionarse con su enseñanza autoritativa (6:2-3; cf. 1:27) y asombrarse de sus milagros (4:41), pero en esta historia nadie puede entender lo que significa para Jesús ser el Mesías o el Hijo de Dios, antes de ser crucificado. Cuando Pedro le dice a Jesús «mesías», se le ordena que no comparta esta identificación con nadie (8:29-30), porque no está pensando desde el punto de vista de un mesías que sufrirá y morirá (véase 8:29-33), y hasta que no sea capaz de pensar de esa forma, Jesús no quiere que él testifique. Marcos parece estar convencido (al igual que Pablo) de que la cruz es el punto de inicio para entender a Jesús; el así llamado tema del secretismo sirve para acallar cualquier proclamación o identificación de Jesús que no tome en cuenta la cruz.

La proclamación del reino

La historia de Marcos, en última instancia, se centra en los acontecimientos de su muerte y resurrección, pero antes de esos eventos culminantes, a Jesús se le presenta como predicador del evangelio. Además, el contenido de su predicación puede resumirse con una oración: «El reino de Dios se ha acercado» (1:14-15, RVR60). La palabra griega que se traduce «se ha acercado» (ēngiken) en esta proclamación puede significar ya sea «ha llegado» o «pronto llegará», y la mayoría de los eruditos cree que la ambigüedad es intencional. En un sentido, el poder y la presencia del gobierno de Dios ya han llegado en la presencia y ministerio de Jesús, pero en otro sentido, ese gobierno llegará pronto, cuando esté establecido a través de los acontecimientos catastróficos que transformarán el mundo, que Jesús dice que están por ocurrir.

Hay aspectos tanto presentes como futuros en cuanto al reino de Dios. Consideremos primero el aspecto presente. Jesús afirma que Dios está listo y dispuesto para gobernar en las vidas de la gente, y sostiene que eso es una «buena noticia»; la gente que se da cuenta de eso responderá con arrepentimiento y fe (1:15). El anuncio tiene implicaciones prácticas. Primero, la incursión del gobierno de Dios ha traído una «invasión de pureza» que desafía la opinión tradicional de Israel (como se expresa a través de los códigos de pureza) de que lo que es impuro debe mantenerse separado de lo que es santo. Muy poco después de anunciar la llegada del reino de Dios, Jesús toca a un leproso; con esa acción, Jesús no llega a ser impuro, sino más bien el leproso es purificado (1:40-42). De igual manera, se relaciona con pecadores sin preocuparse de que ellos lo contaminen (2:15-17). Algo que Jesús quiere decir al proclamar el gobierno de Dios como una realidad presente es que la «santidad» ahora es contagiosa de una manera que la «impureza» lo era antes: lo que ahora es santo tiene el poder de transformar lo que es impuro.

Una segunda implicación de la proclamación del reino en Marcos es que la realidad del gobierno de Dios crea posibilidades para una obediencia nueva. La gente no tiene que conformarse con lo que es meramente aceptable. Moisés reconoció la necesidad del divorcio debido a la dureza del corazón de la gente, y estableció procedimientos para esos divorcios, para que se obtuvieran apropiadamente. Pero

evangelio: literalmente «buena noticia» (evangelion); la palabra se usó primero para describir el contenido esencial de la proclamación cristiana y, posteriormente, se les aplicó a los libros que presentan relatos semibiográficos de Jesús («los Evangelios»).

reino de Dios/reino del cielo: frases que se usan para describir el fenómeno de que Dios gobierna, donde y cuando eso pueda ser.

Figura 7.1. Mujeres que llegan a la tumba. (He Qi / www.heqigallery.com)

el divorcio no era parte del plan original de Dios para la humanidad, y la cercanía del reino de Dios lo hace innecesario para aquellos cuyas vidas están gobernadas por Dios (10:2-9). El mismo pensamiento refuerza otros ideales radicales de Jesús: los que confían en Dios para que gobierne sus vidas no deben tener problemas en despojarse de las posesiones materiales (10:21), ni en vivir como si fueran esclavos de otros (10:43-44), ni en entregar sus vidas por Jesús y el evangelio (8:35).

Pero también hay un aspecto futuro en cuanto al gobierno de Dios que todavía no se ha hecho manifiesto. El reino no llegará completamente hasta que Jesús regrese. Su segunda venida traerá juicio para los malvados y para los que han sido negligentes, pero también traerá liberación para aquellos que han confiado en el gobierno de Dios (13:25-36). «Todo el mundo los odiará a ustedes por causa de mi nombre —dice Jesús—, pero el que se mantenga firme hasta el final será salvo» (13:13). En cuanto a cuándo ocurrirá esta culminación final del reino de Dios, Marcos envía señales mixtas. En general, Marcos quiere estimular a los lectores a vivir siempre al límite, esperando que el final llegue muy pronto (13:28-30; cf. 9:1), pero conscientes de que podría no llegar tan pronto como ellos esperan (13:5-8, 21-22) y que, en cualquier caso, no puede predecirse con seguridad (13:32-33).

Los fracasos de los discípulos

Otro tema prominente en el Evangelio de Marcos tiene que ver con su presentación despiadadamente negativa de los discípulos de Jesús. A menudo, se dice que en la versión de Marcos de la historia del evangelio, lo único que los discípulos de Jesús hacen bien es dejar sus redes para seguirlo (véase 1:16-20). Después de eso, lo decepcionan a cada instante. En la primera mitad del Evangelio, los discípulos son extraordinariamente obtusos, y no logran entender quién es Jesús (4:35-41) o lo que él quiere de ellos (8:14-21). Finalmente, alrededor de la mitad del Evangelio, Pedro sí reconoce que Jesús es el Mesías (8:29), pero parece que saca las conclusiones equivocadas de eso.

En la siguiente sección del Evangelio, Jesús predice su pasión tres veces, y cada vez los discípulos hacen algo que indica su incapacidad de entender la importancia de un mesías sufriente (véase el cuadro 7.6):

- La primera vez, Pedro reprende a Jesús categóricamente e impulsa a Jesús a decir: «¡Aléjate de mí, Satanás!» (8:31-33);
- la segunda vez, los discípulos no tienen en cuenta lo que Jesús ha dicho, y discuten entre ellos quién de ellos es el mayor (9:30-35);
- la tercera vez, dos de los discípulos de Jesús compiten por posición, y preguntan si se les puede garantizar asientos a su derecha y a su izquierda en la gloria (10:32-44).

Además, toda esta sección de Marcos está enmarcada por historias de Jesús que sana ciegos (8:22-26; 10:46-52), una *inclusio* que resalta la necesidad de los discípulos de iluminación espiritual. Con este trasfondo, lo que ocurre en la narración de la pasión no es sorpresa: Judas traiciona a Jesús (14:10-11, 44-45), Pedro lo niega (14:66-72) y los demás huyen y lo abandonan (14:50).

¿Por qué contaría Marcos la historia de esta manera? Se han propuesto varias teorías, pero la tesis dominante es que él quiere dar una descripción narrada de la teología de Pablo de la elección y la justificación (cf. Ro. 3:22-24; 5:6-8; 2 Co. 12:9). Los discípulos de Jesús, que para la audiencia de Marcos son conocidos como héroes de la iglesia, no tenían nada que elogiar de sí mismos más que el

inclusio: recurso literario en el que se usan expresiones paralelas al principio y al final de una unidad literaria.

elección: en teología, la noción o doctrina de que la gente puede ser elegida por Dios para salvación o algún destino predeterminado.

justificación: el acto de ser colocado en una relación correcta con Dios.

hecho de que habían sido elegidos por Jesús. Es Jesús quien los llama (1:16-20; 2:13-14; 3:13) y los considera familia (3:34-35). Les ofrece el secreto del reino (4:11) y a veces les da explicaciones privadas de sus enseñanzas (4:10-20, 33-34; 7:17-23). Los empodera para la misión (3:14-15; 6:7-13). Él hace todo eso, a pesar de que ellos parecen lentos, obsesionados consigo mismos y dan pocas muestras (si acaso alguna) de mejora. De hecho, predice que lo traicionarán, lo negarán y lo abandonarán, y solamente agrega que quiere que se reúnan con él después de su resurrección. Y, sin duda alguna, la palabra que sale de la tumba vacía es una palabra de invitación para los discípulos carentes de fe, para que regresen y sigan como antes (16:7). A pesar de sus fracasos, Jesús los mantiene como sus discípulos. El punto, para Marcos, parece ser que el discipulado es una relación establecida por el llamado de Cristo y definida por la fidelidad de él, no por algún mérito que se les pueda atribuir a los discípulos en sí.

Conclusión

Generalmente se piensa que el Evangelio de Marcos fue escrito en un ambiente en el que la iglesia había experimentado persecución violenta. Por lo menos, sus líderes probablemente estaban conscientes de lo que había ocurrido en Roma bajo el emperador Nerón: los cristianos habían sido torturados y crucificados, los habían lanzado a los leones y se les había prendido fuego para que fueran antorchas en la noche. Por consiguiente, muchos eruditos creen que la comunidad para la que fue escrito este Evangelio consistía en aquellos creyentes que quedaban, es decir, los que habían sobrevivido la persecución. Los más audaces y valientes ya no estaban. Entre los que quedaban había mucha gente que se había quebrantado bajo la presión: algunos de ellos habían negado a Cristo para salvarse; algunos quizá habían traicionado a otros miembros de la iglesia (cf. 13:12); muchos, quizá la mayoría, tal vez simplemente habían llegado a estar muy quietos y esperaban que nadie encontrara razón alguna para relacionarlos con esta fe que había ocasionado semejante sufrimiento y adversidad. Si ese es el caso, entonces Marcos podría estar escribiendo su Evangelio tanto para dar consuelo como para desafiar a esos fracasados, cobardes y traidores. Su tratamiento de muchos temas llega a ser significativo en este contexto: la cruz debe ser central para cualquier verdadero entendimiento de quién es Jesús, y los fracasos de los discípulos originales de Jesús pueden ser recordados como una fuente de esperanza empática.

Es posible que semejante impulso también provea la motivación para que Marcos deje su historia del evangelio incompleta (a menos que, por supuesto, él no la terminara y el final simplemente se haya perdido). Muchos eruditos creen que Marcos termina su Evangelio como lo hace porque los mismos lectores deben decidir qué pasa después, para ellos. Por supuesto que saben lo que les ocurrió a los discípulos originales de Jesús, que se reunieron con Jesús después de la Pascua y, a pesar de su cobardía y negaciones, llegaron a ser testigos de Cristo en todo el mundo. Pero al contar la historia de ellos, Marcos decide terminar el relato en lo que, para sus lectores, es la coyuntura crucial: lo termina con un llamado al altar, por decirlo así, porque los lectores deben decidir si quieren continuar la historia. Cuando ellos evalúan su propia fidelidad a Jesús a la luz de la fidelidad de él hacia ellos, ¿responderán como lo hicieron sus discípulos? De acuerdo a esta teoría, la historia termina con miedo y silencio porque Marcos quiere que sus lectores se den cuenta de que la historia no ha terminado, todavía no puede terminar. Los lectores tienen que preguntar: «Entonces, ¿qué significa? ¿Qué ocurre después? ¿Y ahora qué?».

Lucas

Comencemos con algunas tradiciones concernientes al autor de nuestro tercer Evangelio. La tradición más dominante es que el hombre que escribió este libro (y el libro de Hechos) era un doctor, un médico. Pero también, ampliamente se le considera historiador, alguien a quien se le debe incluir entre las filas de Josefo, Heródoto y otros escritores de la historia antigua. Y otra tradición antigua sostiene que el autor de estos dos libros era un artista, específicamente, un pintor que produjo numerosos retratos de la Virgen María que son valorados como reliquias sagradas en iglesias esparcidas en toda Europa y el Este. Se nos puede perdonar por preguntarnos si una persona podría ser todas esas cosas, pero está claro, por el trabajo en sí, que él era una persona altamente educada que apreciaba tanto el contexto histórico como la elegancia artística.

El racionalista francés Ernest Renan decía que el Evangelio de Lucas era «el libro más bello del mundo». Una manera de apreciar el impacto que este libro ha tenido en la religión y cultura es tratar de visualizar cómo sería el cristianismo sin él. ¿Podemos imaginar la Navidad sin pastores o sin un bebé en un pesebre? ¿La liturgia sin el Magníficat? ¿Cuántas historias bíblicas favoritas perderíamos? Zaqueo, María y Marta, el buen samaritano, el hijo pródigo, todas habrían desaparecido para siempre.

Magníficat: himno en Lucas 1:46-55, que expresa las palabras de María al escuchar que daría a luz a Jesús.

Pero, por supuesto que *sí* tenemos el Evangelio de Lucas. Es el libro más largo del Nuevo Testamento y, desde un punto de vista estético, probablemente sea el más bello. Definitivamente, ha sido el tradicional favorito para los artistas a lo largo de los años, y para los historiadores. Y en cuanto a los médicos, ¿quién sabe?

Generalidades

Después de una breve dedicatoria a Teófilo (1:1-4), Lucas presenta un relato largo de los acontecimientos relacionados con el nacimiento y la niñez de Jesús, entremezclado con himnos y relatos paralelos de acontecimientos vinculados con el nacimiento de Juan el Bautista (1:5-2:52). Luego describe el bautismo de Jesús por parte de Juan (3:1-22), da una genealogía de Jesús (3:23-28) y relata la tentación de Jesús por parte de Satanás (4:1-13). Jesús inicia su ministerio con un sermón inaugural en Nazaret (4:14-30). Luego, Lucas describe una cantidad de historias de milagros, entremezcladas con los relatos de cuando Jesús llama a sus discípulos e involucra a los líderes religiosos en diversas controversias (4:31-6:16). Predica el Sermón de la Llanura (6:17-49), sana al siervo del centurión (7:1-10), resucita al hijo de una viuda (7:11-17), usa una pregunta de Juan el Bautista (7:18-35) y responde positivamente a la devoción de una mujer pecadora que llora a sus pies en la casa de un fariseo (7:36-50).

Lucas observa que Jesús tenía una cantidad de seguidoras (8:1-3), y luego narra unas cuantas parábolas de Jesús (8:4-8) y algunas palabras sobre su familia (8:19-21). El relato del ministerio de Jesús continúa con cuatro historias de milagros: el apaciguamiento de una tormenta en el mar, la curación del endemoniado de Genesaret, la curación de una mujer que había tenido hemorragia y la resurrección a la hija de Jairo (8:22-56). Luego, Jesús envía a los doce apóstoles en una misión (9:1-9) y alimenta milagrosamente a cinco mil personas (9:10-17). Después de que Pedro confiese que Jesús es «el Mesías de Dios» (9:18-20), Jesús les habla a los discípulos de su pasión y los instruye en cuanto a negarse a sí mismos y al servicio (9:21-50); al mismo tiempo, revela su gloria a través de la transfiguración (9:28-36) y al sanar a un chico poseído por un espíritu inmundo (9:37-43).

Después, Lucas dedica una sección larga de su Evangelio al viaje de Jesús y sus discípulos a Jerusalén (9:51-19:27). En el camino, Jesús es rechazado en una aldea samaritana (9:51-56), envía a setenta seguidores en una misión (10:1-12, 17-20) y visita los hogares de María y Marta (10:38-42) y de Zaqueo (19:1-10). Lleva a cabo diversas curaciones (de una mujer discapacitada, de un hombre con hidropesía, de diez leprosos, de un ciego). Pero, mayormente, Lucas se concentra en describir las enseñanzas que Jesús da a sus discípulos en el camino, que incluyen el Padre Nuestro (11:1-4), las instrucciones en cuanto al comportamiento apropiado en los banquetes (14:7-14) y muchas de las parábolas más conocidas de Jesús (el buen samaritano, el amigo en la medianoche, el rico insensato, el gran banquete, la oveja perdida, la moneda perdida, el hijo pródigo, el administrador astuto, el hombre rico y Lázaro, la viuda y el juez, el fariseo y el recaudador de impuestos, y las minas).

Jesús entra a Jerusalén (19:28-38) y llora mientras predice su destrucción (19:39-44). Desafía a los líderes religiosos al purificar el templo y al decir la

Figura 8.1. Bendita entre las mujeres. Elisabet saluda a María, las dos mujeres están embarazadas, y el bebé del vientre de Elisabet (el futuro Juan el Bautista) reconoce al bebé del vientre de María (el futuro Jesús). Elisabet exclama: «¡Bendita tú entre las mujeres, y bendito el hijo que darás a luz!» (Lc. 1:39-45). (Bridgeman Images)

parábola de los agricultores malvados (19:45-20:19); luego responde a una serie de desafíos que ellos le presentan, reprende a sus escribas y elogia a una viuda por su ofrenda (20:20-21:4). Predice la destrucción del templo y da un discurso acerca de los últimos tiempos (21:5-38).

Lucas concluye su narrativa con el relato de la pasión y resurrección de Jesús (22:1-24:49). Jesús comparte una última cena con sus seguidores, ora en el huerto, es arrestado y crucificado después de que las autoridades, tanto judías como romanas, lo interrogan. Después de su entierro, resucita de los muertos y se les aparece a las mujeres en la tumba vacía, a dos hombres en el camino a Emaús y a sus discípulos que estaban reunidos en Jerusalén. Finalmente, bendice a sus discípulos y asciende al cielo (24:50-53).

Trasfondo histórico

El Evangelio de Lucas es anónimo, como lo son los cuatro Evangelios del Nuevo Testamento, pero en este caso tenemos una clave poderosa en cuanto a quién podría ser su autor. La persona que escribió este Evangelio también escribió el libro de Hechos (cf. Hch. 1:1), y en ese libro, a veces él se refiere a sí mismo en primera persona como uno de los compañeros de viaje del apóstol Pablo (los eruditos se refieren a estos textos como «Los pasajes de "nosotros"»: Hch. 16:10-17; 20:5-15; 21:1-18; 27:1-28:16). Por proceso de eliminación, podemos llegar a una lista razonablemente corta de los compañeros conocidos de Pablo que no se mencionan por nombre en ninguna otra parte de Hechos. Hipotéticamente, eso permitiría que el autor fuera Epafrodito, Tito, o algún otro amigo de Pablo, tal vez incluso alguien cuyo nombre no se menciona nunca en el Nuevo Testamento, pero la tradición más antigua y unánime de la iglesia cristiana era que estos libros fueron escritos por Lucas, a quien se le llama «el médico amado» en Colosenses 4:14 (véase también 2 Ti. 4-11; Flm. 24). Algunos eruditos han sugerido que el vínculo con Pablo podría ser una ficción literaria, pero la opinión de la mayoría es que no hay una razón fuerte para desafiar esta tradición (siempre que no se asuma que Lucas en realidad fue un discípulo o seguidor cercano de Pablo; véase «Trasfondo histórico» del cap. 10).

Aun así, semejantes atribuciones están lejos de ser ciertas, por lo que la pregunta clave para los eruditos es esta: «¿Qué podemos conjeturar acerca del autor de este libro, partiendo de la obra misma?». Es un escritor bastante educado que exhibe el vocabulario más rico de todos los autores de la Biblia. En efecto, Lucas-Hechos utiliza unas ochocientas palabras que no se encuentran en ninguna otra parte del Nuevo Testamento (una característica que hace que estos dos libros sean un poco infames para los estudiantes principiantes de griego). También, parece que posee un mejor conocimiento, tanto de la literatura clásica como de las Escrituras hebreas, que cualquier otro de los autores de los Evangelios. En cuanto a lo primero, algunos eruditos creen que pueden detectar familiaridad con las obras de Homero y Virgilio (y el poeta Arato, que se cita en Hechos 17:28), así como con los escritos de diversas escuelas filosóficas (el cinismo, el epicureísmo y el estoicismo). En cuanto a las Escrituras, Lucas integra conceptos y patrones del Antiguo Testamento en su obra, y utiliza frecuentemente alusiones y simbolismos que van más allá de la simple mención de versículos individuales. Los eruditos han debatido si es un judío helenista que tuvo una educación clásica, o un gentil cuya adopción de la fe cristiana lo llevó a un estudio bíblico intenso; la evidencia puede interpretarse de cualquier manera, aunque, si sirve de algo, «Lucas, el médico amado», aparentemente era gentil (Col. 4:14; cf. 4:11).

En todo caso, el autor del Evangelio de Lucas nos dice que ha hecho algunas investigaciones en cuanto a la vida y el ministerio de Jesús y que se fundamenta en el trabajo previo de aquellos que fueron «testigos presenciales y servidores de la palabra» (1:2). Muchos eruditos piensan que tenía una copia del Evangelio de Marcos, además de una copia de la fuente Q (una colección antigua de los dichos de Jesús; véase «Composición de los Evangelios: el acertijo sinóptico»

helenista: afectado por el helenismo, es decir, la influencia de la cultura, costumbres, filosofía y modos de pensamiento griegos y romanos.

en el cap. 5). Pero su afirmación de que mucha gente se ha dedicado a escribir relatos de esos acontecimientos sugiere que probablemente él también haya tenido otras fuentes escritas.

El libro cstá dirigido a alguien llamado «Teófilo» (1:3; cf. Hechos 1:1) con el fin de confirmar la verdad de los asuntos en los que a él ya se le ha instruido. Sin embargo, no debemos imaginar que todo este Evangelio fue escrito para el beneficio de una persona. Muy probablemente, Teófilo era la persona responsable de delegar el proyecto, un patrocinador adinerado que ha ofrecido el dinero para cubrir el gasto considerable que requeriría la producción y distribución de una obra como esta.

Los eruditos no tienen idea de dónde se escribió este Evangelio, pero eso importa poco, ya que parece que tenía el propósito de que se publicara ampliamente. En cuanto a cuándo se escribió, parece que el libro es de una generación posterior a la de los primeros discípulos de Jesús, ya que su autor admite que relata asuntos que otros «transmitieron» (1:2-3). Unos cuantos pasajes tienen el propósito de abordar asuntos o inquietudes que surgieron con la destrucción de Jerusalén en 70 e. c. (11:49-51; 13:34-35; 19:41-44; 21:20-24; 23:28-31), lo cual sugiere que fue escrito después de eso; esto concordaría con el hecho de que Lucas tuviera una copia del Evangelio de Marcos, que probablemente fue escrito alrededor de los años 65-73. Un puñado de eruditos sí tratan de fechar el Evangelio de Lucas antes de eso (en los años 60), pero la mayoría lo coloca en la década de los 80, alrededor del mismo tiempo que el Evangelio de Mateo.

¿Qué es distintivo del Evangelio de Lucas?

Al igual que en Mateo, podríamos iniciar nuestra investigación de lo que es distintivo en cuanto al Evangelio de Lucas, observando primero lo que es único en este libro, y luego proceder a considerar de qué manera Lucas pudo haber editado el material que se cree que tomó de Marcos. Luego, debemos considerar el Evangelio de Lucas como un todo y observar qué es distintivo en cuanto a su estructura y disposición en conjunto.

En el cuadro 8.1 aparece una lista del material único del Evangelio de Lucas. Lo primero que debemos observar en cuanto a este listado es su longitud: alrededor de la mitad del Evangelio de Lucas se compone de material que no se encuentra en ninguna otra parte. El libro inicia con una narración única de la infancia (caps. 1-2), y Jesús inicia su ministerio con un sermón inaugural que no está registrado en ningún otro lugar (4:14-30). Lucas también documenta cinco historias de milagros y nada menos que diecisiete parábolas que no se relatan en ninguna otra parte. Las palabras de Jesús desde la cruz son completamente únicas de este Evangelio (véase el cuadro 5.8). Y Lucas nos da el único relato que tenemos de la ascensión de Jesús (o los únicos dos relatos, ya que

narración de la infancia: los dos primeros capítulos, ya sea de Marcos o Lucas, que narran acontecimientos relacionados con el nacimiento y crianza de Jesús.

Material único del Evangelio de Lucas

Esto corresponde a lo que los eruditos a veces llaman el material «L» (véase el cuadro 5.10).

Dedicación a Teófilo	1:1-4	La parábola de los muchos y los pocos golpes	12:47-48
El nacimiento prometido de Juan	1:5-25	La parábola de la higuera estéril	13:1-9
El anuncio del nacimiento de Jesús a María	1:26-38	La sanación de la mujer lisiada	13:10-17
La visita de María a Elisabet	1:39-56	La sanación del hombre con hidropesía	14:1-6
El nacimiento de Juan el Bautista	1:57-80	Las dos parábolas para anfitriones e invitados	14:7-14
El nacimiento de Jesús (con pastores y pesebre)	2:1-20	El cálculo del costo (dos parábolas)	14:28-33
La presentación del niño Jesús en el templo	2:21-38	La parábola de la moneda perdida	15:8-10
La visita durante su niñez a Jerusalén	2:41-52	La parábola del hijo pródigo	15:11-32
La respuesta de Juan a unas preguntas	3:10-14	La parábola del administrador astuto	16:1-12
La genealogía de Jesús (hasta Adán)	3:23-38	La parábola del rico y Lázaro	16:19-31
Las buenas noticias para los pobres	4:14-23, 25-30	La purificación de los diez leprosos	17:11-19
La pesca milagrosa	5:1-11	La parábola de la viuda y el juez	18:1-8
La resurrección del hijo de la viuda de Naín	7:11-17	La parábola del fariseo y el recaudador de impuestos	18:9-14
El encuentro con una mujer desamparada	7:36-50	La historia de Zaqueo	19:1-10
La parábola de los dos deudores	7:40-43	Jesús llora por Jerusalén	19:41-44
El ministerio con las mujeres	8:1-3	La razón de la negación de Pedro	22:31-32
El rechazo de la aldea samaritana	9:51-56	Las dos espadas	22:35-38
El regreso de los setenta misioneros	10:17-20	Jesús ante Herodes	23:6-12
La parábola del buen samaritano	10:29-37	Pilato declara inocente a Jesús	23:13-16
María y Marta	10:38-42	Los dichos relacionados con la muerte de Jesús	23:28-31, 34, 43, 46
La parábola del amigo en la medianoche	11:5-8	Jesús aparece en el camino a Emaús	24:13-35
La parábola del rico insensato	12:13-21	Jesús aparece a los discípulos	24:36-49
		La ascensión de Jesús	24:50-53

la historia se repite después en Hechos 1:6-11). Si estudiáramos solamente el material de este listado, observaríamos varios temas o elementos: las mujeres son prominentes (1:26-56; 2:36-38; 7:11-17, 36-50; 8:1-3; 10:38-42; 13:10-17; 18:1-8); los samaritanos se mencionan repetidas veces (9:51-56; 10:29-37; 17:11-19); Jerusalén es un escenario o foco frecuente (1:5-23; 2:21-38, 41-52; 9:51-56; 19:41-44; 24:13-53); y se le da una atención considerable a la riqueza y a la pobreza (1:52-53; 3:10-14; 4:14-30; 12:13-21; 14:12-14; 16:1-12, 19-31; 19:1-10).

Otra forma de determinar qué es distintivo en cuanto a Lucas es observar los cambios editoriales que se piensa que él hizo en el material que tomó del Evangelio de Marcos. De acuerdo a las teorías dominantes de las fuentes (véase «Composición de los Evangelios: el acertijo sinóptico»), Lucas tenía una copia del Evangelio de Marcos entre sus fuentes (cf. Lucas 1:1), pero él no solo copió este material en su Evangelio, palabra por palabra. Más bien, hizo muchos tipos de cambios que se cree que Mateo también hizo, suavizando el lenguaje no sofisticado y eliminando las referencias regionales (p. ej., expresiones en arameo). Lucas no cambia «reino de Dios» por «reino de los cielos» como lo hace Mateo, pero (a diferencia de Mateo) a veces agrega notas a las historias que dan información histórica o cronológica (3:1-2; 4:23; cf. 2:1-2). De esta manera, de acuerdo con las teorías dominantes, Mateo quiso alterar Marcos para apelar a un círculo de lectores étnicamente judíos, en tanto que Lucas, aparentemente, quiso apelar a una audiencia más amplia, más diversa culturalmente, que probablemente interpretaría la historia de Jesús teniendo en cuenta el trasfondo de la historia romana (véase 2:1-2).

Figura 8.2. El regreso del hijo pródigo. El pintor holandés del siglo xvii, Rembrandt, basó una de sus pinturas más famosas en una escena de esta parábola de Jesús que se registra en Lucas 15:11-32.

En el capítulo 6 observamos que, al comparar Marcos y Mateo, podemos ver diferencias en la forma en la que se presentan los personajes principales (véase el cuadro 6.2). Un fenómeno similar se puede detectar en cuanto a Marcos y Lucas. Esta vez, no hay un menosprecio aumentado hacia los líderes religiosos de Israel (como había en Mateo), pero el material de Lucas proporciona una descripción aún más positiva de los discípulos de Jesús que el Evangelio de Mateo. Lucas no elimina ni justifica una buena cantidad de pasajes de Marcos que presentan a los discípulos como fracasados (p. ej., Mr. 8:33; 10:35-40). Si Mateo editó el material de Marcos para atenuar la presentación negativa de los discípulos, Lucas editó ese material aún más drásticamente para presentar a los discípulos con una luz abrumadoramente positiva. En la misma línea, Lucas también le pone más atención positiva a la familia terrenal de Jesús y suaviza los comentarios

El uso que Lucas hace de Marcos

Según las teorías de las fuentes dominantes, Lucas conserva solamente un poco más de la mitad del Evangelio de Marcos, y edita lo que conserva de acuerdo a ciertos principios. Estudiar estos cambios editoriales es el trabajo de los críticos de redacción (véase «La crítica de la redacción» en el cap. 3).

Organización

Algo del material de Marcos se reubica.
  Ejemplos:
  • La historia de cuando Jesús predica en Nazaret se adelanta a fin de proveer la ocasión de su sermón inaugural (Lc. 4:16-30; cf. Mr. 6:1-6).
  • La disputa de los discípulos en cuanto a quién es el más grande se traslada para que ocurra en la última cena (Lc. 22:24-27; cf. Mr. 10:41-45).

Abreviación

Lucas omite de las historias de Marcos lo que considera que es insignificante o inapropiado.
  Ejemplos:
  • El comentario sobre la incompetencia de los médicos (Lc. 8:42-48; cf. Mr. 5:26).
  • La conversación entre Jesús y el padre de un muchacho endemoniado (Lc. 9:37-43; cf. Mr. 9:21-24).
  • El joven desnudo en el huerto (Lc. 22:47-53; cf. Mr. 14:43-52).
  • Nota: El Evangelio de Mateo también omite este material de Marcos (Mt. 9:20-22; 17:14-18; 26:47-56).

Sofisticación

Las expresiones informales o coloquiales se reescriben con el griego más refinado de la clase educada.
  Ejemplos:
  • Se cambian ocasiones del tiempo «presente histórico» (150 de 151; [pasó por alto Mr. 5:35 en Lc. 8:4]).

• Se reduce el uso repetitivo de Marcos de palabras como «y» e «inmediatamente».
• Se proporcionan antecedentes claros a los pronombres que carecen de ellos.
• Aumenta el uso de construcciones sintácticas como absolutos genitivos e infinitivos articulares (estos predicen una clase de griego de «clase superior»).

Exactitud

Se corrigen las ocasiones de exactitud cuestionable.
  Ejemplos:
  • «Rey Herodes» (Mr. 6:14) se convierte en «Herodes el tetrarca» (Lc. 9:7).
  • Se omite la referencia a Abiatar como sumo sacerdote de Marcos 2:26 (Lc. 6:4; cf. 1 S. 21:1-6).

Pertinencia contextual

Algunos cambios hacen que las cosas sean más pertinentes para la audiencia proyectada de Lucas.
  Ejemplos:
  • Es probable que, debido a que escribe a una audiencia culturalmente diversa en todo el Imperio romano, Lucas elimina las ocho expresiones arameas que se encuentran en Marcos: «Boanerges» (3:17), «talita cum» (5:41), «corbán» (7:11), «efatá» (7:34), «Bartimeo» (10:46), «Abba» (14:36), «Gólgota» (15:22), «Eloi, Eloi, lama sabactani» (15:34).
  • Se insertan las anotaciones que proveen un amplio contexto histórico/cultural (cf. Lc. 3:1-3 con Mr. 1:4) debido a que Lucas quiere que la historia que cuenta se reciba como una obra de «historia universal», con implicaciones para toda la humanidad.
  • La palabra para «pueblo» (kōmē) frecuentemente se cambia por «ciudad» (polis) con el fin de darle a la historia una sensación más urbana que va más

allá de su escenario en la Palestina rural.

- El valor económico de las monedas aumenta, con el fin de que la historia siga siendo pertinente para los que viven más prósperamente de lo que vivió Jesús y sus seguidores originales (cf. Lc. 9:3, donde la palabra griega [*argyrion*] significa «plata», con Mr. 6:8, donde la palabra griega [*chalkos*] significa «cobre»).

Descripción de los personajes

Lucas cambia la forma en la que se presenta a los personajes principales en la historia del Evangelio, incluso a Jesús, sus discípulos y su familia.

Jesús

- Se omiten las declaraciones que implican falta de habilidad o autoridad por parte de Jesús (el comentario de Mr. 6:5 no aparece en Lc. 4:16-30).
- Se descartan las referencias a Jesús cuando exhibe emociones humanas: lástima (Mr. 1:41), enojo (Mr. 3:5), tristeza (Mr. 3:5), asombro (Mr. 6:6), compasión (Mr. 6:34), indignación (Mr. 10:14), amor (Mr. 10:21).
- Se omiten algunas historias en las que Jesús actúa de una manera algo violenta (la maldición de la higuera [Mr. 11:12-14, 20-25; pero cf. Lc. 16:6-9]; el vuelco de las mesas en el templo [Mr. 11:15-17; cf. Lc. 19:45-46]).
- Se descartan las historias que parecen representar a Jesús como mago (Mr. 7:31-37; 8:22-26).

Los discípulos

- Se eliminan las historias: en la que Jesús reprende a Pedro (Mr. 8:33), la de la petición pretenciosa de Jacobo y Juan (Mr. 10:35-40) y la de la huida de los discípulos cuando arrestan a Jesús.
- Se amortigua y explica la negación de Pedro (Lc. 22:31-34; Mr. 14:29-31) y el sueño de los discípulos en Getsemaní (Lc. 22:45-46; Mr. 14:37-41).
- La falta de entendimiento no se atribuye a la naturaleza no perceptiva de los discípulos sino al ocultamiento divino (cf. Lc. 9:45 con Marcos 9:32; véase Lc. 18:34).

La familia de Jesús

- Se descarta la referencia a la familia de Jesús que fue «a hacerse cargo de él» (Mr. 3:21).
- Se expresa con otras palabras la historia en la que Jesús designa a su «verdadera familia» para atenuar el contraste con su familia terrenal (cf. Lc. 8:19-21 con Mr. 3:31-35).

negativos que el Evangelio de Marcos había hecho de ellos (cf. Lc. 8:19-21 con Mr. 3:31-35).

Surge otra curiosidad. Si seguimos la premisa básica de que Lucas usó el Evangelio de Marcos como una fuente, bien podemos asombrarnos por la cantidad de material que Lucas decidió no conservar. En tanto que parece que Mateo incorporó alrededor de 500 de los 649 versículos de Marcos en su Evangelio, Lucas retiene solamente alrededor de 350 versículos del material de Marcos. Más específicamente, el Evangelio de Lucas no contiene nada del material que hay en Marcos 6:45-8:20 (a veces llamado la «gran omisión»), ni de Marcos 9:41-10:12 (a veces llamado la «pequeña omisión»). Los eruditos no saben cómo explicar esto; se ha sugerido que Lucas podría haber tenido una copia defectuosa o incompleta del Evangelio de Marcos, pero eso solamente es especulación.

También podemos discernir lo que es distintivo acerca del Evangelio de Lucas al examinar la estructura y disposición de su Evangelio en conjunto. Lo primero que observamos, en este respecto, es que los dos primeros capítulos completos de Lucas están compuestos del material único que funciona algo así como un prólogo u obertura de la obra. En efecto, están escritos en un estilo literario distinto al del resto de este Evangelio. El griego se acerca más al estilo de la Septuaginta (la traducción griega del Antiguo Testamento) o al estilo del griego que se usaba en las sinagogas. Parece que Lucas quería comenzar su Evangelio al escribir de una manera elevada que evocaría asociaciones religiosas o bíblicas. Sin embargo, no se necesita saber griego para reconocer algo más que es distintivo en cuanto a estos dos primeros capítulos de Lucas: la narración se interrumpe repetidas veces con poesía e himnos. El lector moderno podría pensar que el Evangelio de Lucas era una representación musical: cada vez que ocurre algo importante en el prólogo, parece que un personaje irrumpe espontáneamente con una canción. La tradición cristiana le ha dado nombres latinos a estos himnos que se usan ampliamente en las liturgias de muchas iglesias hasta hoy día:

Lucas 1:42-45   el Ave María
Lucas 1:46-55   el Magníficat
Lucas 1:67-79   el Benedictus
Lucas 2:14   el Gloria in Excelsis
Lucas 2:29-32   el Nunc Dimittis

fuente Q: según la hipótesis de dos fuentes, la colección desaparecida de los dichos de Jesús que se usó como fuente para los Evangelios de Mateo y Lucas.

material L: material que se encuentra solamente en el Evangelio de Lucas, lo cual significa que Lucas no lo sacó del Evangelio de Marcos, ni de la fuente Q, sino de una variedad de otras fuentes desconocidas.

¿Por qué haría eso Lucas? Una vez más, parece que estaba decidido a presentar su historia de una manera tan magistral e impresionante como fuera posible. Además, muchos eruditos creen que todos los temas más importantes del Evangelio de Lucas se presentan en estos dos primeros capítulos (y, en efecto, en los himnos). De esa manera, la analogía de una obertura es apropiada: el lector escucha fragmentos de todo lo que se avecina, presentados de una manera especialmente cautivadora y artística; luego, a medida que la historia se desarrolla, estos temas se vuelven a presentar y desarrollar más completamente.

Cuando vemos el resto del Evangelio de Lucas (caps. 3-24), llega a ser claro que la historia sigue el mismo bosquejo básico del Evangelio de Marcos. Los que aceptan la hipótesis de dos fuentes (véase «Composición de los Evangelios: el acertijo sinóptico» en el cap. 5) creen que Lucas ha adoptado la estructura básica de narración del Evangelio de Marcos e insertó otro material (es decir, de la fuente Q y de las otras fuentes misceláneas que llamamos «L») en esa estructura, en dos coyunturas clave:

Lucas 3:1-6:19   se basa principalmente en Marcos.

Lucas 6:20-8:3   se basa principalmente en Q.

Lucas 8:4-9:50   se basa principalmente en Marcos.

Lucas 9:51-18:14 se basa principalmente en Q y L (entrelazadas).

Lucas 18:15-24:7 se basa principalmente en Marcos.

De esa manera, dos secciones relativamente largas, dedicadas a las enseñanzas de Jesús, «interrumpen» la historia de Marcos de Jesús. La primera de estas (Lc. 6:20-8:3) incluye lo que se conoce como el Sermón de la Llanura (Lc. 6:20-49), que enseña material de Q el cual coincide estrechamente con lo que se encuentra en el mucho más largo Sermón del Monte de (Mt. 5-7).

Pero la mayor parte del material que Lucas le ha agregado a Marcos se presenta como parte de una sección muy larga del Evangelio de Lucas, comúnmente llamada «El viaje a Jerusalén» (9:51-19:40). Esta sección del libro frecuentemente recibe atención especial en el estudio de Lucas. La sección del viaje funciona como un instrumento literario, de tal manera que mucho de las enseñanzas de Jesús y mucho de las historias únicas de Lucas en cuanto a él se presentan en el contexto de un viaje y, específicamente, del viaje a Jerusalén (con un poco de anticipación de todo lo que ocurrirá allí: la crucifixión, la resurrección, la ascensión, el derramamiento del Espíritu). Algunos eruditos han detectado paralelos entre el peregrinaje de Jesús y sus discípulos y el peregrinaje de los israelitas que se registra en Éxodo, Números y Deuteronomio. Otros se enfocan en los temas de viajes de la literatura clásica (especialmente en *La odisea*).

De cualquier manera, frecuentemente se dice que el tema le agrega matices sutiles a la presentación de las enseñanzas de Jesús en el Evangelio de Lucas. En comparación, podemos recordar que Mateo incorporó el material de Marcos a su Evangelio al presentar a Jesús dando cinco conferencias o sermones largos

Extracto de un sermón de Nochebuena de Martín Lutero

La posada estaba llena. Nadie quiso ceder su habitación a una mujer embarazada. Tuvo que ir a un establo y allí dar a luz al Hacedor de todas las criaturas a quien nadie quería hacer lugar. ¡Qué vergüenza, malvado Belén, habría que haber pegado fuego a esa posada! Pues aun cuando la virgen María hubiera sido una pordiosera o no hubiera estado casada, todos en ese momento deberían haberse alegrado de poder prestarle ayuda. Hay muchos de vosotros en esta congregación que pensáis: «¡Si yo hubiera estado allí! ¡Cuán pronto hubiera estado para ayudar al Niño! Le hubiera lavado los pañales. ¡Ojalá yo hubiese tenido la suerte, como los pastores, de ver al Señor yaciendo en el pesebre!». Sí, ahora lo haríais, porque conocéis la grandeza de Cristo, pero en aquel entonces no os hubierais comportado mejor que la gente de Belén. ¡Qué pueriles y tontos pensamientos son ésos! ¿Por qué no lo hacéis ahora? Tenéis a Cristo en vuestro prójimo. Debéis pues lo que hacéis a favor de vuestro prójimo necesitado lo hacéis al Señor Jesucristo mismo.

Citado en Roland H. Bainton, *Lutero* (Trad. Raquel Lozada de Ayala Torales, 1955; Escritura y Verdad), 190.

(caps. 5-7; 10; 13; 18; 24-25). Los intérpretes dicen que esto le da al Evangelio de Mateo el ambiente de un salón de clases: Jesús es un rabino, que instruye a sus discípulos con lecciones temáticas. Sin embargo, en Lucas, el discipulado parece más semejante a una experiencia de inmersión al aprender sobre la marcha: Jesús se lleva a sus discípulos a un viaje con él, y ellos aprenden de lo que dice y hace en el camino.

Finalmente, debemos observar que el Evangelio de Lucas es el único de los cuatro Evangelios que tiene una secuela. Lucas escribió también el libro de Hechos, y la mayoría de los eruditos cree que él tenía pensado que las obras se leyeran juntas. Algo del material del Evangelio de Lucas podría tener la intención de preparar a los lectores para lo que está por venir en el segundo volumen.

Temas principales del Evangelio de Lucas

Adoración y oración

El Evangelio de Lucas inicia (1:8) y termina (24:53) con escenas de personas que adoran a Dios en el templo de Jerusalén y, como lo hemos observado, este Evangelio también incluye varios himnos litúrgicos (1:46-55, 67-79; 2:14, 29-32). En total, en Lucas hay veinte referencias a la gente que adora o le da gracias a Dios (1:46, 64; 2:13, 20, 28, 37; 4:15; 5:25, 26; 7:16; 13:13; 17:15, 16; 18:11; 18:43 [dos veces]; 19:37; 23:47; 24:52, 53). Esto es mucho más que en cualquiera de los otros Evangelios. Además, solamente Lucas contiene una historia donde se reprende a la gente por no dar gracias (17:11-19), y solamente Lucas presenta la muerte de Jesús en la cruz como una ocasión para que la gente glorifique a Dios (23:47; cf. Jn. 12:28).

De igual manera, Jesús ora mucho más frecuentemente en este Evangelio que en cualquiera de los otros. A menudo, se retira para hacerlo a solas (4:42; 5:16; 6:12). La oración se menciona juntamente con el bautismo de Jesús (3:21) y la transfiguración (9:28), y en la relación de Jesús con sus discípulos prevalece la oración: él ora antes de elegirlos (6:12), antes de preguntarles acerca de su identidad (9:18) y antes de predecir la negación de Pedro (22:32). Y, solamente en este Evangelio los discípulos de Jesús le piden que les enseñe a orar (11:1). Él lo hace no solo enseñándoles el Padre Nuestro (11:2-4), que también se encuentra en Mateo 6:9-13, sino también, frecuentemente, alentándolos para orar (18:1; 21:36; 22:40) y a través de parábolas acerca de la oración, que no se encuentran en ninguna otra parte (11:5-8; 18:1-8, 9-14).

Comida

Muchos lectores han observado un «tema de comida» en el Evangelio de Lucas (y en el libro de Hechos también). Lucas menciona diecinueve comidas, trece de las cuales son peculiares en este Evangelio. Frecuentemente, se describe a Jesús presente en comidas (p. ej., 5:29; 7:36; 14:1; 22:14; 24:30), y se le critica por comer demasiado («glotón y borracho» [7:34; cf. 5:33]) y por comer con la gente inapropiada (publicanos y pecadores [5:30; 15:1-2]). Los banquetes también figuran prominentemente en sus parábolas y enseñanzas, cuando da lo que superficialmente parece ser instrucciones de etiqueta social (7:44-46; 12:35-37; 14:7-24; 22:26-27).

¿Cuál podría ser el propósito de semejante tema? En un sentido general, las comidas con frecuencia simbolizan nutrición y celebración, y en el Evangelio de Lucas, las comidas se describen como oportunidades para curar (9:11-17), dar hospitalidad (10:5-7), compañerismo (13:29), perdón (7:36-50), enseñanza profética (11:37-54) y reconciliación (15:23; 24:30-35). También sabemos que los cristianos de la iglesia primitiva se reunían frecuentemente para las comidas (Hch. 2:42, 46) y, de esa manera, muchos eruditos creen que el uso que hace Lucas del simbolismo de la comida podría tener el propósito de establecer conexiones entre sus historias del evangelio y las reuniones cristianas de su propia época: lo que ocurre en las comidas en este Evangelio corresponde a lo que puede o debería pasar «en la iglesia».

Ministerio a los excluidos o desfavorecidos

El Evangelio de Lucas muestra preocupación especial por los marginados, por las víctimas de opresión y por los otros que parecen estar en desventaja en la sociedad. Su genealogía traza el linaje de Jesús hasta Adán para hacer énfasis en su conexión con toda la humanidad (3:23-38). Jesús desafía las actitudes regionales que limitaban el cuidado o las bendiciones de Dios para cualquier grupo o nación en particular (4:24-27; cf. 2:32; 3:6, 8), insiste en que el evangelio que se proclama en su nombre sea un mensaje de esperanza para toda la gente (24:47; cf. 2:32). Dentro de este paradigma inclusivo, los que podrían ser despreciados, o simplemente olvidados, reciben atención especial. De esa manera, encontramos una abundancia de material único en Lucas que desafía las actitudes prejuiciosas hacia los samaritanos (9:51-56; 10:29-37; 17:11-19) y recaudadores de impuestos (15:1-2; 18:9-14; 19:1-10; véase también 5:27-32; 7:34).

Esta preocupación por los excluidos también puede explicar la prominencia de las mujeres en el Evangelio de Lucas. Hay numerosas historias que involucran a personajes femeninos (1:26-66; 2:36-38; 7:11-17, 36-50; 8:1-3, 42-48; 10:38-42; 11:27-28; 21:1-4; 23:27-31; 23:55-24:11), y parece que Lucas se desvía del camino para incluir referencias paralelas que demuestran cómo las palabras y obras de Jesús se aplican para hombres y mujeres por igual (véase el cuadro 8.4). Una conexión estrecha se consolida más entre «las mujeres y la palabra» en este Evangelio: a María, la madre de Jesús, se le elogia tres veces por su fidelidad

Cuadro 8.4

Paralelos masculinos-femeninos en el Evangelio de Lucas

Masculinos		Femeninos	
1:5-25	El anuncio a Zacarías	1:26-38	El anuncio a María
1:67-79	El canto de Zacarías	1:46-56	El canto de María
2:25-35	La profecía de Simeón	2:36-38	La profecía de Ana
4:27	El hombre de Siria	4:25-26	La mujer de Sidón
4:31-37	Reprensión del demonio en un hombre	4:38	Fiebre en la mujer reprendida
5:19-26	Perdón para el hombre desesperado	7:35-50	Perdón para la mujer desesperada
6:12-16	Listado de hombres seguidores	8:1-3	Listado de mujeres seguidoras
7:1-10	Rescate de la muerte del siervo de un hombre	7:11-17	Rescate de la muerte del hijo de la viuda
11:32	Los hombres de Nínive	11:31	La reina del Sur
13:18-19	El hombre con una semilla de mostaza	13:20-21	La mujer con levadura
14:1-4	Curación de un hombre en el día de reposo	13:10-17	Curación de una mujer en el día de reposo
15:4-7	El hombre que pierde una oveja	15:8-10	La mujer que pierde una moneda
17:34	Los dos hombres dormidos	17:35	Las dos mujeres en el molino

a la palabra (1:45; 8:21; 11:27-28; cf. 1:38); de igual manera, Jesús defiende y elogia a María, la hermana de Marta, por su decisión de escuchar su palabra (10:39, 42).

Sin embargo, la preocupación dominante de Lucas es por «los pobres», una categoría de gente que parece que se refiere principalmente a los que están en desventaja económicamente (aunque a la gente también se le puede considerar pobre de otras maneras, p. ej., con falta de honra, prestigio o poder). En su sermón inaugural, Jesús dice que el propósito de su ministerio es «anunciar buenas nuevas a los pobres» y «proclamar libertad a los cautivos» (4:18; cf. 7:22). Los pobres y los oprimidos son lo mismo, porque en este Evangelio la pobreza se ve como consecuencia de la injusticia: los pobres tienen demasiado poco porque otros tienen más de lo debido. De esta manera, la preocupación de Lucas por los pobres está acompañada de hostilidad hacia los ricos: Dios dará buenas cosas a los que tienen hambre, pero despedirá a los ricos con las manos vacías (1:53); se bendice a los pobres (6:20-21), pero se condena a los ricos (6:24-25). En sus parábolas, Jesús describe a los ricos como tontos que piensan que la esencia de la vida se encuentra en las posesiones materiales (12:16-21), o peor aún, como personas destinadas a sufrir una agonía eterna, en tanto que los pobres reciben consuelo (16:19-31). El reino de Dios trae una reversión de valores y demanda una reversión de compromisos (16:13-15). En esta vida, los que son fieles a Dios se despojarán de las posesiones materiales (12:33; 14:33; 18:22) y serán generosos para ayudar a los pobres (3:11; 14:13; 18:22; 19:8); en la vida venidera, los pobres son los que serán sumamente bendecidos (6:20; 14:21; 16:22).

Las diversas imágenes de Jesús

Por mucho tiempo, los eruditos han observado que el Evangelio de Lucas emplea muchos títulos distintos para Jesús y usa imágenes para entender a Jesús, que saca tanto del mundo judío como del grecorromano. Lucas no es el único autor del Nuevo Testamento que hace esto, pero su diversidad de modelos es impresionante e intrigante. Primero, él quiere identificar a Jesús como el que cumple las expectativas de la religión judía, con base en muchos pasajes distintos de las Escrituras hebreas (Lc. 24:27; cf. 24:44): es el Mesías (Lc. 9:20), el Hijo del Hombre (22:69; cf. Hch.

Figura 8.3. Las mujeres en el Evangelio de Lucas. Lucas informa que muchas mujeres siguieron a Jesús, entre ellas: María Magdalena, Juana (la esposa de Chuza, administrador de Herodes) y Susana (8:1-3). (The Bridgeman Art Library International)

7:56), el profeta como Moisés (Hch. 3:22; 7:37), el siervo del Señor (22:37; cf. Hch. 8:30-35), y (probablemente) el Elías que había regresado (cf. 7:11-17 con 1 R. 17:17-24, y 24:50-51 con 2 R. 2:9-10; véase Mal. 4:5).

Más allá de esto, también parece que Lucas utiliza una cantidad de imágenes paganas del mundo grecorromano. Su descripción de Jesús tiene mucho en común con las descripciones helénicas de filósofos, benefactores públicos y figuras conocidas para los lectores romanos de la mitología griega. Por supuesto, Lucas cree que Jesús es más que solamente un filósofo o benefactor, y claramente indica que Jesús es una persona histórica, no mitológica. Aun así, la gente que estaba familiarizada con la literatura helena del mundo grecorromano probablemente habría reconocido algunos puntos de contacto que les permitiría conectar la historia de Lucas de Jesús con ciertas cosas que ya conocían: podrían reconocer que el Jesús de Lucas es parecido a un filósofo o un benefactor, o uno de los inmortales de sus mitos (p. ej., Hércules o Prometeo). De esa manera, Lucas se inclinaría a dar a sus lectores una variedad de puntos de acceso para obtener un entendimiento parcial (si acaso finalmente inadecuado) de quién es Jesús.

La disponibilidad actual de la salvación

Lucas hace énfasis en la salvación como una realidad que experimentar aquí y ahora (véase el cuadro 8.5). Por supuesto, la salvación tiene un aspecto futuro en ella: cuando Jesús le habla a un hombre que está a punto de morir, usa el lenguaje del «hoy» para prometerle vida después de la muerte («Hoy estarás conmigo en el paraíso» [23:43]). Pero en otros casos, la salvación tiene que ver con la vida *antes* de la muerte. Por ejemplo, cuando Jesús le dice a Zaqueo que la salvación ha llegado a su casa (19:9), su argumento principal probablemente no sea que Zaqueo se irá al cielo cuando muera, sino más bien que Zaqueo ha sido liberado de la esclavitud al dinero y que va a descubrir lo que realmente es la vida.

Muchos eruditos han dicho que Lucas concibe la salvación principalmente como liberación (4:18). La gente tiene que ser liberada de ciertas cosas para experimentar la vida como Dios la tiene planeada. Algunas personas están enfermas y necesitan ser sanadas; otras están poseídas por espíritus inmundos y necesitan que se les exorcice. El Evangelio de Lucas usa la palabra griega para «salvación» para describir lo que Jesús hace por estas personas (p. ej., 6:9; 8:36, 48, 50; 17:19; 18:42).

Esta insistencia en el aspecto presente de la salvación puede explicar lo que, de otra manera, serían peculiaridades del Evangelio de Lucas. Primero, este Evangelio parece que exhibe un reconocimiento de que la parusía (segunda venida) de Jesús quizás no sea inminente (12:38, 45; 19:11; 21:24); el libro de Hechos es evidencia de esto porque, como lo observó el erudito Ernst Käsemann: «Uno no escribe la historia de la iglesia si espera que el fin del mundo venga cualquier día» (*Essays on New Testament Themes* [Ensayos sobre temas del Nuevo Testamento]. [Philadelphia: Fortress, 1982], 28). De esa manera, la urgencia escatológica que caracteriza al Evangelio de Marcos (véase «¿Qué es característico del Evangelio de Marcos?» en el cap. 7) enmudece aquí: Jesús, de hecho, regresará, pero

Cuadro 8.5

El uso de Lucas de «Hoy»

- «Hoy... les ha nacido... un Salvador» (2:11).
- «Hoy... se cumple esta Escritura» (4:21).
- «Hoy... hemos visto maravillas» (5:26).
- «Hoy... es necesario que pose yo en tu casa» (19:5 NTV).
- «Hoy... ha llegado la salvación a esta casa» (19:9).
- «Hoy... estarás conmigo en el paraíso» (23:43).

Salvación en el Evangelio de Lucas

Este cuadro enumera los pasajes del Evangelio de Lucas en los que se usan las palabras sōtēr («salvadon»), sōtērion («salvación»), o sōzein («salvan»).

Versículo	¿Quién ha de ser salvado?	¿En qué consiste la salvación?	¿Quién o qué da salvación?	¿Cómo se recibe la salvación?
1:47	María	Bienaventuranza (1:42, 48)	Dios	Por fe (1:45)
1:69, 71	Israel	Rescate de los enemigos	Dios	——
1:77	El pueblo del Señor	Perdón	Juan (1:76)	——
2:11	Los pastores	Paz (2:24)	Cristo	——
2:30	Toda la gente	Revelación, gloria	Jesús (1:27)	——
3:6	Toda carne	Perdón (3:3)	Juan	Por bautismo
6:9	El hombre con un padecimiento	Sanidad	La palabra de Jesús	——
7:50	El pecador (7:37)	Perdón	La palabra de Jesús	Por fe
8:12	Los que están junto al camino	——	La palabra de Dios	Por fe
8:36	El endemoniado	Exorcismo	La palabra de Jesús	——
8:48	La mujer con un padecimiento	Sanidad	El poder de Jesús	Por fe
8:50	La hija de Jairo	Resurrección	La palabra de Jesús	Por fe
9:24	Cualquiera	——	——	Al negarse a sí mismo
13:23	Unos pocos	Celebrar en el reino de Dios	——	Por esfuerzo
17:19	El leproso	Ser purificado	Jesús	Por fe
18:26	¿Quién?	Entrar al reino de Dios	Dios	——
18:42	El ciego	Recepción de la vista	La palabra de Jesús	Por fe
19:9, 10	Zaqueo	Ser hijo de Abraham	Jesús	Por renuncia

tal vez (¿probablemente?) no durante mucho tiempo. Esto también es un cambio de rumbo de la perspectiva del apóstol Pablo (Ro. 16:20; 1 Co. 7:29; Fil. 4:5) y la de otros escritores del Nuevo Testamento (He. 10:37; Stg. 5:8; Ap. 22:7, 12, 20), que parece que habían asumido, o por lo menos esperado, que Jesús regresaría cuando ellos estaban vivos. Lucas no ha abandonado esa esperanza totalmente, pero, de manera realista, parece que cree que a sus lectores les iría mejor «ciñéndose al largo plazo» y haciendo lo posible para avanzar la obra de Dios aquí en la tierra (24:47). Esta consideración de lo que algunos teólogos llaman «la tardanza de la parusía» es compatible con el énfasis de Lucas en los aspectos presentes de la salvación: los cristianos deben experimentar las consecuencias y manifestaciones del poder salvador de Dios aquí y ahora, en lugar de simplemente esperar que Cristo los rescate de un mundo imperfecto, o de anhelar dicha en una vida venidera.

Otra idiosincrasia del Evangelio de Lucas es que nunca conecta directamente la salvación con la muerte de Jesús en la cruz. En este Evangelio, Jesús

tardanza de la parusía: en los estudios teológicos, término usado para el problema que enfrentan los cristianos de segunda generación, que tuvieron que enfrentar el hecho de que Jesús no había regresado a sus seguidores (originales) como se esperaba.

no se refiere a su muerte como «un rescate» (cf. Mr. 10:45) ni habla de que su sangre se derrama para el perdón de pecados (cf. Mt. 26:28). Nadie llama nunca a Jesús «el Cordero de Dios», comparando su muerte con un sacrificio expiatorio (cf. Jn. 1:29, 35). En efecto, muchos eruditos han observado que, en el Evangelio de Lucas, la muerte de Jesús se presenta casi como un martirio, un acontecimiento noble pero desafortunado, que Dios corrige rápidamente a través de la resurrección. No es precisamente eso, porque Lucas sí deja claro que la muerte de Jesús es necesaria (9:22, 44; 18:31; 24:7), que concuerda con la voluntad de Dios (22:42), y que, de alguna manera, está conectada con el inicio de un nuevo pacto (22:20). Aun así, no indica por qué es necesaria, ni cómo cumple la voluntad de Dios, ni de qué manera inicia un nuevo pacto (o lo que eso signifique).

Frecuentemente, los eruditos asumen que Lucas simplemente no está interesado en «hacer teología» sobre este asunto. Pero, una vez más, este aspecto del Evangelio de Lucas es incompatible con su énfasis en la salvación del tiempo presente: aunque Lucas casi no dice nada de cómo la muerte de Jesús proporciona salvación (en el sentido de vida después de la muerte), sí dice bastante de cómo la vida de Jesús provee salvación (en el sentido de liberación de las aflicciones actuales). En este Evangelio, Jesús *nace* como Salvador (2:11; cf. Mt. 1:21), y salva a la gente a lo largo de su vida en la tierra. Jesús incluso dice que la razón por la que ha venido es buscar a las personas que necesitan salvación y salvarlas (19:10), es decir, liberarlas de cualquier cosa que les impida experimentar la vida como Dios lo ha planeado. Además, continúa haciendo eso a lo largo del libro de Hechos, donde su nombre se convierte en un instrumento para dar poder salvador a quienes lo necesitan (2:21; 3:6, 16; 4:12; 10:43; 22:16).

Otros temas que se desarrollan más en Hechos

Podemos observar brevemente aquí otros tres temas del Evangelio de Lucas que se discutirán más cuando consideremos el libro de Hechos:

1. La *ciudad de Jerusalén* recibe una atención considerable: el Evangelio de Lucas comienza y termina allí (1:5-8; 24:52-53); Lucas registra visitas que Jesús hace en su niñez a Jerusalén (2:22-52), dedica diez capítulos al viaje de Jesús a Jerusalén (9:51-19:40), relata cuando Jesús llora por la ciudad (19:41-44), narra historias de apariciones resucitado dentro y alrededor de Jerusalén (24:1-43), y concluye con instrucciones para que los discípulos se queden en la ciudad después de que Jesús se va (24:44-49). Véase el cuadro 10.5.

2. El Evangelio de Lucas subraya *la obra del Espíritu Santo,* más prominentemente que los otros Evangelios sinópticos: la gente es llena del Espíritu Santo (1:15, 41, 67) y es inspirada por el Espíritu (2:25-27); Jesús es

concebido por el Espíritu (1:35) y ungido por el Espíritu (3:22; 4:1, 14, 18); Jesús dice que Dios da el Espíritu a todo el que lo pida (11:13; cf. Mt. 7:11) y promete que sus discípulos serán revestidos del poder del Espíritu (24:49).

3. Lucas *describe a los discípulos de Jesús* como modelos a seguir para los líderes de la iglesia. Ya hemos observado que Lucas subestima los atributos negativos de los discípulos que son evidentes en Marcos y, en menor grado, en Mateo. Pero, en realidad, él va aún más allá y presenta a los discípulos como personas que están al lado de Jesús en sus pruebas (22:28-30) y que exhiben el potencial de convertirse en sus representantes leales (6:40). Sí tienen algunos problemas, pero en este Evangelio, esos problemas son más lo que se asociaría con la gente poderosa o exitosa, que la flaqueza de las personas que batallan con duda o poca fe (9:49-57; 22:14-27).

Conclusión

Al inicio observamos que el Evangelio de Lucas ha sido un favorito tradicional, tanto entre artistas como historiadores. Pero ¿qué hacen con él los teólogos? Muchos, con toda sinceridad, están un poco confundidos por la falta de un enfoque discernible y sistemático de la teología de Lucas. Algunos eruditos frustrados, que piensan que Lucas está más interesado en relatar historias atractivas o en hacer alarde de imágenes memorables que en esbozar exactamente lo que se supone que debemos creer de una cantidad de temas importantes, lo tildan de «atolondrado».

Pero Lucas tiene sus muchos seguidores. Los cristianos que están enamorados de la liturgia se sienten atraídos a este Evangelio. A los evangelistas les encantan sus historias de personas que toman decisiones transformadoras como respuesta al poder transformador del evangelio. Los activistas sociales valoran su devoción a la justicia y su llamado claro a trabajar por las personas oprimidas y marginadas. Los pietistas valoran su enfoque en la espiritualidad y atención a la oración personal. Sin embargo, en la iglesia moderna, a veces la gente manifiesta solo una o dos de esas pasiones, los pietistas no siempre están enamorados de la liturgia, y los evangelistas no siempre están dedicados a la acción social. Lo que tal vez sea más extraordinario del Evangelio de Lucas es que todas esas inquietudes se mantienen unidas, de una manera que parece completamente natural. Y eso en una narración que con frecuencia es emocionalmente inspiradora y estéticamente bella.

Juan

El Evangelio de Juan parece invitar a las comparaciones con los demás Evangelios y, en efecto, a hacer comparaciones que lo califican como superior a los otros Evangelios. Vea lo que algunas personas han dicho del Evangelio de Juan durante los siglos:

- Clemente de Alejandría (en el siglo II) dijo que en tanto que los otros Evangelios describen «cosas físicas», Juan escribió un «Evangelio espiritual».
- Orígenes (a principios del siglo III) llamó a los Evangelios «los primeros frutos de todas las Escrituras», y a Juan «los primeros frutos de los Evangelios».
- Agustín (en el siglo IV) dijo que los Evangelios sinópticos eran Evangelios «de la carne», pero que Juan era «el Evangelio del Espíritu».
- Juan Calvino (en el siglo XVI) dijo que en tanto que los Evangelios sinópticos revelan el cuerpo de Jesús, el Evangelio de Juan revela el alma de Jesús.
- Y Martín Lutero (en el siglo XVI) escribió que el Evangelio de Juan debe «ser preferido más que los otros tres, porque le mostrará a Cristo y le enseñará todo lo que necesita saber».

Los eruditos modernos objetan algo de esta calificación, porque los cuatro Evangelios tienen que ver con cosas espirituales, y el Evangelio de Juan no está menos interesado que los demás en lo terrenal (véase 1:14). Aun así, las citas que se acaban de mencionar son de personas muy inteligentes, tiene que haber algo extraordinario acerca de este Evangelio para inspirar semejantes impresiones.

Gran parte de este es contenido; otra parte simplemente es estilo. El Evangelio de Juan es una obra de arte magistral, en cualquier sentido, una de las obras de arte de la literatura antigua. Y como literatura específicamente religiosa, ha logrado trascender las categorías. El Evangelio de Juan, el favorito tradicional tanto de místicos como de filósofos, tiene un atractivo obvio tanto para el corazón como para la mente. Los eruditos sostienen que el significado de este Evangelio es tan profundo, y a veces tan elusivo, que uno puede estudiar el libro por décadas y aún descubrir niveles de pensamiento que no se habían observado antes. Aun así, Juan es tradicionalmente el primer libro de la Biblia que se pone en las manos de los convertidos o de personas interesadas; hay suficiente aquí que es simple y directo, y las numerosas historias de personas que se relacionan con Jesús, y a veces (aunque no siempre) llegan a la fe en él, proporcionan una variedad de personajes suficientemente diversa para que los lectores que están en distintas etapas de crecimiento espiritual encuentren a alguien con quien se puedan identificar.

En la iglesia primitiva, se elegían figuras simbólicas para cada uno de los Evangelios: un hombre para Mateo, un león para Marcos, un buey para Lucas y para Juan un águila. Cualesquiera que fueran las razones que determinaron las primeras tres opciones, nadie ha tenido que preguntarse nunca por el símbolo de Juan, ¡este es un Evangelio que se eleva!

Generalidades

El Evangelio de Juan inicia con un prólogo poético que describe a Jesús como la Palabra (Logos) de Dios hecha carne (1:1-18). Continúa con varias historias que presentan a diferentes personas que participan en la pregunta de quién es Jesús y qué significa eso (1:19-34); después leemos un relato de cómo los primeros discípulos de Jesús proclamaron que él era el Mesías, el Hijo de Dios y el Rey de Israel (1:35-51). Jesús transforma agua en vino en una boda de Caná (2:1-12) y expulsa a los mercaderes del templo de Jerusalén (2:13-25). Habla con un fariseo, Nicodemo, acerca de la necesidad de «nacer de nuevo» (o «de arriba»), acerca del amor de Dios por el mundo y acerca de su propia función extraordinaria como Hijo de Dios (3:1-21). Juan el Bautista da más testimonio de Jesús como el Mesías, el novio y el Hijo de Dios (3:22-36). Luego, Jesús habla con una samaritana en un pozo, le revela detalles de la vida de ella y le habla del «agua viva» y la verdadera adoración; muchos samaritanos llegan a creer que él es «el Salvador del mundo» (4:1-42). Un funcionario real le pide a Jesús que vaya a Capernaúm a sanar a su hijo, pero Jesús hace la curación a la distancia, simplemente con sus palabras (4:43-54).

La siguiente sección importante de este Evangelio parece organizarse alrededor de los festivales judíos. Durante un día de reposo Jesús sana a un paralítico en el estanque de Betsaida, lo cual lleva a una confrontación hostil con los judíos (5:1-47). En la época de la Pascua, Jesús alimenta a cinco mil personas, camina sobre el agua y da un discurso largo acerca del «pan de vida» (6:1-71). Cuando

Figura 9.1. El milagro de Caná. El primer milagro que Jesús hace en el Evangelio de Juan ocurre en la fiesta de una boda. Las festividades estaban a punto de echarse a perder cuando los anfitriones se quedaron sin vino, pero después de que su madre llamara su atención hacia el problema, Jesús transforma tres jarras llenas de agua en jarras llenas de vino. (Bridgeman Images)

se acerca la fiesta de los Tabernáculos, va a Jerusalén y se involucra en una larga disputa con los judíos acerca de sus afirmaciones y origen: él dice que trae la verdad que libera a la gente, pero ellos quieren matarlo porque son hijos del diablo (7:1-52; 8:12-59). Detiene la lapidación de una mujer adúltera (8:1-11), sana a un ciego de nacimiento (9:1-41) y da un discurso sobre su papel como el buen pastor que da vida abundante (10:1-18). Finalmente, en la fiesta de la Dedicación, Jesús sigue discutiendo con los judíos, quienes están divididos en sus opiniones acerca de su identidad y autoridad (10:19-42).

Jesús visita el hogar de María y Marta y resucita al hermano de ellas, Lázaro; el milagro llama tanto la atención que los sacerdotes determinan que tanto Jesús como Lázaro tienen que morir (11:1-57; 12:9-10). Judas critica a María por ungir a Jesús con un perfume costoso (12:1-8). Jesús entra a Jerusalén montado en un burro y habla con detalles de su misión y muerte inminente, lo cual provoca una respuesta audible de Dios en el cielo (12:12-50).

Jesús y sus discípulos se reúnen para tener juntos una última cena, les lava los pies (13:1-17) y predice su traición (13:18-30). Luego da un largo «discurso de despedida» (13:31-16:33): entre otras cosas, habla de su muerte como glorificación; les da a sus seguidores el mandamiento de que se «amen unos a otros»;

Dos libros en uno

El Evangelio de Juan se divide claramente en dos partes:

- El libro de señales (1:19-12:50)
- El libro de gloria (13:1-20:31)

La primera parte se llama «El libro de señales» porque relata historias de cosas extraordinarias que Jesús hizo, que repetidas veces se llaman «señales». La palabra «señal» (*sēmeion*) se usa dieciséis veces en esta parte del Evangelio de Juan, y luego no se vuelve a usar hasta el final (20:30), en un pasaje que los eruditos piensan que pudo haber llegado originalmente al final del capítulo 12, como una conclusión al libro de señales de Juan.

La segunda parte del Evangelio de Juan se llama el «libro de gloria» porque trata de la última semana de la vida de Jesús, cuando, en palabras de este Evangelio, ha llegado el tiempo para que Jesús sea «glorificado» (17:1; cf. 13:1; véase también 7:39; 12:16, 23-24).

El Evangelio de Juan también inicia con un prólogo (1:1-18) y termina con un epílogo (21:1-25).

dice que va a prepararles lugares para vivir; afirma que él y el Padre son uno y que nadie llega al Padre si no es por él; promete que el Espíritu Santo llegará como un abogado y maestro; habla de que sus discípulos seguirán permaneciendo en él como las ramas de una vid; y describe su muerte como un regreso al Padre que lo envió a este mundo. Luego, Jesús hace una oración extensa al Padre por sus seguidores, y suplica que ellos sean uno, así como él y el Padre son uno (17:1-26).

Después, el Evangelio de Juan relata la pasión y resurrección de Jesús (18:1-20:29): Judas lo traiciona, Pedro lo niega y a él lo interrogan tanto Anás como Pilato; es crucificado y colocado en una tumba; resucita de los muertos y se les aparece a María Magdalena y a los demás discípulos, incluso a Tomás, que se ha rehusado a creer sin verlo. Parece que el libro termina (20:30-31), pero un epílogo relata otro incidente, en el que, después de una pesca milagrosa, Jesús tiene palabras privadas para Pedro y para el discípulo a quien él ama (21:1-25).

Trasfondo histórico

Las circunstancias históricas que acompañan la composición del Evangelio de Juan son más complicadas que las que se relacionan con los demás Evangelios, ya que la mayoría de los eruditos cree que el libro que poseemos es una segunda, tercera, cuarta o quinta edición de una obra que pasó por etapas de desarrollo. La tradición antigua de la iglesia (que data de finales del siglo II) es que el Evangelio de Juan fue producido por uno de los doce discípulos (el que se llama «Juan»), pero los que aceptan esta tradición generalmente piensan que la atribución se aplica solamente a la primera edición de este Evangelio. Hay mucha discusión en cuanto a qué partes de la versión que actualmente está en uso en realidad podría haber sido escrita por este discípulo, y hay mucho debate en cuanto a qué tanto editaron su obra los contribuyentes posteriores.

La primera pregunta es si Juan tuvo algo que ver con este Evangelio en todo caso. El libro en sí es anónimo, pero sus versículos finales observan que alguien conocido como «el discípulo amado» (o el «discípulo a quien Jesús amaba») dio testimonio de «estas cosas» y las escribió (21:24; cf. 21:20). La tradición de la iglesia ha tendido a asociar a este «discípulo amado» con Juan, en parte porque a este no se le menciona de otra manera en el libro (excepto por medio de una referencia a «los hijos de Zebedeo» en el epílogo [21:2]), y parece extraño que un muy prominente seguidor de Jesús quede fuera de la historia.

Pero ¿es Juan el «discípulo amado»? En el Evangelio de Juan, el discípulo amado no se menciona hasta en 13:23, en la comida que Jesús comparte con sus discípulos la noche antes de ser crucificado. Después de eso, se menciona

discípulo amado: seguidor de Jesús no identificado, cuyo testimonio escrito se dice que fue incorporado al Evangelio de Juan (21:20, 24).

Cuadro 9.2

El apóstol Juan en el Nuevo Testamento

La tradición cristiana identifica al «discípulo amado», cuyo testimonio se incorpora en el cuarto Evangelio del Nuevo Testamento, como Juan, el hijo de Zebedeo, uno de los doce discípulos originales de Jesús. ¿Qué sabemos de esta persona por los otros escritos del Nuevo Testamento?

- Juan y su hermano Jacobo estaban entre los primeros discípulos que Jesús llamó. Ellos eran pescadores que dejaron sus redes y a su padre, Zebedeo, cuando Jesús los llamó para que lo siguieran (Mr. 1:19-20).
- Junto con su hermano Jacobo y el discípulo Pedro, Juan parece haber pertenecido a un círculo más íntimo de los seguidores de Jesús. Al trío de Pedro, Jacobo y Juan se les invita a acompañar a Jesús cuando resucita a la hija de Jairo (Mr. 5:37), cuando es transfigurado en la cima de una montaña (Mr. 9:2) y cuando ora en Getsemaní (Mr. 14:33). También hay un episodio en el que se dice que ellos tres cuestionan a Jesús en privado (Mr. 13:3).
- Jacobo y Juan tenían el sobrenombre de «Boanerges» que significa «hijos del trueno» (Mr. 3:17), y su actitud terca a veces los puso en problemas con Jesús o los demás discípulos. En una ocasión, ellos le piden a Jesús que les garantice los dos mejores asientos en la gloria (Mr. 10:35-41), y en otra, ofrecen invocar fuego del cielo para destruir una aldea samaritana en la que se le ha negado la hospitalidad a Jesús (Lc. 9:51-55).
- El hermano de Juan (Jacobo) fue el primero de los doce apóstoles en morir como mártir (Hch. 12:2), y Juan pasó a ser un misionero prominente de la iglesia primitiva. Se menciona específicamente que testifica audazmente ante los líderes judíos de Jerusalén (véase Hch. 3:1-11; 4:1, 13, 19-20) y como un obrero misionero clave entre los samaritanos (Hch. 8:14-25). Llegó a ser conocido como «el pilar de la iglesia», una de las tres personas a quienes el apóstol Pablo consideraba líderes clave del movimiento cristiano (Gá. 2:9).

El discípulo amado en el Evangelio de Juan

- Se recuesta en el pecho de Jesús en la última cena (13:23)
- Intermediario entre Pedro y Jesús (13:24-25)
- Obtiene entrada para Pedro en el patio de Pilato (18:15-16)
- Se le confía el cuidado de la madre de Jesús (19:26-27)
- Presencia la sangre y el agua que fluyeron del costado de Jesús (19:34-35)
- Aventaja a Pedro hacia la tumba la mañana de la Pascua (20:4)
- Es el primero en creer en la resurrección (20:8)
- Le señala a Pedro al Jesús resucitado (21:7)
- Su destino no debería ser un asunto de preocupación para Pedro (21:21-23)
- Escribió estas cosas; su testimonio es verdadero (21:24; cf. 19:35)

varias veces, frecuentemente en contextos en los que su función se compara con la de Pedro (véase el cuadro 9.3). Si este discípulo amado es alguien que estuvo con Jesús durante todo su ministerio público ¿por qué la narrativa no lo menciona antes (p. ej., en historias que se ubican en Galilea, donde Juan el hijo de Zebedeo vivía)? Más específicamente, ¿por qué ese Evangelio no describe acontecimientos en los que el discípulo Juan habría estado presente (según los otros Evangelios)? Por consiguiente, muchos eruditos cuestionan si el «discípulo amado» tiene que equipararse con Juan o, en efecto, con cualquiera de los doce discípulos. Tal vez él era alguien que vivía cerca de Jerusalén y que se unió al grupo de los seguidores de Jesús cuando este llegó allí a pasar sus últimos días. Martín Lutero, de hecho, propuso que el discípulo amado podría ser Lázaro, quien se dice que está con el grupo como una semana antes de la crucifixión de Jesús (12:1-2) y que se describe dos veces como alguien a quien Jesús amaba (11:5, 36). Otras teorías abundan, y la identidad de este discípulo amado ha llegado a ser uno de los grandes misterios sin resolver de los estudios del Nuevo Testamento. Aun así, la opinión tradicional y más popular, a pesar de sus dificultades, es que esta persona probablemente debe identificarse como el discípulo Juan, el pescador que dejó sus redes para seguir a Jesús (Mr. 1:19-20) y quien posteriormente llegó a ser un pilar de la iglesia (Gá. 2:9).

La mayoría de los eruditos, entonces, reconocen que uno de los discípulos de Jesús (posiblemente Juan) escribió el testimonio de Jesús que este Evangelio contiene. Pero ¿qué, exactamente, escribió él? Unos cuantos intérpretes creen que escribió el libro casi como lo tenemos, aunque alguien más parece haberlo pulido posteriormente y agregó algunos detalles menores, incluso el epílogo (cap. 21), que asegura a los lectores que la muerte del discípulo amado no debe ser razón de preocupación (21:23). Al otro extremo del espectro, algunos intérpretes creen que el discípulo original (Juan o alguien más) hizo un poco más que poner todo en marcha. Probablemente era un hombre inculto (cf. Hch.

4:13), y aunque pudo haber escrito unas cuantas cosas de Jesús, el Evangelio de Juan que ahora poseemos ha sido revisado tanto que ya no es posible discernir qué piezas del material surgen de su testimonio original de testigo presencial (la única excepción es un comentario explícito en 19:34-35 en cuanto a un detalle particular de la muerte de Jesús). Sin embargo, la mayoría de los eruditos adoptan una postura intermedia entre estos dos extremos: asumen que el discípulo amado hizo una contribución importante a este Evangelio, pero también reconocen que lo que él escribió ha sido editado considerablemente. Como evidencia de semejante edición, los eruditos frecuentemente observan lugares donde todavía se ven las «uniones».

- En el capítulo 8, Jesús supuestamente habla con «los judíos que habían creído en él» (8:31), pero luego, de repente comienza a dirigirse a ellos como gente que busca matarlo (8:37).
- En 11:2 la narración nos recuerda que María fue la persona que ungió a Jesús, pero la historia de María cuando hace esto no se cuenta hasta después (12:1-8).
- En 14:31 Jesús concluye su discurso de despedida y dice: «¡Levántense, vámonos de aquí!», pero el discurso después continúa sin cesar en dos capítulos más.

discurso de despedida: en el Evangelio de Juan, el discurso final que dio Jesús la noche de su arresto (capítulos 13-16).

Estas anomalías (y otras) se toman como evidencia de que el material de una obra que por lo demás está bien construida ha sido modificado, con material nuevo que se ha insertado en distintos puntos.

Una teoría popular sugiere que el editor principal responsable de esta obra fue una persona conocida como «Juan el Anciano», que pudo haber escrito las cartas que se encuentran hacia el final de nuestro Nuevo Testamento (1 Juan, 2 Juan, 3 Juan). El historiador de la iglesia del siglo IV, Eusebio, identifica a Juan el Anciano como una persona distinta a Juan el apóstol; los dos se confundían fácilmente porque tenían el mismo nombre y eran miembros de la misma comunidad. En realidad, Eusebio dice que Juan el Anciano fue estudiante o discípulo de Juan el apóstol (que había sido discípulo de Jesús). De esa manera, de acuerdo a una teoría, el cuarto Evangelio en realidad podría ser el producto de dos personas llamadas «Juan»: Juan el apóstol (= el discípulo amado) escribió el «primer borrador», y su estudiante, Juan el Anciano, produjo posteriormente una edición ampliada y revisada. Pero nada de esto es cierto, en efecto, algunos eruditos creen que Eusebio estaba equivocado al tomar al apóstol y al anciano como dos personas distintas.

Esto nos lleva a la pregunta de las fuentes, otro asunto en el que la falta de certeza puede ser frustrante. Primero, hay un desacuerdo básico entre los eruditos en cuanto a si la persona con la responsabilidad principal o final de producir este Evangelio tenía copias de los otros Evangelios. Si así fuera, eso podría explicar por qué no se molesta en contar muchas de las historias que se encuentran en esos libros (quería que su Evangelio complementara los de ellos), pero entonces, se nos deja preguntándonos por qué a veces sí cuenta historias que se traslapan (p. ej., la alimentación de los cinco mil; la caminata en el agua; la unción en Betania). El problema no se ha resuelto.

Otra teoría popular sugiere que la persona responsable de producir este Evangelio tenía una copia de un libro desaparecido que los eruditos llaman el «Evangelio de señales». Este libro (si existió) pudo haber contenido varias historias de milagros que se presentaban como «señales» enumeradas que Jesús llevó a cabo (cf. 2:11; 4:54), y habría concluido con las palabras que ahora se encuentran en 20:30-31, que indican que Jesús también hizo muchas otras señales que no están registradas en el libro.

En resumen, quedan muchos interrogantes, la mayoría de los eruditos afirman que el Evangelio de Juan fue producido en una comunidad fundada por uno de los primeros seguidores de Jesús, y que fue escrito, conservado y editado por los líderes que tenían vínculos estrechos con la tradición apostólica. Donde sea que la comunidad hubiera estado ubicada (la tradición sugiere que en Éfeso), las pistas dentro del Evangelio indican que la congregación estaba ocupada con la tarea de definirse con respecto a otros cristianos, los judíos y el mundo en general. Hay señales de que la iglesia se ha sentido obligada a adoptar una postura defensiva y competitiva. Aun así, están comprometidos con ser una comunidad de amor en un ambiente en el que se sienten odiados y perseguidos por otros (15:18-25; 16:33; 17:14).

Debido a la complejidad de su composición, es difícil fechar este Evangelio. Retiene los elementos de los primeros testigos presenciales que la tradición no registró en ninguna otra parte (p. ej., el nombre de Malco en 18:10), pero también evidencia un entendimiento desarrollado de la fe, que sugiere un largo proceso de reflexión. De una manera abreviada, generalmente se dice que el Evangelio de Juan fue producido en la década de los años 90, ya que es probable que entonces se haya llevado a cabo la redacción final, pero los eruditos que dicen eso generalmente reconocen que mucho del material de Juan es de una época anterior.

En cuanto al propósito del Evangelio de Juan, los eruditos han propuesto muchos: defender la fe intelectualmente en contra de la crítica presentada por los judíos; convertir judíos o samaritanos; catequizar a los nuevos conversos; establecer la superioridad de Jesús por encima de los líderes religiosos (como Moisés y Juan el Bautista); promover las credenciales del fundador de la comunidad; colocar a la comunidad más en línea con otros grupos cristianos; suplir las necesidades litúrgicas de los que adoran a Jesús como el Hijo de Dios; abogar por puntos doctrinales particulares; mantener una contracultura que se albergaba en oposición al mundo romano corrupto e injusto. El autor o autores del libro, sin duda, se habrían alegrado al descubrir que la obra tuviera alguno o todos estos efectos, pero ciertos pasajes del texto en sí señalan un propósito más general y trascendental.

- «Lo menciono para que ustedes sean salvos» (5:34).
- «Conocerán la verdad, y la verdad los hará libres» (8:32).
- «Todo esto les he dicho para que no flaquee su fe» (16:1).

Y el libro concluye con una indicación explícita de propósito:

- «Estas cosas se han escrito para que ustedes crean que Jesús es el Cristo, el Hijo de Dios, y para que al creer en su nombre tengan vida» (20:31).

Podríamos decir que el propósito de este Evangelio es hacer lo que dice que Jesús vino a hacer. Jesús vino para que la gente pudiera ser salva, ser liberada y evitar que tropiece, y este Evangelio busca inspirar y afirmar la fe con esos mismos objetivos. Jesús vino para que la gente tenga vida (10:10), y este Evangelio se ha escrito para que la gente tenga vida en su nombre.

¿Qué es característico del Evangelio de Juan?

Cuando se nos pide considerar qué es característico del Evangelio de Juan, podríamos vernos tentados a responder: «¡Todo!» Esta es solamente una leve exageración, ya que más del noventa por ciento del material de este libro no tiene paralelo en ninguno de los otros tres Evangelios. Aun así, es la misma historia básica que se cuenta, y el testimonio del Evangelio de Juan es congruente con el de los Evangelios sinópticos en todos los puntos esenciales: Jesús es el Mesías y el Hijo de Dios; su vida y enseñanzas revelan el carácter y la voluntad de Dios para la humanidad; su muerte y resurrección proporcionan perdón de pecados; la salvación se encuentra a través de la fe en él; y la vida piadosa se obtiene a través de la obediencia a sus mandamientos.

Cuadro 9.4

Posibles fuentes del Evangelio de Juan

- El «Evangelio de señales» que registró siete u ocho historias de milagros (2:1-12; 4:46-54; 5:1-9; 6:1-13; 9:1-7; 11:1-44; 21:1-6; tal vez 6:15-25) y pudo haber incluido el relato de la pasión y resurrección.
- La colección de recuerdos de alguien llamado el «discípulo amado», que trata mayormente de la última semana de la vida de Jesús.
- Un conjunto de material que respalda los grandes discursos de Jesús, posiblemente sermones del discípulo amado o de otro miembro prominente de la comunidad.

Sin embargo, para estar conscientes de lo que es característico de este Evangelio, los estudiantes deben familiarizarse primero con la información que contienen los cuadros 9.5 y 9.6:

- El Evangelio de Juan contiene muchas historias que no se cuentan en ninguna otra parte del Nuevo Testamento, y algunas de estas historias son excepcionalmente largas. También debemos observar que las historias de Juan que se encuentran en los otros Evangelios, a veces, Juan las relata de una manera bastante distinta (véase el cuadro 5.8).
- El Evangelio de Juan también es impactante por lo que no incluye. A los lectores que están familiarizados con la historia de Jesús en los otros Evangelios les puede ser difícil imaginar a un Jesús que nunca cuenta parábolas, que no expulsa demonios ni come con marginados, mucho menos con un Jesús que no tiene casi nada que decir acerca del fin de los tiempos, del reino de Dios o del llamado a que el pueblo de Dios se niegue a sí mismo, ame a su prójimo, renuncie a sus posesiones o ayude a los pobres. Algo de esto puede ser exagerado: aunque la palabra «arrepentimiento» no se usa nunca, Jesús sí le dice a una mujer: «no vuelvas a pecar» (8:11); aunque Jesús no cuenta parábolas reales, sí usa el lenguaje figurado que es «semejante a las parábolas» (4:35-37; 8:35; 10:1-5; 12:24; 16:21; cf. 10:6; 16:25). Aun así, un conocimiento inicial de lo que no se encuentra en Juan puede alertarnos en cuanto a lo distinto que es este Evangelio, y también puede servir como trampolín para llegar a un reconocimiento positivo de lo que Juan sí tiene que ofrecer.

El Evangelio de Juan también es único en otras maneras. Presenta el ministerio de Jesús que se extiende en un período de tres años y se concentra en acontecimientos dentro y fuera de Jerusalén; los otros Evangelios sugieren un

Cuadro 9.5

Algunas historias de Jesús, únicas del Evangelio de Juan

- El llamado de Andrés, Felipe y Natanael (1:35-51)
- La transformación de agua en vino en Caná (2:1-12)
- La conversación con Nicodemo (3:1-21)
- El encuentro con la samaritana en un pozo (4:1-42)
- La curación de un hombre paralítico en el estanque de Betsaida (5:1-18)
- El rescate de una mujer adúltera de la lapidación (7:53-8:11)
- La curación de un ciego (9:1-41)
- La resurrección de Lázaro (11:1-44)
- El lavamiento de los pies de los discípulos (13:1-20)
- La oración para que los creyentes estuvieran unidos (17:1-26)
- La resurrección y aparición a Tomás (20:24-29)

Material que no se encuentra en el Evangelio de Juan

El Evangelio de Juan es notable por su falta de material que es muy familiar en los otros Evangelios:

- No hay historias del nacimiento de Jesús.
- No se menciona el bautismo de Jesús.
- Nada acerca de que Satanás tentara o probara a Jesús.
- No se menciona que Jesús comiera con recaudadores de impuestos y pecadores.
- No hay transfiguración de Jesús.
- No hay parábolas.
- No hay exorcismos.
- No hay condenaciones para los ricos ni palabras acerca de ayudar a los pobres.
- Nada acerca de amar al prójimo (o al enemigo).
- No hay llamado al arrepentimiento (ni de Juan el Bautista ni de Jesús).
- No hay llamado para que los discípulos se nieguen a sí mismos ni para que renuncien a sus posesiones.
- No hay predicciones de la caída de Jerusalén (pero cf. 2:19-22).
- No se menciona que Jesús instituyó la Santa Cena (cf. 6:53-56).
- Casi no se menciona el reino de Dios (solamente en 3:3-5; pero cf. 18:36).
- Casi no hay referencia a una segunda venida (solamente una vez: 21:22-23; generalmente, 14:3, 18, 28 se interpretan como que Jesús viene por las personas a la hora de su muerte).

período más compacto y tienen un foco mucho más fuerte en los acontecimientos de Galilea. En tanto que Jesús sobresale por dichos cortos y concisos en los otros Evangelios, el Jesús juanino da discursos largos y filosóficos (5:19-47; 6:25-70; 7:14-52; 8:12-59; 10:1-18, 22-39; 12:23-46; 14:1-16:33). Además, cuando los Evangelios sinópticos resumen el contenido de la proclamación de Jesús como «las buenas nuevas del reino» (p. ej., Mt. 4:23; Marcos 1:14-15), en Juan, Jesús habla mayormente de sí mismo: habla de su identidad como el que viene a revelar al Padre y de lo que significa que la gente crea en él, lo ame, lo obedezca y permanezca en él.

Por último, Juan es notable por su abundante uso de simbolismo. Por ejemplo, en siete pasajes famosamente llamados «los dichos de yo soy», Jesús se describe a sí mismo con metáforas:

«Yo soy el pan de vida» (6:35, 51).
«Yo soy la luz del mundo» (8:12; 9:5).

«Yo soy la puerta» (10:7, 9).

«Yo soy el buen pastor» (10:11, 14).

«Yo soy la resurrección y la vida» (11:25).

«Yo soy el camino, la verdad y la vida» (14:6).

«Yo soy la vid verdadera» (15:1, 5).

En esos pasajes, las palabras «yo soy» en sí pueden ser simbólicas, que traen a la memoria la designación de sí mismo de Dios de Éxodo 3:14; Deuteronomio 32:39; Isaías 48:12.

El simbolismo del Evangelio de Juan está acompañado de un intrigante tema literario: la mala interpretación. Los personajes de la historia frecuentemente malinterpretan lo que Jesús dice, de tal manera que el narrador o el mismo Jesús tiene que aclarar el asunto (a menos que el significado correcto se asuma que es obvio). La gente cree que Jesús habla del templo en Jerusalén cuando, de hecho, habla de su cuerpo como templo (2:19-22). Jesús dice que su amigo Lázaro «está dormido» (es decir, muerto), y los discípulos de Jesús creen que Lázaro está descansando un poco (11:12). Esta estrategia le infunde a la narrativa una ironía dramática que es alternativamente cómica y optimista, peculiar y resoluta. A otro nivel, el recurso sirve para preparar a los lectores para que vean más de cerca, para que estén conscientes de que también puede haber múltiples niveles de significado en otra parte.

De esa manera, se anima a los lectores a buscar simbolismo, incluso donde no es explícito, y mucho de la interpretación juanina se ha dedicado a determinar qué es o no es simbólico y cómo se debe entender lo que es simbólico. ¿Por qué atrapan 153 peces los discípulos (21:11)? ¿Significa algo ese número? ¿Qué significan la «sangre y el agua» que salen del costado de Jesús (19:35)? ¿Son el bautismo y la eucaristía (una interpretación católica romana popular), o son el regalo del Espíritu y el perdón de pecados (una popular interpretación bautista), o simplemente es un detalle horripilante que no tiene significado simbólico en absoluto?

Temas importantes del Evangelio de Juan

Jesús, la verdadera revelación de Dios

En el Evangelio de Juan, Jesús es el que da a conocer a Dios. Él revela a Dios a la humanidad para que la gente pueda conocerle y sea liberada y transformada por esa revelación. El prólogo del Evangelio de Juan nos presenta a Jesús como el Hijo que da a conocer al Padre (1:18) y como el *Logos* o Palabra de Dios hecha hombre (1:14). Él ha estado con Dios desde el principio (1:1). Juan quiere que creamos que la Palabra de Dios, a través de la cual los cielos

eucaristía: una palabra griega que significa «acción de gracias»; la comida ritual que practican los cristianos de una manera que conmemora la última cena con sus discípulos; también llamada «Santa Cena» y «Sagrada Comunión».

Logos: en la filosofía griega, la palabra que se refiere a la verdad o razón suprema; en el Evangelio de Juan, el término se usa para el ente divino eterno que adquiere cuerpo para llegar a ser el Jesucristo humano.

y la tierra fueron creados, ha adoptado ahora forma humana y ha venido a vivir a la tierra por algún tiempo. Esta expresión suprema de «quién es Dios y lo que Dios dice» revela mucho más que los profetas, o las Escrituras, o lo que cualquier otro medio de revelación alguna vez pueda transmitir. Los teólogos se refieren a esta doctrina de Dios que se hace humano como la «encarnación»; implica una noción de preexistencia, es decir, una comprensión de que el que llegó a ser conocido como Jesucristo existía (como Dios) antes de la vida terrenal y ministerio de Jesús. El Evangelio de Juan es el texto bíblico principal para las doctrinas de la encarnación y la preexistencia; esas ideas no se encuentran en Mateo, Marcos o Lucas, aunque pueden ser evidentes en unos cuantos pasajes en otra parte del Nuevo Testamento (Fil. 2:5-8; Col. 1:15-20; He. 1:1-4; 2:9).

El Evangelio de Juan habla frecuentemente de que Dios envía a Jesús al mundo, y emplea el mismo lenguaje que se habría usado para describir a un funcionario o gobernante que envía a un emisario (p. ej., 3:16, 34; 7:28-29; en total, Jesús se refiere a Dios veintitrés veces como «el que me envió»). De esa manera, Jesús es un mensajero, pero como la Palabra de Dios hecha hombre, él también es el mensaje. Él viene a revelar a Dios, pero hace eso principalmente a través de la autorrevelación, al revelarse a sí mismo (véase 1:18).

Podemos resumir la función de Jesús de esta manera:

- Jesús le *dice* a la gente cómo es Dios. Dice que Dios ama al mundo (3:16), que Dios es verdadero (3:33), que Dios es espíritu (4:24), que Dios está activo (5:17), que Dios da el Espíritu Santo (4:16), que Dios responde la oración (16:23) y mucho más.

- Jesús le *muestra* a la gente cómo es Dios. Lo hace a través de sus obras y hechos poderosos. Eso puede ser una razón por la que sus milagros se llaman «señales» (2:11; 4:54; 6:2, 14; 12:18). En cierto sentido, los milagros simplemente son señales de legitimación, que demuestran que Jesús tiene poder y autoridad divinos (véase 3:2; 7:31; 9:16). Sin embargo, su efectividad en este sentido es mixta: algunas personas creen por las señales (2:11, 23; 4:53-54; cf. 20:30-31); otras no (11:47; 12:37; cf. 4:48). En un sentido más profundo, los milagros son señales porque, al igual que las metáforas que Jesús usaba, indican algo simbólico en cuanto a quién es Dios y lo que él hace: Dios transforma lo ordinario en extraordinario (2:1-11) y le ofrece a la gente salud (4:46-54), sustento (6:2-14) y vida (11:38-44; 12:17-18).

- Jesús *es* como Dios es. Jesús revela a Dios por medio de su mismo ser. No solo revela la verdad; él también *es* la verdad (14:6). Él puede decir: «El que me ha visto a mí ha visto al Padre» (14:9; cf. 12:45). Según el Evangelio de Juan, Jesús es el camino, la verdad y la vida (14:6); a través de él, la gente obtiene acceso a Dios, reconoce la naturaleza y las intenciones auténticas de Dios, y experimenta la vida como Dios quiere.

Jesús como Dios

El Evangelio de Juan es el único de los cuatro en identificar a Jesús como Dios (pero véase el cuadro 4.5). Jesús no solo estaba *con* Dios en el principio; él también *era* Dios (1:1). Después de que resucita de los muertos, hasta su discípulo más obstinado lo llama «¡Señor mío y Dios mío!» (20:28). No obstante, el Evangelio de Juan es firme en su insistencia de que Jesús es completamente humano: siente tristeza (11:33-35), fatiga (4:6) y angustia (12:27; 13:21); desconfía (2:24-25) y se pone irritable (2:4; 6:26; 7:6-8; 8:25); experimenta sed (19:28) y, más importante aún, muerte (19:30, 33). Jesús también afirma ser subordinado del Padre y depender completamente de Dios para todo (5:19, 30). Sin embargo, Jesús es Dios, porque el Evangelio de Juan es capaz de hablar de Dios en un sentido doble: está Dios el Padre, pero también está «Dios el Hijo» (1:18). Semejante lenguaje pudo haber sido inquietante para los judíos (¿y cristianos?) comprometidos con el monoteísmo, pero Juan evita comprometer ese principio al insistir en una unidad esencial de Padre e Hijo. Jesús dice: «estoy en el Padre y el Padre está en mí» (14:10-11, NTV) y «El Padre y yo somos uno» (10:30).

Los eruditos generalmente ven el Evangelio de Juan como que representa un punto transicional entre dos desarrollos ideológicos:

- Antes del Evangelio de Juan, ciertos escritos judíos personificaban la sabiduría como un mediador divino de la persona y el propósito de Dios (véase Pr. 8:27, 29-30, 35-36; Sab. 7:25-26; 9:10).
- Después del Evangelio de Juan, los teólogos cristianos desarrollaron una doctrina de la Trinidad, según la cual, Dios podía entenderse como tres en uno: Padre, Hijo y Espíritu Santo (tres personas, pero solamente un Dios).

El Evangelio de Juan surge del entorno del cristianismo judío y proporciona un vínculo entre estos conceptos judíos y cristianos. La presentación de Juan de Jesús como el «Hijo de Dios» puede estar inspirada en la tradición de la sabiduría judía, pero también señala hacia la opinión trinitaria que articularían teólogos cristianos posteriores.

La muerte de Jesús es su glorificación

El Evangelio de Juan se refiere a la muerte de Jesús como la hora en la que él es glorificado (véase 17:1; cf. 13:1; véase también 7:39; 12:16, 23-24). En parte, esto podría ser porque es un preludio a su resurrección y a su regreso

monoteísmo: la creencia de que solamente hay un Dios; comparado al «politeísmo».

al Padre, que lo envió. Pero hay más: tres veces en este Evangelio Jesús se refiere a su crucifixión como la ocasión en la que él será «levantado» de la tierra (p. ej., Mr. 8:31-32; 9:31; 10:33-34), aunque sin usar el lenguaje de «levantado». Ese lenguaje parece que emplea un juego de palabras: la palabra griega en cuestión (*hypsoun*) puede significar «levantado» (como cuando los soldados tomaron la cruz en la que Jesús fue colgado y la levantaron del suelo) o «exaltado» (en el sentido de alguien que es elogiado o glorificado). En Juan, la crucifixión en sí llega a ser un acto de glorificación porque revela la profundidad del amor de Dios para la humanidad (3:14-17) y la profundidad del amor de Jesús por sus seguidores (10:11, 15; 13:1; 15:13). Este concepto de la crucifixión también afecta la forma en que Juan cuenta la historia. Por un lado, Jesús permanece en control total de todo: nadie le quita la vida; más bien, él la entrega de su propia voluntad (10:17-18). Además, cuando Jesús muere, no grita del dolor (véase Mr. 15:37) ni clama «Dios mío, Dios mío, ¿por qué me has desamparado?» (véase Mt. 27:46; Mr. 15:34) sino que, en lugar de eso, declara con calma: «Todo se ha cumplido» (19:30), que quiere decir: «Lo que vine a hacer se ha logrado».

Figura 9.2. Levantado de la tierra. En el Evangelio de Juan, Jesús habla de su crucifixión como exaltación, a través de la cual él será glorificado, y por la cual él llega a ser la demostración suprema del amor misericordioso de Dios por la humanidad (véase 3:14; 8:28; 12:32-34). Esta perspectiva parece que inspiró la famosa pintura de Salvador Dalí *Cristo de San Juan de la Cruz*. (© Glasgow City Council [Museums] / The Bridgeman Art Library International)

La salvación como vida abundante

El Evangelio de Juan emplea un vocabulario rico y variado para el fenómeno de la salvación. Debido a Jesús, la gente puede llegar a ser hija de Dios (1:12), ser salva (3:17; 5:34; 10:9; 12:47), entrar al reino de Dios (3:3-5), nacer de nuevo (3:3), llegar al Padre (14:6) y ser liberada (8:32). En un sentido básico, como se observó anteriormente, Jesús ha venido para que la gente

salvación: acción de Dios por el que los seres humanos son librados del poder y las consecuencias del pecado.

pueda tener vida (10:10; cf. 3:14-17, 36; 5:39-40; 20:31; cf. 1 Jn. 5:12). ¿Pero qué significa todo esto? En primer lugar, debemos observar que Juan afirma los conceptos tradicionales de salvación que se encuentran casi en todas partes en el Nuevo Testamento. Jesús trata con el problema del pecado al dar su vida sacrificialmente por otros (10:11, 15, 17-18; 15:13) y llevándose los pecados del mundo (1:29); de igual manera, tratará con el problema de la muerte al resucitar gente en el último día (6:39-40, 54) para que puedan vivir para siempre (11:25-26) en una de las muchas habitaciones de la casa del Padre (14:2-3). Sin embargo, el enfoque principal del Evangelio de Juan está en la forma en la que Jesús afecta la calidad de vida aquí y ahora. En el Evangelio de Juan, la vida eterna es más que solo «vida después de la muerte»; no es solamente vida que es interminable en longitud, sino también vida que es interminable en valor y significado. La experiencia de vida eterna es una realidad presente (3:36; 5:24). La gente puede tener esta vida, y tenerla abundantemente, si conoce la verdad de Dios revelada en Jesús. ¿Cuál es esta verdad? Por encima de todo, Jesús revela que Dios ama al mundo y desea bendecir y salvar en lugar de castigar o condenar (3:16-17). La misma venida de Jesús es una demostración de este amor (3:16; cf. 1 Jn. 4:9), y a través de su muerte en la cruz, Jesús revela el amor divino a un nivel sin precedentes e inimaginable: «Nadie tiene amor más grande que este», dice él (15:13; cf. 13:1, RVR60). La gente que llega a conocer esta verdad es liberada (8:32); la gente que cree lo que Jesús revela del amor de Dios tiene vida que no perece, vida que es abundante y eterna.

vida eterna: en términos bíblicos, la vida que es interminable, tanto cualitativa como cuantitativamente; vida llena de un valor y significado que ya comenzó, que continuará después de la muerte y que durará para siempre.

Amar a Jesús y morar en Cristo

El discípulo amado y los que conservaron su tradición creían que estaban en una relación viva con Jesucristo. El lenguaje que usa el Evangelio de Juan para describir la vida cristiana es intensamente relacional (1:11-12): ser cristiano no solo significa creer en Jesús como alguien que ha resucitado de los muertos (véase 20:24-29), sino también amarlo (8:42; 14:15, 21, 23; 16:27; 21:15-17) y permanecer en él (6:56; 15:4-10). Los creyentes están unidos a Jesús en una relación espiritual de amor que los sostiene y empodera (véase 1:12). Las personas llegan a esta relación a través de Jesús y su iniciativa (15:3, 16), y retienen la conexión al permitir que su palabra more en ellas (15:7; cf. 5:38) y al guardar sus mandamientos (15:10), especialmente el mandamiento de amarse unos a otros (15:12, 17; cf. 13:34-35). Como siempre en la Biblia, el amor no es principalmente una emoción sino una acción ejemplificada aquí por los mismos actos humildes de servicio de Jesús por los demás (13:3-15; 15:13). Los que experimentan y exhiben esta clase de amor pueden permanecer en una relación permanente con Jesucristo y experimentar su gozo (15:11; 17:13). Cualquier cosa que pidan se les concede (15:7; cf. 14:13-14; 15:16; 16:23-24). Son capaces

Figura 9.3. La resurrección de Lázaro. La historica en el Evangelio de Juan, de Jesús resusitan do a su amigo Lazaro (11:1–44), inspiro esta serigraféa del artista japonés Sadao Watanabe. (Foto © Boltin Picture Library / The Bridgeman Art Library International)

de hacer las obras que Jesús hizo (e incluso obras mayores) porque Jesús es quien en realidad hace esas cosas a través de ellos (14:12-13; cf. 15:5). Llegan a ser uno con él, con Dios y unos con otros (17:20-23).

El Paracleto

El Evangelio de Juan también resalta la función del Espíritu Santo, a quien se le llama distintivamente el *paraklētos*, el «Paracleto» (14:16, 26; 15:26; 16:7; las Biblias en español lo traducen diversamente como «Consolador», «Abogado»,

«Defensor» o «Consejero»). Jesús promete que el Espíritu Santo llegará a sus seguidores (7:37-39; 14:16-17; cf. 1:33), y después de la Pascua él les da el Espíritu a ellos (20:22). En el Evangelio de Juan, la función principal que se le atribuye al Espíritu es la de revelar la verdad y enseñar a los discípulos lo que ellos debían saber (14:25-26; 16:13); esto se logra tanto al recordar a los creyentes la verdad que Jesús reveló (14:26) como al guiar a esos creyentes hacia una nueva revelación que ellos no podían soportar cuando Jesús estaba con ellos (16:12-15). El Espíritu testifica de parte de Jesús (15:26), y rebate el entendimiento del mundo de cosas como pecado, justicia y juicio (16:8-11). Jesús les dice a sus seguidores que, de hecho, es para su ventaja que él se vaya, porque solo entonces él podrá enviarles al Paracleto (16:7).

El mundo y los judíos

El Evangelio de Juan presenta al mundo como un ambiente hostil, que odia a Jesús y a sus seguidores (7:7; 15:18-19; 16:20; 17:14). El mundo no es intrínsecamente malo, porque cobró existencia a través de Dios y, en efecto, a través de la Palabra que se hizo hombre en Jesucristo (1:3, 14). Dios ama al mundo (3:16) y envió a Jesús para que fuera su Salvador (3:16-17; 4:42; cf. 1:29), pero el mundo no lo conoció ni lo aceptó (1:10). El mundo, de hecho, está gobernado por Satanás (12:31; 14:30; 16:11) y no es capaz de recibir al Espíritu de verdad (14:17). De esa manera, la comunidad que produjo este Evangelio tiene poca consideración para el mundo, excepto como un campo misionero. Jesús envía a sus seguidores al mundo (17:18; 20:21), pero deja claro que ellos no pertenecen al mundo (17:14); deben estar en el mundo, pero no son de él (17:15-16). En efecto, este Evangelio no parece estar muy interesado en el efecto beneficioso o transformador que los creyentes puedan tener en el mundo (cf. Mt. 5:13-16; Hch. 17:6); más bien, el interés que permanece es que los creyentes sean protegidos de los peligros del mundo y santificados en contra de la corrupción (17:11-12, 17-19). Los eruditos se han inclinado a interpretar este aspecto del Evangelio de Juan como expresivo de una comunidad cristiana primitiva que batalla con definirse a sí misma en el ambiente del Imperio romano: las afirmaciones conflictivas en cuanto a la autoridad y realeza de Jesús frente a la de César crearon tensiones entre los miembros de la iglesia de Juan y los seguidores del imperialismo romano.

El Evangelio de Juan también presenta a los judíos como oponentes implacables de Jesús y sus seguidores. Por supuesto, el mismo Jesús y sus discípulos eran judíos, y el Evangelio de Juan reconoce eso (4:9). Aun así, muchas veces este Evangelio usa la frase «los judíos» para referirse a un grupo de gente que no incluye a Jesús o a nadie relacionado con él. En el mundo del Evangelio de Juan, la gente debe decidir si van a ser discípulos de Jesús o de Moisés (9:28), y confesar fe en Jesús es base para expulsión de la sinagoga

sinagoga: congregación de judíos que se reúnen para la adoración, oración y estudio bíblico, o el lugar donde se reúnen con esos objetivos.

(9:22; 12:42; 16:2). En contra de este contexto, no podemos fallar en notar que la presentación de los judíos en este Evangelio parece áspera y polémica: los judíos son gente que no cree sus propias Escrituras (19:15). Comparados con el mundo en general, los judíos tal vez no sean peores que los paganos, pero tampoco son mejores. Ellos han perdido su condición de pueblo de Dios (8:39, 42, 47), y, por lo tanto, cualquier cosa que se pueda decir «del mundo» en general también se puede decir de «los judíos» en particular. El diablo es el gobernante del mundo (12:31; 14:30), y el diablo es el padre de los judíos (8:44). Los eruditos son prontos para señalar que la antipatía que el Evangelio de Juan muestra hacia «los judíos» nunca tuvo la intención de transmitir una condena genérica de toda una raza y nación (toda la gente judía de todas partes); más bien, lo que el Evangelio de Juan ofrece es un ataque más específico a la expresión particular de un movimiento religioso rival (la religión judía de sinagoga del siglo I). Sin embargo, los pasajes polémicos del Evangelio de Juan frecuentemente se han usado para apoyar el antisemitismo. Algunos traductores bíblicos ahora traducen la palabra *Ioudaioi* del Evangelio de Juan con otro término que no sea «judíos» (p. ej., «judeanos») para indicar que se refiere a un grupo específico de gente que vivió en un lugar y tiempo particulares.

paganos: gentiles no convertidos, los judíos y los cristianos frecuentemente los relacionaban con la idolatría, el politeísmo, las creencias religiosas erradas y un estilo de vida inmoral.

Amarse unos a otros

El Evangelio de Juan tiene más que decir acerca del amor que los otros tres Evangelios combinados. La palabra «amor» aparece más de cincuenta veces en este libro, aun así, no hay mención de amar al prójimo (cf. Mr. 12:31) ni de amar a los enemigos (cf. Mt. 5:44; Lc. 6:27). Más bien, el enfoque está en amarse unos a otros, es decir, en el amor de los creyentes entre sí (13:34-35; 15:12, 17). Jesús les dice a sus seguidores que este es un «mandamiento nuevo» (13:34; cf. 1 Jn. 2:7-8) y que todos sabrán quiénes son sus seguidores por el amor que tienen unos por otros (13:35). Cómo un Evangelio que resalta con ímpetu el amor puede también exhibir semejante hostilidad hacia los judíos y extraños es un tema frecuente de reflexión. Aun así, los cristianos de todos los siglos han valorado el Evangelio de Juan por su presentación poética y persuasiva de esta ética sencilla: «Tal como yo los he amado, ustedes deben amarse unos a otros». La primera de las cartas juaninas continúa y amplía este tema (1 Jn. 3:11-18; 4:7-21; véase también 2 Jn. 5-6).

Conclusión

A veces surge la pregunta en cuanto a si debe llamársele «secta» a la comunidad que está detrás del Evangelio de Juan ¿Fue este Evangelio escrito y conservado por los cristianos que eran una comunidad dentro de sí misma, aislada si no alienada de otros grupos cristianos? Se sacan paralelos de la comunidad monástica judía de Qumrán, donde se encontraron los Rollos del Mar Muerto: las personas que vivieron allí, aparentemente se consideraban a sí mismas como las únicas creyentes genuinas dentro de un mundo poblado por paganos, apóstatas y herejes. Al igual que el Evangelio de Juan, los Rollos del Mar Muerto presentan a los miembros de la comunidad como hijos de la luz que pertenecen a la verdad, en tanto que censuran a los demás (incluso a otros judíos) como hijos de la oscuridad y falsedad.

El Evangelio de Juan sí exhibe algunas marcas de literatura sectaria, como el uso pronunciado del lenguaje dualista, la tendencia a diferenciar entre «nosotros y ellos» (creyentes e incrédulos) y un fuerte énfasis en establecer y mantener la cohesión interna. Además, el Evangelio de Juan es suficientemente distintivo para marcarlo como el producto de un grupo cristiano que tenía contacto limitado con otros cristianos. Sin embargo, el Evangelio de Juan también insiste en que los creyentes permanezcan involucrados en el mundo, al cual Cristo los ha enviado (17:15-18), y presenta una visión grandiosa de todos los creyentes como uno en Cristo (17:20-23).

Algunos eruditos han sugerido que Juan presenta a Pedro y al discípulo amado como los representantes de dos vertientes del cristianismo, y de esa manera, reconocen que su perspectiva (la de la comunidad del discípulo amado) es distinta a la norma (la del cristianismo petrino). Pero, aunque ese fuera el caso, no habría razón para sospechar hostilidad entre estas expresiones diversas de la fe. En este Evangelio, la competencia entre Pedro y el discípulo amado es decididamente amistosa: los dos líderes obviamente se respetan entre sí y buscan superar al otro solamente en devoción y fidelidad a Cristo (13:24-25; 18:15-16; 20:4; 21:7, 21-23).

Además, el Evangelio de Juan también exhibe una fuerte (si bien paradójica) tendencia a empujar, para probar si no eliminar, los límites: la salvación que llega de los judíos (4:22) también es para los samaritanos (4:39-42), los griegos (12:20-26) y las «otras ovejas» (10:16); la ambigüedad de esta última referencia parece que invita a la aplicación a cualquiera, de cualquier lugar. Y, de todas maneras, ¿el pecado de quién quita Jesús? No solo el de los miembros de la iglesia de Juan, ni siquiera de los cristianos en general. Jesús es el Cordero de Dios, que quita el pecado de todo el mundo (1:29). ¿Podría haber una declaración más ecuménica (es decir, menos sectaria) de la fe cristiana que esta? De cualquier manera, la iglesia primitiva no consideró el Evangelio de Juan como una obra sectaria. No parece haber habido nunca duda alguna de que el testimonio que Juan da de Cristo, en tanto que es característico, fuera completamente compatible con el que ofrecen los Evangelios sinópticos y otros escritos del Nuevo Testamento. El entendimiento de Juan de la encarnación y divinidad de Jesús llegó a ser una doctrina cristiana estándar; el interés de Juan en la libertad, verdad y gloria llegó a ser un pilar de la teología cristiana; y las promesas tentadoras de Juan de recibir el amor de Dios y de experimentar vida abundante atraerían a una amplia variedad de nuevos lectores en cada generación.

10

Hechos

El libro de Hechos tiene de todo, menos dinosaurios. Tiene terremotos (16:26), naufragios (27:41-44), ángeles vengadores (12:23), escapes horrorosos (9:23-25; 21:30-36), disturbios (19:23-41), conspiraciones de muerte (9:23; 23:12-15; 25:1-3), intriga política (16:35-39; 22:24-29; 24:26-27), drama en salas de tribunal (23:1-10) y mucho más. El libro de Hechos cuenta la historia de la iglesia cristiana primitiva, con todo el estilo de una emocionante novela de aventuras. Las cosas comienzan bastante tranquilas —oración constante (1:14) y algunos asuntos que atender (1:15-26)— luego, el Espíritu Santo entra rugiendo a la habitación y enciende a los piadosos con lenguas de fuego, haciendo que se comporten de maneras que los espectadores pensaran que estaban ebrios (2:1-13). A partir de ese momento, sabemos que tendremos un viaje turbulento.

El libro de Hechos tiene algo más que no es tan común en el Nuevo Testamento: humor. Una criada está tan llena de alegría cuando Pedro escapa de la cárcel que corre a decirles a todos, y lo deja en la puerta, a un hombre buscado, llamando para poder entrar (12:13-16). Pablo se dirige a un grupo tarde en la noche, y se alarga tanto que un joven se queda dormido y se cae de una ventana desde arriba; a él se le permite que se vaya a su casa, pero a los demás se les regresa arriba, Pablo todavía no ha terminado (20:7-12). Algunos exorcistas no cristianos determinan que, si el «nombre de Jesús» funciona para Pablo, quizá también funcione para ellos; sin embargo, el espíritu impuro con quien ellos lo prueban tiene otras ideas, y bueno, Éfeso no olvidaría pronto la vista de los hijos del sumo sacerdote (siete de ellos) huyendo desnudos de esa casa (19:13-17). Todas estas historias tienen la calidad de «¿Te enteraste de aquella acerca de...?». No están específicamente llenas de significado teológico, pero sí traen a la memoria momentos memorables de los primeros años del desarrollo cristiano. Son ejemplos de lo que los primeros cristianos habrían considerado

Mapa. 10.1. Primer viaje misionero de Pablo

«buenas historias», y de todos los escritores de la Biblia, Lucas parece más comprometido con el principio de que vale la pena contar buenas historias.

Se puede leer el libro de Hechos como una novela de aventuras, pero en realidad es un libro de historia. Y los intereses fundamentales de Lucas son teológicos, o por lo menos espirituales y pastorales. A veces se le llama al libro «Hechos de los apóstoles», pero ese nombre puede ser desorientador. Lucas sí relata historias de los apóstoles (y de otros líderes prominentes de la iglesia), pero está más interesado en relatar los hechos de Dios. El libro casi podría llamarse «Hechos del Espíritu Santo» o «Hechos del Señor Jesucristo resucitado».

Generalidades

El libro de Hechos comienza con un prefacio para Teófilo (1:1-5), el relato de la ascensión de Jesús (1:6-11) y una breve narración de cómo se eligió a Matías para que reemplazara a Judas Iscariote como el duodécimo apóstol (1:12-26). Luego, en el día de Pentecostés, el Espíritu Santo llena a 120 creyentes, que hablan en lenguas (2:1-13), y Pedro predica a la multitud, y gana muchos nuevos convertidos (2:37-41). Se describen las marcas de la iglesia primitiva (2:42-47). La curación de un hombre lisiado (3:1-10) lleva a otro sermón de Pedro (3:11-26) y al arresto de Pedro y Juan por parte de las autoridades judías (4:1-31). La iglesia de Jerusalén practica la compartición comunitaria de posesiones, y Dios fulmina a dos creyentes, Ananías y Safira, por tratar de aprovecharse de este arreglo (4:32-5:11). Luego, Lucas relata otro arresto de los apóstoles y registra que fueron librados de más sufrimiento debido tanto a una intervención milagrosa como al consejo de un rabino tolerante, Gamaliel (5:12-42). Una disputa entre los helenistas y los hebreos en la iglesia lleva al nombramiento de siete hombres para que ejercieran el liderazgo en la comunidad (6:1-7); uno de ellos, Esteban, es lapidado por judíos hostiles después de predicar un sermón que los acusa de infidelidad (6:8-8:1).

Lucas narra cómo la iglesia se expandió geográficamente y creció en diversidad étnica. Felipe, uno de los siete, lleva el evangelio a Samaria (donde Pedro tiene una confrontación con Simón el mago), y también guía a un eunuco etíope al bautismo en la fe (8:2-40). Un perseguidor de la iglesia, Saulo (también conocido como Pablo), tiene una visión de Jesús, que lo convierte en un misionero apasionado por la fe (9:1-31). Pedro sana a Eneas en Lida (9:32-35), resucita de los muertos a Dorcas (Tabita) (9:36-43) y bautiza a un centurión gentil, Cornelio, después de recibir una visión acerca de lo que es puro e impuro (10:1-11:18). Bernabé y Saulo llegan a ser líderes de una misión gentil en Antioquía y asumen la responsabilidad de una recaudación para las víctimas de una hambruna en Jerusalén (11:19-30; 12:24-25). Mientras tanto, Herodes mata a Jacobo, el discípulo de Jesús, y encarcela a Pedro (12:1-5), pero un ángel libera a Pedro (12:6-19). Posteriormente, Herodes provoca la ira de Dios y tiene una muerte horripilante (12:20-23).

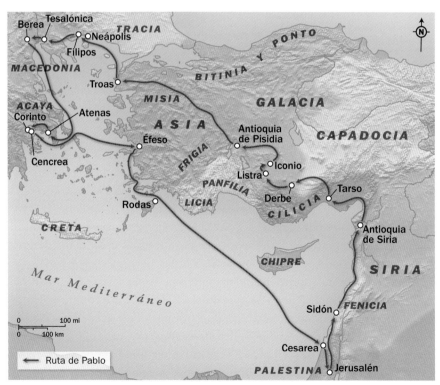

Mapa. 10.2. Segundo viaje misionero de Pablo

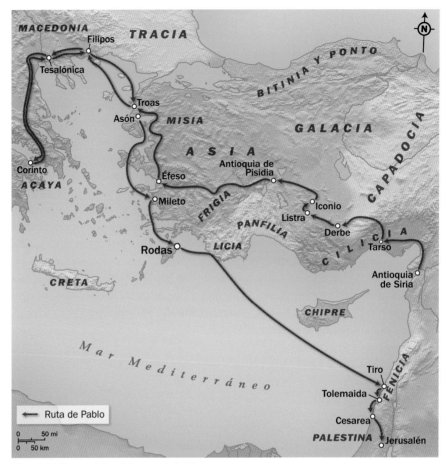

Mapa 10.3. Tercer viaje misionero de Pablo

Luego, Lucas reporta el primer viaje misionero de Pablo y Bernabé (13:1-14:28): van a Chipre y al sureste de Asia Menor, y predican en las sinagogas, pero disfrutan de un éxito aun mayor entre los gentiles. Pablo deja ciego a Elimas el mago, se rehúsa a adorar cuando se le identifica como un dios y es apedreado y dejado por muerto. La cantidad creciente de convertidos gentiles lleva a una conferencia en Jerusalén, en la que Santiago, el hermano de Jesús propone condiciones para la inclusión de gentiles en la iglesia (15:1-35).

Lucas reporta un segundo viaje misionero de Pablo y Silas (15:36-18:22). Allí, viajan por Asia Menor y lo que ahora es Grecia (Macedonia y Acaya); conocen a una cantidad de personas importantes (Timoteo, Lidia, Aquila, Priscila); fundan iglesias en Filipos, Tesalónica, Berea y Corinto; y se topan con mucha hostilidad, incluso un encarcelamiento interrumpido por un terremoto en Filipos. Esta sección del libro también incluye un relato de Pablo que predica en el Areópago a los filósofos de Atenas (17:16-34).

Después, Lucas narra un tercer viaje misionero de Pablo (18:23-21:14): viaja por Asia Menor y Grecia, y visita muchos lugares donde había estado antes, pero Lucas enfoca su relato en los acontecimientos de Éfeso. Allí, un predicador poderoso, Apolos, recibe la instrucción de Priscila y Aquila; Pablo les lleva el regalo del Espíritu Santo a los antiguos discípulos de Juan el Bautista, siete hijos del sacerdote Esceva son maltratados por un espíritu maligno; y Pablo sobrevive a un disturbio después de que Demetrio el platero convence a la gente de que la economía y el honor de la ciudad están siendo amenazados por la afrenta cristiana al templo de Artemisa. En el viaje de regreso a casa, Pablo predica un sermón fatídico en Troas (durante el cual Eutico se cae de una ventana y debe ser revivido milagrosamente), y da una homilía de despedida a los ancianos efesios de Mileto.

Lucas dedica la última parte de Hechos a narrar la vida de Pablo como prisionero (21:15-28:31). Pablo es arrestado en Jerusalén (21:17-36) y después lo trasladan, primero a Cesarea y luego a Roma. Él da su testimonio repetidas veces, ante el populacho judío (22:1-22), ante el concilio (23:1-10), ante el gobernador Félix (24:1-27), ante un gobernador posterior, Festo (25:1-12) y, finalmente, ante los invitados de Festo: Agripa y Berenice (25:13-26:32). El viaje atrevido a Roma incluye un naufragio en la isla de Malta (27:1-28:10), pero finalmente a Pablo lo llevan a Roma, donde lo colocan bajo arresto domiciliario, pero se le permite predicar libremente durante dos años (28:11-31).

Trasfondo histórico

El libro de Hechos, aparentemente, fue escrito por la misma persona que escribió el Evangelio de Lucas (véase Hechos 1:1), la persona a quien la iglesia ha identificado tradicionalmente como Lucas, el médico que se menciona que estuvo presente con Pablo en Colosenses 4:14; Filemón 24; 2 Timoteo 4:11. ¿Es correcta esa tradición? El libro en sí es anónimo, pero el autor de Hechos sí parece indicar que él acompañó personalmente a Pablo en algunos de sus viajes: en algunas porciones de Hechos (llamadas los «pasajes de "nosotros"»), él emplea el pronombre «nosotros» como si él mismo estuviera entre los acompañantes de Pablo en esas ocasiones (véase 16:10-17; 20:5-15; 21:1-8; 27:1-28:16).

Aun así, la tradición de que Hechos fue escrito por uno de los compañeros de Pablo ha sido puesta en duda por eruditos que creen que el libro no es exacto en lo que relata acerca de Pablo, o que creen que representa mal a Pablo teológicamente. Sin embargo, la mayoría de los eruditos no cree que las anomalías sugeridas representen un desafío sustancial para la tradición de que este libro fue escrito por alguien que solamente fue un compañero ocasional de Pablo. No sabemos mucho acerca de Lucas el médico, pero no hay razón para creer que fue un discípulo de Pablo, alguien que sabía todo acerca de Pablo, o alguien cuyos compromisos teológicos reflejaban a Pablo en todo sentido. Él pudo haber sido un líder cristiano en su propio derecho, cuyas conexiones con Pablo se limitaban a unos cuantos viajes que habían hecho juntos (y posiblemente, una o dos visitas al apóstol cuando él estaba en la cárcel).

Claro, la mayoría de los eruditos reconocerán que este libro (y el Evangelio de Lucas) pudieron haber sido escritos por otro compañero ocasional de Pablo, quizás alguien cuyo nombre ni siquiera reconoceríamos. Aun así, «Lucas» parece ser una buena conjetura en cuanto a quién de los muchos acompañantes de Pablo podría haber sido el autor, y, de cualquier manera, ese es el nombre que todos han determinado usar.

La mayoría de los eruditos cree que el libro de Hechos fue escrito poco después del Evangelio de Lucas y que puede fecharse junto con ese Evangelio hacia mediados de los años 80. Un problema con esa fecha es que Hechos termina su relato de historia de la iglesia a principios de los años 60: no nos habla de las persecuciones que ocurrieron bajo Nerón; ni siquiera menciona el martirio de sus personajes principales (Santiago, el hermano de Jesús, Pedro, Pablo); y no dice nada acerca de la destrucción de Jerusalén ni describe lo que le pasó a la comunidad de cristianos allí. De esa manera, algunos eruditos han pensado que el libro tuvo que haber sido escrito a principios de los años 60, antes de que ocurrieran esas cosas. Pero entonces, es posible que el Evangelio de Lucas deba fecharse antes de lo que la mayoría de la gente piensa, y si Lucas usó el Evangelio de Marcos como una fuente para su Evangelio, entonces ese libro tendría que fecharse aún más temprano. Nada de esto es imposible, y unos cuantos eruditos sí están de acuerdo con una datación temprana que coloca todo el complejo de Marcos-Lucas-Hechos en el tiempo de vida de Pablo (es decir, antes de 62-67, dependiendo de la fecha de la muerte de Pablo que uno adopte). Sin embargo, una mayoría de eruditos piensa que la perspectiva de estos libros encaja mejor con la siguiente generación del cristianismo, y que Lucas escribe Hechos unos veinte años después de los acontecimientos con los que este libro concluye; él termina el libro donde lo hace porque ha cumplido su meta de trazar el progreso del evangelio desde Jerusalén hasta Roma (véase 1:8).

persecución: el programa o campaña para exterminar, ahuyentar o subyugar a la gente, con base en su membresía a un grupo religioso, étnico o social.

Cuadro 10.1

Posibles fuentes para el libro de Hechos

- Un documento arameo que describe la vida de la iglesia primitiva en Jerusalén, usado para los capítulos 1-12.
- Una colección de tradiciones de la iglesia de Antioquía, usada para historias relacionadas con Esteban y Bernabé (6:1-8:4; 11:19-30; 12:25-25:35).
- Un diario de viajes, usado para las porciones del libro que narran los viajes de Pablo.

Mapa 10.4. Viaje de Pablo a Roma

Debemos observar también que una minoría importante de eruditos fecha el libro de Hechos décadas después de lo que ha sido típico, quizás alrededor de 120-30, o incluso tan tarde como 150. Estos eruditos creen que pueden detectar dependencia en los escritos del historiador romano Josefo; a veces también argumentan que Hechos es una respuesta a los desarrollos de la historia cristiana del siglo II, como los desafíos planteados por un líder llamado «Marción» (véase «Desarrollo del canon» en el cap. 3). Esta opinión ha obtenido audiencia entre los eruditos, pero no ha prosperado; la mayoría todavía cree que Hechos tuvo que haber sido escrito antes del año 90, porque el autor no revela ningún conocimiento de las cartas de Pablo (en efecto, ni siquiera dice alguna vez que Pablo hubiera escrito cartas). Pero, por supuesto, ese punto también se ha disputado: los que postulan fechas posteriores afirman que Lucas conocía todas las cartas de Pablo y que específicamente escribió Hechos para proporcionar un trasfondo que moderaría algunas de las ideas más radicales de Pablo y daría un contexto ortodoxo dentro del cual sus cartas podrían ser interpretadas.

También podríamos preguntar cuál fue el propósito de Lucas al escribir este libro. Se han dado una cantidad de sugerencias: (1) él quería dar una presentación conciliadora de los orígenes cristianos, que ayudaría a unificar a una iglesia que cada vez era más diversa; (2) quería demostrar la inocencia política de los cristianos, de una manera que prevendría más persecución del gobierno romano (véase 18:13-15; 23:29; 25:8, 18-19, 25; 26:31-32; cf. Lc. 23:4, 14-15, 20, 22); (3) quería convencer a los paganos para que adoptaran la fe nueva, o desafiarlos a adoptar los valores y el compromiso con la justicia que esta fe promovía; (4) quería explicar cómo el cristianismo había llegado a ser una religión principalmente gentil, de una manera que permitiría que los cristianos fueran vistos como los herederos legítimos de las promesas de Dios para

Figura 10.1. Pentecostés. Hechos 2:1-4 narra cómo el Espíritu Santo descendió sobre 120 creyentes, entre ellos los discípulos de Jesús: «junto con las mujeres y con los hermanos de Jesús y su madre María» (véase 1:13-15). Unas lenguas, como de fuego, se repartieron y se posaron en cada uno de ellos, y comenzaron a hablar en otros idiomas a través del poder del Espíritu. (Bridgeman Images)

Israel; y (5) quería presentar una teología de la misión a largo plazo para una iglesia que había llegado a reconocer que la segunda venida de Cristo podría producirse en el futuro distante. Todos estos puntos pueden resumirse con una meta básica y obvia: Lucas escribió el libro de Hechos porque quería contar la historia de los primeros años de la iglesia de una manera que inspirara y desafiara a sus lectores.

¿Qué clase de libro es este?

El libro de Hechos es único en el Nuevo Testamento, pero generalmente se le considera un ejemplo de «historia general» (o «historiografía»), una clase de literatura común en el mundo grecorromano. Muchas historias de esas se escribieron para registrar los orígenes y el progreso de grupos particulares étnicos o nacionales.

No se esperaba que los libros de este género fueran imparciales; de hecho, esos libros celebraban abiertamente los logros del grupo temático y promovían sus ideales. Una analogía moderna podría sacarse de una historia de una

Discrepancias potenciales entre el libro de Hechos y las cartas de Pablo

Muchos eruditos afirman que la descripción de Lucas de la vida y la teología de Pablo no concuerda con lo que Pablo dice en sus cartas. Los siguientes puntos se plantean frecuentemente:

- Pablo dice que no fue a Jerusalén a consultar a los apóstoles después de su encuentro con Cristo (Gá. 1:15-18); Hechos dice que lo hizo (Hch. 9:10-30).
- Pablo dice que los líderes de la iglesia de Jerusalén apoyan su misión a los gentiles independiente de la ley y no le «pusieron nada nuevo» (Gá. 2:6-10); Hechos dice que ellos le asignaron a Pablo la tarea de promulgar un listado de requisitos legales para que los gentiles los cumplieran (Hch. 15:22-29).
- Pablo afirma que vive como gentil para ganar gentiles (1 Co. 9:21); Hechos presenta a Pablo como absolutamente leal a la ley, y como que nunca actuó en contra de ella (Hch. 25:8; 28:17).
- Pablo denuncia la dependencia en la sabiduría griega (1 Co. 1:18-31); Hechos lo presenta como amigable con los filósofos y que recurre a las tradiciones de la sabiduría griega para tener intereses comunes con ellos (Hch. 17:22-31).
- Pablo dice que los adoradores de ídolos no tienen excusa, porque el conocimiento de Dios siempre ha sido evidente (Ro. 1:18-23); Hechos presenta a Pablo como alguien que dice que Dios ha pasado por alto la adoración de ídolos como consecuencia de la ignorancia (Hch. 17:29-30).

Por supuesto, la importancia de todos estos puntos se disputa, y algunos eruditos dan explicaciones de las aparentes discrepancias.

institución u organización particular, compuesta por el departamento de relaciones públicas de esa entidad: se requiere de honestidad básica, no se supone que el autor invente cosas que no tengan base en hechos, pero nadie culparía a un autor de esos por disimular incidentes potencialmente vergonzosos, por extenderse en los éxitos y victorias y hacer la mejor reconstrucción posible de asuntos que, de otra forma, serían interpretados como derrotas o ruinas. De igual manera, la historia de la iglesia en Hechos es de éxitos, victoria, crecimiento y triunfo. No nos enteramos casi nada de misiones que fracasan, de gente que no es curada ni de oraciones que no son respondidas. Las controversias se resuelven rápidamente, y todo parece que siempre se desenvuelve de la mejor manera posible. Lucas es capaz de verle un lado positivo casi a cualquier cosa: la persecución que saca a los cristianos de su tierra natal expande el evangelio a tierras nuevas (8:1-4); el rechazo de los judíos de Jesús como el Mesías da un incentivo para evangelizar a los gentiles (13:44-49).

Todo esto, para decir que a Lucas se le considera un historiador competente cuando se le evalúa de acuerdo a los estándares de su época. Aun así, los eruditos modernos tienen que decidir si su libro pasa la prueba como una obra de historia cuando se juzga de acuerdo a nuestros estándares. ¿Pueden los historiadores modernos ver Hechos como una guía confiable y exacta para entender los primeros años del cristianismo? En un sentido positivo, los historiadores modernos sí observan varios asuntos relacionados con la geografía, la política y la ley que Hechos relata acertadamente, que se pueden confirmar con otras fuentes. Un poco irónicamente, el punto más grande de contención lo plantean los teólogos cristianos que sostienen que la descripción de Lucas de la vida y teología de Pablo no concuerda con lo que verificamos en cuanto a esta figura fundamental en sus propias cartas. Por ejemplo, el relato de Pablo de sus diversas reuniones con otros apóstoles es difícil de reconciliarlo con lo que se reporta en Hechos (cf. Gal. 1:15-2:10 con Hch. 9:10-30; 15:1-35). También, los comentarios que Pablo hace de los filósofos e idólatras en sus cartas reflejan una actitud un poco distinta a la que se exhibe en los comentarios que él hace en Hechos (cf. 1 Co. 1:18-31; Ro. 1:18-23 con Hch. 17:22-31). Además, los eruditos observan lo que Hechos deja fuera: Lucas menciona o registra varios sermones y discursos de Pablo en el libro de Hechos, pero en todos estos discursos Pablo no menciona ni una vez la justificación por gracia por medio de la fe, ni la justicia de Dios, ni el valor redentor del sufrimiento, ni la unión de los creyentes en Cristo, ni ninguna cantidad de otros asuntos que frecuentemente dominan sus cartas. En efecto, el Pablo de Hechos nunca menciona la cruz, ni tampoco indica que la muerte de Jesús tiene algo que ver con la salvación, una falla curiosa en un libro que se enfoca en el trabajo misionero de un hombre que afirma en una de sus cartas haber predicado nada más que a «Cristo crucificado» a esa congregación particular (véase 1 Co. 1:22-24; 2:1-2).

Claro, todos estos asuntos pueden explicarse de una o de otra forma. Por un lado, Hechos presenta la «perspectiva de una tercera persona» sobre Pablo, y que nosotros esperaríamos que difiriera de la presentación de Pablo de sí mismo. Por otro lado, la mayoría de los discursos de Hechos están dirigidos a no cristianos, en tanto que las cartas de Pablo están escritas a creyentes, se podría esperar que Pablo dijera cosas de manera distinta a una audiencia que a otra. Aun así, los eruditos generalmente sostienen que las diferencias entre el «Pablo de Hechos» y el «Pablo de las cartas» reflejan los intereses y el plan particulares de Lucas. Lucas presenta al Pablo que él quiere que conozcamos, resalta esos aspectos de Pablo que él más aprecia y deja asuntos que no son intereses principales para él. De esa manera, Pablo y otros personajes de Hechos, inevitablemente, se convierten en voceros del propio interés teológico de Lucas: si es honesto en su descripción de lo que Pablo y otros dijeron, definitivamente es selectivo. Al igual que cualquier otro historiador antiguo, Lucas narra lo que él cree que vale la pena recordar, y, en el caso de Pablo, sus elecciones pueden diferir de lo que el mismo Pablo habría considerado como lo destacado de su vida y enseñanzas.

Cristo crucificado: el foco principal de la predicación de Pablo según 1 Corintios 1:22-24; 2:1-2; la frase parece ser abreviatura de lo que los teólogos llaman la «teología de la cruz» (theologia crucis).

Cómo escribir discursos

En el libro de Hechos, Lucas presenta discursos de líderes prominentes de la iglesia. ¿Cómo sabía él lo que la gente dijo? Alrededor de quinientos años antes de que Lucas escribiera Hechos, el historiador griego Tucídedes escribió *Historia de la guerra del Peloponeso*. En el prefacio de esa obra, describe cómo trató con el asunto difícil de narrar los discursos:

> Respecto a todo lo que de palabra dijeron unos y otros cuando iban a combatir o cuando ya estaban en combate, resultaba difícil reflejarlo con exactitud, tanto para mí, respecto a lo que yo mismo oí, como para los que me daban noticias de ello, fuera cual fuese su fuente, así que las transcribo tal como a mi entender tendría que manifestarse cada uno en tales circunstancias, procurando ajustarme lo más posible al sentido general de lo que realmente se dijo. (1.22.1)*

Muchos eruditos creen que Lucas siguió una norma similar para narrar discursos en Hechos. Eso explicaría por qué no hay diferencias significativas en vocabulario y estilo de los diversos oradores (o entre el vocabulario y el estilo de los discursos y el resto de Hechos): Lucas ha transmitido con sus propias palabras el «sentido general» de lo que los oradores dijeron.

*Tucídedes, *Historia de la guerra del Peloponeso*, Ed. Luis M. Macía Aparicio (Madrid, Ediciones AKAL, 1989).

El libro de Hechos sí difiere de las historias antiguas en un sentido: es una secuela o segundo volumen de otra obra, el Evangelio de Lucas. Cuando se ve como una obra, Lucas-Hechos se parece más a ciertas biografías helenísticas que a las obras de «historia general», con las que solo Hechos generalmente se compara. Diógenes Laercio (siglo III) escribió varias biografías de filósofos eminentes que hablan, primero, de la vida y enseñanzas del maestro (compare el Evangelio de Lucas, con su relato de Jesús) y, segundo, de la misión e influencia continuas de los seguidores de ese maestro (compare Hechos con su relato de la iglesia).

La relación entre Lucas y Hechos es especialmente estrecha. Muchos eruditos han observado que Lucas parece haber bosquejado las dos narraciones de maneras que son extraordinariamente similares. En el Evangelio, el ministerio de Jesús comienza cuando el Espíritu Santo llega sobre él; entonces Jesús predica un sermón donde afirma que un texto de Isaías explica por qué ha ocurrido eso. En Hechos, la misión de la iglesia comienza cuando el Espíritu Santo desciende sobre los creyentes en Pentecostés; entonces Pedro predica un sermón en el que afirma que un texto de Joel explica por qué ha ocurrido eso. Para un listado de estos y otros paralelos entre los dos libros, véase el cuadro 10.4. ¿Qué significan estos paralelos, y por qué Lucas organiza los dos libros de esa manera? Tal vez fue simplemente una forma artística de contar las historias. Posiblemente esperaba que las similitudes tuvieran una función nemotécnica, y ayudara a la gente a recordar los momentos clave de las historias de Jesús y la iglesia. Teológicamente, quizá quería presentar la vida y misión de la iglesia como una reduplicación de la vida y obra de Jesús. Por lo menos, los eruditos concuerdan en que Lucas quería que los dos libros se leyeran juntos.

Pentecostés: el festival judío de la cosecha en el que, según Hechos 2, el Espíritu Santo bajó sobre 120 de los primeros seguidores de Jesús, los empoderó para la misión e hizo que ellos hablaran en lenguas.

Paralelos entre el Evangelio de Lucas y el libro de Hechos

Evangelio de Lucas	Hechos
Prefacio a Teófilo (1:1-4)	Prefacio a Teófilo (1:1-5)
El Espíritu desciende sobre Jesús cuando él ora (3:21-22)	El Espíritu llega a los apóstoles cuando ellos oran (2:1-13)
El sermón declara la profecía cumplida (4:16-27)	El sermón declara la profecía cumplida (2:14-40)
Jesús sana a un paralítico (5:17-26)	Pedro sana a un paralítico (3:1-10)
Los líderes religiosos atacan a Jesús (5:29-6:11)	Los líderes religiosos atacan a los apóstoles (4:1-8:3)
El centurión invita a Jesús a su casa (7:1-10)	El centurión invita a Pedro a su casa (10:1-23)
Jesús resucita al hijo de la viuda (7:11-17)	Pedro resucita a la viuda (9:36-43)
Viaje misionero a los gentiles (10:1-12)	Viajes misioneros a los gentiles (13:1-19:20)
Jesús viaja a Jerusalén (9:51-19:28)	Pablo viaja a Jerusalén (19:21-21:17)
Jesús es recibido favorablemente (19:37)	Pablo es recibido favorablemente (21:17-20)
Jesús se dedica al templo (19:45-48)	Pablo se dedica al templo (21:26)
Los saduceos se oponen a Jesús, pero los escribas lo apoyan (20:27-39)	Los saduceos se oponen a Pablo, pero los fariseos lo apoyan (23:6-9)
Jesús parte el pan y da gracias (22:19)	Pablo parte el pan y da gracias (27:35)
Jesús es capturado por una turba enfadada (22:54)	Pablo es capturado por una turba enfadada (21:30)
Los asistentes del sumo sacerdote abofetean a Jesús (22:63-64)	A Pablo lo abofetean por órdenes del sumo sacerdote (23:2)
Jesús es enjuiciado cuatro veces y declarado inocente tres veces (22:66-23:13)	Pablo es juzgado cuatro veces y declarado inocente tres veces (23:1-26:32)
Jesús es rechazado por los judíos (23:18)	Pablo es rechazado por los judíos (21:36)
Un centurión considera favorablemente a Jesús (23:47)	Un centurión considera favorablemente a Pablo (27:43)
Confirmación final de que las Escrituras se han cumplido (24:45-47)	Confirmación final de que las Escrituras se han cumplido (28:23-28)

Temas importantes en el libro de Hechos

Dios está en control de la historia

El libro de Hechos hace énfasis en que Dios es soberano en la historia: Dios determina lo que ocurrirá, así como cuándo, dónde y cómo ocurrirá. Tanto en el Evangelio de Lucas como en el libro de Hechos, Dios hace que ocurran los eventos profetizados en las Escrituras (Lc. 1:20; 4:21; 21:24; 22:16; 24:44; Hch. 1:16; 3:18; 13:27; 14:26). Dios establece el tiempo y la hora (Hch. 1:7; 17:26) y Dios determina la suerte, propósito o destino de las vidas de la gente (Hch. 2:23; 10:42; 13:47-48; 17:31; 22:10). Una de las palabras favoritas de Lucas es el sencillo término griego *dei*, que significa «es necesario»; usa esta palabra repetidas veces para indicar que las cosas ocurren porque Dios ha querido que ocurran. Fue necesario que Jesús muriera y resucitara de los muertos (Hch. 17:3;

cf. Lucas 9:22; 13:33; 17:25; 24:7, 26); también fue necesario que Judas fuera reemplazado (1:22), que Pablo visitara Roma (19:21; 23:11; 25:10; 27:24), que el evangelio fuera proclamado primero a los judíos (14:22) y que los cristianos sufrieran por el nombre de Cristo (9:16). Curiosamente, Lucas no explica por qué esas cosas son necesarias, más allá de la simple afirmación de que han sido predichas en las Escrituras y están de acuerdo a la voluntad de Dios. Sin embargo, aparentemente Lucas espera que sus lectores se consuelen con la seguridad de que Dios está a cargo y que todo surge de acuerdo a un plan.

La guía divina

Lucas sostiene que el Dios que está a cargo de la historia da guía divina a los que están dispuestos a someterse al plan determinado. En el libro de Hechos, Dios dirige a la gente a través del Espíritu Santo (8:29, 39; 10:19; 11:12; 13:2-4; 16:6-7; 19:21; 20:22-23, 28), a través de profetas (11:28; 21:11), a través de ángeles (5:19; 8:26; 10:3, 7, 22; 11:13; 12:7-10, 23; 27:23-24) y a través de visiones (10:3, 11-19; 11:5-10; 16:9-10). Esa guía es evidencia de que el Dios que predestinó lo que ha ocurrido hasta ahora (2:23; 4:28) todavía está en control y a veces revelará a la gente lo que debe ocurrir después.

predestinación: el concepto o doctrina de que algunos o todos los acontecimientos son predeterminados por Dios, o que los destinos de las personas y naciones, de igual manera, pueden estar predeterminados.

Dios hace promesas y las cumple

Como hemos observado, Lucas hace énfasis en que muchos de los acontecimientos que narra constituyen el cumplimiento de predicciones y promesas que Dios hizo en las Escrituras. El sufrimiento del Mesías (un concepto difícil de entender para los judíos) no tenía que haber sido inesperado, ya que se había profetizado en las Escrituras (4:11, 24-28; 8:32-35; 13:27, 29; 17:3, 11). Además, Lucas encuentra promesas en las Escrituras para la resurrección de Jesús (2:25-28, 34-36; 3:18; cf. Lc. 18:31-33; 20:17; 22:37, 69; 24:25, 27, 44), el derramamiento del Espíritu (2:16-21) y el ministerio a los gentiles (13:47; 15:15-17; 28:25-28; cf. Lc. 24:45-47). La predicción anterior de esos eventos definitivamente demuestra que los acontecimientos fueron parte del plan de Dios, pero Lucas también pudo haber tenido un propósito más amplio en mente: al demostrar que Dios ha sido fiel a promesas anteriores, muestra que se puede confiar en que Dios cumplirá las promesas que todavía no se han cumplido. El hecho de que Jesús no haya regresado tan pronto como muchos lo habían esperado pudo haber hecho que Lucas hiciera énfasis en este tema: Dios ha cumplido promesas en el pasado y se puede esperar que cumplirá promesas en el futuro.

La fidelidad de Dios a Israel

Un asunto específico que Lucas quiere tratar en Hechos es la pregunta de si Dios ha sido fiel al pueblo del pacto de Israel. La destrucción del templo de

Jerusalén y el hecho contundente de que la mayoría de los judíos no creían en Jesús como el Mesías tuvo que haber originado preguntas en cuanto a esto: ¿ha abandonado Dios al «pueblo escogido»? Lucas sugiere lo opuesto: Dios ha cumplido todas las promesas divinas a Israel, pero muchos judíos individuales abandonaron a Dios y se excluyeron de los beneficios que produciría el cumplimiento de esas promesas. En su Evangelio, Lucas sostiene que Dios visitó al pueblo de Israel con salvación y paz (1:68, 77-79), pero trágicamente la gente no reconoció la época de su visitación ni las cosas que contribuían a la paz (19:41-44). De esa manera, según el Evangelio de Lucas, muchos del pueblo escogido de Dios «no aceptaron el plan de Dios para ellos» (7:30 NTV).

Por lo que también en Hechos, Pedro insiste en dos cosas: (1) Dios ha sido fiel al enviar a Jesús primero a Israel (3:22, 26), y (2) los que no escuchan al que Dios ha enviado «será totalmente excluido del pueblo» (3:23 NTV). El Pablo de Hechos también hace eco de estos dos puntos: la palabra de Dios se comunica primero a los judíos, pero a veces ellos rechazan y demuestran que «no se consideran dignos de la vida eterna» (13:46; cf. 18:6). Semejante lenguaje tiene un lado polémico, pero el punto principal de Lucas parece ser que no se puede culpar a Dios por los desastres que le ocurren a Israel (incluso el desastre físico de la destrucción de Jerusalén, y lo que Lucas considera ser el desastre espiritual de los judíos que se perderán la salvación que el Mesías trajo). Semejantes catástrofes no se deben a ninguna falta de fidelidad o iniciativa divina, sino más bien son simplemente una consecuencia de la misma rebeldía que Moisés y los profetas denunciaron a lo largo de la historia de Israel (3:22-23; 7:48-53; 28:25-28).

Del mismo modo, no obstante, el libro de Hechos insiste en que la fidelidad de Dios, de hecho, ha sido efectiva para un grupo nuclear dentro de Israel, ya que grandes grupos de judíos sí aceptan el evangelio: tres mil en 2:41, cinco mil en 4:4 y muchos más (incluso «muchos de los sacerdotes») en 6:7. Finalmente, Hechos narra que hay «una gran cantidad» de creyentes fervorosos entre los judíos (21:20). Para Lucas, estos cristianos judíos representan al «verdadero remanente de Israel» y los considera suficientes en número para que constituyan el pueblo del pacto de Dios para quien las promesas antiguas se han cumplido fielmente.

La misión a los gentiles

En tanto que insiste en que Dios ha sido fiel con Israel, el libro de Hechos también está claramente interesado en celebrar y promover el movimiento del cristianismo dentro del mundo gentil. El autor quiere dejar claro que esto no es una aberración: la salvación de los gentiles fue profetizada en las Escrituras (2:17; 3:25; 13:47; 15:17; cf. Lc. 2:32; 3:6), y la misión apostólica a los gentiles fue autorizada por Jesús (1:8; 9:15; 22:21; 26:17; cf. Lucas 24:47); más aún, se ha conducido de acuerdo a la indicación y a la guía del Espíritu Santo (10:44; 11:12, 15; 15:8).

Teológicamente, Lucas cree que la misión gentil encuentra justificación en el principio de que Dios no es partidista (14:15-17; 17:22-31). Si eso es cierto, entonces podríamos pensar que habría sido una buena idea, independientemente de que Israel aceptara el evangelio cristiano. Sin embargo, ciertos textos de Hechos parecen sugerir que la misión gentil fue consecuencia de la infidelidad de Israel: los judíos oyeron el evangelio primero, pero debido a que no escucharon, a los gentiles se les ofreció la salvación en su lugar (13:46; 18:6; 28:25-28). Los teólogos llaman esta idea «supersesionismo», y ha llegado a verse como un elemento clave en el antisemitismo. A lo largo de las edades, la gente que sostiene esta opinión, frecuentemente ha citado los pasajes de Hechos que parecen apoyarla.

Los eruditos modernos indican frecuentemente que los seguidores del supersesionismo tienden a pasar por alto un punto importante: en el libro de Hechos, todos los misioneros que llevan la palabra de salvación a los gentiles: Pedro, Esteban, Felipe, Santiago Bernabé, Pablo, Silas, Priscila, Aquila y el resto, son creyentes judíos. De esa manera, en cierto sentido, la misión exitosa a los gentiles en Hechos no se presenta como un reemplazo de la misión a Israel, sino más bien como una continuación de esa misión. Los judíos a quienes Lucas considera como más fieles al pacto mesiánico (es decir, los que creen en Jesús) están cumpliendo su función de ser una bendición a las naciones (Gn. 22:18) y luz a los gentiles (Is. 49:6). En un sentido irónico, a los gentiles se les ofrece la salvación, no porque el plan de Dios para Israel fracasara, sino porque tuvo éxito: la restauración de Israel se logra a través del arrepentimiento de un remanente fiel, y permite que la siguiente fase del plan de Dios entre en efecto.

Naturalmente, el diálogo entre los judíos y los cristianos quizá todavía tenga que tratar el hecho de que Lucas piense que solo los judíos que creen en Jesús son parte del Israel restaurado (algunas personas llamarían *esa* opinión «supercesionista»). Pero Lucas no presenta la misión gentil como un «Plan B», que Dios adopta después de enojarse y de dar por perdidos a los judíos. Más bien, Lucas presenta la misión gentil como un vástago de la fidelidad y obediencia de Israel a Dios: un remanente justo del pueblo judío acepta a su Mesías y actúa de acuerdo a lo que él quería que hicieran después, llevar la salvación a todos. Lucas es cuidadoso en observar que la iglesia comenzó como un movimiento completamente judío, mesiánico, dentro de Israel y que los «cristianos» aparecieron únicamente después (11:26). Él cree que eso es digno de recordar.

La centralidad de Jerusalén

La base judía para el cristianismo se conserva en Hechos con un fuerte énfasis en el papel central de Jerusalén. Lucas estableció la importancia de Jerusalén en su Evangelio al presentar tanto a Jesús como a sus discípulos como devotos a la ciudad y su templo (2:49; 13:33-35; 19:41-44; 24:52-53), y al estructurar su Evangelio de manera que mucho del libro está orientado hacia Jerusalén, a medida que Jesús y sus seguidores viajan a esa ciudad. Ahora bien, en Hechos, lo opuesto es cierto: el libro está organizado de tal manera que todo procede de Jerusalén. Jesús ordena explícitamente a sus discípulos que no se vayan de

---

Cuadro 10.5

La centralidad de Jerusalén en Lucas-Hechos

Evangelio de Lucas

- La historia inicia en Jerusalén (en el templo) (1:5-8).
- A Jesús lo llevan a Jerusalén cuando era bebé (2:22-38).
- Jesús está en Jerusalén a la edad de doce años (2:41-50).
- Hay un viaje de diez capítulos a Jerusalén (9:51-19:40; véase especialmente 9:51, 53; 13:22; 17:11; 18:31; 19:11, 28).
- Jesús llora por Jerusalén (19:41-44; también 13:33-35).
- Las apariciones después de la resurrección ocurren dentro y alrededor de Jerusalén (24:13, 18, 33, 41-43).
- La misión a todas las naciones comienza con Jerusalén (24:47).
- Jesús les dice a sus discípulos que se queden en Jerusalén (24:49).
- La historia termina en Jerusalén (en el templo) (24:52-53).

Véase también 5:17; 6:17; 9:31; 10:30; 13:4; 21:20, 24; 23:28.

Libro de Hechos

- Jesús les ordena a sus discípulos que no se vayan de Jerusalén (1:4).
- La misión hasta los confines de la tierra comienza en Jerusalén (1:8).
- Los creyentes se reúnen para orar y planificar en Jerusalén (1:12-26).
- El Espíritu Santo llega a 120 creyentes en Jerusalén (2:1-4).

- Pedro les predica a los residentes de Jerusalén, y tres mil son salvos (2:5-41).
- La iglesia de Jerusalén es una comunidad ideal (2:42-47; también 4:32-37).
- Hay cinco capítulos sobre la iglesia de Jerusalén (3:1-8:1; véase especialmente 4:5, 16; 5:16, 28; 6:7).
- La misión samaritana recibe el apoyo de la iglesia de Jerusalén (8:14-25).
- La iglesia de Jerusalén reconoce la devoción recién descubierta de Pablo por Cristo (9:27-30).
- Pedro informa a Jerusalén en cuanto al bautismo de gentiles (11:1-18).
- La iglesia de Jerusalén envía a Bernabé a ver la misión de los gentiles en Antioquía (11:19-26).
- Los cristianos de Antioquía financian un ministerio de ayuda para Jerusalén (11:27-30; también 12:25).
- El concilio de Jerusalén decide en cuanto a la controversia por las conversiones gentiles (15:1-29).
- Pablo promulga la decisión del concilio de Jerusalén (16:4).
- Pablo informa a Jerusalén después del segundo viaje misionero (18:22).
- Pablo informa a Jerusalén después del tercer viaje misionero (21:17).
- Pablo es arrestado y enjuiciado en Jerusalén (21:27-23:11).

Véase también 8:27; 9:2, 13, 21; 10:39; 13:13, 27, 31; 19:21; 20:16, 22; 21:4-13; 25:1, 3, 7, 9, 15, 20, 24; 26:4, 10, 20; 28:17.

la ciudad hasta que reciban «la promesa del Padre» (es decir, el Espíritu Santo) (1:4), y después de que eso ocurra, la misión de la iglesia procede como él lo indicó (1:8): primero en Jerusalén, luego en el área más amplia de Judea, después en Samaria y, finalmente, al resto del mundo. Sin embargo, de manera significativa, todos los misioneros, incluso Felipe, Pedro y Pablo, presentan informe a Jerusalén, que parece ser su «base» en algún sentido espiritual, incluso después de que su importancia geográfica haya disminuido.

La generosidad lucana

El libro de Hechos continúa el tema que observamos en el Evangelio de Lucas, de subrayar la aceptación de Dios de los pobres, los marginados y de cualquiera que pudiera ser considerado excluido. La iglesia primitiva se destaca por el compromiso de eliminar la pobreza (4:34) y por una visión inclusiva que busca incorporar a la gente de todas las naciones, incluso los enemigos tradicionales como los samaritanos (8:4-25). En un sentido más amplio, Lucas es extraordinariamente generoso en sus representaciones de los no cristianos; parece decidido a presentar casi a toda la gente, no solamente a los marginados sociales dignos de compasión, sino también a los incrédulos potencialmente hostiles, de la mejor manera posible. Eso aplica más notablemente a los funcionarios romanos que, aunque no son cristianos en sí, frecuentemente se les presenta como justos y comprensivos al tratar con los misioneros cristianos (18:12-16; 19:35-41; 23:10-35). De manera similar, a los idólatras de Atenas se les describe como gente «sumamente religiosa» que posee un anhelo sincero por la verdad (17:22-23, 32). Hasta a los nativos de la isla de Malta se les presenta como paganos amables y generosos que llegan a ayudar a los náufragos (28:2, 10). A los judíos no creyentes se les trata un poco más severamente en Hechos, pero a ciertos judíos que no aceptan el mensaje cristiano, no obstante, se les presenta como gente sabia y responsable (p. ej., Gamaliel y los que escuchan su consejo [5:34-39]). Además, hay que excusar a los judíos y sus líderes por matar a Jesús, ya que actuaron en ignorancia (3:17; cf. Lc. 23:34).

Jesús ausente y presente

El libro de Hechos comienza con el relato de la ascensión de Jesús, y hace énfasis en su ausencia física en la tierra. Aunque a veces se le aparece a la gente en la tierra en visiones (9:3-5), ahora se encuentra en el cielo, a la diestra de Dios (3:20-21; 7:55-56). De esa manera, en cierto sentido, el libro de Hechos se dedica a describir las circunstancias y condiciones de vivir para Cristo durante el tiempo de su ausencia (cf. Lc. 5:35), es decir, en el tiempo entre su ascensión y su parusía. Sin embargo, la importancia de su ausencia se reduce con el hecho de que Jesús permanece presente en ciertos aspectos:

ascensión: el acontecimiento en el que Jesucristo deja la tierra física y asciende al cielo, como se narra en Lucas 24:50-51 y Hechos 1:9.

parusía: la segunda venida de Cristo.

- *A través del Espíritu Santo*. En tiempos anteriores, el Espíritu Santo inspiró para que las Escrituras se escribieran, y predijo numerosos acontecimientos sobre los cuales Lucas hace referencia en Hechos (1:16; 4:25; 7:51-52; 28:25-26). Ahora, el Espíritu Santo empodera a la gente para que sean testigos de Jesús en palabras y obras (1:8; 4:8, 31; 7:55), y el Espíritu Santo dirige la vida y misión de la iglesia (8:29; 10:19; 11:28; 13:2; 15:28; 16:6; 20:23; 21:4, 11). Al Espíritu se le describe con términos muy personales en Hechos: la gente puede mentir, probar u oponerse al Espíritu (5:3, 9; 7:51). Pero el Espíritu también está estrechamente relacionado con Jesús, de manera que lo que el Espíritu Santo hace en la tierra debe considerarse como la actividad permanente de Jesús. En una ocasión, el libro de Hechos ciertamente se refiere al Espíritu Santo como «el Espíritu de Jesús» (16:7).
- *A través de la palabra*. La «palabra de Dios» se personifica en Hechos como una fuerza activa y poderosa, y se espera que los lectores consideren lo que la palabra de Dios logra en la tierra, como otra expresión de la actividad permanente de Jesús: la palabra crece, se esparce y aumenta (6:7; 12:24; 13:49; 19:20); se le envía a la gente para su salvación (13:26). En Hechos, aceptar o recibir «la palabra de Dios» esencialmente es lo mismo que aceptar a Jesús o llegar a ser cristiano (véase 8:14; 11:1; cf. Lc. 8:11).
- *A través de las vidas de sus seguidores*. Jesús identifica su presencia continua en la tierra con la actividad de los que creen en él: cuando los apóstoles u otros seguidores de Jesús enseñan, predican y sanan gente, se espera que el lector se dé cuenta de que es Jesús el que enseña, predica y sana a la gente a través de ellos (véase, p. ej., 9:34). De igual manera, los que persiguen a los seguidores de Jesús en realidad persiguen al mismo Jesús (9:5), porque lo que se les hace a sus seguidores se le hace a él.
- *A través del uso de su nombre*. En Hechos, la gente recibe salvación (4:12), perdón de pecados (10:43) y otros beneficios divinos al invocar el nombre de Jesús (22:16; cf. 2:21) y al tener fe en el nombre de Jesús (3:16). El nombre representa a la persona: alabar el nombre de Jesús es alabar a Jesús (19:17); oponerse al nombre de Jesús es oponerse a Jesús (26:9); sufrir por el nombre de Jesús es sufrir por Jesús (5:41; 9:16). La única diferencia esencial es que el nombre permanece presente y accesible de una manera en que la persona literal no lo está.

Lucas comienza el libro de Hechos observando que en su primer libro (el Evangelio de Lucas) escribió acerca de lo que Jesús dijo e hizo «hasta el día en que fue llevado al cielo» (1:2). De esa manera, su segundo libro continúa ese regalo al narrar lo que Jesús ha dicho y hecho desde el día que ascendió: relata lo que Jesús sigue diciendo y haciendo a través del Espíritu Santo, a través de la palabra de Dios, a través de las vidas de sus seguidores y a través del uso apropiado de su nombre.

Salvación

Como en el Evangelio de Lucas, el libro de Hechos hace énfasis en la identidad de Jesús como Salvador (Hch. 5:31; 13:23; cf. Lc. 2:11). Jesús otorga la salvación (2:33-40; 5:31; 13:23-39; 15:1-11; 16:30-31) que se recibe a través de su nombre (2:21; 3:16; 4:12). En Hechos, así como en su Evangelio, Lucas no parece interesado en explorar cómo la muerte de Jesús pagó por los pecados; más bien, afirma simplemente que Dios ha hecho que Jesús sea Señor y Cristo (2:36) y lo autorizó para conceder salvación a cualquiera que él decida salvar. El contenido de su salvación es doble. Finalmente, consistirá en «tiempos de refrigerio» (3:19, NTV) y «vida eterna» (13:46) cuando Jesús vuelva a restaurar (3:19-21) y a juzgar (17:30-31) a toda la humanidad (10:42). Sin embargo,

---

Cuadro 10.6

La salvación en el libro de Hechos

Este cuadro enumera los pasajes del libro de Hechos en los que se usan las palabras *sōtēr* («salvador»), *sōtēria* («salvación»), *sōtērion* («salvación»), o *sōzein* («salvan»)

Texto	¿Quién va a ser salvo?	¿En qué consiste la salvación?	¿Qué o quién la da?	¿Cómo se recibe?
2:21	Todos	Escape del apocalipsis	El nombre del Señor	Llamado
2:40	Los judíos (2:36)	Perdón, el Espíritu Santo	Jesús exaltado (2:33)	Arrepentimiento, bautismo (2:38)
2:47	Cantidades adicionales de creyentes	——	El Señor	——
4:9	El paralítico (3:2)	Ser habilitado para caminar	El nombre de Jesús (3:16)	Fe (3:16)
4:12	La gente	——	El nombre de Jesús	——
5:31	Israel	Arrepentimiento, perdón	Jesús exaltado	——
7:25	Israel	Rescate de los enemigos	Moisés	——
11:14	Los gentiles	Espíritu Santo (11:15), arrepentimiento (11:18)	Dios (11:17)	Fe (11:17)
13:23, 26	Israel, los temerosos de Dios (13:17, 26)	Perdón, libertad (13:38-39)	Jesús exaltado (13:32-39)	Fe (13:39)
13:47	Los gentiles	Vida eterna	——	——
14:9	El hombre paralítico	Ser habilitado para caminar	La palabra de Pablo	Fe
15:1, 11	Los judíos, los gentiles	——	El Señor Jesús	Gracia
16:30-31	El carcelero, su familia	——	El Señor Jesús	Fe
27:20, 31	Los marineros	Subsistencia (27:23, 34, 44)	Dios (27:23)	Obediencia
28:28	Los gentiles	Sanidad (espiritual)	Dios	Escuchando

Figura 10.2. Pablo, Silas y Timoteo. (© Look and Learn / Bridgeman Images)

ahora mismo ser salvo puede significar recibir el perdón de pecados (2:38; 5:31; 13:38-39), o el don del Espíritu Santo (2:38; 11:15), o sanidad (4:9; 14:9-10), o simplemente ser rescatado de alguna clase de aflicción temporal (7:25; 27:22-24, 34, 44), eso no siempre está claro en las Biblias en español, donde las palabras griegas para «salvo» o «salvación» a veces se traducen como otras expresiones (p. ej., 4:9, donde *sesōtai*, «ha sido salvo» se traduce «ha sido sanado» en la NVI). Al igual que en su Evangelio, el enfoque de Lucas en Hechos tiende a estar en acceder al poder salvador de Dios en este mundo presente, para que la gente pueda ser liberada de cualquier cosa que le impida experimentar la vida como Dios la tiene planificada. Este acento en los aspectos presentes de la salvación puede estar influido por el reconocimiento de que la parusía (segunda venida) de Jesús todavía podría estar lejos. Entonces, la pregunta llega a ser: «¿Cómo experimentamos la salvación de Dios y llevamos a cabo la obra de Dios mientras tanto?».

Manifestaciones carismáticas del Espíritu

El libro de Hechos habla del Espíritu Santo más que cualquier otro libro de la Biblia, y hace más de setenta referencias al Espíritu. Por lo tanto, es algo sorprendente que se le ponga tan poca atención a la influencia silenciosa del Espíritu en la vida de las personas. No nos enteramos de casi nada del papel del Espíritu al generar fe o al efectuar una purificación interna de creyentes: nadie es «lavado por el Espíritu» (1 Co. 6:11) ni «sellado con el Espíritu» (Ef. 4:30), ni se hace referencia alguna al fruto del Espíritu que afecte el carácter moral de las personas (Gá. 5:22-23), ni al efecto unificador del Espíritu que une a todos los creyentes en un cuerpo (1 Co. 6:17; 12:13; Ef. 4:4; Fil. 1:27; 1 P. 3:8). El énfasis, más bien, está en el poder y en las manifestaciones externas.

En Hechos, a veces se dice que la gente es «llena del Espíritu Santo», y esto ocurre típicamente de una manera dramática que transforma su condición con Dios, o los empapa de poder para que lleguen a ser testigos de Jesús (2:4; 4:31; 8:14-17; 10:44-48; 19:1-7; cf. 1:8; Lc. 24:49). No se puede discernir ningún patrón exacto o conjunto de requisitos para recibir al Espíritu: el don del Espíritu está vinculado de modos diversos a la oración (4:31; 8:15; cf. Lc. 11:13), a la imposición de manos (8:17-18; 19:6), a la predicación (10:44) y al

fruto del Espíritu: nueve características morales que Pablo enumera en Gálatas 5:22-23, y sostiene que el Espíritu de Dios las produce en el creyente: amor, alegría, paz, paciencia, amabilidad, bondad, fidelidad, humildad y dominio propio.

bautismo (2:38; 19:2-6; pero véase 8:15-16; 10:47). A veces, los que son llenos del Espíritu reaccionan hablando en lenguas (idiomas que no han aprendido) y profetizando (2:4-11; 10:45-46; 19:6). Estos fenómenos también se mencionan como dones del Espíritu en la primera carta de Pablo a los Corintios (véase 1 Co. 12; 14), aunque no es claro que lo que se encuentra allí sea idéntico a lo que nos enteramos en Hechos (véase "Los dones espirituales" en el cap. 14). El libro de Hechos también hace énfasis en la ejecución de «señales y maravillas», milagros espectaculares efectuados por los que reciben el poder del Espíritu (2:43; 4:30; 5:12; 6:8; 14:3; 15:12). Esas acciones colocan a los apóstoles y a otros seguidores de Jesús en línea con los héroes de Dios como Moisés (7:36) y el mismo Jesús (2:22); sirven para autenticar la palabra del evangelio, y demuestran que su proclamación audaz está respaldada por los poderes espirituales, no sujetos a los límites humanos, poderes que generalmente son benevolentes, pero que no hay que ofenderlos (5:1-11; 13:9-12).

Crecimiento, triunfo y vida victoriosa

El libro de Hechos registra el avance y progreso de la misión de la iglesia, subraya su expansión exitosa y su efecto transformador en la sociedad. Lucas señala repetidas veces que la iglesia aumenta numéricamente (1:15; 2:41; 4:4; 5:14; 6:7; 9:31; 11:21, 24; 12:24; 14:1; 16:5; 19:20; 28:30-31), así como se expande geográficamente (1:8) y crece en cuanto a la diversidad étnica (8:4-25; 10:44-48; 11:19-21). Los cristianos llegan a ser conocidos en el imperio como gente que «están trastornando el mundo» (17:6).

Este tema de transformación victoriosa también es evidente en la forma en que Hechos describe las vidas de los que siguen a Jesús. En el Evangelio de Lucas, los apóstoles discutieron entre sí por el rango (9:46; 22:24); ahora, en Hechos, la buena voluntad y la dependencia mutua en Dios parecen ser la regla (2:44-45; 4:32-35). Previamente, Pedro era un cobarde que negó que siquiera conocía a Jesús (Lucas 22:54-62); ahora, testifica audazmente de Jesús en presencia de persecución y muerte (Hch. 4:8-12, 19-20; 5:29-32).

¿Qué ha pasado? En el Evangelio de Lucas, Jesús indicó que cuando los discípulos hubieran «completado su aprendizaje» serían como él, su maestro (6:40). En Hechos, esto parece haberse cumplido: ahora son como Jesús en palabra y obra. Cuando los discípulos de Jesús hablan en el libro de Hechos (pero no en el Evangelio de Lucas, ni en ningún otro Evangelio), casi siempre se espera que el lector considere lo que ellos dicen como algo sabio, piadoso y verdadero. De igual manera, los discípulos y otros líderes de la iglesia del libro de Hechos, regularmente, hacen los tipos de cosas extraordinarias relacionadas con Jesús en el Evangelio: expulsan demonios (8:7; 16:18; 19:12), sanan enfermos (3:6-7; 5:16; 8:7; 9:34; 14:8-10; 19:12; 28:8-9), resucitan muertos (9:40), saben los pensamientos secretos de otros (5:3), predicen el futuro (20:29-30), disciernen

Una iglesia de gozo

En Hechos, Lucas señala el gozo como una característica principal de la vida y misión de la iglesia primitiva.

- Los discípulos se alegran porque son considerados dignos de sufrir por el nombre de Jesús (5:41).
- Hay «mucha alegría en esa ciudad» cuando el evangelio llega a Samaria (8:8, NTV).
- El eunuco etíope «siguió alegre su camino» después de ser bautizado (8:39).
- Bernabé se regocija cuando presencia la gracia de Dios en Antioquía (11:23).
- Los discípulos «quedaron llenos de alegría y del Espíritu Santo» (13:52).
- Dios bendice hasta a los adoradores de ídolos paganos al llenar sus corazones de alegría (14:15-17).
- La conversión de gentiles ocasiona «gran gozo a todos los hermanos» (15:3, RVR60).
- Los gentiles se regocijan cuando oyen la decisión del concilio de Jerusalén (15:31).
- El carcelero y su familia se regocijan después de que son bautizados (16:33-34).

Este es también un tema prominente en el Evangelio de Lucas (véase 1:14, 44, 47, 58; 2:10; 6:23; 10:17, 20, 21; 13:17; 15:3-10, 32; 24:41, 52).

el significado escondido pero cierto de las Escrituras (1:15-22; 2:16-22, 25-32; 4:11, 24-26; 8:32-35; 13:32-37), interactúan libremente con ángeles (5:19-20; 8:26; 12:7-10; 27:23-24) y hasta censuran con autoridad a los malvados (5:1-10; 8:20-23; 13:9-11).

Así como la gente del Evangelio de Lucas podía sanarse al simplemente tocar el ruedo de la vestimenta de Jesús (8:43-48), ahora en el libro de Hechos, la gente puede sanarse con los pañuelos o delantales que han tocado la piel de Pablo (19:12). Pedro llega a ser tan conocido por sus poderes sanadores que la gente saca a los enfermos a la calle en catres, esperando que su sombra simplemente pueda caer sobre ellos y los sane (5:15-16). Hasta la persecución de creyentes llega a ser una ocasión de victoria: cuando a los discípulos se les golpea salvajemente, ellos se regocijan por ser contados dignos de sufrir por Jesús (16:25). Parece que nada puede enfriar su espíritu ni desalentar su confianza. Y Lucas muestra una y otra vez que esta confianza está bien ubicada, ya que Dios envía ángeles (5:19; 12:7), terremotos (16:26), o cualquier otra cosa que sea necesaria para rescatarlos y permitir que la misión siga adelante.

Por supuesto, también hay mártires (7:54-8:1; 12:2), pero sus muertes nobles no impiden el progreso y la misión general de la iglesia. En efecto, cuando Esteban (el primer mártir) muere, lo hace de una manera que claramente hace eco de la pasión del mismo Jesús:

Jesús: «Padre…, perdónalos porque no saben lo que hacen» (Lc. 23:34).
Esteban: «¡Señor, no les tomes en cuenta este pecado!» (Hch. 7:60).

Jesús: «¡Padre, en tus manos encomiendo mi espíritu!» (Lc. 23:46).

Esteban: «Señor Jesús…, recibe mi espíritu» (Hch. 7:59).

De esa manera, en la muerte así como en la vida, los seguidores de Jesús del libro de Hechos demuestran que han llegado a ser como su maestro.

Conclusión

¿Es esto realista? Esa es la pregunta que mucha gente hace cuando termina de leer el libro de Hechos, y es la pregunta que muchos teólogos y eruditos le han hecho al libro también. ¿Es esta realmente la vida de fe? La mayoría de la gente no experimenta milagros tan espectacularmente o tan regularmente como los creyentes de este libro. La mayoría de los cristianos no experimenta el poder del Espíritu con la misma intensidad, ni recibe la guía del Espíritu con la misma claridad que se describe aquí (p. ej., direcciones de calles reveladas divinamente [9:11; 10:5-6]). A algunos lectores cristianos les parece deprimente la comparación de Hechos con nuestro mundo moderno: «¿Por qué no puede ser así la iglesia hoy día? ¿Dónde nos equivocamos?». Pero Lucas no querría que su libro deprimiera a nadie; la historia tiene la intención de ser inspiradora. Él quiere que creamos que la posibilidad de que se haga la voluntad de Dios es más grande de lo que podemos imaginar.

Lucas no cuenta toda la historia. Por ejemplo, no dice nada del cisma de la iglesia de Corinto, ni de los falsos maestros de Galacia, los problemas que sabemos por las cartas de Pablo. Si, en efecto, Lucas escribe a mediados de los años 80, sabe que la iglesia ha visto toda clase de escándalos y cismas y que ha soportado algunos tiempos muy difíciles. No todos los mártires murieron como Esteban; algunos salieron gritando de agonía, tal vez lanzando maldiciones a sus enemigos, o haciendo oraciones sin respuesta a Dios por su liberación. Otros no llegaron tan lejos, porque eligieron una salida deshonrosa, pero aparentemente más fácil: negando la fe o traicionando a otros. Lucas sabe todo esto, por supuesto, y asume que sus lectores también saben estas cosas. Pero eso no es parte de la historia que él quiere contar.

A cambio, él nos cuenta otra cosa. A veces, los milagros sí ocurren. A veces, las oraciones son respondidas, los héroes son rescatados, los paganos son amables, los mártires mueren valientemente y la gente de fe trastorna el mundo. Recuerde esos tiempos. En efecto, el mensaje básico de Hechos puede ser solo eso: ¡Recuerde! ¡A veces *se* hace la voluntad de Dios!

Las cartas del Nuevo Testamento

Enviar una carta ha llegado a ser un proceso extraordinariamente sencillo. Mucha gente hoy día envía y recibe numerosos mensajes por correo electrónico todos los días, además, hay mensajes de texto que transmiten a través de sus teléfonos celulares u otras maravillas electrónicas portátiles. Se requiere tiempo y atención especial para mantener correspondencia de la manera antigua, escribir a máquina o a mano una carta, colocarla en un sobre, ponerle la dirección, colocarle sellos y luego esperar varios días para que llegue a su destino.

Imagine cómo era la vida en el mundo romano. No solo no había computadoras ni internet; ni siquiera había máquinas de escribir, ni bolígrafos, ni papel, ni buzones para el correo. Era un proceso mucho más engorroso producir una carta y ver que llegara a los receptores deseados. Sin embargo, veintiuno de los veintisiete libros que conforman nuestro Nuevo Testamento parecen ser cartas (de una u otra manera), y descubrimos por lo menos nueve cartas más, incrustadas en dos de los otros libros (véase Hch. 15:23-29; 23:26-30; Ap. 2-3).

Organización de las cartas en el Nuevo Testamento

Las veintiún cartas están organizadas como sigue: (1) las cartas de Pablo a las iglesias; (2) las cartas de Pablo a personas; (3) la carta anónima a los Hebreos; (4) las cartas de Santiago, Pedro, Juan y Judas. Las cartas en cada una de las dos primeras categorías (de Pablo) se presentan en orden de longitud (de la más larga a la más corta), lo cual puede parecer algo arbitrario para los lectores modernos. Los eruditos preferirían estudiar estas cartas en orden cronológico (de la primera a la última), pero ya que las cartas no tienen fecha, es difícil determinar su orden cronológico (véase el cuadro 12.5). Algunos eruditos (que podrían tener demasiado tiempo en sus manos) han determinado que el texto griego de Efesios en realidad es unas cuantas palabras más largo que el texto griego de Gálatas, hasta el punto de que el orden de estas dos cartas debería invertirse correctamente (como está en por lo menos un listado antiguo de los escritos del Nuevo Testamento que poseemos).

Las cartas de la última categoría están organizadas en el orden que se mencionan los nombres de los autores en Gálatas 2:9 (Santiago, Pedro, Juan), y la carta corta de Judas (que no se menciona en Gá. 2:9) en último lugar. Curiosamente, la mayoría de los manuscritos del Nuevo Testamento presentan las cartas de Santiago, Pedro, Juan y Judas inmediatamente después del libro de Hechos y antes de las cartas de Pablo. El orden de las cartas en nuestras Biblias actuales sigue el orden de los manuscritos posteriores en latín, aunque nadie sabe exactamente cuándo se hizo el cambio, ni por qué.

A veces, las iglesias emplean otros nombres para referirse a los grupos particulares de escritos:

- Las *cartas pastorales*, o *epístolas pastorales*, son las tres cartas dirigidas a los colegas de Pablo, a quienes se les encargó el liderazgo pastoral de las iglesias: 1 Timoteo, 2 Timoteo, Tito.
- Las *cartas (epístolas) de la prisión*, o *cartas (epístolas) del cautiverio*, son las cinco cartas que indican que fueron escritas por Pablo desde la cárcel: Efesios, Filipenses, Colosenses, 2 Timoteo y Filemón.
- Las *cartas (epístolas) generales*, o *cartas (epístolas) católicas*, son siete escritos que se cree que fueron dirigidas a la iglesia en general: Santiago, 1 Pedro, 2 Pedro, 1 Juan, 2 Juan, 3 Juan, Judas.

Se cuestiona la exactitud de estos títulos, pero los nombres son tradicionales y siguen siendo usados.

Cómo se escribían las cartas

La gente escribía sobre casi cualquier cosa. Hemos encontrado copias de cartas escritas en tablillas de barro y en fragmentos de cerámica (llamados «ostraca») y sobre piezas de madera o pieles de animales. Sin embargo, el material más común para escribir era el papiro, una planta herbacia que crecía en abundancia en el delta del Nilo. El tallo de esta planta se puede cortar en tiras muy finas; una superficie para escribir se hacía al colocar una fila horizontal de tiras sobre una fila vertical y se presionaban las dos capas para formar una hoja que se colocaba al sol para que se secara. Una típica hoja de papiro medía alrededor de 24 por 29 cm (casi las dimensiones de una moderna hoja de papel tamaño carta) y podía contener aproximadamente doscientas palabras.

Los utensilios para escribir típicamente se hacían de caña (cálamo) afilada (los que se hacían de plumas de aves parece que aparecieron posteriormente). La tinta se hacía de una combinación de hollín de chimenea y resina. Se preservaba como una barra seca que se disolvía levemente cuando se tocaba con la punta humedecida del utensilio de bejuco. Era difícil borrarla, la tinta tenía que lavarse, por lo que los errores generalmente se tachaban de una manera más bien fea. Si el documento era importante, un error resultaba en comenzar de nuevo.

Mucha gente del Imperio romano era analfabeta. Los que sabían leer probablemente podían escribir también, pero la tarea de componer una carta era suficientemente engorrosa y frecuentemente se les delegaba a las personas preparadas para el oficio, un secretario o escriba conocido como «amanuense». De esa manera, la carta de Pablo a los Romanos identifica a Tercio como el que en realidad pone las palabras sobre el papel (Ro. 16:22). En otros lugares, Pablo especifica que él escribe las palabras finales con su propia mano (1 Co. 16:21; Gá. 6:11; Col. 4:18; 2 Ts. 3:17; cf. Flm. 19). Eso sugiere que el resto de la carta ha sido escrito por alguien más.

¿Qué hacía exactamente el amanuense? A veces, el amanuense tomaba dictado y registraba lo que el remitente quería decir, escribiendo las palabras rápidamente con un estilo, sobre una tablilla de cera (hasta se usaba una forma de taquigrafía con ese propósito), y después copiaba las palabras más meticulosamente con tinta sobre un papiro. Sin embargo, en otras ocasiones, al amanuense podían darle más libertad en cuanto a la composición: el autor de la carta explicaba con términos generales lo que debía transmitirse y permitía que el amanuense diseñara las palabras en sí. En efecto, un amanuense hábil tenía que ser competente con la retórica, y el autor de una carta tal vez esperaría que una de esas personas dijera «lo que quiero comunicar mejor de lo que yo mismo lo haría». No tenemos forma de saber cuánta libertad los autores del Nuevo Testamento les daban a las personas responsables de poner sus palabras (o pensamientos) por escrito. Los eruditos observan diferencias estilísticas discernibles en las cartas en las cuales Pablo es el autor designado, pero también observan que Pablo a veces escogía las palabras muy cuidadosamente. La suposición general es que él no habría firmado con su nombre cualquier cosa que no expresara exactamente lo que él quería decir.

Muchas de las cartas de Pablo también mencionan coautores (o corremitentes). Por ejemplo, 1 Corintios es de Pablo y Sóstenes (1 Co. 1:1), y 2 Corintios es de Pablo y Timoteo (2 Co. 1:1). No sabemos qué contribuyó esta gente al contenido en sí de las cartas. Los eruditos por lo general asumen que Pablo tuvo la responsabilidad dominante, especialmente porque él con frecuencia afirma que lo que escribe tiene el peso de la autoridad apostólica. Sin embargo, algunos eruditos han sugerido que ciertas cartas pueden venir de una «escuela paulina» que permitió que los coautores jugaran un papel prominente

autoridad apostólica: en las cartas de Pablo, la afirmación de que el autor tiene el poder y la responsabilidad de instruir, exhortar y disciplinar a las personas que fueron llevadas a la fe a través de su ministerio.

Figura 11.1. Papiro. El material para escribir llamado «papiro» se hacía de la fibra de estas plantas. (Todd Bolen / BiblePlaces.com)

al escribir las cartas. Después de todo, Pablo sí confía en otras personas para que lo representen cuando las envía como sus emisarios a tratar los problemas de diversas iglesias (véase, p. ej., 1 Co. 4:17). ¿Es posible que también les diera cierta libertad para formar el contenido de sus cartas?

De cualquier manera, una vez que se escribía una carta, tenía que llevarse al destino apropiado, y el Imperio romano no tenía servicio postal para los ciudadanos individuales. La entrega de la carta se le confiaba a alguien que asumía la responsabilidad no solo de transportarla sino de ver que se leyera como se deseaba (p. ej., en voz alta a toda la congregación, como se indica en 1 Ts. 5:27). Además, quizá se esperaba que el portador de la carta explicara varios puntos de la carta que no eran claros, que respondiera a las objeciones que surgieran y que regresara al remitente con un reporte de cómo se había recibido la misma. Parece que Pablo había encomendado a Febe (una diaconisa de la iglesia de Corinto) con el trabajo importante de entregar su carta a los Romanos (Ro. 16:1-2). A Tito (2 Co. 8:16-18), a Tíquico (Ef. 6:21; Col. 4:7-8) y a Epafrodito (Fil. 2:25-28), de manera similar, se les identifica como portadores de otras cartas.

diácono: tipo de líder de la iglesia primitiva, cuyas obligaciones exactas no son claras; la palabra significa «uno que sirve» (diakonos), y a veces se usaba para un mesero.

Estructura o formato típico de una carta

En nuestro mundo moderno, tanto las cartas personales como las profesionales siguen modelos típicos. Es común abrir una carta que dice «Querido» y luego el nombre del destinatario, y terminar la carta con «Atentamente» seguido de la firma del remitente. Por supuesto que hay variaciones, algunas de las cuales pueden revelar detalles del carácter de la carta o personalidad del autor. Haríamos inferencias en cuanto a la persona que nunca usó «Atentamente» sino que en lugar de eso firmó «Atentamente en Cristo» o «Adelante». El mundo antiguo, de igual manera, tenía patrones estereotípicos para las cartas. Los arqueólogos han descubierto miles de cartas del período del Nuevo Testamento, y se pueden examinar para determinar de qué maneras estas cartas son únicas y de qué maneras son típicas.

Saludos

Típicamente, una carta iniciaba con un saludo que identificaba al autor y al remitente, seguido de los «saludos» (cf. Hch. 15:23; Stg. 1:1). Las cartas del Nuevo Testamento exhiben una fuerte tendencia a sustituir «gracia» por «saludos». Esto puede haber sido un poco un juego de palabras, ya que las palabras se ven y suenan de manera similar en griego («saludos», *chaire*; «gracia» *charis*). De cualquier manera, este uso de «gracia» en lugar de «saludos» parece haber sido una peculiaridad de los escritos cristianos, y pudo haber sido un indicador para los que sabían que lo que seguía había sido escrito por un cristiano. Frecuentemente, se cree que Pablo originó la práctica, ya que sus cartas son las primeras que tenemos que exhiben esta característica. En cierto sentido, los cristianos copiaron a los judíos al desarrollar un saludo distintivo, ya que la mayor parte de las cartas judías de este período sustituyen «paz» (hebreo *Shalom,* o el equivalente griego *eirēnē*) por «saludos». En efecto, el patrón más común de los escritores cristianos parece haber sido usar tanto «gracia» como «paz», combinando el saludo tradicional judío con una versión transformada del saludo romano. Todas las cartas del Nuevo Testamento atribuidas a Pablo comienzan con alguna forma de este saludo de «gracia y paz», como comienzan 1 Pedro, 2 Pedro y 2 Juan.

Las cartas del Nuevo Testamento también exhiben la tendencia de que los autores extienden el saludo con frases que describen al remitente o al destinatario de maneras particulares. Por lo general, Pablo no se identifica simplemente como «Pablo» (1 Ts. 1:1); muy frecuentemente él es «Pablo, apóstol de Cristo Jesús por la voluntad de Dios» (2 Co. 1:1), o algo aún más elaborado que eso (véase Gá. 1:1). De igual manera, escribe no solo a «la iglesia de Dios que está en Corinto», sino también, más precisamente, «a los que han sido santificados en Cristo Jesús y llamados a ser su santo pueblo» (1 Co. 1:2). Parece que Pablo y otros escritores del Nuevo Testamento están tan dispuestos a predicar el evangelio que se saltan la puerta e introducen su predicación y teología en el mismo saludo de la carta en sí.

Hebreos y 1 Juan no tienen saludos iniciales, lo cual sugiere a algunos que son más como sermones u homilías que cartas literales.

gracia: el favor gratuito e inmerecido de Dios, como se manifiesta en la salvación de pecadores y el otorgamiento de las bendiciones no merecidas.

santos: gente que es santa; algunos escritores del Nuevo Testamento usan la palabra como un sinónimo virtual para «cristianos».

Agradecimiento

Las cartas en el mundo grecorromano frecuentemente incluían un breve agradecimiento a los dioses por la buena salud, por liberación de calamidades, o por algún otro favor. Pablo retiene esta característica en sus cartas, aunque experimenta un desarrollo considerable. El agradecimiento se da a Dios con vocabulario específicamente cristiano (p. ej., «por medio de Jesucristo» [Ro. 1:8]), y la razón del agradecimiento también es distintiva: Pablo típicamente agradece la fidelidad de la congregación a la que escribe y las cosas que Dios

---

Cuadro 11.1

Tipos de cartas y sus distintas funciones

Los manuales del mundo grecorromano incluyen instrucciones para escribir distintas clases de cartas para lograr fines distintos.

- *De amistad*—comparte memorias y da noticias entre amigos que están separados.
- *De oración*—expresa el contenido de oraciones que se hacían a favor del remitente.
- *De felicitaciones*—aplaude al remitente por algún logro u honor.
- *De consuelo*—expresa simpatía a los que han experimentado sufrimiento o pérdida.
- *De recomendación*—testifica de las habilidades o carácter de alguien.
- *De averiguación*—pide información del destinatario.
- *De respuesta*—responde una carta de averiguación, dando la información requerida.
- *De reporte*—informa al destinatario de noticias que el remitente considera importantes.
- *De súplica*—le pide al destinatario alguna clase de favor.
- *De agradecimiento*—expresa gratitud por un favor que se ha prometido o hecho.
- *De excusa*—explica por qué el remitente no podrá hacer algo que el destinatario ha pedido.
- *Didáctica*—enseña al destinatario acerca de algún tema.
- *De consejo*—recomienda algún curso de acción y no otro.
- *De ánimo*—estimula al destinatario a que sea valiente al tomar algún curso de acción.
- *De exhortación*—estimula al destinatario a evitar la inmoralidad y a exhibir un comportamiento virtuoso.
- *De acusación*—afirma que el destinatario tiene una actitud o comportamiento impropio.
- *De amenaza*—informa al destinatario de las consecuencias por el comportamiento (especialmente si continúa).
- *De defensa*—busca mitigar las acusaciones hechas en contra del remitente por parte del destinatario o alguien más.
- *De elogio*—elogia al destinatario por el comportamiento ejemplar.

Las cartas del Nuevo Testamento son más largas que las cartas que ejemplifican uno u otro de estos tipos (pero véase Hch. 15:23-29; 23:26-30). Generalmente, se cree que representan «tipos mixtos» para los que no había ninguna categoría específica en los manuales. Aun así, todas las cartas del Nuevo Testamento incorporan aspectos de estos diversos tipos de cartas en sus contenidos, a medida que buscan cumplir las diferentes funciones que esos tipos estaban destinados a cumplir.

Gratitud a David deSilva, *An Introduction to the New Testament* [Introducción al Nuevo Testamento], (Downers Grove, IL: InterVarsity, 2004), 533-34.

ha hecho, hace y seguirá haciendo por esa congregación. Hay ocasiones en las que algunos de los asuntos que se mencionan en el agradecimiento dan indicios de temas que se tratarán más detalladamente después (p. ej., 1 Co. 1:4-7 se amplía en 12:1-30). De esa manera, al igual que en los saludos, las oraciones de agradecimiento de Pablo tienden a ser una transición a la predicación, y no siempre es fácil decir cuándo Pablo se dirige a Dios o a la congregación en nombre de Dios. Algunos eruditos creen que la porción de «agradecimiento» de 1 Tesalonicenses se extiende hasta 3:13, y acapara más de la mitad de la carta. Sin embargo, la carta de Pablo a los Gálatas no contiene ningún agradecimiento, muy probablemente porque estaba enojado y decepcionado con esa iglesia (¡nada por lo cual estar agradecido! O eso sentía en ese momento).

Cuerpo principal

El cuerpo de una carta tenía pocas características fijas, su estructura estaba determinada por lo que era apropiado para el contenido particular. Las cartas tenían una variedad de propósitos en el mundo antiguo, y una variedad considerable también es evidente entre las cartas del Nuevo Testamento. Gálatas es una carta defensiva, escrita para reprender a sus destinatarios, en tanto que Filipenses es una carta de amistad, escrita para agradecer a una comunidad su fidelidad y apoyo.

Las cartas del Nuevo Testamento también emplean una diversidad de estilos retóricos, y muchas de ellas incorporan varios subgéneros de literatura en su contenido:

- Himnos (Fil. 2:6-11; Col. 1:15-20)
- Fórmulas litúrgicas (1 Co. 6:11; Gá. 3:28; 4:6; Ef. 5:14)
- Tradiciones eclesiásticas (1 Co. 11:23-25; 15:1-7)
- Credos (1 Ti. 3:16; 2 Ti. 2:11-13)
- Listados de virtudes/vicios (Gá. 5:19-23; Ef. 4:31-32; Tit. 1:7-10)
- Reglas para el hogar (Ef. 5:21-6:9; Col. 3:18-4:1; 1 P. 3:1-7)
- Autobiografía (Gá. 1:10-2:21; 1 Ts. 2:1-3:13)
- Documentales de viajes (Ro. 15:14-33)
- Discusiones temáticas (Ro. 13:1-7; 1 Co. 7:1-40)
- Quiasmas (Ro. 5:12-21; Gá. 5:13-6:2)
- Oraciones (Fil. 1:9-11; 1 Ts. 3:11-13)

credo: declaración confesional que resume los artículos cruciales de la fe.

quiasma: estrategia de organización para hablar o escribir, que ordena los elementos en un patrón de «a, b, b, a», por ejemplo: «luz y oscuridad, oscuridad y luz».

Conclusión

Las dos formas más comunes para la conclusión de las cartas grecorromanas eran el deseo de buena salud (cf. 3 Jn. 2) y la carta de «despedida» (cf. Hch. 15:29). Curiosamente, las cartas del Nuevo Testamento no se adhieren a estas prácticas con ninguna clase de regularidad. Las cartas de Pablo tienden a terminar un poco fortuitamente con la mención de planes de viajes (p. ej., 1 Co. 16:5-9), saludos a personas específicas (p. ej., Ro. 16:3-16), exhortaciones misceláneas (1 Ts. 5:12-28), un resumen de algún punto específico (p. ej., Ro. 16:17-20; Gá. 6:15-16), un distintivo personal (p. ej., Gá. 6:11) y, finalmente, una doxología (Ro. 16:25-27), bendición (Flm. 25) u oración final (2 Co. 13:13). Las cartas no paulinas tienden a terminar más rápidamente, a veces con saludos breves (He. 13:24; 1 P. 5:14; 2 Jn. 13; 3 Jn. 13) y una bendición o doxología (He. 13:20-21, 25; 1 P. 5:14; 2 P. 3:18; Jud. 24-25).

Finalmente, podemos observar una característica general que es bastante distintiva de las cartas del Nuevo Testamento: su longitud. La longitud típica de las cartas personales de este período es de alrededor de 90 palabras, pero las más cortas de las cartas del Nuevo Testamento, 2 Juan y 3 Juan, contienen 245 palabras y 219 palabras respectivamente. Las cartas atribuidas a Pablo tienen un promedio de 1.300 palabras, una cantidad increíble, dado que las cartas cultas del orador romano Cicerón tienen un promedio de no más de 295 palabras. La carta de Pablo a los Romanos contiene 7.101 palabras, una gran producción dado el tiempo y el problema que implicaba producir semejante correspondencia escrita en el mundo antiguo.

Pseudoepigrafía y el asunto de la autoría

Pocos asuntos son más difíciles para el estudiante principiante del Nuevo Testamento (o incluso para el erudito experto) que el de la pseudoepigrafía, que implica la pregunta de si las cartas del Nuevo Testamento en realidad fueron escritas por las personas cuyos nombres llevan. La palabra pseudoepigrafía significa literalmente «atribución falsa» (no como se pensaba frecuentemente, «escritos falsos»). La mayoría de los eruditos que utilizan el término, no tienen la intención de implicar que las obras que ellos llaman «pseudoepigráficas» son ilegítimas o inválidas. Según la teoría dominante, los autores de algunas de estas cartas atribuían sus escritos a líderes eclesiásticos famosos que en realidad no las habían escrito, pero hacían eso de maneras que nunca tuvieron la intención de ser engañosas o falsas. Aun así, no todos están convencidos de que esta teoría se sostenga (por lo menos no en cada ocasión que se aplica), y algunos cristianos siguen oponiéndose a las argumentaciones de la pseudoepigrafía en principio. El asunto se complica con las cuestiones confesionales y con las nociones diferentes de lo que significa ver estos escritos como Escrituras.

¿Qué libros?

Identifiquemos exactamente de qué escritos hablamos. De las veintiuna cartas del Nuevo Testamento, cuatro son anónimas y pueden apartarse para discusión en otra parte: Hebreos, 1 Juan, 2 Juan y 3 Juan. Hay tradiciones de la iglesia acerca de la autoría de estos escritos, que exploraremos en los capítulos apropiados de este libro, pero las cartas en sí no mencionan a sus autores.

Eso nos deja con diecisiete cartas, y ¡buenas noticias!, siete de estas casi se consideran universalmente como cartas auténticas de Pablo: Romanos, 1 Corintios, 2 Corintios, Gálatas, Filipenses, 1 Tesalonicenses y Filemón. Juntas, estas siete forman un grupo al que se le llama típicamente las «cartas auténticas de Pablo». Estas reciben atención especial en la erudición del Nuevo Testamento y frecuentemente se usan juntas como recursos definitivos para entender la teoría paulina.

Figura 11.2. Lectura de una carta. Este fresco romano del siglo i e. c. muestra a una joven que lee una carta que probablemente se parezca a una de las cartas que ahora figuran en nuestro Nuevo Testamento. (Bridgeman Images)

Pero hay diez cartas más en el Nuevo Testamento, y estas son las que algunos intérpretes, a veces, creen que son pseudoepigráficas. Seis de estas cartas afirman que fueron escritas por Pablo, pero esa afirmación se cuestiona: Efesios, Colosenses, 2 Tesalonicenses, 1 Timoteo, 2 Timoteo y Tito. A estas cartas se les conoce mejor como «las cartas discutidas de Pablo». Sin embargo, en la historia de la erudición, frecuentemente se les ha llamado las «cartas deuteropaulinas», que significa «las cartas secundarias de Pablo». Algunos han llegado a considerar esta etiqueta como injusta y muchos como confusa. Puede ser injusta porque asume que las cartas son pseudoepigráficas cuando, de hecho, eso es cuestionable. Puede ser confuso porque se utiliza el término con significados distintos. Muchos intérpretes que consideran las seis cartas como pseudoepigráficas las llaman «deuteropaulinas», porque se consideran como «secundarias» en un sentido cronológico: fueron escritas después de las cartas auténticas de Pablo. Sin embargo, para otros intérpretes, la etiqueta de «deuteropaulinas» parece implicar un juicio de valor: las «cartas secundarias» son menos importantes o autoritativas que las «cartas auténticas» de Pablo. Aun así, otros adoptan una posición intermedia: las cartas deuteropaulinas son

cartas deuteropaulinas: cartas atribuidas a Pablo que se cree que fueron escritas después de la muerte de Pablo, por personas que se creían cualificadas para dirigirse a la iglesia en nombre de Pablo.

menos importantes para la tarea específica de «entender cómo Pablo pensaba», pero no son menos importantes en cualquier otro sentido (p. ej., para recibir la palabra de Dios de las Escrituras para la iglesia).

De cualquier manera, hay diez cartas en el Nuevo Testamento que a veces se piensa que son pseudoepigráficas. Las otras cuatro (además de las seis cartas paulinas discutidas) son Santiago (que se dice que fue escrita por Santiago, el hermano de Jesús), 1 Pedro y 2 Pedro (que se dice que fueron escritas por el apóstol Pedro, uno de los doce discípulos de Jesús) y Judas (que se dice que fue escrita por Judas, el hermano de Santiago y, de esa manera, hermano de Jesús).

¿Qué niveles de autenticidad?

Ahora debemos considerar exactamente qué quieren decir los eruditos cuando dicen que una de estas diez cartas es «auténtica» o «pseudoepigráfica». El cuadro 11.2 ofrece siete construcciones posibles, o niveles, en cuanto a cómo los nombres de líderes prominentes de la iglesia (Pablo, Santiago o Judas) podrían haber llegado a estar vinculados con esas cartas.

En cuanto a las diez cartas cuestionables, los eruditos que argumentan a favor de la autenticidad generalmente no tratan de defender la autoría literal (primer nivel) o el dictado (segundo nivel). Generalmente, ellos admiten que hay suficientes anomalías en estas cartas para descartar esas posibilidades. Más bien, los eruditos que quieren afirmar que una de estas cartas es auténtica, generalmente argumentan a favor de alguna clase de «autoría delegada» (tercer nivel). Por ejemplo, un erudito que afirma que Efesios o Colosenses es una carta auténtica de Pablo, podría explicar algunas de las anomalías aparentes en esas cartas diciendo que Pablo les daba libertad a los discípulos en la escritura de las cartas. Aun así, argumentarían ellos, Pablo propuso el sentido principal de las cartas y aprobó su contenido, por lo que es justo decir que Pablo «escribió» las cartas.

Por la misma razón, los eruditos que argumentan que ciertas cartas son pseudoepigráficas, generalmente no saltan directamente al séptimo nivel y afirman que las cartas son falsificaciones. Muy frecuentemente, afirman pseudoepigrafía en los niveles que están en medio (cuarto, quinto, sexto). Por ejemplo, unos cuantos eruditos han sugerido que 2 Timoteo podría ser un ejemplo de «autoría póstuma» (cuarto nivel): la carta es pseudoepigráfica solamente porque Pablo murió antes de poder completarla, y uno de sus seguidores tuvo que expresar en palabras lo que él tenía la intención de decir.

Muchos eruditos que argumentan que algunas cartas del Nuevo Testamento son pseudoepigráficas visualizan un escenario de «autoría de aprendiz» (quinto nivel), según el cual, los discípulos de un difunto líder de la iglesia siguen escribiendo cartas a su nombre para permitir que su tradición continúe después

Autoría y pseudoepigrafía: Niveles de autenticidad

1. *Autoría literal.* Un líder de la iglesia escribe una carta con su propia mano.
2. *Dictado.* Un líder de la iglesia dicta una carta casi palabra por palabra a un amanuense.
3. *Autoría delegada.* Un líder de la iglesia describe el contenido básico de una carta planeada a un discípulo o amanuense, quien luego escribe la carta para que el líder la apruebe y la firme.
4. *Autoría póstuma.* Un líder de la iglesia muere, y sus discípulos terminan una carta que él quería escribir, y la envían póstumamente a su nombre.
5. *Autoría de aprendiz.* Un líder de la iglesia muere, y los discípulos que han sido autorizados a hablar por él cuando estaba vivo siguen haciéndolo al escribir cartas, años o décadas después de su muerte.
6. *Pseudoepigrafía honorable.* Un líder de la iglesia muere, y sus admiradores buscan honrarlo al escribir cartas en su nombre como un tributo a su influencia y con una creencia sincera de que ellos son portadores responsables de su tradición.
7. *Falsificación.* Un líder de la iglesia adquiere prominencia suficiente que, ya sea antes o después de su muerte, la gente busca explotar su legado al falsificar cartas a su nombre, y lo presentan como simpatizante de las ideas de ellos.

de la muerte. Esto parece haber sido una práctica establecida en algunas partes del mundo antiguo. Los discípulos del filósofo griego Pitágoras siguieron atribuyendo todos sus propios escritos a su maestro, mucho después de que él hubiera muerto, porque habían aprendido tanto de él que pensaban que debía recibir el crédito de sus conocimientos. De esa manera, muchos eruditos piensan que algunas de las cartas del Nuevo Testamento, que se le atribuyen a Pablo, en realidad fueron escritas por sus discípulos (modestos) después de su muerte. Ellos no trataban de engañar a nadie para que pensaran que había aparecido una carta nueva del apóstol difunto; simplemente estaban honrando a su maestro al escribir en su nombre para que su influencia pudiera seguir floreciendo.

Algunos eruditos van un paso más adelante y atribuyen algunas de las cartas del Nuevo Testamento a lo que podría llamarse «pseudoepigrafía honorable» (sexto nivel). En semejante caso, las personas que no eran en sentido literal discípulas de Pablo, gente que en realidad nunca lo había conocido, podrían haberse considerado sus discípulos espirituales, en un sentido más amplio de la palabra, y por lo tanto ellos también pudieron haber escrito cartas a su nombre. Aunque esa práctica puede parecernos falsa, sabemos con seguridad que los cristianos sí hacían eso en la iglesia primitiva, y no se veían a sí mismos como que estuvieran haciendo algo deshonesto o de mala reputación. Un obispo del siglo II, de hecho, escribió una «tercera carta de Pablo a los Corintios», complementando las enseñanzas de 1 Corintios y 2 Corintios con lo que él estaba seguro que Pablo querría decir acerca de las nuevas crisis que habían surgido (p. ej., el gnosticismo). Aparentemente, no trató de hacer pasar esta obra como una composición auténtica paulina (la carta trata con asuntos de su tiempo actual, por lo que ¿quién habría creído semejante treta?). Tal vez, simplemente hacía en el siglo II lo que Martin Luther King Jr. haría en el siglo XX: el líder de los derechos civiles escribió una famosa «carta de San Pablo a las iglesias estadounidenses», expresando las opiniones del apóstol en cuanto al prejuicio y la segregación racial. De cualquier manera, muchos eruditos afirman que no es difícil imaginar que, de la misma forma, un admirador de Pablo del siglo I, con buenas intenciones, pudiera haber escrito una segunda carta a los Tesalonicenses en nombre de Pablo, o que otro cristiano devoto y sincero pudiera haber escrito cartas a nombre de Pedro, Santiago o Judas.

Aun así, sí sabemos que a veces se producían las falsificaciones absolutas. La gente presentaba su propia obra bajo el nombre de un líder prominente de la iglesia, para que sus ideas pudieran obtener una aceptación más amplia de la que ellos habrían recibido de otra manera. Vemos en 2 Tesalonicenses una advertencia explícita en cuanto a las cartas falsificadas que podrían estar circulando bajo el nombre de Pablo (2 Ts. 2:2). El fragmento muratoriano, un documento de la segunda mitad del siglo II, también se refiere a los escritos pseudoepigráficos que se consideran ilegítimos: «También hay en curso una epístola a los laodicenses y otra a los alejandrinos, ambas falsificadas a nombre de Pablo para avanzar la herejía de Marción, y varias otras que no pueden recibirse en la iglesia católica, porque no es conveniente que la hiel se mezcle con la miel» (63-70).

¿Qué pensaba la iglesia primitiva de la pseudoepigrafía?

Observamos que los discípulos del filósofo griego Pitágoras siguieron publicando obras a su nombre mucho después de que él había muerto. Un escritor griego posterior, Porfirio, sabía muy bien que ese era el caso, pero, aun así, aceptó los escritos de esos discípulos como obras genuinas de Pitágoras. Pero ¿tuvo la iglesia cristiana una actitud similar hacia los escritos de los cristianos, producidos en nombre de los influyentes y prominentes apóstoles? El obispo responsable de producir 3 Corintios en el siglo II, definitivamente estuvo bajo disciplina cuando confesó ser el autor de ese documento. Independientemente de sus intenciones, la existencia de la carta había confundido a la gente, y, como resultado, la carta fue condenada como falsa, y se requirió que el obispo renunciara con deshonra. Esto parece indicar que la iglesia primitiva no estaba despreocupada por esos asuntos y evaluaba la pseudoepigrafía de manera distinta que los seguidores de Pitágoras. A la iglesia, de hecho, le gustó el contenido de 3 Corintios y le habría sido útil para combatir el gnosticismo. La iglesia rechazó la carta solamente por una razón: se presentaba como una carta de Pablo, aunque no lo era. De igual manera, según el difunto teólogo del siglo II, Tertuliano, un anciano de la iglesia asiática que confesó haber escrito un libro apócrifo llamado *Hechos de Pablo y Tecla* fue destituido, aunque afirmó haberlo hecho por el gran amor al apóstol. La obra en sí siguió siendo popular en algunos círculos por siglos, pero nunca se reconoció, en ningún sentido oficial, que tuviera la autoridad de Escrituras. De esa manera, muchos eruditos sostienen que ninguna carta que en realidad sea conocida como pseudoepigráfica nunca habría sido admitida en el canon del Nuevo Testamento.

Sin embargo, otros eruditos sugieren que la iglesia desarrolló esa postura firme en contra de la pseudoepigrafía solo porque se abusaba de la práctica. El problema de las falsificaciones —los documentos que promueven ideas que sus supuestos autores nunca habrían avalado— llevó al rechazo de cualquier clase de pseudoepigrafía, incluso las variedades que anteriormente la iglesia pudo haber considerado aceptables. Por lo tanto, algunos eruditos sostienen que la iglesia del siglo I no tenía necesariamente problemas con la gente cuyo pensamiento estaba en línea con el de las obras de Pablo, escritas a nombre de Pablo. Ese fue un acuerdo establecido en el mundo en ese entonces, y los libros escritos a nombre de Pablo bajo esas condiciones (especialmente los que fueron escritos en las primeras dos o tres décadas después de su muerte) pudieron haberse visto como parte de la legítima tradición paulina, como los del canon del Nuevo Testamento. Pero esa era de «pseudoepigrafía aceptable» fue bastante corta y no continuó en el siglo II. Esta teoría es atractiva y a muchos eruditos les parece aceptable, pero no hay evidencia segura que la apoye: no tenemos registro de nadie de la iglesia primitiva que alguna vez reconociera que un escrito fuera pseudoepigráfico (en ningún sentido de la palabra) y, a pesar de eso, lo reconociera como autoritativo.

¿Cómo se toman las decisiones en cuanto a la pseudoepigrafía?

La discusión en cuanto a si ciertos escritos del Nuevo Testamento son pseudoepigráficos o auténticos tiende a enfocarse en seis temas:

1. *Probabilidad intrínseca*. Los que favorecen la autenticidad a veces afirman que las cartas que estimulan la responsabilidad ética y la virtud moral es probable que no hubieran sido escritas por farsantes inescrupulosos. Insisten en que algunas de las cartas del Nuevo Testamento que se consideran pseudoepigráficas no se pueden explicar como productos de cristianos bienintencionados que no creyeron que hacían algo deshonesto. Por ejemplo, el autor de 2 Tesalonicenses se esfuerza en asegurar a los lectores que la carta en realidad la escribe Pablo (3:17; cf. 2:2). Si 2 Tesalonicenses la escribe Pablo, está bien; si no, si esta carta está condenada a ser pseudoepigráfica, entonces tiene que considerarse como

producto de un engaño deliberado. La pregunta llega a ser: «¿Parece que el autor de esta carta habría sido una persona dada a semejantes tácticas?».

2. *Confiabilidad de la tradición eclesiástica.* Los defensores de la autenticidad a menudo argumentan que las autoridades de la iglesia primitiva tienen muchas más probabilidades de haber sabido la verdad sobre estos asuntos que nosotros hoy día; no debemos cuestionar sus decisiones, a menos que tengamos muy buenas razones para hacerlo. De ahí, la postura «conservadora»: la tradición es inocente hasta que se demuestre lo contrario; la carga de la prueba está en los que quieren establecer la pseudoepigrafía. Sin embargo, muchos eruditos afirman que se sabe que la tradición de la iglesia está equivocada en cuanto a muchos asuntos (incluso en la autoría de los Evangelios). Además, los que conservaron estas tradiciones frecuentemente no fueron críticos y transmitieron lo que ellos querían creer que era cierto, sin poseer los medios ni la inclinación a evaluar la tradición científicamente. De ahí, la postura «liberal»: la tradición es dudosa a menos que se compruebe que es posible; la carga de la prueba está en los que quieren afirmar la autenticidad.

3. *Lenguaje y estilo.* Los eruditos que sospechan que determinada carta es pseudoepigráfica, frecuentemente indican que está escrita en un lenguaje y estilo que el autor no habría usado. ¿En realidad parecen obra de un pescador galileo las cartas atribuidas a Pedro? O, en cuanto a las cartas de Pablo, los analistas literarios comparan el lenguaje y estilo de las posibles cartas pseudoepigráficas con el lenguaje y el estilo de las cartas auténticas (las que estamos seguros de que Pablo escribió). ¿El resultado? Algunos afirman que la persona que escribió Romanos no es posible que hubiera escrito Efesios (o alguna de las demás cartas que tienen el nombre de Pablo). Los defensores de la autenticidad generalmente afirman que las diferencias lingüísticas y estilísticas meramente indican que un autor permitió que un amanuense o coescritor asumiera la responsabilidad de algo de la redacción propiamente dicha.

4. *Incoherencias teológicas.* Algunos eruditos afirman que una carta tiene que ser pseudoepigráfica si transmite ideas con las que el autor aparente no habría coincidido. Por ejemplo, Efesios presenta a Pablo diciendo que la iglesia cristiana se ha edificado «sobre el fundamento de los apóstoles» (Ef. 2:20), un punto que algunos eruditos creen que contrapone con la opinión de Pablo de que los apóstoles no son nada especial a los ojos de Dios (Gá. 2:6) y que solamente Jesucristo es el fundamento de la iglesia (1 Co. 3:11). Los defensores de la autenticidad típicamente minimizan esas discrepancias (p. ej., pueden afirmar que Ef. 2:20 sí dice que Jesucristo es

la «piedra angular», por lo que la distinción es más de simbolismo que de sustancia). También cuestionan la validez de atribuirle demasiada coherencia a Pablo, quien admite que fue capaz de llegar a ser «todo para todos» (1 Co. 9:22) por lo que (en algunos asuntos) pudo haber expresado sus ideas de maneras diferentes para encajar en contextos particulares.

5. *Anacronismo histórico*. Algunos eruditos sostienen que una carta tiene que ser pseudoepigráfica si refleja ideas históricas o circunstancias asociadas con una época posterior al período en que vivió el supuesto autor. Por ejemplo, las cartas que reflejan una forma jerárquica bastante bien desarrollada del gobierno de la iglesia, se dice frecuentemente que reflejan el período de la iglesia de una generación después del tiempo de los primeros apóstoles. Los defensores de la autenticidad tienden a considerar esto como un argumento circular: los escritos que describen la estructura de una iglesia desarrollada son considerados pseudoepigráficos porque no hay evidencia de que semejante estructura existiera durante el período apostólico; sin embargo, la afirmación de que no hay evidencia temprana para una estructura eclesiástica desarrollada se sostiene al atribuir todos los escritos que describen ese tipo de estructura a un período más tardío.

6. *Discrepancias biográficas*. Algunos eruditos sostienen que ciertas cartas atribuidas a Pablo podrían ser pseudoepigráficas porque las circunstancias supuestas de su composición no encajan con lo que se sabe de la biografía de Pablo, según otras cartas o el libro de Hechos. Esto surge principalmente en las discusiones de 1 Timoteo y Tito, que presumen actividad misionera de Pablo que no se narra en ningún otro lado. Los defensores de la autenticidad argumentan que podría haber muchos desfases en nuestro registro de la vida de Pablo; específicamente, ellos argumentan que Pablo pudo haber tenido una «segunda carrera» como misionero después de los acontecimientos que se narran en Hechos (véase «Los años finales» en el capítulo 12).

teoría de la segunda carrera: en los estudios paulinos, la noción de que el apóstol fue liberado del cautiverio en Roma y continuó haciendo cosas que no se narran en el Nuevo Testamento, antes de ser capturado de nuevo y ejecutado más tarde de lo que se ha pensado tradicionalmente.

Finalmente, debemos observar que los defensores de la autenticidad frecuentemente buscan un enfoque de «divide y conquista» para defender las cartas de las argumentaciones de pseudoepigrafía: consideran cada problema potencial uno por uno. En contraste, los que argumentan a favor de la pseudoepigrafía generalmente lo hacen basándose en la prueba acumulada. Ellos coinciden en que se pueden dar explicaciones de la consideración individual, pero sostienen que la pseudoepigrafía provee una explicación sencilla de las múltiples anomalías que, de otra forma, deben justificarse de maneras distintas y (ellos creen que) desesperadas.

¿Por qué es esto importante?

La pregunta de si las cartas del Nuevo Testamento en realidad fueron escritas por las personas cuyos nombres llevan, llega a ser significativa cuando buscamos definir los contextos históricos que las cartas trataban de abordar. El asunto de la autoría está vinculado inevitablemente a la fecha de la composición. Si 1 Pedro en realidad fue escrita por el apóstol Pedro, podría estar tratando asuntos del Imperio romano alrededor del tiempo de Nerón (justo antes del martirio de Pedro). Si la carta es pseudoepigráfica, podría estar tratando asuntos que surgieron décadas después. De esa manera, las decisiones en cuanto a la autoría y pseudoepigrafía sí acaban afectando la forma en que se interpretan los pasajes particulares de las cartas del Nuevo Testamento. Esas decisiones llegan a ser aún más importantes para los historiadores de la iglesia y los teólogos bíblicos, que quieren leer las cartas del Nuevo Testamento como un testigo cronológico de los desarrollos del cristianismo primitivo. A los eruditos paulinos, en particular, les gusta desarrollar relatos biográficos de la vida y del pensamiento de Pablo, y esas reconstrucciones dependen de los juicios en cuanto a qué cartas en realidad fueron escritas por Pablo y cuáles pudieron haber sido escritas por sus seguidores o admiradores después de su muerte.

Conclusión

Las cartas se escribían por muchas razones en el mundo antiguo. Sin embargo, una función parece haber trascendido a todas las demás: independientemente de cualquier otra cosa que una carta hiciera, transmitía la presencia personal del remitente. Pablo deja claro que su primera opción siempre fue comunicarse con la gente en persona (Ro. 1:9-15); las cartas eran necesarias porque no siempre podía estar donde él quería estar.

Las cartas eran consideradas un sustituto efectivo de la presencia real de los apóstoles o líderes eclesiásticos, cuyos nombres llevaban. Una carta podía transmitir el afecto de Pablo hacia sus lectores; también podía transmitir su autoridad sobre ellos, expresada a veces con palabras de juicio o condena. Las cartas servían para conectar el espacio físico y llevaban los saludos, las oraciones, las enseñanzas y la bendición de los líderes cristianos prominentes a aquellos que tenían hambre de la palabra de la verdad y esperanza del evangelio.

No es tan distinto para nosotros, como lectores de las cartas hoy día. La única diferencia esencial es que la brecha ha crecido más: ahora es temporal y cultural, así como espacial. Sin embargo, las cartas del Nuevo Testamento pueden transmitir el poder y la presencia de los autores antiguos a los lectores modernos. Esos autores no nos conocían. No se imaginaron nunca que nosotros leeríamos sus cartas. Aun así, las cartas en sí estaban diseñadas a cerrar las brechas y hacer que los autores estuvieran presentes. Y eso todavía ocurre: cuando la gente lee el Nuevo Testamento hoy día, y escucha a Pablo, Santiago, Pedro o Judas hablarles directamente, las cartas están funcionado de acuerdo al plan.

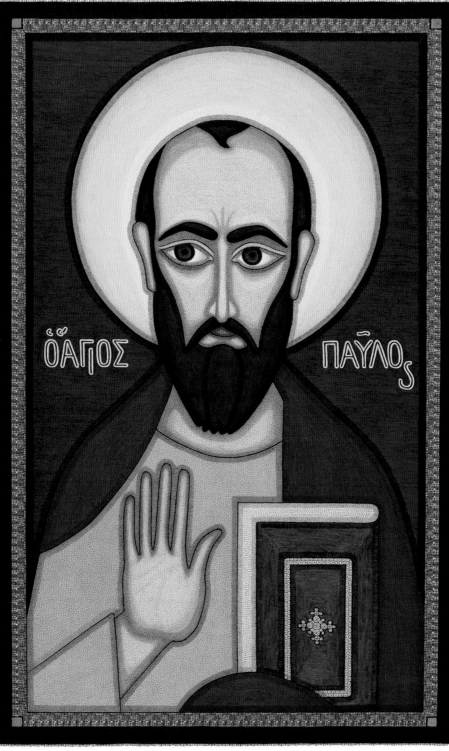

Ὁ ἍΓΙΟΣ ΠΑῦΛΟς

12

Pablo

A los profesores de religión a veces les gusta dejar perplejos a sus estudiantes con una pregunta capciosa: «¿Quién fue el fundador del cristianismo?». Los estudiantes, por supuesto, dicen: «Jesús», y los profesores responden: «No, fue Pablo».

El caso es que Jesús fue un campesino judío que dijo e hizo algunas cosas extraordinarias en Galilea, pero al final de su carrera, no había nada en la tierra que ni siquiera se pareciera remotamente a una religión mundial. Fue Pablo el que llevó el mensaje de Jesús, y acerca de Jesús, al mundo. Al final de la carrera de Pablo la gente que creía en Jesús estaba organizada en iglesias, comunidades de fe que tenían confesiones, liturgias, obispos y diáconos. Y estas iglesias se esparcieron en todo el Imperio romano. Casi en cualquier parte a donde uno iba había cristianos, seguidores de una nueva religión. «Pablo hizo eso —dirán los profesores de religión—. No Jesús».

Esa idea de que Pablo fue el verdadero fundador del cristianismo es una exageración. Por un lado, ignora el hecho de que hubo muchos otros apóstoles y misioneros involucrados en la expansión de la fe cristiana y el desarrollo de sus diversas instituciones. Además de eso, Pablo claramente se consideraba como un poco más que un embajador o emisario de Jesús, que ejecutaba las directrices de su Señor (cf. 2 Co. 5:18-20). No hace ninguna aseveración de ser innovador en su doctrina o ideas; más bien, él transmite lo que ha recibido (1 Co. 15:3-9), y considera que sus enseñanzas son coherentes con lo que el mismo Jesús enseñó e hizo.

Aun así, Pablo es una figura de importancia monumental. Se dice que casi la mitad de los libros del Nuevo Testamento fueron escritos por él (trece de veintisiete), y más de la mitad del libro de Hechos se dedica a relatar sus hazañas. Él fue mayormente (aunque no exclusivamente) el responsable de expandir

doctrina: la creencia o conjunto de creencias reconocidas que una iglesia cree y enseña.

el movimiento cristiano numérica y geográficamente, y también de extender ese movimiento más allá de las barreras étnicas a través de la inclusión de los gentiles.

Un hombre extraordinario

Independientemente de lo que digamos de Pablo, no parece haber sido típico, no fue «un judío típico», ni «un cristiano típico», ni un «típico ciudadano del mundo grecorromano». Pablo fue tanto controversial como persuasivo. Como se observa frecuentemente, una razón por la que Pablo escribió tantas cartas es que la gente debatía con él, y, aun así, una razón por la que todavía tenemos esas cartas es que sus opiniones generalmente prevalecían.

Él sigue siendo una figura imponente de resplandor intelectual, considerado por historiadores seculares y religiosos por igual como uno de los maestros morales más grandes de la historia, y como el teólogo cristiano más influyente que haya vivido jamás. Jonathan Edwards llamó a Pablo «la más fructífera y próspera de las ramas apostólicas que surgió del tronco del Cristo resucitado, para que la parte más grande del árbol del futuro saliera de esta rama».

También, vale la pena observar que las cartas de Pablo generalmente se consideran como los únicos escritos que tenemos de cualquier fariseo que perteneciera a lo que se llama el período del Segundo Templo del judaísmo (537 a. e. c. a 70 e. c.). Es cierto, el historiador romano Josefo afirma que él fue fariseo por un tiempo breve (*Vida* 2), pero Pablo fue educado como fariseo y siguió considerándose fariseo durante toda su vida (Fil. 3:5). Él sigue siendo una figura importante para los estudios judíos, aunque su identificación definitiva con el movimiento cristiano hace que los historiadores judíos cuestionen qué tan verdaderamente representativo podría haber sido de un fariseo (¿por qué no siguieron su ejemplo ni aceptaron sus argumentos otros fariseos?).

De cualquier manera, hay más que considerar de Pablo. Aunque hay mucho en sus cartas que es difícil de entender (véase 2 P. 3:16), también, hay mucho que atrae a los que no son intelectuales o no están interesados particularmente en la «teología» como tal. Hay pasajes de una belleza extraordinaria —1 Corintios 13 se parece a Shakespeare—, y hay secciones tan claramente inspiradoras que un millón de sermones podrían darse para revelar su significado a gente de innumerables culturas y circunstancias. También hay textos preocupantes en los que Pablo parece corto de vista, o simple y llanamente cruel (1 Ts. 2:14-16), acepta la esclavitud (1 Co. 7:21-22) y silencia a las mujeres (1 Co. 14:34-35). Por supuesto, se han dado varias propuestas para explicar esos textos, y observaremos algunos de ellos en los capítulos siguientes.

Para apreciar completamente cuán extraordinario es este hombre, Pablo, debemos abordar sus escritos a la luz de dos pensamientos aleccionadores.

Primero, estamos leyendo las obras de un mártir. Pablo sufrió seriamente por proclamar el evangelio como lo hizo y finalmente murió por sus creencias; le importaba tan profundamente lo que tenía que decir que estuvo dispuesto a soportar humillaciones, tribulación, tormento físico y, finalmente, la muerte para decirlo. Segundo, leemos las obras de un convertido, en un sentido de la palabra. Como lo veremos, Pablo no abandonó una religión (el judaísmo) para adoptar otra (el cristianismo). Pero antes de que llegara a ser seguidor de Jesús, en realidad trató de destruir la iglesia cristiana, y empleó la violencia en contra de los que confesaban la misma fe por la que él mismo después padecería violencia. Algo ocurrió que lo transformó de un enemigo infame de esa fe a su promotor y vocero más prominente. La descripción bíblica es de un hombre dispuesto a matar por sus convicciones, transformado en un hombre dispuesto a morir por ellas.

La vida de Pablo

Pablo alude a varios aspectos de su vida en porciones clave de sus cartas auténticas: Filipenses 3:4-6 (su crianza); Gálatas 1:13-17 (su llamado); Gálatas 1:18-2:14 (sus viajes a Jerusalén); 1 Tesalonicenses 2:1-12 (su ministerio); 2 Corintios 11:23-29 (sus dificultades). Además, el libro de Hechos relata numerosas historias de su vida (7:58-8:3; 9:1-30; 11:25-30; 12:25-28:31) y presenta discursos en los que él da resúmenes breves de su propia biografía (véase especialmente 22:1-21; 26:2-23). La estrategia de la erudición académica es ver primero lo que Pablo dice en las cartas y luego el material de Hechos como una fuente secundaria y suplementaria (véase el cuadro 12.1).

Los primeros años en el judaísmo

Cuando Pablo reflexiona sobre su nacimiento y crianza, acentúa su identidad judía (véase Ro. 11:1; 2 Co. 11:22; Gá. 1:13-14; Fil. 3:4-6). En sus cartas no nos dice cuándo ni dónde nació, pero sí nos dice que fue circuncidado al octavo día de su vida, como era tradicional entre los judíos devotos. Nació y creció «como miembro del pueblo de Israel», como «descendiente de Abraham» y, más específicamente, como «miembro de la tribu de Benjamín». Él se siente orgulloso de su identidad como «hebreo de hebreos» y, en efecto, como fariseo. Sostiene que cumplía la ley judía de una manera que era «intachable» y que «avanzó en el judaísmo» más allá que muchos de sus compañeros.

El libro de Hechos da muchos más detalles acerca de la vida temprana de Pablo que lo que se narra en las cartas. Primero, Hechos indica que el nombre judío de Pablo era «Saulo» (7:58-13:9; 22:7; 26:14). Ese era el nombre del primer rey de Israel, que también había pertenecido a la tribu de Benjamín y a quien se

Fuentes para estudiar la vida y el pensamiento de Pablo

Tenemos cuatro fuentes para reconstruir la vida y el pensamiento de Pablo.

- *Siete cartas auténticas, reconocidas como escritas por Pablo* (Romanos, 1 Corintios, 2 Corintios, Gálatas, Filipenses, 1 Tesalonicenses, Filemón).
- *Seis cartas discutidas,* que algunos creen, pero no todos, que fueron escritas por Pablo (Efesios, Colosenses, 2 Tesalonicenses, 1 Timoteo, 2 Timoteo, Tito).
- *El libro de Hechos,* mucho del cual fue escrito acerca de Pablo un par de décadas después de su muerte.
- *Tradiciones* de la historia de la iglesia.

La fuente principal

Las cartas auténticas son lo más importante de nuestras fuentes, porque en ellas tenemos lo que todos aceptan que son las propias declaraciones de Pablo acerca de su vida y pensamiento. Aun así, ya que estas cartas están dirigidas a ocasiones específicas, solamente leemos acerca de los temas que era necesario tratar. Si la iglesia corintia no hubiera tenido problemas en cuanto a su celebración de la Santa Cena (que Pablo trata en 1 Co. 11), no sabríamos que Pablo creyera en ese ritual, o que tuviera alguna opinión de ella de una o de otra forma. ¿Ignoramos otros asuntos simplemente porque ninguna crisis motiva a Pablo a comentar acerca de ella?

Fuentes secundarias

Las cartas discutidas pueden ser una fuente adicional para aprender de Pablo, pero se usan con moderación en la erudición académica, por la sencilla razón de que cualquier argumento que se haga en función de lo que se dice en esas cartas, quizá no sea aceptado por los eruditos que consideran las obras como pseudoepigráficas. Hay una advertencia similar para el uso del libro de Hechos, ya que muchos eruditos creen que la presentación de Lucas de Pablo en ese libro está matizada con sus propias prioridades e intereses. Las tradiciones de la iglesia en cuanto a Pablo se evalúan de forma individual: algunas se toman en serio como preservación de hechos probables, en tanto que otras se descartan como transmisoras de leyendas no verificables.

---

le recordaba como uno de los miembros más ilustres de esa tribu. «Pablo» era el nombre del apóstol en latín. Saulo no llegó a llamarse «Pablo» en el tiempo de lo que frecuentemente se ha llamado su «conversión», ni como resultado de ese acontecimiento; más bien, parece que Saulo/Pablo tenía dos nombres: su nombre propio hebreo (Saulo) y un nombre que sonaba más romano (Pablo), para usarlo en el mundo gentil (de manera similar, su compañero Silas también se llamaba «Silvano»).

El libro de Hechos también nos dice que Pablo fue criado en Jerusalén, donde estudió «a los pies de Gamaliel» (22:3, RVR60), un rabino famoso de la época (véase 5:34-39). Aun así, según Hechos, Pablo era en realidad nativo de Tarso, la ciudad capital de Cilicia (22:3; cf. 9:11; 21:39) y, además, era ciudadano romano (16:37-38; 22:25-29). Algunos eruditos sospechan que esta información de Hechos es idealizada, que le da a Pablo pedigríes perfectos, tanto para las audiencias judías como para las romanas. Si en realidad tenía esas credenciales (estudiante de Gamaliel y ciudadano romano), ¿por qué no menciona nada de eso en sus cartas, particularmente en esas ocasiones donde enumera cosas de las que podía alardear si estuviera inclinado a hacerlo (cf. 2 Co. 11:16-12:13)? Aun así, no hay nada en las cartas de Pablo que contradiga esta información categóricamente, y esas cartas sí parece que fueron escritas por alguien que está igualmente familiarizado con los ambientes judío y gentil (1 Co. 9:19-23).

Perseguidor de la iglesia

Pablo nos dice en sus cartas que persiguió a la iglesia primitiva violentamente e intentó destruirla (1 Co. 15:9; Gá. 1:13, 23; Fil. 3:6; cf. 1 Ti. 1:13; Hch. 22:3-5, 19; 26:9 11). Él nunca dice exactamente qué tenía la fe nueva que provocaba su ira, pero sí dice que estaba impulsado por el celo de las tradiciones ancestrales, que aparentemente él creía que estaban siendo desafiadas.

El libro de Hechos da un ejemplo específico de la persecución de Pablo de la iglesia: Pablo (llamado «Saulo») estuvo presente en Jerusalén para el asesinato de Esteban, frecuentemente llamado «el primer mártir de la iglesia», cuidando las capas de quienes lo apedrearon y estuvo de acuerdo con esa acción (7:58; 8:1; 22:20). Hechos dice más adelante que Pablo causaba estragos en la iglesia, e iba de casa en casa arrastrando hombres y mujeres a la cárcel (8:3). Pablo hizo que ataran y castigaran (¿torturaran?) a los creyentes para obligarlos a negar su fe, y cuando no lo hacían, votaba para que los condenaran a muerte (26:10-11; cf. 22:4, 19). Además, Hechos nos dice que Pablo también quería extender su persecución a otras áreas (9:1-2, 13-14, 21; 22:5). De nuevo, estos relatos de Hechos meramente informan lo que Pablo dice en sus cartas; algunos eruditos podrían considerar las amplificaciones como exageraciones de la narrativa, pero no hay nada contradictorio en el testimonio de sí mismo de Pablo.

Una revelación transformadora

Pablo dice que recibió una revelación de Dios que le dio un giro a su vida (Gá. 1:15-16). ¿Qué pasó exactamente? Pablo expresa que el Jesús resucitado se le apareció de la misma forma en que se les había aparecido a muchos de sus seguidores en los días posteriores a su crucifixión (1 Co. 15:3-8; cf. 9:1). Él no da detalles en cuanto a lo que Jesús dijo o hizo, pero como resultado de la experiencia, la vida de Pablo fue transformada para siempre, y todo el tiempo consideraba la revelación divina que ocasionó este cambio como un acto de gracia inmerecida, que Dios había hecho por él (Ro. 1:5; 1 Co. 15:10).

El libro de Hechos narra descripciones de este acontecimiento fundamental en la vida de Pablo. Dice que él se dirigía a Damasco con autorización legal de arrestar a los seguidores de Jesús, cuando el acontecimiento dramático ocurrió. La historia de ese acontecimiento se relata tres veces en Hechos, con

La «conversión» de Pablo: Un cambio de corazón y mente

Aunque Pablo siguió considerándose judío y fariseo leal después de su encuentro con el Cristo resucitado, parece que sí cambió de idea en cuanto a algunos asuntos.

- *Jesús.* Pablo había considerado que Jesús era un mesías falso; ahora veía a Jesús como el verdadero Mesías y, en efecto, el Hijo de Dios (2 Co. 1:19; Gá. 2:20).
- *Los últimos días.* Pablo había creído que el Mesías de Dios pondría un fin a la era antigua del mal e iniciaría una nueva era de justicia; ahora resolvió que eso ocurriría en etapas: la era nueva (llena de posibilidades) había comenzado con la resurrección de Jesús, pero la era antigua (con todos sus problemas presentes) continuaría hasta que Jesús regresara (Ro. 16:25; 1 Co. 10:11; Gá. 1:4).
- *La cruz.* Pablo había considerado que la muerte por crucifixión era una señal vergonzosa de que uno estaba condenado por Dios (Gá. 3:13); ahora entendía la crucifixión de Jesús como un sacrificio voluntario que reconciliaba a los pecadores con Dios (Ro. 5:6-10; Fil. 2:8).
- *La ley.* Pablo había creído que la ley (la Torá judía) mantenía a la gente en una relación correcta con Dios (Gá. 2:16; 3:12); ahora resolvió que la ley solamente revela el grado en el que la gente está esclavizada al poder del pecado, un poder que Cristo tiene que romper (Ro. 3:20b; 7:7-12).
- *Los gentiles.* Pablo había creído que los gentiles estaban fuera del pacto que Dios hizo con Israel; ahora creía que los gentiles y los judíos estaban unidos como el pueblo de Dios en Cristo Jesús (Gá. 3:28).
- *La circuncisión.* Pablo había creído que la circuncisión era el rito por el que la gente llegaba a ser parte de Israel, una comunidad exclusiva del pueblo escogido de Dios (Fil. 3:3-5); ahora creía que el bautismo era el rito por el que la gente llegaba a ser parte de la iglesia, una comunidad inclusiva de judíos y gentiles que se enmiendan con Dios a través de la fe (Ro. 6:4).
- *Persecución.* Pablo había considerado que su persecución violenta de la iglesia era un indicio del celo por su religión (Fil. 3:6); ahora veía la hostilidad judía hacia la iglesia como una oposición pecaminosa que provocaría la ira de Dios (1 Ts. 2:14-16).

detalles vivos y coloridos que no se mencionan en ninguna otra parte (véase 9:1-22; 22:6-21; 26:4-23).

Los cristianos tradicionalmente se refieren a este episodio de la vida de Pablo como su «conversión», pero muchos eruditos evitan ese término, ya que implica renunciar a una religión para unirse a otra. Desde nuestra perspectiva, puede parecer que Pablo llegó a ser cristiano después de que Jesús se le apareció, podríamos, por lo menos, decir que llegó a ser «cristiano judío» o «judío cristiano». Pero el mismo Pablo no usa ese lenguaje. Parece que él ha considerado lo que otros han llamado su «experiencia de conversión» como la recepción de un llamado profético, o simplemente como un momento de iluminación: Dios corrigió su celo equivocado (cf. Ro. 10:2) y le dio un propósito nuevo en la vida. Pasó de ser un judío que no sabía la verdad de Jesús, a ser un judío que sí sabía la verdad de Jesús, y comenzó a proclamar esa verdad como apoyo a una fe que previamente había intentado destruir.

Mapa. 12.2. El mundo de Pablo hoy día

Las cartas de Pablo también contienen varias referencias de pruebas y tribulaciones que soportó cuando estaba involucrado en el trabajo misionero. Él dice que fue maltratado vergonzosamente en Filipos (1 Ts. 2:2), que peleó con fieras salvajes (¿metafóricas?) en Éfeso (1 Co. 15:32) y que sufrió de tal aflicción en Asia, hasta el punto de perder la esperanza de vivir (2 Co. 1:8-9). Y luego, en un sorprendente pasaje sumario declara:

> Cinco veces recibí de los judíos los treinta y nueve azotes. Tres veces me golpearon con varas, una vez me apedrearon, tres veces naufragué, y pasé un día y una noche como náufrago en alta mar. Mi vida ha sido un continuo ir y venir de un sitio a otro; en peligros de ríos, peligros de bandidos, peligros de parte de mis compatriotas, peligros a manos de los gentiles, peligros en la ciudad, peligros en el campo, peligros en el mar y peligros de parte de falsos hermanos. He pasado muchos trabajos y fatigas, y muchas veces me he quedado sin dormir; he sufrido hambre y sed, y muchas veces me he quedado en ayunas; he sufrido frío y desnudez. Y, como si fuera poco, cada día pesa sobre mí la preocupación por todas las iglesias. (2 Co. 11:24-28)

El libro de Hechos llena el cuadro del trabajo misionero de Pablo con historias coloridas de las aventuras que él y sus colegas tuvieron cuando viajaban alrededor del mundo romano. Quizá, lo más importante para los eruditos sea que Hechos provee un itinerario de los viajes de Pablo. Presenta su trabajo de tal manera, que se ha entendido tradicionalmente que se embarcó en tres viajes misioneros (véase los mapas 10.1, 10.2, 10.3):

- *Primer viaje misionero* (Hch. 13:1-14:28)—a la isla de Chipre y a las ciudades del sur del Asia Menor, incluso Antioquía de Pisidia, Listra, Derbe e Iconio, para un total de aproximadamente 2250 kilómetros.
- *Segundo viaje misionero* (Hch. 15:36-18:32)—a través de Asia Menor a Macedonia (especialmente Filipos, Tesalónica y Berea), y luego hacia Acaya (especialmente Atenas y Corinto), para una distancia total de alrededor de 4500 kilómetros.
- *Tercer viaje misionero* (Hch. 18:23-21:15)—a través de Galacia y Frigia a Éfeso, luego hacia Macedonia y Acaya, para una distancia total de alrededor de 4350 kilómetros.

Ninguno de esos itinerarios es discernible en las cartas de Pablo, que no hacen ninguna referencia a viajes distintivos. Algunos eruditos creen que el esquema de tres viajes misioneros es un instrumento literario creado por Lucas para organizar las historias que quería contar en Hechos. Sin embargo, muy frecuentemente los itinerarios se consideran como plausibles y se emplean como un bosquejo general para que esta fase crítica de la vida de Pablo tenga sentido. En particular, Hechos presenta que Pablo pasa por lo menos dieciocho meses en Corinto en su segundo viaje (18:11; cf. 18:18), y que pasa por lo menos veintisiete meses en Éfeso en el tercer viaje (19:8-10; cf. 20:31). Estas permanencias de «largo plazo» en ciudades clave encajan bien con la mayoría de las reconstrucciones de la vida y ministerio de Pablo.

Cuando se trata de la estrategia misionera, el libro de Hechos también presenta a Pablo trabajando en una ocupación para sostenerse mientras busca evangelizar algunas comunidades. Hechos nos dice más adelante que la ocupación particular que Pablo tenía era una clase de fabricación de carpas, una vocación que compartía con sus amigos y compañeros Priscila y Aquila (18:3). Este detalle se acepta generalmente, con el entendimiento de que semejante ocupación habría colocado a Pablo entre los miembros más afortunados de la población empobrecida del Imperio romano: él habría sido pobre, pero pudo haber estado un escalón por encima de los que vivían a un mero nivel de las subsistencia.

Más problemática es la afirmación en Hechos de que Pablo típicamente iba primero a las sinagogas judías en cada área donde trabajaba y luego giraba a los gentiles, solamente después de que los judíos hubieran rechazado su mensaje (13:5-7, 13, 44-48; 14:1-7; 17:1-2, 10; 18:5-6; 19:8-9). Nunca habríamos entendido con las cartas de Pablo que ese era su método; en las cartas, Pablo parece indicar que Dios lo llamó específicamente a proclamar el evangelio a

nivel de subsistencia: estándar de vida que permite que se sobreviva, aunque sin ningún sobrante y con poco margen.

los gentiles y que eso era algo que lo había distinguido de los otros misioneros (Ro. 11:13; Gá. 1:16; 2:7; pero cf. 1 Co. 9:20).

Otro aspecto del trabajo misionero de Pablo que es especialmente notable en Hechos es la prominencia de los milagros que Dios hace a través de él (en cuanto a esto, véase «Crecimiento, triunfo y vida victoriosa» en el capítulo 10). No nos enteramos de ninguno de estos milagros específicos en las cartas de Pablo: él nunca nos dice que sacó espíritus de la gente (Hch. 16:16-18) o que sanó enfermos (Hch. 14:8-10; 28:8), mucho menos que sus propios pañuelos y delantales llegaron a poseer un poder divino extraordinario (Hch. 19:12), o que él podía castigar a los oponentes con maldiciones que los dejaban ciegos (Hch. 13:9-11). Pablo sí indica en sus cartas que Dios hizo «señales y milagros» a través de él, pero lo hace sin llegar a ser nada más específico en cuanto a qué implicaron esas señales y maravillas (Ro. 15:19; 2 Co. 12:12; cf. Hechos 14:3; 15:12).

Figura 12.2. Pablo como mártir y escritor de cartas. Una de las pinturas más famosas de Pablo es esta que realizó en 1612 el artista español El Greco. A Pablo se le muestra sosteniendo una espada como símbolo de su martirio y una carta escrita en griego cursivo: «A Tito, primer obispo ordenado de la iglesia de los cretenses».

Muchas historias de Hechos sirven para ilustrar las diversas pruebas y tribulaciones a las que Pablo se refiere en sus cartas. En Hechos, Pablo se encuentra con oposición de las comunidades judías locales (13:45-50; 14:2, 4; 14:19; 17:5, 13; 18:12-13; cf. 1 Ts. 2:14-16), y también es ridiculizado por los filósofos paganos (17:32) y atacado por los mercaderes cuyos intereses económicos se ven amenazados por el éxito de su ministerio (16:16-24; 19:23-41). Esto parece lo suficientemente terrible, pero cuando se compara con lo que Pablo dice en 2 Corintios 11:24-28 (citado anteriormente), el registro que Hechos da de las pruebas de Pablo en realidad parece un poco escaso: hay un relato en Hechos de cuando Pablo es apedreado (14:19), pero lo golpean con varas una vez (16:22-23) no tres veces, y no hay ningún relato de que reciba treinta y nueve latigazos (un castigo terrible) que él dice que le infligieron en cinco ocasiones distintas. Hechos tampoco relata ninguna historia de que Pablo naufragara frecuentemente o que fuera encarcelado (cf. 2 Co. 11:23, 25); en efecto, aparte de una noche en la cárcel de Filipos (16:23-26), las únicas referencias de encarcelamiento o naufragio que se encuentran en Hechos son de un período de la vida de Pablo después del tiempo en el que 2 Corintios se habría escrito. Se deja que los eruditos concluyan que, o Lucas se contuvo de relatar los sufrimientos de Pablo, o simplemente no sabía de muchos de estos incidentes.

señales y maravillas: hechos espectaculares (milagros) realizados por personas que acceden al poder sobrenatural divino o demoníaco.

Los años finales

Las cartas auténticas de Pablo no nos dicen nada seguro en cuanto a lo que pasó después del período de su trabajo misionero en las áreas que rodean el mar Egeo. En una de sus cartas posteriores, dice que quiere ir a Roma y da a entender que le gustaría que la iglesia lo ayudara con un viaje misionero hacia el occidente hasta España (Ro. 15:22-24). Pero ¿ocurrió eso?

El libro de Hechos relata que, después del período del grandioso trabajo misionero de Pablo, fue arrestado en Jerusalén, encarcelado durante dos años en Cesarea y, luego, después de un viaje marítimo arriesgado, fue encarcelado por otros dos años en Roma (21:17-28:31). Esta información se acepta generalmente como una posdata confiable de lo que se puede saber de la vida de Pablo en sus cartas. Algunos eruditos creen que algunas de las cartas de Pablo quizá fueron escritas cuando estaba preso en Roma, y si ese es el caso, esas cartas se pueden leer como testimonio de los pensamientos y prioridades de Pablo en ese tiempo. Sin embargo, incluso entonces, obtendríamos pocos detalles biográficos de la situación de su vida.

Cuadro 12.4

Cronología de la vida de Pablo

Una cantidad de factores hace que sea difícil determinar las fechas exactas. Aquí vemos las fechas más tempranas y las más tardías que sugieren los eruditos paulinos.

	Fecha más temprana	Fecha más tardía
Llamado a ser apóstol de Cristo	32	36
Tiempo inicial en Arabia y Damasco	32-35	36-39
Primera visita a Jerusalén	35	39
Años intermedios en Cilicia y Siria	35-45	40-45
Reunión privada con los líderes de la iglesia	45	46
Primer viaje misionero	46-48	46-49
Concilio apostólico	48	49
Segundo viaje misionero (incluye un año y medio en Corinto)	49-51	50-52
Tercer viaje misionero (incluye dos años y medio en Éfeso)	52-57	54-58
Arrestado en Jerusalén	57	58
Prisionero en Cesarea	57-59	58-60
Viaje a Roma	59-60	60-61
Prisionero en Roma	60-62	61-63
«Segunda carrera» (no reconocida por la mayoría de eruditos)	62-64	63-67
Muerte	62	67

Tenemos que salir del Nuevo Testamento para encontrar información específica en cuanto a lo que le pasó a Pablo después de que fue llevado a Roma. La tradición de la iglesia dice que fue ejecutado bajo el emperador Nerón (Eusebio, *Historia de la iglesia* 2.22.3), y que fue asesinado de la misma forma que Juan el Bautista, decapitado (Tertuliano, *Contra las herejías* 36). Estas tradiciones son aceptadas generalmente como confiables. Sin embargo, algunas tradiciones de la iglesia sugieren que Pablo fue liberado por un tiempo entre su encarcelamiento de dos años en Roma y su martirio bajo Nerón, y que, durante ese período, su trabajo misionero continuó más allá de lo que se relata en Hechos. Esta idea aparece primero en los escritos de Clemente de Roma, alrededor de treinta años después de la muerte de Pablo. Clemente dice que Pablo «viajó al extremo oeste» (*1 Clemente* 5:7), lo cual sugiere a algunos que Pablo en realidad logró llegar a España como se lo había propuesto (Ro. 15:23-24); un testigo posterior, el fragmento muratoriano (*ca.* 180), explícitamente menciona España en lugar de simplemente referirse al «extremo oeste». Pero esta noción de que Pablo tuviera una «segunda carrera» como misionero entre su encarcelamiento en Roma y su martirio no ha encontrado aceptación universal entre los eruditos. Los que sí aceptan la tradición creen que plantear una segunda carrera de Pablo ayuda a explicar las anomalías de algunas de las cartas paulinas, que de otra manera podrían hacer que esas cartas fueran consideradas como pseudoepigráficas.

fragmento muratoriano: el documento de la última parte del siglo ii que enumera qué escritos del Nuevo Testamento eran considerados Escrituras en esa época.

Cronología de la vida y las cartas de Pablo

Ni las cartas de Pablo ni el libro de Hechos dan fechas que designan cuándo ocurrieron los acontecimientos a los que ellos se refieren. Incluso la información que ellos sí dan, a veces, es ambigua: cuando Pablo dice que fue a Jerusalén una segunda vez «catorce años después» (Gá. 2:1), ¿se refiere a catorce años después de la primera visita o a catorce años después del encuentro transformador con Cristo? Aun así, ciertos puntos resultan ser sorprendentemente útiles. Hechos 18:12 dice que Pablo estaba en Corinto (durante su segundo viaje misionero) cuando Galio era el procónsul allí. Los registros romanos indican que Galio fungió como procónsul de Corinto desde el verano de 51 al verano de 52. Consecuentemente, la mayoría de los eruditos que trabajan en la cronología paulina sitúan la permanencia de Pablo de dieciocho meses en Corinto a principios de los años 50, y luego trabajan hacia delante y hacia atrás en un intento de asignar fechas para otros acontecimientos de su vida (véase el cuadro 12.4).

La pregunta más apremiante para los estudiantes del Nuevo Testamento podría ser: «¿Cuándo fueron escritas las diversas cartas?». Esta pregunta se puede responder con diversos grados de confianza para las distintas cartas (véase el cuadro 12.5). Entre los asuntos clave (a discutir en los capítulos futuros) están:

- ¿Fue escrita Gálatas para el sur de Galacia o para el norte? Eso determina si Gálatas fue una de las primeras o de las últimas cartas de Pablo.
- ¿Fueron las cartas «de la cárcel», Filemón y Filipenses, escritas cuando Pablo estaba en Cesarea o en Roma (los únicos dos lugares de encarcelamiento que se mencionan en Hechos), o quizá fueron escritas desde alguna otra parte como Éfeso, para lo cual no se menciona encarcelamiento en Hechos?
- ¿Deben considerarse las seis cartas discutidas como composiciones auténticas producidas durante la vida de Pablo, o como composiciones pseudoepigráficas producidas después de su muerte?

Cuadro 12.5

Cronología para las cartas de Pablo

Fecha más temprana sugerida		Fecha más tardía sugerida
46-48	**Primer viaje misionero** *Gálatas—si se dirige al «sur de Galacia»*	46-49
49-51	**Segundo viaje misionero** *1 Tesalonicenses* *2 Tesalonicenses—si es auténtica*	50-52
52-57	**Tercer viaje misionero** *Gálatas—si se dirige al «norte de Galacia»* *Filemón—si es desde Éfeso* *y Colosenses y/o Efesios—si son auténticas* *Filipenses—si es desde Éfeso* *1 Corintios* *2 Corintios* *Romanos*	54-58
57-59	**Prisionero en Cesarea** *Filemón—si es desde Cesarea* *y Colosenses y/o Efesios—si son auténticas* *Filipenses—si es desde Cesarea*	58-60
59-60	**Prisionero en Roma** *Filemón—si es desde Roma* *y Colosenses y/o Efesios—si son auténticas* *Filipenses—si es desde Roma*	61-63
62-64	**«Segunda carrera»** *1 Timoteo, 2 Timoteo, y/o Tito—si son auténticas*	63-67
62	**Muerte de Pablo**	67
62+	**La era pospaulina** *2 Tesalonicenses—si es pseudepigráfica* *Colosenses o Efesios—si son pseudoepigráficas* *1 Timoteo, 2 Timoteo, y/o Tito—si son pseudoepigráficas*	67+

La teología de Pablo

Lo siguiente es un resumen corto de las ideas teológicas clave de Pablo, como se revela en sus cartas auténticas.

Pablo habla frecuentemente del «evangelio» (*evangelion*; literalmente: «buena noticia») que le ha sido revelado por Dios. En cierto sentido, este evangelio es un mensaje que se puede transmitir por medio de la proclamación (Ro. 10:14-17), pero también es más que eso. Es una fuerza dinámica que Pablo identifica como el «poder de Dios para salvación de todos los que creen» (Ro. 1:16; cf. 1 Co. 1:18). Nos enteraremos más de este evangelio a medida que examinemos las cartas de Pablo, una por una, pero podemos observar aquí que es, en gran medida, el evangelio de Jesucristo (Ro. 1:3-4).

Pablo cree que Jesucristo ha muerto por nuestros pecados (Ro. 4:24-25; 1 Co. 15:4; Gá. 1:1; 1 Ts. 4:14). Además, Dios resucitó a Jesús de los muertos (Ro. 4:24-25; 1 Co. 15:4; Gal. 1:1; 1 Ts. 4:14). Jesús está ahora a la diestra de Dios en el cielo, donde intercede por los cristianos (Ro. 8:34), y vendrá otra vez (1 Ts. 4:13-18). Los que confiesan que Jesús es el Señor y colocan su confianza en él serán salvos (Ro. 10:9). Después de la muerte vivirán para siempre en un reino glorioso que, en comparación, convierte en insignificantes los problemas de esta vida presente (Ro. 8:18). Además, Pablo cree que, en cierto sentido, esta maravillosa era nueva de Dios ya ha comenzado. A través de Jesucristo, los creyentes son reconciliados con Dios (Ro. 5:8-11; cf. 2 Co. 5:18-21). Son justificados (se enmiendan con Dios) por fe (Ro. 3:24-26; Gá. 2:16). Llegan a ser hijos de Dios (Ro. 8:14-17; Gá. 4:4-7) y reciben al Espíritu Santo (Ro. 5:5; 8:9; 1 Co. 3:16; 2 Co. 1:21-22; 5:5; Gá. 3:2-5; 4:6). Sus vidas son transformadas de una manera que solamente se puede describir como «una nueva creación» (2 Co. 5:17).

El interés de Pablo en Jesús parece que se ha enfocado especialmente en la última semana de su vida: en su institución de la Santa Cena (1 Co. 11:23-26) y, especialmente, en su muerte, entierro y resurrección (1 Co. 15:3-7). Ya que Pablo conocía a los discípulos de Jesús, así como a Santiago, el hermano de Jesús, tuvo que haber sabido algunas de las historias acerca de Jesús que encontramos en nuestros Evangelios, y probablemente otras historias también. Él cita palabras o instrucciones de Jesús en algunos lugares (1 Co. 7:10-11; 9:14; 11:23-25; 2 Co. 12:9; cf. Hch. 20:35), pero mayormente muestra poco interés en los detalles de la vida y el ministerio terrenal de Jesús. No menciona nunca, por ejemplo, que Jesús dijo parábolas, o que hizo milagros, o que tuvo numerosas discusiones con los fariseos sobre diversos asuntos de la ley (una omisión notable, ya que el mismo Pablo era fariseo). Más bien, el enfoque de Pablo, está en el «Cristo crucificado» (1 Co. 1:23) y en el Cristo resucitado, que es Señor de todo (Fil. 2:9-11). Esto, de hecho, es lo que algunos eruditos tienen en mente cuando le dan a Pablo el sobrenombre de «el verdadero fundador del cristianismo».

nueva creación: el entendimiento de la actividad salvadora de Dios, de acuerdo a la cual, a través de Cristo, a la gente se le da vida nueva en una época nueva que ya ha comenzado (véase 2 Co. 5:17; Gá. 2:20; 6:15).

Santa Cena: la comida ritual que los cristianos practicaban de manera que conmemoraba la última cena de Jesús con sus discípulos.

Figura 12.3. Pablo el teólogo. Sin lugar a dudas, Pablo fue un pensador brillante y un intérprete articulado de las Escrituras. Ninguna otra persona ha tenido mayor influencia en el pensamiento cristiano. (Bridgeman Images)

monoteísmo: la creencia de que solamente hay un Dios; comparado al «politeísmo».

Ellos afirman que Pablo transformó el evangelio de un mensaje *de* Jesús (es decir, el mensaje acerca del reino de Dios que Jesús predicó; véase Mr. 1:14-15) a un mensaje *acerca de* Jesús. Pero, probablemente, el mismo Pablo habría considerado que su énfasis en la última parte de la carrera de Jesús se enfoca en los acontecimientos que llevaron a un clímax todo lo que Jesús había querido decir y hacer en los años previos a esos acontecimientos.

Teológicamente, Pablo entiende que Jesucristo es la imagen de Dios (2 Co. 4:4; Fil. 2:6; Col. 1:15; cf. 1 Co. 15:49), el que hace a Dios visible y accesible a los seres humanos. Jesús es el Hijo de Dios (Ro. 1:3-4; 8:3) y de esa manera, en cierto sentido permanece subordinado a Dios y distinto a Dios (1 Co. 15:27-28). De esa manera, Pablo quiere respetar el monoteísmo judío: no tiene la intención de convertir a Jesús en un segundo Dios, aunque, a veces, tal vez parece que se acerca a hacerlo (1 Co. 8:6). Frecuentemente cita pasajes de las Escrituras en los que la palabra «Señor» originalmente se refería al Dios de Israel y los interpreta de tal manera que «Señor» ahora se refiere a Jesucristo (véase, p. ej., el tratamiento de Jl. 2:32 en Ro. 10:13; cf. Ro. 10:9). Él también dice que Cristo ha estado «en forma de Dios» y que ha decidido no considerarse «igual a Dios como cosa a que aferrarse» (Fil. 2:6; para discusión de cómo se interpreta este pasaje, véase «La encarnación» en el capítulo 18). Claramente, Pablo tiene una perspectiva exaltada de Cristo como alguien que es más que solo un profeta, o incluso un mesías, o cualquier otro siervo humano de Dios.

También debemos observar la profundidad del sentimiento religioso de Pablo por Cristo, y la manera en la que habla de Cristo en términos relacionales. Él está consumido con Jesucristo y el evangelio; no quiere pensar, ni hablar, ni escribir acerca de nada más (véase 1 Co. 2:2; 2 Co. 10:3-5; Fil. 3:7-8). Se siente obligado a proclamar el evangelio (1 Co. 9:16), y acepta su llamado a hacerlo como un gran honor: el evangelio es un tesoro valioso que le ha sido confiado (Gá. 2:7; 1 Ts. 2:4). Cuando comparte el evangelio con otros, cumple el propósito para el que nació (Ro. 1:1; Gá. 1:15). Y Pablo está comprometido no simplemente con una causa o ideología, sino con una persona: él *conoce* a Jesucristo (Fil. 3:7-10) y puede decir: «ya no vivo yo, sino que Cristo vive en mí» (Gá. 2:20). No afirma ser excepcional en ese sentido; más bien, la unión con Cristo es una realidad que todos los creyentes experimentarán (Ro. 6:5; 8:10;

Efectos del evento de Cristo

Un erudito paulino ve que Pablo usa diez símbolos distintos para describir lo que Dios logró en Jesucristo:

- *Justificación.* A la gente se le absuelve y justifica ante Dios (Ro. 3:21-26).
- *Salvación.* A la gente se le rescata del mal y de la ira (Ro. 5:9; Fil. 3:20).
- *Reconciliación.* A la gente se le coloca en una relación correcta con Dios y con los demás (Ro. 5:10-11; 2 Co. 5:18-19).
- *Expiación.* A la gente se les borran y eliminan sus pecados (Ro. 3:25).
- *Redención.* A la gente se les saca de la esclavitud al pecado y la muerte (Ro. 8:18-23; 1 Co. 7:23).
- *Libertad.* A la gente se le libera del pecado, de la ley y de sí misma para vivir como Dios quiere (Ro. 8:2; Gá. 5:1).
- *Santificación.* A la gente se le hace santa (1 Co. 1:2, 30; 6:11).
- *Transformación.* La gente está siendo transformada a la imagen de Dios (Ro. 12:2; 2 Co. 3:18).
- *Nueva creación.* A la gente se la da vida nueva en una era nueva (2 Co. 5:17; Gá. 2:20; 6:15).
- *Glorificación.* La gente comparte en la gloria de Dios (Ro. 8:18, 21, 30; 1 Ts. 2:12).

Véase Joseph Fitzmyer, *Paul and His Theology* [*La teología de Pablo*], 2ª ed. (Englewood Cliffs, NJ: Prentice Hall, 1989), 59-71.

---

1 Co. 6:17; 2 Co. 13:5; cf. Col. 3:3). Pablo habla de los cristianos como los «que están *en* Cristo Jesús» (Ro. 8:1, RVR60; 16:7; 2 Co. 5:17) y describe a la iglesia como «el cuerpo de Cristo» (Ro. 12:4-5; 1 Co. 12:27). Como consecuencia, el evangelio de Pablo es, en gran medida, un mensaje para una comunidad; es una buena noticia para la iglesia, el pueblo nuevo de Dios, formado en Cristo y empoderado por el Espíritu Santo.

La teología de Pablo es eminentemente práctica, en el hecho de que todo lo que él cree acerca de Dios y Cristo tiene implicaciones directas en cuanto a cómo vive la gente en el mundo presente. Dicho de manera sencilla, los que experimentan la salvación de Dios a través de Cristo deben vivir no para sí mismos sino para Cristo, quien murió y resucitó por ellos (2 Co. 5:14-15), y «lo que vale es la fe que actúa mediante el amor» (Gá. 5:6). Pablo dedica porciones generosas de sus cartas a instruir sobre asuntos morales y de conducta. Trata temas controversiales (p. ej., Ro. 14:5-6; 1 Co. 8:1-13; 12:1-14:40) y enumera tanto virtudes que buscar como vicios que evitar (Ro. 1:29-31; 13:13; 1 Co. 5:10-11; 6:9-10; 2 Co. 6:6-7; Gá. 5:19-23).

¿Cómo determina Pablo qué clase de comportamiento es apropiado para los que están ahora en Cristo? No hay duda de que sus posturas éticas están fundadas en las Escrituras hebreas, los mandamientos de la Torá, pero Pablo también afirma que los cristianos ya no están «bajo la ley» (Ro. 6:14-15; 1 Co. 9:20; Gá. 3:23-25), y los intérpretes batallan para determinar exactamente lo

ley: «la ley de Moisés» o cualquier regulación que el pueblo judío entendía que delineaba la fidelidad a Dios en relación con el pacto que Dios había hecho con Israel.

La perspectiva nueva sobre Pablo

Hacia el final del siglo xx, una revolución de los estudios paulinos destacó un entendimiento de la teología de Pablo llamado «la perspectiva nueva». Básicamente, esta perspectiva sostiene que cuando Pablo habla de «justificados por la fe, y no por las obras que la ley exige» (Ro. 3:28), su punto principal no es que la gente restaura su relación con Dios a través de la fe y no por su propio esfuerzo u obediencia; su punto principal es que la gente se pone a bien con Dios sin vivir de acuerdo a los códigos legales que marcaron a Israel como el pueblo escogido de Dios. De esa manera, él no contiende tanto en contra de las «obras de justicia» como rechaza el «privilegio étnico».

que quiere decir con eso (véase «La obediencia de fe» en el capítulo 13 y «Cristo y la ley: el verdadero problema» en el capítulo 16). En unas cuantas ocasiones, Pablo hace referencia a una «conciencia» humana que puede servir como una guía moral (Ro. 2:15; 2 Co. 1:12; 4:2), pero esto no puede ser absoluto, ya que la conciencia puede ser débil y se contamina fácilmente (1 Co. 8:7-12; 10:25-29).

humildad: la cualidad de buscar conscientemente lo que es mejor para otros y no lo que es mejor para uno mismo.

En última instancia, la ética de Pablo se forma con la expectativa de que los creyentes imitarán a Cristo en cuanto a la humildad sacrificial: buscarán el bien de los demás y no lo que sea placentero o beneficioso para sí mismos (Ro. 15:1-3; Fil. 2:4-8). De esa manera, para Pablo la cruz llega a ser el emblema, no solo de la salvación cristiana, sino también de la conducta cristiana. Además, para Pablo toda la ética es ética de la comunidad, porque el creyente individual está unido espiritualmente a otros, de tal manera que todos los actos individuales tienen consecuencias para otros (1 Co. 12:11-26). La ética de Pablo también se forma con la expectativa de que Cristo viene pronto, y que el tiempo que resta para hacer lo que debe lograrse en este mundo es corto (Ro. 13:11-14; 1 Co. 7:29-31; 1 Ts. 4:13-5:11). Y, finalmente, Pablo está seguro de que los creyentes tienen ayuda divina para vivir como Dios quiere que vivan; son transformados por dentro, por la renovación de sus mentes (Ro. 12:1), y están empapados del Espíritu Santo, quien produce en ellos el fruto que es agradable a Dios (Gá. 5:22-23).

Conclusión

Tal vez la mejor palabra para describir a Pablo es *multifacético*. Parece que este hombre tuvo muchos lados, y los que creen que lo han comprendido pueden sorprenderse al descubrir que hay más de Pablo de lo que ellos han tomado en cuenta.

Pablo hablaba en lenguas (1 Co. 14:18). Experimentó visiones celestiales en las que fue transportado al reino celestial (2 Co. 12:1-7). Recibió revelaciones del Señor (Gá. 2:2) y, a veces, esperaba que la gente considerara que sus normas sobre ciertos asuntos llevaban la marca de la autoridad divina (1 Co. 14:37-38; cf. 7:12, 39-40). Era un hombre que oraba mucho (Ro. 1:9-10; 1 Ts. 1:2-3; 3:10), a veces con un anhelo aflictivo (Ro. 8:26), pero frecuentemente con alabanza alegre (Fil. 1:3-4). También era un hombre dado a la emoción y sentimientos imperturbables: relata sin avergonzarse las veces que ha estado a punto de llorar (2 Co. 2:4; Fil. 3:18), y habla abiertamente de su afecto hacia los que él aprecia (2 Co. 7:2-4; Gá. 4:19-20; Fil. 4:1; 1 Ts. 2:17-20; Flm. 4-7). Por supuesto que también se le puede provocar a ira, y no es tímido para expresar esa emoción (1 Co. 4:19-21; 2 Co. 11:12-15; Gá. 1:9; 3:1; 5:12).

Frecuentemente, parece que personifica una fe confiada en que muchos considerarían idealista: ha aprendido a estar contento en cualquiera y toda circunstancia, y sabe que puede hacerlo todo por medio de Cristo, quien lo fortalece (Fil. 4:11-13). Sin embargo, de otra manera parece extraordinariamente realista. En sus cartas trata los asuntos más rutinarios de maneras que son realistas y evocativas del sentido común. Por ejemplo, observe su consejo a los cónyuges de que no se priven mutuamente del derecho conyugal, sino que se concedan acceso mutuo a sus cuerpos para la culminación, como es necesario, de los deseos sexuales (1 Co. 7:3-5). Semejante consejo puede parecer un poco burdo para algunos, pero el punto permanece: es capaz de reconocer la necesidad de tratar los asuntos prácticos de una manera realista.

En otras ocasiones, parece que Pablo es una montaña de contradicciones. Puede parecer ser un defensor de los derechos de las mujeres en una ocasión (Ro. 16:1-2; Gá. 3:28), y proponente del machismo en otra (1 Co. 11:1-16). En cierto punto parece que cuestiona la validez de todas las figuras humanas de autoridad (Gá. 2:6), pero en otra parte insta a sus lectores a mostrar respeto a los que están sobre ellos en el Señor (1 Ts. 5:12-13), e incluso que estén sujetos a los gobernantes políticos paganos porque todas las autoridades han sido instituidas por Dios (Ro. 13:1-7). Insiste en que el evangelio que proclama le fue revelado directamente por Jesucristo, sin consultar a nadie más (Gá. 1:11-12), pero también describe lo esencial de ese evangelio como una tradición que otros le transmitieron a él (1 Co. 15:3). Puede adoptar una actitud de «acordar no estar de acuerdo» en algunos asuntos controversiales (Ro. 14:5), pero busca sentar las reglas en un sentido absoluto en otros asuntos (1 Co. 7:17; 11:16; 14:33-36). Es capaz tanto de elogiar la gentileza (Gá. 5:23; 6:1; Fil. 4:5) como de amenazar a la gente con una disciplina severa (1 Co. 4:21; 5:1-5; 2 Co. 13:2). Hace énfasis en la gracia y el perdón, pero insiste en que la gente cosecha lo que siembra (Gá. 6:6-10), y dice que los malvados no heredarán el reino de Dios (1 Co. 6:9).

El punto no es que esas tendencias no se puedan reconciliar, sino que, si no se reconocen, nuestra comprensión de Pablo puede ser unilateral o incompleta. Hay más de Pablo de lo que uno cree. La profundidad y complejidad de su vida y pensamiento es lo que lo hace una de las figuras más fascinantes de la historia humana y, después del mismo Jesús, la figura más importante de la historia del cristianismo.

AND THERE FOLLOWED HIM A GREAT COMPANY OF PEOPLE, AND OF
WOMEN, WHICH ALSO BEWAILED AND LAMENTED HIM.
AND JESUS BEARING HIS CROSS WENT FORTH INTO A PLACE CALLED
CALVARY, WHERE THEY CRUCIFIED HIM, AND TWO OTHERS WITH HIM.

13

Romanos

En el año 386, un joven pagano llamado «Agustín» se convirtió al cristianismo al leer dos versículos de la carta de Pablo a los Romanos (13:13-14). Él dice: «No quise leer más, ni era necesario tampoco, pues al punto que di fin a la sentencia, como si se hubiera infiltrado en mi corazón una luz de seguridad, se disiparon todas las tinieblas de mis dudas».

Más de once siglos después, en 1515, la Reforma Protestante comenzó con las meditaciones de un monje agustino, Martín Lutero, en otro texto de esa misma carta (Ro. 1:17). Lutero más tarde llamó a la carta «la puerta del cielo» y testificó que al leerla sintió «renacido y como habiendo pasado por puertas abiertas al paraíso».

Un par de siglos después de eso, en 1738, un joven anglicano, John Wesley, escuchó a un líder de la iglesia que leía en voz alta un comentario de Romanos que Lutero había escrito. Fue el punto decisivo de su vida. «Sentí arder mi corazón de una manera extraña.» Escribió después de la experiencia. «Sentí que confiaba en Cristo, y en Cristo solamente, para mi salvación».

Quizá su experiencia con Romanos sea distinta, pero nadie puede dudar del enorme impacto que este libro ha tenido en la historia del cristianismo. Definitivamente ha sido uno de los libros más influyentes de la Biblia para el desarrollo de la doctrina y teología cristianas. Eso no quiere decir que ha sido la más popular. Romanos tiene la reputación de ser la carta más difícil de Pablo; plasma al apóstol en su forma más brillante, dedicado a una reflexión intensa.

Romanos puede ser la única carta que Pablo escribió para gente que no conoce (pero cf. Col. 2:1). Generalmente, escribe a las iglesias que él inició, y se dirige a sus propios conversos. Esta vez, escribe para presentarse a una iglesia que nunca ha visitado. Aunque se posiciona primera entre las cartas de Pablo en nuestro Nuevo Testamento, fue escrita después que la mayoría de las cartas

Reforma Protestante: movimiento religioso del siglo xvi que buscó reformar la Iglesia Católica Romana y que llevó al establecimiento de las iglesias protestantes.

La conversión de Agustín

Mas apenas una alta consideración sacó del profundo de su secreto y amontonó toda mi miseria [...] tirándome debajo de una higuera, no sé cómo, solté la rienda a las lágrimas [...] Mas he aquí que oigo de la casa vecina una voz, como de niño o niña, que decía cantando y repetía muchas veces: «Toma y lee, toma y lee». De repente, cambiando de semblante, me puse con toda la atención a considerar si por ventura había alguna especie de juego en que los niños soliesen cantar algo parecido, pero no recordaba haber oído jamás cosa semejante; y así, reprimiendo el ímpetu de las lágrimas, me levanté [...] apresurado, volví al lugar donde [...] había dejado el códice del Apóstol al levantarme de allí. Toméle, pues; abríle y leí en silencio el primer capítulo que se me vino a los ojos, y decía: *No en comilonas y embriagueces, no en lechos y en liviandades, no en contiendas y emulaciones, sino revestíos de nuestro Señor Jesucristo y no cuidéis de la carne con demasiados deseos* [Ro. 13:13-14]. No quise leer más, ni era necesario tampoco, pues al punto que di fin a la sentencia, como si se hubiera infiltrado en mi corazón una luz de seguridad, se disiparon todas las tinieblas de mis dudas.

Agustín, Obras completas, II. Las confesiones, Libro VIII.XII.28-30, (BAC, Madrid, 1974-1979), pp. 338-40.

que le siguen. Sin embargo, puede dar un buen punto de inicio para entender a Pablo, precisamente porque da una presentación madura y elocuente de algunas de sus ideas clave. Juan Calvino dijo que cuando los cristianos llegan a entender esta carta, se les abre el paso para entender todas las Escrituras.

Generalidades

La carta comienza con el saludo de Pablo a los romanos (1:1-7), da gracias por su fe renovada (1:8-10) y declara su intención de visitarlos pronto (1:11-15). Luego, en 1:16-17, da lo que muchos consideran como una clase de «declaración de tesis» de la carta: el evangelio que él predica transmite el poder de Dios para salvación a todo el que tiene fe, a los judíos primero, pero también a los gentiles. Este evangelio revela «la justicia de Dios... por fe y para fe» (RVR60). Esta tesis entonces se desarrolla en dos etapas.

Primero, Pablo afirma que tanto los gentiles como los judíos están bajo la ira de Dios (1:18-3:20). Los gentiles quizá no han tenido las Escrituras (la ley) para guiarlos a hacer la voluntad de Dios, pero eso no excusa su comportamiento, porque al adorar ídolos y al involucrarse en actos homosexuales han fallado en vivir de acuerdo a lo que debe ser obvio en la naturaleza. Ellos violan la conciencia humana al ignorar lo «que llevan escrito en el corazón» (2:15). Mientras tanto, los judíos han tenido las Escrituras para guiarlos, pero no las han obedecido.

Luego, Pablo afirma que tanto los judíos como los gentiles son beneficiarios de la gracia de Dios (3:21-5:21). El patriarca del Antiguo Testamento, Abraham, se convierte en un ejemplo de cómo la gente puede llegar a ser considerada justa por su fe. De igual manera, la acción de Dios en Jesucristo ha restaurado a los seres humanos a una relación correcta con Dios, de tal manera que son «justificados mediante la fe» (5:1). A través de Jesucristo, tanto los judíos como los gentiles pueden disfrutar de paz con Dios y vivir con una esperanza segura de vida eterna.

Al haber resumido el evangelio que él predica de esta manera, Pablo trae a colación varias preguntas (u objeciones) potenciales. Si la salvación llega por gracia, ¿por qué la gente simplemente no persiste «en el pecado para que la gracia abunde» (6:1-7:6)? ¿Cuál es ahora el papel de la ley? ¿Todavía tiene lugar en la vida de los cristianos (7:7-8:39)? ¿Y qué pasa con las promesas del pacto de Dios a los judíos? ¿Las ha unificado un evangelio que coloca a los judíos y a los gentiles por igual (capítulos 9-11)? Para responder estas preguntas, Pablo desarrolla una cantidad de temas: sostiene que la justicia de Dios obra una transformación interna en los creyentes, de manera que, a través del bautismo, ellos mueren al pecado y viven para Cristo (6:11). La ley sirve para hacerle ver a la gente su pecado, pero la verdadera obediencia a la voluntad de Dios llega con una vida que se vive «de acuerdo al espíritu» y no «de acuerdo a la carne»; el Espíritu de Dios hace posible lo que el simple esfuerzo humano no puede lograr (8:3-4). Y en cuanto a las promesas para Israel, Pablo permanece confiado en que «todo Israel será salvo» (11:26) en tanto que también sostiene que «no todos los que descienden de Israel son Israel» (9:6).

Finalmente, Pablo se dirige a los cristianos romanos con una cantidad de exhortaciones en cuanto a la vida cristiana, una vida marcada por la transformación interna que produce cumplimiento de la voluntad de Dios (12:1-2). Deben vivir en armonía unos con otros, reconociendo los distintos dones que los diversos miembros ejercen dentro de la comunidad (12:3-13). También deben vivir pacíficamente con la sociedad (12:14-13:10), y respetar la autoridad del gobierno secular (13:1-7). Y en cuanto a los diversos asuntos de controversia, particularmente los que surgen del choque de las tradiciones judías y gentiles, deben respetar las opiniones divergentes (14:5) y evitar juzgarse unos a otros (14:10). Pablo aconseja a los que aceptan todas las implicaciones del evangelio que predica (él los llama «fuertes en la fe») a que sean pacientes con los que continúan practicando diversas reglas y restricciones que considera innecesarias (14:1-15:13).

La carta concluye con una descripción de los planes de viaje de Pablo (15:14-32), un listado de saludos a varias personas (16:1-24) y una doxología final (16:25-27).

Trasfondo histórico

No sabemos cuándo llegó el cristianismo a Roma, ni quién fue responsable del primer trabajo misionero allí. Tal vez las iglesias se establecieron gradualmente, a medida que los cristianos se trasladaban de otros lugares a la ciudad capital del imperio. De cualquier manera, parece que había una cantidad sorprendente de creyentes en Roma en el año 49. En ese año, el emperador Claudio expulsó a un segmento de la población judía, debido a lo que el historiador Suetonio llama «un disturbio por Cresto» (*Vida de Claudio* 25). Se cree ampliamente que con «Cresto», Suetonio quiere decir *Christos* («Cristo» en griego) y que entre los judíos expulsados había algunos que creían en Jesús (véase Hch. 18:2). De esa manera, veinte años después de la crucifixión de Jesús, parece que había suficientes cristianos en Roma para crear un disturbio digno de la atención del emperador. De cualquier manera, Claudio murió en 54, y después de su muerte los judíos que él había expulsado (incluso los cristianos judíos) comenzaron a regresar poco a poco.

colecta para Jerusalén: esfuerzo de recaudación de fondos dirigido por el apóstol Pablo entre los creyentes gentiles a favor de los creyentes judíos en Jerusalén.

Pablo escribe a los cristianos que están en Roma unos cuantos años después, probablemente alrededor de 57 o 58. Parece que está en Corinto y está cerca del final de lo que podría ser su tercer viaje misionero (véase Hch. 18:23-21:15, especialmente 20:2-3). Él le habla a la iglesia de Roma de sus planes de hacer un viaje a Jerusalén para entregar una ofrenda que se ha recogido para «los hermanos pobres de Jerusalén» (15:25-26). Después de eso, espera visitar a los cristianos romanos antes de embarcarse en otra aventura misionera emprendedora, con destino a occidente, a España (15:23-24, 28). La manera esperanzadora y alegre con la que anuncia estos planes (15:29, 32) tiene un tono trágico para los que conocen el resto de la historia: según el libro de Hechos, el viaje de Pablo a Jerusalén terminó con su arresto (21:17-33), y cuando llegó a Roma, fue como prisionero con guardias (28:16).

Con este trasfondo de acontecimientos, los eruditos pueden discernir una cantidad de razones específicas por las que Pablo pudo haber escrito esta carta: quiere presentarse a los cristianos romanos como preparación a su visita; quiere buscar apoyo para su trabajo probable en España; quiere solicitar sus oraciones en

---

El cristianismo llega a Roma

No sabemos cuándo ni cómo la fe cristiana se arraigó en la ciudad de Roma por primera vez, aunque por muchos siglos esa ciudad sería el centro de atención y la sede virtual de la religión cristiana. Dos de nuestras primeras referencias del cristianismo en Roma dan distintas perspectivas en cuanto al fenómeno.

«En el mundo entero se habla bien de su fe»; «ustedes mismos rebosan de bondad, abundan en conocimiento y están capacitados para instruirse unos a otros». —Pablo (Ro. 1:8; 15:14)

«Una superstición muy revoltosa... estalló... en Roma, donde todas las cosas abominables y vergonzosas de todas partes del mundo encontraban su centro y llegaron a ser populares». —Tácito (*Los Anales* 15.44)*

Complete Works of Tacitus [Las obras completas de Tácito], trad. Alfred John Church, William Jackson Brodribb (Nueva York: Modern Library, 1942).

cuanto a su próximo viaje a Jerusalén; y quiere ofrecer consejo pastoral en cuanto a los problemas que han surgido o podrían surgir dentro de la congregación.

Aun así, Pablo pudo haber logrado esos propósitos con una carta mucho más corta y menos complicada. La pregunta real tiene que ver con por qué él escribiría esta carta —su *magnum opus*, por así decirlo— a este grupo particular de personas. Unos cuantos eruditos han dicho que él no la escribió para ellos, o por lo menos no solamente para ellos; más bien, quiso producir un resumen general de sus opiniones que pudiera copiarse y distribuirse a muchas iglesias. Sin embargo, la mayoría de los eruditos prefieren buscar razones de por qué el contenido de esta carta sería pertinente para la situación particular de los romanos.

Mucho de la carta se dedica a discutir las implicaciones de la afirmación de Pablo, de que el evangelio pone a los judíos y a los gentiles en la misma posición, tanto en cuanto a su necesidad de salvación como en la provisión de Dios de esa salvación a través de Cristo. ¿Cómo encajaría ese mensaje en el plan particular de Pablo para los cristianos romanos? Por lo menos se pueden

---

Cuadro 13.3

Condenación de los actos homosexuales

En Romanos 1:26-27, Pablo se refiere a las mujeres y a los hombres que participan en lo que él considera actos sexuales vergonzosos con parejas del mismo sexo. Él dice que estos actos son «no naturales» y una consumación de «pasiones vergonzosas». Estos versículos ofrecen lo que generalmente se considera como la «condenación genérica» más clara de la actividad homosexual en la Biblia. Su pertinencia para la enseñanza ética sobre las relaciones homosexuales en nuestro mundo moderno ha sido un tema de mucho debate.

En las ciudades romanas la homosexualidad estaba estrechamente relacionada con la actividad promiscua y explotadora, que incluye la prostitución, las orgías y el sexo con menores de edad. Se sabía poco de lo que ahora se llama «orientación sexual», y la gente no se clasificaba generalmente como que tuviera una identidad «heterosexual» u «homosexual». De esta manera, algunos eruditos sugieren que la mejor analogía para el comportamiento que Pablo condena podría ser «los actos homosexuales en los que participan las personas heterosexuales». Las palabras de Pablo, dicen, no necesariamente se aplican a las relaciones responsables entre personas que son homosexuales, en términos de una orientación básica (posiblemente genética).

Aunque parece que el apoyo a esta opinión aumenta, muchos eruditos bíblicos no se han convencido. Ellos dirían que Pablo denuncia el comportamiento, no porque es promiscuo o explotador, sino porque «no es natural». El punto de Pablo parece ser que esas acciones violan el diseño original de Dios para la humanidad. Estos eruditos dicen que, si Pablo supiera todo lo que nosotros sabemos de la orientación sexual, sin duda consideraría la «orientación sexual» (aunque se determinara genéticamente) como una predisposición desafortunada hacia el pecado, como una inclinación de la carne que quienes «no vivimos según la naturaleza pecaminosa sino según el Espíritu» tenemos que vencer (8:4).

Otros textos bíblicos en los que se mencionan los actos homosexuales son Génesis 19:1-9; Levítico 18:22; 20:13; Jueces 19:22-25; 1 Corintios 6:9; 1 Timoteo 1:10.

dar tres respuestas, y no son mutuamente exclusivas. Pablo pudo haber escrito esta carta como lo hizo por todas estas razones o por cualquiera:

1. Ya que Pablo es personalmente desconocido para la mayoría de estos cristianos, pero quiere que ellos apoyen su viaje misionero a España, tiene que explicar el principio clave del ministerio que espera que ellos acepten apoyar. Él dice que quiere que los cristianos romanos lo «ayuden a continuar el viaje» (15:24), e implica que tiene la esperanza de su apoyo financiero para su trabajo en occidente. Pero también parece que Pablo cree que los cristianos romanos pueden desconfiar de él. Tiene que aclarar los puntos en los que lo han malinterpretado (3:8) y anticipar las objeciones que podrían surgir (3:1, 3, 5, 8; 6:1, 15; 7:7, 13; 11:1, 11). Básicamente, escribe para aclarar las cosas en cuanto a su «evangelio libre de la ley» y responder las preguntas que siempre surgen (¿Dio marcha atrás Dios en las promesas a Israel? ¿«Libre de la ley» significa que «todo se puede»?).

2. La mente de Pablo está en el próximo viaje a Jerusalén, y está repasando el resumen y la defensa de su evangelio que puede necesitar dar allí. Les pide a los cristianos romanos que oren, no solo para que pueda estar a salvo «de los incrédulos» mientras viaja a Jerusalén, sino también para que la ofrenda que lleva sea aceptable a los santos de Jerusalén (15:30-31). Esa última parte parece extraña. ¿Por qué no sería aceptable la ofrenda? ¿Rechazan el dinero generalmente las iglesias? Sin embargo, sabemos que Pablo previamente había discutido con los representantes de la iglesia de Jerusalén (Gá. 2:12-13), y que su ministerio entre los gentiles ha sido una fuente de contienda en ese sector (Gá. 2:4; Hechos 15:1-5). Pablo espera que el regalo que lleva simbolice la interdependencia mutua de cristianos gentiles y judíos (Ro. 15:27). La aceptación del regalo implicaría que los cristianos judíos de Jerusalén reconocen la legitimidad de las iglesias gentiles que Pablo había fundado en Macedonia y Acaya. La gente de la iglesia de Jerusalén que se opone a Pablo y a su ministerio puede ver esto como una oportunidad de hacer una declaración: «Digámosle a Pablo y a sus cristianos gentiles que no queremos su ayuda». De esa manera, según esta teoría, Pablo les escribe a los romanos lo que él planea decir (si es necesario) a los cristianos de Jerusalén. Por lo menos, está practicando su defensa. Más allá de esto, también puede esperar que algunas personas influyentes de la iglesia romana sirvan como intermediarios con sus contrapartes de Jerusalén, y que allanen el camino para que él sea recibido favorablemente allí.

3. Pablo quiere efectuar la reconciliación entre los judíos y los gentiles de la iglesia romana en sí. Si, en efecto, los cristianos judíos han sido expulsados por algún tiempo, pero ahora están de regreso, podría haber ocurrido un

cambio de poder en el ínterin: los gentiles ahora están a cargo. Cualquier cantidad de asuntos que se discuten en la carta podrían estar fundamentados en la sensibilidad de Pablo a esa dinámica (véase, p. ej., las tensiones entre los «fuertes» y los «débiles» en Ro. 14). Mucho de la carta parece que se dirige a los creyentes gentiles (1:13; 11:13), y como Pablo cree que ha sido llamado por Dios a ser el «apóstol de los gentiles» (1:5; 11:13; cf. Gá. 2:7-8), puede considerar que es su obligación hablarles pastoralmente a los creyentes gentiles, ya sea que lo conozcan personalmente o no (15:15-16).

Temas importantes de Romanos

La carta es larga y compleja. Aquí observamos algunos de sus temas clave.

La justicia de Dios

Pablo afirma que el evangelio que predica (y resume en esta carta) revela la «justicia de Dios» (1:17; cf. 3:21-22). Este es un concepto rico, porque Pablo es capaz de hablar de justicia como algo que Dios exhibe (3:25), toma en cuenta (4:3, 6) e imparte (10:3). Exploraremos un poco más sobre los últimos dos conceptos más adelante, bajo el título «La obediencia de fe». Por ahora, enfoquémonos en el primero: justicia es algo que Dios *exhibe*. Pablo quiere hacer énfasis en que lo que Dios hace a través de Jesucristo demuestra que Dios es justo. Al exhibir gracia a toda la humanidad, Dios exhibe las cualidades justas de fidelidad y generosidad: Dios es fiel al pacto hecho con Israel, porque Dios les da a los judíos un medio de salvación a través de la fe en su Mesías (3:3-4). Y Dios es generoso desmesuradamente al ofrecer este mismo medio de salvación

justicia de Dios: en los escritos de Pablo, la cualidad esencial de Dios que abarca justicia, fidelidad, amor y generosidad, que Dios imparte misericordiosamente a otros a través de la fe, en tanto que también los considera como ya justos en Cristo.

Cuadro 13.4

Febe, Priscila, Junías

El número y la prominencia de las mujeres que se mencionan en Romanos 16 es impactante: se mencionan diez en los versículos 1, 3, 6, 7, 12, 13, 15. Tres de ellas son especialmente dignas de mencionar:

- *Febe*. Pablo envía la carta con ella y la recomienda a la congregación. La identifica como diaconisa de su iglesia natal y benefactora de muchos (16:1-2).
- *Priscila*. Se destaca como la que, junto con su esposo, arriesgó su vida por Pablo y se ganó el agradecimiento de todas las iglesias de los gentiles (16:3). Sabemos de ella en otros lugares (Hch. 18:2, 18, 26; 1 Co. 16:19; 2 Ti. 4:19).
- *Junías*. Se dice que es «destacada entre los apóstoles» (16:7). Los eruditos del siglo xix, quizás incapaces de creer que Pablo podría haber llamado apóstol a una mujer, trataron el acusativo *Iounian* del texto griego como una forma no del nombre femenino «Junia», sino de un nombre masculino «Junías», nombre del que no hay evidencia antigua.

Algunos versículos clave de Romanos

Estos pasajes subrayan algunos de los puntos clave que Pablo indica en su carta a los Romanos.

- «No me avergüenzo del evangelio, pues es poder de Dios para la salvación de todos los que creen» (1:16).
- «Todos han pecado y están privados de la gloria de Dios» (3:23).
- «La paga del pecado es muerte, mientras que la dádiva de Dios es vida eterna en Cristo Jesús» (6:23).
- «Ya no hay ninguna condenación para los que están unidos en Cristo Jesús» (8:1).
- «Dios dispone todas las cosas para el bien de quienes lo aman, los que han sido llamados de acuerdo con su propósito» (8:28).
- «Estoy convencido de que ni la muerte ni la vida, ni los ángeles ni los demonios, ni lo presente ni lo por venir, ni los poderes, ni lo alto ni lo profundo, ni cosa alguna en toda la creación podrá apartarnos del amor que Dios nos ha manifestado en Cristo Jesús nuestro Señor» (8:38-39).
- «No se amolden al mundo actual, sino sean transformados mediante la renovación de su mente» (12:2).
- «No te dejes vencer por el mal; al contrario, vence al mal con el bien» (12:21).

a los gentiles. Pablo dice que semejante fidelidad y generosidad demuestran el amor de Dios (5:8), y la grandeza de ese amor se ve en el medio por el que los desmerecedores obtienen la salvación generosa de Dios: Cristo murió por los impíos (5:6), y dio su propia vida para reconciliar con Dios a quienes en ese tiempo eran enemigos de Dios (5:10).

La justificación por gracia

Pablo declara en Romanos que la gente es justificada por fe (3:28; 5:1), un punto que también figura en gran medida en su carta a los Gálatas (véase Gá. 2:16; 3:24). El término «justificación» se deriva del lenguaje de pacto de Israel: ser justificado significa estar en una relación correcta con Dios. La justificación está muy relacionada con el perdón (cf. Ro. 3:26 con 4:6-8), pero es más que una mera absolución; implica y efectúa la restauración de una relación. En ese sentido, está más vinculada con la reconciliación (Ro. 5:8-11; cf. 2 Co. 5:18-21). Pablo dice que la gente es justificada, que se le coloca en una relación correcta con Dios por fe. La doctrina cristiana de la «justificación por gracia» o «justificación por fe» se deriva de esta enseñanza de Pablo, que generalmente asume que «fe» implica confianza en el favor misericordioso de Dios, inmerecido. Sin embargo, algunos intérpretes han observado que la palabra griega que se traduce como «fe» (*pistis*) en las Biblias en español, también puede significar «fidelidad».

Además, los textos bíblicos no especifican la fe o fidelidad de quién enmienda las cosas con Dios. De esa manera, surge la pregunta en cuanto a si lo que justifica a la gente es su propia fe en Dios, o la fidelidad de Dios a las promesas

justificación por gracia: la idea o doctrina de que Dios ha actuado misericordiosamente a través de Jesucristo, de una manera que permite que la gente arregle las cosas con Dios a través de la fe.

divinas, o en efecto, la obediencia fiel de Cristo a la voluntad de Dios. El mismo Pablo no parece molesto con esta ambigüedad. A lo largo de Romanos, presenta la justificación como una consecuencia de la fidelidad divina (4:25; 5:18) pero parece que siempre asume que los que son justificados confían en las promesas de Dios, creen en el evangelio y se esfuerzan por ser fieles en su respuesta a lo que Dios ha hecho (5:1-2; 10:10). Este tema volverá a surgir en la carta de Pablo a los Gálatas (véase el capítulo 16, «Cristo y la ley: el verdadero problema»).

La obediencia de fe

En la introducción de esta carta, Pablo dice que como apóstol, ha sido enviado por Dios para ocasionar «la obediencia a la fe» (1:5, RVR60). A medida que la carta progresa, obtenemos una mejor idea de lo que quiere decir con eso. Pablo quiere que toda la gente, judíos y gentiles, vivan de una manera que le agrade a Dios, pero él cree que los judíos fallaron en hacerlo, y cree que los gentiles no lo harán mejor si simplemente se les muestran las Escrituras y se les dice que vivan de acuerdo a la ley de Dios. La obediencia verdadera a la voluntad de Dios llega por medio de la fe, como resultado de estar reconciliados con Dios (5:10) y de

---

Cuadro 13.6

Modelos para entender la justificación

En Romanos y en sus otras cartas parece que Pablo hace uso de distintas imágenes para explicar cómo la muerte y resurrección de Jesucristo pueden justificar a las personas, o restaurar la relación con Dios (Ro. 3:24-26, 30; 4:24-5:1; 5:9, 16-21; cf. 1 Co. 6:11; Gá. 2:21; 3:11-14).

- *Sustitución*. Toda la gente es culpable de no vivir como Dios lo requiere, y el castigo es la muerte (eterna); Jesús es completamente inocente, pero muere en la cruz para asumir el castigo por todos los demás (véase Ro. 3:23-24; 5:6-8; 6:23).
- *Redención*. La gente es como los esclavos, poseídos por algún poder hostil (el pecado, la muerte, el diablo); el precio de compra para la libertad es la sangre de Cristo, y Dios lo paga para que la gente ahora pueda pertenecerle a Dios (véase Ro. 3:24; 8:23; 1 Co. 1:30; 6:20; 7:23).
- *Reconciliación*. La gente ha sido infiel a Dios de maneras que han dañado severamente la relación divino-humana; Jesús viene como el mediador y ofrece su propia vida para restaurar la relación rota (véase Ro. 5:10; 2 Co. 5:18-20).
- *Expiación*. La gente ha pecado en contra de Dios, quien demanda sacrificios de sangre para anular las consecuencias del pecado; Jesús muere en una cruz para ofrecer un sacrificio supremo por los pecados de todos (véase Ro. 3:25).
- *Participación*. La gente vive bajo el poder del pecado y la muerte, y la única salida es morir y resucitar a la vida nueva. A través del bautismo, la gente está unida a Cristo, y participa de su muerte y (finalmente) de su resurrección (véase Ro. 6:1-11; Gá. 2:19-20).

Véase también Bart D. Ehrman, *The New Testament: A Historical Introduction to the Early Christian Writings* [El Nuevo Testamento: Una introducción histórica a los primeros escritos cristianos], 4º ed. (Oxford: Oxford University Press, 2008), 361-65.

recibir el regalo del Espíritu de Dios (8:4). Para Pablo, una consecuencia de ser justificados por fe es la «santificación» (6:22), ser hechos santos o justos por Dios. Cuando Pablo dice que Cristo hace justa a la gente (5:18-19; cf. 2 Co. 5:21), lo da a entender en un sentido doble: (1) ahora la gente puede considerarse justa, aunque sigan batallando y fallen en vivir como Dios lo desea (los teólogos llaman a esto la «justificación imputada»); y (2) la gente ahora puede ser transformada para que en realidad sean capaces de agradar a Dios de maneras que no serían posibles de otro modo (los teólogos llaman a esto «justificación efectiva»). Parece que ambas son parte de lo que Pablo quiere decir con «santificación» y «obediencia de fe»: al confiar en lo que Dios ha hecho a través de Jesucristo, la gente es reconciliada con Dios y se le sitúa en el camino a una vida piadosa.

La disposición universal de la salvación

Pablo proclama un evangelio que promete «salvación de todos los que creen: de los judíos primeramente, pero también de los gentiles» (1:16). En toda esta carta está presente la idea de que las bendiciones divinas que alguna vez estuvieron disponibles para Israel ahora se ofrecen a través de Cristo a toda la gente (1:5, 17; 3:21-23, 29-30; 4:16; 5:18; 10:4, 12; 11:32). En efecto, algunos eruditos creen que este debe ser el punto principal de Pablo, y afirman que la importancia del asunto frecuentemente se ha pasado por alto. Desde la Reforma protestante, el tema central de la carta de Pablo a los Romanos frecuentemente se ha identificado como la exposición de la idea de que la gente es justificada (o hecha justa) ante Dios por fe y no por hacer buenas obras. Sin embargo, en años recientes una cantidad de eruditos han dicho que esto es, en el mejor de los casos, solamente

---

Cuadro 13.7

El fin de la ley

En Romanos Pablo dice que Cristo es «el fin de la ley» (10:4). ¿A qué se refiere?

Tal vez se refiera a que Cristo es el objetivo o cumplimiento de la ley, la persona a quien la ley señalaba todo el tiempo y quien logra los propósitos de Dios que la ley debía producir. O, puede referirse a que la venida de Cristo marca un fin de la ley en el plan de Dios. Pero si ese es el caso, entonces ¿en qué sentido ha puesto Cristo un fin a la ley? ¿Se ha acabado la ley simplemente como un medio de restaurar la relación con Dios, o también se ha eliminado como una expresión adecuada de la voluntad de Dios?

¿Y de qué ley o leyes hablamos? ¿Deben ignorar los cristianos la ley mosaica como un todo, ya que la voluntad de Dios ahora se puede discernir por medio de una mente transformada y renovada (12:2)? ¿O se libera a los cristianos solamente de cumplir ciertas leyes, las que son pertinentes a la identidad judía (como las reglas alimenticias y del día de reposo)? ¿Son genéricas y atemporales algunas leyes (13:9)?, y si ese es el caso, ¿cómo sabemos cuáles?

Para un estudio de cómo se han respondido estas y otras preguntas, véase Veronica Koperski, ¿What Are They Saying about Paul and the Law? [¿Qué se dice de Pablo y la ley?] (Mahwah, NJ: Paulist Press, 2001).

un punto secundario. El punto principal de Pablo es que debido a que la gente es justificada por fe y no por obediencia a la ley del pacto de Israel, la salvación ahora está disponible a todos de igual manera (véase el cuadro 13.8). Según esta opinión, Pablo expone la doctrina de la justificación por gracia como un medio para un fin; lo que más le interesa a él es el alcance universal del evangelio y las implicaciones de esa inclusión universal para la fe y práctica cristianas.

Figura 13.1. El segundo Adán. En Romanos, Pablo presenta a Jesús como un segundo Adán, quien revierte los efectos del pecado original para la humanidad. El primer Adán respondió a la tentación (se simboliza aquí con Eva con su manzana) con desobediencia; el segundo Adán responde con obediencia: «Así como una sola transgresión causó la condenación de todos, también un solo acto de justicia produjo la justificación que da vida a todos» (Ro. 5:18). (The Bridgeman Art Library International)

Muerte y resurrección

Pablo conecta estrechamente la justificación y la salvación con la muerte y resurrección de Cristo, y lo hace de una manera que expresa dimensiones presentes y futuras de la experiencia cristiana. Interpreta el bautismo cristiano como una participación en la muerte y resurrección de Cristo (6:3-4). A través de la muerte de Cristo, los creyentes restauran su relación con Dios, justificados por fe, para que puedan disfrutar de paz con Dios en sus vidas aquí y ahora (5:1, 6-9). Debido a la resurrección de Cristo, los creyentes experimentan la novedad de una vida libre de la esclavitud al pecado (6:4-11), y finalmente serán salvos de una vida que está marcada por el sufrimiento para una vida de gloria, marcada por el cumplimiento de la esperanza (5:2-5; 8:18-25). Pablo usa una variedad de tiempos verbales cuando habla de estos asuntos. En la Biblia Nueva Versión Internacional (NVI), leemos que «fuimos reconciliados» (5:10), «hemos sido justificados» (5:1), y «seremos salvados» (5:9, 10; 10:9, 13; pero cf. 8:24). Lo que Dios ha hecho en el pasado afecta tanto nuestra vida actual como nuestra condición futura. Esta es la manera de Pablo de expresar la dinámica del «ya pero todavía no» de la experiencia cristiana que es tan evidente en la enseñanza de Jesús acerca del reino de Dios (véase el cuadro 4.2 y «La proclamación del reino» en el capítulo 7).

Dios e Israel

Pablo dedica tres capítulos de esta carta para discutir asuntos que surgieron por el simple hecho de que la mayoría de la gente judía no aceptaba el evangelio de Cristo. ¿Cómo podía encajar semejante acontecimiento en el plan de Dios y, en última instancia, qué llegaría a ser del pueblo escogido de Dios, Israel? Al pensar en estos asuntos, Pablo sostiene que las Escrituras sí tienen en cuenta esta aparente anomalía: cita precedentes y profecías para asegurar a sus lectores que el rechazo de Cristo por parte de Israel y la posible pérdida de salvación no significan que la palabra de Dios ha fallado (9:6). También sostiene que la elección es asunto de Dios: Dios puede decidir aceptar o rechazar a quien él quiera (9:18), y la gente no tiene derecho de cuestionar las decisiones de Dios (9:20). Sin embargo, la fidelidad de Dios es evidente en el remanente de los judíos que han aceptado el evangelio, un remanente del cual el mismo Pablo es parte (11:1-6).

Más allá de estas observaciones iniciales, Pablo afirma que el rechazo de Israel de Cristo ha cumplido un buen propósito, facilitar el esparcimiento del evangelio al resto del mundo (11:11-24). Él tiene la esperanza de que muchos judíos se recuperen de lo que resultará haber sido un tropiezo temporal, y que llegarán a la fe en Cristo después de todo. En efecto, anhela esto con una pasión tal que renunciaría a su propia salvación para hacer que eso suceda (9:3). Finalmente, Pablo declara confiadamente que «todo Israel será salvo» (11:26), pero no está claro a qué se refiere con eso. Algunos intérpretes creen que Pablo habla proféticamente de una conversión literal de judíos, que ocurrirá en el fin de los tiempos. Otros creen que entretiene la noción de que la misericordia de Dios se extenderá a los judíos, ya sea que acepten a Cristo o no, ya que «las dádivas de Dios son irrevocables, como lo es también su llamamiento» (11:29). Aun así, otros cuestionan si Pablo usa el término «Israel» para referirse a un grupo étnico (véase 9:6; cf. 2:29); el punto podría ser que las promesas del pacto de Dios se cumplirán para aquellos que acepten al Mesías de Israel (sean judíos o gentiles), y en ese sentido, «todo Israel» será salvo.

Cuadro 13.8

La nueva perspectiva en Pablo: Un ejemplo

¿Qué significa este versículo de las Escrituras?

> Todos somos justificados por la fe, y no por las obras que la ley exige. (Ro. 3:28)

La interpretación tradicional

La gente rectifica las cosas con Dios al confiar en lo que Dios ha hecho en su misericordia a través de Jesucristo, y no por hacer cosas que ganarían el favor de Dios. En esta perspectiva, «obras que la ley exige» = hechos meritorios del logro humano (cumplir los mandamientos, hacer buenas obras, etc.).

La perspectiva nueva

La gente rectifica su relación con Dios al confiar en lo que Dios ha hecho en su misericordia a través de Jesucristo y no por ser fiel al pacto que Dios hizo con Israel. En esta perspectiva, «obras que la ley exige» = señales del pacto que identifican a los judíos como personas que pertenecen a la nación escogida de Dios (circuncisión, cumplimiento del día de reposo, restricciones alimenticias, etc.).

La obediencia al gobierno

Las palabras de Pablo en cuanto a la obediencia a las autoridades gobernantes de Romanos 13:1-7 frecuentemente se citan en discusiones de las relaciones de iglesia-estado. Él dice que los cristianos no deben resistirse a los gobernantes políticos, porque ellos han sido puestos en ese lugar por Dios. Este consejo invita a la comparación con lo que se dice en otra parte de la Biblia. En el Evangelio de Lucas, el diablo afirma ser responsable de instalar gobernantes en los reinos de la tierra (Lc. 4:4-5), y en el libro de Hechos, los cristianos declaran: «¡Es necesario obedecer a Dios antes que a los hombres!» (Hch. 5:29). La presuposición del consejo de Pablo parece ser que las autoridades a las que se debe respetar llevan a cabo su mandato divino para administrar justicia, castigar a los malhechores y apoyar a los que hacen el bien (Ro. 13:3-4). Los eruditos sugieren frecuentemente que Pablo escribió estas palabras durante la primera mitad del reinado del emperador Nerón, cuando el gobierno romano ejercía un comportamiento relativamente bueno. Unos años después, ese emperador resultaría ser un tirano, responsable de una injusticia monstruosa, mucha de la cual fue dirigida específicamente en contra de los cristianos. De hecho, el mismo Pablo moriría como mártir en las olas de persecución de esta particular autoridad gobernante instituida.

Acomodación por los débiles

La discusión de Pablo de «los débiles» y «los fuertes» en el capítulo 14 de Romanos ha llegado a ser una referencia para la ética cristiana. Pablo enseñó que las leyes alimenticias judías ya no eran pertinentes para los justificados por fe; a

---

Cuadro 13.9

La retórica de Romanos

La carta de Pablo a los Romanos frecuentemente se examina con el interés en la forma en que el apóstol decide exponer sus argumentos.

- Él usa listas de testimonios de citas bíblicas, en las que se cita una secuencia de versículos en sucesión rápida (p. ej., 3:10-18 cita Sal. 14:1-3; Sal. 53:1-2; Sal. 5:9; Sal. 140:3; Sal. 10:7; Is. 59:7-8; Sal. 36:1).
- Él emplea técnicas creativas de interpretación bíblica (p. ej., discute en 4:9-12 que, ya que Abraham no había sido circuncidado cuando confió por primera vez en Dios, debemos concluir en que los gentiles circuncidados pueden restaurar su relación con Dios por medio de la fe).
- Él hace uso de conceptos clave de la filosofía estoica, incluso su apelación a la conciencia (2:15) y a la «ley natural» (1:26).
- Él emplea un estilo retórico de argumento conocido como «diatriba», para responder a las preguntas planteadas por un compañero de diálogo imaginario (p. ej., 3:1; 6:1).
- Da analogías de la vida diaria para explicar puntos teológicos (p. ej., injertar una rama de un olivar silvestre en la raíz de un árbol cultivado = incorporar a los gentiles al pueblo de Dios arraigado en la historia de Israel).

lo largo de su ministerio él fue firme en que esas restricciones no se impusieran a los gentiles (véase Gá. 2:14). Pero ahora él trata con un factor complicado: si una persona cree (erróneamente) que comer cierta comida es pecaminosa, entonces, para esa persona particular en realidad es pecaminoso consumir esos alimentos (14:23). El fuerte en la fe sabe que «no hay nada impuro en sí mismo» (14:14), pero el débil en la fe no sabe eso, y no debe ser tentado o estimulado a hacer lo que ellos mismos saben que es malo. Los que son fuertes no deben hacer cualquier cosa que será un obstáculo para los que son débiles, aunque eso signifique renunciar a comidas que para ellos sería apropiado comer, en caso contrario.

De esa manera, Pablo aconseja a los cristianos romanos que evalúen su comportamiento con términos más amplios que «lo que es aceptable o permitido». Deben considerar los efectos que sus acciones tienen en otros y esforzarse por evitar hacer algo que pueda percibirse como malo (14:16) o que pueda ocasionar que otro tropiece (14:21). Este asunto también surge en 1 Corintios 8–10.

Conclusión

Un prominente erudito católico romano dijo una vez que, solamente sería «una leve exageración decir que el cristianismo occidental se divide en iglesias católicas y protestantes hoy día, debido a la carta de Pablo a los Romanos y a las disputas en cuanto a cómo se debe interpretar» (Raymond E. Brown. *An Introduction to the New Testament* [Introducción al Nuevo Testamento] [Nueva York: Doubleday, 1997], 559). De hecho, el primer libro de texto protestante sobre la doctrina cristiana que alguna vez se escribió organizó sus temas de acuerdo a

---

Cuadro 13.10

¿Por qué no pecar?

En Romanos, Pablo trata asuntos de pecado y gracia. Si Dios perdona el pecado, alguien podría preguntar: «¿Por qué alguien querría dejar de pecar?». Si no hay límite para la gracia de Dios, ¿por qué no simplemente «persistir en el pecado para que la gracia abunde (véase 6:1)?».

Pablo cree que estas son preguntas que solamente una persona no convertida haría. Los que en realidad han recibido la gracia de Dios y han restaurado su relación con Dios a través de la fe lo saben bien. La voluntad para pecar ha sido quebrantada: han muerto al pecado (6:2) y han sido liberados de su dominio sobre ellos (6:6-7).

Pablo afirma que su evangelio en realidad produce una mejor motivación a la obediencia que la ley: renovación interna (12:2) en lugar de miedo a la condenación (8:1). Los que han sido reconciliados con Dios a través de la muerte de Jesús ya no son enemigos de Dios (5:10), y ahora puede esperarse que ellos se entreguen en obediencia a Dios por medio de la adoración espiritual (12:1).

Aun así, Pablo recuerda a sus lectores que «ninguna condenación» (8:1) no quiere decir «ninguna responsabilidad» (14:12). Todavía estaremos ante el tribunal de Dios (14:10).

un bosquejo de Romanos (Philipp Melanchthon, *Loci communes*, publicado en 1521). En el siglo xx, el gigante teólogo Karl Barth comenzó su programa de neoortodoxia con un comentario de Romanos (1933). Y hoy día, la carta de Pablo a los Romanos generalmente se considera como una «casa matriz» para los teólogos luteranos, aunque todos los cristianos de todas las convicciones la estudian intensamente. Los comentarios que se usan más ampliamente y que son más altamente respetados sobre la carta incluyen los volúmenes de un católico romano (Joseph Fitzmeyer), dos metodistas (James Dunn, Robert Jewett) y dos bautistas (Douglas Moo, Thomas Schreiner). Claramente, la carta ha sido una caja de resonancia para los cristianos de todas las convicciones.

Además de los temas que se tocan en este capítulo, la carta de Pablo a «los amados de Dios que están en Roma» (1:7) se consulta para preguntas teológicas en cuanto al bautismo (6:3-4), al pecado original (5:12-21), la predestinación (8:29-30; 9:11-12; 11:25-26) y otros temas numerosos. A pesar del carácter embriagador de esta carta, la fe no solamente era un ejercicio intelectual para Pablo. Él espera que los que creen en el evangelio que él presenta aquí sean «transformados mediante la renovación de su mente» (12:2). Ellos pensarán de manera distinta de sí mismos (12:3), de otros creyentes (12:16), de los totalmente extraños (12:13) y de sus enemigos (12:19-21).

Definitivamente, Pablo no quería que su mensaje fuera una fuente de división: su súplica (12:16) y oración (15:5) son que sus lectores vivan «juntos en armonía». Hay algunos asuntos en los que los cristianos simplemente pueden acordar no estar de acuerdo: «Cada uno debe estar firme en sus propias opiniones» (14:5). De cualquier manera, no deben juzgarse unos a otros (14:10-13) sino más bien, deben hacer todo el esfuerzo de vivir pacíficamente con todos (12:18), para que todos los creyentes «con un solo corazón y a una sola voz glorifiquen al Dios y Padre de nuestro Señor Jesucristo» (15:6).

Cuadro 13.11

Romanos 8 en la literatura clásica

Dos versículos de la carta de Pablo a los Romanos:

- «Sabemos que toda la creación todavía gime a una, como si tuviera dolores de parto» (8:22).
- «Dios dispone todas las cosas para el bien de quienes lo aman, los que han sido llamados de acuerdo con su propósito» (8:28).

De *El regreso del nativo*, por Thomas Hardy (1878):

- No puedo evitarlo —dijo Clym turbado— [...] Me levanto cada mañana y veo a la creación que gime y trabaja penosamente, como dice San Pablo.

De *Cumbres borrascosas*, por Emily Brontë (1847):

- Repuso José— [...] Demos gracias a Dios por todo. Sus designios conducen siempre a lo mejor, aun las desgracias, como dicen los textos sacros...

14

1 Corintios

La política denominacional, las disputas doctrinales, las preferencias litúrgicas, ¿por qué los cristianos simplemente no aprenden a llevarse bien? Es una pregunta antigua, tan antigua como el cristianismo en sí. La carta de nuestro Nuevo Testamento llamada «1 Corintios» revela que el conflicto en la iglesia no es nada nuevo.

Algunos quizá conozcan mejor la primera carta de Pablo a los Corintios por algunos de sus pasajes individuales. Muchos la conocen como «el libro que se lee en las bodas» (véase 1 Co. 13). Algunos piensan de ella como «el libro con todo ese asunto de hablar en lenguas» (véase 1 Co. 12; 14). Pero al tomarla como un todo, la carta puede considerarse popularmente como la epístola de Pablo a «aquella iglesia con problemas». Todas las iglesias tienen problemas, por supuesto, pero parece que 1 Corintios trata nada más que con problemas, uno tras otro. Algunos de esos problemas suenan como los que se encuentran en las congregaciones hoy día; otros están relacionados con situaciones culturales que pueden parecerles extrañas a los lectores modernos.

Es una carta explícitamente dirigida a bebés espirituales, Pablo solo puede darles leche, ya que no están preparados para la comida sólida (3:1-2). Los estudiantes pueden pensar que eso puede prometer una lectura fácil, pero no es así de sencillo. Por un lado, estos son bebés que han sido «santificados en Cristo Jesús y llamados a ser su santo pueblo» (1:2), lo cual significa que Pablo tiene expectativas altas de ellos. Él quiere darles sabiduría espiritual que sobrepasa cualquier cosa discernible para la simple sabiduría humana (2:13-14). Ellos tienen un potencial tremendo: tienen «la mente de Cristo» (2:16; cf. Fil. 2:5).

santos: gente que es santa; algunos escritores del Nuevo Testamento usan la palabra como un sinónimo virtual para «cristianos».

Un par de otros asuntos complican nuestro estudio de esta carta. Primero, Pablo aparentemente escribió varias cartas a esta iglesia rebelde, algunas de las cuales se perdieron para nosotros. La carta que conocemos como 1 Corintios, en realidad, parece ser su segunda carta para la iglesia, sí, eso es confuso, pero por lo menos 1 Corintios fue escrita antes de la carta que conocemos como 2 Corintios (por lo que es la primera de las cartas que todavía tenemos). Nuestra 2 Corintios generalmente se identifica como la cuarta carta de Pablo a la iglesia, por lo menos en parte, pero dejemos eso por un lado hasta nuestro próximo capítulo (si no puede esperar, véase el resumen del cuadro 15.1).

Los corintios también le escribieron a Pablo, pero no tenemos copias de lo que ellos le enviaron. A veces parece que menciona cosas que le dijeron (6:12, 13; 7:1; 8:1, 4, 8; 9:4; 10:23; 14:22; posiblemente 14:34-35) y luego responde corrigiendo o condenando la postura de ellos (véase el cuadro 14.1). De esa manera, algunos versículos de esta carta expresan opiniones que Pablo quiere que sus lectores rechacen en lugar de que adopten. Al ponerle atención al contexto, los intérpretes generalmente pueden decir qué pasajes son esos, pero los desacuerdos sí ocurren, y esos desacuerdos pueden llevar a (sí, acertó) conflicto en la iglesia.

Generalidades

Después de la introducción acostumbrada (1:1-3) y de dar gracias (1:4-9), Pablo retoma algunos asuntos que le habían hecho saber algunos de los miembros de la iglesia a quienes se refiere como «la familia de Cloé» (1:11). El primero de ellos es que hay facciones en la iglesia, y distintos miembros afirman seguir a diversos líderes humanos (1:10-4:21). Después de tratar con este problema en detalle, Pablo toca brevemente otros tres asuntos que la familia de Cloé probablemente le haya hecho saber: un hombre vive en relación sexual con su madrastra (5:1-13); los miembros de la iglesia se demandan unos a otros en cortes seculares (6:1-8); y algunos miembros evidencian la filosofía de que «se vale todo», que justifica visitar prostitutas y otro comportamiento inmoral (6:9-20).

Luego, Pablo se dedica a contestar las preguntas que los corintios le han hecho en una carta (7:1). Primero, considera la pregunta de si la abstinencia sexual no siempre es el mejor recurso (incluso para las personas casadas), y da amplia enseñanza sobre el matrimonio, el divorcio y el celibato (7:1-40). Luego trata con la pregunta de si es apropiado que los cristianos coman comida que fue dedicada a los ídolos, y eso lleva a una discusión general de la libertad y la responsabilidad cristiana (8:1-11:1). En esta última discusión está interpuesto el paréntesis en el que Pablo discute sus propios derechos de apóstol (9:1-14) y su decisión a renunciar a esos derechos (9:15-27). Finalmente, gira su atención a varios asuntos que han surgido en cuanto a la adoración cristiana: la importancia de que las mujeres se cubran la cabeza (11:2-16), la conducta apropiada en la Santa Cena (11:17-34) y la función de los dones espirituales como profecía y hablar en lenguas (12:1-14:40). En la discusión de los dones espirituales está incrustado un poema al amor (13:1-13).

Al haber abordado las preguntas que se le presentaron, Pablo continúa instruyendo a los corintios en cuanto a lo que él considera que son asuntos de «primer lugar» (15:3, DHH): la muerte, sepultura y resurrección de Cristo (15:1-58). Luego da unas cuantas palabras en cuanto a los fondos que está recaudando para Jerusalén (16:1-4) y concluye la carta con comentarios sobre los planes de viaje (16:5-12) y unas exhortaciones finales y saludos (16:13-24).

Trasfondo histórico

En los tiempos del Nuevo Testamento, gran parte de la Grecia de los días modernos estaba dividida en dos provincias romanas, Macedonia y Acaya (véase el mapa 14.1). La capital de Macedonia era Tesalónica y la capital de Acaya era Corinto, una de las ciudades más grandes y más prósperas del mundo antiguo. Corinto, aproximadamente a ochenta kilómetros de Atenas, frecuentemente se veía como una antítesis crasa de ese centro intelectual. La ciudad, después de todo, había sido establecida por esclavos liberados tan recientemente como

---

Cuadro 14.1

Punto/Contrapunto

Pablo entabla el diálogo con los corintios, y a veces cita cosas que ellos le han dicho y después les responde. Su respuesta aprueba o rechaza el punto de vista de los corintios que él acaba de describir. He aquí unos cuantos ejemplos:

	Los corintios dicen	Pablo responde
6:12	«Todo me está permitido».	«No todo es para mi bien».
6:13	«Los alimentos son para el estómago y el estómago para los alimentos» (es decir, es simplemente natural satisfacer los apetitos de uno).	«Dios los destruirá a ambos» (es decir, Dios juzgará a la gente que satisfaga los apetitos pecaminosos).
7:1-5	«Es mejor no tener relaciones sexuales» (es decir, hasta las personas casadas deben practicar el celibato).	Los esposos y las esposas deben concederse «derechos conyugales» mutuamente, para que no haya tentación para la inmoralidad sexual.
8:1	«Todos tenemos conocimiento».	«El conocimiento envanece, mientras que el amor edifica».

Encontrará otros ejemplos en 8:4, 8; 9:4; 10:23. Algunos eruditos también creen que las palabras acerca de que las mujeres callen en la iglesia de 14:34-35 describen la opinión propia de los corintios y no la de Pablo (cuyas respuestas llegan luego en 14:36); de otra manera, parece que esos comentarios están en tensión con 1 Corintios 11:5, con la actitud de Pablo en Gálatas 3:28, y con los relatos de Hechos 2:17-18; 21:9.

44 a. e. c. Un poeta de la época resumió lo que pudo haber sido un sentimiento popular: «¿Qué habitantes, oh ciudad sin suerte, has recibido?… ¡Ay de la gran calamidad para Grecia!… ¡Qué multitud de esclavos viles!» (Crinágoras, *Greek Anthology* [Antología griega] 9.284).

Aun así, Corinto y el mar Egeo tenían lo que parecía ser una ubicación ideal. La ciudad estaba ubicada en una franja estrecha de tierra: el mar Adriático estaba al occidente y el mar Egeo al oriente. Varios emperadores romanos propusieron cortar un canal a lo largo del istmo para permitir que los barcos pasaran de ida y regreso de Italia a Asia. A los corintios les habría encantado eso, pero mientras tanto, hicieron la segunda mejor opción. Establecieron puertos en ambos lados de su pequeña franja de tierra con un camino muy bueno (llamado «Diolkos») entre ellos. Un barco podía descargar en cualquier puerto y su carga y tripulación podían trasladarse por tierra a otro barco, a solo catorce kilómetros y medio de distancia. De hecho, los barcos más pequeños a veces los sacaban del agua y los empujaban por el camino con rodillos, para depositarlos de vuelta al océano, al otro lado. Aunque era un trabajo intenso, muchas compañías comerciales consideraban la opción corintia preferible a enviar sus barcos por toda Acaya, por medio del mar Mediterráneo.

Corinto era famosa por una cantidad de otras cosas. La ciudad producía un compuesto metálico llamado «bronce corinto» que era altamente valioso. Organizaba una competencia anual, los juegos ístmicos, que en popularidad era la segunda después de los juegos olímpicos. Corinto también se enorgullecía de tener un refugio para los ricos nuevos, y ofrecía a los empresarios y empresarias su mejor oportunidad de ascenso social. Además, Corinto se enorgullecía de su reputación como ciudad que estaba abierta a las ideas nuevas y tolerante a la diversidad. También era famosa por su diversión: teatros, templos, casinos y burdeles. En todo el imperio, la expresión de «actuar como un corintio» llegó a ser una expresión coloquial para la participación en la promiscuidad sexual (Crinágoras, *Greek Anthology* [Antología griega] 9.284).

Según el libro de Hechos, Pablo se quedó en Corinto por lo menos dieciocho meses en su segundo viaje misionero, cuando Galio era el procónsul allí (18:1-17). Esto ubica su estadía en la ciudad entre el año 50 y el 53. Vivió con Aquila y Priscila, una pareja de casados con quienes aparentemente tenía mucho en común: eran cristianos judíos y, como Pablo, se ganaban la vida como fabricantes de carpas o curtidores de pieles (Hch. 18:2-3; cf. 1 Co. 16:19). Pablo evangelizó la ciudad con sus compañeros Silas (que a veces se le llama «Silvano») y Timoteo (Hch. 18:5; 2 Co. 1:19). La congregación que surgió era diversa étnica y socialmente. La mayoría de los convertidos de Pablo eran gentiles (1 Co. 12:2), pero no todos. Crispo (1 Co. 1:14; cf. Hch. 18:8) y Sóstenes (1 Co. 1:1; cf. Hch. 18:17) habían sido líderes de sinagogas judías. Parece que la mayoría de los cristianos corintios también eran de las clases más bajas (1 Co. 1:26),

Mapa 14.1. Acaya

pero no todos. Gayo (1 Co. 1:14) tenía una casa lo suficientemente grande para albergar reuniones de toda la iglesia (Ro. 16:23), y Erasto era el tesorero de la ciudad (Ro. 16:23; 2 Ti. 4:20). Como veremos, la integración social de personas de distintos grupos étnicos y clases económicas pudo haber sido una causa significativa de conflicto en la iglesia.

Poco después de fundar la iglesia, Pablo escribió a los Corintios, una carta a la que hace una breve referencia en 1 Corintios 5:9 (véase el cuadro 15.1). No sabemos casi nada de esta «carta perdida», excepto esa única cosa que Pablo les dijo a los corintios en la carta, que debían evitar relacionarse con gente que es inmoral sexualmente (con lo cual se refería a cristianos inmorales). De cualquier manera, Pablo tuvo respuesta de ellos de dos maneras. Primero, recibió una visita de unas personas a las que se refiere como «la familia de Cloé» (1:11), posiblemente los sirvientes o miembros de la familia de una mujer que era miembro de la iglesia. Segundo, recibió una carta de la iglesia en la que le hacían preguntas acerca de varios asuntos (véase 7:1, 25; 8:1, 4; 12:1; 16:1, 12). Parece que tres miembros entregaron personalmente esta carta: Estéfanas, Fortunato y Acaico (16:15-18), quienes, sin duda, también dieron más información oralmente. Como respuesta a estos reportes, Pablo escribió la carta que conocemos como 1 Corintios (aunque en realidad es la segunda carta para la iglesia). Él estaba en Éfeso en ese entonces (16:8), y nuestra mejor conjetura ubica el año de composición en alguna parte entre 53 y 57. La carta

¿Cómo dijo? Algunos acertijos de 1 Corintios

Algunos asuntos que se discuten en 1 Corintios son desconcertantes para los eruditos y lectores ocasionales de la Biblia por igual.

- Pablo dice que las mujeres deben cubrirse la cabeza en la iglesia «señal de autoridad... por causa de los ángeles» (11:10, RVR60). ¿Qué tienen que ver con eso los ángeles? ¿Tiene miedo Pablo de que los ángeles deseen a las mujeres de la tierra (cf. Gn. 6:4)? ¿Son estos ángeles buenos o ángeles malos (demonios)? ¿O se habla de los mensajeros humanos como ángeles? Muchas teorías se han propuesto, pero nadie sabe con seguridad qué significa eso.
- Pablo se refiere a la gente «que se bautizan por los muertos» (15:29). ¿Cuál era ese ritual, y qué se suponía que lograba? ¿Era un bautismo vicario para la gente que ya había muerto? ¿Estaba Pablo a favor o en contra de eso? El «bautismo por los muertos» se practica ahora entre los mormones, pero no entre ningún otro grupo que considera 1 Corintios como Escrituras. La razón: nadie sabe con seguridad de qué hablaba Pablo.

está escrita juntamente con Sóstenes (1:1), quien, según el libro de Hechos, había sido golpeado en público por una turba enojada cuando el procónsul Galio se había rehusado a dar órdenes en contra de Pablo en su visita inicial a la ciudad (Hch. 18:12-17).

Temas importantes de 1 Corintios

La unidad de la iglesia

Pablo está preocupado porque hay divisiones en la iglesia (1:10-11; 11:18-19). Los miembros se identifican en cuanto a lealtad con uno u otro líder prominente. Algunos se identifican como discípulos de Pablo, aunque él no los ha autorizado a hacerlo (1:12; 3:4); otros siguen a Apolos (1:12; 3:4-6, 22; 4:6; 16:12; cf. Hch. 18:24-19:1; Tit. 3:13) o a Pedro, que aquí lo llaman «Cefas» (1:12; 3:22; 9:5; 15:5; cf. Gá. 2:7-9, 11-14). Pablo no apoya al «partido de Pablo» sino que condena a todas las facciones por darle mucha atención a los simples seres humanos (3:5-7, 21-23), lo cual lleva inevitablemente a «celos y contiendas» (3:3). En contraste a esta imagen de una iglesia dividida, Pablo da dos imágenes propias. Primero, la congregación debe saber lo que es el «templo de Dios» (3:16-17); el Espíritu Santo de Dios mora en la comunidad como un todo. Solamente hay un Espíritu, que se les da a todos, y cualquier cosa que una persona o facción haga para destruir la unidad de la congregación es un asalto a la morada santa de Dios. Segundo, Pablo dice que la iglesia es el «cuerpo de Cristo» y los miembros individuales son como las distintas partes del cuerpo: manos, pies, oídos, ojos (12:12-27; cf. Ro. 12:4-5; Ef. 4:14-16). Las partes son bastante distintas unas de otras, pero todas son necesarias e importantes. De esa manera, Pablo presenta la unidad de la iglesia, no como un ideal o meta

Cefas: palabra aramea que significa «roca», la forma griega de la cual es «Pedro»; el sobrenombre que Jesús le puso a Simón, uno de sus discípulos.

que alcanzar, sino como una realidad lograda que debe reconocerse (12:27): todas las personas (y las diversas facciones) están conectadas entre sí, ya sea que lo sepan o no (y ya sea que les guste o no). Cuando cualquier parte del cuerpo sufre, todo el cuerpo se afecta. La iglesia debe aprender a actuar como la entidad unificada que en realidad es.

Sabiduría y poder

A Pablo le preocupa que los corintios busquen identificarse con los líderes humanos a quienes consideran los más sabios y poderosos. Este asunto surgirá otra vez en 2 Corintios, donde Pablo enfrenta a un grupo de entrometidos que causaron un gran alboroto en esta congregación, aparentemente, al hacer alarde de su sabiduría y poder como señales de bendición y autoridad divina (2 Co. 10-12). Pablo insiste en 1 Corintios, en resumidas cuentas, que lo que Dios considera sabio y fuerte no concuerda con las opiniones del mundo en cuanto a esos asuntos (1:19-20). La prueba «A» es «Cristo crucificado» (1:23-24): el acto de sabiduría y poder más grande de Dios se logró con lo que al mundo le parece ser una exhibición de debilidad y locura (1:18; cf. 2 Co. 13:4). Solamente la cruz de Cristo debería ser suficiente para hacer que los corintios reflexionen en su sistema de valores, pero Pablo sugiere que también se den un buen vistazo a sí mismos: ellos no son la gente más sabia ni más poderosa de allí, aun así, Dios los escogió (1:26-27). Finalmente, él se pone como un ejemplo: no se avergüenza de admitir que es un insensato (4:9-10; cf. 2 Co. 11:16-17) y débil (2:3; 4:9-10; cf. 2 Co. 10:10; 11:30; 12:5, 9-10; 13:4, 9) para los estándares del mundo. Todas estas consideraciones revelan a un Dios que valora lo que el mundo rechaza, que trabaja por medio de lo que el mundo considera débil y tonto (1:18-29; 2:14; 3:18-20; cf. 2 Co. 12:9-10; 13:4). La evaluación alta de los corintios de la sabiduría y el poder representa una mala interpretación fundamental del evangelio.

Cristo crucificado: El foco principal de la predicación de Pablo según 1 Corintios 1:22-24; 2:1-2; la frase parece ser abreviatura de lo que los teólogos llaman la «teología de la cruz» (theologia crucis).

Cristo crucificado

Pablo dice que cuando estuvo con los corintios, se propuso no saber nada entre ellos «excepto de Jesucristo, y de este crucificado» (2:2; cf. 1:23; 11:26). Muchos intérpretes han observado que, si ese es realmente el caso, parece que su congregación no entiende. Por lo menos, fallaron en no darse cuenta de lo que el mensaje de la cruz significa para sus vidas diarias. Como gente que experimentaba milagros (12:10, 28; cf. 2 Co. 12:12) y recibía toda clase de dones espirituales emocionantes (1:7; 2:12; 12:4-10), parecía que los corintios pensaban que ya disfrutaban de todos los beneficios de la salvación, de vivir una vida gloriosa que podía caracterizarse por estar libres de necesidades o problemas. Pablo se mofa de esas actitudes, y se dirige con sarcasmo a los que conoce como niños espirituales (3:1): «¡Ya tienen todo lo que desean! ¡Ya se han enriquecido!» (4:8). Mírense, les dice. ¡Viven como reyes debido a Cristo! No como nosotros, pobres apóstoles, que tenemos que sufrir dificultades por el evangelio. ¡Ustedes no! A nosotros se nos trata como la basura de este mundo, ¡pero ustedes son como reyes (4:8-13)! En realidad, Pablo cree que los cristianos viven en un mundo donde las fuerzas del mal siguen siendo poderosas (5:5; 7:5; 8:5; 10:20-21; cf. 2 Co. 2:11; 4:4; 11:14-15; 12:7), la experiencia de la presencia de Dios es limitada (7:7; 8:2; 13:9, 12; 15:50, 53; cf. 2 Co. 5:6), las tentaciones para pecar son desenfrenadas (7:28; 10:12; cf. 2 Co. 11:3; 12:21), y hay que esperar dificultades y sufrimiento (15:30-32; cf. 2 Co. 1:8-9; 4:7-12; 6:4-5; 7:5; 8:2; 11:23-29; 12:7, 10). Pablo dice que el problema es que los corintios están atentos a identificarse solamente con el Cristo resucitado, no con el Cristo crucificado. Pablo deja claro en otra parte que la vida en el mundo presente está marcada con la participación en la muerte de Jesús (Ro. 6:3-5; Gá. 2:19-20; Fil. 3:10; cf. 1 Co. 11:26; 15:31; 2 Co. 1:5-6; 4:8-12). Por eso es por lo que decidió no saber nada entre ellos, sino conocer «al Cristo crucificado»: el mensaje de la cruz era lo que ellos debían escuchar.

La resurrección del cuerpo

El capítulo 15 de 1 Corintios frecuentemente se considera como un punto teológico alto del Nuevo Testamento. Pablo se extiende con elocuencia acerca de la resurrección de Cristo, da un listado de testigos históricos de ese acontecimiento (15:5-8) y afirma que, si Cristo no hubiera resucitado, entonces la predicación sería en vano, la fe sería inútil, la gente todavía estaría en sus pecados (15:14-17) y los cristianos serían la gente más digna de compasión en la tierra (15:19). Sin embargo, el punto en el que Pablo quiere hacer énfasis no es simplemente que Cristo resucitó de los muertos, sino que lo hizo como la «primicia» de una resurrección que finalmente incluirá a todos los que le pertenecen (15:23). Una preocupación principal para Pablo es demostrar que los que han muerto en Cristo no han perecido (15:18). La muerte ha perdido su aguijón (15:54-57) porque, como el enemigo final y postrero de Dios, la muerte será destruida en el reino victorioso de Cristo (15:24-26). Pero Pablo también insiste en que esa será una resurrección del cuerpo, no solamente del alma o espíritu. Los cuerpos reales de los creyentes resucitarán y serán transformados de algo perecedero a algo imperecedero (15:35-54).

Este es un punto muy importante para Pablo, y podemos preguntarnos por qué demanda tanta atención. Es posible que algunos de los corintios interpretaran la resurrección como una experiencia espiritual en la que la gente podía participar aquí y ahora, una exaltación a un plano más alto de la vida espiritual que ellos creían que había llegado a ser una realidad (4:8-13; 15:12, 19). Pablo volverá a este tema en 2 Corintios, donde dice que los cristianos son como frágiles vasijas

primicia: término agrícola para la producción que se recoge al principio de la época de la cosecha; a Jesús se le llama las «primicias de la resurrección» porque se cree que su resurrección precede y anticipa la resurrección general de todos.

Figura 14.1. Un cuerpo en Cristo. Pablo les dice a los corintios que ellos están interconectados en Cristo (1 Co. 12:1-27). (The Bridgeman Art Library International)

de barro que contienen un tesoro precioso (2 Co. 4:7). La capa exterior, el cuerpo humano, es frágil, sujeto a la descomposición, a la tentación, a la enfermedad y al dolor. ¿Cómo puede alguien que vive en un cuerpo así afirmar que ya adquirió un plano celestial de existencia? Más bien, los creyentes actualmente viven bajo una carga, anhelando ser vestidos con cuerpos glorificados celestialmente (2 Co. 5:1-10). En 1 Corintios, Pablo dice que la resurrección de Cristo garantiza la seguridad de que serán vestidos así; como Cristo fue resucitado con un cuerpo nuevo y transformado, para que todos los que le pertenecen sean resucitados con cuerpos nuevos que son gloriosos, poderosos, espirituales e inmortales (15:43-44, 53-54). Pero esto ocurrirá en la segunda venida de Cristo, no antes (15:23, 51-52). Al no lograr entender que la resurrección es futura (15:20-34) y corporal (15:35-50), los corintios han exagerado los beneficios de su situación actual y no han logrado entender la importancia de lo que Dios tiene guardado para ellos al final. La doctrina también tiene consecuencias prácticas: los que no creen en la resurrección del cuerpo, es posible que caigan en la indiferencia moral, pero los que sí creen en esa resurrección, perseverarán y seguirán siendo fieles, aun cuando experimenten pruebas (15:32).

La libertad cristiana

Pablo trata lo que él considera ser una mala interpretación visible de la libertad cristiana, que algunos corintios han interpretado como licencia para hacer lo que les plazca. Algunos de ellos, aparentemente, visitan prostitutas (6:16-18), y un miembro de la iglesia vive en una relación de incesto con su madrastra (5:1). El segundo incidente en realidad parece que ha llegado a ser una ocasión para alardear (5:2, 6). ¿Por qué la congregación se enorgullecería de un miembro de la iglesia que abiertamente hace lo que la mayoría de la gente en el mundo habría considerado inmoral? La respuesta probable es que algunos de los corintios interpretan semejante permisividad como una promulgación del evangelio. «Todo me está permitido», dicen ellos (6:12; cf. 10:23). ¿De dónde habrían sacado semejante noción? Es posible que la obtuvieran del mismo Pablo. En algunas de sus otras cartas Pablo sí habla de que los cristianos son libres de la ley (Ro. 4:15; 6:14; 7:4, 6; 10:4; Gá. 3:24; 5:18). Sin embargo, en esos pasajes su punto es que el comportamiento cristiano no debe igualarse a simplemente obedecer reglas: los cristianos viven por el Espíritu en un nuevo pacto de gracia, y hacen lo correcto porque es correcto, no porque sea requerido. Parece que los corintios oyeron únicamente la mitad de lo que Pablo dijo y pasaron por alto el objetivo. De cualquier manera, ahora él aclara su postura: la pregunta que el cristiano debe hacer no es «¿Se me permite hacer esto?», sino «¿Es bueno hacerlo?». Aunque todas las cosas sean lícitas (permitidas), el cristiano debe hacer solamente las cosas que son beneficiosas (6:12), que edifican a la comunidad (10:23) y que le dan gloria a Dios (6:20). Pablo también observa, con un poco de ironía, que el concepto corintio de libertad lleva a lo que en realidad es esclavitud: los que adoptan la actitud hacia la vida de «hacer lo que les place», acaban convirtiéndose en esclavos de sus propias pasiones, dominadas por los deseos compulsivos que no son satisfactorios ni saludables (6:12).

ley: «la ley de Moisés» o cualquier regulación que el pueblo judío entendía que delineaba la fidelidad a Dios en relación con el pacto que Dios había hecho con Israel.

Algunos asuntos prácticos

La Santa Cena

La comunidad se reúne regularmente para una comida en común o «fiesta de amor» (cf. Judas 12) en la que se lleva a cabo la Santa Cena (11:17-34). Esta es una comida completa, como las cenas donde cada uno lleva un plato para compartir, con la Santa Cena al final. Sin embargo, la comida no se distribuye de una manera equitativa (11:21). ¿Por qué no? Podría haber muchas razones, pero ya que Pablo dice que deben esperarse «unos a otros» (11:33), muchos intérpretes creen que el problema surgió con la gente que llegaba a distintas horas y comían por turnos. Los miembros más adinerados de la iglesia llegaban temprano y compartían entre sí lo que habían llevado. Los miembros de las clases más bajas, que trabajaban hasta el anochecer, llegaban más tarde y llevaban cualquier contribución escasa que podían permitirse. Llegaban y se daban cuenta de que la élite ya había disfrutado de un buen banquete, estaban sentados con alimentos costosos y a veces ebrios de licores finos (11:21). Quizá había algunas sobras, pero el segundo turno de la comida para los que llegaban tarde (probablemente la gran mayoría de la congregación) era un asunto indudablemente de una clase baja. Eso quizá parecía apropiado para los que estaban familiarizados con los banquetes grecorromanos, en los que los sirvientes siempre comían separadamente y consideraban un privilegio recibir las sobras del banquete, como suplemento a lo que, de otra manera, ellos habrían tenido. Sin embargo, Pablo cree que replicar semejantes desigualdades en esa comida demuestra que «menosprecian a la iglesia de Dios» (11:22). Él está atónito de que una comida que tiene la intención de comerse como recuerdo de Jesús (11:24) se haya convertido en una ocasión para humillar a los pobres (11:25), y el compartir (*koinōnia* en griego) del pan y el vino debe hacerse de una manera que transmita unidad, no división (10:16-17).

La excomunión

En 1 Corintios 5, Pablo instruye a la iglesia en cuanto a uno de sus miembros, un hombre que vive en una relación pecaminosa: «Expulsen al malvado de entre ustedes» (5:13). Ellos ya no debían relacionarse con él, ni siquiera comer con él (5:11). Pablo indica que excluir a este hombre de la comunión cristiana será equivalente a entregarlo a Satanás «para destrucción de la carne» (5:5, RVR60), con lo que puede querer decir que la persona ya no está bajo la protección de Dios, y por lo tanto su carne será más susceptible a los estragos de las enfermedades y la muerte (cf. 11:30). Pablo espera que esta acción drástica ocasione el arrepentimiento necesario para que el hombre sea salvo (5:5), pero la preocupación más amplia es conservar la pureza de la comunidad como un todo (5:6-7). Si estas palabras parecen severas, solamente pueden ser una muestra de la clase de castigo con la que Pablo amenaza imponer cuando visite la congregación (4:18-21; cf. 2 Co. 12:20-13:4).

Cuadro 14.3

Es mejor casarse que quemarse

En 1 Corintios 7:9, Pablo aconseja a los jóvenes que se casen si no son capaces de practicar el autocontrol. Es «mejor casarse que quemarse» (o, en la versión DHH: «consumirse de pasión»).

Chaucer utiliza la línea con un efecto un poco humorístico en sus famosos *Cuentos de Canterbury* (3.49-52). La esposa de Bath, descarada y que había enviudado muchas veces, justifica su necesidad de un sexto matrimonio:

«... como dice el apóstol, soy libre de hacerlo donde quiera, en nombre de Dios. No afirma que el casarse sea pecado, sino que mejor es casarse que quemarse».

Dentro del cristianismo, la práctica de expulsar a personas impenitentes de la iglesia (y a veces excluirlas socialmente) se llama «excomunión», porque a las personas excluidas ya no se les permite tener comunión ni participar de la Santa Cena. Las iglesias cristianas típicamente citan 1 Corintios 5 como una justificación teológica para la práctica y se refieren a Mateo 18:15-17 como un procedimiento por el que debe llevarse a cabo el retiro disciplinario (véase también 2 Co. 2:6-11; Gá. 6:1).

La moralidad sexual

Pablo considera numerosos asuntos relacionados con la conducta sexual en 1 Corintios (especialmente en los capítulos 5-7, pero también 10:8). ¡Mire qué tema tan divisivo! Hay gente de esta iglesia que considera que tener sexo con prostitutas no tiene nada de malo (6:15-18), y hay gente que cree que tener sexo siempre es malo, incluso para las parejas de casados (7:1). Lo que estos extremistas tienen en común es el compromiso de ser espirituales. Algunos de los corintios, aparentemente, piensan que los cristianos pueden hacer lo que les plazca con sus cuerpos, ya que el espíritu es todo lo que importa; otros afirman que los cristianos deben tratar de evitar cualquier cosa que involucre a la carne, ya que solo las actividades espirituales le dan gloria a Dios. Parece que un grupo considera que los cuerpos carnales no son importantes, en tanto parece que el otro los considera inherentemente sucios o malos. Pablo rechaza ambas posturas: los cuerpos sí importan (6:13, 15, 19), y no son intrínsecamente malos, pueden usarse para la gloria de Dios (6:20). A fin de cuentas, Pablo cree que los valores mal colocados en cuanto a los asuntos sexuales surgen de un entendimiento equivocado de la espiritualidad, que se puede corregir si ellos entendieran su enseñanza acerca de la resurrección del cuerpo (véase «La resurrección del cuerpo» que se expuso anteriormente). En medio de su discusión de los asuntos sexuales, de repente declara: «Dios resucitó al Señor, y nos resucitará también a nosotros» (6:14). Su punto es que el Cristo resucitado es la primicia de una resurrección que implicará cuerpos transformados, no solamente almas liberadas. Esto indica que «el Señor [es] para el cuerpo» (contra aquellos que piensan que el cuerpo es malo) y que «el cuerpo… es… para el Señor» (contra los que creen que el cuerpo no es importante) (6:13).

La postura básica de Pablo es que las relaciones sexuales son aceptables, solamente dentro del matrimonio (7:2), pero dentro del matrimonio, las relaciones sexuales no deben negarse (7:3-4). Él también toma las siguientes posturas:

- El *celibato* es mejor que el matrimonio (7:6-8, 25-28, 32-34, 37-38, 39-40), pero se requiere del don de ser capaz de mantener la abstinencia sexual (7:7, 9, 36).

- Hay que evitar el *divorcio*, si es posible, en todo caso (7:10-13, 16), y cuando ocurre, las personas divorciadas deben permanecer sin casarse a menos que se reconcilien (7:11).

- El *matrimonio* debe ser entre creyentes («en el Señor» [7:39]), pero si resulta que alguien se casa con un incrédulo, esa unión debe permanecer, a menos que el no creyente la termine (7:12-16).

Al discutir estos asuntos, Pablo mantiene en mente mandamientos bíblicos (7:19) y se inspira en dichos de Jesús (7:10). También da lo que son simplemente sus propias opiniones (7:12, 25), aunque son las opiniones de alguien que afirma tener el Espíritu de Dios (7:25, 40). Parece que maneja por lo menos tres principios rectores: (1) la conducta personal de cada cristiano afecta a la comunidad en conjunto; (2) los cristianos deben vivir como personas que asumen que el Señor viene pronto (7:29-31); y (3) los cristianos deben tomar decisiones a la luz de lo que les permitirá ser de mejor servicio al Señor (7:32-35).

La comida sacrificada a los ídolos

Pablo le dedica una atención considerable a la pregunta de si los cristianos pueden comer comida sacrificada a los ídolos (capítulos 8-10). Aquí pueden estar implicados un par de asuntos distintos. En la sociedad romana, se bendecía y aplacaba a los dioses en todos los eventos públicos como cumpleaños, bodas, banquetes, fiestas de negocios y otros asuntos que a los cristianos que tenían algún negocio con no cristianos se les podía invitar a asistir. Pablo no cree que los cristianos deban permanecer distantes de la gente fuera de la iglesia (5:10), ni adoptar actitudes críticas hacia ellos (5:12). Aun así, da una palabra de advertencia en cuanto a la participación en las actividades sociales paganas. Él cree que ofrecer sacrificios a los dioses paganos es como sacrificar a los demonios, y hacerlo tiene un efecto poderoso y negativo en la persona involucrada (8:4-5; 10:20). Así como los cristianos comparten el cuerpo y la sangre de Cristo cuando comen pan y vino en la Santa Cena, ellos pueden llegar a ser participantes con los demonios si comen y beben alimentos en una comida que implica la adoración de ídolos (10:14-22).

Un asunto relacionado tiene que ver con el consumo de comida que se compraba en el mercado general. Casi toda la carne que se vendía en los mercados romanos era de animales sacrificados como homenaje a un ídolo. Esto tenía sentido: si se iba a matar un animal, de todas formas, ¿por qué no matarlo como sacrificio a un ídolo y ganarse algunos puntos con la deidad que el ídolo representaba? Muchos judíos se rehusaban a comprar o a consumir de esa comida, en lugar de eso, obtenían su carne en las «tiendas *kosher*». La pregunta para los cristianos corintios era: «¿Debemos ser tan escrupulosos en este asunto?». Pablo cree que la comida es básicamente solo comida, y los cristianos que no

comida de ídolos: comida disponible para consumir, que se había usado en un sacrificio a un dios o ídolo pagano; en la sociedad romana, esto incluía mayormente comida que se vendía en el mercado.

paganos: gentiles no convertidos, los judíos y los cristianos frecuentemente los relacionaban con la idolatría, el politeísmo, las creencias religiosas erradas y un estilo de vida inmoral.

1 Corintios 13—Reina Valera 1960

[1]Si yo hablase lenguas humanas y angélicas, y no tengo amor, vengo a ser como metal que resuena, o címbalo que retiñe.

[2]Y si tuviese profecía, y entendiese todos los misterios y toda ciencia, y si tuviese toda la fe, de tal manera que traspasase los montes, y no tengo amor, nada soy.

[3]Y si repartiese todos mis bienes para dar de comer a los pobres, y si entregase mi cuerpo para ser quemado, y no tengo amor, de nada me sirve.

[4]El amor es sufrido, es benigno; el amor no tiene envidia, el amor no es jactancioso, no se envanece;

[5]No hace nada indebido, no busca lo suyo, no se irrita, no guarda rencor;

[6]no se goza de la injusticia, mas se goza de la verdad.

[7]Todo lo sufre, todo lo cree, todo lo espera, todo lo soporta.

[8]El amor nunca deja de ser; pero las profecías se acabarán, y cesarán las lenguas, y la ciencia acabará.

[9]Porque en parte conocemos, y en parte profetizamos;

[10]mas cuando venga lo perfecto, entonces lo que es en parte se acabará.

[11]Cuando yo era niño, hablaba como niño, pensaba como niño, juzgaba como niño; mas cuando ya fui hombre, dejé lo que era de niño.

[12]Ahora vemos por espejo, oscuramente; mas entonces veremos cara a cara. Ahora conozco en parte; pero entonces conoceré como fui conocido.

[13]Y ahora permanecen la fe, la esperanza y el amor, estos tres; pero el mayor de ellos es el amor.

reconocen a los ídolos o dioses paganos deben ser capaces de comer la carne del mercado general con una conciencia limpia (10:25-27). Aun así, califica este consejo con un interés especial: aquellos cuya fe es lo suficientemente fuerte para comer la «comida de los ídolos», sin reconocer a los ídolos, deben ser sensibles con los creyentes cuya fe no es tan fuerte (8:7, 9). Los que saben que no hay nada intrínsecamente malo al comer la «carne de los ídolos», no obstante, deben renunciar a su derecho de comer esa comida, si al hacerlo se compromete su testimonio con los incrédulos, escandalizan a otros cristianos, o tientan a los convertidos menos maduros a involucrarse en lo que, para ellos, en realidad sería adoración pagana (8:10-13; 10:27-28, 32-33).

Esta disposición a renunciar a los derechos propios por los demás puede ser el interés dominante de Pablo en cuanto a toda esta controversia de la «comida sacrificada a los ídolos». Él comienza su discusión del tema insistiendo en que el amor debe triunfar sobre el conocimiento como una guía del comportamiento cristiano (8:1-3), y la concluye con una exhortación para los que tienen conocimiento superior, de buscar lo que es de beneficio para los demás, no para sí mismos (12:24, 31). En medio, se embarca en un discurso largo en cuanto a sus propios derechos como apóstol. Él tiene el derecho de casarse (como Pedro y los demás apóstoles), pero renuncia a eso por su misión (9:5). Tiene el derecho de que los corintios le paguen un salario, pero también ha renunciado a eso (9:6-14). Los corintios que no creen que deben renunciar a la comida buena del mercado solo porque otros son poco perceptivos, quizá deban pensarlo dos veces antes de que *les* digan: «Tenemos derecho a nuestra comida y bebida» (9:4). Su vida da testimonio del reconocimiento más profundo de que ser cristiano no es un asunto de insistir en los derechos propios (9:12, 15, 18); más bien, es un asunto de hacer lo que sea necesario «por causa del evangelio» (9:23) y de hacerlo todo «para la gloria de Dios» (10:31).

El amor

Uno de los pasajes más conocidos y que más gustan de todas las Escrituras es 1 Corintios 13, un tributo poético al amor. La palabra griega para «amor» que se usa aquí es *agapē*. Se refiere al amor que no necesariamente depende de la hermosura del objeto y que, de hecho, le confiere valor a ese objeto: el amado llega a ser hermoso por la virtud de ser amado.

Pablo define este amor en términos de un comportamiento no egoísta. Uno demuestra el amor *agapē* al tratar a las otras personas de maneras que anteponen sus intereses a los propios (13:4-7).

Figura 14.2. Cantando en el Espíritu. Esta representación de la adoración pentecostal exhibe una escena que es animada, pero ordenada. Por lo que las palabras de Pablo en 1 Corintios animan a cantar alabanzas tanto con la mente como con el espíritu (14:15), y concibe una liturgia en la que se intercalan himnos y lecciones de las Escrituras, con mensajes de la gente que habla en lenguas o da revelaciones proféticas (14:26-33). (Bridgeman Images)

Sin semejante amor, nada más importa, porque todos los logros y conocimiento humanos solo son transitorios (13:1-3, 8-12). Solamente tres cosas unen a los humanos con Dios en toda la eternidad: la fe, la esperanza y el amor, y el mayor de estos es el amor (13:13).

A igual que Salmos 23, este capítulo de la carta de Pablo a los Corintios se valora por su belleza literaria y artística. Como tal, frecuentemente se cita en el lenguaje tradicional de la versión Reina Valera 1960 (véase el cuadro 14.4).

Los dones espirituales

Pablo dedica tres capítulos de esta carta a una discusión de los «dones espirituales», con lo que parece que quiere dar a entender las manifestaciones del Espíritu Santo (12:7), activadas por Dios (12:6), en las vidas de los miembros individuales de la iglesia (12:11), para el bien común (12:7). Pablo habla de «dones» (*charismata* en griego) en un sentido más amplio para abarcar muchas cosas: es un don cuando Dios permite que alguien practique la abstinencia sexual (7:7) o dota a la gente con atributos que los califica para que sean líderes en la iglesia (12:28; cf. Ro. 12:6-8). Sin embargo, el enfoque de 1 Corintios 12-14 parece estar en algo más específico: los dones de los que habla aquí se ejercen típicamente cuando la iglesia se reúne (14:26), y Dios habla o actúa de maneras extraordinarias a través de varios individuos para la edificación de la comunidad (7:7; 14:12, 26-27, 29-30). Pablo enumera nueve de estos dones: la expresión de sabiduría, la expresión de conocimiento, la fe, la curación, hacer milagros, la profecía, el discernimiento de espíritus, diversas clases de lenguas y la interpretación de lenguas (12:8-10). De estos, el don de lenguas recibe la mayor atención porque es el que ha sido fuente de controversia dentro de la iglesia.

El tema de hablar en lenguas (glosolalia) también surge en el libro de Hechos (2:4; 10:46; 19:6), aunque el fenómeno descrito aquí puede ser un poco distinto a lo que se menciona en 1 Corintios. En Hechos, los creyentes son milagrosamente inspirados a hablar en idiomas que ellos nunca habían aprendido, pero que son comprensibles para los oyentes que conocen esos idiomas (2:6-7), en tanto que en 1 Corintios no hay ninguna indicación de que las «lenguas» sean idiomas reconocibles (14:2, 9, 23), la expresión extática, de hecho, puede considerarse como el idioma de los ángeles (13:1), incomprensible para cualquier ser humano. Además, los incidentes de hablar en lenguas en Hechos parece que han sido acontecimientos únicos; no hay indicio en Hechos de que los que hablaron en lenguas en cualquier ocasión lo hicieran otra vez. Sin embargo, en Corintios, los que poseen este don parece que son capaces de hablar en lenguas cuando ellos quieren hacerlo (14:15, 18, 27).

No estamos seguros de por qué el don de lenguas ha llegado a ser problemático en Corinto. Posiblemente esté siendo ejercido de maneras que son perjudiciales para la adoración, o quizá los que ejercen el don tratan de exhibir lo espirituales que son. También parece que algunas personas de la comunidad están exagerando estos problemas al tratar de prohibir hablar en lenguas completamente (14:39). De cualquier manera, no es accidente que Pablo interrumpa su discusión de los dones espirituales dos veces, una vez para presentar su impresionante analogía como el cuerpo de Cristo, diverso pero unificado (12:22-27), y una segunda vez para ensalzar el amor como «un camino más excelente» (12:31) sin el cual no importa nada más (13:1-13).

En cuanto a un consejo más específico sobre los dones espirituales, Pablo dice que el ejercicio público de esos dones debe edificar a toda la comunidad (12:7; 14:12, 26). Eso excluye básicamente las lenguas, ya que los mensajes incomprensibles son intrínsecamente no edificantes (14:2, 4, 6-11, 16-19, 23). También hay un poco de preocupación en cuanto a cómo percibirán los no creyentes la

hablar en lenguas:
el fenómeno por el que el Espíritu capacita a una persona para que hable en idiomas conocidos que el hablante no ha aprendido nunca (p. ej., Hch. 2:4-8), o en idiomas extáticos, incomprensibles para cualquiera que no posee el don de interpretación (p. ej., 1 Co. 14:26-28).

expresión extática (14:23; cf. Hch. 2:13). Sin embargo, Pablo sí permite el uso público de lenguas cuando alguien que posee el don de poder interpretar el lenguaje divino esté presente (14:5, 13, 26-27). Y no solo lo permite, sino que estimula hablar en lenguas en privado con el propósito de la autoedificación (14:4-5). Él mismo habla en lenguas, más que cualquiera de ellos (14:18), y su deseo es que todos ellos también lo hagan (14:5). Aun así, los que han estado exhibiendo su proeza espiritual al dar mensajes extáticos, pero incomprensibles a la comunidad, harían bien en buscar «los mejores dones» (12:31), aquellos que sirven mejor a la comunidad. La profecía (hablar de la palabra de Dios con palabras normales, comprensibles) puede ser menos exótico, pero generalmente es más útil (14:1-5, 22-25, 29). Y, en última instancia, Pablo simplemente insiste en que todo se haga «de una manera apropiada y con orden» (14:40) porque «Dios no es un Dios de desorden, sino de paz» (14:33).

Conclusión

La primera carta de Pablo a los Corintios es casi tan larga como su carta a los Romanos y, junto con esa carta, se considera como una de sus obras más importantes. Hasta cierto punto, Romanos es más teórica, y presenta ideas teológicas clave de una manera bastante sistemática; 1 Corintios es más práctica, enfocada en asuntos específicos que han surgido en un contexto particular. Si se toman juntas, las cartas nos dan un retrato de Pablo como teólogo y pastor, y lo que sobresale es cuán interconectadas están esas funciones en él: Romanos revela que él es pastoral al tratar asuntos teológicos, y 1 Corintios revela que es teólogo al tratar asuntos pastorales.

asunto pastoral: el bienestar físico, emocional y espiritual de las personas por las que alguien se siente responsable.

¡Pero las aventuras de Pablo con los Corintios apenas acaban de empezar! Después de escribir 1 Corintios, visitará a la iglesia otra vez, les escribirá por lo menos dos cartas más, y seguirá lidiando con sus problemas (que, desafortunadamente, no disminuyeron, sino que en realidad empeoraron). Finalmente, pasará una considerable cantidad de tiempo en la ciudad, porque es desde Corinto que escribirá su carta a los Romanos. Si los problemas todavía existían en la ciudad en ese entonces, él no se los menciona a los cristianos romanos; sin embargo, sí advierte a la iglesia de Roma que «se cuiden de los que causan divisiones y dificultades» (Ro. 16:17). Aparentemente, ha visto suficiente conflicto en Corinto que le durará toda una vida. Les dice a los romanos que acaben con ese problema de raíz. De otra manera, podría ser Corinto otra vez.

15

2 Corintios

Las secuelas pueden ser decepcionantes. Hay una exitosa película de Hollywood, y el próximo verano recibimos una continuación deslucida. Hay un álbum de *rock* exitoso, y al año siguiente la banda entrega su «fracaso de segundo año».

Alrededor de un año después de escribir 1 Corintios, otra carta surgió de la pluma del apóstol Pablo, una carta que conocemos como 2 Corintios. Tiene todas las marcas de una típica secuela: producción apresurada y composición descuidada. Un editor de reseñas del *Diario de Corintios* pudo haber pensado que el apóstol se había desactualizado. La carta anterior (1 Corintios) estaba organizada por temas, en tanto que esta parece que vaga por todas partes: Pablo salta en su pensamiento, se sale por las tangentes y luego regresa para terminar un punto del que casi nos habíamos olvidado. La carta también está marcada por cambios abruptos de tono: Pablo está dolido (2:1-4), feliz (7:13-16), esperanzado (1:7, 10) y horrorizado (11:13-21). ¿Por qué no puede simplemente elegir un estado de ánimo y quedarse con él?

Algunas personas creen que 2 Corintios fue escrita en movimiento, que Pablo la dictó durante varios días o semanas, y reaccionaba según se lo permitía la ocasión. Otros creen que 2 Corintios no es una carta en absoluto, sino una recopilación de fragmentos de diversas cartas que Pablo escribió en ocasiones distintas, en cuyo caso (para usar nuestra analogía de la secuela de Hollywood), podría haber muchas escenas eliminadas que acabaron en el suelo de la sala de montaje.

Sin embargo, en definitiva, 2 Corintios no ha sido una decepción para los eruditos, ministros o cristianos comunes y corrientes. Ha llegado a ser una de las obras de Pablo más leídas y estudiadas. Hay pasajes de una belleza increíble, como la oración introductoria de 1:3-7 y el testimonio para la esperanza cristiana de 4:16-5:5. Y hay pasajes teológicos rebosantes, incluso algunas de las primeras referencias de la Biblia de la preexistencia (8:9) y divinidad de Cristo (4:4), y de la obra de Dios que se logra a través de él (5:17-19). Es suficiente como para hacernos desear que tuviéramos secuelas de todas las cartas de Pablo.

Generalidades

La carta inicia con una introducción típica (1:1-2) y una oración (1:3-7), a la que Pablo le agrega un reporte breve de cómo Dios lo libró a él y a sus compañeros de una experiencia terrible que enfrentaron en la provincia romana de Asia (1:8-11). Después de eso, da una explicación un poco defensiva de sus tratos recientes con la iglesia, incluso su razonamiento para cancelar una visita prometida y por escribirles una carta inusualmente severa en su lugar (1:12-2:13). Eso lleva a un comentario extenso sobre lo que Pablo considera ser el significado y valor de su ministerio entre los corintios (2:14-6:13). Pablo discute tanto el carácter como el contenido de ese ministerio, y hace énfasis en lo que Dios ha logrado a través de él y sus compañeros. Luego, exhorta a los corintios a evitar las relaciones con los no creyentes (6:14-7:1), insiste en que siempre ha tenido las mejores intenciones para ellos en el fondo (7:4), y regresa por fin al tema de sus recientes relaciones con la comunidad (7:5-16, y retoma 2:13): se alegra de que la carta difícil que les envió sí los llevara al arrepentimiento y afirma su nueva confianza en ellos. Como algo nuevo, Pablo comienza el tema de los fondos que está recaudando para Jerusalén, y da una cantidad de incentivos para que sus lectores contribuyan generosamente a esta causa (8:1-9:15). Luego, el tono de la carta cambia abruptamente cuando regresa a una larga defensa de su ministerio, y emplea el sarcasmo amargo cuando se compara con un grupo de «superapóstoles» (11:5; 12:11) que lo han difamado en la iglesia corintia (10:1-13:10). La carta termina con unas cuantas exhortaciones rápidas (13:11-12) y una bendición final (13:13).

Trasfondo histórico

Tomemos las aventuras de Pablo con Corinto, donde nos quedamos en el último capítulo. Pablo fundó la iglesia de Corinto, y después de irse, escribió una carta, que ahora está desaparecida, a la congregación (se menciona en 1 Co. 5:9). Luego, cuando estaba en Éfeso, recibió dos reportes distintos de varios problemas en la iglesia y escribió la carta que ahora conocemos como 1 Corintios, en un intento de arbitrar esos asuntos.

Después, las cosas se complicaron realmente. Pablo había dicho que iba a hacer un viaje a Macedonia y luego visitaría a la iglesia corintia en su camino de regreso a Éfeso (1 Co. 16:5-7). Cambió de planes y decidió visitar Corinto

Correspondencia con los corintios

Pablo hizo por lo menos dos visitas a la iglesia de Corinto y escribió por lo menos cuatro cartas a los corintios.

- Primera visita: Pablo funda la iglesia (Hch. 18:1-18; 2 Co. 1:19)

Primera Carta (se menciona en 1 Corintios 5:9)

¿Podría encontrarse en 2 Corintios 6:14-7:1 (véase el cuadro 15.2)?

- Pablo recibe reportes inquietantes de los problemas en Corinto:
  - Un reporte oral de la familia de Cloé (1 Co. 1:11)
  - Una carta escrita de la iglesia (1 Co. 7:1)

Segunda Carta (1 Corintios)

- Segunda visita: una confrontación dolorosa (2 Co. 2:5; 7:12; 13:2)

Tercera Carta (se menciona en 2 Co. 2:3-4; 7:12)

¿Podría encontrarse en 2 Corintios 10-13 (véase el cuadro 15.2)?

- Pablo recibe el reporte de Tito de buena voluntad en Corinto (2 Co. 7:6-7).

Cuarta Carta (2 Corintios, o por lo menos 2 Co. 1:1-6:13; 7:2-16)

- ¿Hubo una Quinta Carta (sobre los superapóstoles)?
  - ¿Se podría encontrar en 2 Corintios 10-13?
- ¿Hubo una Sexta Carta (sobre la recaudación)?
  - ¿Podría encontrarse en 2 Corintios 8-9 (o solamente 2 Co. 8)?
- ¿Hubo una Séptima carta (también sobre la recaudación)?
  - ¿Podría encontrarse en 2 Corintios 9 (aparte de 2 Co. 8)?

cuando también se dirigía a Macedonia (2 Co. 1:15-16). Tal vez los tomó por sorpresa; de cualquier manera, la visita no salió bien. Tuvo una clase de confrontación con la gente que él creía que estaba pecando (2 Co. 13:2), y alguien de la iglesia hizo algo que tenía la intención de lastimarlo o humillarlo, algo que más tarde afirmaría que en realidad lastimó a toda la congregación (2 Co. 2:5). Pablo se fue indignado y canceló sus planes de visitarlos en el viaje de regreso (1 Co. 16:6-7). Eso complicó las tensiones y llevó a acusaciones de que él no era de fiar (2 Co. 1:15-23). Su explicación del cambio de planes es reveladora: dice que canceló el viaje para evitar «otra visita que les causara tristeza» (2 Co. 2:1); simplemente no podía soportar sufrir más heridas de los que debían alegrarlo. También quería evitar a los corintios el dolor que sabía que les ocasionaría si llegara en ese tiempo particular (2 Co. 1:23; 2:1-3). Sin saber todos los detalles, podemos decir que la relación de Pablo con la iglesia se había deteriorado.

En los últimos capítulos de 2 Corintios tenemos un indicio en cuanto a qué parte del problema pudo haber sido. En cierto momento, un grupo de personas, a quienes Pablo sarcásticamente llama «superapóstoles» (11:5; 12:11), llegaron a Corinto; no podemos decir si ya estaban allí cuando hizo su dolorosa visita imprevista a la iglesia. No sabemos nada de estos superapóstoles, excepto lo que podemos entender en los comentarios de Pablo: eran de ascendencia judía (11:22), y se presentaban como ministros de Cristo (11:23). Sin embargo, Pablo los consideraba ministros de Satanás disfrazados (11:13-15): presentaban a los corintios un Jesús distinto, predicaban un evangelio distinto e impartían un espíritu distinto (11:4).

El conflicto entre Pablo y los superapóstoles parece que fue más una competencia de autoridad que un desacuerdo por doctrinas o prácticas particulares. En efecto, un asunto importante parece haber sido la pregunta de qué constituye la base de la autoridad dentro de la iglesia. Pablo afirmó que los superapóstoles empleaban estándares mundanos de excelencia para establecerse y promover su autoridad. Ellos, a cambio, calumniaban a Pablo diciendo que era atrevido en sus cartas, pero no en persona (10:1). Decían: «sus cartas son duras y fuertes, pero en persona no impresiona a nadie» (10:10), una observación que ha dado origen a demasiada especulación. ¿A qué se referían ellos cuando criticaban su «persona»? ¿Era Pablo de baja estatura o constitución pequeña? ¿Tenía alguna clase de discapacidad física (cf. 12:7-9)? ¿Y qué tenía de malo su forma de hablar? ¿Tartamudeaba o tenía algún impedimento en el habla? ¿Era un mal predicador? No podemos saberlo, pero lo que parece obvio es que los superapóstoles afirmaban que él carecía de carisma. Comparado con lo que el mundo grecorromano tenía que ofrecer en el sentido de oradores hábiles y presentadores públicos, Pablo no era impresionante. Pablo, por supuesto, decía lo mismo de sí mismo (1 Co. 2:1-5; 2 Co. 11:6), pero no sacó las mismas conclusiones de su falta de espectacularidad que los superapóstoles querían que los corintios sacaran (2 Co. 11:5; 12:11).

Después de que Pablo decidiera renunciar a «otra visita que les causara tristeza» a Corinto, intentó resolver los problemas de la iglesia escribiéndoles una carta desesperada y difícil. Esta, en realidad, era su tercera composición para la iglesia y, al igual que la primera carta (que se menciona en 1 Co. 5:9), se ha extraviado (pero véase el cuadro 15.2). Pablo se refiere a la carta unas cuantas veces en la carta que nosotros conocemos como 2 Corintios (véase 2:3-4, 9; 7:12), y los lectores de la Biblia a veces simplemente asumen que se refiere en esos pasajes a la carta que ahora conocemos como 1 Corintios. Esta es una equivocación comprensible; sin embargo, un vistazo de cerca revela que Pablo se refiere a una carta distinta, que escribió después de 1 Corintios y después de su posterior visita dolorosa a la iglesia. En esta carta difícil («Tercera Carta» del cuadro 15.1) aparentemente le dio a la iglesia un ultimátum, y los desafía a demostrar su obediencia a él al disciplinar a la persona que lo ha ofendido (2 Co. 2:9; 7:12). Pablo dice que escribió esta carta «con gran tristeza y angustia de corazón, y con muchas lágrimas» (2 Co. 2:4), e indica que, después de enviarla con Tito, lamentó haberlo hecho (2 Co. 7:8).

Las cartas perdidas: ¿Las han encontrado?

Pablo escribió por lo menos cuatro cartas a los Corintios, pero solamente tenemos dos en nuestras Biblias. Muchos cristianos han anhelado descubrir copias de las cartas extraviadas, las que se identifican con Primera Carta y Tercera Carta en el cuadro 15.1.

Hoy día, muchos eruditos creen que esas cartas se han encontrado, y que estaban justo frente a nuestras narices todo el tiempo. Una teoría prominente sostiene que la carta conocida como 2 Corintios en realidad es una epístola hecha con trozos que contiene no solo el trabajo identificado como Cuarta Carta en el cuadro 15.1, sino también otras cartas:

- Segunda Corintios 6:14-7:1 puede ser un extracto de la Primera Carta. En su contexto presente, este pasaje forma una interrupción extraña en la línea de pensamiento de Pablo; también trata con el tema general que Pablo dice que trató en su primera carta a los Corintios (1 Co. 5:9).
- Segunda Corintios 10-13 puede tratarse de la Tercera Carta. Estos cuatro capítulos están atados con represiones severas y sarcasmo amargo que parecen fuera de lugar en lo que es, de otra manera, una carta de reconciliación y confianza renovada; son más característicos de lo que esperaríamos encontrar en la carta difícil que Pablo dice que lamenta haber tenido que escribir (2 Co. 7:8).

No hay prueba sólida que apoye estas propuestas; simplemente, para algunas personas tiene sentido pensar que 2 Corintios se lee de manera más coherente y más fácil cuando estas secciones se retiran y se leen como composiciones separadas.

Ha habido variaciones y expansiones en cuanto a estas propuestas: algunos sugieren que 2 Corintios 6:14-7:1 es parte de una carta totalmente distinta que ni siquiera fue escrita por Pablo; algunos creen que 2 Corintios 10-13 es de una quinta carta que Pablo escribió a los corintios después de que las cosas se volvieron a poner mal.

La teoría de la «epístola formada por trozos» también se ha empleado en cuanto a 2 Corintios 8-9, que trata de la recaudación que Pablo está haciendo para Jerusalén. También se ha considerado como una carta aparte de recaudación de fondos que Pablo pudo haber escrito a la iglesia sobre ese tema, o incluso como dos cartas sobre el tema (el capítulo 8 dirigido a Corinto, y un capítulo 9 que presenta un llamado similar a la provincia de Acaya).

En 2 Corintios nos enteramos de que, alrededor de ese tiempo, Pablo también experimentó una terrible prueba en Asia (probablemente en la ciudad de Éfeso). La oposición de su ministerio ocasionó una clase de «peligro mortal» que llevó a Pablo y a sus compañeros a creer que iban a morir (1:8-9). La mayoría de los estudiosos piensan que ellos fueron encarcelados por su fe, y algunos piensan que Pablo pudo haber escrito su carta a los Filipenses, o alguna de las otras «cartas de la prisión», en esa época. De cualquier manera, la experiencia le dio a Pablo alguna perspectiva del ministerio que es evidente en sus comunicaciones posteriores con los corintios. Después de que la experiencia difícil había pasado, se fue de Éfeso a un trabajo misionero en Troas y luego se trasladó a Macedonia, todavía ansioso por saber de los corintios (2:12-13).

Cartas (epístolas) de la prisión: las cinco cartas atribuidas a Pablo que se dice que fueron escritas desde la cárcel: Efesios, Filipenses, Colosenses, 2 Timoteo, Filemón.

Finalmente, Tito (que había llevado la carta desafiante [pero ahora extraviada] a los corintios) llegó increíblemente con buenas noticias: los corintios se habían arrepentido de todo lo que habían lastimado a Pablo (7:9-11), y habían disciplinado a la parte culpable que lo había tratado tan mal (2:6-7). Pablo estaba muy contento (7:4), y se restauró su confianza en la iglesia (7:16). Como respuesta, le escribió a la iglesia una cuarta vez, expresando su alivio y alegría por su respuesta favorable y animándolos a perdonar y consolar al que había sido disciplinado (2:6-10). Esta cuarta carta fue enviada desde Macedonia (2:13; 7:5) en algún momento entre 55 y 58. Nosotros la llamamos «2 Corintios».

En un resumen amplio, esa es la historia de la relación de Pablo con Corinto hasta el tiempo que escribió 2 Corintios. Sin embargo, hay un factor potencialmente complicado. Como lo observamos, algunos eruditos creen que la carta que actualmente conocemos como 2 Corintios, en realidad es un compuesto que contiene varias cartas y notas que Pablo envió a los corintios en distintas ocasiones. Según esta apreciación, solamente los siete primeros capítulos representan la cuarta carta de Pablo a la iglesia, (o tal vez solamente 1:1-6:13; 7:2-16); los capítulos 8 y 9 podrían ser cartas adicionales que envió en cuanto a la recaudación para Jerusalén; y los últimos cuatro capítulos (10-13) tal vez representan aun otra carta que trata con el problema de los superapóstoles. Estas teorías llegan a ser muy complicadas, con numerosas variaciones (véase los cuadros 15.1 y 15.2).

Temas importantes de 2 Corintios

El ministerio de Pablo

Pablo dedica la mayor parte de esta carta a discutir el carácter y contenido de su ministerio. Hace énfasis, en primer lugar, en la integridad con la que su ministerio siempre se lleva a cabo (7:2). Él y sus asociados no son «de los que trafican con la palabra de Dios» (2:17), que se promocionan a sí mismos (4:5) y falsifican la palabra de Dios (4:2) para ventaja propia. Ellos funcionan con sinceridad (1:12; 2:17), con apertura completa (4:2), soportan dificultades (6:4-5) y exhiben virtudes (6:6-7) que revelan que son siervos genuinos de Dios (6:4) y embajadores de Cristo (5:20). En segundo lugar, Pablo hace énfasis en que él ha desarrollado una relación personal íntima con los corintios. Parece que está tan comprometido con ellos emocionalmente como profesionalmente, y habla sin reservas de su afecto hacia ellos (2:4; 6:12; 11:11) y del dolor personal que experimenta cuando están en conflicto (2:1-4). En efecto, sigue estando atento a ellos, y etiqueta su relación como una relación de amor no tan retribuido (6:11-13; 7:2; cf. 12:15).

Más importante aún, Pablo remarca que su ministerio es de Dios: ha sido enviado por Dios para hacer el trabajo de Dios, y Dios está obrando a través de él para desempeñarlo (2:14, 17; 3:4-6; 4:1, 7; 5:2, 18, 20). Ese trabajo en sí es glorioso; es un ministerio espiritual que trae un nuevo pacto (3:6) y más: una nueva creación (5:17). En efecto, lo que Dios está haciendo a través de Pablo revela una gloria que sobrepasa cualquier cosa que se haya visualizado anteriormente (3:7-18). Y, aun así, ese es un ministerio que llevan a cabo simples humanos, seres mortales que sufren pruebas y tribulaciones (4:16; 5:2-4; 6:4-10; véase también 11:21-33). Así como un tesoro valioso se puede contener en jarras de barro ordinarias, de igual manera, el glorioso evangelio de Dios progresa por medio de agentes frágiles, cuyas vidas exhiben las paradojas que semejante evangelio conlleva (4:7-12).

Figura 15.1. Jesús crucificado. (Foto © Boltin Picture Library / The Bridgeman Art Library International)

La recaudación de fondos

Pablo dedica dos capítulos de esta carta a la recaudación que está haciendo para Jerusalén, y hace que 2 Corintios 8-9 sea la discusión más extensa sobre recaudación de fondos del Nuevo Testamento. Pablo había acordado con los líderes de los cristianos judíos de Jerusalén, que recaudaría una ofrenda de las iglesias gentiles que él había fundado para «los pobres» de Jerusalén (Gá. 2:10; cf. Hch. 11:29-30; 24:17). Eso no era simplemente un acto de caridad, sino una oportunidad de demostrar la unidad de los creyentes gentiles y judíos. Pablo menciona la recaudación en otras partes (Ro. 15:25-27; 1 Co. 16:1-4), y podemos asumir que frecuentemente pedía donaciones con palabras similares a lo que encontramos aquí. En efecto, ya que el capítulo 9 parece introducir el tema como si fuera un tema nuevo, algunos eruditos creen que tenemos posesión de dos cartas que Pablo escribió acerca de esta ofrenda (2 Co. 8 a la ciudad de Corinto y 2 Co. 9 a toda la provincia de Acaya). Como quiera que sea, las iglesias cristianas frecuentemente usan estos dos capítulos para enseñar la mayordomía financiera y para animar a dar generosamente.

Pablo presenta la oportunidad de dar como un privilegio, un favor de Dios (8:1-2), y promueve el principio de compartir los recursos, para que no haya exceso ni necesidad entre el pueblo de Dios (8:13-15). Ya que «Dios ama al que da con alegría» (9:7), la participación en la ofrenda debe ser voluntaria (9:5), y las contribuciones tienen que darse de acuerdo a los medios individuales

(8:3, 11-13). Aun así, con el fin de motivar a los corintios a dar generosamente (8:7), Pablo señala la liberalidad de sus vecinos los macedonios (8:1-5). Ellos no quieren que se les supere, ¿verdad? Entonces continúa diciendo que ya ha hecho alarde de ellos con los macedonios, y espera que ellos no lo avergüencen al no producir lo que él espera (8:24; 9:2-4). Sin embargo, a un nivel más profundo, Pablo espera que su generosidad sea inspirada por el sacrificio de Cristo (8:9). Además, el razonamiento fundamental para dar de esa forma yace en su creencia de que las personas son mayordomos o cuidadores de todo lo que han recibido de Dios (véase 1 Co. 4:1-2). Si los corintios se dan cuenta de cuán abundantemente han sido bendecidos con los regalos de Dios (9:8; cf. 1 Co. 4:7), van a querer usar lo que han recibido para ayudar a otros a darle gloria a Dios, quien ha sido tan generoso con ellos (9:12-14).

Cuadro 15.3

Pablo en las leyendas cristianas

A lo largo de los siglos, muchas leyendas especulativas acerca de Pablo se han inspirado por los comentarios que él hace en 2 Corintios.

- *Bajo de estatura*—2 Corintios 10:10 dice que Pablo tenía una apariencia corporal débil. Una tradición común hizo que esto significara que él era inusualmente bajo. El mismo nombre de Pablo es de una palabra latina (*paulus*) que significa «pequeño», y esto pudo haber ayudado a alimentar las tradiciones acerca de su altura. De cualquier manera, Juan Crisóstomo (del siglo IV) llamaba a Pablo «el hombre de tres codos», identificándolo como de apenas 1.40 m. de altura. El arte medieval típicamente representa a Pablo como el hombre más bajo en una pintura o escena.
- *Aguijón en la carne*—2 Corintios 12:7-10 (RVR60) se refiere a una aflicción no identificada de la que Pablo sufría como su «aguijón en la carne». ¿Cuál era ese problema? Un escrito del siglo II dice que Pablo era de piernas arqueadas. Tertuliano (siglos II-III) dice que Pablo tenía dolores de cabeza crónicos. Clemente de Alejandría (siglos IV-V) pensaba que el aguijón era Alejandro, el artesano de cobre (véase 2 Ti. 4:14) o uno de los otros oponentes de Pablo. Martín Lutero y Juan Calvino pensaban que Pablo podría referirse metafóricamente a las tentaciones sexuales que experimentaba como resultado de su compromiso con el celibato. Otros han sugerido una conciencia culpable por perseguir a la iglesia (véase 1 Co. 15:9) o angustia por el rechazo judío del evangelio (véase Ro. 9:1-3). Aun así, otros han sugerido un impedimento para hablar (para explicar 2 Co. 10:10) o mala vista (para explicar Gá. 4:15; 6:11) o epilepsia (para explicar Hch. 9:3-4). Unos cuantos han propuesto que Pablo estaba poseído por un demonio (y toman literalmente las palabras «mensajero de Satanás» de 2 Co. 12:7).
- *Viajes del espíritu*—2 Corintios 12:2-4 relata una experiencia visionaria en la que Pablo (que se describe en tercera persona) fue transportado al reino celestial. Muchas historias apócrifas relatan «viajes del espíritu» adicionales que Pablo emprendió. Un escrito griego del siglo III cuenta cómo él visitó el infierno y negoció un trato para que todos los tormentos se suspendieran por un día cada semana (los domingos); de esa manera, hasta los condenados tienen que agradecerle a Pablo por darles un día libre.

La autoridad apostólica

En toda 2 Corintios Pablo defiende y hace énfasis en su autoridad como apóstol. Para apreciar esto completamente, tenemos que regresar a su correspondencia anterior con la iglesia y observar la manera autoritativa en la que habla en 1 Corintios. En esa carta, afirma tener la autoridad de excomulgar a miembros de la iglesia desde lejos (5:3-5). Emite normas en cuanto a asuntos para los que no hay una clara «palabra del Señor» (7:12, 25, 40; cf. 7:10), e insiste en que solo los que aceptan lo que él tiene que decir en sus cartas deben ser reconocidos como profetas en la iglesia (14:37-38). Él se ofrece a la iglesia como un modelo ideal a seguir, y abiertamente exhorta a los corintios: «Imítenme a mí, como yo imito a Cristo» (11:1; cf. 4:16). No es difícil imaginar que semejantes declaraciones parecieran de mano dura para algunos en la iglesia, o que les hubieran dado a los opositores de Pablo la oportunidad de describirlo como alguien egoísta, que se promueve a sí mismo. Y si Pablo puede afirmar esa clase de autoridad, ¿qué evita que otros también la afirmen?

En 2 Corintios vemos que este potencial para una batalla de poder ha dado resultado. Ahora hay gente en la iglesia de Corinto que, según Pablo, se «disfrazan de apóstoles de Cristo» (11:13). Esto hace surgir la pregunta: «¿Cómo se distingue un apóstol genuino de uno falso?». Pablo dice en 1 Corintios que los apóstoles deben ser nombrados en la iglesia por Dios (12:28); uno no puede simplemente decidir ser apóstol. Si se toman las dos cartas juntas, descubrimos que Pablo menciona cuatro requisitos para el apostolado:

1. Se refiere a «Las marcas distintivas de un apóstol», y recuerda a los corintios las señales, maravillas y obras poderosas (¿milagros?) que él hizo entre ellos (2 Co. 12:12).

2. Identifica a los verdaderos apóstoles como gente que ha «visto a Jesús», es decir, que fueron testigos del Jesús resucitado (1 Co. 9:1). Esto puede explicar por qué el mismo Pablo se incluye a sí mismo en el corto listado de personas a quienes el Jesús resucitado se apareció en su discusión de la resurrección de Cristo en 1 Corintios 15:3-8; también puede explicar por qué dice «y por *último*... se me apareció también a mí» (1 Co. 15:8). Las apariciones terminaron y se acabaron; Pablo no quiere que allí haya ningún voluntario a apóstol (¿como esos tipos de Corinto?), que de repente afirmaran que Jesús también se les había aparecido a ellos.

3. Describe la función de un apóstol como alguien que funda iglesias. Él es un apóstol para los corintios porque ellos son sus convertidos (su «trabajo en el Señor») y, por lo tanto, el sello de su apostolado (1 Co. 9:1-2). Él es su padre en la fe (1 Co. 4:14-15) y se ha ganado el derecho de dirigirse a ellos (y disciplinarlos) como hijos suyos (1 Co. 4:14; 2 Co. 6:13; 12:14). De esa manera, en 2 Corintios se mofa de los que pretenden ser apóstoles,

que tratan de establecer su autoridad con cartas de recomendación (2 Co. 3:1). Los mismos creyentes corintios son la carta de recomendación de Pablo, escrita por Cristo en corazones humanos, y utilizando al Espíritu Santo como tinta (2 Co. 3:2-3). Por esta razón, a Pablo le perturba particularmente que los superapóstoles (que, de hecho, no son apóstoles) han sobrepasado sus límites al llegar a su «esfera de acción» y tratar de establecerse al edificar sobre lo que él ha hecho (2 Co. 10:13-16). Hipotéticamente, si esta gente quiere la recomendación del Señor (2 Co. 10:18), deben irse a tierras en las que el evangelio todavía no ha sido proclamado (2 Co. 10:16), formar convertidos nuevos para la fe y ejercer autoridad sobre las iglesias que ellos mismos hayan fundado.

4. Él considera que los apóstoles son personas que actúan como voceros de una tradición autoritativa. En 1 Corintios Pablo dijo que les «transmitió» a los corintios lo que «él mismo había recibido» (1 Co. 15:3; cf. 11:2, 23). Ahora bien, en 2 Corintios él sugiere que los «falsos apóstoles» (2 Co. 11:13) están proclamando un «evangelio diferente» (2 Co. 11:4; cf. Gá. 1:6-8), es decir, un evangelio distinto al que se ha transmitido. Pablo admite que podría ser inexperto en los discursos, pero afirma que no es deficiente «en conocimiento» (2 Co. 11:6). ¿Conocimiento de qué? Muy probablemente se refiera a que él es un apóstol confiable porque, a diferencia de estos intrusos, tiene conocimiento legítimo de lo que Dios ha hecho en Jesucristo.

Esas ideas generales de lo que significa ser apóstol quizá no hayan sido absolutas para Pablo. En Romanos 16:7, se refiere a Andrónico y a Junías como «destacados entre los apóstoles», aunque no hay indicio de que alguno de ellos hiciera milagros, viera al Jesús resucitado, o hubiera fundado una iglesia. El contexto de Corinto claramente es de conflicto, lo cual pudo haber matizado las observaciones de Pablo.

De cualquier manera, en 2 Corintios Pablo no cede nada de su autoridad apostólica a sus rivales, ni reduce la intensidad de sus afirmaciones espectaculares. A él se le ha dado poder divino para castigar al desobediente (10:2-6), y permite que los corintios sepan que experimentarán todo el peso de su autoridad punitiva si no viven rectamente (13:1-2). Eso lo entristece porque, en última

---

Cuadro 15.4

Plutarco sobre la autocondenación

Y a quienes se ven obligados a hacer su propio elogio, los hace menos pesados el no reclamar para sí toda la gloria, sino, como si de una carga se tratase, depositar una parte de ella en la fortuna, la otra en la divinidad.

Plutarco, *Moralia*, vol. 7, trad. Rosa María Aguilar, Editorial Gredos, S. A. (Sánchez Pacheco 81, Madrid, 1996), §542E (De cómo alabarse sin despertar envidia 11).

instancia, la autoridad que el Señor le ha otorgado es para edificar, no para destruir (10:8; 12:19; 13:10; cf. Jer. 1:10). Si él parece severo con los corintios, dice Pablo, es solamente porque ellos son muy obstinados (12:20-21) y porque se dejan engañar fácilmente por los que se aprovechan de ellos (11:19-20).

La jactancia

Generalmente, Pablo se opone al autoelogio y a la jactancia; es impropio (Ro. 1:30; 1 Co. 13:4) y atribuye el mérito a simples seres humanos con lo que debe atribuírsele a Dios (Ro. 3:27; 11:18; 1 Co. 1:29; 3:21-23; 4:7; 9:16). Su lema usual es «Si alguien ha de gloriarse, que se gloríe en el Señor» (1 Co. 1:31; 2 Co. 10:17; cf. Jer. 9:24; véase también Gá. 6:14). Sin embargo, en 2 Corintios Pablo alardea bastante de sí mismo y de sus credenciales: tiene autoridad sobre los corintios (10:8); es de una buena casta israelita (11:22); es un ministro excepcional de Cristo (11:23); ha hecho sacrificios y soportado dificultades por el evangelio (11:23-29); ha recibido visiones y revelaciones del Señor (12:1-7) y ha hecho señales y prodigios (12:12).

¿Por qué está Pablo tan determinado a elogiarse a sí mismo? Él dice que se ha visto obligado a hacerlo porque los superapóstoles han dado afirmaciones sin fundamento de superioridad (10:10; 11:5-6; 12:11). Se ha visto obligado a hacerlo también porque los corintios, quienes deberían elogiarlo, no lo han hecho (12:11; cf. 5:12). Frecuentemente, él hace alarde de ellos (1:14; 7:4, 14; 8:7; 9:2-3), pero ellos no le devuelven el favor. Se ha visto obligado a elogiarse porque nadie más lo hará. Eso puede parecer un poco tonto, ¡y aparentemente ese es todo el punto! Pablo admite que él es insensato al hablar de esa manera (11:1, 16-19,

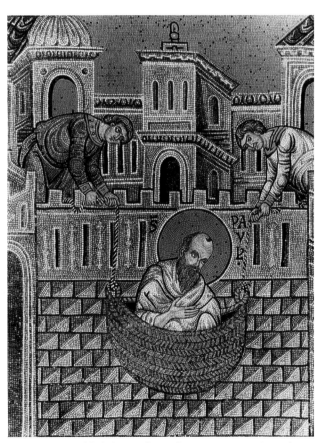

Figura 15.2. A Pablo lo hacen descender en un canasto. Este colorido incidente de la biografía de Pablo se menciona en Hechos 9:23-25 y 2 Corintios 11:32-33. La mayoría de la gente no alardearía por haber huido o haberse escondido de sus enemigos, pero Pablo emplea esto como un ejemplo de cómo Dios usa a aquellos que son débiles en este mundo. (The Bridgeman Art Library International)

21, 23; 12:11). Una implicación obvia de semejante reconocimiento es que los superapóstoles son tontos también cuando hablan de esa forma. Aparentemente, los superapóstoles eran grandes para elogiar (3:1; 10:18; 11:13), y se comparaban con otros para ver quién estaba a la altura (10:12; 11:12). Les gustaba llamar la atención a sus habilidades y logros de maneras que Pablo creía que los evaluaba «como lo hace el mundo» (11:18). Al admitir su propia insensatez, Pablo expone la de ellos. Con una ironía sarcástica, dice (de hecho): «de ningún modo soy inferior a los "superapóstoles", aunque yo no soy nada» (véase 12:11). La diferencia es que Pablo está bien consciente de que él no es nada (cf. 1 Co. 3:7), en tanto que parece que los superapóstoles no han entendido la realidad de que no son nada.

Finalmente, Pablo invierte la situación con sus oponentes al sugerir una competencia distinta: en lugar de comparar fortalezas, ¿por qué no comparar debilidades? Después de todo, razona él, nuestras ineptitudes son lo que, en última instancia, demuestran que Dios es el responsable de nuestros logros. Si en realidad queremos establecer a quién de nosotros Dios usa, debemos revisar quién de nosotros es el menos adecuado. Pablo, por supuesto, asume que los superapóstoles no se le unirán en esta aventura; los fracasos y las debilidades humanas son cosas que ellos tratan de negar o cubrir. Por lo que Pablo va solo: habla de un incidente humillante cuando tuvo que salir de una ciudad, escondido en un canasto (11:32-33); les recuerda a los corintios de una aflicción que tuvo que soportar (12:7); y reconoce tiempos en los que Dios ha rechazado sus peticiones de oración (12:8-9). Alardea alegremente de cosas que exponen sus debilidades, cosas que demuestran que él no es nada, porque eso es lo que debería concederles a los corintios la seguridad absoluta de que Dios es el responsable de todo lo que ocurre en su ministerio (12:9-10).

Conclusión

En los círculos teológicos, los superapóstoles con quienes Pablo contiende en 2 Corintios llegarían a ser vistos como los parangones primarios de lo que se llama *theologia gloriae*, la «teología de gloria». Dicho de una forma sencilla, esto se refiere a una manera de malinterpretar el evangelio que ve la fe en Cristo como una forma de autosuperación, de éxito y de obtención de poder. Martín Lutero fue particularmente firme en la condena de semejantes construcciones teológicas, y afirmaba que el apóstol Pablo proclamaba *theologia crucis*, la «teología de la cruz». De acuerdo al segundo entendimiento, la fe en Cristo implica una inmersión en una vida de servicio y sacrificio, una vida marcada por la vulnerabilidad y el reconocimiento de los propios fracasos.

Pero ¿qué pasó después? ¿Ganó Pablo su batalla con los superapóstoles? ¿Comenzó finalmente la iglesia corintia a comportarse como es debido, de manera que fuera propio «confiar plenamente» en ellos (7:16)? Tenemos dos razones para creer que los asuntos se resolvieron satisfactoriamente para Pablo. Primero, sus cartas a los corintios (por lo menos dos de ellas) se copiaron y conservaron; alguien de la iglesia tenía las palabras de Pablo en alta estima. Segundo, Pablo escribió su carta a los Romanos desde Corinto, un año después de escribir 2 Corintios a Corinto. En Romanos, él indica que los fondos para Jerusalén se han recaudado con éxito (Ro. 15:25-26), y transmite los saludos de cristianos corintios prominentes, con quienes parece que tenía buenas relaciones (Ro. 16:1, 23). Todo esto es un indicio de un final feliz.

Prepárese para la secuela. Alrededor de cuarenta años después, tres décadas después de la muerte de Pablo, otra carta para Corinto apareció, atribuida a Clemente, quien se dice que fue obispo de Roma. Él se queja de que la congregación corintia está dividida en facciones. También dice: «Es vergonzoso, queridos hermanos, sí, francamente vergonzoso e indigno de vuestra conducta en Cristo, que se diga que la misma Iglesia antigua y firme de los corintios, por causa de una o dos personas, hace una sedición contra sus presbíteros» (*1 Clemente* 47:6).

¿Facciones en la iglesia? ¿Alborotadores que desacreditan la autoridad de los líderes establecidos? ¿Dónde hemos escuchado eso antes?

16

Gálatas

«¡Gálatas torpes!» Censura Pablo a los destinatarios de su carta más intensa y agresiva (3:1). Y así es como se ha recordado a los gálatas desde entonces. Son los bufones de la Biblia, o por lo menos del Nuevo Testamento. Probablemente dijeron e hicieron muchas cosas que no fueron insensatas (4:12-15), pero los cristianos los conocen mejor por eso, su papel breve como objetos de una amonestación devastadora de un apóstol atónito por su insensatez.

Algunas de las otras cartas de Pablo también tratan situaciones en las que las personas o congregaciones enteras lo han decepcionado, pero la Carta a los Gálatas sobresale en el grupo. Esta gente ha ocasionado su ira de una manera que sobrepasa cualquier cosa que encontremos en otra parte. ¿Por qué? ¿Qué podría ser peor, digamos, que los corintios se emborracharan en la Cena del Señor (1 Co. 11:20-21)?

¡Los gálatas quieren circuncidarse! Eso parece ser el punto crucial de esta crisis (5:2-3). ¿Y por qué es eso algo tan grande? Pablo mismo dice: «nada vale estar o no estar circuncidados» (5:6; también 6:15). Podríamos pensar, entonces, que Pablo consideraba la circuncisión como meramente superflua, un ritual que no tiene significado, sino que es básicamente inofensivo (¡con tal de que el cuchillo no se resbale!; véase 5:12). Pero no, es algo más grande que esto. Pablo sostiene que los gálatas están dejando a Dios y pervirtiendo el evangelio de Cristo (1:6-7).

La Carta a los Gálatas se conoce como la «carta enojada» de Pablo. Él no está interesado en involucrar a sus oponentes en un debate amistoso por el asunto de la circuncisión. Es demasiado tarde para eso, el asunto es ahora personal. Sus oponentes han atacado su credibilidad y han impugnado su integridad. Pablo está enojado con estos oponentes y está enojado con los gálatas por escucharlos.

Esta es la única carta de Pablo que no comienza con palabras de agradecimiento por los destinatarios (cf., p. ej., Ro. 1:8-10; 1 Co. 1:4-9; 2 Co. 1:3-11;

circuncisión: el procedimiento quirúrgico que retira el prepucio del pene; en la tradición judía, el rito se ve como una señal del pacto que Dios hizo con Israel.

Fil. 1:3-11; 1 Ts. 1:2-5; Flm. 4-7). ¿Se debe esto a que no puede encontrar nada por lo cual estar agradecido? ¿O está simplemente demasiado exaltado como para darse cuenta de que ha omitido lo que recomienda el decoro normal?

Generalidades

Después del saludo acostumbrado (1:1-4), Pablo inmediatamente declara su asombro de que los Gálatas estén dejando a Dios y adoptando un mensaje falso que pervierte el evangelio de Cristo (1:6-9). Luego se pone defensivo y responde acusaciones de que él es complaciente (1:10). Narra segmentos de su autobiografía para argumentar las acusaciones de que adquirió el mensaje del evangelio de segunda mano, o que no proclama el evangelio de una manera aprobada por los apóstoles (1:11-2:10). Al continuar en modo de autobiografía, narra un incidente en Antioquía que lo puso en desacuerdo con Pedro (llamado «Cefas», su nombre en arameo) y otros líderes respetados de la iglesia (2:11-14). Reportar ese incidente sirve como una transición hacia una discusión de los problemas que lo ocupan, porque saca a luz una pregunta que los mismos

Cefas: palabra aramea que significa «roca», la forma griega de la cual es «Pedro»; el sobrenombre que Jesús le puso a Simón, uno de sus discípulos.

Cuadro 16.1

La circuncisión

La circuncisión es un procedimiento quirúrgico que retira el prepucio del pene. Se ha practicado, y todavía se practica en muchas culturas, por una variedad de razones: a veces es cosmético o por razones de salud, pero en muchas tradiciones el rito ha adquirido significado simbólico, relacionado con la pubertad, la fertilidad o la devoción espiritual.

En el antiguo Israel los niños varones típicamente eran circuncidados al octavo día de su vida (Gn. 17:12; Lv. 12:3). Se dice que tanto Jesús (Lc. 1:59; 2:21) como Pablo (Fil. 3:5) fueron circuncidados para cumplir con esta tradición sagrada, la cual todavía practican los judíos hoy día.

En la religión israelita y judía, la circuncisión se consideraba como «la señal del pacto»: los varones eran circuncidados para indicar que pertenecían al pueblo escogido de Dios, que eran herederos de las promesas a Abraham, y que querían cumplir la Torá, dada por Dios a Moisés. Los profetas a veces hablaban de la circuncisión con términos simbólicos, y acusaban a los que eran obstinados o no receptivos de tener «oídos incircuncisos» (Jer. 6:10, RVR60) o «corazón incircunciso» (Lv. 26:41, RVR60).

El apóstol Pablo favorece el significado simbólico de la circuncisión (Ro. 2:29), pero considera el acto físico irrelevante, ya que toda la gente ahora restituye la relación con Dios a través de Cristo (1 Co. 7:19; Gá. 5:6; 6:15). La fuerte oposición de Pablo a la circuncisión que se expresa en ciertos pasajes (p. ej., Gá. 5:2) no tiene nada que ver con el valor del acto en sí: no está en contra de los judíos (o gentiles) que cumplan las tradiciones religiosas que les parecen significativas, pero se indigna con la noción de que cualquiera de estas tradiciones es necesaria para afectar la condición de uno con Dios, que, para Pablo, se mantiene únicamente por gracia, a través de la fe.

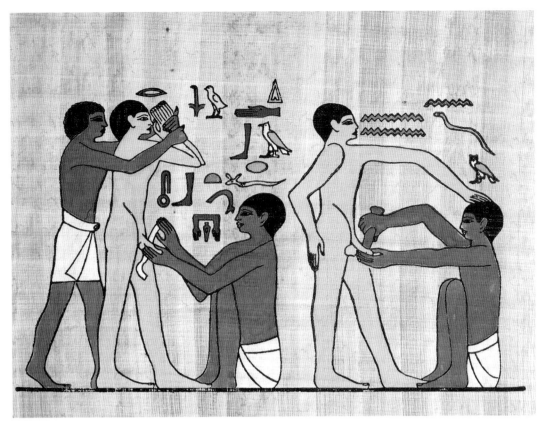

Figura 16.1. Circuncisión. Aunque frecuentemente se conoce como una práctica relacionada con el judaísmo, este relieve reconstruido de una tumba egipcia (tercer milenio a. e. c.) muestra que la circuncisión era un ritual que también se practicaba entre otros pueblos. (Bridgeman Images)

gálatas tienen que considerar: si uno hace lo correcto ante Dios al seguir las obras de la ley o al confiar en Jesucristo (2:15-21).

Al tomar la ofensiva, Pablo les dice a los gálatas que son ineptos por permitir que cualquiera los convenza de que el Cristo crucificado no es suficiente para ellos. Con una cantidad de argumentos, muchos de ellos sacados de las Escrituras, reitera su punto de que confiar en Cristo es incompatible con depender de las obras de la ley como un medio para recibir el Espíritu de Dios, o para ser declarados justos por Dios (3:1-18). Él considera el verdadero propósito de la ley (3:19-4:11) y luego se pone conciliador, y apela a los gálatas como hijos suyos en la fe y los llama a volver de un camino que los llevará a la esclavitud (4:12-5:1). Les advierte en contra de aceptar la circuncisión como un requisito para pertenecer a Dios y ventila su enojo con los que los apremian para que lo hagan (5:2-12).

Finalmente, Pablo lanza un discurso elevado sobre el significado de libertad, y hace énfasis en su cumplimiento paradójico en el servicio con amor y no en la autogratificación. Identifica el resultado y la evidencia de la verdadera libertad con el fruto que el Espíritu Santo da en las personas cuyas vidas han sido transformadas con la gracia de Dios (5:13-25). Entonces concluye la carta con una serie rápida de exhortaciones (5:26-6:10) y un párrafo sumario escrito con su propia mano, en el que exalta la cruz de Jesús (6:11-18).

Trasfondo histórico

La Carta a los Gálatas fue escrita por Pablo a un número de congregaciones de una provincia romana ubicada en la moderna Turquía (1:2). Aunque los romanos llamaban a toda la provincia «Galacia», las únicas personas del área que se llamaban «gálatas» eran descendientes de tribus celtas que se habían establecido en la parte norte de la provincia. Según el libro de Hechos, Pablo visitó algunas ciudades en la parte sur de Galacia en su primer viaje misionero (véase Hch. 13:14-15; 14:1; todas las ciudades mencionadas están en el sur). Él no parece haberse aventurado hacia el norte, donde vivía la gente conocida como «gálatas». Sin embargo, pudo haber hecho esto en su segundo viaje, unos cuantos años después (véase Hch. 16:6; 18:23; la parte norte de la provincia podría incluirse aquí, aunque no se menciona específicamente).

Según el libro de Hechos, en Jerusalén se llevó a cabo un concilio importante entre los dos primeros viajes misioneros de Pablo, para tratar con algunos de los mismos asuntos que se tratan en la Carta a los Gálatas (véase Hch. 15). Los

---

Cuadro 16.2

Teorías de Galacia del norte y del sur

«Teoría de Galacia del norte»—secuencia de acontecimientos

- Pablo evangeliza las ciudades de Galacia del sur (Hch. 13:14-15; 14:1).
- La conferencia se lleva a cabo en Jerusalén (Hch. 15; Gá. 2:1-10).
- Pablo evangeliza a las tribus de Galacia del norte (Hch. 16:6; 18:5).
- Pablo escribe la Carta a los Gálatas a las iglesias de Galacia del norte.

La teoría de Galacia del norte reconoce que la gente que generalmente se conoce como los «gálatas» vivía en la parte norte de la provincia que Pablo visitó después de la conferencia de Jerusalén.

«La teoría de Galacia del sur»—secuencia de eventos

- Pablo evangeliza las ciudades de Galacia del sur (Hch. 13:14-15; 14:1).
- Pablo se reúne con líderes de la iglesia en Jerusalén (Gá. 2:1-10).
- Pablo escribe la Carta a los Gálatas a las iglesias de Galacia del sur.
- La conferencia se lleva a cabo en Jerusalén (Hch. 15).

La teoría de Galacia del sur resuelve lo que podrían ser inconsistencias entre Gálatas 2:1-10 y Hechos 15, que surgirían si se viera que esos pasajes describen el mismo evento.

---

eruditos bíblicos quieren saber si Pablo escribió la carta antes o después de ese concilio. Ya que se dirige a la gente a la que le escribe como «Gálatas» (3:1), no solo a los «residentes de Galacia», frecuentemente se piensa que la carta se dirige a la gente de la parte norte de la provincia. En ese caso, tendría que haber sido compuesta después del concilio (ya que Pablo no había visitado la parte norte de la provincia en su primer viaje a esa zona). Inicialmente, esto sí parece tener sentido porque en Gálatas 2:1-10 Pablo habla de una reunión que tuvo con apóstoles en Jerusalén, que a menudo se entiende que es su propio relato de ese famoso concilio. Sin embargo, el problema es que la descripción de Pablo de esta reunión difiere en asuntos clave de la descripción del concilio de Jerusalén de Hechos 15. Por esta razón, algunos eruditos creen que la reunión que Pablo describe en Gálatas 2:1-10 no es el concilio de Jerusalén, sino un acontecimiento anterior, distinto. La suposición, entonces, es que Pablo probablemente escribió Gálatas antes de que se llevara a cabo el concilio de Jerusalén (ya que, según esta apreciación, él no menciona ese concilio). El problema con esta sugerencia es que, si Pablo escribió la carta antes, tendría que haber sido dirigida a las ciudades gálatas del sur que visitó en su primer viaje. Entonces, parece extraño que se dirigiera a los destinatarios como «Gálatas» (3:1), un término más apropiado para la gente del norte (véase el cuadro 16.2).

La mayoría de los eruditos que no se sienten restringidos a defender la exactitud de lo que Lucas relata en Hechos, o a conciliar el relato de Pablo de la reunión de Jerusalén con lo que se presenta aquí, prefieren la teoría de Galacia del norte. Entonces se piensa que la carta fue escrita a mediados de los años 50, posiblemente desde Éfeso. Eso conllevaría que fue escrita alrededor del mismo tiempo que la de Romanos, una obra con la que tiene mucho en común temática y teológicamente. Pero los que piensan que Pablo escribe a la gente de Galacia del sur sostienen que la carta probablemente haya sido escrita alrededor del año 48, posiblemente desde Antioquía en Siria, a donde Pablo regresó al concluir su primer viaje. Entonces, podría ser la primera de todas las

Mapa 16.1. Galacia del norte y del sur

¿Tenía Pablo problemas con la vista?

- Él dice que sufría de «una enfermedad» (Gá. 4:13) y de un «aguijón en la carne» (2 Co. 12:7, RVR60).
- Él dice que los gálatas le habrían dado sus propios ojos para ayudarlo si hubiera sido posible (Gá. 4:15).
- Su escritura es reconocible por las letras excepcionalmente grandes que él hace (Gá. 6:11).
- Se dice que estuvo ciego temporalmente (Hch. 9:8), y cuando recupera la vista, «algo como escamas» cayó de sus ojos (Hch. 9:18).
- Él no logra reconocer al sumo sacerdote cuando aparece ante el concilio judío en Jerusalén (Hch. 23:4-5).

Semejantes consideraciones han llevado a la especulación: ¿Tenía cataratas o algún otro problema con los ojos? ¿Estaba parcialmente ciego?

---

cartas que poseemos; en efecto, podría ser el primer documento cristiano de cualquier clase que haya sobrevivido.

Lo único que sabemos con seguridad es que las personas a quienes escribió esta carta eran gentiles a quienes Pablo había introducido al cristianismo, pero que desde entonces habían sido atraídos a ideas que Pablo rechazaba. Pablo observa que debido a una dolencia física es que les proclamó primero el evangelio a ellos (4:13). Aparentemente, había tenido la intención de ir a otra parte, pero cierto problema (posiblemente con sus ojos; véase 4:15) hizo que estuviera postrado por un tiempo. Haciendo todo lo que pudo, giró sus esfuerzos evangelísticos hacia los que habitaban el área donde se recuperaba. Ellos lo recibieron de buena voluntad y aceptaron el evangelio. Sin embargo, después de que siguió adelante, otros maestros llegaron al área, proclamando una versión rival de la fe. Estos intrusos desacreditaron el entendimiento de Pablo del evangelio y pusieron a algunos de los gálatas en contra del mismo Pablo.

¿Cuál era esta «versión rival» de la fe cristiana? En los primeros años del cristianismo, parece que ha habido algunos judíos que creían en Jesús, pero que pensaban que la salvación en Cristo era solamente para los judíos. Creían que los gentiles que querían llegar a ser cristianos tenían que convertirse en judíos primero. Los gentiles que estaban atraídos al cristianismo debían circuncidarse y comprometerse a vivir de acuerdo a la Torá (la ley judía). Luego, como convertidos, judíos que cumplían la ley, podían recibir la salvación que Jesús, el Mesías judío, había logrado para Israel. A los defensores de semejante entendimiento del cristianismo tradicionalmente se les ha llamado «judaizantes».

No sabemos cuán extendida estaba esta visión de un cristianismo que cumplía la ley judía en el siglo I, ya que solamente hay referencias diseminadas y a veces confusas en el Nuevo Testamento (Hch. 15:1-2, 5; Gá. 2:4, 11-14; Fil. 3:2). También es posible que quienes exigían a los gentiles que aceptaran la

Torá: la ley de Moisés, como se encuentra en el Pentateuco.

judaizante: término que a veces usan los eruditos para describir a los cristianos que insistían en que los cristianos gentiles se circuncidaran y cumplieran otras prácticas que tradicionalmente habían identificado a los judíos como el pueblo del pacto de Dios.

La polémica de Gálatas

Más que cualquier otra carta, Gálatas muestra a Pablo a la ofensiva. Como alguien que aparentemente ha sido difamado por sus oponentes, muestra que puede darles una lección.

- Alteran y confunden a los gálatas (1:7; 5:10).
- Pervierten el evangelio de Cristo (1:7).
- Han hechizado a los gálatas (3:1).
- Son manipuladores, y tratan de asegurar la lealtad de los gálatas, primero cortejándolos y luego haciéndolos sentir excluidos (4:17).
- Impiden que los gálatas obedezcan la verdad (5:7).
- Su verdadera motivación es evitar la persecución de los judíos (6:12).
- Son hipócritas que no obedecen la ley (6:13).
- Quieren alardear de sus éxitos al hacer que los gálatas se circunciden (6:13).

En dos ocasiones en esta carta, Pablo lanza una maldición en contra de sus oponentes (1:8-9), y una vez dice que desea que pudieran castrarse a sí mismos (5:12).

circuncisión y que cumplieran la ley judía lo hicieran con diversos grados de intensidad. No hay ningún indicio de que los oponentes de Pablo en Galacia hicieran que la salvación dependiera de la circuncisión o de la aceptación de la ley. Tal vez ellos simplemente les decían a los cristianos gálatas que ser circuncidados y cumplir la ley era un admirable «paso siguiente» que dar, la manera a una materialización más completa de su fe. Esos detalles le habrían importado poco a Pablo. Él sostiene que cualquier dependencia en la ley como un medio de obtener una relación correcta con Dios (o mejorarla) es incompatible con el evangelio de gracia y fe en Cristo.

Temas importantes de Gálatas

La afirmación de autoridad de Pablo

Antes de que Pablo explique por qué los defensores de la circuncisión están equivocados, tiene que tratar con otro asunto. Sus oponentes han enredado las cosas atacándolo personalmente. De esa manera, tiene que restablecer sus credenciales como alguien cuyas palabras tienen autoridad. La argumentación básica parece ser que Pablo entiende mal, o por lo menos representó mal el mensaje del evangelio que recibió de los apóstoles y otros líderes de la iglesia. Sus oponentes probablemente le recordaban a la gente que él llegó tarde, como alguien que no había conocido nunca al Jesús terrenal. Al depender de otros, poseía solamente una autoridad derivada y había que escucharlo solamente cuando sus ideas encajaran con las de la gente que en realidad sabía de qué hablaba, gente como Pedro y Juan, que habían estado entre los discípulos originales de

Figura 16.2. Abrazo de Pablo y Pedro. Parece que Pablo y Pedro tuvieron una relación un poco conflictiva. Se respetaban mutuamente, pero no siempre estaban de acuerdo o no se llevaban bien (Gá. 2:11-14), y a veces se les consideraba competidores (1 Co. 1:12; 3:21-23). De esa manera, la imagen de Pablo y Pedro abrazándose llegó a ser un tema en ciertos períodos del arte cristiano, un símbolo de reconciliación o, especialmente, de unidad ecuménica. Este ejemplo llega de un mosaico del siglo XII en Sicilia. (The Bridgeman Art Library International)

Jesús, o Santiago, el hermano de Jesús, quien entonces dirigía la iglesia de Jerusalén.

Pablo tiene una respuesta doble para esta acusación: (1) no sacó su entendimiento del evangelio de los otros apóstoles; y (2) su entendimiento del evangelio no difiere sustancialmente del de ellos.

Tomemos primero el segundo punto. Pablo declara, para que quede constancia, que ha compartido su comprensión del evangelio con Santiago, Pedro y Juan, y que ellos le han dado su aprobación (2:6). Él dice que se reunió con estos líderes de la iglesia en Jerusalén y que discutió específicamente con ellos el asunto de la circuncisión. Incluso llevó a Tito, un cristiano gentil incircunciso, a la reunión con él, y todos estos líderes de la iglesia coincidieron con Pablo: ni Tito ni (por implicación) ningún otro gentil debe ser obligado a circuncidarse (2:3).

Podríamos pensar que eso era todo lo que Pablo tenía que decir. En efecto, podríamos asumir que acudiría a gente como Pedro y Santiago para que lo apoyaran. Tal vez podría hacer que ellos enviaran cartas de referencia a los gálatas a favor suyo, haciéndoles saber que, contrario a lo que les han dicho, el evangelio de Pablo, en efecto, tiene su aprobación (cf. 2 Co. 3:1). Pero esa no es, en absoluto, la ruta que quiere tomar.

Más bien, el objetivo principal de Pablo al responder a la acusación en su contra es el primer punto que se enumera anteriormente. En efecto, afirma que no importa si su evangelio tiene el apoyo de los líderes eclesiásticos prominentes, porque el mensaje que él proclama es el que recibió directamente del mismo Jesús, por medio de una revelación divina (1:11-12; cf. 1:1). Parece que Pablo

El incidente en Antioquía

La crisis de Antioquía, que Pablo relata en Gálatas 2, se desencadenó por el asunto de la comunión en la mesa: los representantes de Santiago (hermano de Jesús y líder de la iglesia de Jerusalén) animaban a los cristianos judíos de esa comunidad a cumplir las leyes alimenticias judías, aunque eso requiriera que se separaran de los cristianos gentiles cuando la comunidad compartía los alimentos juntos, incluso, podemos asumir que en las celebraciones de la Santa Cena.

Esa norma probablemente se presentaba como una postura intermedia de «separados pero iguales»: que los gentiles que llegan a ser cristianos vivan como gentiles, y los judíos que llegan a ser cristianos vivan como judíos. Pablo no quería permitir nada de eso, y consideraba ambas partes de esa propuesta como hipocresía (2:13).

Que los gentiles que se hagan cristianos vivan como gentiles. Pablo cree que es hipócrita afirmar que la norma de mesas separadas hace esto, porque el efecto real es «obligar a los gentiles a practicar el judaísmo» (2:14). No explica exactamente por qué ese es el caso, pero el punto puede ser que la norma marginaliza a los gentiles dentro de la comunidad y pone una presión social en ellos para que lleguen a ser cumplidores de la ley, como los líderes respetados de la iglesia que comen en la mesa de los cristianos judíos.

Que los judíos que se hagan cristianos vivan como judíos. Pablo argumenta que los judíos que se convierten al cristianismo en realidad viven como gentiles en el único sentido que importa: viven como gente que ha sido justificada por la fe en Jesucristo, así como los gentiles (2:15-16). Es hipócrita que los judíos vivan como gentiles en este sentido (confiando en Cristo para justificación) y aun así afirmar que viven como judíos porque cumplen las leyes dietéticas.

■ ■ ■

El libro de *Jubileos*, escrito alrededor del tiempo de Jesús (más o menos cincuenta años), da este consejo a los judíos:

- Apártate de los gentiles, no comas con ellos.
- No hagas como ellos, ni les sirvas de compañero.
- Porque sus acciones son impuras, y todos sus caminos inmundicia, abominación y horror. (*Jubileos* 22:16)

Comparado con ese estándar, los oponentes de Pablo probablemente pensaban que estaban siendo generosos al compartir una comida con los gentiles, aunque en mesas separadas. Pero Pablo pensaba que «la verdad del evangelio» demandaba que los judíos y los gentiles comieran juntos sin ninguna distinción (Gá. 2:11-14, rvr60; véase también 3:28).

dice: «Mis oponentes están absolutamente equivocados cuando dicen que el evangelio que yo predico contradice el de los apóstoles, pero, aunque estuvieran en lo correcto, no importaría. El evangelio que yo predico no necesita la aprobación de ellos porque viene de Dios».

Para resaltar este punto, Pablo comparte voluntariamente una historia que sus oponentes probablemente habrían usado en contra de él (o quizás da su versión de un incidente que ellos, de hecho, usaban en su contra). Hubo una vez en la que se encontró públicamente en conflicto con Pedro y, por implicación, con Santiago, bajo cuyo consejo parece que Pedro actuaba. Ocurrió en Antioquía, la base de operaciones de Pablo y, aunque no está claro si Pablo ganó el argumento en esa situación, relata el acontecimiento con absoluta confianza de que tiene razón y que los líderes más respetados de la iglesia primitiva estaban equivocados (2:11-14). El mandato de autoridad de Pablo, entonces, surge de la verdad del mismo evangelio y no requiere de ninguna aprobación de los oficiales particulares de la iglesia (véase el cuadro 16.5).

Cristo y la ley: El verdadero problema

Al haber defendido su propia credibilidad y afirmado su autoridad como alguien comisionado por Dios para hablar de estos asuntos, Pablo usa el asunto en cuestión. Sostiene que los gálatas dejarán a Dios y «se pasarán a otro evangelio» (1:6) si aceptan la circuncisión y se comprometen a cumplir la ley judía. Sus argumentos que apoyan esta postura a veces son difíciles de seguir, y se basan mucho en interpretaciones de las Escrituras que quizá no sean inmediatamente obvias para los lectores modernos. Sin embargo, a manera de resumen, podemos decir que quiere aclarar cuatro puntos cruciales, probablemente se ofrecen como respuesta a las cosas que sus opositores han dicho.

Primer punto: La justificación es por fe, no por obras

justificación: el acto de ser colocado en una relación correcta con Dios.

obras de la ley: (1) actos meritorios de hazañas humanas (cumplir mandamientos, hacer buenas obras, etc.); (2) señales del pacto que identifican a los judíos como pertenecientes a la nación escogida de Dios (la circuncisión, guardar el día de reposo, las restricciones alimenticias, etc.).

gracia: el favor gratuito e inmerecido de Dios, como se manifiesta en la salvación de pecadores y el otorgamiento de las bendiciones no merecidas.

Pablo insiste en que la gente es justificada, o que restituye su relación con Dios a través de la fe en Jesucristo, o a través de la fidelidad de Jesucristo (la frase griega que Pablo usa se puede traducir de cualquiera de estas maneras) y no por hacer obras de la ley (2:16-17). Sus oponentes podrían haberles dicho a los gálatas que vivir de acuerdo a la ley judía los colocaría en una relación correcta con Dios, o por lo menos los mantendría en una relación correcta, o, de alguna manera, mejorar su condición con Dios al llevarlos a un plano más alto. Pablo afirma que semejante enseñanza anula «la gracia de Dios» y, para ser franco, conlleva que «Cristo habría muerto en vano» (2:21). ¿Por qué? Eso hace que la justificación dependa de lo que los seres humanos hacen y no de lo que Dios ha hecho a través de la cruz, que es totalmente suficiente para poner a la gente tan bien con Dios como puedan estarlo alguna vez. Por consiguiente, los gentiles que piensan que su condición con Dios puede mejorar al circuncidarse y al guardar la ley judía no solamente se engañan a sí mismos; irónicamente, ponen en peligro también la misma posición con Dios que esperan mejorar. Ellos han «caído de la gracia» (5:4). Una relación correcta con Dios no depende de hacer las obras de la ley, sino de confiar en la absoluta suficiencia de la gracia de Dios.

¿Qué hacer con los gentiles?

La conversión generalizada de gentiles obligó a la iglesia cristiana primitiva a enfrentar varias preguntas importantes. Robert Gundry enumera estas:

- ¿Se debe requerir a los cristianos gentiles que se sometan a la circuncisión y a practicar la forma judía de vida, como se les requería a los prosélitos gentiles del judaísmo?
- A esos cristianos gentiles que no están dispuestos a convertirse en judíos totalmente, ¿debe la iglesia conceder una ciudadanía de segunda clase, así como a los «temerosos de Dios» gentiles en el judaísmo?
- ¿Qué hace que una persona sea cristiana: la fe en Cristo solamente, o la fe en Cristo más la adherencia a los principios y prácticas del judaísmo?

Véase Robert H. Gundry, *Introduction to the New Testament* [Introducción al Nuevo Testamento], 4º ed. (Grand Rapids: Zondervan, 2003), 352.

A lo largo de la historia, este punto recibiría más atención en los estudios teológicos que cualquier otro de los argumentos de Pablo. Llegaría a ser la base de lo que se llama diversamente la doctrina de la «justificación por fe» (con un argumento ocasional en cuanto a qué etiqueta es la más apropiada) como el corazón de la teología paulina, o incluso como el corazón de la teología cristiana. En cuanto a la justificación por gracia/fe, véase también «La justificación por gracia» en el capítulo 13, acerca de Romanos.

Segundo punto: El favor de Dios es universal en su alcance

Pablo cree que la acción de Dios en Jesucristo ha quitado efectivamente las distinciones entre los judíos y los gentiles, ya que todos ahora son hijos de Dios por medio de la fe (3:26). Sus opositores probablemente argumentaban que el cristianismo se basa en la tradición judía, que incluye la práctica de la circuncisión y la fidelidad a la Torá. Los que esperan recibir los beneficios de un Mesías judío tienen que llegar a ser parte de la comunidad judía. Pero Pablo se opone a ese pensamiento; el mensaje del evangelio es que se han quitado esas distinciones para todos los que están en Cristo (3:28). Los opositores de Pablo afirman que la buena noticia es que los gentiles pueden llegar a ser parte del grupo favorecido, en tanto que Pablo afirma que la buena noticia es que no hay grupo favorecido. Una función principal de la Torá siempre había sido marcar a los judíos como un pueblo apartado y especial, por lo que, si los cristianos gentiles llegaran a ser circuncidados y comenzaran a cumplir la ley judía, perpetuarían esta noción de exclusión, y no lograrían reconocer el alcance universal del favor de Dios que les trajo el evangelio en primer lugar.

Tercer punto: El cumplimiento del tiempo ha llegado

Pablo cree que un cambio radical de la historia ha coincidido con la venida de Cristo, de tal manera que ahora está vigente una fase nueva en el gran plan de Dios. Sus opositores sin duda hacían hincapié en el hecho de que Dios dio la circuncisión como una «señal del pacto» con Abraham (Gn. 17:11), y posteriormente articuló las condiciones de ese pacto en la ley que se le entregó a Moisés (Dt. 5:1-21). Por lo tanto, si los gentiles quieren ser pueblo del pacto (como son los judíos), deben aceptar la señal de ese pacto y comprometerse con sus condiciones. Pero Pablo argumenta que ha llegado una nueva era, que hace ese pacto obsoleto. Él les dice a los gálatas que Dios envió a Cristo «cuando se cumplió el plazo… para rescatar a los que estaban bajo la ley» (4:4-5). Habla de la era pasada como un tiempo «antes que viniese la fe» (3:23, RVR60), pero las

Cuadro 16.7

Algunos argumentos complicados

Algunos de los argumentos que Pablo usa en Gálatas son difíciles de seguir. Tal vez estas reconstrucciones simplificadas ayuden.

Cristo llegó a ser una maldición (3:10-14)

La Biblia enseña que cualquiera que no guarde todas las cosas que están escritas en la ley está bajo una maldición (véase Dt. 27:26). Por lo que Pablo razona que todos están bajo esta maldición. Pero las Escrituras también dicen: «Maldito todo el que es colgado de un madero» (véase Dt. 21:23). Eso quería decir que cuando Jesús fue crucificado (colgado de un madero), llegó a ser una maldición, y cuando murió, la maldición murió con él. De esta manera, Cristo redimió a los que estaban bajo la maldición de la ley.

Cristo es el único beneficiario (3:15-18, 27-29)

La Biblia dice que Dios hizo promesas de pacto a Abraham y su descendencia (Gn. 12:7; 22:17-18). La palabra «pacto» también se puede referir a la «voluntad final y testamento» de una persona, y el sustantivo colectivo «descendencia» (que se refiere a todos los descendientes de Abraham) también puede leerse como un sustantivo singular que se refiere a una persona en particular. Así que, con un poco de juego de palabras, Pablo propone que el pacto de Dios con Abraham no anula la herencia de Cristo como el único beneficiario de la promesa a Abraham. Además, aunque Cristo sea el único heredero de estas promesas, la gente que confía en Cristo puede revestirse de Cristo a través del bautismo (3:27) y llegar a ser uno con Cristo (3:28). En virtud de estar «en Cristo» ellos también llegan a ser la descendencia particular de Abraham y herederos de la promesa (3:29).

Dos madres simbolizan dos pactos (4:21-31)

La Biblia narra que Abraham tuvo hijos con dos mujeres: su hijo Isaac nació de su esposa Sara y fue su heredero; otro hijo, Ismael, nació de la esclava Agar, por lo que no fue su heredero (véase Gn. 16:15; 21:2, 9-10). Pablo sugiere en Gálatas que estas mujeres proveen una alegoría para entender dos pactos. La gente que confía en el pacto de la ley (que dio Moisés en el Sinaí) es como el hijo de Agar: ha descendido físicamente de Abraham, pero no son herederos de la promesa; en efecto, están esclavizados a la ley (4:25; cf. 2:4; 5:1). Pero los que confían en Cristo son hijos de un pacto nuevo, y son como Isaac, genuinos herederos para quienes las promesas de Dios a Abraham se están cumpliendo.

cosas son distintas «ahora que ha llegado la fe» (3:25). De esa manera acepta que la circuncisión y vivir de acuerdo a la ley no solo es obsoleto sino sumamente inapropiado para cualquiera en la fase actual del plan de Dios. Pablo usa la analogía de un niño que es heredero de una hacienda fabulosa. En tanto que es menor de edad, el niño debe vivir bajo la autoridad del sirviente nombrado como tutor o guardián, pero cuando se cumple el tiempo (por decirlo así), el niño ya no estará bajo esa autoridad. Pablo sugiere que, para los gálatas, recibir la circuncisión y comenzar a vivir bajo la ley sería como un heredero adulto que se somete a la voluntad del sirviente, a quien se le dio autoridad temporal sobre el heredero durante su niñez (4:1-7).

Cuarto punto: El Espíritu produce lo que la ley no puede efectuar

Pablo cree que Dios le ha dado el Espíritu Santo a la gente (3:2) para que Cristo pueda formarse en ellos (4:19), y los beneficios de recibir al Espíritu superan cualquier cosa que se pueda lograr al ser circuncidados y cumplir la ley judía. Sus opositores tal vez hayan presentado el «cumplir la Torá» como un camino a la santidad y la virtud: los gálatas deben circuncidarse y vivir de acuerdo a la ley judía porque esa ley expresa cómo Dios quiere que la gente viva. Pero la postura de Pablo es que la ley es impotente: describe santidad, pero no puede efectuar la santidad. Les recuerda a los gálatas que Dios les dio el Espíritu cuando recién creyeron en el evangelio (3:2), y les asegura que Dios sigue proveyéndoles el Espíritu y haciendo milagros entre ellos, no porque ellos hagan obras de la ley, sino porque ellos colocan su confianza en lo que escucharon desde el principio: el evangelio de Cristo crucificado (3:1-5; cf. 1 Co. 1:23; 2:2). Pablo dice que toda la ley se puede resumir en el mandamiento «Ama a tu prójimo como a ti mismo» (5:14; cf. Lev. 19:18), y para cumplir esto, anima a los gálatas a que «vivan por el Espíritu» (5:16). El comportamiento pecaminoso resulta de los deseos y pasiones humanas (llamados «los deseos de la carne» 5:16-17, RVR60). Estos se empeñan en la indulgencia egoísta en lugar de servir a otros, e inevitablemente llevan a toda clase de vicios y actividades impías. La ley le dice a la gente que estas cosas son incorrectas, pero no da nada para

Cristo crucificado: el foco principal de la predicación de Pablo según 1 Corintios 1:22-24; 2:1-2; la frase parece ser abreviatura de lo que los teólogos llaman la «teología de la cruz» (theologia crucis).

Cuadro 16.8

Se cancelan las distinciones

Diógenes Laercio dice que se cuenta que Sócrates, el más sabio entre los sabios, dijo que había bendiciones por las que él estaba agradecido con la fortuna: «Primero, por haber nacido hombre y no animal, luego varón y no mujer y, en tercer lugar, griego y no bárbaro».*

Pablo escribe: «Ya no hay judío ni griego, ni esclavo ni libre, hombre ni mujer, sino que todos ustedes son uno solo en Cristo Jesús» (Gá. 3:28).

*Diógenes Laercio, Vidas de los filósofos ilustres, trad. Carlos García Gual (Clásicos de Grecia y Roma, Alianza Editorial, Madrid 2007), §1.33.

nueva creación: el entendimiento de la actividad salvadora de Dios, de acuerdo a la cual, a través de Cristo, a la gente se le da vida nueva en una época nueva que ya ha comenzado.

controlar la carne ni para extinguir estos deseos. Sin embargo, cuando una persona le pertenece a Cristo Jesús, los deseos y pasiones de la carne son «crucificados» (5:24), y entonces Cristo vive en y a través de esa persona (2:20). El Espíritu toma el control y produce una cosecha rica de fruto virtuoso (5:22-23). El resultado no es nada más que «una nueva creación» (6:15; cf. 2 Co. 5:17).

Conclusión

Se puede excusar a los estudiantes por preguntarse si la carta de Pablo a los Gálatas tiene un significado permanente para las iglesias cristianas. En nuestros días, poca gente que cree en Jesús es judía, y la propuesta de que los cristianos deban cumplir las leyes judías puede parecer extraña. La idea de que la gente tenga que convertirse al judaísmo antes de llegar a ser cristiana parece especialmente extraña. Aun así, la carta de Pablo a los Gálatas ha seguido siendo uno de los libros más leídos y discutidos del Nuevo Testamento.

Junto con Romanos, esta carta llegó a ser central para las controversias doctrinales que caracterizaron la Reforma Protestante. Martín Lutero, Juan Calvino y otros reformadores entendían que lo que Pablo decía acerca de las «obras de la ley» implicaba la impotencia del mérito humano para vencer los efectos del pecado original u obtener salvación. Ellos sostenían que, aunque las «buenas obras» puedan ser el fruto esperado del Espíritu Santo evidente en una vida cristiana, esas obras no pueden establecer, mantener, ni mejorar la condición de uno con Dios, que depende únicamente de la gracia de Dios en Jesucristo. Algunos eruditos modernos cuestionan si este es el punto principal de Pablo, pero pocos argumentarían que Pablo diferiría con semejante implicación de su postura, y la enseñanza de que la gente es salva (justificada) al confiar en la gracia de Dios y no al realizar buenas obras meritorias ha llegado a ser el estándar entre la mayoría de los círculos cristianos hoy día.

La declaración de la carta del favor universal de Dios también ha activado la discusión continua, ya que se piensa generalmente que Pablo abre un tema del que se podría decir mucho más. En Gálatas 3:28, Pablo declara: «Ya no hay judío ni griego, esclavo ni libre, hombre ni mujer, sino que todos ustedes son uno solo en Jesucristo». Él cita tres clases de distinciones que ya no deberían hacerse, pero su carta trata solamente de una de ellas con profundidad: la distinción entre los judíos y los gentiles. Los cristianos a lo largo de la historia han buscado aplicar lo que Pablo dice acerca de los judíos y los gentiles a las otras distinciones también. ¿Qué tienen que decir sus palabras francas acerca del favor universal de Dios sobre las distinciones que se hacen basándose en la clase social o el sexo? ¿Y tienen implicaciones para otras clases de distinciones?

Finalmente, a Gálatas se le ha llamado frecuentemente la «Carta Magna de la Iglesia», por su fuerte afirmación de la libertad cristiana. En Gálatas 5:1,

Pablo declara: «Cristo nos libertó para que vivamos en libertad. Por lo tanto, manténganse firmes y no se sometan nuevamente al yugo de la esclavitud». Y luego, apenas unos versículos después, en 5:13 dice: «ustedes han sido llamados a ser libres; pero no se valgan de esa libertad para dar rienda suelta a sus pasiones. Más bien sírvanse unos a otros con amor». Esta representación de la libertad ha sido uno de los aspectos más celebrados de la carta de Pablo a los Gálatas. La noción paradójica de que uno es realmente libre solo cuando uno es «libre para servir» ha tocado una fibra sensible a lo largo de las épocas a los cristianos de muchas clases, incluso a predicadores, poetas, políticos y filósofos.

17

Efesios

¡Buenos tiempos! La carta de Pablo a los Efesios describe el presente como un tiempo de bendición (1:3), en el que los creyentes sienten como que ya están en el cielo (2:6). Todo va de acuerdo al plan (1:9-10; 3:8-10) y solamente puede mejorar (2:7). Sobre todo, este es un tiempo de paz: los muros que dividen a la gente han caído, y la hostilidad le ha cedido el paso a la reconciliación (2:14-17). Hay un profundo sentido de «unidad» (4:4-6).

Por supuesto, esta es la iglesia de la que hablamos, no del mundo en general. Aun así, el cuadro idílico de la comunidad cristiana puede parecer en conflicto con lo que observamos en otras cartas de Pablo: facciones (1 Co. 1:11-12); discusiones (Ro. 14:1-6); herejía (Gá. 1:6-7); comportamiento escandaloso (1 Co. 5:1); confrontaciones dolorosas (Gá. 2:11); persecución (1 Ts. 2:14; 3:4); y una cantidad generosa de chismes, murmuraciones y casos de personas que se meten en los asuntos de otras (2 Co. 12:20; 1 Ts. 4:11). Entonces ¿cuándo se pusieron las cosas tan pacíficas?

A primera vista, parece que Efesios se dirige a una iglesia en la que no hay conflicto. Pero espere, en efecto, sí hay conflicto. De hecho, hay una guerra en marcha, pero no es una guerra con los enemigos de carne y sangre. La batalla ahora es contra «fuerzas espirituales malignas en las regiones celestiales» (6:12), en contra del diablo (6:11) y sus secuaces, los poderes y autoridades que ejercen su influencia en una dimensión imperceptible para los sentidos humanos (2:2; 3:10). Los santos de Dios son hijos de luz, y llevan bondad, justicia y verdad a un reino que, de otra forma, debe describirse como «esta oscuridad presente» (5:8-9; 6:12).

santos: gente que es santa; algunos escritores del Nuevo Testamento usan la palabra como un sinónimo virtual para «cristianos».

En Efesios, el centro de atención ha cambiado de lo mundano a lo etéreo. Las ocasiones de fricción y hostigamiento que han afligido a la iglesia antes, quizá se hayan calmado o no, pero su importancia palidece cuando uno ve el cuadro global. El énfasis de esta carta está en la importancia universal de lo que Dios ha hecho en Jesucristo, y «universal» aquí se dice en un sentido literal: el centro de atención está en lo que Cristo significa, no simplemente para los cristianos, ni siquiera para toda la humanidad, sino para todo en el cielo y en la tierra (1:9-10, 20-23).

A este escrito lo llamamos «la carta de Pablo a los Efesios», aunque, como lo veremos, muchos intérpretes no creen que Pablo la haya escrito, algunos no creen que fue escrita a los efesios, y unos pocos ni siquiera piensan que sea una carta.

Generalidades

Después de un saludo bastante típico (1:1-2), el autor (que se identifica como «Pablo, apóstol de Jesucristo») presenta una bendición elegante de Dios, que sirve como una obertura litúrgica para la carta (1:3-14). Él declara que Dios está ejecutando un plan para reunir todas las cosas en Cristo: a los que estaban destinados a ser los hijos de Dios sin mancha se les han perdonado sus pecados como resultado de la redención que llega a través de la sangre de Cristo, y han sido sellados con el Espíritu Santo como una garantía de la redención que todavía tiene que llegar. La bendición continúa hacia una acción de gracias, a medida que el escritor reconoce la fe y el amor de sus destinatarios (1:15-17). Ora para que ellos sean completamente iluminados en cuanto a lo que Dios tiene almacenado para ellos y en cuanto a lo que el poder del Cristo resucitado y exaltado logrará en y a través de la iglesia, que es su cuerpo (1:18-23). Los que una vez estaban muertos en pecado, han sido salvos por gracia y exaltados con Cristo para cumplir su destino como personas creadas para una vida de buenas obras (2:1-10). Al reconciliar a toda la gente con Dios por medio de la cruz, Cristo ha creado una humanidad nueva, marcada por la paz y no por la hostilidad; esto se manifiesta en la iglesia, donde los judíos y gentiles por igual tienen acceso a Dios y, en efecto, componen lo que ahora es el lugar de habitación espiritual de Dios (2:11-22). Esta nueva unidad de la humanidad es el «misterio de Cristo», revelado a Pablo cuando Dios lo comisionó; ahora el papel de la iglesia en el drama divino es dar a conocer el misterio, no solamente al mundo de no creyentes sino también a los poderes espirituales de los lugares celestiales (3:1-13). El autor ora otra vez para que sus lectores puedan comprender el inmensurable amor de Cristo manifestado en todo esto (3:14-19), y da una breve doxología para concluir la primera parte de la carta (3:20-21).

La segunda mitad de la carta explica las implicaciones prácticas de lo que se proclamó en la primera parte: se estimula a los lectores a vivir una vida digna de su llamado (4:1), lo cual significa vida con otros en una comunidad que funciona como una sola entidad (4:2-16). Los detalles de semejante vida se explican con referencia a una serie de comportamientos que distinguirán a los de la iglesia de los demás, como imitadores de Dios e hijos de luz (4:17-5:20). Un conjunto de instrucciones para el hogar indica cómo deben conducirse en las relaciones familiares y sociales (5:21-6:9) y un llamado a guardarse de las artimañas del diablo anima a los lectores a que se vistan con la armadura espiritual que Dios provee (6:10-17). La carta concluye con exhortaciones a la oración (6:18-19), la recomendación de Tíquico, portador de la carta (6:20-21) y una bendición doble (6:23-24).

Trasfondo histórico

La ciudad de Éfeso está ubicada en lo que actualmente es Turquía occidental, a lo largo del mar Egeo desde Atenas (véase el mapa 17.1). En los tiempos del Nuevo Testamento, era tanto la capital como el centro comercial principal de la provincia romana de Asia (que no se debe confundir con el continente de Asia de hoy día). Incluso ahora, los visitantes se

Figura 17.1. La puerta de Éfeso. Las ruinas de la antigua Éfeso dan algún indicio de la grandeza que la ciudad tuvo que haber tenido en los días de Pablo. Esta puerta espléndida fue construida alrededor del mismo tiempo en que Jesús nació (4-2 a. e. c.). Una inscripción en la puerta dedica la estructura a César Augusto, quien se identifica como «Hijo de Dios». Pablo pasaba por esta puerta (y debajo de esta inscripción) cuando entraba a la ciudad. (Todd Bolen / BiblePlaces.com)

Mapa. 17.1. Ciudades paulinas alrededor del mar Egeo

emocionan al ver las ruinas de un anfiteatro que podía albergar a unas veinticinco mil personas (posiblemente se menciona en Hechos 19:29-30); Éfeso
también fue el hogar del imponente templo de Artemisa (que se menciona en
Hechos 19:27), una de las siete maravillas legendarias del mundo. Era una ciudad completamente romana, que frecuentemente se había ganado el título de
neōkoros en la región, lo cual significa que era la sede oficial del culto imperial,
a cargo de las festividades y los rituales que honraban y adoraban al emperador.
Una carta breve para la iglesia de Éfeso se encuentra en Apocalipsis 2:1-7, que
describe a la comunidad cristiana de allí como ortodoxa y fiel, pero que carece
del amor y las obras que había exhibido «al principio».

El libro de Hechos dice que Pablo le hizo una visita breve a Éfeso en su
segundo viaje misionero (18:19-21) y regresó en su tercer viaje (19:1-41; cf.
20:17-38) para pasar entre dos y tres días allí (19:10; 20:31). Toda Asia escuchó
la palabra del Señor (19:10), pero la introducción del cristianismo a este ambiente pagano ocasionó «un gran disturbio» entre aquellos cuyo sostenimiento
dependía de las prácticas que los cristianos denunciaban como demoníacas
o idólatras (19:23-41). El tiempo de Pablo en Éfeso generalmente se fecha de
principios a mediados de los años 50, y se cree que escribió 1 Corintios desde
allí (posiblemente otras cartas también). Él se refiere a tiempos difíciles en la
ciudad (1 Co. 15:32; 2 Co. 1:8), y frecuentemente se cree que estuvo encarcelado
allí por algún tiempo. Dice que tuvo muchos adversarios en Éfeso, pero que

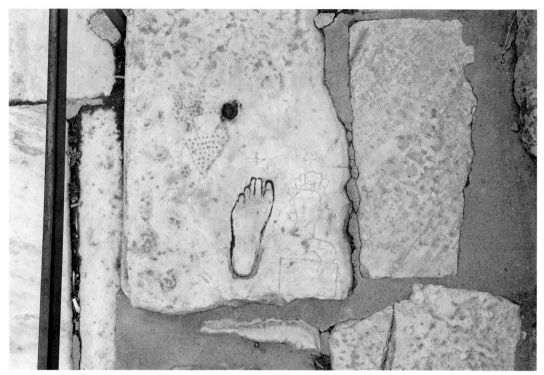

Figura 17.2. Señalización a un burdel. Un adoquín de la antigua ciudad de Éfeso todavía revela un anuncio prominente de uno de los burdeles de la ciudad: las imágenes de un pie («camine en esta dirección»), una mujer y una factura (o listado de precios) todavía son visibles en la señal de dos mil años. En este ambiente secular fue que la comunidad cristiana trató de avanzar la ética del matrimonio que se explica en Efesios 5:21-33. (Todd Bolen / BiblePlaces.com)

también hubo «una gran oportunidad para un trabajo eficaz» que justificaba una considerable cantidad de tiempo en ese lugar (1 Co. 16:8-9).

Dada la relación estrecha de Pablo con la iglesia de Éfeso y su relativamente larga estadía en la ciudad, no es sorprendente que encontremos una carta de Pablo «a los santos… que están en Éfeso» (1:1) en nuestro Nuevo Testamento. Sin embargo, lo que es sorprendente es que el contenido de esa carta no revele ningún indicio de esa relación bien establecida. No hay referencias a las circunstancias específicas de esa comunidad ni del ministerio previo de Pablo entre ellos. Típicamente, a Pablo le gusta recordar esas cosas (p. ej., 1 Co. 2:1; Gá. 4:12-15; 1 Ts. 2:1-12). En Efesios no hay saludos personales a miembros individuales de la iglesia; en contraste, cuando Pablo les escribió a los romanos, saludó a veintiséis personas por nombre (Ro. 16:3-15), y eso fue en una carta a una iglesia que nunca había visitado. La carta a los Efesios tiene un tono impersonal; Pablo dice: «me enteré de la fe que tienen en el Señor Jesús» (1:15; cf. 4:21) e indica que, seguramente, ellos también han escuchado de él y su comisión de Dios (3:2). Esos comentarios sugieren que el autor y los destinatarios se conocen mutuamente solo por reputación, pero, de hecho,

Pablo había pasado de dos a tres años en Éfeso como un líder muy visible de esa iglesia (Hch. 20:31).

Quizá tenemos que ver más allá del texto de las Biblias en español para encontrar una explicación para esta curiosa situación. Las palabras «en Éfeso» que se encuentran en Efesios 1:1 en casi todas las traducciones en español de la Biblia, en realidad no aparecen en los manuscritos griegos más antiguos y sistemáticamente confiables. Si esos manuscritos antiguos son correctos, entonces la carta que nosotros llamamos «Efesios» quizá no presentaba las palabras de Pablo a la iglesia de Éfeso como tal, sino más bien a «los santos y fieles en Cristo Jesús» (donde sea que ellos estén).

Muchos eruditos creen que esta carta fue escrita probablemente como un discurso diseñado para una distribución generalizada. A veces cuestionan si debería llamarse apropiadamente «carta» en todo caso, ya que es más como una homilía o tratado teológico al que se le ha agregado una introducción y conclusión epistolar. Podría haber sido un panfleto circular, enviado a muchas iglesias, y la copia que se envió a Éfeso simplemente resulta ser una que sobrevivió. Un comentador del siglo II, Marción, en realidad se refiere a lo que conocemos como «la carta a los Efesios» como «la carta a los Laodicenses», indicando su creencia de que había sido dirigida a la iglesia de Laodicea (por un indicio de que una carta de Pablo había sido enviada allí, véase Col. 4:16). Sin embargo, aunque tenemos manuscritos que no mencionan ninguna iglesia específica en el discurso, todos los manuscritos que sí especifican una iglesia mencionan a Éfeso. La carta (si podemos llamarla así) llegó a estar relacionada estrechamente con la iglesia efesia en una época muy temprana, lo cual sugiere quizá que esa fue la ubicación en la que se leyó y se valoró más prominentemente.

De cualquier manera, la obra que ahora conocemos como «la carta a los Efesios», indica que Pablo está escribiendo desde la cárcel (3:1; 4:1; 6:20). Hay bastante discusión en cuanto a qué encarcelamiento se refiere, ya que, aparentemente, Pablo estuvo encerrado varias veces (2 Co. 6:5; 11:23). También hay duda considerable entre los eruditos en cuanto a si este libro en realidad fue escrito por Pablo; la identificación de la cárcel a veces se toma como un poco de ficción romántica, la clase de componente que un autor seudónimo puede usar para que los lectores reciban el libro como el testimonio de alguien que sufrió por la fe.

Esta pregunta de autenticidad paulina es determinante para entender el origen histórico de la carta, pero primero debemos observar otros dos asuntos.

1. Efesios es extraordinariamente similar a la carta de Pablo a los Colosenses (véase el cuadro 17.1); de hecho, los dos escritos se han llamado «hermanos literarios». Aproximadamente, entre la mitad y un tercio de

autor seudónimo: autor que usa un seudónimo (nombre ficticio); el autor de un escrito pseudoepigráfico.

los 155 versículos de Efesios tienen paralelos cercanos con el material que se encuentra en Colosenses, frecuentemente hasta el punto de ocurrir en el mismo orden de presentación. Unos cuantos pasajes se repiten casi

Paralelos entre Efesios y Colosenses

Se tratan temas similares, frecuentemente en el mismo orden y a veces con palabras idénticas.

Tema	Efesios	Colosenses
Redención y perdón	1:7	1:14-20
Todas las cosas en el cielo y en la tierra están en Cristo	1:10	1:20
Me he enterado de su fe	1:15	1:4
Siempre agradezco a Dios por ustedes	1:16	1:3
Oro para que Dios les dé sabiduría	1:17	1:9
La riqueza de una herencia gloriosa/un misterio glorioso	1:18	1:27
Dios les dio vida	2:5	2:13
Extranjeros reconciliados a través de la muerte de Cristo	2:12-13	1:21-22
Cristo ha abolido la ley	2:15	2:14
Pablo sufre por ellos	3:1	1:24
Comisión divina dada a Pablo	3:2	1:25
Misterio divino dado a conocer a Pablo	3:3	1:26
Pablo, siervo del evangelio	3:7	1:23, 25
Vivir de una manera digna	4:1	1:10
Humildad, amabilidad, paciencia	4:2	3:12
Tolerantes unos con otros	4:2	3:13
Cristo es la cabeza del cuerpo	4:15-16	2:19
Quitarse la naturaleza vieja y ponerse la naturaleza nueva	4:22-32	3:5-10, 12
Que no haya inmoralidad entre ustedes	5:3-6	3:5-9
Caminen sabiamente y aprovechen el tiempo	5:15	4:5
Canten salmos, himnos y cantos espirituales	5:19	3:16
Den gracias a Dios	5:20	3:17
Tablas de tareas en el hogar	5:21-6:9	3:18-4:1
Para las esposas	5:22-24	3:18
Para los esposos	5:25-33	3:19
Para los hijos	6:1-3	3:20
Para los padres	6:4	3:21
Para los esclavos	6:5-8	3:22-25
Para los amos	6:9	4:1
Pablo, el prisionero, exhorta a la persistencia en la oración	6:18-20	4:2-3
Tíquico informará a la iglesia acerca de Pablo	6:21	4:7
Tíquico es enviado a animar sus corazones	6:22	4:8

Agradecimiento a Charles B. Puskas Jr., *The Letters of Paul: An Introduction* [Las cartas de Pablo: Introducción] (Collegeville, MN: Liturgical Press, 1993), 130-31.

Aspectos característicos de Efesios

Efesios es diferente en ciertas formas de lo que se llama las «cartas auténticas» de Pablo.

Palabras características

- Contiene oraciones sumamente largas (en griego 1:3-14 es una oración, así como 1:15-23; 3:1-7).
- Hace uso repetitivo de adjetivos y sinónimos (1:19 usa cuatro palabras para designar «poder»).
- Hace uso abundante de la palabra «todo» (como cincuenta veces).
- Usa «diablo» (4:27; 6:11) en lugar de «Satanás» (Ro. 16:20; 1 Co. 5:5; 7:5; 2 Co. 2:11; 11:14; 12:7; 1 Ts. 12:18).
- Se refiere a Pablo como «el más insignificante» (Ef. 3:8) en lugar de «el más insignificante de los apóstoles» (1 Co. 15:9).
- Cristo (4:11) en lugar de Dios (1 Co. 12:28) es quien nombra apóstoles, profetas y otros en la iglesia.
- La iglesia es el cuerpo y Cristo es la cabeza (1:22-23; cf. Col. 1:18) en lugar de ser todo el cuerpo de Cristo y la cabeza es uno de sus miembros (1 Co. 12:20-21, 27).
- Se les dice a los lectores que deben imitar a Dios (5:1) y no a Pablo (1 Co. 4:6; 11:1; Fil. 3:17; pero cf. 1 Ts. 1:6).
- Usa «reino de Cristo y de Dios» (5:5; cf. Col. 1:13) en lugar de «reino de Dios» (Ro. 14:17; 1 Co. 4:20; 6:9, 10; 15:50; Gá. 5:21; 1 Ts. 2:12).
- La gente es «salva» por fe (2:5, 8) y no «justificada» por fe (Ro. 3:28; 5:1; Gá. 2:16; 3:24).
- Habla de las obras como «buenas obras» (2:9-10) y no como «obras de la ley» (Gá. 2:16; 3:2, 5, 10, 12).
- Usa «iglesia» para la iglesia universal (1:22; 3:10, 21; 5:23, 24, 25, 27, 29, 32) y no para una congregación local (p. ej., Ro. 16:23; 1 Co. 4:17; 14:23; pero cf. 1 Co. 10:32; 15:9).

- Se refiere a Cristo como «el Amado» (1:6), una expresión que no se usa para Cristo en las cartas auténticas de Pablo (pero cf. Col. 1:13).
- Habla de las «regiones celestiales» (1:3, 20; 2:6; 3:10; 6:12) en lugar de simplemente «el cielo» (1 Co. 8:5; 2 Co. 12:2; Fil. 3:20) o «los cielos» (2 Co. 5:1, RVR60).
- La iglesia se edifica sobre la base de los apóstoles y profetas, y Cristo es la piedra angular (2:19-20), en lugar de solamente sobre la base de Cristo (1 Co. 3:10-11).

Conceptos característicos

- La segunda venida de Cristo ha perdido importancia, ya que el poder y la gloria del cielo se experimentan ahora (1:3; 2:4-7; cf. Ro. 8:18-25; 2 Co. 4:7-18).
- Los judíos y los gentiles se han fusionado equitativamente en una nueva humanidad (2:14-16), opuesto a que a los gentiles se les ha injertado provisionalmente al árbol de Israel (Ro. 11:13-21).
- El matrimonio se estima altamente (5:21-23) en lugar de estar simplemente permitido para controlar la lujuria (1 Co. 7:8-9).
- Se dice que Cristo anuló la ley (2:15) en lugar de describirla como algo que la llegada de la fe no la ha anulado (Ro. 3:31).
- La reconciliación de judíos y gentiles se describe como una realidad lograda (2:11-18) en lugar de una esperanza futura (Ro. 11:25-32).
- La salvación es una realidad presente (2:7-10) en lugar de una esperanza futura (Ro. 5:9-10; 10:9, 13; 1 Co. 3:15; 5:5; pero cf. Ro. 8:24; 1 Co. 1:18; 15:2; 2 Co. 2:15).
- La exaltación de los creyentes al cielo es una realidad presente (2:6) en lugar de una esperanza futura (1 Co. 15:23; 1 Ts. 4:16-17).

palabra por palabra (cf. Ef. 1:4 con Col. 1:22; Ef. 1:15 con Col. 1:4; Ef. 6:21-22 con Col. 4:7-8). La mayoría de los eruditos cree que Colosenses fue escrita primero y que quien escribió Efesios estaba familiarizado con el contenido de Colosenses. Una posibilidad es que Pablo escribió ambas cartas: primero escribió Colosenses a una congregación específica, y luego produjo Efesios como una carta más general que trata con el mismo contenido. Sin embargo, otra posibilidad es que alguien tenía una copia de Colosenses (que, como lo veremos en el capítulo 19, pudo o no pudo haber sido escrita por Pablo) y la usó como modelo para crear Efesios, una carta que suena como una que Pablo pudo haber escrito, pero con una aplicación más general.

2. Efesios es extraordinariamente distinta a lo que se llama «las cartas auténticas de Pablo» (es decir, las siete cartas que todos los eruditos aceptan que fueron escritas por él). El cuadro 17.2 enumera algunas de las anomalías distintivas que caracterizan esta carta. Algunos de estos asuntos podrían considerarse peculiaridades estilísticas menores, pero otros parece que transmiten diferencias que podrían ser teológicamente significativas. Los eruditos difieren en su evaluación de si esas características presentan a Efesios como incoherente con las cartas auténticas de Pablo, o como simplemente distinta a ellas. También difieren en su comprensión de si esas características pueden explicarse adecuadamente (p. ej., al afirmar que Pablo le permitía a un amanuense libertad considerable para crear la carta, o que el contexto efesio requería lenguaje y simbolismo distintos, o que las ideas de Pablo se habían desarrollado con el tiempo).

amanuense: secretario o escriba cualificado que escribe cartas para otras personas.

Dados los asuntos que se acaban de describir (la similitud con Colosenses y las diferencias con las siete cartas auténticas), muchos escenarios distintos se han propuesto en cuanto a la autoría u origen del libro que conocemos como la carta de Pablo a los Efesios. Estas propuestas caen en tres categorías básicas:

1. Algunos eruditos creen que Pablo sí escribió Efesios. Si así es, la produjo probablemente alrededor del mismo tiempo que Colosenses y Filemón, y envió las tres composiciones a la provincia de Asia por medio de Tíquico (Ef. 6:21; Col. 4:7). Quizá escribió estas cartas durante su encarcelamiento romano, a principios de los años 60, o posiblemente durante un encarcelamiento anterior (p. ej., en Cesarea o incluso en la misma Éfeso).

2. Algunos eruditos creen que uno de los discípulos o compañeros de Pablo escribió Efesios en los años después de la muerte de Pablo, quizás para darle a la iglesia una declaración genérica de lo que el apóstol habría querido escribirles si hubiera vivido. En este caso, la carta podría fecharse en la década de los 70 o quizás incluso de los 80.

3. Algunos eruditos creen que un admirador posterior de Pablo (aunque fuera alguien que en realidad no lo había conocido) escribió Efesios a nombre de Pablo, para continuar el legado del apóstol y para obtener una audiencia para la obra que, de otro modo, no habría atraído tanta atención. Los eruditos que sostienen esta opinión frecuentemente fechan la carta a principios de los años 90.

Hay variaciones posibles sobre estas opiniones. Si Pablo escribió Colosenses pero no Efesios, entonces, como se indica anteriormente, la persona responsable de Efesios pudo haber usado Colosenses como patrón. O si Pablo no escribió ninguna de estas cartas, entonces, tanto Efesios como Colosenses tal vez fueron producidas por el mismo discípulo devoto o posterior admirador de Pablo. O las cartas pudieron haber sido producidas por dos escritores seudónimos distintos, y uno utilizó el trabajo del otro.

Un punto en el que la mayoría de los eruditos coinciden es que Efesios parece estar dirigida principalmente a un círculo de lectores gentiles (2:11-12; 3:1). El propósito general de la carta es dar ánimo a esos creyentes al expresar el plan de Dios para ellos y exhortarlos a cumplir la función para la que han sido escogidos en ese plan. El centro de atención está en la identidad de los creyentes en Cristo, en la iglesia y en el mundo: el autor quiere que sus lectores se den cuenta de quiénes son y que busquen los valores y el estilo de vida apropiados para esa identidad (2:10).

Temas importantes de Efesios

El plan misterioso de Dios

La palabra griega *mystērion* («misterio») se usa seis veces en Efesios (1:9; 3:3, 4, 9; 5:32; 6:19), siempre con referencia a algo divino. Tal vez pensamos de un misterio como algo confuso que tiene que resolverse, pero el término griego tiene una connotación distinta: se refiere a algo escondido que no es posible resolverlo, pero que se puede conocer solamente si lo revela alguien que posee información interna. Solo Dios puede revelar un misterio *divino* (3:5), aunque en este caso Dios ha comisionado a Pablo y a otros «santos apóstoles y profetas» para revelar el misterio a la iglesia (3:1-5, 8-9; 6:19). Dios también ha escogido a la iglesia para revelar el misterio al mundo y, en efecto, a los poderes cósmicos del universo (3:9-11).

El misterio tiene que ver con el plan de Dios para unir todas las cosas en Cristo (1:9-10). En particular, Dios planifica unir a toda la *gente* en Cristo, incluso los que tradicionalmente han sido identificados como «judíos» o «gentiles» (3:5-6) pero que ahora pueden ser identificados como una «nueva humanidad»

poderes cósmicos: seres espirituales, tal vez asociados con las estrellas y otros cuerpos celestiales (Ef. 6:12).

(2:15). Esta ha sido la intención de Dios todo el tiempo, «escondido desde los siglos» (3:9, RVR60; cf. 3:5) pero que dio fruto ahora «cuando se cumpliera el tiempo» (1:10).

Parece que el plan se cumple en (por lo menos) dos etapas: la crucifixión y la exaltación. Primero, la muerte de Jesús en la cruz ha efectuado un perdón de transgresiones para que toda la gente esté ahora en una posición idéntica ante Dios (1:7; 2:4, 13, 16-18). Ya no hay ninguna preferencia divina por Israel, porque Cristo ha derribado el muro que separaba a los judíos de los gentiles y ha abolido la ley que separaba a los judíos (2:14-15). Esta referencia a un «muro» invoca la imagen de un muro real en el templo de Jerusalén, que literalmente separaba el «patio de los gentiles» de los santuarios internos a los que solamente los judíos podían ser admitidos; la ley judía que Cristo ha abolido servía como un muro metafórico, porque definía los términos de un

---

Cuadro 17.3

Seres espirituales poderosos

En Efesios se hace énfasis en la dimensión cósmica de la victoria de Cristo sobre los seres espirituales poderosos (véase 1:20-21; 3:10) y también en Colosenses (véase 1:13; 2:10, 15). Leemos de:

- Gobernantes (Ef. 1:21; 2:2; 3:10; 6:12; Col. 1:16; 2:10, 15; cf. Ro. 8:38; 1 Co. 15:24)
- Autoridades (Ef. 1:21; 3:10; 6:12; Col. 1:13, 16; 2:10, 15; cf. 1 Co. 15:24)
- Poderes (Ef. 1:21; cf. Ro. 8:38; 1 Co. 15:24)
- Poderes cósmicos (Ef. 6:12)
- Dominios (Ef. 1:21; Col. 1:16)
- Tronos (Col. 1:16)

En griego se usan seis denominaciones distintas, aunque las Biblias en español no traducen las palabras consecuentemente; la frase «principios de este mundo» (Col. 2:8, 20) parece genérica.

¿Quiénes o qué son estos seres espirituales? El autor y los lectores originales de Efesios habrían creído que había criaturas vivas, no entidades biológicas «seres humanos» (6:12), sino simplemente tan reales como los humanos o los animales. Los ángeles y los demonios pueden ser los ejemplos mejor conocidos de esos seres, junto con el diablo, a quien se le llama «el que gobierna las tinieblas» (2:2), y en otra parte del Nuevo Testamento se le llama «el dios de este mundo» (2 Co. 4:4). Los judíos y los cristianos frecuentemente identificaban también a los dioses de las otras religiones como seres espirituales poderosos, sin negar su existencia sino identificándolos como rivales inferiores al único Dios verdadero.

En Efesios estos seres espirituales poderosos se presentan como fuerzas malas decididas a dominar las vidas de las personas y a influir en los asuntos mundiales. Son los verdaderos enemigos de los creyentes (6:12). Efesios dice que Cristo ha sido elevado a una posición de dominio sobre ellos (1:20-21), que la iglesia comparte esta exaltación (1:22-23; 2:6; 3:10) y que Dios equipa a los creyentes para la batalla continua en contra de esas fuerzas espirituales del mal en «este mundo de tinieblas» (6:12).

pacto que se aplicaba solamente a Israel. La cruz de Cristo crea una nueva forma de ser humanos, una forma que no favorece a una nación o grupo étnico ante otro.

La segunda etapa del plan de Dios de unificar toda la realidad en Cristo llegó con la exaltación de Cristo, con su resurrección y posterior instalación en el cielo como el agente supremo de Dios, con autoridad sobre todos los demás gobiernos y autoridades (1:19-22). Jesucristo posee ahora el poder inmensurable para erradicar la influencia opresora de todas las fuerzas espirituales que han mantenido a la gente cautiva (1:21-22; 2:1-2; 4:8; 6:12).

Según Efesios, hay dos señales de que este plan de Dios se ha llevado a cabo. La primera señal es el Espíritu Santo (1:13). Sin entrar en detalles, el autor de esta carta asume que sus lectores sabrán que han sido marcados con el sello del Espíritu (1:13-14; 4:30) y coincidirán en que esta es una señal confiable de que el plan de Dios está funcionando. Pero entonces, hay una segunda señal fundamental de que el plan de Dios se está desarrollando: la unidad de la iglesia (4:4-6, 11-16), especialmente la unidad de los judíos y los gentiles en la iglesia (2:11-21). La paz (2:14-15; 4:3) y la falta de hostilidad (2:14) que la iglesia exhibe sirve como una revelación, incluso para los poderes cósmicos del universo, de que el plan misterioso de Dios se ha llevado a cabo (3:10-11).

La elevación de la iglesia

Frecuentemente, se le pone atención a la eclesiología de Efesios, porque hay suficiente atención en la naturaleza y función de la iglesia. Podemos observar, en primer lugar, que en esta carta la palabra «iglesia» (*ekklēsia* en griego) no se usa nunca para referirse a una congregación local, sino que se usa solamente con referencia a la «iglesia universal» (1:22; 3:10, 21; 5:23, 24, 25, 27, 29, 32). La «iglesia» en Efesios es sinónimo de «toda la gente que se ha reconciliado con Dios a través de Jesucristo».

Se menciona enfáticamente la devoción de Cristo a la iglesia; en efecto, la intimidad sexual del esposo con la esposa puede explicarse como una metáfora viva para la unión amorosa de Cristo y la iglesia (5:31-32). En otra parte, Pablo dice que Cristo murió por los pecadores (Ro. 5:6, 8) o incluso por todos (2 Co. 5:14-15); en Efesios, Cristo murió por la iglesia (5:25). Cristo también ha santificado a la iglesia (limpiándola a través del lavado de agua mediante la palabra, una imagen bautismal) para presentarla a sí mismo con esplendor, sin mancha ni defecto (5:25-26). De esa manera, la unidad y la santidad de la iglesia parecen haber sido la meta del sufrimiento y la muerte de Cristo, y él continúa alimentando y cuidando a la iglesia para estos resultados (5:29). Como se indicó anteriormente, la iglesia tiene un lugar central en el plan de Dios para la unidad de toda la creación. Ese plan se llevó a cabo para la iglesia (1:22) y ahora se lleva a cabo a través de la iglesia (3:10).

La vida digna del llamado

Efesios 4:1-5:20 indica «lo que se debe hacer y lo que no se debe hacer» en cuanto al comportamiento cristiano.

Lo que se debe hacer

- Ser humilde y amable (4:2)
- Ser pacientes, tolerantes unos con otros (4:2)
- Esforzarse por mantener la unidad y la paz (4:3)
- Decir la verdad, con amor a otros en el cuerpo (4:15)
- Decir la verdad, no mentiras, al prójimo (4:25)
- Trabajar honradamente con las manos (4:28)
- Ser lo suficientemente productivos para compartir con los necesitados (4:28)
- Decir solamente palabras que imparten gracia y que edifican a otros (4:29)
- Ser bondadosos unos con otros (4:32)
- Ser compasivos, perdonándose unos a otros (4:32)
- Ser imitadores de Dios (5:1)
- Vivir en amor, como Cristo nos amó (5:2)
- Dar gracias (5:4)
- Tratar de averiguar lo que le agrada a Dios (5:10)
- Exponer las obras secretas y vergonzosas de la oscuridad (5:11-12)
- Tener el cuidado de vivir sabiamente (5:15)
- Aprovechar bien el tiempo (5:16)
- Entender cuál es la voluntad de Dios (5:17)
- Ser llenos del Espíritu Santo (5:18)
- Cantar salmos, himnos y canciones espirituales (5:19)

- Dar gracias a Dios todo el tiempo y por todo (5:20)
- Someterse unos a otros por reverencia a Cristo (5:21)
- Ser fuertes en el Señor y permanecer firmes (6:10, 14)
- Orar todo el tiempo (6:18)

Lo que no se debe hacer

- Ser zarandeados por todo viento de doctrina (4:14, RVR60)
- Caer presa de los engaños, las malas mañas o los embustes (4:14)
- Buscar el libertinaje o las prácticas impuras (4:19-20)
- Entregarse a la lujuria (4:22)
- Dejar que el sol se ponga sobre el enojo (4:26)
- Darle lugar al diablo (4:27)
- Robar (4:28)
- Permitir que las palabras obscenas salgan de la boca (4:29)
- Agraviar al Espíritu Santo (4:30)
- Aferrarse a la amargura, ira, enojo, disputas, calumnia o malicia (4:31)
- Incluso mencionar fornicación, impureza de cualquier clase o avaricia (5:3)
- Considerar palabras obscenas, tontas o vulgares (5:4)
- Que nadie los engañe con palabras vacías (5:6)
- Asociarse con engañadores o desobedientes (5:7)
- Participar en obras infructuosas de la oscuridad (5:11)
- Ser insensatos (5:17)
- Embriagarse con vino (5:18)

La iglesia en Efesios es tanto una institución espiritual como terrenal. Espiritualmente, la iglesia es el cuerpo de Cristo (1:22-23; 4:12; cf. Ro. 12:4-8; 1 Co. 12:12-27), o el cuerpo del que Cristo es la cabeza (5:23; cf. Col. 1:18). Esta imagen implica interdependencia entre Cristo y la iglesia: el cuerpo (por supuesto) estaría muerto sin su cabeza, pero la cabeza también necesita de su cuerpo para funcionar. En otra metáfora un poco extraña o combinada, se describe a la iglesia como un edificio vivo, que llega a ser un templo santo, que es la morada de Dios (2:19-22). Pero la iglesia también es una institución terrenal, con una forma de gobierno y administración bastante bien definida. Hay apóstoles y profetas (2:20; 3:5; 4:11), además de evangelistas, pastores y

---

Cuadro 17.5

El hogar cristiano

Efesios 5:21-6:9 presenta una *Haustafel*, o tabla de tareas del hogar, apropiada para los cristianos, que también pertenecen al hogar de Dios (2:19). Esas tablas eran comunes en los escritos grecorromanos, pero esta es distintiva en el hecho de que incluye directrices para los miembros más poderosos del hogar: las instrucciones no solo son para las esposas, sino también para los esposos; no solo para los hijos, sino también para los padres; no solo para los esclavos; sino también para los amos.

Estas directrices parecen anticuadas u opresoras para muchos lectores modernos, que creen que las esposas deben ser socias iguales en un matrimonio, no sujetas al dominio del esposo; a los hijos se les debe enseñar el respeto en lugar de la obediencia ciega; los esclavos deben ser emancipados, no debe intimidárseles para que obedezcan.

Los primeros cristianos no eran tan radicales en cuanto a negar la categoría básica de responsabilidades que la sociedad les asignaba a esas relaciones (pero véase Gá. 3:28). Sin embargo, la *Haustafel* tradicional se establece aquí dentro de un contexto de sumisión *mutua* (5:21), y el foco total cambia hacia las responsabilidades de la parte más poderosa, esto de acuerdo con la ética de los siervos que Jesús estimula en los Evangelios (Mr. 10:41-45; Jn. 13:1-7). Quizás, es más notable la noción de que los esposos deben amar a sus esposas de la misma manera en que Cristo amó a la iglesia: deben poner los deseos y necesidades de sus esposas antes que los propios, y entregarse en servicio desinteresado. Este llamado a los esposos probablemente se base en una distinción social y no en características de género: el punto principal es que el impacto del llamado general de Cristo a la autonegación está relacionado proporcionalmente con el estatus y el poder (cf. Marcos 8:34).

Otros ejemplos de *Haustafeln* se encuentran en Colosenses 3:18-4:1; 1 Timoteo 2:8-15; 5:1-2; 6:1-2; Tito 2:1-10; 1 Pedro 2:13-3:7 (véase también dos cartas de otros líderes de la iglesia primitiva: *1 Clemente* 1:3; 21:6-9; Policarpo, *A los Filipenses* 4:1-6:2).

maestros (4:11) quienes aparentemente desempeñan funciones particulares, de acuerdo a sus dones. Sin embargo, estos funcionarios o líderes no llevan a cabo el trabajo real del ministerio, más bien se les confía a «los santos», es decir, al laicado que compone la membresía de gente común de diversas congregaciones. La tarea de los líderes de la iglesia es «capacitar al pueblo de Dios para la obra del servicio», para que todos puedan llegar a experimentar el plan de Dios para la unidad en su plenitud (4:12-13).

La unidad de la iglesia parece que también da la base para la conducta moral en Efesios: los treinta y seis imperativos éticos que se proveen en 4:1-6:20 parece que están relacionados con la afirmación de que «todos somos miembros los unos de los otros» (4:25, RVR60) (véase el cuadro 17.4). Por consiguiente, los creyentes deben tratarse mutuamente como extensiones de sí mismos (véase 5:28-30). Esto podría considerarse como una actualización metafísica de la Regla de oro: el punto no es simplemente que se debe tratar «a los demás tal y como quieren que ellos los traten a ustedes» (Mt. 7:12); el punto ahora es que usted les hace a los demás lo que usted en realidad hace con usted mismo. Esto nunca es más cierto que con los miembros de su propio hogar (véase el cuadro 17.5). En efecto, Efesios parece considerar al hogar cristiano como una versión en miniatura de la iglesia (que podría llamarse el «hogar de Dios»; véase 2:19; cf. 1 Ti. 3:15).

La condición ideal de los creyentes

Efesios describe la condición presente de los cristianos con términos de una realidad espiritual ideal, y da expresión a una opinión que los teólogos llaman «escatología realizada». El plan de Dios antes de la fundación del mundo para la gente era que fueran «santos y sin mancha delante de él» (1:4), y los que conforman la iglesia están destinados a ser «sin mancha» (5:27). Semejante ideal no se ha cumplido a cabalidad, pero según Efesios, hay cierto sentido en el que la perfección se ha obtenido. Ya que la iglesia es el cuerpo de Cristo, cuando Dios resucitó a Cristo de los muertos y lo sentó en el cielo, la iglesia fue exaltada con él (1:20); y ahora, los que creen en Cristo han sido resucitados y están sentados con él en los lugares celestiales (2:6; cf. 1:3). Además, están empoderados para realizar las implicaciones de esta exaltación espiritual en sus vidas diarias en la tierra. El mismo poder que resucitó a Jesús de los muertos y lo exaltó está disponible para los que creen (1:19-20) y es capaz de lograr mucho más de lo que ellos alguna vez pudieran imaginar (3:20); solo necesitan llegar a conocer la incomparable grandeza de este poder (1:17-19). Cuando lo hagan, vivirán en unidad y santidad, manifestando su verdadera identidad espiritual en sus vidas actuales; para los creyentes, vivir de esta manera simplemente es un asunto de ser quienes son, de llegar a ser las personas que siempre fueron destinadas a ser (2:10).

escatología realizada: la creencia de que las bendiciones y los beneficios típicamente asociados con el fin de los tiempos se pueden experimentar como una realidad presente.

Algunos intérpretes creen que este motivo está en conflicto con la enseñanza de Pablo que se encuentra en otra parte. En otras cartas, Pablo se mofa de los que creen que han sido elevados a algún estado ideal en esta vida (1 Co. 4:8-13), y hace énfasis en la identificación con el Cristo crucificado más que con el Señor resucitado (Ro. 6:3-5; 1 Co. 2:2; 15:31; Gá. 2:19-20; Fil. 3:10); el entendimiento triunfante que se propone en Efesios se dice que tiene más en común con las ideas de los «superapóstoles» a quienes Pablo confronta en Corinto (2 Co. 11:5; 12:11) que con cualquier otra cosa que el mismo Pablo hubiera promulgado. En efecto, algunos han identificado a Efesios (y a veces Colosenses) como obras que promueven una «teología de gloria» y no la «teología de la cruz» que Pablo prefería.

Sin embargo, los que colocan Efesios dentro del cuerpo paulino, creen que la aparente discrepancia puede explicarse en términos de contexto. En 2 Corintios Pablo se resistía a la noción de que la vida en Cristo significaba un alivio del servicio o del sufrimiento. En Efesios, el punto es que los que están en Cristo ya no están sujetos al control de los enemigos espirituales; ya no tienen que temer a los conjuros o maldiciones mágicas que sus vecinos no cristianos pudieran invocar sobre ellos, ni deben preocuparse por incurrir en la ira de las deidades romanas, cuyos favores ya no buscan. Cristo los ha exaltado espiritualmente por encima de esos poderes. Además, el idealismo está equilibrado con la consciencia de que la acción humana todavía se requiere: los creyentes deben vestirse con la nueva naturaleza que Dios provee (4:24); deben «ponerse» la armadura de Dios (6:13); deben esforzarse por mantener la unidad del Espíritu en el vínculo de la paz (4:3); deben ser fieles en la oración (6:18) y deben ser deliberados en cuanto a llevar una vida digna del llamamiento que han recibido (4:1).

Conclusión

Otros temas distintivos de Efesios incluyen el énfasis en el crecimiento en conocimiento (1:17-18; 3:5, 18; 4:17-24; 5:10, 17) y en decir la verdad (4:15, 21, 25; 5:9, 11-14; 6:14). Efesios también tiene un sentido más litúrgico que cualquier otra carta, aparte de Hebreos y 1 Pedro; impacta a muchos por estar saturada del lenguaje y la práctica de la oración (1:13-14, 16-19; 3:13-21; 5:19-20; 6:18-20). La palabra *agapē* («amor») se usa más frecuentemente aquí que en cualquier otra carta, excepto en 1 Corintios y 1 Juan (véase 1:4, 15; 2:4; 3:17, 19; 4:2, 15, 16; 5:2; 6:23; también el verbo «amar» en 5:25, 28, 33; 6:24).

Algunos han observado una inclinación en Efesios a describir la posición cristiana con referencia a la postura del cuerpo. En cuanto al reino celestial, los cristianos están sentados (2:6; cf. 1:20), completamente en descanso porque son salvos por gracia y su posición en el paraíso está asegurada. En cuanto a este mundo, se exhorta a los creyentes a caminar, activamente dirigiéndose hacia la meta de la santidad, que es su identidad (el verbo griego para «caminar» [*peripatein*] se traduce como «vivir» en la NVI y en otras Biblias en español en 4:1, 17; 5:2, 8, 15; cf. 2:2, 10). Y, finalmente, en cuanto al diablo, se llama a los creyentes a resistir (6:11, 14), manteniéndose firmes en contra de la oposición, vestidos con la armadura de Dios y escudados de la fe (6:10-17).

18

Filipenses

«Alégrense en el Señor siempre,» exclama Pablo en lo que probablemente sea su carta más optimista. Insisto: ¡Alégrense!» (Fil. 4:4). Esta carta breve a los Filipenses no solo contiene un grandioso ejemplo de lo que pudo haber sido uno de los primeros himnos cristianos (2:6-11), sino también contiene pasajes alegres y confiados en que suplican ser convertidos en cantos del evangelio para despertar reuniones de avivamiento, o cancioncillas entretenidas para los chicos de un campamento de verano. Por supuesto, hay mucho más en la carta. «Cuídense de esos perros… que mutilan el cuerpo» (3:2). Nadie alguna vez convierte *eso* en una canción para campamento. Pero, en general, Filipenses es una carta positiva y optimista. Los temas prominentes incluyen amistad (1:3, 7-8; 4:1, 15), contentamiento (4:11-12), agradecimiento (1:3; 4:6), paz (4:7, 9), gozo (1:4, 18; 2:2, 17-18, 28, 29; 3:1; 4:1, 4, 10), unidad (1:27; 2:2, 14; 4:2), crecimiento espiritual (1:6, 9-11, 25; 2:12-13; 3:12-15), perseverancia (1:27; 2:16; 3:16; 4:1) y certidumbre de la oración respondida (1:3-6, 19; 4:6, 19).

El tono de esta carta es aún más extraordinario cuando consideramos que fue escrita desde la cárcel. Pablo está bajo arresto (1:7, 13-14, 17), y se da cuenta de que esta vez quizá no se libre de una golpiza (cf. 2 Co. 6:4-5; 11:23-24). El fin de su vida podría estar cerca (1:20), pero esa posibilidad no extingue su entusiasmo. Él ha renunciado a todo por Cristo, y considera como simple basura las cosas que mucha gente valora (3:7-8). Desde hace mucho tiempo ha aprendido a estar contento en cualquier circunstancia (4:11-12), incluso, aparentemente, en la cárcel. ¿Qué es la muerte para una persona cuya meta (3:12) es conocer el poder de la resurrección de Cristo y obtener la resurrección de los muertos (3:10-11)? Para esa persona, vivir solamente puede significar seguir sirviendo y amando a Cristo, y morir solo puede traer ganancia (1:21).

Generalidades

La carta se inicia con el saludo acostumbrado, pero breve (1:1-2), y un reporte de las oraciones de agradecimiento de Pablo por la iglesia (1:3-11). Luego, Pablo informa a los filipenses acerca de las circunstancias de su encarcelamiento actual: ha servido para avanzar el evangelio (1:12-18), pero espera con expectación ser liberado como respuesta a sus oraciones (1:19-26). Después de estos preámbulos, hace un llamado extenso a la humildad y unidad en la iglesia (1:27-2:18): deben vivir de una manera digna del evangelio, aunque esto signifique sufrir (1:27-30), y deben seguir el ejemplo de Cristo Jesús, de hacer a un lado los intereses personales por el bien de los demás (2:1-18). En este llamado está incrustado un relato poético de cómo Cristo se «despojó a sí mismo» por la humanidad y posteriormente Dios lo exaltó para llegar a ser Señor de todo (2:6-11, RVR60). Luego, Pablo discute su esperanza de visitas futuras a la iglesia y da una actualización de la condición de uno de sus miembros, Epafrodito, que se enfermó cuando visitaba a Pablo (2:19-30). En este punto, parece que la carta está llegando a su fin (3:1), pero en lugar de concluir, Pablo se lanza a otro llamado importante, y advierte a los filipenses en contra de los falsos maestros y los llama a imitarlo como alguien que sufre por Cristo, con la esperanza de la resurrección (3:1-4:1). En este llamado está incrustada una breve sección autobiográfica en la que Pablo enumera atributos personales y logros que podrían considerarse insignias de honor en el mundo judío, pero que él considera «basura» por el bien de conocer a Cristo y obtener la justicia de Dios que llega a través de la fe (3:4-11). Luego da una serie de exhortaciones pastorales (4:2-9), expresa su gratitud a la iglesia por el interés y el apoyo que le han dado (4:10-20), y concluye con saludos finales (4:21-23).

Trasfondo histórico

La carta de Pablo a los Filipenses está dirigida a los cristianos de la colonia romana de Filipos, una comunidad agrícola de tamaño mediano, cuya apariencia modesta no era la medida de su importancia principal en la historia mundial. Filipos está ubicada en lo que ahora es el norte de Grecia, alrededor de 160 kilómetros al este de Tesalónica. En los días de Pablo, ambas ciudades pertenecían a la provincia romana de Macedonia. Tesalónica era la capital (véase el mapa 17.1), pero Filipos también era un lugar importante porque, al igual que Tesalónica, era una parada a lo largo de la Vía Egnatia, un camino romano que se extendía desde el estrecho de Bósforo, a lo largo de las modernas Bulgaria, Grecia y Albania, al mar Adriático. Filipos estaba apenas a 16 kilómetros de Neápolis, el puerto oriental por el que la gente (y las mercancías) de Asia entraban a Macedonia cuando llegaban por mar. De esa manera, el pueblo de Filipos, aunque estaba rodeado de granjas, estaba ubicado en la intersección donde la ruta tierra adentro desde el mar conectaba con la vía pública principal de la Vía Egnatia.

Unos cuatrocientos años antes de Pablo, Felipe II (el padre de Alejandro el Grande) había conquistado esta área, y al nombrarla Filipos en honor de sí mismo tuvo que haber tenido conciencia de la potencial importancia de la ciudad. Los romanos tomaron el control más de dos siglos después, y entonces, en 42 a. e. c., Filipos obtuvo fama como el lugar donde Marco Antonio y Octavio (que después llegó a ser César Augusto) derrotaron a Bruto y a Casio, los asesinos de Julio César. Los veteranos de los ejércitos victoriosos se establecieron allí, y Filipos llegó a ser algo como una comunidad de jubilación para el personal militar, un refugio placentero donde los exsoldados podían disfrutar de una calidad de vida decente, que mejoraba al concederles la ciudadanía romana y la consecuente excepción de todos los impuestos. Por supuesto, no toda la población habría sido tan bendecida, pero el valor que se llegó a colocar a la ciudadanía romana en este lugar (véase Hechos 16:37-38) le agrega viveza al comentario de Pablo en Filipenses que los cristianos disfrutan de una mejor ciudadanía «en el cielo» (3:20; cf. 2 Co. 5:1-2).

Luego, alrededor de 50-51 e. c. ocurrió algo que nadie esperaba, pero eso determinó lo que llegaría a ser la mayor afirmación de fama de la ciudad. El apóstol Pablo llegó y fundó una iglesia muy pequeña. ¿Por qué es eso tan importante? Era la primera iglesia en suelo europeo (cf. 4:15). Como resultado, hasta el día de hoy a Filipos se le conoce menos por ser el lugar de una famosa batalla que por ser «el lugar del nacimiento del cristianismo occidental». Según el libro de Hechos, Pablo y sus compañeros llevaron primero el evangelio a Europa como resultado de una visión que Pablo había tenido de un hombre macedonio que suplicaba ayuda (Hch. 16:6-10). Ellos tocaron tierra en el puerto de Neápolis, viajaron a Filipos y permanecieron allí por «varios días» (Hch. 16:11-12). Las propias cartas de Pablo revelan que recordaría esos días como una época de sufrimiento, cuando él y sus compañeros pasaron por «aflicciones e insultos» (1 Ts. 2:2; cf. Hch. 16:16-40). Sin embargo, sus convertidos en la ciudad demostraron

Vía Egnatia: camino construido por los romanos en el siglo ii a. e. c.; atravesaba las provincias romanas de Ilírico, Macedonia y Tracia, y recorría el territorio que ahora es parte de la Albania moderna, la República de Macedonia, Grecia y la Turquía europea.

Cuadro 18.1

Obispos y diáconos

Pablo menciona «obispos y diáconos» en su saludo inicial a los Filipenses (1:1). Se dice mucho más en otra parte del Nuevo Testamento acerca de los requisitos y las responsabilidades de las personas que tenían esos cargos en la iglesia (1 Ti. 3:1-13; Tit. 1:7-9). Sin embargo, no sabemos si los términos significan lo mismo en cada lugar. La palabra «obispo» (*episkopos*) significa «supervisor», y la palabra «diácono» (*diakonos*) significa «uno que sirve». En la época que Pablo les escribió a los filipenses, estas palabras podrían haber sido designaciones bastante genéricas para los líderes de la iglesia, en lugar de términos técnicos para órdenes particulares del clero.

ser excepcionalmente leales, y lo apoyaron financieramente cuando ministró en otras partes (Fil. 4:10, 16; 2 Co. 11:8-9), y contribuyeron a su recaudación para Jerusalén de maneras que superaron todas las expectativas (2 Co. 8:1-4; 9:1-5). Su carta a ellos fue escrita para acusar recibo de otro regalo más, porque ahora ellos apoyan su ministerio en esa época de encarcelamiento (Fil. 4:10, 18).

Nos encantaría saber más de las circunstancias particulares bajo las cuales Pablo escribió Filipenses, pero se nos escapan los detalles. Todo lo que sabemos con seguridad es que está en la cárcel (1:7, 13-14, 17). ¿Cuándo pudo haber pasado eso? Parece que Pablo ha experimentado uno de esos cautiverios en Éfeso (1 Co. 15:32; 2 Co. 1:8-9), en Cesarea (Hch. 23:23-26:30) y en Roma (Hch. 28:16-31). Ya que en Filipenses menciona la «guardia del palacio» (1:13) y «los de la casa del emperador» (4:22), muchos lectores creen que les escribe a los filipenses desde Roma, pero esos términos también podrían usarse para referirse a autoridades de otras ciudades. Ya que indica que hay bastante viaje de acá para allá entre Filipos y su ubicación actual (2:19-28), muchos creen que está en Éfeso (como a una semana de viaje desde Filipos), pero los viajes más largos entre Filipos y ya sea Roma o Cesarea también son factibles. Para complicar más las cosas, parece posible que Pablo estuviera en prisión en otros lugares y en otros tiempos también (véase 2 Co. 11:23, que menciona múltiples encarcelamientos en una carta escrita antes de que Pablo fuera encarcelado en Cesarea o Roma). La erudición sigue

Figura 18.1. Pablo y Lidia. Según el libro de Hechos, la primera persona que se convirtió con Pablo en la ciudad de Filipos fue una mujer llamada «Lidia», a quien conoció en una reunión de oración cerca de un río (16:11-15). Como comerciante de textiles («telas de púrpura»), Lidia era aparentemente una mujer pudiente, y hospedó a Pablo y a su equipo misionero cuando trabajaron en la ciudad. Estas ventanas con vitrales de Pablo y Lidia aparecen en una iglesia moderna de Filipos; a los dos se les recuerda como cofundadores de la congregación. (Todd Bolen / BiblePlaces.com)

Himnos en las cartas del Nuevo Testamento

El Nuevo Testamento frecuentemente menciona que los cristianos cantan himnos y cantos espirituales (Hch. 16:25; 1 Co. 14:15, 26; Col. 3:16; Ef. 5:19; He. 2:12; Stg. 5:13). Aun así, no contiene un cancionero o himnario comparable con el libro de Salmos del Antiguo Testamento. En lugar de eso, encontramos materiales litúrgicos entrelazados en otros libros. Ejemplos notables se encuentran en el Evangelio de Lucas (1:46-55, 67-79; 2:14, 29-32) y el libro de Apocalipsis (1:5-6; 4:8, 11; 5:9-14; 7:10-12, 15-17; 11:15-18; 12:10-12; 15:3-4; 16:5-7; 19:1-8; 22:13). Algunas de las cartas atribuidas a Pablo parece que también se basan en himnos de la iglesia primitiva. He aquí algunos ejemplos:

- Ro. 11:33-36: Una doxología sobre la inescrutabilidad de Dios
- 1 Co. 13: Una exposición sobre la superioridad del amor
- Ef. 1:3-14: Una doxología sobre la obra redentora de Dios en Cristo
- Ef. 5:14: Un versículo que promete la vida y la luz de Cristo a los creyentes
- Fil. 2:6-11: Una doxología sobre la autohumillación y la consiguiente exaltación de Cristo
- Col. 1:15-20: Una exposición sobre la persona de Cristo y la obra de Dios a través de él
- 1 Ti. 3:16: Una letanía corta sobre la venida de Cristo a la tierra y su regreso al cielo
- 2 Ti. 2:11-13: Una promesa de que el sufrimiento por Cristo lleva a la gloria

estando dividida en la pregunta de dónde (y cuándo) escribió Pablo esta carta. La falta de resolución es frustrante para los que quieren ubicar las cartas de Pablo en orden cronológico y trazan el desarrollo de los temas de una carta a la siguiente. Sin embargo, es un asunto de poco interés para entender su carta a los filipenses por sí misma. Si Filipenses fue escrita desde Éfeso, es una de las primeras cartas de Pablo (*ca.* 54-56); si fue desde Roma, es una de sus últimas (*ca.* 61-63; una carta desde Cesarea se fecharía *ca.* 58-60). Quisiéramos saber cuál es el caso, pero, de cualquier manera, los mensajes que Pablo quiere transmitir en la carta son bastante claros.

Podemos observar, de paso, un par de rarezas acerca de la carta. Una sección (3:1b-4:3) tiene un tono notablemente distinto que el resto (las advertencias en contra de los enemigos en una carta que, de otra manera, es alegre y optimista). Y un pasaje parece que indica que Epafrodito acaba de llegar (4:18), en tanto que otro indica que él ha estado con Pablo por un tiempo considerable (2:25-30). Por estas y otras razones, algunos eruditos se preguntan si la carta que poseemos podría ser una compuesta por dos o tres cartas que Pablo les escribió a los filipenses.

Sin embargo, la carta como la tenemos se ajusta a la forma general de lo que se llama una «carta amistosa». El propósito principal de Pablo al escribirla podría ser simplemente actualizar a sus amigos y socios de ministerio acerca de su situación personal (1:12-26), tranquilizarlos en cuanto a la salud de Epafrodito (2:25-30), y agradecerles por el regalo que Epafrodito entregó (4:10-20). Da palabras de consuelo como un antídoto para cualquier desánimo que pudieran estar sintiendo por su encarcelamiento o su propio sufrimiento.

Problemas en Filipos

La carta de Pablo a los filipenses no es particularmente polémica, pero las referencias a los oponentes o enemigos sí aparecen aquí y allá.

Texto	Comentario	Referencia posible
1:15-18	Algunos proclaman a Cristo por falsos motivos: envidia, rivalidad y ambición egoísta.	Los misioneros cristianos que compiten con Pablo y crean facciones en la iglesia (cf. 1 Co. 1:11-13).
1:28-30	Los oponentes hacen que los filipenses sufran las mismas batallas que Pablo experimentó como misionero en la ciudad.	Los no creyentes que persiguen a los cristianos (cf. Hch. 16:19-39; 2 Co. 1:8-9; 6:4-5; 11:23-26).
3:2	Obreros malos (a quienes Pablo llama «perros») insisten en «mutilar el cuerpo».	Los cristianos judíos que dicen que todos los cristianos deben ser circuncidados (cf. Gá. 5:2-12).
3:18-19	Muchos viven como «enemigos de la cruz», su dios son sus propios deseos, se enorgullecen de su vergüenza y solo piensan en las cosas terrenales.	Los cristianos que buscan poder y gloria, prescindiendo del sufrimiento y el servicio (cf. 1 Co. 1:18-2:5; 2 Co. 10-12).

Observe que solamente la segunda referencia (1:28-30) es para los problemáticos que están definitivamente en Filipos. La primera referencia (1:15-18) es de la gente que está en el área donde Pablo está encarcelado. Las últimas dos referencias podrían ser a los problemáticos que están en Filipos, pero es posible que Pablo simplemente esté advirtiendo a los filipenses de las clases de gente que han ocasionado problemas en otra parte: los judaizantes en Galacia (véase «Trasfondo histórico» en el capítulo 16) y los «superapóstoles» de Corinto (véase «Trasfondo histórico» del capítulo 15).

Entrelazada con esas preocupaciones está una enseñanza sobre asuntos pertinentes a la situación de la iglesia, para que ellos no se sientan intimidados por sus enemigos (1:28), no se desvíen por los falso maestros (3:2), o no se inhiban por la disensión interna (4:2-3). Es posible que el énfasis en el gozo haya sido impulsado por esas preocupaciones: Pablo hace énfasis en las reacciones positivas al evangelio, no porque se sienta particularmente contento o confiado en ese momento, sino porque esta iglesia está en peligro de dejar que la ansiedad se apodere de ellos. Los asuntos que provocan esa ansiedad no son triviales, y Pablo está dispuesto a tratar con ellos. Aun así, la mayoría de los eruditos cree que el foco principal de la carta no está en tratar problemas sino en fortalecer y celebrar la relación que Pablo disfruta con los filipenses en Cristo.

Temas importantes de Filipenses

La encarnación

En la teología cristiana, el término *encarnación* se refiere a la doctrina de que Jesús es Dios que vino a la tierra como ser humano. Los pasajes bíblicos clave para esta doctrina son Juan 1:1-18 y Filipenses 2:6-11. El pasaje de Filipenses es particularmente interesante, porque es muy antiguo, lo cual indica que los cristianos tenían alguna noción de la encarnación antes de que se escribiera cualquiera de los Evangelios. En efecto, si Pablo cita de materiales litúrgicos que ya existían en esa época, entonces la idea es aún más antigua. El pasaje describe la carrera de Cristo Jesús en tres etapas:

- primero, él era «por naturaleza Dios» (2:6);
- segundo, él nació con semejanza humana, y vivió y murió como ser humano (2:7-8);
- tercero, Dios lo exaltó para que fuera Señor sobre todo (2:9-11).

Los teólogos discuten y debaten muchos detalles de lo que Pablo quiere decir en este pasaje, pero la mayoría reconoce que el texto contiene una de las primeras referencias de la literatura cristiana del concepto de la preexistencia, es decir, la idea de que Cristo existía (en forma de Dios) antes de llegar a ser el hombre Jesús que vivió y murió en la tierra.

En la teología cristiana, el concepto de la encarnación plantearía preguntas sobre la naturaleza de Cristo y de Dios: ¿Cómo puede haber solo un Dios, si Jesús tiene la «naturaleza de Dios» y es «igual a Dios» (2:6)? ¿Por qué los cristianos adoran a Jesús y dicen que él es su Señor (2:10-11; cf. Ro. 14:11)? En cuanto a la doctrina oficial, los cristianos no aclararían estas cosas por cientos de años, pero finalmente llegan a acuerdos tentativos en los concilios de Nicea en 325 y Calcedonia en 451. En esas reuniones, las iglesias apoyaron opiniones que ahora se llaman la doctrina de «la Trinidad» y la doctrina de «las dos naturalezas de Cristo». Pero la carta de Pablo a los Filipenses revela que, las creencias que luego se aclararon intelectualmente se expresaron en la devoción y adoración cristiana desde una época muy temprana.

Trinidad: la doctrina cristiana de que Dios es «tres en uno», y que existe como un solo Dios, pero también como tres personas: Padre, Hijo y Espíritu Santo.

dos naturalezas de Cristo: la doctrina cristiana de que Jesucristo era simultáneamente completamente divino y completamente humano.

La humildad

Pablo insta a los filipenses a que no hagan nada por ambición egoísta, sino que pongan los intereses de los demás antes que los propios (2:3-4). A esta actitud modesta él la llama «humildad» (2:3), que no se debe igualar a la baja autoestima (pensar mal de sí mismo). La humildad tiene que ver con poner a los demás primero y conscientemente buscar lo que es mejor para los demás y no lo que es mejor para uno mismo. Esto está estrechamente relacionado con lo que Pablo quiere decir con «amor» (Ro. 12:10; 14:15; 1 Co. 13:4-7; Gá. 5:13; cf. Fil. 1:9, 16; 2:1-2), y también está estrechamente relacionado con lo que él quiere decir, que las personas tengan «la mente de Cristo» (1 Co. 2:16; cf. Ro. 12:2; Fil. 2:5). La promoción de la humildad como un distintivo que define el carácter cristiano está presente en todas las cartas de Pablo, pero parece que recibe atención especial en Filipenses. En efecto, la mayor parte de la carta se puede leer a la luz de este tema.

La razón por la que Pablo cita del «Himno de Cristo» (2:6-11) en esta carta es recordar a los filipenses el mejor ejemplo de todos los tiempos de humildad: Cristo Jesús no explotó sus prerrogativas como alguien que era igual a Dios, sino que «se despojó a sí mismo» y «se humilló a sí mismo» al llegar a ser humano. Y no solo llegó a ser humano: llegó a ser obediente hasta la muerte. Y no solo llegó a ser obediente hasta la muerte: llegó a ser obediente hasta la muerte en una cruz (2:6-8). «La actitud de ustedes debe ser como la de Cristo» les dice Pablo a los filipenses (2:5). Cristo Jesús es el paradigma supremo para alguien

Cuadro 18.4

El himno de Cristo

El pasaje más celebrado de la carta de Pablo a los Filipenses es 2:6-11 (rvr60), frecuentemente llamado el «himno de Cristo». Su calidad poética lo marca como material que probablemente se usó en la adoración del cristianismo primitivo como un credo o lectura que se responde o, en efecto, como un himno en sí al que se le puso música y se cantaba o repetía. Pablo mismo pudo haber compuesto la pieza, o podría estar citando material familiar para los filipenses, de su liturgia.

He aquí una de varias formas en las que el texto podría arreglarse en versos que se asemejan a un himno moderno:

El cual, siendo en forma de Dios,
No estimó el ser igual a Dios
Como cosa a qué aferrarse,
Sino que se despojó a sí mismo,
Tomando forma de siervo,
Hecho semejante a los hombres;
Y estando en la condición de hombre,
Se humilló a sí mismo,
Haciéndose obediente hasta la muerte—
y muerte de cruz.
Por lo cual Dios también le exaltó hasta lo
    sumo,
Y le dio un nombre
Que es sobre todo nombre,

Para que en el nombre de Jesús
Se doble toda rodilla
De los que están en los cielos, y en la tie-
    rra, y debajo de la tierra;
Y toda lengua confiese
Que Jesucristo es el Señor,
Para gloria de Dios Padre.

El foco del himno está en Cristo Jesús (2:6), pero celebra su carrera con alusiones al Antiguo Testamento. La humillación voluntaria de Cristo en la primera parte se inspira en Isaías 52:13-53:12, y la sumisión universal a él al final cita de Isaías 45:23 (cf. Ro. 14:11). También, la disposición de Cristo de renunciar a su «igualdad con Dios» puede verse como contraste al deseo de Adán de obtener igualdad con Dios en Génesis 3:1-7 (cf. Ro. 5:12-19).

Alrededor de 110, Plinio el Joven, un go bernante romano, escribió una carta al emperador Trajano para informarle de los cristianos. Dijo que cuando los cristianos se juntan en sus reuniones, «cantan versículos alternadamente entre sí, en honor de Cristo como si fuera a un Dios» (*Epistulae* 10.96). El «Himno de Cristo» de Filipenses 2:6-11 parece un ejemplo perfecto de la clase de material litúrgico que este gobernador romano escuchaba a los cristianos cantar.

que pone los intereses de otros primero, y sus seguidores deben emularlo en este aspecto (cf. Mr. 8:34; 10:43-45).

Para demostrar que eso es posible, Pablo cita otros ejemplos: Timoteo muestra un interés genuino y desinteresado en el bienestar de los filipenses (2:19-24), y su propio Epafrodito lo arriesgó todo por el bien de otros (2:25-30). Y el mismo Pablo puede ser su modelo a seguir (3:17; 4:9): él se alegra cuando sus rivales tienen éxito, siempre y cuando se predique a Cristo (1:17-18); cuando considera asuntos de vida y muerte, lo hace en el sentido de lo que resultará más fructífero para otros (1:22-25); se alegra de que los filipenses le enviaran un regalo, no porque necesite el dinero, sino porque ellos se beneficiarán al exhibir semejante bondad (4:14, 17, 19). Así como Cristo se despojó a sí mismo por la humanidad, Pablo está dispuesto a derramarse como sacrificio por los filipenses (2:17). Renuncia a sus razones legítimas para reclamar el honor terrenal, de una manera que hace eco de la decisión de Cristo de no explotar una honra divina mucho más grandiosa (3:4-8). Pablo siente que puede invitar a los filipenses a imitarlo en este aspecto, porque sabe que él está imitando a Cristo (3:17; cf. 1 Co. 11:1).

Pablo acompaña su súplica de humildad con una promesa de exaltación suprema. Dios exaltó a Cristo Jesús (2:9-11), y la esperanza de Pablo, de igual manera, está en el poder de la resurrección de Cristo (3:10-11). Su llamado a poner a los demás antes que a uno mismo va en contra de la corriente de la sabiduría convencional, pero está basado en una paradoja sublime, reconocida en muchas corrientes de la tradición del cristianismo

Figura 18.2. Carrera por el premio. Los eventos de atletismo eran especialmente populares en el mundo grecorromano. En Filipenses, Pablo usa la analogía de una carrera para hablar de la perseverancia que acompaña a la vida cristiana (2:16; 3:14). El corredor debe avanzar enfocado únicamente en el premio; de la misma manera, el creyente es atraído hacia Dios en Cristo, se olvida de lo que está atrás y continúa hacia la meta celestial. (The Bridgeman Art Library International)

Basura y Cristo

En Filipenses 3, Pablo advierte a los creyentes en contra de la gente que insiste en que la circuncisión es necesaria para pertenecer a Dios (3:2). Este es un asunto que trató con profundidad en otra parte (véase Gá. 5:2-12). Ahora, él insiste en que, irónicamente, los que confían en Cristo son los que han llegado a ser «la circuncisión», es decir, el verdadero pueblo de Dios (3:3). Para hacer énfasis, Pablo recurre a la autobiografía, y contrasta su identificación con Dios como un judío ejemplar (¡sin mancha!) con la identificación con Dios que ahora disfruta por conocer a Cristo Jesús como su Señor (3:4-7). Él no pretende hablar mal de lo primero, sino que admite que, tan maravilloso como puede ser su legado judío, es pura basura (literalmente, «estiércol»), comparado con lo que está disponible a través de Cristo (3:8). En unos cuantos versículos, Pablo describe brevemente lo que ha sido llamado la esencia de su teología: por medio de la fe en Jesucristo, uno puede ser justificado (3:9), santificado (3:10) y glorificado (3:11). Sus palabras en estos versículos suenan con la dialéctica de lo que «ya» es y lo que «todavía no», una distinción de su postura teológica. Su consejo a los filipenses surge de esa dialéctica: «vivamos de acuerdo con lo que ya hemos alcanzado» (3:16) y «sigo avanzando hacia la meta» que está por delante (3:14).

primitivo: los que se humillan a sí mismos serán exaltados (Mt. 23:11-12; Lc. 14:11; 18:14; Stg. 4:10; 1 P. 5:6).

El sufrimiento

Filipenses ofrece un poco de reflexión sobre la inevitabilidad y el valor potencial del sufrimiento humano. El punto principal es simplemente que, aunque los cristianos sufren por su fe, en última instancia, serán unidos con Cristo en un mundo más allá de la muerte (1:21, 23, 28; 3:10-11, 14, 20-21; cf. Ro. 8:18). Pablo sabe que los filipenses están experimentando oposición a su fe (1:27-29). Les recuerda que él sufrió lo mismo cuando llegó a ellos por primera vez (1:30) y, por supuesto, que todavía está sufriendo por Cristo como prisionero (1:17). Pablo no trata de responder la pregunta de por qué esas cosas malas ocurren a la gente buena; simplemente reconoce que pasan, y estimula a la esperanza en la promesa de la vindicación final (3:14, 20-21; 4:19). Sin embargo, más allá de eso, sí indica que el sufrimiento puede tener efectos positivos (cf. Ro. 8:28). Su encarcelamiento en realidad ha servido para avanzar el evangelio al inspirar a otros y darles a ellos, e incluso a sus captores, un testimonio inspirador y poderoso de Cristo (1:12-14). Y hay más. De una manera indefinida, Pablo cree que los cristianos que sufren por su fe, en realidad, comparten los sufrimientos de Cristo (3:10). La experiencia los une a Cristo de una manera que los hace «semejante a él en su muerte», que a cambio les permite conocer el poder de su resurrección (3:10-11). Por esta razón, Pablo les dice a los filipenses que pueden ver su sufrimiento por Cristo como un favor de Dios: es un privilegio que Dios les ha concedido (1:29; cf. Hch. 5:41).

La comunión

Pablo hace énfasis en la «comunión» cristiana (*koinōnia en griego*; se usa en 1:5; 2:1; 3:10) en esta carta, primero en cuanto a la comunión que él comparte con los filipenses y, segundo, en cuanto a la comunión que quiere que ellos tengan unos con otros. Los eruditos frecuentemente han observado que esta carta exhibe una fuerte inclinación por las palabras griegas que comienzan con el prefijo *syn* (que significa «juntos» o «con», similar al prefijo en español *co-*) Pablo adhiere este prefijo a toda clase de palabras a lo largo de la carta, a verbos como «luchar» (1:27; 4:3) y «alegrarse» (2:17, 18), y a sustantivos como «participante» (1:7), «alma» (2:2), «compañero de lucha» (2:25) e «imitador» (3:17, RVR60). En 4:3, tres palabras distintas tienen el prefijo *syn-*, de manera que el versículo puede traducirse: «mi fiel *co*-compañero, te pido que ayudes a estas mujeres que han *co*-luchado a mi lado en la obra del evangelio, junto con Clemente y los demás *co*-colaboradores». Claramente, Pablo quiere hacer énfasis a los filipenses que «estamos en esto juntos». Ninguna otra iglesia ha compartido con él «en razón de dar y recibir» (4:15, RVR60); ellos son sus socios en el evangelio (1:5) que comparten con él en la gracia de Dios (1:7).

En otras cartas, Pablo frecuentemente describe su relación con los destinatarios como la de un padre que se dirige a sus hijos (1 Co. 4:14; 2 Co. 6:13; 12:14; Gá. 4:19; 1 Ts. 2:11; cf. Flm. 10); en esta carta, Pablo se refiere a los filipenses repetidas veces como sus hermanos (1:12, 14; 2:25; 3:1, 13, 17; 4:1, 8, 21), y habla de su relación como una sociedad (1:5). Hace énfasis en que, como seguidores fieles de Cristo, han tenido experiencias comunes (1:29-30), y como compañeros ciudadanos del cielo, comparten una esperanza y destino comunes (3:20). En efecto, parece que siente que ellos están «con él» en su encarcelamiento (1:7), comparten ahora en su aflicción (4:14) como han compartido (y siguen compartiendo) sus alegrías. Ellos son causa mutua de alegría (2:17-18; 4:1). Aun así, Pablo dice que su alegría será completa solamente cuando lleguen a experimentar el mismo nivel de acuerdo mutuo que han experimentado hasta entonces con él (2:2).

Cuadro 18.6

Amistad y compartir

«El proverbio dice: "las posesiones de los amigos son compartidas", y lo dice correctamente, porque la amistad consiste en compartir, y los hermanos y camaradas tienen todas las cosas en común» (Aristóteles, *Nicomachean Ethics* [Ética a Nicómaco] 8.9.1-2).*

«Todos los creyentes estaban juntos y tenían todo en común» (Hch. 2:44).

*Citado en Robert H. Gundry, *A Survey of the New Testament* [Estudio del Nuevo Testamento], 4° ed. (Grand Rapids: Zondervan, 2003), 308.

Evodia y Síntique

Cerca del final de su Carta a los Filipenses, Pablo insta a dos mujeres, Evodia y Síntique, a que «se pongan de acuerdo en el Señor», y apela a alguien más de la iglesia (su «fiel compañero») que las ayude (4:2-3). Las mujeres son compañeras de Pablo, y aparentemente tuvieron una riña. Esto podría ser un asunto personal, una disputa que requiere un mediador imparcial que ayude a facilitar la resolución del conflicto. O, ya que parece que las mujeres son prominentes en la iglesia (4:3), podrían ser líderes de facciones importantes con ideas distintas sobre las políticas y programas congregacionales. Su incapacidad de estar de acuerdo podría representar una amenaza para la unidad de la iglesia como un todo. Algunos intérpretes creen que el distanciamiento entre Evodia y Síntique podría ser una razón principal para la atención de Pablo en los temas de unidad y humildad a lo largo de la carta. Aunque no trata a las dos mujeres por nombre hasta el final, otros versículos quizá se dirigen silenciosamente a ellas y también a sus seguidores (véase 1:27; 2:1-5, 14-15; 3:15-16).

Conclusión

cristología: la rama de la teología que se enfoca en la persona y la obra de Jesucristo, que se entiende como una figura divina eterna.

Los eruditos estudian Filipenses como un recurso teológico que trata con temas complicados como la cristología encarnacional y el significado del sufrimiento, y los predicadores la exponen como un tratado motivacional que estimula a la humildad y a la armonía. Aun así, tal vez se valora mucho más a un nivel popular como un ejemplo inspirador del optimismo cristiano. Muchos versículos individuales sobresalen como favoritos en los cánones de la piedad cristiana.

- Al principio de esta carta, Pablo promete a los filipenses: «el que comenzó tan buena obra en ustedes la irá perfeccionando hasta el día de Cristo Jesús» (1:6).
- Luego, al final afirma: «mi Dios les proveerá de todo lo que necesiten, conforme a las gloriosas riquezas que tiene en Cristo Jesús» (4:19).
- En el trayecto, confiesa su propia confianza: «Todo lo puedo en Cristo que me fortalece» (4:13).
- Y asegura a los filipenses: «Y la paz de Dios, que sobrepasa todo entendimiento, cuidará sus corazones y sus pensamientos en Cristo Jesús» (4:7).

Por otras cartas sabemos que Pablo no siempre fue así de alegre ni afable (véase 2 Co. 2:4; Gá. 3:1-3), pero Filipenses sobresale como un testimonio de su confianza y esperanza trascendental. La perspectiva afirmativa, tal vez idealista, de la carta de Pablo a los Filipenses se resume en un versículo, donde insta a sus lectores a que se enfoquen en los aspectos positivos de la vida y la fe:

> Todo lo que es verdadero, todo lo honesto,
> todo lo justo, todo lo puro,
> todo lo amable, todo lo que es de buen nombre;
> si hay virtud alguna,
> si algo digno de alabanza,
> en esto pensad. (4:8, RVR60)

19

Colosenses

«Piense globalmente, actúe localmente». Ese podría ser el lema de la Carta a los Colosenses. Esta carta adopta una perspectiva cósmica que ve la existencia humana desde el punto de vista de alguien que conoce los secretos del universo. Pasa rápidamente por el tiempo y nos lleva desde el inicio de la creación (1:15-17) al fin del tiempo (3:4), y se detiene en el camino para revelar el significado de la vida (1:27; 3:4), la fuente de toda sabiduría y conocimiento (2:2-3), la razón del orden en el universo (1:17) y la única esperanza de paz de la humanidad (1:20; 3:15). Nos anima a levantar nuestra vista de la tierra al cielo, para «concentrar [nuestra] atención en las cosas de arriba» (3:2), y ver la vida desde la perspectiva de la eternidad. Aun así, esta carta está excepcionalmente bien fundamentada en los asuntos de la vida diaria. Su perspectiva universal en el poder, la sabiduría y la fe tiene implicaciones en cuanto a cómo los miembros de una comunidad local deben conducirse (3:5-4:6), cómo deben actuar unos con otros (3:13), con la familia (3:18-4:1) y con los «de afuera» (4:5-6, RVR60).

Esta carta se le atribuye al apóstol Pablo (1:1, 23), y parece que termina con su marca personal de autenticación (4:18; cf. 1 Co. 16:21; Gá. 6:11; 2 Ts. 3:17). Sin embargo, su autoría es un asunto de disputa entre los eruditos, en parte porque su perspectiva cósmica trasciende los contornos usuales que Pablo da en cartas que más confiadamente se le atribuyen a él.

Generalidades

Colosenses comienza con un encabezamiento y saludo típicos (1:1-2). Una oración de agradecimiento por la fe y el amor de los lectores hace énfasis en que el evangelio que ellos oyeron del compañero y servidor de Pablo, Epafras, se ha estado cultivando en ellos y ha dado fruto (1:3-8). Los autores (identificados como Pablo y Timoteo) siguen orando para que los colosenses sean llenos del conocimiento de la voluntad de Dios, para que crezcan en el conocimiento de Dios y para que sean fortalecidos por Dios, quien es responsable de su posición y condición actual (1:9-14). Esta oración inicial continúa con una meditación litúrgica sobre la magnificencia de Cristo como «el primogénito de toda la creación» y el «primogénito de los muertos» (1:15-20, rvr60).

La carta pasa a presentar las implicaciones teológicas de la exposición anterior de quién es Cristo y lo que él ha hecho (1:21-2:23). A los colosense se les asegura de su perfección ante Dios, con tal de que ellos sigan en la fe, y es con ese propósito que Pablo ha estado dispuesto a sufrir y a trabajar duro por ellos, de acuerdo a la comisión que Dios le dio de dar a conocer el misterio de «Cristo en ustedes, la esperanza de gloria» (1:21-2:7). Luego, a los colosenses se les advierte en cuanto a ser engañados por filosofías vacías que sugieren que su bautismo en Cristo ha sido inadecuado para asegurar su posición con Dios, o que las ceremonias o experiencias religiosas les permitirán crecer hacia la plenitud que solo se encuentra en Cristo (2:8-23). Semejante filosofía se denuncia como algo que representa a la simple tradición humana (2:8, 22), que está de acuerdo con poderes espirituales que Cristo ha vencido (2:8, 15, 20).

La carta continúa y gira a implicaciones éticas de la condición en Cristo de los destinatarios (3:1-4:6). Los colosenses deben enfocarse totalmente en el reino celestial al que ahora pertenecen, rechazar prácticas que marcaron sus vidas antes de Cristo y buscar la conducta que es apropiada de los escogidos de Dios (3:1-17). Una tabla específica de tareas del hogar expresa las responsabilidades de las esposas, los esposos, los hijos, los padres, los esclavos y los amos (3:18-4:1). Ellos deben dedicarse a la oración y ejercer sabiduría en sus relaciones con los de afuera (4:2-6). La carta concluye con instrucciones y saludos (4:7-17) y con un saludo final de Pablo de su propia mano (4:18).

Trasfondo histórico

En los tiempos del Nuevo Testamento, la ciudad de Colosas era una población relativamente pequeña del occidente del Asia Menor (Turquía moderna). Tenía conexiones cercanas con otras dos ciudades, Laodicea (16 kilómetros al occidente)

Cuadro 19.1

Clavado en la cruz

Colosenses 2:14 usa una imagen memorable de cómo Dios perdonó las transgresiones humanas (2:13) a través de la muerte de Cristo. Cuando una persona era crucificada, los verdugos adherían a la cruz un listado de los crímenes de la persona condenada. Colosenses dice que el registro de fallas humanas, la lista de todas las acusaciones que podrían hacerse en contra de los seres humanos fue anulada, «clavándola en la cruz» de Cristo. Esta es una manera colorida de decir que «Cristo murió por nuestros pecados». Véase también Colosenses 1:14, 20, 22.

y Hierápolis (25 kilómetros al norte), que se mencionan en esta carta (2:1; 4:13, 15-16). Las tres ciudades estaban ubicadas en el valle del río Lycos, alrededor de 177 kilómetros al oriente de Éfeso (véase el mapa 17.1). Eran parte de la provincia romana de Asia y centros comerciales de industrias textiles. Colosas, en particular, era conocida por su producción de lana teñida de escarlata.

El área era famosa como un refugio para búsquedas espirituales exóticas. Numerosas sectas paganas y «religiones de misterio» eran populares allí, incluso las que implicaban devoción a la diosa madre Cibeles (cuyo culto se centraba en Hierápolis), o la adoración de varias deidades astrales (el sol, la luna y las estrellas). Lo segundo, en particular, pudo haber sido lo que dio lugar a las referencias de esta carta a «los principios de este mundo» (2:8, 20). Colosas también tenía una considerable población judía, aunque los reportes indican que los colonizadores judíos fueron totalmente helenizados (es decir, integrados en la cultura grecorromana).

En cierto tiempo, Colosas había sido la ciudad más grande de las tres ciudades del valle de Lycos, pero para el tiempo de Pablo, Colosas estaba en decadencia y había sido derrotada por la más próspera Laodicea. Sin embargo, lo peor todavía estaba por llegar: alrededor de 61 e. c. un terremoto devastó la región. Parece que Laodicea tuvo el dinero para reconstruir, pero la situación pudo haber sido peor para las comunidades más pequeñas. No tenemos información segura en cuanto a qué le pasó a la ciudad de Colosas o a la comunidad cristiana de allí.

La única referencia a Colosas en el Nuevo Testamento se encuentra en la primera línea de esta carta (1:2). El libro de Hechos indica que Pablo pasó por la región de Frigia (es decir, Asia) tanto en su segundo (16:6) como en su tercer (18:23; cf. 19:1) viaje misionero, pero no hace mención de Colosas, Hierápolis, ni Laodicea, y no dice nada de que Pablo ganara convertidos ni que fundara iglesias en la provincia. De igual manera, la Carta a los Colosenses indica que los cristianos de esta área no habían visto a Pablo «personalmente» (2:1); parece que Epafras les había enseñado el evangelio (1:7-8), quien «se preocupa mucho» en Colosas, Laodicea y Hierápolis y que ahora se dice que está con Pablo (4:12-13).

La Carta a los Colosenses presupone una situación particular: los lectores están en peligro de ser engañados por «argumentos capciosos» (2:4) y cautivados «con la vana y engañosa filosofía» (2:8). Los eruditos han dedicado mucha atención a tratar de explicar exactamente qué pudo haber sido esta ideología seductora, pero la carta solamente da generalidades. Lo que a veces se llama la «herejía colosense» parece haber tenido un poco que ver con apaciguar o reverenciar a los «principios de este mundo» (2:8, 20), que podrían ser equivalentes a los «poderes y potestades» que se mencionan en 2:15, o incluso a los «ángeles» de los que se habla en 2:18. La referencia a «adoración de ángeles» en el segundo versículo es intrigante. Si se pensaba que los poderes espirituales

religiones de misterio: sectas religiosas populares que florecieron durante la era helenista y que tendían a mantener sus doctrinas y prácticas en secreto de las personas ajenas.

espíritus elementales del universo: término genérico para los seres espirituales poderosos (Col. 2:8, 20).

herejía: falsa enseñanza, o enseñanza que no se conforma a los estándares de una comunidad religiosa.

controlan el destino humano, los cristianos colosenses podrían ser tentados a creer que honrarlos como deidades menores podría ayudar a resultados positivos en la vida. O tal vez ellos simplemente invocaban la ayuda y protección de los ángeles de maneras que el autor de esta carta considera inapropiada, y polémicamente la descarta como «adoración». También es posible que la frase «adoración de ángeles» se refiera a la adoración dada *por* los ángeles; en ese

Figura 19.1. El árbol del conocimiento. Según Génesis 2:17, el árbol que tenía el fruto prohibido en el huerto del Edén era «el árbol del conocimiento del bien y del mal». La Carta a los Colosenses está escrita a creyentes que son tentados a complementar el fruto que el evangelio da con sabiduría y conocimiento que creen que les dará otro nivel de madurez espiritual (1:6; 2:8). (Suad Al-Attar)

caso, el punto podría ser que a los cristianos colosenses se les ha invitado a participar en ritos místicos que los transportarán espiritualmente a un plano celestial, donde ellos pueden adorar a Dios en la compañía de huestes del cielo (cf. Ez. 1:4-28; 1 Co. 11:10; 2 Co. 12:1-5; He. 12:22-23). De cualquier manera, esta enseñanza también parece haber estimulado o requerido prácticas ascetas y celebraciones rituales: restricciones alimenticias (2:16); festival y celebración del día de reposo (2:16); humillación de sí mismos (2:18); tabúes en cuanto a qué manejar, probar o tocar (2:21); y muy posiblemente la circuncisión (2:11). Pablo, o quienquiera que sea responsable de esta carta, considera estas cosas innecesarias para los santos en Cristo; esas cosas son una simple sombra de la sustancia que se encuentra en Cristo (2:17).

Los defensores de esta filosofía pudieron haber estado haciendo proselitismo con los cristianos colosenses dentro de la iglesia como compañeros creyentes, o desde afuera de la iglesia, como seguidores de una religión rival. O quizá, la carta simplemente emite una advertencia genérica en cuanto a ideas en la región, a las que los cristianos podrían estar atraídos. De cualquier manera, la afirmación básica de la «herejía colosense» parece haber sido que algo más que la fe en Cristo era necesario para que la gente sobreviviera (o por lo menos creciera o madurara) en un mundo gobernado por poderosos seres

¿Cuál era la herejía de Colosas?

Se han dado más de cuarenta propuestas en cuanto a la naturaleza de la filosofía que la Carta a los Colosenses busca oponerse. He aquí algunas sugerencias de muestra:

- Un movimiento cristiano judío que insistía en que los cristianos gentiles deben circuncidarse y cumplir la ley de Moisés, similar a los «judaizantes» a quienes Pablo se opuso en Gálatas (cf. Gá. 3:19; 4:3-9).
- Una forma de judaísmo esotérico y riguroso, comparable al que practican los esenios en Qumrán.
- Una forma mística del judaísmo, como la tradición de Merkabah, llamada así porque el ascetismo y la adherencia estricta a la ley permitían a los devotos viajar en el espíritu al salón del trono, en una carroza celestial llamada *merkabah*.
- Una amalgama de creencias religiosas sincretistas, que combinaba elementos de la tradición judía con elementos de una religión astral.
- Una variedad de una «religión de misterio» grecorromana, que hacía énfasis en la naturaleza oculta de la verdad espiritual, revelada únicamente a la élite espiritual.
- El gnosticismo incipiente, un precursor de lo que se desarrollaría en los sistemas antimaterialistas prominentes en el siglo II e. c.
- La filosofía pitagórica, basada en la enseñanza de Pitágoras (siglo VI a. e. c.), quien pensaba que el sol, la luna y las estrellas eran espíritus que controlaban el destino humano, y que el alma humana debía ser purificada a través de prácticas ascetas.

sobrenaturales. El propósito principal de la carta es advertir a los lectores en contra de semejante noción.

En cuanto a las circunstancias específicas de la composición de la carta, la mayoría de los eruditos cree que Colosenses es, ya sea una de las últimas cartas que Pablo escribió del Nuevo Testamento, o una de las primeras cartas pseudoepigráficas que fueron escritas en su nombre. Las decisiones en cuanto a estas circunstancias se basan en las comparaciones entre Colosenses y las otras cartas.

Primero, Colosenses tiene muchos paralelos estrechos con Efesios (véase el cuadro 17.1). En efecto, la mayoría de los eruditos cree que Colosenses se escribió primero y luego se usó como un formato para Efesios, que ofrece una versión más amplia y más general del contenido que es más específico en cuanto al contexto en Colosenses.

Segundo, Colosenses parece estar estrechamente unida a la carta breve de Pablo a Filemón (véase el cuadro 19.3). Dos explicaciones distintas se dan para esto: (1) Pablo escribió a los colosenses alrededor del mismo tiempo que escribió Filemón y bajo circunstancias similares; o (2) alguien más tenía una copia de la carta de Pablo a Filemón, y tomó prestadas las referencias personales para hacer que una carta pseudoepigráfica a los Colosenses pareciera ser una composición paulina auténtica.

Tercero, Colosenses se puede comparar con las «cartas auténticas» de Pablo, es decir, las cartas que todos los eruditos reconocen como haber sido escritas por el apóstol (véase el cuadro 19.4). Hay algunas diferencias de estilo, pero pueden explicarse por el uso de Pablo de un amanuense o secretario. A un nivel más profundo, la carta expresa algunas ideas teológicas que parecen estar mejoradas o desarrolladas más allá de lo que Pablo dice en otra parte. El punto parece estar en una trayectoria con el pensamiento paulino, pero se llevó a un

---

Cuadro 19.3

Colosenses y Filemón

Similitudes

- Se dice que tanto Colosenses como Filemón fueron escritas desde la cárcel (Col. 4:3, 18; cf. 1:24; Flm. 9, 10, 13).
- Se dice que las dos fueron escritas conjuntamente por Pablo y Timoteo (Col. 1:1; Flm. 1).
- Ambas cartas mencionan a muchas de las mismas personas: Arquipo (Col. 4:17; Flm. 2), Onésimo (Col. 4:9; Flm. 10), Epafras (Col. 1:7; 4:12-13; Flm. 23), Marcos (Col. 4:10; Flm. 24), Aristarco (Col. 4:10; Flm. 24), Demas (Col. 4:14; Flm. 24) y Lucas (Col. 4:14; Flm. 24).

Diferencias

- Filemón indica que Epafras está preso con Pablo, y Aristarco no (23-24); Colosenses da la impresión de que es al contrario (4:10, 12).
- Colosenses no menciona una visita inminente de Pablo, en tanto que Filemón indica que Pablo espera ir a visitar pronto (22).

paso más adelante que en las cartas auténticas de Pablo (véase el cuadro 19.5). De nuevo, puede haber dos explicaciones para esta situación: (1) Pablo ha desarrollado sus ideas más que en algunas de sus otras cartas, quizá impulsado por la necesidad de responder a la filosofía que quiere combatir en Colosas; o (2) alguien más está desarrollando los pensamientos de Pablo de formas que se pretende que sean fieles a sus opiniones y, de esa manera, atribuibles a él.

Las decisiones en cuanto a los orígenes históricos de Colosenses, en última instancia, dependen de la pregunta de si la carta en realidad fue escrita por Pablo o producida pseudoepigráficamente después de su muerte.

- Algunos eruditos creen que Pablo sí escribió Colosenses. Si es así, la opinión usual es que escribió la carta al final de su vida (para explicar el desarrollo de ideas), pero que también la escribió antes de 61, cuando la ciudad de Colosas fue destruida por un terremoto. Una sugerencia popular es que Pablo escribió Colosenses y Filemón (y posiblemente Efesios) a principios de su encarcelamiento romano (*ca*. 60). Unos cuantos eruditos sugieren la composición durante un encarcelamiento anterior.

- Algunos eruditos creen que un discípulo (Timoteo, ¿el coautor de la carta?) pudo haber escrito la carta por Pablo, poco después de su muerte, y puso en palabras lo que Pablo habría querido decir. Entonces, la carta puede fecharse a finales de los años 60, lo cual da tiempo para un poco de desarrollo de las ideas paulinas por parte de uno de sus compañeros más cercanos.

- Algunos eruditos creen que un seguidor devoto de Pablo pudo haber compuesto Colosenses un par de décadas después de su muerte, lo cual ubica la carta en los años 80 y permite el desarrollo de ideas reflexivas del cristianismo de segunda generación. Una versión de esta teoría sugiere que la carta pudo haber sido producida por una escuela de discípulos paulinos.

Cuadro 19.4

Aspectos característicos de Colosenses

Estilo característico

Comparada con las cartas auténticas, Colosenses usa oraciones más largas (1:3-8 y 2:8-15 son cada una solo una oración), adjetivos más redundantes (p. ej., «santos, intachables e irreprochables» [1:22]), muchos más participios y cláusulas relativas, y muchas menos conjunciones.

Teología característica

Comparada con las cartas auténticas, se dice que Colosenses demuestra una cristología más alta, una eclesiología más desarrollada y una perspectiva de la escatología más «realizada» (es decir, más énfasis en los beneficios presentes que en la esperanza futura).

Cuadro 19.5

Desarrollo de las ideas paulinas en Colosenses

La Carta a los Colosenses parece ampliar muchas ideas que se encuentran en otras cartas (auténticas) de Pablo, y lleva los puntos un paso más adelante o a otro nivel:

- Romanos dice que los creyentes han muerto y que han sido enterrados con Cristo a través del bautismo y que algún día se unirán a él en la resurrección (6:4-6); Colosenses dice que los creyentes «en él también fueron resucitados» a través del bautismo (2:12; cf. 3:1; pero véase también Ro. 6:11).
- Romanos dice que los creyentes han muerto al pecado (6:2); Colosenses dice que «han muerto a los principios de este mundo» (2:20).
- Romanos dice que ningún ser o poder espiritual «podrá apartarnos del amor que Dios nos ha manifestado en Cristo» (8:39); Colosenses dice que Cristo desarmó a los gobernantes y autoridades espirituales y «los humilló en público al exhibirlos en su desfile triunfal» (2:15; cf. 1 Co. 15:24).
- Primera Corintios dice que Jesucristo es el único «por quien todo existe y por medio del cual vivimos» (8:6); Colosenses presenta a Cristo como en quien «fueron creadas todas las cosas en el cielo y en la tierra» (1:16) y «por medio de él forman un todo coherente» (1:17).
- Segunda Corintios dice que los sufrimientos de Pablo manifiestan la muerte de Jesús en el cuerpo de Pablo (4:8-12); Colosenses dice que los sufrimientos de Pablo hacen la función vicaria de «completar en mí mismo lo que falta de las aflicciones de Cristo, a favor de su cuerpo, que es la iglesia» (1:24).
- Filipenses se refiere a Cristo como «siendo por naturaleza Dios» (2:6); Colosenses se refiere a Cristo como «la imagen del Dios invisible» (1:15) y como la persona en quien «Toda la plenitud de la divinidad habita en forma corporal» (2:9).

¿Son estos puntos en los que Pablo ha desarrollado más su propio pensamiento? ¿O son ejemplos de un autor seudónimo que desarrolla las ideas de Pablo?

La decisión en cuanto a si Pablo escribió Colosenses generalmente depende de la libertad que el intérprete esté dispuesto a concederle a Pablo en cuanto a la consistencia de expresión y desarrollo del pensamiento. La pregunta llega a ser: «¿Es posible (o probable) que la persona responsable de las cartas auténticas también pudiera haber pensado de esta manera y permitido que sus pensamientos se expresaran de esta manera?». Cualquiera que sea la propuesta que se adopte, la enseñanza teológica de Colosenses generalmente se considera que ofrece un avance de lo que se encuentra en otras cartas de Pablo, pero un avance que sigue siendo incomprensible dentro de la tradición paulina (véase el cuadro 19.5). La pregunta de quién es el responsable de ese avance (el mismo Pablo, uno de sus discípulos, o seguidores posteriores) es importante para los historiadores eclesiásticos y para los biógrafos de Pablo. Sin embargo, no tenemos que responder esta pregunta con seguridad para entender el mensaje básico de la carta, o los puntos clave que su autor quería aclarar.

Temas importantes de Colosenses

El Cristo cósmico

Colosenses habla de Jesucristo en términos exaltados: él es no solo el Señor de la iglesia, sino también el gobernante del universo (1:15-17); él es no solo el Salvador de la humanidad, sino también el que reconcilia todas las cosas en el cielo y en la tierra (1:20). La persona de Cristo se describe como el que es «la imagen del Dios invisible» (1:15) y en quien «agradó al Padre que habitase toda plenitud» (1:19, RVR60; cf. 2:9). El trabajo de Cristo incluye su función tradicional como el agente de redención de Dios (1:14), pero se extiende para incluir también su función como agente de Dios de la creación: todas las cosas en el cielo y en la tierra, visibles e invisibles fueron creadas «por medio de él y para él» (1:16).

Los versículos clave que presentan esta alta valoración de Cristo se encuentran en un pasaje que probablemente se derive de una confesión o himno del cristianismo primitivo, material que ha llegado a ser conocido como el «himno colosense» (1:15-20). Pablo (o quienquiera que pueda ser el autor) no siente la necesidad de debatir estos puntos ni de convencer a los lectores de que así es Cristo. Simplemente cita material litúrgico, muy conocido para los lectores como una forma de presentar los puntos que quiere aclarar después. De esta manera, podemos estar razonablemente confiados en que esa comprensión de Cristo como figura divina con preeminencia universal era ampliamente aceptada entre los cristianos en la época que esta carta se escribió (cf. Jn. 1:1-18; He. 1:1-4).

La razón principal de citar este himno es simplemente recordar a los colosenses su propia confesión de que Cristo tiene preeminencia sobre todas las cosas (1:18). No tienen que preocuparse por ninguno de los espíritus o poderes que se dice que dominan esta tierra, porque Cristo fue quien creó esos poderes (1:16), y Cristo es quien los gobierna (2:10) y quien ahora los ha desarmado (2:15). De igual manera, los colosenses no deben preocuparse por las reglas o prácticas que los hará más aceptables a Dios, porque Cristo ya los ha reconciliado con Dios a través de la sangre de su cruz (1:20), y él los presentará a Dios como «santos, intachables e irreprochables» por medio de su muerte (1:22). ¿Por qué necesitarían de la circuncisión física cuando Cristo ya les ha dado una circuncisión espiritual, y ha retirado «la carne» de sus mentes (2:11)? ¿Por qué preocuparse de los viajes de visión para adorar ángeles (o para adorar con los ángeles) cuando Cristo ya los ha resucitado «para participar de la herencia de los santos en el reino de la luz» (1:12)? La condición de Cristo como la persona por medio de la cual todas las cosas son creadas (1:15-16), sustentadas (1:17) y redimidas (1:18-20) anula su necesidad de cualquier otra cosa.

redención: término teológico que se deriva del comercio (donde significa «compra» o «volver a comprar»); relacionado con el concepto de que la salvación humana fue costosa para Dios, que requirió la muerte de Jesús.

himno colosense: el pasaje poético de Colosenses 1:15-20 que exalta a Cristo como la imagen del Dios invisible, el gobernante del universo y el que reconcilia todas las cosas en el cielo y en la tierra.

Evangelismo mundial: ¿Exagera Pablo?

En el Evangelio de Mateo, Jesús les dice a sus discípulos que el evangelio «se predicará en todo el mundo como testimonio a todas las naciones, y entonces vendrá el fin» (24:14). La Carta a los Colosenses parece que indica que esta misión se ha cumplido. El evangelio «ha sido proclamado en toda la creación debajo del cielo» (1:23) y «está dando fruto y creciendo en todo el mundo» (1:6).

Había gente en el mundo en esa época que no había oído de Jesucristo, así como naciones enteras (incluso las conocidas para Pablo) a las que ningún misionero cristiano había viajado. Entonces, ¿qué pensamos de esta afirmación extraordinaria?

La mayoría de los eruditos toman las palabras como un ejemplo de hipérbole, es decir, una exageración obvia que se usa para un efecto metafórico (p. ej., cuando alguien en nuestra sociedad moderna dice: «te lo he dicho un millón de veces…»). En 1 Tesalonicenses, Pablo, de igual manera, les dice a los lectores que la noticia de su fe ha llegado a ser conocida no solo en su propio país, ni en la provincia vecina, sino «en todo lugar» (1:8).

La escatología realizada

Colosenses es un puñado de documentos del Nuevo Testamento que enfatizan lo que los teólogos llaman «escatología realizada», la creencia de que las bendiciones y beneficios asociados con el fin de los tiempos ya están disponibles en esta vida presente. En cuanto a esto, la carta se puede comparar con el Evangelio de Juan (véase «La salvación como vida abundante» en el capítulo 9) y especialmente con la Carta a los Efesios (véase «La condición ideal de los creyentes» en el capítulo 17).

Colosenses presenta lo que Dios ha hecho como una acción completa, con consecuencias inmediatas para los que creen en Cristo. El énfasis está en lo que ya ocurrió y no en lo que todavía está por venir: los creyentes ya han sido rescatados del poder de la oscuridad (1:13); ya han sido trasladados al reino del Hijo amado de Dios (1:13); ya han resucitado con Cristo (2:12; 3:1). Los poderes espirituales que podrían oponerse a ellos ya han sido desarmados, y Cristo ya hizo una exhibición pública de su triunfo sobre ellos (2:15). Esta última referencia se basa en la imagen de los conquistadores romanos que desfilan a sus enemigos conquistados por las calles después de ganar una victoria decisiva. Podríamos haber adivinado que un autor bíblico usaría esta imagen para describir algo que está programado que ocurra en el día del juicio o en el ínterin, después del regreso de Cristo (véase 1 Co. 15:23-26), pero Colosenses dice que ya ocurrió. ¿Cuándo? Colosenses no se ocupa principalmente de la cronología temporal (cf. 1 Co. 15:23-24; 2 Ts. 2:2-3); el punto podría ser que este triunfo público es algo que ya ocurrió, ¡en el futuro! La escatología realizada típicamente adopta una perspectiva eterna en lugar de una histórica, y desde la perspectiva de la eternidad, lo que todavía es futuro para nosotros, puede considerarse como cumplido. El punto es, de cualquier manera, hacer hincapié en la certidumbre del logro de Dios, una apreciación de lo que impacta la vida en el presente.

La afirmación de que los colosenses «han resucitado con Cristo» (2:12; 3:1), de igual manera, se da a entender en un sentido espiritual: los creyentes todavía viven en la tierra y deben estar interesados en la vida y en las relaciones dentro de las estructuras que este mundo ofrece (3:18-4:1). Su condición como gente que ya ha resucitado es algo que actualmente está «escondido» (3:3) y que será revelado solamente cuando Cristo vuelva (3:4); se experimenta en el presente «a través de la fe» (2:12). El punto parece ser que los colosenses deberían contar su resurrección con Cristo como una realidad segura que define sus valores y les da forma a las decisiones de su vida (3:1-3), aunque pueda parecer que todavía es futura, desde la perspectiva meticulosa de la historia humana.

El propósito específico de hacer énfasis en la escatología realizada en el contexto colosense es asegurar a estos lectores que ningún poder del universo puede afectar a los creyentes que han puesto su confianza en Cristo. Los espíritus elementales pueden controlar los destinos de este mundo (ese punto no se discute), pero los que han sido bautizados en Cristo han muerto y han resucitado a una vida nueva, en un reino que está más allá de la jurisdicción de esos espíritus (1:13).

El conocimiento y la madurez

Hay un énfasis notable en Colosenses en el aumento de conocimiento y en el desarrollo de la madurez espiritual (1:9-10, 28; 2:2; 4:12). ¿Implica este énfasis que los colosenses son particularmente ignorantes o especialmente inmaduros (cf. 1 Co. 3:1-3)? Al contrario, el punto irónico que se aclara a lo largo de esta carta es que los cristianos colosenses ya han aprendido todo lo que necesitan saber (1:7; 2:6-7); el evangelio en sí crece y lleva fruto en ellos (1:5-6), y si ellos simplemente permanecen firmes, Cristo los presentará a Dios como «santos, intachables e irreprochables» (1:22-23), ¡sería difícil llegar a ser más «maduros» que eso! Ellos han llegado a la plenitud en Cristo (2:10), en quien mora la plenitud de Dios (1:19; 2:9).

Tal vez, el asunto es que los defensores de la filosofía que la carta busca rebatir están defendiendo programas y prácticas que permitirán que estos creyentes alcancen un nivel más avanzado en su desarrollo espiritual. Pero en Cristo, los colosenses ya tienen «todos los tesoros de la sabiduría y del conocimiento» (2:3).

Las ideas nuevas tienen «apariencia de sabiduría» sin un valor real (2:23). Los que promueven esas cosas están «envanecidos por su razonamiento humano» (2:18), y el fracaso de su programa llega a ser claro cuando uno ve los resultados: ha llevado a estas personas espirituales, supuestamente avanzadas,

Figura 19.2. Desvistiéndose para el bautismo. (The Bridgeman Art Library International)

a condenar (2:16) y descalificar (2:18) a los que Dios ha redimido (1:14) y reconciliado (1:22).

El crecimiento verdadero llega de Dios (2:19; cf. 1:6; 3:10): el cuerpo crece, y uno solamente tiene que seguir siendo parte de ese cuerpo para crecer a la madurez total. El cuerpo es la iglesia, y Cristo es la cabeza (1:18, 22, 24; 2:17, 19; 3:15). El crecimiento y la madurez, según Colosenses, no implican el descubrimiento de algo nuevo, sino continuar en Cristo y permanecer firmes en cuanto a lo que se les ha enseñado (2:6-7). Esa madurez llega a ser evidente en el fruto que produce: vive digno del Señor, marcado por las buenas obras (1:10; cf. Ef. 4:1). La madurez cristiana no lleva a juzgar a otros sino al amor, a la paz y al agradecimiento (3:14-15; cf. 2:2).

La última porción de Colosenses explica algunas consecuencias específicas del desarrollo de conocimiento y madurez (3:1-4:1). Las voces que hay que evitar (3:5, 8-9) son modelos de una antigua manera de ser humanos, de la que los Colosenses deben «despojarse», y las virtudes que deben exhibir

Esclavos y amos

Colosenses 3:18-4:1 presenta una *Haustafel* (tabla de responsabilidades del hogar) similar a la de Efesios 5:21-6:9. Esta hace énfasis en los deberes de los esclavos, tal vez por un problema reciente en la congregación, en el que Onésimo, el esclavo de Filemón, había huido de su amo, solo para que Pablo se lo enviara de regreso (Flm. 8:18; cf. Col. 4:9). Al igual que en la estrategia de Pablo para esa situación, la actitud hacia la esclavitud aquí es ambigua.

Por un lado, a los esclavos se les instruye a obedecer a sus amos en todo (3:22; en cuanto a esto, cf. Ef. 6:1-5; 1 Ti. 6:1-2; Tit. 2:9-10; 1 P. 2:18-21). Por otro lado, se instruye a los amos a tratar a sus esclavos de manera justa y razonable ante Dios (4:1). A los que Cristo ha vestido con una nueva forma de seres humanos (3:10), la distinción entre «esclavo y libre» ha llegado a ser, en última instancia, insignificante (3:11).

(3:12-15) son modelos de una nueva manera de ser humanos con la que se tienen que vestir los colosenses (3:9-10). Esta metáfora de quitarse y ponerse ropa invoca la imagen de los bautismos de los primeros cristianos, en los cuales los iniciados se quitaban su ropa y luego se vestían con una nueva túnica blanca, para simbolizar su identidad transformada en Cristo. La humanidad nueva concedida en el bautismo afecta las relaciones, porque ya no tiene que haber ninguna discriminación con base al origen o condición (3:11). De esa manera, Colosenses concluye con lo que puede ser nuestro primer ejemplo de una *Haustafel* («tabla del hogar») cristiana: la familia y las relaciones que marcan la vida diaria de los creyentes deben conducirse bajo el señorío de Jesucristo (para una discusión de una *Haustafel* cristiana, véase el cuadro 17.5).

Ecología

La Carta a los Colosenses da consideración amplia al lugar de los seres humanos en el universo y a la relación de la gente con su ambiente. Independientemente de cuáles hayan sido los intereses específicos del autor original, los intérpretes modernos han encontrado que el libro es un texto crucial para consideración de los asuntos ecológicos. A los teólogos y los científicos les ha parecido provocadora su «cristología cósmica» para una era en la que sabemos infinitamente más sobre la inmensidad del tiempo y el espacio de lo que cualquiera sabía cuando esta carta se compuso. Además, la conciencia ecológica es motivada por la postura colosense de que todo en el cielo y en la tierra fue creado por Cristo, en Cristo y para Cristo (1:16). Aunque hay una directriz aquí que los creyentes no deben enfocarse en los asuntos terrenales (3:2),

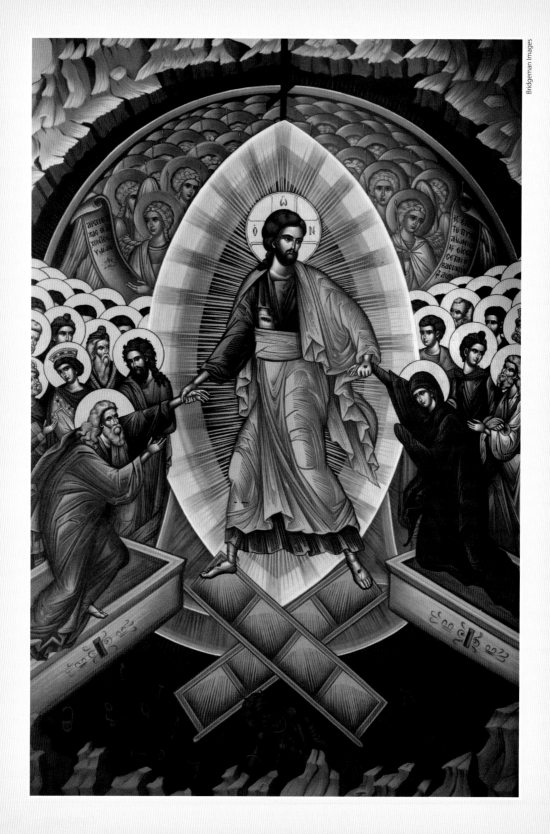

20

1 Tesalonicenses

Esto puede ser donde todo comenzó. La mayoría de los eruditos del Nuevo Testamento cree que la primera carta de Pablo a los Tesalonicenses es la primera de todas sus cartas que se han conservado. Si tienen razón, entonces casi seguramente fue escrita antes que cualquiera de los otros libros que ahora se encuentran en nuestro Nuevo Testamento, lo cual la convertiría en el escrito cristiano más antiguo de cualquier clase que haya sobrevivido. La carta, aparentemente, fue enviada por «Pablo, Silvano y Timoteo», pero las referencias en primera persona singular saltan lo suficientemente (2:18; 3:5; 5:27) como para indicar que Pablo es el autor principal.

El hombre que escribió esta carta, el apóstol Pablo, era un estudiante ávido de las Escrituras: la ley de Moisés, los salmos de David, los oráculos de los profetas. Parece improbable que él hubiera imaginado que algún día se leería esta carta junto con esas obras, y considerando sus propias palabras como parte de las Escrituras. Y mucho menos habrá imaginado qué la gente haría eso dos mil años después, porque no pensó que fuera probable que nadie anduviera por ahí dos mil años después, ni doscientos años, ni siquiera veinte años, en todo caso. El hombre que escribió 1 Tesalonicenses esperaba que Jesucristo regresara pronto, y pensaba que él mismo estaría vivo cuando eso ocurriera (4:17).

¿Cómo era ser cristiano en esos primeros días? En esta carta, Pablo nos lo dice. Incluso nos dice cómo practicaba él su ministerio, cómo se ocupaba de la tarea de esparcir lo que él llama «el evangelio de Dios» (2:2, RVR60). Veremos que el centro de atención no está simplemente en el mensaje que él compartió, sino también en la forma en la que lo compartía.

Generalidades

Después de un saludo breve (1:1), Pablo y sus compañeros dan gracias a Dios por la fidelidad de los tesalonicenses (1:2-3). Recuerdan la poderosa transformación espiritual que ocurrió en las vidas de los destinatarios de la carta: los tesalonicenses respondieron al evangelio y se convirtieron de los ídolos a Dios y, a pesar de la persecución, llegaron a ser un ejemplo inspirador para los creyentes de todas partes (1:4-10). Pablo les recuerda de la pureza e integridad con la que condujo su ministerio entre ellos (2:1-12), y también de la convicción con la que ellos aceptaron el evangelio como la misma palabra de Dios (2:13). Él les dice que el sufrimiento que han tenido que soportar por parte de los gentiles es comparable a lo que los cristianos judíos han tenido que experimentar por parte de los judíos que rechazaron a Cristo (2:14-16). Aunque lamenta no haber podido visitarlos, ha recibido noticias de Timoteo de su constante firmeza (2:17-3:10). Pablo concluye su porción de «agradecimiento» de esta carta con una bendición triple (3:11-13). Luego les da consejo a los tesalonicenses sobre unos cuantos asuntos. Les recuerda que deben ser puros y santos en cuanto a la sexualidad (4:1-8). Dice que deben tener vidas tranquilas y productivas, marcadas por el amor mutuo por otros creyentes y un comportamiento loable con los que no son creyentes (4:9-12). Luego, Pablo se ocupa de un tema que aparentemente

---

Cuadro 20.1

Recordatorios evangélicos

Una característica impactante de 1 Tesalonicenses es el número de veces que Pablo les recuerda a sus lectores las cosas que ellos ya saben.

- «Como bien saben, estuvimos entre ustedes buscando su bien» (1:5).
- «Bien saben que nuestra visita a ustedes no fue un fracaso» (2:1).
- «Y saben también que... cobramos confianza en nuestro Dios» (2:2).
- «Como saben, nunca hemos recurrido a las adulaciones ni a las excusas para obtener dinero» (2:5).
- «Recordarán... nuestros esfuerzos y fatigas» (2:9).
- «Ustedes me son testigos de que nos comportamos... en una forma santa, justa e irreprochable» (2:10).
- «Saben también que a cada uno de ustedes lo hemos tratado como trata un padre a sus propios hijos» (2:11).
- «Ustedes mismos saben que se nos destinó para esto» (3:3).
- «Les advertimos que íbamos a padecer sufrimientos. Y así sucedió» (3:4).
- «Ustedes saben cuáles son las instrucciones que les dimos» (4:2).
- «El señor castiga... como ya les hemos dicho y advertido» (4:6).
- «En cuanto al amor fraternal, no necesitan que les escribamos» (4:9).
- «Trabajen con sus manos, tal como los instruimos anteriormente» (4:11, NTV).
- «Ustedes no necesitan que se les escriba acerca de tiempos y fechas» (5:1).
- «Porque ya saben que el día del Señor llegará como ladrón en la noche» (5:2).

ha estado preocupando a los tesalonicenses: el destino de los que han muerto. Él les asegura que los difuntos no se perderán la resurrección, ni siquiera la parusía (la segunda venida de Cristo): cuando Cristo regrese, los muertos en Cristo resucitarán para encontrarse con él en el aire, y luego los creyentes que estén vivos serán arrebatados en el aire para que se unan a ellos (4:13-18). No se puede saber exactamente cuándo ni cómo ocurrirá esto, pero la certeza es que tanto los que viven como los que mueren en Cristo están destinados para salvación (5:1-11). Al haber ofrecido este estímulo, Pablo concluye la carta con varias exhortaciones, bendiciones y saludos finales (5:12-28).

Trasfondo histórico

En los tiempos del Nuevo Testamento, la región que ahora se conoce como Grecia consistía en dos provincias: Macedonia en el norte y Acaya en el sur. Las ciudades de Tesalónica y Filipos estaban en Macedonia, y Atenas y Corinto estaban en Acaya (véase el mapa 17.1). El apóstol Pablo pasó bastante tiempo en Grecia, en lo que tradicionalmente se llama su segundo y tercer viajes misioneros, y escribió cartas a tres de las cuatro ciudades que se acaban de mencionar. Tesalónica (la Tesalónica o Salónica moderna) era la ciudad capital de Macedonia y, en muchos aspectos, era la ciudad más importante de la región. Estaba ubicada en el cruce de cuatro caminos importantes, y también poseía uno de los mejores puertos naturales del norte del mar Egeo. Una metrópolis activa con una población que pudo haberse extendido tanto como a cien mil, la ciudad parece haber sido hogar de una amplia variedad de grupos religiosos: la arqueología revela múltiples santuarios y templos para deidades como Osiris, Serapis y Cabiros.

El segundo viaje misionero de Pablo lo llevó a Tesalónica alrededor de 48-51. Según el libro de Hechos, pasó a Europa desde lo que ahora es Turquía occidental. Tocó tierra en Neápolis (véase el mapa 14.1) y fue primero a Filipos, donde logró fundar la iglesia a la que después escribiría su carta a los Filipenses (Hch. 16:11-40). Luego, se trasladó por la Vía Egnatia a Tesalónica, alrededor de 160 kilómetros al occidente (Hch. 17:1). Parece que se quedó en esta ciudad varios meses y recibió la ayuda financiera, por lo menos en dos ocasiones, de la iglesia de Filipos que acababa de dejar (Fil. 4:16).

La breve reseña del ministerio tesalónico de Pablo en el libro de Hechos se enfoca en su predicación en la sinagoga judía (17:2-4), pero los comentarios de su primera carta a los tesalonicenses indican que su ministerio en la ciudad tuvo que haber abarcado un campo de acción más amplio. Pablo se refiere a los destinatarios de 1 Tesalonicenses como personas que «se convirtieron a Dios dejando los ídolos» (1:9). También menciona que él y sus compañeros trabajaban «día y noche» mientras proclamaban el evangelio a los tesalonicenses

Vía Egnatia: camino construido por los romanos en el siglo ii a. e. c.; atravesaba las provincias romanas de Ilírico, Macedonia y Tracia, y recorría el territorio que ahora es parte de la Albania moderna, la República de Macedonia, Grecia y la Turquía europea.

(2:9), lo cual tal vez da una descripción literal de cómo se llevó a cabo la evangelización de estos gentiles que adoraban ídolos. Muchas ciudades romanas, incluso Tesalónica, contaban con edificios de mercados llamados *insulae*, que contenían tiendas en el primer nivel y viviendas para los tenderos en los pisos de arriba. Las tiendas abrían sobre la calle y llegaron a ser lugares principales para la interacción social, además del comercio. Muchos eruditos creen que Pablo, Timoteo y Silas (= Silvano) rentaron una tienda *insula* en Tesalónica, donde podían practicar su oficio de curtidores de cuero o fabricantes de carpas (Hch. 18:3). Pablo pudo haber predicado en las sinagogas los días de reposo, pero en los otros seis días de la semana, Pablo y sus amigos convertían su tienda de cuero en una arena para el diálogo religioso, y daban su testimonio cristiano a los clientes, compradores, colegas y curiosos que pasaban. Aparentemente, hicieron eso con gran éxito, porque la carta de Pablo se refiere a los encuentros en el mercado, y no a los

Figura 20.1. Una *insula* romana. Estos restos de una *insula* romana de la ciudad de Ostia pueden parecer similares al edificio de Tesalónica, donde es probable que Pablo haya trabajado mientras esparcía el evangelio. (Dennis Jarvis, CC BY-SA 2.0)

compromisos de la sinagoga, como el contexto principal en el que la iglesia de Tesalónica nació.

Por supuesto, podemos preguntarnos cómo se ocupaba Pablo de persuadir a los gentiles para que adoraran al Dios judío y se convirtieran en seguidores del Mesías judío. En esta carta hace mención frecuente de asuntos que trató mientras estuvo con los tesalonicenses, y algunos de los puntos parecen similares a las enseñanzas de escuelas filosóficas que eran populares en el mundo grecorromano. Por ejemplo, Pablo dice que encauzó a los tesalonicenses a que vivieran tranquilamente, que se ocuparan de sus propios asuntos y que trabajaran con sus manos (4:11); este consejo bien pudieron haberlo dado también los epicúreos. De esa manera, Pablo pudo haber establecido algún contexto con estos gentiles, al presentar el cristianismo como un sistema moral significativo, que permite que la gente viva con integridad y dignidad. Pero, por supuesto, Pablo habría querido decir que la fe cristiana es mucho más que solo «buen consejo», y esta carta deja claro que él también enseñó a los tesalonicenses acerca de temas más específicos de la doctrina cristiana, por ejemplo, que solo hay un Dios vivo y verdadero (1:9), y que Jesús es el Hijo de Dios (1:10), que murió por ellos (4:10, 14), y a quien Dios resucitó de los muertos (1:10; 4:14). Sin embargo, el punto que surge más que cualquier otra cosa es la declaración cristiana que Jesús vendrá otra vez a rescatar a la gente de la ira de Dios (1:10; 2:19; 3:13; 4:15-17; 5:2-5, 23). Este parece haber sido un asunto de interés especial para los tesalonicenses, una cuestión dominante e impulsora de su fe. De cualquier manera, Pablo parece haber llevado a los tesalonicenses bastante lejos en un corto período de tiempo. Él estuvo en la ciudad menos de un año, y, aun así, cuando se fue había líderes en la iglesia que tenían la responsabilidad de amonestar a otros en el Señor (5:12). Es algo sorprendente darse cuenta de que estos líderes de la iglesia, confiables y respetables, aparentemente eran personas que unos cuantos meses antes nunca habían oído de Jesús.

Después de que Pablo, Timoteo y Silas hubieran pasado unos cuantos meses en esta ciudad, de repente fueron obligados a irse. Separados de los tesalonicenses, estuvieron consternados y preocupados por lo que llegaría a ser de los nuevos creyentes en medio de la persecución que ellos estaban experimentando (2:14; 3:3-4). La naturaleza de esa persecución no se describe. No es imposible que implicara violencia física, tal como Pablo después indicaría que le había ocurrido a lo largo de su ministerio (cf. 2 Co. 6:4-5; 11:23-25). Pero también es posible que la tribulación tomara la forma de ostracismo social y vergüenza pública. De cualquier manera, Pablo sabía que Satanás, el tentador, estaba detrás de esta aflicción, y se preguntaba si los cristianos jóvenes serían capaces de soportar la prueba (3:5). Repetidas veces trató de ir a verlos, pero Satanás frustró sus planes (2:18). Por fin logró enviarles a Timoteo (3:2-3), y Timoteo

epicureanismo: sistema filosófico que hacía énfasis en el libre albedrío, el destino cuestionable, y animaba la obtención del verdadero placer, a través de la evasión de la ansiedad, la concentración en el presente y el disfrute de todas las cosas con moderación.

Los judíos y la ira de Dios

En una sección de 1 Tesalonicenses, Pablo se sale un poco de la tangente al condenar a «los judíos» (2:14-16). Él anota seis cargos: (1) persiguieron a los cristianos en Judea; (2) mataron al Señor Jesús; (3) mataron a los profetas; (4) sacaron a Pablo y a sus compañeros, probablemente una referencia a obligarlos a salir de Macedonia (cf. Hch.17:5, 13-14); (5) Disgustaron a Dios; y (6) se «opusieron a todos» al impedir la evangelización cristiana de gentiles. Pablo dice que, al hacer esas cosas, los judíos han «llenado la medida de sus pecados» y que ahora la ira de Dios por fin los ha alcanzado.

Estos versículos han tenido una terrible influencia en la historia cristiana, han inspirado el antisemitismo y han dado apoyo a siglos de malos tratos al pueblo judío por manos de gentiles educados en las Escrituras cristianas.

Los eruditos observan que los versículos no son típicos de Pablo. En otra parte, Pablo se identifica como perseguidor de la iglesia (Gá. 1:22-23; cf. Hch. 7:58). En lugar de culpar a los judíos por matar a Jesús, atribuye la muerte de Jesús a los «gobernantes de este mundo» (1 Co. 2:8), con lo que probablemente se refiera a los poderes espirituales malignos (cf. Col. 2:15). Y en lugar de hablar de que alguien incurre en la ira de Dios por matar a Jesús, Pablo normalmente habla de que Jesús entrega su vida voluntariamente para que la gente pueda ser salva de la ira de Dios (Ro. 5:6-9).

Pablo frecuentemente estaba en conflicto con sus compañeros judíos, y afirma haber sufrido en manos de ellos (2 Co. 11:24). Aun así, la actitud que se expresa en 1 Tesalonicenses 2:14-16 parece notablemente distinta a sus declaraciones acerca del trato de Dios con Israel en otra parte (Ro. 9:1-5; 10:1-4; 11:25-32). Unos cuantos eruditos se preguntan si estos versículos (1 Ts. 2:14-16) podrían haber sido escritos por alguien que no fuera Pablo y fueron insertados en esta carta en una fecha posterior, pero no hay evidencia directa en ninguno de nuestros manuscritos que apoye esta suposición. Muy frecuentemente, los versículos se consideran como «hipérbole polémica», una diatriba que ejemplifica las tácticas retóricas de la época, pero definitivamente no representa la opinión completa o razonada de Pablo acerca del tema. Es posible que entendiera que esas retóricas estaban en línea con las propias Escrituras de Israel, que contienen numerosos pasajes que expresan palabras de condenación en contra del pueblo escogido de Dios (cf. Dt. 32; 2 Cr. 36:15-21; Am. 6:1-8).

Otros ejemplos en el Nuevo Testamento de diatribas polémicas en contra de los judíos se encuentran en Mateo 23:13-39; Juan 8:39-47; Hechos 7:51-53.

regresó con buenas noticias: los tesalonicenses estaban firmes en el Señor (3:8), y seguían pensado bien de Pablo y sus compañeros (3:6).

Fue como respuesta a estas noticias que Pablo (con Silas y Timoteo) escribió la carta que conocemos como 1 Tesalonicenses. La fecha de la composición de la carta se encuentra entre 49 y 52, si asumimos que escribe «un poco de tiempo» después de fundar la iglesia (véase 2:17). Para entonces, probablemente está en la ciudad de Corinto, y vive con sus amigos y compañeros fabricantes de carpas, Aquila y Priscila, y pasa los días en el mercado corintio, tratando de replicar el éxito evangelístico que había logrado en Filipos y Tesalónica (véase Hechos 18:1-4).

Fe, amor y esperanza

Pablo menciona la fe, el amor y la esperanza al inicio y al final de 1 Tesalonicenses:

- «Siempre damos gracias… recordamos constantemente… la obra realizada por su fe, el trabajo motivado por su amor, y la constancia sostenida por su esperanza en nuestro Señor Jesucristo» (1:2-3).
- «Protegidos por la coraza de la fe y del amor, y por el casco de la esperanza de salvación» (5:8).

Pablo habla de «fe, esperanza y amor» en 1 Corintios 13:13, y enumera el «amor» de último, porque dice allí que es el más importante de los tres. Sin embargo, en 1 Tesalonicenses, enumera «esperanza» de último porque, para esta iglesia en ese tiempo, el mensaje de esperanza parece ser lo más importante. Pablo dice que Timoteo le ha llevado un buen reporte en cuanto a la «fe y el amor» de los tesalonicenses (3:6), pero no menciona ningún buen reporte de que ellos sobresalgan en esperanza. Los tesalonicenses son famosos por su fe (1:8), y abundan en amor (3:12; 4:9-10), pero necesitan ser animados con un mensaje de esperanza (4:13, 18).

El propósito principal de la primera carta a los Tesalonicenses es celebrar y fortalecer la buena relación que tiene con los creyentes de la comunidad. La carta tiene un tono general de «recordar», y alertar a los tesalonicenses de la continua importancia de lo que han visto, oído y saben que es cierto (véase el cuadro 20.1). Pero Pablo también quiere que respondan a un nuevo asunto que ha surgido, una pregunta que ha precipitado una crisis de fe dentro de la comunidad. No es de sorprender que sea un asunto que involucra el tema favorito de los tesalonicenses: la segunda venida de Cristo.

Temas importantes de 1 Tesalonicenses

La conducta del ministerio de Pablo

Pablo les recuerda a los tesalonicenses la forma en que él y sus compañeros se comportaron (1:5; 2:1-2). Mostraron valor en medio de la oposición (2:2) y no comprometieron el mensaje de Dios para ganarse la aprobación de simples mortales (2:3-6). Ellos se interesaban tan profundamente por los tesalonicenses que trabajaron tiempo extra para ganarse su propio sustento y no ser una carga para nadie (2:8-9). Su conducta fue «santa, justa e irreprochable» (2:10). Ni siquiera hicieron la clase de demandas que habrían sido apropiadas hacer como apóstoles; decidieron renunciar a lo que habría sido justo para ellos, porque prefirieron considerar a los tesalonicenses como familia y no como estudiantes o discípulos.

En efecto, el simbolismo de la familia en esta carta es tanto penetrante como diverso. Primero, Pablo y sus compañeros dicen que cuando estaban con los

Figura 20.2. Evangelismo en el mercado. En muchos países latinoamericanos, los aldeanos se reúnen en el mercado para compartir sus ideas y filosofías mientras trabajan con sus manos. Pablo describe un escenario similar, llevó el evangelio a los tesalónicos mientras trabajaba en su oficio (fabricación de tiendas) en el mercado. (© The Alfredo Ramos Martínez Research Project, reproducido con permiso. Foto © Christie's Images / Bridgeman Images)

tesalonicenses hicieron el papel de padres; fueron tan tiernos y gentiles como una madre que amamanta (2:7), y le dieron a cada persona consejo y ánimo paternal (2:11). Luego, cuando los separaron de los tesalonicenses por la fuerza, sintieron como si *ellos* hubieran sido los hijos, la angustia los hizo sentirse como huérfanos (2:17). Y ahora, al escribir la carta, consideran a los tesalonicenses como sus «hermanos»: la terminología de hermanos se usa extraordinariamente quince veces en lo que es una carta bastante corta (1:4; 2:1, 9, 14, 17; 3:2, 7; 4:1, 6, 9, 10, 13; 5:1, 12, 26).

¿Por qué pasa Pablo tanto tiempo explicando la profundidad de su devoción por los tesalonicenses y recordando la nobleza de su ministerio y los motivos? Algunos eruditos se preguntan si él podría estar a la defensiva. Tal vez tiene opositores o detractores en la ciudad, que ridiculizan su ministerio de maneras que él quiere negar. También es posible que algunos de los tesalonicenses puedan culparlo por las persecuciones que están sufriendo, persecuciones que él mismo ha logrado evitar al irse de la ciudad; de esa manera, Pablo se desvía para hacerles saber que ha sufrido por ellos (2:2), que sigue preocupado por ellos (2:17-3:5) y que, en algún sentido, sigue compartiendo en sus aflicciones (3:4, 7).

Sin embargo, también es posible que Pablo dé este resumen de su ministerio no por razones defensivas, sino más bien como un modelo para que los hermanos tesalonicenses lo sigan mientras llegan a ser imitadores de él, al compartir la palabra con otros (1:6-8). Además, Pablo quizá quiera recordarles a los tesalonicenses lo bien que los trataron a ellos, como una manera de honrarlos: ellos han sufrido la vergüenza de ser denigrados por sus propios compatriotas (2:14), pero tres líderes eclesiásticos prominentes los consideraban (y todavía los consideran) dignos de devoción ejemplar. Independientemente de lo que puedan decir de ellos sus conciudadanos, Pablo, Timoteo y Silas dicen: «Ustedes son nuestro orgullo y alegría» (2:20; cf. 3:8-9).

Honor y vergüenza

Varios puntos de esta carta se pueden leer a la luz de una preocupación que se acaba de mencionar: los tesalonicenses han sido avergonzados por sus compatriotas, y Pablo quiere darles una restauración de honor un poco irónica. La razón de la vergüenza probablemente fue que los cristianos nuevos repudiaron mucho de lo que era (literalmente) sagrado para la sociedad gentil: no se unían a las festividades asociadas con los templos y santuarios de la ciudad; no honraban al emperador con tributos de adoración ni elogios; no participaban en banquetes, fiestas y otras diversiones. Como resultado, en tanto que los judíos de Tesalónica habrían visto a los cristianos tesalonicenses como herejes, la población gentil probablemente los etiquetó como irreligiosos, no patrióticos y antisociales. Llegar a ser cristianos en la Tesalónica de mediados del siglo I, casi seguramente significaba una pérdida de estima y prestigio social.

Pablo quiere decirles a los cristianos tesalónicos que, aunque no se les honra a los ojos de este mundo, se les honra a los ojos de Dios. Él también se desvive para asegurarles que son de alta estima entre otros creyentes: su historia se cuenta como un ejemplo inspirador de fe en las iglesias a lo largo de Macedonia

honor: la condición positiva que uno tiene a los ojos de las personas que uno considera importantes.

vergüenza: condición negativa, implica desgracia e indignidad.

y Acaya y, en efecto, «en todo lugar» (1:7-9). Además, sugiere que sus vecinos no creyentes (los que los avergüenzan) son los que se comportan de una manera que es verdaderamente indigna de honra: tratan mal a otros (2:2) y viven como gente que no conoce a Dios, controlados por sus pasiones lujuriosas (4:5). Todo esto se expondrá cuando llegue la ira de Dios: la destrucción total les llegará a los que hablan despreocupadamente de «paz y seguridad» (5:3-4).

De esa manera, los cristianos tesalonicenses no deberían preocuparse por lo que piensan sus vecinos que tienen los días contados, pero Pablo da dos sugerencias que podrían ayudar su situación. Primero, los cristianos tesalonicenses deben edificarse unos a otros, porque, dentro de la comunidad, esto provee una afirmación de honra que ellos ya no disfrutan en la sociedad en general (4:18; 5:11, 14). Segundo, deben ser cuidadosos en su comportamiento con los no creyentes: si ellos se refrenan de meterse en los asuntos de los demás, y si siguen siendo buenos ciudadanos productivos (4:11-12), pueden silenciar algunas de las críticas que han lanzado en contra de ellos. Por lo que deben ver más allá de su situación actual, a su destino final (5:9; cf. 3:3), pero mientras tanto, deben abundar en amor y hacer el bien unos a otros (3:12) y también a los de afuera (5:15).

La moralidad sexual

Pablo aconseja a los tesalonicenses en cuanto a cómo deben vivir para agradar a Dios (4:1; cf. 2:9). Primero, hace énfasis en que deben ser santos y honorables en los asuntos de moralidad sexual: deben abstenerse de relaciones sexuales fuera del matrimonio y de cualquier cosa que explote o exprese la pasión lujuriosa (4:3-7). Si los tesalonicenses hubieran sido convertidos judíos, habrían necesitado poca instrucción en cuanto a esto, pero para los gentiles que hasta hace poco tiempo no conocían a Dios (cf. 4:5), la castidad y la monogamia podrían haber parecido ideas novelescas. Pablo les ha dicho todo esto antes (4:2), pero ya sea por algo que Timoteo le dijo, o simplemente por su propia intuición o conocimiento de la naturaleza humana, piensa que vale la pena mencionarlo otra vez. También hace énfasis en que esta enseñanza no se basa en autoridad humana, sino que viene directamente de Dios (4:8).

Trabajar para vivir

Pablo insta a los creyentes tesalonicenses a trabajar con sus manos y a no depender de nadie (4:11-12). Esta orden parece que sale a colación por el ejemplo que él y sus compañeros dan al trabajar día y noche para no ser carga para nadie (2:9). Parece que había habido ociosos en la comunidad tesalónica, que necesitaban que se les amonestara a fin de que trabajaran para vivir (5:14).

¡Dios mío!

En 1 Tesalonicenses 4:13, Pablo dice que no quiere que los creyentes «se entristezcan como esos otros que no tienen esperanza». Un texto popular para los funerales cristianos y servicios conmemorativos, típicamente, se interpreta que este pasaje estimula un distintivo, la tristeza cristiana se basa en la promesa de vida después de la muerte. Pablo no dice que los tesalonicenses no deben entristecerse por sus seres amados que han perdido, eso sería irrealista y nada saludable. Más bien, dice que su tristeza debe ser distinta a la tristeza de la gente que no tiene esperanza de volver a ver nunca más a sus seres amados. Los cristianos tesalonicenses no deben ignorar «lo que va a pasar con los que ya han muerto». Ellos saben que los muertos en Cristo resucitarán y que todos los que creen, vivos y muertos, se reunirán para estar con el Señor para siempre (4:16-18). Ese conocimiento no elimina la tristeza o dolor de experimentar la pérdida en esta vida, pero Pablo, no obstante, insta a los tesalonicenses apesadumbrados a animarse «unos a otros con estas palabras» (4:18).

Semejante problema tal vez resultó simplemente de la haraganería, pero muchos intérpretes se han preguntado si la ociosidad en la comunidad tesalonicense estaba con la expectativa de la iglesia de una segunda venida inminente. Tal vez algunos miembros de la iglesia habían renunciado a sus trabajos por la anticipación ansiosa del fin de los tiempos, y ahora Pablo tiene que decirles que holgazanear por Jesús no es una forma apropiada de esperar su venida. Este asunto surgirá otra vez en otra carta dirigida a esta comunidad (2 Ts. 3:6-13; véase el cuadro 21.3).

La muerte de los creyentes antes de la parusía

Cerca del final de 1 Tesalonicenses, Pablo se ocupa de una pregunta que parece estar inquietando a la congregación. Algunas personas de la iglesia han muerto, y los tesalonicenses apesadumbrados se preguntan si eso significa que sus seres amados se perderán de lo que Pablo les ha prometido a ellos. Pablo dice que no, cuando Cristo regrese, los muertos en Cristo resucitarán, y luego todos los creyentes, vivos y muertos, serán arrebatados en las nubes para reunirse con el Señor en el aire (4:16-17). Todo esto parece bastante claro; de hecho, para muchos eruditos parece demasiado claro. En una carta que se dedica en gran parte a recordarle a la gente las cosas que ya saben, 1 Tesalonicenses 4:13-18 sobresale como una sección de la carta en la que Pablo da información nueva. Pero parece como un asunto muy básico. ¿Sabían en realidad los tesalonicenses que los muertos resucitarían para una vida nueva?

Inscripción de una lápida

Una leyenda sobre lápidas en el Imperio romano decía:

Non Fui
Fui
Non Sum
Non Curo

Traducción: No existí / Sí existí / No existo / No me importa.

Arrebatados en las nubes

En algunos círculos, 1 Tesalonicenses se valora por dar la referencia bíblica principal (o «texto de prueba») de lo que se llama el «rapto».

> El Señor mismo descenderá del cielo con voz de mando, con voz de arcángel y con trompeta de Dios, y los muertos en Cristo resucitarán primero. Luego los que estemos vivos, los que hayamos quedado, seremos arrebatados junto con ellos en las nubes para encontrarnos con el Señor en el aire. Y así estaremos con el Señor para siempre. (1 Ts. 4:16-17)

La palabra griega que se traduce como «arrebatados» (*harpazein*) en este pasaje se usa en otra parte para describir a la gente que es arrebatada por el Espíritu de Dios (Hch. 8:39) o transportada al cielo (2 Co. 12:2-4). Parece que Pablo dice que a todos los cristianos (vivos y muertos) Dios los elevará milagrosamente al cielo (véase también 2 Co. 12:2, 4; y cf. Mt. 24:40-41; Lc. 17:34-35).

La palabra griega que se traduce como «encontrar» (*apantēsis*) en la frase «encontrarnos con el Señor», frecuentemente se usa con referencia a una costumbre de la época. La gente que esperaba a un visitante importante, frecuentemente, salía de la casa o ciudad para interceptar y acompañar al viajero que se acercaba en el último tramo del viaje (Mt. 25:6; Hch. 28:15). De esa manera, Pablo podría estar diciendo que a medida que Jesús regresa, todos los cristianos (vivos y muertos) se elevarán al cielo para reunirse con él a medio camino; ellos entonces se unirán a él en una procesión triunfante mientras continúa su descenso a la tierra.

El término «rapto» (una palabra española formada de la palabra latina para «alcanzar») ha llegado a asociarse con un escenario particular de los acontecimientos del fin de los tiempos: la noción de que los cristianos fieles serán llevados al cielo en algún momento antes del regreso de Cristo, en tanto que otros se quedan para lidiar con un tiempo de tribulación sin precedentes. Los cristianos que dicen que «creen en el rapto» frecuentemente quieren decir que aceptan esta doctrina particular de una liberación milagrosa de creyentes antes de la tribulación. Los cristianos que dicen que «no creen en el rapto», aun así, quizá esperan ser arrebatados a las nubes para reunirse con el Señor Jesús cuando regrese; ellos simplemente no aceptan el escenario particular de una liberación antes de la tribulación con la que el término «rapto» ha llegado a ser asociado.

¿Había pasado por alto Pablo decírselos? Y aunque ese fuera el caso, ¿no podía habérselos dicho Timoteo cuando los visitó? ¿Por qué era esto un asunto que requería palabras del mismo Pablo?

Algunos eruditos creen que la presentación de esta pregunta indica lo primitiva que pudo haber sido la teología de Pablo en el inicio de su ministerio. Él asume ingenuamente que todavía estará vivo cuando Cristo regrese (observe 4:17: «los que estemos vivos»). Tal vez, en esos primeros años estaba tan ansiosamente esperando la segunda venida que ni siquiera se detuvo a pensar en lo que le pasaría a la gente que moría. Ni siquiera había hablado nunca de eso con Timoteo o Silas, pero ahora que los tesalonicenses sacaron a colación la pregunta, tuvo que pensarlo bien y proponer una respuesta: ¡Por supuesto! Los muertos resucitarán, así como Jesús resucitó.

Esa es una explicación. Otra, que varios eruditos prefieren, sugiere que la pregunta de los tesalonicenses no era acerca de la resurrección de los muertos (un tema del que ellos seguramente habían recibido instrucción previa) sino acerca de la cronología de los acontecimientos en el fin de los tiempos. La preocupación no era que sus seres amados se perdieran la resurrección, sino que se perderían la parusía. Los amados difuntos habían estado esperando cada día que Jesús viniera, y ahora habían muerto. Por

parusía: la segunda venida de Cristo.

Cuadro 20.7

Cristianos que se besan

Pablo concluye su Carta a los Tesalonicenses con esta exhortación: «Saluden a todos los hermanos [adelphoi] con un beso santo» (5:26). Él termina tres de sus últimas cartas con la exhortación más genérica: «Salúdense unos a otros con un beso santo» (Ro. 16:16; 1 Co. 16:20; 2 Co. 13:12).

En los primeros años del cristianismo, los seguidores de Jesús se hacían notar porque se besaban unos a otros (probablemente, aunque no necesariamente, en los labios) y por hacer el intercambio de semejantes saludos como parte de su liturgia pública. El énfasis de Pablo en que fuera un «beso santo» (cf. 1 P. 5:14) deja claro que no se implicaba nada erótico. Aun así, la práctica era novedosa.

En el mundo bíblico, besarse parece haber sido una práctica común entre los miembros de la familia (Gn. 27:26-27; Éx. 18:7) y amigos (1 S. 20:41). Los hombres besaban a los hombres (2 S. 20:9) y las mujeres besaban a las mujeres (Rt. 1:9, 14) como expresión de bienvenida (Gn. 29:13; Éx. 4:27), favor (2 S. 15:5), bendición (Gn. 48:9-10; 2 S. 19:39), despedida (Gn. 31:28, 55; 1 R. 19:20), tristeza (Gn. 50:1) y reconciliación (Gn. 33:4; 45:15). Sin embargo, no parece que haya habido algún precedente en la sociedad judía o grecorromana de besarse entre hombres y mujeres que no fueran parientes (Gn. 29:11-12) ni amantes (Cnt. 1:2; 8:1).

El Nuevo Testamento contiene referencias a besos similares a lo que se encuentra en otra parte en la Biblia (Mr. 14:45; Lc. 15:20; Hch. 20:37), pero también presenta este nuevo concepto de un «beso santo» que podía compartirse entre creyentes, independientemente del sexo, rango o la raza. Esta práctica probablemente se pueda rastrear hasta la enseñanza de Jesús, que identificó a sus seguidores como miembros de su familia (Mr. 3:35). Con base a esta idea, un saludo compartido entre hermanos y hermanas literales llegó a ser un acto simbólico que expresaba la relación espiritual entre aquellos que eran una familia en Cristo.

En el siglo II, el intercambio ritual de un «beso de paz» llegó a ser un componente estándar de la liturgia del domingo por la mañana (véase Justino Mártir, *Primera Apología* 66).

Para más acerca de este tema, véase Michael Philip Penn, *Kissing Christians: Ritual and Community in the Late Ancient Church* [Cristianos que se besan: rito y comunidad en la iglesia antigua tardía] (Philadelphia: University of Pennsylvania Press, 2005).

21

2 Tesalonicenses

Los grupos de *rock* y otros artistas de música popular frecuentemente interpretan «versiones» de canciones con las que su público ya está familiarizado. El truco está en no copiar la canción exactamente, sino más bien reinventarla de maneras creativas e interesantes, sin perder aquellas características que hicieron la pieza atractiva en primer lugar. De hecho, algunos artistas han sido famosos por hacer versiones de sus propias canciones, y actualizan sus éxitos pasados lo suficiente como para obtener una nueva audiencia para una nueva época.

Se podría pensar en la carta del Nuevo Testamento conocida como 2 Tesalonicenses como otra «versión» de la carta conocida como 1 Tesalonicenses. El contenido y formato son extraordinariamente similares, pero el tono ha cambiado. La primera carta mencionaba destrucción que llegaría sobre los no creyentes el día del juicio (1 Ts. 5:3); la segunda parece que saborea esa condenación (2 Ts. 1:6-9; 2:11-12). La primera carta dijo que había que amonestar a los holgazanes (1 Ts. 5:14; cf. 4:11); la segunda dice que se les debe negar la comida (2 Ts. 3:10). La primera carta dijo que todos en la comunidad debían escuchar lo que la carta decía (1 Ts. 5:27); la segunda dice que tienen que obedecer lo que dice, si no, los demás miembros de la iglesia deben evitarlos (2 Ts. 3:14).

Mucho, pero no todo, de lo que se encuentra en 2 Tesalonicenses da la impresión de una versión más rigurosa de lo que se dijo más suavemente en la carta que examinamos en el capítulo anterior. Una pregunta clave llega a ser si el autor es Pablo, que vuelve a exponer su propio material en una línea más estridente, o si es alguien que remodela uno de los «grandes éxitos» del apóstol (la carta conocida como 1 Tesalonicenses) con un estilo más rígido y severo.

Generalidades

El saludo breve (1:1-2) identifica que 2 Tesalonicenses es de Pablo, Silvano y Timoteo, quienes testifican de cómo el amor mutuo y la fidelidad de los tesalonicenses en la persecución han inspirado el orgullo y el agradecimiento entre las iglesias de Dios (1:3-4). A eso le sigue una promesa de que Dios se vengará de los que afligen a los tesalonicenses, y los castigará con destrucción eterna el día del juicio (1:5-12). La mención de ese día lleva a instrucciones sobre un asunto importante: algunas personas han estado diciéndoles a los tesalonicenses que el «día del Señor» ya ha llegado (2:1-2). Los autores les aseguran que ese no es el caso y que, en efecto, ese día no llegará hasta después de que «el hombre de maldad» haya montado una oposición a Dios final y fútil (2:3-12). Los autores confían en que los tesalonicenses no van a estar entre los engañados por este enemigo satánico, siempre y cuando se aferren a lo que Pablo les enseñó (2:13-15). Les dan a los tesalonicenses su bendición en cuanto a esto (2:16-17), piden sus oraciones a cambio (3:1-2), repiten la afirmación de confianza (3:3-4) y dan otra bendición, similar a la primera (3:5). Luego, la carta gira a otro tema y trata el problema de la holgazanería: los tesalonicenses deben seguir el ejemplo de la labor productiva que Pablo les estableció, y deben evitar relacionarse con los creyentes que no siguen este ejemplo (3:6-15). La carta termina con dos bendiciones y unas palabras con la propia letra de Pablo, con lo cual los lectores van a poder reconocer la autenticidad de esta carta, como algo directo de él y no de alguien que usa su nombre para desorientarlos (3:16-18).

Trasfondo histórico

Nuestro conocimiento en cuanto al trasfondo histórico de esta carta es incierto. Comencemos con un repaso breve de lo que sí sabemos. Tesalónica era la capital de la provincia romana de Macedonia (ubicada en lo que ahora es el norte de Grecia). Pablo fundó una iglesia compuesta principalmente de gentiles en esta ciudad, alrededor de 48-51. Él se vio obligado a salir de la ciudad en medio de una persecución creciente, y escribió la carta que ahora conocemos como 1 Tesalonicenses a la iglesia en apuros que había dejado atrás.

¿Qué pasó después? Un posible escenario es muy claro. Unos cuantos meses después de escribir 1 Tesalonicenses, Pablo recibió noticias de la iglesia de que había surgido otra crisis: los tesalonicenses estaban tan dispuestos y emocionados por el inminente regreso de Cristo, que algunos de ellos habían creído el rumor de «"¡Ya llegó el día del Señor!"» (2 Ts. 2:2). No estamos seguros exactamente de qué pensaban que eso significaba (véase el cuadro 21.1), o de dónde habían sacado esa noción (¿de una profecía entusiasta de uno de sus miembros, o de una carta falsificada de alguien que afirmaba ser Pablo, o una mala interpretación de 1 Tesalonicenses?). De cualquier manera, Pablo se dio cuenta de que era hora de escribirles otra carta para arreglar las cosas. Según este escenario, la carta conocida como 2 Tesalonicenses fue escrita desde Corinto por Pablo y sus compañeros, unos meses después de 1 Tesalonicenses, en algún momento entre los años 50 y 53. El punto principal de la carta está en 2:1-12, donde Pablo enseña a los tesalonicenses acerca de lo que tiene que pasar antes de que llegue el día del Señor.

Para muchos estudiantes de la Biblia, el escenario que se acaba de describir da un contexto histórico razonable para entender esta carta. Sin duda, es el contexto dentro del cual se ha entendido la carta a lo largo de la mayor parte de la historia eclesiástica. Sin embargo, en los tiempos modernos se ha sugerido otro escenario que ha recibido apoyo significativo. Según esta perspectiva, la carta en realidad no fue escrita por Pablo, y quizá no haya sido escrita a los tesalonicenses.

Es de un tiempo posterior, años después de la muerte de Pablo, cuando los cristianos consideraban los escritos del apóstol como tratados autoritativos, casi a la par de las Escrituras. En ese tiempo, como los cristianos habían seguido pensando en la segunda venida de Cristo, se les habían ocurrido ideas que nunca habría imaginado Pablo, ideas desarrolladas como respuesta a cosas que habían ocurrido en el Imperio romano. Algunas de estas ideas se presentan en el libro de Apocalipsis y en los Evangelios sinópticos (Mt. 24:1-44; Mr. 13:3-37; Lc. 21:7-36), libros que fueron escritos de dos a cuatro décadas después de que Pablo escribiera 1 Tesalonicenses. Así que, según esta sugerencia, algún cristiano, desconocido para nosotros, escribió otra «carta de Pablo» en la que expresaba estas ideas en cuanto a la segunda venida. La persona que hizo esto,

Cuadro 21.1

¿Cuál era el rumor?

Los tesalonicenses estaban agitados y alarmados por el rumor de «"¡Ya llegó el día del Señor!"» (2 Ts. 2:2). ¿Qué pensaban que había pasado?

- ¿Pensaban que las persecuciones que estaban experimentando eran los «dolores de parto», que indicaban que la segunda venida seguramente iba a ocurrir en un asunto de días (cf. 1 Ts. 5:3)?
- ¿Pensaban que Jesús ya había regresado y que estaba organizando su reino en alguna parte de la tierra?
- ¿Pensaban que algo como el «rapto» ya había ocurrido y que ellos se habían quedado (cf. 1 Ts. 4:15-17)?
- ¿Pensaban que Cristo había regresado en un sentido místico, tal vez personificado en la unidad espiritual de la comunidad?
- ¿Pensaban que el «día del Señor» era algo que no requería de una segunda venida literal, sino más bien podía llevarse a cabo espiritualmente, a través de una vida de fe que supera todas las dificultades (cf. 1 Co. 4:8)?

Figura 21.1. El infierno espera. Según 2 Tesalonicenses 1:7-9, los malhechores y los enemigos de los cristianos fieles sufrirán la venganza de Dios. (The Bridgeman Art Library International)

aparentemente tenía una copia de 1 Tesalonicenses y la usó como modelo para crear una composición que se leyera como algo que Pablo hubiera escrito. Aunque la carta, ostensiblemente está dirigida «a la iglesia de los tesalonicenses», probablemente tenía la intención de que se circulara entre todos los cristianos del Imperio romano. Si ese es el caso, entonces no sabemos quién escribió la carta, ni dónde, ni cuándo (aunque los oponentes de esta opinión creen que alguna fecha de los años 80 parece probable). Aun así, el punto principal de la carta, una vez más, se asume que es la enseñanza acerca del fin de los tiempos que se presenta en 2:1-12.

En resumen, las preguntas en cuanto al mejor contexto para entender 2 Tesalonicenses giran alrededor del asunto de si esta es en realidad una carta de Pablo. Si 2 Tesalonicenses es de Pablo, entonces debe leerse como una de sus primeras composiciones, en efecto, es probable que sea el segundo escrito cristiano que poseemos, y puede leerse como una posdata virtual de 1 Tesalonicenses, que trata de una crisis en particular que surgió en una de las primeras congregaciones cristianas. Si 2 Tesalonicenses no es de Pablo, entonces debe entenderse que presenta instrucciones genéricas sobre lo que había llegado a ser un asunto de interés, décadas después.

Temas importantes de 2 Tesalonicenses

La certidumbre de juicio

El autor de 2 Tesalonicenses les asegura a los creyentes cristianos que quienes los persiguen tendrán que responder a Dios por sus fechorías (1:6). Cuando el Señor Jesús venga, acompañado de ángeles, traerá «llamas de fuego» y desatará una terrible venganza sobre los que no conocen a Dios y los que no obedecen el evangelio (1:7-8). De esa manera, todos los oponentes del cristianismo, gentiles y judíos por igual, «sufrirán el castigo de la destrucción eterna», separados de la presencia de Dios para siempre (1:9). Varios eruditos han observado que Pablo sí escribe en otra parte acerca del juicio y la ira de Dios (Ro. 1:18; 2:5-8; 12:19; 1 Ts. 1:10; 2:16), pero generalmente no saborea el sufrimiento final de sus enemigos, como a veces se piensa que lo hace aquí. Sin embargo, el acento en esta sección de la carta (1:5-12) tal vez no está en los aspectos negativos del juicio, sino más bien en el alivio de los afligidos (1:6-7) y en la vindicación de Jesús, cuyo nombre será glorificado al fin (1:10, 12).

hombre de maldad: según 2 Tesalonicenses, el enemigo supremo de Cristo que aparecerá al fin de los tiempos (2:3-12), posiblemente ha de identificarse con el anticristo de 1 Juan 2:18 (cf. 1 Jn. 2:22; 4:3; 2 Jn. 7) o con la bestia de Apocalipsis 11:7; 13:1-18.

La llegada del «hombre de maldad»

El «contenido nuevo» más significativo de 2 Tesalonicenses tiene que ver con la enseñanza de que el día del Señor (2:2), la segunda venida de Jesucristo (2:1), no ocurrirá hasta después de que llegue la «rebelión» y se manifieste «el hombre de maldad» (2:3). Este hombre de maldad podría ya estar presente: el «misterio de la maldad» con respecto a él ya está en función (2:7). Sin embargo, por el momento, algo o alguien lo detiene (2:6-7). Después de que se haya retirado ese freno, el hombre de maldad será

Figura 21.2. El hombre de maldad. En este fresco italiano del siglo xv, el diablo le dice qué decir a un maestro prominente. (The Bridgeman Art Library International)

¿Qué (o quién) es el que detiene?

En 2 Tesalonicenses 2:6-7 se indica que «el hombre de maldad» actualmente está siendo detenido por algo o alguien que finalmente será retirado. Los tesalonicenses sabían quién o qué era lo que lo detenía (2:5-6). Los intérpretes desde entonces han tenido que conjeturar:

- Dios o el poder de Dios
- El Espíritu Santo
- Satanás
- El ángel Apolión (Ap. 9:11)
- El arcángel Miguel (Jud. 1:9; Ap. 12:7)
- La iglesia cristiana
- Algún líder cristiano prominente (el mismo Pablo, o Santiago de Jerusalén)
- La misión gentil, que tenía que completarse primero (cf. Mr. 13:10)
- El Imperio romano o el emperador (cf. Ro. 13:1-7)

Esas ideas a veces se combinan: 2:6 parece que habla de una fuerza que detiene («hay algo que detiene»), en tanto que 2:7 parece que habla de una persona («el que ahora lo detiene»).

En el siglo I, el comentario de Agustín sobre 2:6-7 fue: «Yo confieso que de ningún modo entiendo lo que quiso decir» (*La ciudad de Dios* 20.19). A los eruditos modernos no les ha ido mejor que a Agustín en su análisis de este enigma.

revelado. Tomará su asiento en el templo de Dios y declarará que es Dios (2:4). Y entonces, ¡el Señor Jesús hará que sea arrasado por el viento, literalmente (2:8; cf. Is. 11:4)!

No sabemos con seguridad qué significa esto. Los eruditos que creen que Pablo escribió 2 Tesalonicenses, generalmente asumen que ha puesto al corriente a los tesalonicenses con detalles que no están disponibles para nosotros (véase 2:5-6). Los intérpretes frecuentemente han asumido que algunas de las referencias en esta sección de la carta son de acontecimientos recientes o actuales del Imperio romano, pero hay muchas conjeturas en cuanto a qué acontecimientos pudieran ser esos: varias ofensas al cristianismo asociadas con Calígula (37-41), Nerón (54-68) o Domiciano (81-96) calificarían, especialmente si la carta se considera como pseudoepigráfica (y, de esta manera, como difícil de fechar). De cualquier manera, si las imágenes se basan en las visiones del futuro del autor, entonces las identificaciones con figuras de su propio tiempo no vendrían al caso: el texto simplemente podría tener la intención de darles a los cristianos una predicción un poco vaga de las cosas por venir, con la confianza de que quienes aman la verdad (cf. 2:10) van a ser capaces de entenderlo cuando suceda. Es posible (aunque de ninguna manera seguro) que algunas de las imágenes sean simbólicas: el «templo» podría ser una metáfora de la presencia de Dios o lugar de morada (cf. 1 Co. 3:16; 6:19). De cualquier manera, el punto principal del pasaje parece ser establecer una cronología de acontecimientos que rebaten la noción de que el día del Señor ya está aquí: la entidad de restricción todavía no ha sido retirada; por lo tanto, el hombre de maldad todavía no ha sido revelado; por consiguiente, el día del Señor no ha llegado.

Hay unos cuantos puntos de contacto con lo que se presenta aquí y en otros escritos del Nuevo Testamento. El «hombre de maldad» que se describe en este pasaje puede ser análogo al anticristo del que se habla en las cartas juaninas (1 Jn 2:18; cf. 1 Jn. 2:22; 4:3; 2 Jn. 7) y a la bestia que se menciona en Apocalipsis (Ap. 11:7; 13:1-18), aunque parece que todas estas figuras son distintas en algunos aspectos. La idea de que la gente en los últimos días será engañada por señales y maravillas satánicas resuena con algunas ideas que se presentan en los evangelios sinópticos (Mr. 13:22; Mt. 24:24), así como la afirmación de que el escenario del fin de los tiempos implicará un gran acto de apostasía en el templo (Mr. 13:14; Mt. 24:15). El elemento único de 2 Tesalonicenses es la referencia a alguien o algo que detiene al hombre de maldad hasta el tiempo señalado (2:7-8), una idea que aparentemente no se presenta en ninguna otra parte.

señales y maravillas: hechos espectaculares (milagros) realizados por personas que acceden al poder sobrenatural divino o demoníaco.

El problema de la holgazanería

El autor de 2 Tesalonicenses trata el problema de la holgazanería que se mencionó en la primera carta dirigida a esta iglesia (2 Ts. 3:6-12; cf. 1 Ts. 4:11; 5:14). Esta vez se da una orden: «El que no quiera trabajar, que tampoco coma» (3:10). Era común en esos días que los cristianos se reunieran para compartir alimentos juntos (véase Hch. 2:42, 46; 1 Co. 11:33; Gá. 2:12), y algunas personas haraganas podrían haber visto la provisión de comida gratis como una forma de vivir de la generosidad de la comunidad. También es posible que algunas personas trataran de dar justificaciones espirituales para no tener un trabajo remunerado: que se dedicaban a la oración o que estaban «esperando en el Señor» (véase el cuadro 21.3). Otra posibilidad más es que esta represión por holgazanería se dirija a las personas ricas que no tenían necesidad de trabajar para vivir, por lo que se pasaban la vida «no trabajando en nada, sino entrometiéndose en lo ajeno» (3:11, RVR60). Cualquiera que fuera la situación, obviamente, el punto no es que a las personas que no son capaces de trabajar (o que no pueden encontrar trabajo) se les prive de comida; más bien, que las que *no están dispuestas* a trabajar deben ser excluidas de la comida comunitaria. Pablo, Timoteo y Silas (o Silvano) establecieron un ejemplo para todos al tener trabajos de tiempo completo como obreros manuales, mientras evangelizaban en la ciudad y fundaban la iglesia (3:6-9).

Conclusión

Aunque 2 Tesalonicenses tal vez carece de la calidez y el afecto de la primera carta dirigida a la iglesia de Tesalónica, sí transmite un mensaje fundamentalmente

Los parásitos cristianos

La generosidad de las comunidades de la iglesia primitiva a veces se ponía a prueba con personas que buscaban apoyo más allá de lo que era necesario o razonable.

Algunas iglesias practicaban un estilo de vida comunitario: los miembros ponían en fondo común su dinero y posesiones y vivían del bolso común (cf. Hch. 2:44-45; 4:32-35). Pero el libro de Hechos también revela que había personas inescrupulosas que trataban de aprovecharse de este arreglo (5:1-11).

También surgieron problemas con los misioneros que viajaban. De acuerdo a las palabras de Jesús que se registran en el Evangelio de Mateo, los predicadores de paso debían recibir apoyo de las comunidades que visitaban (10:7-15). Pero un documento de alrededor del año 100 (*Didaché* 11:3-6), apenas quince años después de que se escribiera el Evangelio de Mateo, sugiere límites para ese apoyo:

> Respecto a los apóstoles y profetas, obrad con ellos en conformidad con la ordenanza del Evangelio. Que todo apóstol, cuando venga a vosotros, sea recibido como el Señor; pero no se quedará más de un solo día, o, si es necesario, un segundo día; pero si se queda tres días, es un profeta falso. Y cuando se marche, que el apóstol no reciba otra cosa que pan, hasta que halle cobijo; pero si se pide dinero, es un falso profeta.*

La situación que se aborda en 2 Tesalonicenses 3:6-13 puede reflejar tensiones similares en la iglesia primitiva que tiene que ver con el papel indicado de la caridad. Por las cartas de Pablo, sabemos que los cristianos tesalonicenses (y otros creyentes de Macedonia) eran particularmente notables por su generosidad; en efecto, eran conocidos por dar «aún más de lo que podían» y por ser generosos en maneras que apenas podían permitirse (2 Co. 8:2-4). No es difícil imaginar que hubiera gente dispuesta a aprovecharse del altruismo bien intencionado, pero ingenuo, de la comunidad.

*Alfonso Ropero Ed., *Obras escogidas de los padres apostólicos* (Barcelona: Editorial CLIE, 2018).

positivo. El tono severo debe entenderse en el contexto de las dos preocupaciones más prominentes de la carta: la violenta persecución de los cristianos por su fe y una alarmante mala interpretación de la doctrina que amenaza con obstaculizar su fe.

La carta trata de darle un giro positivo a las aflicciones que los creyentes han tenido que soportar: no solo serán vindicados los creyentes tesalonicenses por la justicia de Dios en el día final, sino que ya, en el presente, su sufrimiento está teniendo efectos positivos. Su aguante en esas pruebas los ha hecho firmes, por lo que su fe crece abundantemente y su amor de unos por otros está en aumento (1:3-4). La primera carta escrita a los tesalonicenses sostenía que el pueblo fiel de Dios está destinado a sufrir (1 Ts. 3:3-4); ahora, la segunda carta para ellos revela por qué: las persecuciones y aflicciones tienen el propósito de hacer que los creyentes sean «dignos del reino de Dios» (2 Ts. 1:5, RVR60). La enseñanza escatológica de 2 Tesalonicenses también transmite un mensaje fundamentalmente positivo: se anima a los cristianos a pensar que viven en lo que podría considerarse una fase inicial del fin de los tiempos (2:7), pero apenas acaban de comenzar. La venida de Cristo es pronta, pero no inmediata. El tiempo que resta no se debe desperdiciar en especulación fanática ni anticipación holgazana. Los tesalonicenses deben esperar ansiosamente su liberación casi inminente, pero deben ver el período de espera como un tiempo para usarlo productivamente para el crecimiento y misión, como un tiempo para «hacer el bien» (3:13).

22

Las cartas pastorales:
1 Timoteo, 2 Timoteo, Tito

En nuestro mundo de hoy, la mayoría de las iglesias tienen pastores. Se les puede llamar «ministros» o «sacerdotes», y se puede dirigir a ellos como «reverendo», «padre», «pastor» o «hermano», pero cualquiera que sea la nomenclatura, esas personas están a cargo de darle a la congregación servicio pastoral. No sabemos exactamente cuándo o cómo estos puestos oficiales de liderazgo se desarrollaron en la iglesia cristiana primitiva, pero a las tres cartas del Nuevo Testamento, 1 Timoteo, 2 Timoteo y Tito, comúnmente se les llama las «cartas pastorales», porque están dirigidas a personas que tienen el trabajo de supervisar congregaciones. Dos de estas cartas están dirigidas especialmente a Timoteo y una está dirigida a Tito; las tres indican que fueron escritas por Pablo, aunque como lo veremos, muchos intérpretes creen que son pseudoepigráficas.

Las cartas pastorales difieren de la mayoría de las otras cartas atribuidas a Pablo, en el hecho de que están dirigidas a personas; la única otra carta de Pablo para una persona es Filemón, una nota breve que trata un asunto personal, en lugar de asuntos de liderazgo pastoral. Las cartas pastorales también tienen otras cosas en común, por eso es por lo que generalmente se tratan juntas. Hay beneficio al considerar cada una de estas tres cartas individualmente, pero a un nivel introductorio, puede ser útil aprender lo que tienen que ofrecer como grupo, como tres cartas que son similares entre sí, tanto en estilo como en contenido.

Generalidades

1 Timoteo

Después de la salutación y el saludo iniciales (1:1-2), el autor (identificado como Pablo) insta a Timoteo a que frene a los que enseñan falsas doctrinas

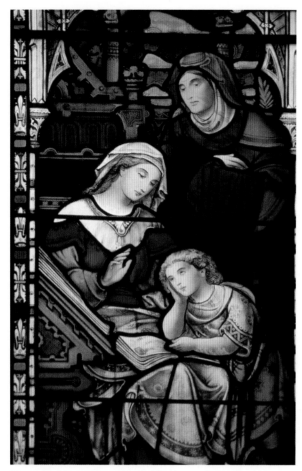

Figura 22.1. Tres generaciones. Timoteo es el ejemplo preeminente del cristiano que creció en la fe. El autor de 2 Timoteo dice: «Traigo a la memoria tu fe sincera, la cual animó primero a tu abuela Loida y a tu madre Eunice, y ahora te anima a ti. De eso estoy convencido» (1:5). (HIP / Art Resource, NY)

y que promueva la instrucción fiel que reconoce la función adecuada de la ley (1:3-11). La historia del mismo Pablo como un exblasfemador salvado por Jesucristo es un testimonio del alcance de la misericordia divina (1:12-17). Otras personas que han «naufragado en la fe» ejemplifican el juicio que les llega a los que ignoran la conciencia y siguen blasfemando (1:18-20). La carta anima a la oración ferviente, especialmente por los que están en autoridad (2:1-4), y cita una confesión que describe a Cristo como «mediador», cuyo heraldo y apóstol es Pablo (2:5-7). Da instrucciones específicas en cuanto a las funciones de los hombres y las mujeres, y subraya que las últimas deben vestirse modestamente y aprender «con serenidad, con toda sumisión» (2:8-15). Luego da un resumen de los requisitos para los líderes de la iglesia (3:1-7), como los obispos (3:1-7) y los diáconos (3:8-13).

Después de hacer otra cita, de una confesión cristiana o himno (3:16), la carta emite advertencias adicionales acerca de los falsos maestros (4:1-5), junto con exhortaciones positivas del comportamiento y ministerio de Timoteo (4:6-5:2). Esto lleva a consejos específicos acerca de las viudas (5:3-16), los ancianos (5:17-20) y los esclavos (6:1-2), junto con exhortaciones más personales para Timoteo (5:21-25). El tema de las falsas enseñanzas se vuelve a abordar, con atención específica en la influencia corruptora del dinero (6:3-10). La carta concluye con instrucciones para que Timoteo sea fiel (6:11-16), con algunos consejos para los adinerados (6:17-19), y un encargo final para que Timoteo cuide lo que se le ha confiado en contra de «los argumentos de la falsa ciencia» (6:20-21).

2 Timoteo

La carta inicia con una salutación y un saludo (1:1-2). El autor (identificado como Pablo) da gracias por la fe de Timoteo (1:3-5) y da palabras de aliento por su celo continuo (1:6-7). Se le dice a Timoteo que no se avergüence del evangelio de Pablo ni del sufrimiento que eso ocasiona (1:8-14). La condición de Pablo como prisionero ha ocasionado que muchos se alejen, pero Timoteo debe seguir los ejemplos positivos de Pablo y cierto Onesíforo (1:15-18). De hecho, a Timoteo se le encarga que transmita las enseñanzas de Pablo (2:1-2). Se le insta a la fidelidad con analogías de la vida diaria (de un soldado, un atleta, un agricultor) y con líneas que se citan de una confesión cristiana o himno (2:3-13). Timoteo debe evitar esas cosas que han sido la ruina de falsos maestros y debe esforzarse por las cualidades que le permitirán a Dios usarlo como una vasija favorita (2:14-26). Se le advierte acerca de tiempos venideros angustiantes y de los maestros falsos que se aprovecharán de otros durante esos tiempos (3:1-9). A medida que las cosas empeoran, debe recordar la propia vida de Pablo y su ministerio, y comprometerse sinceramente a aprender y enseñar las Escrituras

---

Cuadro 22.1

Timoteo: Un esbozo biográfico

Timoteo, hijo de un gentil y una judía, vivía en la ciudad de Listra, en el sureste del Asia Menor; su madre era creyente, pero su padre no (Hch. 16:1-3). Timoteo adoptó la fe cristiana, y Pablo lo reclutó como compañero para su segundo viaje misionero, lo circuncidó para no ofender a los judíos (Hch. 16:1-3). Hacia el final de ese viaje, Pablo lo envió de regreso a Macedonia a fortalecer a los tesalonicenses (1 Ts. 3:2). Timoteo luego se reencontró con Pablo en Corinto, y le llevó buenas noticias acerca de la iglesia tesalonicense (Hch. 18:5; 1 Ts. 3:6) y lo ayudó a evangelizar a los corintios (2 Co. 1:19). Posteriormente, acompañó a Pablo en su tercer viaje misionero, y de esa manera estuvo con Pablo durante su permanencia larga en Éfeso (Hch. 19). Pablo lo envió una vez más a Macedonia (Hch. 19:22) y repetidas veces a Corinto (1 Co. 4:17; 16:10). Más adelante, Timoteo pasó un invierno con Pablo en Corinto (desde donde se escribió Romanos, véase Ro. 16:21) y luego siguió a Troas, donde Pablo pasó una semana con él cuando se dirigía a Jerusalén (Hch. 20:4-5).

Después de eso, le perdemos la pista a Timoteo. Quizá siguió ministrando en Troas, donde el trabajo de Pablo se había acortado debido a las crisis de Corinto (2 Co. 2:12-13). Más adelante, pudo haber ido a Roma para estar al servicio de Pablo durante su encarcelamiento allí (véase Fil. 1:1; Col. 1:1; 4:10; Flm. 1 [¿pero fueron estas cartas escritas desde Roma?]). Él mismo pudo haber estado encarcelado en algún momento (véase He. 13:23), pero no tenemos información en cuanto a cuándo o dónde pudo haber sido eso.

Las dos cartas dirigidas a Timoteo solo le agregan detalles menores a esta descripción: el nombre de su madre era «Eunice» y su abuela, también creyente, se llamaba «Loida» (2 Ti. 1:5); era una persona joven, comparado con Pablo (1 Ti. 4:12; 5:1); sufría de enfermedades frecuentes (1 Ti. 5:23); y había recibido un don espiritual a través de la profecía y la imposición de manos (1 Ti. 4:14; 2 Ti. 1:6).

En las obras de arte, a Timoteo frecuentemente se le representa sosteniendo una vara o palo de madera porque, según la tradición de la iglesia, fue asesinado a golpes por oponentes a la edad de ochenta años.

Tito: Un esbozo biográfico

Tito era un cristiano gentil, posiblemente de Antioquía, a quien Pablo y Bernabé llevaron a Jerusalén como una especie de prueba para la iglesia al decidir si tenían que circuncidar a los convertidos gentiles al cristianismo (Gá. 2:1-3). La magnitud de su participación en el trabajo misionero posterior de Pablo se desconoce, pero Pablo sí llegó a considerarlo como «compañero y colaborador» (2 Co. 8:23), y parece que estuvo con Pablo durante porciones de lo que se llama el tercer viaje misionero. A mediados de los años 50, Pablo lo envió de Éfeso a Corinto, con una carta dolorosa que Pablo le había escrito a esa iglesia. Tuvo éxito al mediar una reconciliación entre Pablo y la congregación, y le llevó noticias a Pablo sobre eso a Macedonia (véase 2 Co. 2:4, 13; 7:6-8, 13-15). Posteriormente, Tito regresaría a la iglesia corintia como uno de los agentes responsables de administrar la ofrenda que Pablo estuvo recaudando para Jerusalén (2 Co. 8:6, 16-18, 23; 9:5; cf. 12:18). No sabemos nada más con seguridad, aunque hay referencias en las cartas pastorales de que Tito dirige un ministerio en Dalmacia (2 Ti. 4:10) y en Creta (Tit. 1:5).

(3:10-17). La necesidad de la diligencia y persistencia de Timoteo en ese ministerio fiel se hace más urgente con la certeza del juicio de Dios (4:1-5), y con el hecho de que los días de Pablo en la tierra están llegando a su fin (4:6-8). A medida que la carta llega a su final, da algunas instrucciones personales y provee información actualizada en cuanto a varias personas y circunstancias (4:9-18). Concluye con saludos y una bendición (4:19-22).

Tito

La carta inicia con un saludo inusualmente extenso, que identifica al escritor como Pablo (1:1-4). El autor indica que Tito debe nombrar líderes en las ciudades de Creta y enumera los requisitos para el puesto de obispo (1:5-9). Estas instrucciones pasan a una descripción de las personas corruptas que los obispos tendrán que refutar (1:10-16), seguida de un consejo específico en cuanto a lo que Tito debe decirles a los ancianos, a las ancianas, a las jóvenes, a los jóvenes y a los esclavos (2:1-10). Luego, la carta da un resumen emotivo del evangelio y sus consecuencias para el comportamiento humano (2:11-14). A Tito se le exhorta a declarar estas cosas de una manera que sea tanto autoritativa como con tacto (2:15-3:2). Esto lleva a un segundo resumen del mensaje del evangelio, que da testimonio personal de la salvación que Pablo y Tito comparten en Cristo (3:3-7). Tito debe recalcar este mensaje y evitar las «necias controversias» y cosas que causan divisiones (3:8-11). La carta concluye con una pequeña discusión de los planes futuros, saludos finales y una bendición (3:12-15).

Trasfondo histórico

Conocemos a Timoteo y Tito, a quienes se dirigen estas cartas, por otras referencias del Nuevo Testamento. Ambos eran del círculo íntimo de asistentes de Pablo, personas en quienes se sabe que él había confiado con funciones importantes para moldear y dirigir la iglesia primitiva.

Timoteo es el más conocido de los dos y tres cosas sobresalen en cuanto a lo que aprendemos de él en otra parte. Primero, parece que Pablo había enviado a Timoteo en misiones frecuentes, incluso unas que implicaban tratar con situaciones difíciles (1 Co. 4:17; 16:10; Fil. 2:19, 23; 1 Ts. 3:2, 6). Segundo, Timoteo se menciona como el coautor de muchas de las cartas de Pablo: 2 Corintios, Filipenses, Colosenses, 1 Tesalonicenses, 2 Tesalonicenses y Filemón (véase también Ro. 16:21). Tercero, Pablo le rinde homenaje a Timoteo con palabras que lo identifican como un colega especialmente valioso (1 Co. 16:10; Fil. 2:19-23; 1 Ts. 3:2): dice que Timoteo es «como un hijo» para él (Fil. 2:22; cf. 1 Co. 4:17) e insiste: «No cuento con nadie como Timoteo» (Fil. 2:20, NTV; véase el cuadro 22.1).

Tito no se menciona nunca en el libro de Hechos, pero su nombre sí surge en la carta de Pablo a los Gálatas y en su segunda carta a los Corintios. Tito es uno de los primeros gentiles que fueron atraídos a la fe cristiana, y llegó a ser uno de los ejemplos principales de Pablo de cómo un gentil podía restaurar su relación con Dios a través de la fe en Cristo, sin convertirse primero en judío (Gá. 2:1-3; cf. Ro. 3:28-29; Gá. 2:16; 3:11). Al igual que Timoteo (cuya madre era judía), Tito llegó a ser uno de los emisarios de Pablo, que visitó iglesias representándole y sirvió como una clase de mediador al tratar con situaciones difíciles (2 Co. 7:6-8, 13-15; véase el cuadro 22.2).

Las cartas dirigidas a estas personas suponen situaciones particulares de la vida de Pablo, pero esas situaciones no encajan muy bien con lo que sabemos de la carrera de Pablo por sus otras cartas y por el libro de Hechos.

- La carta de Tito supone que Pablo y Tito han estado ministrando juntos en Creta, pero que Pablo se ha ido, y ha confiado en Tito para que siga con el trabajo (1:5); ahora, Pablo le escribe a Tito desde una ubicación no específica (posiblemente Éfeso), y planifica pasar el invierno en Nicópolis, donde espera que Tito pueda unirse a él (3:12).

- La primera carta a Timoteo supone que Pablo y Timoteo han estado ministrando juntos en Éfeso, pero que Pablo entonces se ha ido a Macedonia; le escribe a Timoteo, quien ahora está a cargo de la iglesia de Éfeso (1:3).

- La segunda carta a Timoteo supone que Pablo está preso en Roma (1:16-17; 2:9; 4:16), donde espera ser ejecutado (4:6); él quiere que Timoteo vaya a verlo (4:9, 13).

Los eruditos que elaboran una biografía paulina, por mucho tiempo han observado que estos escenarios no encajan muy bien con sus reconstrucciones de la carrera de Pablo. Por ejemplo, no hay indicio en ninguna otra parte del Nuevo

Testamento que Pablo intentara evangelizar la isla de Creta (cf. Tit. 1:5) o que dejara a Timoteo a cargo de la iglesia de Éfeso, mientras estaba ocupado en una misión en Macedonia (cf. 1 Ti. 1:3). De igual manera, parte de la información sobre la audiencia judicial de Pablo en Roma que se provee en 2 Timoteo (4:16-17) no se confirma en ninguna otra parte, y muchos eruditos creen que Timoteo en realidad estaba con Pablo en Roma desde el inicio de su encarcelamiento allí.

El asunto se complica bastante, pero los eruditos que creen que Pablo escribió las cartas pastorales, generalmente siguen una de dos propuestas para tratar con las anomalías biográficas. Cuando se agregan estas dos propuestas a una tercera sugerencia, de que las cartas son pseudoepigráficas, surgen tres escenarios para las situaciones históricas que están detrás de estas cartas.

Primer escenario: La teoría de «Las lagunas en el registro»

Según esta propuesta, simplemente no tenemos información clave acerca de la vida y ministerio de Pablo. Ni la descripción de los viajes en el libro de Hechos, ni las referencias ocasionales a viajes y lugares que se mencionan en las cartas de Pablo nos permiten desarrollar un relato detallado de su trabajo misionero. De esa manera, las situaciones supuestas para las cartas pastorales descritas anteriormente deben tomarse al pie de la letra, como evidencia de momentos no documentados de la carrera de Pablo. Según esta teoría, 1 Timoteo y Tito pueden fecharse a mediados de los años 50, cuando Pablo pasó tiempo en el área general del mar Egeo, en tanto que 2 Timoteo se puede fechar en el tiempo de su encarcelamiento en Roma, a principios de los años 60.

Segundo escenario: La teoría de «La segunda carrera»

Según esta propuesta, las tres cartas pastorales de Pablo se pueden asignar a un período de la vida de Pablo más tarde de lo que se reporta en el libro de Hechos, o que se menciona en cualquiera de sus otras cartas. Esta teoría depende de una hipótesis de que Pablo sobrevivió el encarcelamiento en Roma del que nos enteramos en Hechos. Fue liberado del cautiverio y procedió a tener una segunda carrera como misionero, y fue a lugares e hizo cosas que no se mencionan en otra parte del Nuevo Testamento. El apoyo principal de esta teoría llega de una carta que aparentemente envió el obispo romano Clemente a la iglesia corintia, a finales del siglo I. Esta carta indica que Pablo llevó el evangelio al «extremo oeste» (*1 Clemente* 5:6-7). Aparentemente, Clemente pensaba que Pablo había ido a España, lo cual tendría que haber sido después de su encarcelamiento en Roma (cf. Ro. 15:22-24). Si Pablo sobrevivió el encarcelamiento para ir a España, según esta teoría, también pudo haber regresado a Éfeso con Timoteo e ido a Creta con Tito, y escrito a sus compañeros después de dejarlos en esos lugares. Entonces, después de ser arrestado otra vez, pudo haber cumplido un segundo encarcelamiento en Roma y escrito 2 Timoteo antes de ser ejecutado. Según esta teoría, las tres cartas pastorales pueden fecharse a mediados de los años 60, es decir, a un tiempo posterior a la fecha tradicional de la muerte de Pablo.

Tercer escenario: La teoría de «La composición pseudoepigráfica»

Debido a varias razones literarias y teológicas, muchos eruditos creen que las tres cartas pastorales pueden considerarse como pseudoepigráficas, y si ese es el caso, entonces las «situaciones supuestas» descritas anteriormente pueden considerarse como constructos literarios. Las cartas en realidad fueron escritas por alguna persona (o personas) desconocida, en una época en la que Pablo, Timoteo y Tito habían muerto y desaparecido, pero no estaban en el olvido. Las cartas tratan de articular lo que Pablo habría dicho a sus famosos colegas si él (y ellos) todavía anduviera por allí, enfrentando asuntos que, en realidad, habían llegado a ser asuntos de preocupación para los cristianos de una época posterior. La mayoría de las intérpretes que siguen esta opinión fechan las cartas en el siglo i (80-100) o posiblemente en la primera cuarta parte del siglo ii (100-125).

Hay otros factores complejos. Algunos eruditos creen que las cartas pastorales podrían ser expansiones pseudoepigráficas de notas breves que Pablo en realidad escribió a Timoteo y Tito; de esa manera, hay piezas de material de cartas paulinas auténticas dentro de nuestras cartas pseudoepigráficas actuales. Y muchos eruditos han sugerido que solamente 1 Timoteo y Tito son pseudoepigráficas, en tanto que 2 Timoteo puede ser una carta paulina auténtica que después fue usada como formato para producir las dos obras pseudoepigráficas.

auténtico, ca: en las discusiones de autoría, «no pseudoepigráfico», es decir, escrito por la persona a quien se le atribuye una obra.

¿Escribió Pablo las cartas pastorales? ¿Por qué dudarlo?

Por estas razones, algunos eruditos no creen que Pablo haya escrito las cartas pastorales:

- El lenguaje y el estilo no son típicos de las cartas de Pablo.
- Ciertas ideas teológicas son distintas de lo que Pablo expresa en otra parte.
- La descripción del gobierno de la iglesia parece demasiado desarrollada para la duración de la vida de Pablo.
- La enseñanza adversa en estas cartas no es algo con lo que Pablo trata en otra parte.
- La manera de tratar con las falsas enseñanzas no es característica de Pablo.
- Las circunstancias históricas que se presumen para las cartas no encuentran apoyo en otra parte.

Sin embargo, todos estos puntos se disputan, y muchos eruditos creen que Pablo sí escribió las cartas pastorales.

Situaciones históricas propuestas para las cartas pastorales

	Tito	1 Timoteo	2 Timoteo
Si hay lagunas en nuestro registro de la carrera de Pablo	De Pablo desde Éfeso (¿?) a Tito en Creta, ca. 52-56	De Pablo desde Macedonia a Timoteo en Éfeso, ca. 52-56	De Pablo desde la cárcel en Roma a Timoteo, ca. 60-64
Si Pablo tuvo una «segunda carrera»	Lo mismo que arriba, pero ca. 63-66	Lo mismo que arriba, pero ca. 63-66	Lo mismo que arriba, pero ca. 65-67
Si las tres cartas son del mismo autor seudónimo	De un admirador desconocido de Pablo, desde un lugar desconocido a los cristianos en general, a finales del siglo I o a principios del II		
Si las cartas son extensiones de las notas paulinas	Referencias personales breves en las tres cartas, lo mismo que la primera línea de arriba; la mayor parte de las tres cartas, lo mismo que la tercera línea de arriba		
Si 2 Timoteo fue escrita primero y por un autor distinto	Por un admirador de Pablo con una copia de 2 Timoteo, desde un lugar desconocido a los cristianos en general, a finales del siglo I o a principios del II		Lo mismo que la primera fila de arriba, o, escrito por un admirador paulino poco después de su muerte

parenético, ca: que contiene consejo, o exhortaciones destinadas a motivar o persuadir.

Independientemente de la opinión que se adopte en cuanto a las situaciones históricas de las cartas pastorales, el propósito general de las cartas parece claro. Las cartas quieren asegurar que la tradición paulina continúe en presencia de ideas contrarias: la conservación de esa tradición ahora se le confía a emisarios y a líderes fieles que ellos nombran. Además, las tres cartas tienen un fuerte carácter parenético: están llenas de exhortaciones para el buen comportamiento, para la conducta apropiada dentro de «la casa de Dios» (1 Ti. 3:15; cf. Ef. 2:19).

Temas importantes de las cartas pastorales

El gobierno de la iglesia

El nombramiento de dirigentes y líderes de la iglesia es un interés principal en las cartas pastorales, especialmente en 1 Timoteo y Tito (véase 1 Ti. 3:1-13; 5:3-22; 2 Ti. 2:2; Tit. 1:5-7). Se mencionan varios cargos, pero no sabemos cuáles eran sus diversas funciones. Los lectores bíblicos hoy día no deben asumir que los títulos de los dirigentes de la iglesia que se usan en estas cartas corresponden a funciones eclesiásticas que llevan esos mismos títulos en el mundo moderno. La persona que se llamaba «obispo» en algunas partes de la iglesia primitiva pudo haber tenido una función similar a lo que llamamos «diácono» o «pastor» hoy día, simplemente, no sabemos qué especificaban estos términos. En Tito, *obispo* y *anciano* parecen ser términos intercambiables para el mismo puesto de liderazgo, pero en 1 Timoteo, *obispo*, *diácono* y *viuda* representan por lo menos tres cargos distintos dentro de la comunidad, y *anciano* podría ser una cuarta función (o *anciano* puede ser un término genérico para los líderes de todas clases). Las responsabilidades exactas de estos diversos líderes no se explican con detalles, pero 1 Timoteo describe el trabajo del obispo como «cuidar de la iglesia de Dios», de una manera análoga a administrar un hogar (3:4-5; cf. 3:15), y Tito describe al obispo como «administrador de Dios» (1:7, RVR60), lo cual implica que los obispos son nombrados por Dios para que atiendan varios asuntos en nombre de Dios. En cuanto a los deberes del obispo, la proclamación y la enseñanza reciben la mayor atención (1 Ti. 3:2; 5:17-18; Tit. 1:9).

Tanto 1 Timoteo como Tito se centran en los requisitos de estos cargos de la iglesia (1 Ti. 3:1-13; Tit. 1:5-9). El énfasis está en el carácter: todos los directivos deben ser personas responsables y respetables, cuyas vidas pueden describirse como «intachable» (Tit. 1:6; 1 Ti. 3:2), personas cuyo ejemplo será un reflejo favorable de iglesia a los ojos del público (1 Ti. 3:7).

Tienen que estar cimentados completamente en la fe (1 Ti. 3:6, 9-10; Tit. 1:9) y ser capaces de demostrar autocontrol en cuanto al temperamento y las pasiones (1 Ti. 3:2-3, 8, 11; Tit. 1:7-8). En particular, sus familias deben estar en orden; las habilidades de ser padres son un indicador principal de si se tiene la competencia para el liderazgo de la iglesia (1 Ti. 3:4-5, 12; Tit. 1:6), ya que la iglesia debe definirse como «la casa de Dios» (1 Ti. 3:15). Y no deben ser avaros o amantes del dinero (1 Ti. 3:3, 8; Tit. 1:7), porque «el amor al dinero es la raíz de toda clase de males» (1 Ti. 6:10). El consejo general para Timoteo en cuanto a los líderes de la iglesia es: «No te apresures a imponerle las manos a nadie» (1 Ti. 5:22); una escasez de liderazgo en la iglesia es preferible al nombramiento de líderes que podrían deshonrar a la comunidad (cf. 1 Ti. 5:19-20).

Las falsas enseñanzas y la sana doctrina

Las tres cartas pastorales exhiben interés en corregir las falsas enseñanzas en la iglesia (1 Ti. 1:3-7; 4:1-3, 7; 6:3-5; 2 Ti. 2:14, 16-18, 25-26; 3:6-9; 4:3-4; Tit. 1:9-16). Las tres acentúan la sana doctrina (1 Ti. 1:10; 2 Ti. 4:3; Tit. 1:9, 13; 2:1), en el conocimiento de la verdad (1 Ti. 2:4; 4:3; 2 Ti. 2:25; 3:7; Tit. 1:1; cf. 1 Ti. 3:15; 6:5; 2 Ti. 2:15, 18; 3:8; 4:4; Tit. 1:14), y en las personas que aceptan la enseñanza ortodoxa (1 Ti. 1:10; 4:6; 6:3; 2 Ti. 1:13) para que puedan ser «sanos en la fe» (Tit. 1:13; 2:2).

doctrina: la creencia o conjunto de creencias reconocidas que una iglesia cree y enseña.

Es difícil determinar con exactitud la falsa enseñanza a la que se oponen estas cartas; parece que involucra una mezcla de ideas, algunas extraídas de los círculos judíos y otras extraídas de lo que posteriormente llegó a ser conocido como gnosticismo. Las cartas en realidad pasan menos tiempo describiendo la enseñanza que hay que rechazar que desacreditando a los maestros responsables de esas ideas. Los métodos, la moral y los motivos de estos maestros se exhiben como ejemplos de lo que los cristianos deben evitar. Sin embargo, el problema no es solamente que existan esos maestros, sino también que haya gente en la iglesia dispuesta a escucharlos. Lo absurdo de esa enseñanza finalmente llega a ser evidente para todos (2 Ti. 3:9; cf. 1 Ti. 5:24-25), pero a corto plazo, mucha

Figura 22.2. *No tengan miedo.* Esta obra originalmente fue producida para celebrar una visita papal a Cuba en 1998, y su título fue tomado de las observaciones del pontífice en esa ocasión. La pintura representa a las autoridades de la iglesia como figuras que prometen protección y seguridad en un mundo por lo demás temible. De igual manera, las cartas pastorales indican que los obispos, los diáconos y los ancianos harán de la iglesia un bastión de la verdad para proteger a los creyentes de aquellos que los llevarían por el mal camino. (Bridgeman Images)

gente sigue «sus propios deseos» y quieren «maestros que les digan las novelerías que quieren oír» (2 Ti. 4:3). Por ejemplo, algunos de los falsos maestros «van de casa en casa cautivando a mujeres débiles», quienes, debido a que están «cargadas de pecados, que se dejan llevar de toda clase de pasiones», toman en serio a estos maestros (2 Ti. 3:6). Aparentemente, los maestros reclutan a estas mujeres ingenuas en programas que prometen una revelación gradual de conocimiento espiritual; las mujeres quizá pagan cuotas por ayuda para progresar en los niveles de una supuesta madurez espiritual, por lo que «siempre están aprendiendo» sin llegar nunca a «conocer la verdad» (2 Ti. 3:7).

La reacción a esta crisis de enseñanza falsa, entonces, debe ser doble: primero, los maestros en sí deben ser silenciados (Tit. 1:11), y segundo, las congregaciones cristianas deben protegerse de las influencias de esas personas. Tito debe reprender a los agitadores tajantemente (Tit. 1:13); debe declarar lo que es correcto y reprender «con toda autoridad» a los que no lo acepten (Tit. 2:15). No debe ser atraído a argumentos con gente que ocasiona divisiones; más bien, debe darles simplemente dos advertencias, y después de eso, terminar con ellos (Tit. 3:10-11). De igual manera, Timoteo debe ordenar «a algunos supuestos maestros que dejen de enseñar doctrinas falsas», distintas a lo que Pablo le impartió a él (1 Ti. 1:3). Tiene que ser insistente (1 Ti. 4:11) y persistente (2 Ti. 4:2) en asegurarse de que esta tradición se mantenga.

En cuanto al cuidado de las congregaciones, una estrategia principal parece ser el nombramiento de líderes prominentes y ejemplares, que proclamen doctrina sana y enseñen la tradición heredada de Pablo (véase la sección anterior). Más allá de esto, a Timoteo se le dice que establezca el ejemplo para los creyentes a través de su propia enseñanza y estilo de vida (1 Ti. 4:12, 16). Y, además de exhortar y enseñar, debe ponerle atención a la lectura de las Escrituras en público (1 Ti. 4:13). Él ha confiado en las Escrituras desde la niñez; ahora debe confiar en ellas en el ministerio público (2 Ti. 3:15-16).

El énfasis general, entonces, está en enseñar la sana doctrina para que la iglesia pueda ser un baluarte de la verdad (1 Ti. 3:15), en contra de las especulaciones novedosas de aquellos que quieran dividir la iglesia con «palabrerías profanas» (2 Ti. 2:16-17) o «discusiones necias» (2 Ti. 2:23; Tit. 3:9). La sana doctrina parece que toma dos formas: (1) declaraciones de fe breves y que se memorizan fácilmente, que resumen ideas claves de la enseñanza de la iglesia acerca de Cristo (véase 1 Ti. 2:5-6; 3:16; 2 Ti. 2:11-13; Tit. 2:11-14); y (2) instrucciones específicas acerca del comportamiento moral (Tit. 2:1-10; cf. 1 Ti. 3:14-15). Las últimas instrucciones son importantes, porque estas cartas sugieren que la conducta moral es la prueba de la fe correcta. Los falsos maestros profesan conocer a Dios, pero niegan a Dios con sus actos (Tit. 1:16). La sana doctrina, en contraste, lleva al «amor que brota de un corazón puro, de una conciencia limpia y de una fe sincera» (1 Ti. 1:5, NTV); es «doctrina que se ciñe a la verdadera religión» (1 Ti. 6:3). La ortodoxia («el pensamiento correcto») lleva a la ortopraxis («el comportamiento correcto»). De esta manera, las cartas pastorales insisten en que los que han llegado a creer en Dios se dediquen a las buenas obras (Tit. 3:8; cf. 1:16; 2:7; 3:14; también 1 Ti. 2:10; 5:10, 25; 6:18; 2 Ti. 2:21; 3:17). Si los compañeros de Pablo demuestran ser modelos de buenas obras, y en su enseñanza exhiben la integridad, seriedad y discurso

---

Cuadro 22.5

Interés por la respetabilidad social en las cartas pastorales

Las cartas pastorales exhiben interés especial por la respetabilidad social de los cristianos:

- El obispo debe ser alguien que «hablen bien de él los que no pertenecen a la iglesia» (1 Ti. 3:7).
- Los esclavos deben aceptar su suerte para que no «se hable mal del nombre de Dios y de nuestra enseñanza» (1 Ti. 6:1).
- Las jóvenes deben ser sumisas a sus esposos «para que no se hable mal de la palabra de Dios» (Tit. 2:5).
- Las viudas jóvenes deben volver a casarse para que no «den lugar a las críticas del enemigo» (1 Ti. 5:14; cf. Tit. 2:8).

En general, los cristianos deben ser productivos y obedientes, buenos ciudadanos cuyas vidas sean libres de cualquier cosa ofensiva o escandalosa (1 Ti. 2:1-3, 9-10; 3:2-13; 2 Ti. 2:22-25; Tit. 1:5-8; 2:3-10; 3:1-2, 14). La virtud del «dominio propio» recibe un énfasis particular (2 Ti. 1:7; Tit. 1:8; 2:5-6, 12). De esa manera, estas cartas dejan claro que el cristianismo no es subversivo socialmente, y que el evangelio tiene cierta «función civilizadora»: prepara a los que de otra manera serían «malas bestias» (Tit. 1:12; cf. 3:3) para que vivan «con justicia, piedad y dominio propio» (Tit. 2:11-12).

sano que las enseñanzas de sus oponentes no tienen, los oponentes «quedarán avergonzados y no tendrán nada malo que decir de nosotros» (Tit. 2:7-8, NTV).

Las mujeres y el ministerio

Las cartas pastorales evidencian actitudes hacia las mujeres y a la función de las mujeres en la iglesia y la sociedad que han sido el foco de mucha discusión. En general, las mujeres deben dedicarse a dar a luz hijos (1 Ti. 2:15; 5:14), a administrar sus hogares (1 Ti. 5:14; Tit. 2:5), y a estar sumisas a sus esposos (1 Ti. 2:11; Tit. 2:5). En cuanto al ministerio, hay un cargo en la iglesia para las viudas ancianas (1 Ti. 5:9-10) y algunas mujeres también pueden ser diaconisas (1 Ti. 3:11), pero a las mujeres no se les debe permitir que enseñen ni que tengan autoridad sobre los hombres (1 Ti. 2:12). No es de sorprender que muchos cristianos hayan considerado este tema problemático: parece sexista e irrazonable, y se expresa en un lenguaje que parece indebidamente severo (p. ej., 1 Ti. 5:6). Numerosas propuestas han intentado tratar con el asunto. Algunos cristianos consideran lo que las cartas pastorales dicen acerca de las mujeres como indicativo de funciones de género ordenadas divinamente; otros interpretan esos comentarios como observaciones condicionadas socialmente para un lugar particular, en lugar de una verdad eterna que se aplica a todo contexto.

Sufrimiento y vergüenza

En 2 Timoteo, las palabras finales de Pablo desde la prisión se presentan de una manera que demanda valentía, en vista del sufrimiento y la vergüenza. Para muchas personas en la sociedad romana, la humillación de «llevar cadenas como un criminal» (2:9) sería una desgracia casi insoportable, y 2 Timoteo reconoce que muchos de los colaboradores de Pablo lo abandonaron en vista de semejante adversidad (4:10, 16). Los lectores que están familiarizados con la historia de la pasión de Jesús pueden recordar cómo Jesús fue abandonado por sus amigos más cercanos en su hora de prueba (Mr. 14:27, 50). Aun así, 2 Timoteo deja claro que Pablo no se avergüenza de ninguna humillación que ha sufrido (1:12; cf. 3:10-11), y la carta también nombra a Onesíforo como un ejemplo claro de alguien que no se avergonzó de las cadenas de Pablo (1:16). Además, 2 Timoteo indica que «serán perseguidos todos los que quieran llevar una vida piadosa en Cristo Jesús» (3:12). A Timoteo se le invita a unirse a Pablo en los «sufrimientos por el evangelio» (1:8).

Dentro de este contexto de persecución, humillación y posible martirio, se proclaman los mensajes de buenas noticias. Primero, la palabra de Dios no está encadenada (2 Ti. 2:9); entonces, los que hacen daño a los mensajeros de Dios no frustrarán los propósitos de Dios. Segundo, sufrir por el evangelio puede

El cargo de las viudas

El cargo de las viudas recibe atención especial en la Primera Carta a Timoteo (5:3-16). La idea detrás de esta vocación era que las viudas que no tenían miembros de la familia que cuidaran de ellas, la iglesia podía apoyarlas financieramente mientras se dedicaban a la oración y a las buenas obras. Pero parece que surgieron dos problemas:

- Algunas miembros de la iglesia se aprovechaban del programa y renunciaban a su responsabilidad personal de cuidar de los miembros de la familia (1 Ti. 5:4, 8).
- Algunas viudas más jóvenes aparentemente eran aceptadas en el programa y ellas se salían, y decidían volver a casarse.

Entonces se le dice a Timoteo que limite la entrada en el programa a las que eran «verdaderas viudas», es decir, las que han sido «abandonadas solas», sin nadie que cuide de ellas (1 Ti. 5:1, 3, 5, 16). También debe limitarla a las mujeres de más de sesenta años de edad, y a las mujeres que han demostrado la capacidad para la vida de oración y buenas obras que se espera de las que están en el programa.

Para más acerca de este cargo intrigante, véase Bonnie Bowman Thurston, *The Widows: A Women's Ministry in the Early Church* [Las viudas: El ministerio de la mujer en la iglesia primitiva] (Philadelphia: Fortress, 1989).

cumplir los propósitos de Dios, y ayuda a llevar salvación a otros (2 Ti. 2:10). Tercero, una recompensa gloriosa espera a los que sufren por Cristo: los que soportan dificultades y humillación ahora reinarán con Cristo en gloria para siempre (2 Ti. 2:12; 4:18). Cuarto, incluso los que no logran soportar serán protegidos por la inestimable misericordia de Cristo; la apostasía categórica puede llevar a la gente a condenación (2 Ti. 2:12; 4:14), pero los débiles y cobardes deben saber que la fidelidad de Cristo con sus seguidores es mayor que la fidelidad de ellos a él (2 Ti. 2:13; cf. 4:16).

Conclusión

Las cartas pastorales han llegado en tiempos difíciles en la iglesia moderna y en la sociedad moderna. Por lo menos, estas cartas quizá no caigan bien a la gente en un clima que trata de resistir la polémica y los estereotipos. En 1 Timoteo hay referencia a leyendas supersticiosas como «cuentos de viejas» (4:7, NTV). La carta a Tito indica que los judíos («los partidarios de la circuncisión») son especialmente dados a ser «rebeldes, charlatanes y engañadores» (1:10), y concuerda con un estereotipo popular de que los nativos de Creta «son siempre mentirosos, malas bestias, glotones perezosos» (1:12-13, al citar un versículo de Epiménides de Cnosos del siglo VI a. e. c.). Semejante lenguaje generalmente se considera cruel e inapropiado en nuestra cultura moderna.

¿Casados solamente una vez?

La carta de 1 Timoteo indica que los obispos (3:2) y los diáconos (3:12) deben estar casados solo una vez (o, literalmente, ser «el marido de una mujer»). ¿Qué significa esto? Cuatro sugerencias:

- No deben practicar la poligamia. Esto parece ser obvio, pero tal vez era necesario declararlo, dado que los convertidos eran de muchas culturas.
- Deben practicar la fidelidad, y cumplir la función de esposo solamente con la mujer con quien están casados. De nuevo, esto parece ser una expectativa obvia, aunque sin duda importante.
- No deben casarse después de divorciarse. Esto parece coherente con la enseñanza de Pablo en otra parte (1 Co. 7:10-11; cf. Mr. 10:11-12).
- No deben casarse después de enviudar. Esto parece más estricto que la política usual de Pablo (Ro. 7:1-3; 1 Co. 7:39). Aun así, Pablo sí dice en otra parte que es mejor no volver a casarse (1 Co. 7:8, 32-35, 40), y se espera que los obispos y diáconos modelen un comportamiento ideal, más allá de lo requerido para todos.

La mayoría de los eruditos asumen que por lo menos las dos primeras ideas estarían incluidas en lo que se pretende aquí; la tercera o cuarta idea también podrían ser opciones.

ad hominem: atacar el carácter del oponente en lugar de tratar sus argumentos.

De igual manera, la tendencia en estas cartas a los ataques *ad hominem* sobre los oponentes ideológicos (1 Ti. 4:1-2; 6:3-5; 2 Ti. 3:2-9; Tit. 1:10-16; 3:10-11) puede impactar a los lectores modernos como mezquina o ruin.

Incluso, las indicaciones para los hogares en estas cartas basan sus instrucciones en suposiciones específicas (y no muy halagadoras) en cuanto a edad y sexo (1 Ti. 2:8-15; 5:1-16; 6:1-2; Tit. 2:2-10). Se alejan del ideal de «sumisión mutua» que se encuentra en otras cartas atribuidas a Pablo (Ef. 5:21), en lugar de dar consejo que es unilateral: las esposas deben someterse a sus esposos (Tit. 2:5; cf. 1 Ti. 2:11), pero no se dice nada de las responsabilidades de los esposos hacia sus esposas (cf. Ef. 5:25-33; Col. 3:19); los esclavos se tienen que someter completamente a sus amos (1 Ti. 6:1-2; Tit. 2:9-10), pero no se dice nada de la actitud ni del comportamiento del amo hacia sus esclavos (cf. Ef. 6:9; Col. 4:1).

A un nivel más profundo, se percibe frecuentemente que las cartas pastorales, como un todo (especialmente 1 Timoteo y Tito), domestican a Pablo de una manera que suaviza el cristianismo radical, contracultural. Se dice que avanzan «la iglesia institucional», y hacen énfasis en el orden y la estructura eclesiásticos; algunos protestantes se han quejado de que son un ejemplo riguroso del «catolicismo primitivo». Esas evaluaciones, por supuesto, no han alterado la afirmación universal de las comunidades cristianas de que las cartas pastorales son Escrituras inspiradas y autoritativas. Dentro de las iglesias de todas las dominaciones, los predicadores, maestros y creyentes de todos los días siguen usando estas cartas como Escrituras, incluso esos pasajes que les parecen raros o desafiantes.

Las cartas pastorales probablemente se entiendan mejor como composiciones escritas bajo intimidación: incorporan dos amenazas severas para la religión cristiana en desarrollo. Una de estas amenazas, la persecución violenta, simplemente se acepta como una consecuencia inevitable de adoptar una fe que está en conflicto con los caminos del mundo. Sin embargo, la segunda amenaza es más tendenciosa, porque llega desde dentro: la amenaza de «herejía», representaciones de fe que afirman ser auténticas, pero, si se aceptan, redefinirían la sustancia de lo que la religión en desarrollo afirma ser cierto. Un erudito del Nuevo Testamento sugiere que la respuesta del cristianismo primitivo a la herejía involucraba la tríada de «clero, credos y canon», y cree que alguna forma rudimentaria de los tres se puede ver en las cartas pastorales (véase Bart Ehrman, *The New Testament: A Historical Introduction to the Early Christian Writings* [El Nuevo Testamento: Una introducción histórica a los primeros escritos cristianos], 4ª ed. [Nueva York: Oxford University Press], 398-401).

herejía: falsa enseñanza, o enseñanza que no se conforma a los estándares de una comunidad religiosa.

- *Clero*: La iglesia desarrolló una estructura administrativa más controlada, con líderes reconocidos que podían determinar y declarar qué clase de enseñanza era aceptable (cf. 1 Ti. 3:1-2; 5:17; 2 Ti. 2:2; Tit. 1:9).
- *Credos*: La iglesia identificaba las declaraciones sintetizadas de la fe y las doctrinas aceptadas (cf. 1 Ti. 2:5-6; 3:16; 2 Ti. 2:11-13; Tit. 2:11-14).
- *Canon*: La iglesia designaba ciertos escritos como autoritativos y acudía a ellos como una protección en contra de las ideas que podían ser declaradas «no escriturales» (cf. 1 Ti. 4:13; 2 Ti. 3:16).

De esta manera, frecuentemente se considera que las cartas pastorales llegan de una etapa difícil, pero necesaria, en el desarrollo de la religión cristiana: la iglesia se está volviendo más institucionalizada y más autoritativa, en un esfuerzo por anticipar la rectificación de la fe por la que Pablo está dispuesto a sufrir y morir. Es interesante que el libro de Apocalipsis elogia a la iglesia de Éfeso (a la que 1 Timoteo parece que está dirigida) por haber rechazado a los falsos maestros (Ap. 2:2); un escrito del siglo ii de Ignacio de Antioquía a esa misma iglesia (*ca.* 110), de igual manera, afirma que los cristianos efesios permanecieron firmes en la fe, y evitaron la atracción de las ideas no ortodoxas (Ignacio, *A los Efesios* 8:1).

23

Filemón

«Me debes una». «Una mano lava la otra». «Hoy por ti, mañana por mí». Esas citas de la vida moderna expresan una noción básica de reciprocidad, la idea de que la gente puede (y probablemente debe) hacer cosas unos por otros, de maneras que sean mutuamente beneficiosas.

Esta idea era aún más pronunciada en el mundo romano que en el nuestro. En esa sociedad, la amistad se definía más frecuentemente con referencia a un intercambio de favores que en cuanto a tipos compatibles de personalidad. Las personas podían ser amigas íntimas en lo que nosotros podríamos considerar un sentido profesional, aunque ellos no se hubieran conocido nunca. Las relaciones sociales se desarrollaban en términos de apoyo, y la gente era extraordinariamente adepta en llevar la cuenta de quién le debía favores a quién.

La carta de Pablo a Filemón es la más corta de todas sus cartas (335 palabras en griego), y es la única carta auténtica de Pablo dirigida mayormente a una persona y no a una congregación. Es una carta personal entre amigos, y, aun así, está escrita desde una perspectiva que claramente entiende la amistad en términos de reciprocidad. Filemón le debe a Pablo un favor, y Pablo escribe para pedirle un favor a él. Pero hay un giro: el favor que Pablo pide no es para él; más bien, es para un esclavo, una persona de la parte más baja de la escalera social, que no tenía el derecho de pedirle nada a nadie. Pablo usa la obligación que Filemón le debía para hacerle una petición a favor de alguien a quien Filemón no le debe nada, en efecto, a favor de alguien que parece haber provocado la ira de Filemón.

Generalidades

Después de un breve saludo y una bendición (vv. 1-3), Pablo hace una oración de agradecimiento por la fe de Filemón y por la forma en que él ha «reconfortado el corazón de los santos» (vv. 4-7). Luego gira al asunto en cuestión: una solicitud a favor del esclavo de Filemón, Onésimo (vv. 8-21). Pablo dice que Onésimo ha llegado a ser como un hijo para él durante su encarcelamiento (v. 10), pero que ahora envía a Onésimo de regreso (v. 12). Lo hace muy renuentemente y le insinúa a Filemón que le permita a Onésimo regresar a él (vv. 13-14). De cualquier manera, Pablo quiere que Onésimo tenga una recepción favorable, y ofrece repagarle cualquier deuda que Filemón hubiera contraído debido a él, aunque Filemón tiene una gran deuda con Pablo, su «propia alma» (vv. 15-19, NTV). Pablo expresa confianza en la obediencia de Filemón (v. 21) y le pide que tenga una habitación de invitados preparada para cuando él llegue a visitarlo (v. 22). Termina la carta con una serie de saludos de sus compañeros (vv. 23-24).

Trasfondo histórico

Pablo está en la cárcel (vv. 1, 9, 23), y varios de sus compañeros están con él (vv. 1, 23). Le escribe a un amigo llamado «Filemón». Esta carta no dice dónde vive Filemón, pero ya que dos miembros de su casa (Arquipo [v. 2] y Onésimo [vv. 10-16]) también los menciona Pablo en Colosenses 4:9, 17, probablemente

---

Cuadro 23.1

Un reparto estelar

La carta breve a Filemón presenta actuaciones especiales de algunos nombres muy grandes. Todas las personas que envían saludos en los versículos 23-24 se mencionan en otras partes del Nuevo Testamento.

- *Epafras* (Col. 1:7; 4:12)—el misionero que evangelizó Colosas, Laodicea y Hierápolis.
- *Marcos* (Hch. 12:12, 25; 15:37, 39; Col. 4:10; 2 Ti. 4:11; posiblemente 1 P. 5:13)—también conocido como Juan Marcos, pariente de Bernabé; Pablo tiene problemas con él en Hechos, pero las cartas atribuidas a Pablo indican que tienen una buena relación en un momento posterior de su ministerio: se le identifica en la tradición eclesiástica como el autor del Evangelio de Marcos.
- *Aristarco* (Hch. 19:29; 20:4; 27:2; Col. 4:10)—de Tesalónica, un compañero de mucho tiempo de Pablo que a veces estuvo encarcelado con él.
- *Demas* (Col. 4:14; 2 Ti. 4:10)—un compañero ocasional de Pablo que, según 2 Timoteo, lo abandonó posteriormente.
- *Lucas* (Col. 4:14; 2 Ti. 4:11; y posiblemente todos los pasajes en primera persona del plural de Hechos 16:10-17; 20:5-15; 21:1-18; 27:1-28:16)—conocido como el «médico amado», tradicionalmente se le identifica como el autor del Evangelio de Lucas y el libro de Hechos, y como compañero de Pablo en porciones de su primer y tercer viajes misioneros y de su viaje a Roma.
- Y, por supuesto, en el versículo 1, el coautor de la carta, *Timoteo* (Hch. 16:1, 3; 17:14-15; 18:5; 19:22; 20:4; Ro. 16:21; 1 Co. 4:17; 16:10; 2 Co. 1:1, 19; Fil. 1:1; 2:19; Col. 1:1; 1 Ts. 1:1; 3:2, 6; 2 Ts. 1:1; 1 Ti. 1:2, 18; 6:20; 2 Ti. 1:2).

Figura 23.1. Pablo en la cárcel. La espada en la celda de Pablo tiene la intención de simbolizar su martirio inminente.

podemos llegar a la conclusión de que vive en Colosas o cerca de allí. Filemón, aparentemente, es un hombre adinerado e influyente, ya que posee esclavos (vv. 15-16) y es capaz de organizar reuniones de la iglesia en su hogar (v. 2). Pablo conoce a Filemón lo suficientemente bien como para llamarlo «querido…

La esclavitud en el mundo romano

La institución de la esclavitud estaba profundamente arraigada en la sociedad romana. Las conquistas romanas frecuentemente llevaban a la esclavitud de poblaciones residentes, y los cazadores de esclavos capturaban víctimas en provincias que Roma todavía no había dominado (cf. 1 Ti. 1:10; Ap. 18:13). A las personas se les podía sentenciar a la esclavitud como castigo de varias ofensas, y familias enteras eran vendidas en esclavitud cuando alguien no pagaba una deuda. Ya que los hijos nacidos de los esclavos automáticamente eran esclavos, el paso de las generaciones garantizaba el crecimiento de una gran población de esclavos. En la época de Pablo, entre un cuarto y un tercio de toda la gente en el imperio eran esclavos.

Parece que la vida y las condiciones de los esclavos variaban enormemente. El decoro social estimulaba el tratamiento humano, y el abuso extremo o asesinato de esclavos estaba prohibido por la ley. Aun así, el bienestar de los esclavos generalmente dependía de la disposición de sus amos. En algunos casos, notablemente, para los esclavos que trabajaban en minas o eran remeros en los barcos, las condiciones de vida eran terribles. Sin embargo, en otros casos, a los esclavos se les daba educación y se les proveía un estilo de vida que probablemente ellos no hubieran podido obtener por su cuenta. De hecho, muchas personas se vendían voluntariamente a la esclavitud, a cambio de que se les enseñara un oficio, o para obtener trabajo que mejoraría su suerte en la vida.

La esclavitud no siempre era permanente. En algunos casos, a los esclavos se les pagaba un salario y se les permitía comprar su libertad después de cierto tiempo; en otros casos, los esclavos eran liberados automáticamente cuando llegaban a la edad de treinta años. Sin embargo, los esclavos tenían pocos derechos legales. Podía golpeárseles a discreción de sus amos, no podían casarse legalmente, y cualquier hijo que produjeran era propiedad de su amo (cf. Mt. 18:25, 34; 24:48-51; 25:30). Prácticamente no tenían ninguna autonomía, ninguna habilidad para tomar decisiones en cuanto a sus propias vidas o destinos, y en un mundo que valoraba la honra por encima de todo lo demás, ellos ocupaban el nivel más bajo de la pirámide social. Un esclavo era una persona sin honra, una persona que literalmente vivía en desgracia.

compañero de trabajo» (v. 1), pero ellos no son exactamente iguales. La relación es de apóstol a discípulo: aparentemente, Pablo era responsable, directa o indirectamente, de la llegada de Filemón a Cristo y, por esa razón, Filemón le debe su mismo ser a Pablo (v. 19). Pablo asume que tiene autoridad sobre Filemón en asuntos de fe y deber (v. 8).

Pero entonces había surgido una situación problemática: uno de los esclavos de Filemón, Onésimo, está con Pablo, y Pablo ha llegado a valorarlo personal y profesionalmente. Pablo dice que Onésimo es como un hijo para él (dice que va con su «propio corazón» [v. 12]) y afirma que Onésimo le es útil y podría seguir siéndole de servicio, especialmente durante su tiempo de encarcelamiento (vv. 10-13). Onésimo también es cristiano, probablemente como resultado del ministerio de Pablo (cf. v. 10 con 1 Co. 4:14-15). En efecto, el lenguaje de la carta de Pablo sugiere que Onésimo apenas recientemente había llegado a Cristo: su condición ha cambiado de «inútil» a «útil» (v. 11) y de ser solamente un esclavo, a ser «un hermano querido» (v. 16). Pero hay una dificultad en todo esto:

aparentemente, Filemón cree que Onésimo lo ha ofendido de alguna manera, muy probablemente de una manera que le ocasionó pérdidas financieras (v. 18).

Por lo tanto, Pablo le escribe para hacer una petición a favor de Onésimo (v. 9) y le solicita a Filemón que reciba a su esclavo de regreso, de una manera que beneficie al evangelio. Él debe recibir a Onésimo como recibiría al mismo Pablo. (v. 17). Pablo incluso ofrece pagar cualquier deuda que Filemón hubiera contraído por cuenta de Onésimo, y da una garantía para tal efecto con su propia letra (v. 19). Es posible que Pablo tuviera los recursos financieros para hacerlo (cf. Fil. 4:12), pero probablemente quiera que Filemón cuente la pérdida como un repago parcial de la deuda inestimable que Filemón tiene con Pablo por su salvación.

Ha habido mucha especulación en cuanto a los detalles de la situación de Onésimo. Casi todos los eruditos asumen que Onésimo ha huido de su amo. Algunos creen que también le había robado (¿para financiar el escape?) y que esa es la pérdida financiera a la que Pablo se refiere (v. 18). O, tal vez, Onésimo manejó mal algunos intereses comerciales de Filemón de una manera que ocasionó pérdida, y eso es lo que hizo que huyera. De cualquier manera, podría estar en serios problemas, porque a los esclavos prófugos frecuentemente se les castigaba severamente o incluso se les ejecutaba como un ejemplo para otros esclavos. Otra posibilidad (ya que el texto en realidad no dice que Onésimo hubiera huido) es que Onésimo simplemente estuviera fuera de la ciudad representando a Filemón en algún negocio y, debido a que el negocio salió mal, tuvo miedo de volver a casa. Aun así, ya sea que hubiera huido o simplemente se retrasó, se habían dado cuenta de su tiempo fuera de casa y

Figura 23.2. José es vendido como esclavo. La institución social de la esclavitud es prevalente a lo largo de toda la historia bíblica. El Antiguo Testamento narra una historia en la que José, el patriarca de una de las doce tribus de Israel, fue vendido como esclavo por sus hermanos, los patriarcas de las otras once tribus (Gn. 37:12-36). (Bridgeman Images)

solamente había complicado el problema. Pablo trata de darle un giro positivo en esta parte de la situación al señalar que el tiempo en el que Onésimo estuvo ausente de su amo resultó en su conversión. En la mente de Pablo, a veces hay «una razón» por la que las cosas ocurren como ocurren (v. 15), un propósito divino oculto que está detrás de los acontecimientos rutinarios, o aparentemente casuales de esta vida (cf. Ro. 8:28).

Informarnos del mundo romano puede ayudarnos a entender por qué Pablo escribiría una carta como esta. Primero, la ley romana requería que los esclavos fugitivos fueran devueltos a sus amos, por lo que si Onésimo en realidad estaba «en fuga» de Filemón, Pablo habría estado obligado por la ley a enviarlo de regreso. No obstante, más específicamente, la jurisprudencia romana permitía que un esclavo que estaba enemistado con su amo buscara el arbitraje con un colega o amigo del amo; en esas ocasiones, el esclavo no se consideraba fugitivo y se le podía conceder asilo bajo el cuidado del mediador hasta que la dificultad se hubiera resuelto. Algo de esta naturaleza parece dar un contexto razonable para entender la carta de Pablo a Filemón: Onésimo ha buscado al amigo de su amo para que le ayudara a resolver una disputa. Está dispuesto a volver a casa de Filemón, pero quiere hacerlo con una carta de Pablo, que anime a su posiblemente enojado amo a tener una disposición favorable hacia él, que no hubiera tenido en caso contrario.

Asilo para un sirviente fugitivo

Una carta de Plinio el Joven, escrita a finales del siglo I, hace una petición a cierto Sabiniano a favor de un sirviente fugitivo. Lleva a una comparación interesante con la carta de Pablo a Filemón, escrita a favor de Onésimo:

A Sabiniano. Tu liberto, con quien me habías dicho que estabas enojado, ha venido a verme y postrándose a mis pies se ha aferrado a ellos como si fuesen los tuyos. Me ha llorado mucho tiempo, me ha suplicado, incluso ha permanecido mucho tiempo en silencio, en resumen, me ha convencido de que su arrepentimiento es cierto: creo que se ha corregido, porque se ha dado cuenta de que ha obrado mal. Estás enfadado, lo sé, y estás enfadado con razón, también lo sé; pero entonces la benevolencia merece un elogio mayor, cuando más justa es la causa de la cólera. Has amado a este hombre y, como yo espero, lo amarás en el futuro: basta por el momento que le permitas que te suplique. Podrás encolerizarte de nuevo, si se lo merece, porque, después que te has aplacado una vez, tendrás más excusas. Sé condescendiente con su juventud, condescendiente con sus lágrimas, condescendiente con tu propia bondad. No le atormentes, no te atormentes también a ti mismo; pues te atormentas cuando siendo un hombre tan afable te encolerizas. Temo que pueda parecerte que te fuerzo, no que te ruego, si junto mis súplicas a las suyas; pero las junto con tanta más plenitud y libertad, cuando más severa y duramente le he reprendido, habiéndole amenazado con firmeza para que nunca venga a rogarme en el futuro. Le he dirigido esta amenaza porque él merecía ser atemorizado, pero éste no es tu caso; pues tal vez te haga un ruego en otra ocasión, y lo consiga de nuevo: pero siempre será algo que sea correcto que yo te ruegue, y que tú me concedas. Adiós.

Plinio el Joven, *Cartas*, trad. Julián González Fernández, Biblioteca Clásica Gredos (Madrid: Editorial Gredos, S. A., 2005).

Pablo le da a Onésimo semejante carta, pero parece que va todavía más lejos. Le pide a Filemón un favor: «¡que reciba yo de ti algún beneficio en el Señor!» (v. 20). ¿Qué quiere exactamente? El indicio fuerte es que le gustaría que Filemón, como una buena obra voluntaria (v. 14), enviara a Onésimo de regreso a Pablo para que le fuera útil (v. 13). Mientras estaba en la cárcel, Pablo probablemente necesitaba confiar en gente de afuera para que atendiera sus necesidades (llevándole comida, ropa, etc.). Aun así, parece que tiene a varias personas con él que podrían hacer esas cosas (v. 24), y espera ser liberado pronto (v. 22). De esa manera, tiene que pensar a largo plazo: Onésimo puede unirse a su equipo y ayudarlo en su trabajo misionero de esparcir el evangelio. Podría ser que Pablo también sugiere que Filemón le conceda a Onésimo su libertad.

Probablemente, Pablo le escribe a Filemón desde Éfeso, alrededor de 54-55, o desde Cesarea, alrededor de 58-60, o desde Roma, alrededor de 60-61. Los eruditos debaten cuál de estas opciones es la mejor, pero ninguna de ellas se puede descartar con seguridad, y semejante precisión no se necesita para entender los puntos y el mensaje esenciales de la carta.

Temas importantes de Filemón

Poderes de persuasión

Pablo emplea una cantidad de tácticas persuasivas en esta carta breve para asegurar que Filemón acceda. Por un lado, encierra su mensaje personal a Filemón con salutaciones y saludos para toda la iglesia, indicando que la carta

---

Cuadro 23.4

¿Era Pablo un anciano?

En su carta a Filemón, Pablo dice que le escribe a su amigo como *presbytēs*, un «anciano» (v. 9). Esta declaración es intrigante porque es la única referencia en el Nuevo Testamento a la edad de Pablo. ¿Qué edad tenía? ¿Qué lo caracterizaría como un «anciano» en esos días?

Algunos eruditos sugieren que no necesariamente se refiere a la edad cronológica, sino más bien a su condición como líder o «anciano» de la iglesia. Pero Pablo nunca se refiere a sí mismo como «anciano» de la iglesia en ninguna otra ocasión, y los escritores que sí se refieren a sí mismos de esa manera usan palabras griegas levemente distintas para hacerlo (cf. 1 P. 5:1; 2 Jn. 1; 3 Jn. 1).

Unos cuantos eruditos han especulado que podría haber un error en nuestros manuscritos aquí. Pablo no escribió «anciano» o «viejo», sino más bien otra palabra que se ve muy similar en griego. Sugieren que tal vez se refirió a sí mismo como *presbeutēs* («embajador»; cf. *presbeuein* en 2 Co. 5:20; Ef. 6:20), y un copista posterior confundió esa palabra por *presbytēs* («mayor de edad» y «anciano»). Pero esto simplemente es una conjetura para la que no hay una evidencia concreta; no tenemos manuscritos en los que la palabra *presbeutēs* («embajador») aparezca en su lugar.

Pablo es ingenioso

Pablo elige sus palabras cuidadosamente en su carta a Filemón, y usa el lenguaje de manera provocativa e ingeniosa.

- *Eufemismo.* Pablo se refiere a la ausencia problemática de Onésimo del hogar (debido a que huyó o no regresó a casa a tiempo) simplemente como un tiempo en el que Onésimo y Filemón han estado «separados» por un tiempo (v. 15).
- *Tacto paradójico.* Pablo dice que no va a mencionar la deuda que Filemón tiene con él (v. 19), pero, por supuesto, al declarar que no va a mencionarla, en realidad la menciona.
- *Juego de palabras.* Pablo indica que Onésimo alguna vez fue «inútil», pero ahora es verdaderamente «útil» (v. 11); la palabra «inútil» (*achrēstos*) suena como «sin Cristo» (*achristos*); la palabra «útil» (*euchrēstos*) es sinónimo de una palabra que se usa como nombre propio para Onésimo (*onēsimos*).
- *Ingenio verbal.* Pablo habla de Onésimo como «mi propio corazón» (v. 12) y luego le solicita a Filemón: «reconforta mi corazón» (v. 20), dándole a la segunda referencia un doble significado: reconforta a Onésimo (quien está en el corazón de Pablo), y que reconforte el corazón de Pablo enviándole de regreso a Onésimo.

debe leerse a la comunidad (vv. 2, 25). De esa manera, habrá conocimiento público de la petición que Pablo hace, y toda la congregación sabrá si Filemón responde como Pablo espera. Luego, Pablo se aprovecha de la reputación de generosidad de Filemón (vv. 4-7) y le recuerda que tiene una deuda con Pablo por su propia salvación (v. 19). Incluso «apuesta a la compasión» al recordarle a Filemón tres veces que está en la cárcel (vv. 1, 9, 23) y al indicarle que el favor que le pide sería algo apropiado para un «anciano» (v. 9). En pocas palabras, Pablo logra, con unas cuantas oraciones, colocar a Filemón en una posición difícil si se niega a esta petición de su «querido amigo» (v. 1), especialmente de alguien que planea ir a visitarlo pronto (v. 22). No sabemos si Pablo acudió a lo que podríamos considerar tácticas manipuladoras porque sospechaba que Filemón necesitaba esta clase de presión, o porque la situación era particularmente delicada, o simplemente porque así es como se hacían las peticiones en esa cultura.

La actitud de Pablo hacia la esclavitud

La carta de Pablo a Filemón les ofrece a los eruditos una oportunidad para investigar más la actitud de Pablo hacia la esclavitud. En Gálatas 3:28, Pablo dice que «Ya no hay... esclavo ni libre... sino que todos ustedes son uno solo en Cristo Jesús». Pero, ¿significa eso que los cristianos deben rechazar la institución completamente, negarse a poseer esclavos y trabajar por la emancipación de los esclavos? En 1 Corintios 7:21-24, parece que Pablo considera la condición de la esclavitud como simplemente irrelevante: ya que todos son iguales a los ojos de Dios, no importa qué condición uno ocupe en esta vida. Otras cartas presentan a Pablo insistiendo en que los esclavos sean obedientes y leales a sus amos (Ef. 6:5-8; Col. 3:22-25; 1 Ti. 6:1-2; Tit. 2:9-10). Pero no todos los eruditos creen que Pablo haya escrito esas cartas.

Con este contexto, hay debate en cuanto a lo que Pablo quiere que Filemón haga. Obviamente, quiere que Filemón sea magnánimo al recibir a Onésimo de regreso, a pesar de cualquier pérdida o daño que Filemón pudiera haber sufrido (v. 17). Pero más allá de eso, ¿cuál es el favor (v. 20) que Pablo quiere que Filemón le haga? Algunos eruditos han pensado que Pablo quiere que Filemón le entregue a Onésimo a Pablo como un regalo, para que Onésimo ahora llegue a ser el esclavo de Pablo y lo sirva en su encarcelamiento (v. 13). Sin embargo, muy a menudo la sugerencia es que Pablo quiere que Filemón libere a Onésimo para que pueda regresar a Pablo y sirva voluntariamente entre el grupo de Pablo, de una manera similar a los otros compañeros y discípulos de Pablo. Él no dice eso directamente, pero muchos intérpretes creen que eso es lo que quiere decir cuando expresa confianza en que Filemón hará «aún más» de lo que se le ha pedido explícitamente (v. 21). Además, la insistencia de Pablo en que Filemón ahora considere a Onésimo como «hermano querido… como persona y como hermano en el Señor» (v. 16) implica que Filemón debe considerar al esclavo como igual a él.

De cualquier manera, muchos intérpretes modernos se sienten decepcionados porque Pablo no fue más directo al denunciar la institución social de la esclavitud. Pablo creía que la distinción entre judío y gentil era irrelevante espiritualmente (Gá. 3:28), y actuó de acuerdo a esa creencia al insistir en la abolición de prácticas que daban lugar a semejante distinción (Gá. 2:11-14). ¿Por qué no sacó conclusiones similares en cuanto a la esclavitud? Por lo menos podría haber prohibido que los cristianos participaran en dicha institución. Podría haberle dicho a Filemón, con términos inequívocos, que era incorrecto mantener a un ser humano como esclavo y que, para complacer a Cristo, tenía que liberar a Onésimo.

En lugar de enfocarse en lo que Pablo no hace, muchos intérpretes quieren señalar los pasos positivos en contra de la esclavitud que se ofrecen en esta carta. Pablo insiste en que Filemón no debe considerar a Onésimo como una mera propiedad, sino más bien tiene que recibirlo «como a mí mismo» (v. 17). De esta manera, frecuentemente se dice que Pablo pone las bases para la abolición de la esclavitud, o implica que esa abolición sería algo bueno. Sin embargo, muchos cristianos que creen en la Biblia, a lo largo de la historia, sí terminaron excusando la esclavitud como una institución social viable, con completa confianza en que la Biblia no prohibía la posesión de esclavos. La carta a Filemón frecuentemente se estudiaba y se citaba en debates sobre la esclavitud, y los abolicionistas siempre tuvieron que contender con el hecho

Un extracto de La cabaña del tío Tom

En el capítulo 11 de *La cabaña del tío Tom* (1852), por Harriet Beecher Stowe, un esclavo llamado «George» da a conocer que está planeando escaparse. El Sr. Wilson, un hombre blanco solidario, responde:

> Ay, George, eso no está bien: esa forma de hablar es malvada, va contra las Sagradas Escrituras. George, sí tienes un amo duro, de hecho se comporta de manera reprobable y no pretendo defenderlo. Pero sabes cómo el ángel ordenó a Agar que volviese con su ama y se humillara bajo su mano; y el apóstol mandó a Onésimo que volviese con su amo.

Las referencias bíblicas son de Génesis 16 y la carta de Pablo a Filemón.
George responde:

> No me cite usted la Biblia de esa manera, señor Wilson... ¡no lo haga!, pues mi esposa es cristiana y yo lo seré si salgo de ésta; pero citar la Biblia a alguien en mis circunstancias es bastante para hacer que deje la religión del todo. Apelo a Dios Todopoderoso; estoy dispuesto a llevar el caso ante Él para preguntarle si hago mal en buscar la libertad.

de que en esta carta Pablo sí devuelve a un esclavo a su amo sin prohibir la continuidad de la esclavitud.

La mayoría de los eruditos hoy día creen que Pablo no aprobaba la esclavitud y que su petición a Filemón a favor de Onésimo fue meramente formulada en lenguaje apropiado para dirigirse a una persona prominente y poderosa con relación a un «tema sensible». Aun así, si Pablo hubiera sido menos sutil en declarar sus opiniones sobre el asunto, la historia del cristianismo occidental (particularmente en los Estados Unidos) habría sido muy distinta.

Conclusión

Cualquier limitación que hubiera acompañado al trato de Pablo de la esclavitud como una institución social sistémica, sí se esfuerza mucho para ayudar a un esclavo en particular. Pablo valora a Onésimo (vv. 11-12) y lo considera como igual (vv. 16-17). Y su petición a favor de Onésimo tal vez es aún más conmovedora cuando recordamos que hace esa petición como prisionero: por Cristo es que Pablo ha perdido su propia libertad, y es por el nombre de Cristo que ahora busca la libertad de otro. No podemos saber con seguridad si Filemón hizo lo que se le pidió, pero, como muchos eruditos han señalado, parece improbable que cualquier copia de esta carta se hubiera conservado si no hubiera demostrado ser efectiva y recibida con una respuesta favorable.

Una posdata posible de la historia surge a la superficie unos cincuenta años después, a través de los escritos del líder de la iglesia, Ignacio de Antioquía. Ignacio revela que el obispo de la iglesia en Éfeso de esa época (*ca.* 110) era un hombre llamado «Onésimo» (Ignacio, *A los Efesios* 1:3). ¿Podría ser la misma persona? ¿Acabó Onésimo, el que alguna vez fuera esclavo, convirtiéndose en obispo de una de las iglesias más prominentes del mundo? Si Onésimo era un adolescente en la época de Pablo, podría haber estado vivo en la época en que Ignacio escribió. Como lo señalan algunos eruditos, el nombre Onésimo era frecuentemente nombre de esclavo (aunque no siempre), y no sería muy probable que otro esclavo llamado «Onésimo» surgiera con tanta prominencia en esta misma región geográfica, en un período de tiempo tan corto. Y tiene buen sentido suponer que el esclavo que llegó a ser obispo sería el que llegó de la casa prominente de Filemón, y quien había trabajado como un confiable asistente de Pablo el apóstol, ya que estos dos factores ayudarían a explicar su ascenso. Aun así, Ignacio no nos dice nada de las credenciales del Obispo Onésimo, ni indica que el Onésimo que él conoce es el que Pablo conocía. En resumidas cuentas, no podemos saber si este es el mismo Onésimo, y los eruditos generalmente no toman muy en serio la conexión potencial. Pero qué gran conclusión de esta historia sería: el esclavo descarriado de Filemón, ¡ahora es el obispo de Éfeso!

24

Hebreos

Casi cada año se lanza una película que obtiene elogios de los críticos profesionales, y aun así, fracasa en la taquilla. La aclamación crítica no garantiza una recepción popular.

Entre los escritos del Nuevo Testamento, la Carta a los Hebreos puede ser el mejor ejemplo del favorito de la crítica. Los eruditos afirman que Hebreos está escrita en el griego más pulido y elocuente que cualquier otro libro de la Biblia. Presenta un argumento cuidadosamente construido, emplea estrategias retóricas helenísticas de una manera impresionante y efectiva. También exhibe ejemplos intrigantes de exégesis cristiana, que demuestran enfoques tanto apologéticos como dogmáticos a las Escrituras del Antiguo Testamento. La doctrina y teología cristianas le deben mucho a esta carta. Se describe invariablemente como una obra maestra.

Aun así, Hebreos no sobresale en muchos listados de popularidad para los cristianos que simplemente quieren hacer una lectura bíblica edificante. La carta tiene una reputación desafortunada de ser larga y pesada, intelectual y difícil de entender, o incluso, ¿nos atrevemos a decirlo?, aburrida. Algunas personas dirán que Hebreos, aparte de unos cuantos pasajes (p. ej., 4:12 es favorito entre los lectores bíblicos que son aficionados a la memorización de versículos), en realidad no se vuelve interesante hasta en los últimos tres capítulos. Luego, al final, llega a ser considerablemente más accesible, así como inspiradora, práctica y pertinente.

Un problema para los lectores contemporáneos puede ser que los primeros diez capítulos tratan de temas que para ellos son arcaicos: los sacrificios judíos, los rituales de purificación, el sacerdocio. Efectivamente, un centro de atención importante está en un personaje bíblico poco conocido, Melquisedec, quien solamente hace una aparición breve en la historia del Antiguo Testamento

(Gn. 14:18-20; Sal. 110:4). ¿Qué tiene que ver eso con nosotros? Podría ser útil saber que los primeros lectores de Hebreos probablemente se hicieron la misma pregunta. Melquisedec tampoco fue una figura importante para ellos. Y los rituales de los sacrificios que son el punto central de esta carta no son los del templo de Jerusalén, sino más bien son los ritos de un tabernáculo anterior en el desierto; son rituales que no se habían llevado a cabo en Israel por más de un milenio. En cierto sentido, entonces, el contenido de Hebreos fue misterioso desde el principio. Aun así, los críticos se impresionaron, y con el paso de los años, los cristianos persistentes han encontrado substancia real en esta carta: enseñanza que no solamente revela quién es Cristo, sino también revela quiénes son ellos (y pueden ser) con relación a él.

Generalidades

La carta (o sermón) inicia con un prólogo elocuente que presenta al Hijo de Dios como la revelación definitiva de Dios (1:1-3). El autor propone que el Hijo es superior a los ángeles (1:4-14) y luego emite una súplica para que los lectores no se desvíen de la verdad que han recibido (2:1-4). Al volver al tema de la superioridad del Hijo, el autor explica que la humillación temporal de Jesús fue necesaria para la salvación humana y llevó a su exaltación gloriosa (2:5-18). Argumenta que Jesús es también superior a Moisés (3:1-6), lo cual lleva a una advertencia a no revelarse y a no fallar en entrar al reposo de Dios como lo hicieron algunos de los que fueron liberados de Egipto bajo Moisés (3:7-19). Los lectores deben esforzarse mucho para entrar al reposo especial de Dios (4:1-11). Esta exhortación se interrumpe con un recordatorio del poder penetrante de la palabra de Dios para revelar las intenciones secretas del corazón (4:12-13).

Entonces el autor se lanza a una explicación larga de la función de Jesús como sumo sacerdote (4:14-10:39). Primero, el autor muestra que Jesús posee dos requisitos para ser semejante sacerdote (4:14-5:10): es capaz de compadecerse de los humanos, y ha sido nombrado por Dios para ser sacerdote según el orden de Melquisedec. Esto da lugar a otro paréntesis: el autor reprende a los lectores por su inmadurez espiritual, los insta a perseverar hacia la perfección, y expresa confianza en que ellos perseverarán (5:11-6:20).

Al volver al tema principal, el autor expone lo que se quiere decir al identificar a Jesús como sacerdote según el orden de Melquisedec (7:1-28). Luego explica con detalles las implicaciones de lo que ha estado diciendo: el santuario terrenal donde los sacerdotes ofrecen sacrificios solamente es una escena o sombra del celestial, y el antiguo pacto ha quedado obsoleto por el pacto nuevo y mejor en Jesús (8:1-13). Estos puntos se elaboran a través de un tratado sobre las muchas maneras en las que el sacrificio de Cristo es superior a los sacrificios de los sacerdotes levíticos (9:1-10:18).

El autor concluye su homilía teológica sobre el sumo sacerdocio de Cristo al exhortar a los lectores a que respondan apropiadamente (10:19-39). Luego pasa un listado de héroes bíblicos cuyas vidas han testificado de la fe como «la garantía de lo que se espera» (11:1-40). Ellos constituyen una «multitud tan grande de testigos», a la que Jesús puede agregarse como el ejemplo supremo de alguien que demostró ser fiel en el sufrimiento y que preparó el camino para que otros lo siguieran (12:1-3). El autor insta a los lectores a soportar sus pruebas, y reflexiona brevemente sobre la función positiva que el sufrimiento puede tener cuando se ve como disciplina de un Dios amoroso (12:4-11). Estas exhortaciones a la fidelidad dan lugar a un contraste entre los pactos del monte Sinaí y el monte de Sión: los lectores reciben un reino que no puede ser agitado, pero los que fallan en obtener la gracia de Dios que se ofrece a través de este nuevo pacto no escaparán al juicio de Dios (12:12-29).

La carta comienza a llegar a su conclusión con numerosas amonestaciones (13:1-17): los lectores deben seguir el ejemplo de los lectores anteriores; tienen que evitar verse envueltos en doctrinas extrañas; deben estar dispuestos a sufrir la exclusión por su fe; deben adorar a Dios con alabanza y buenas obras; y deben someterse a sus líderes. El libro termina en el típico estilo de una carta, con peticiones de oración, bendiciones y saludos personales (13:18-25).

Trasfondo histórico

Aunque a este libro tradicionalmente se le llama «Carta a los Hebreos», no tiene el aspecto de una carta, por lo menos no hasta el final. Termina como una carta, pero no inicia como una carta. El autor se refiere a su obra como «palabras de exhortación» (13:22), y usa exactamente el mismo término de un sermón que se usa en Hechos 13:15. Tal vez eso es lo que Hebreos es: un sermón, predicado desde lejos y enviado por correo a los que necesitaban oírlo. Algunos eruditos han pensado que los capítulos 1-12 forman el sermón original, un tratado elegante estructurado con patrones alternos de exposición y exhortación, y el capítulo 13 es una nota personal anexada a este sermón cuando se envió a la congregación para la cual se había compuesto.

¿Pero quiénes eran esos destinatarios proyectados? La carta (llamémosla así) revela varias cosas acerca de sus lectores:

- Son cristianos (3:6; 4:14; 10:23).
- Son cristianos judíos o por lo menos cristianos con un fuerte interés en las prácticas sacrificiales y otros asuntos de la fe judía.
- Escucharon el mensaje de salvación de personas que lo escucharon de Jesús (2:3); de esa manera, son cristianos de segunda generación, pero no cristianos de tercera o cuarta generación.

¿Por qué no encajan las citas?

Los lectores bíblicos sagaces a veces observan que los pasajes del Antiguo Testamento que se citan en la Carta a los Hebreos no encajan muy bien con lo que en realidad se dice en el Antiguo Testamento en sí. Por ejemplo:

Salmos 8:5: «poco menor que Dios» (NTV)
Hebreos 2:7: «poco menor que los ángeles»

La Carta a los Hebreos regularmente cita de la Septuaginta, la traducción griega del Antiguo Testamento. Casi todas las Biblias modernas contienen traducciones del Antiguo Testamento hechas del hebreo, no de la Septuaginta (para no producir una traducción de una traducción).

La palabra hebrea de Salmos 8:5 es *elohim*, que generalmente significa «Dios», aunque a veces podría significar «ángeles». Casi todos los traductores bíblicos han pensado que el salmista quería decir «Dios», y casi todas las Biblias en español traducen Salmos 8:5 como «menor que Dios». Sin embargo, la Septuaginta traduce *elohim* con la palabra griega para «ángeles» en este versículo, y el autor de Hebreos confió en esa traducción algo idiosincrática al hacer su observación.

Algo similar ocurre en otras ocasiones en la carta. Por ejemplo, en Salmos 40:6 leemos «has abierto mis oídos» en traducciones modernas del Antiguo Testamento, pero Hebreos 10:5 sigue una lectura de la Septuaginta al citar el texto como «me preparaste un cuerpo».

- Han presenciado señales y maravillas y varios milagros, y han recibido diversos dones del Espíritu Santo (2:4).
- Son lo suficientemente educados y sagaces como para entender argumentos que emplean tanto retórica helenista como razonamiento alusivo, con base en las Escrituras judías.
- Han pasado por un tiempo difícil que requería que soportaran abuso, persecución y sufrimiento (10:32-33).
- Algunos de ellos tenían propiedades que fueron saqueadas (10:34), pero hasta aquí, el abuso no ha implicado derramamiento de sangre (12:4).
- Han sido ejemplares en buenas obras (6:10), como demostrar compasión a los que sufren (10:34).
- Sin embargo, ahora «lo que les entra por un oído les sale por el otro» (5:11) y son «perezosos» (6:12; cf. 12:12).
- Parece que están en peligro de apostasía, renunciando a su fe o desviándose de la verdad (2:1-3; 3:12-14; 4:1; 10:35-36); algunos ya han descuidado reunirse con la comunidad (10:25).

apostasía: el abandono o renuncia de la fe religiosa.

Al unir todos estos puntos, muchos eruditos han conjeturado que la crisis que esta carta quiere tratar es una tentación específica de algunos cristianos de adoptar lo que el autor considera como aspectos caducos de la religión judía, o incluso el regreso a esa religión de una manera que comprometa su confesión cristiana. La mayoría de los eruditos hoy día creen que Hebreos fue escrita para una audiencia mixta de cristianos judíos y gentiles, ya sea en Jerusalén (y esta es la teoría dominante) o en Roma. La situación específica se nos escapa, pero el autor de Hebreos parece que considera la religión judía (o aspectos de ella) como un contrincante del corazón, mente y alma de la audiencia proyectada de la carta. Esto podría explicar dos temas en los que se hace énfasis repetidamente: la superioridad de Cristo y las consecuencias terribles de la apostasía. Esos dos temas parecen entrelazados en toda la carta. Tal vez se debe a que el autor temía que los lectores pudieran demostrar ser susceptibles a una forma específica de apostasía, adoptando el judaísmo de una manera que no consideraba o apreciaba la supremacía absoluta de Cristo.

La versión Reina Valera de 1909 de la Biblia titula esta obra: «La Epístola del Apóstol San Pablo á Los Hebreos», pero la atribución a Pablo fue una

---

Cuadro 24.2

Las bases de la fe

Hebreos 6:1-2 enumera seis asuntos como «enseñanzas elementales» que los cristianos maduros tienen que haber dominado. Es un poco vergonzoso que carezcamos de claridad en cuanto a cosas que se suponen tan obvias que no se necesita de instrucción, pero a veces ese es el caso.

- *Arrepentimiento de las obras muertas*. Los creyentes deben rechazar las «obras que conducen a la muerte», pero ¿cuáles son? La referencia puede ser a comportamientos pecaminosos que llevan a la muerte, o podría ser a prácticas rituales de la religión judía que Cristo ha considerado obsoletas. Véase también Hebreos 9:14.
- *La fe en Dios*. Los creyentes deben confiar radicalmente en Dios y en las promesas de Dios (cf. He. 11:1-12:2).
- *Bautismos*. ¿Por qué está esto en plural? Tal vez se refiere a varios ritos de purificación que practicaban los judíos (cf. He. 9:10). ¿Practicaban esos rituales los lectores de esta carta? ¿O tenían una comprensión variante del bautismo cristiano como una acción que se practicaba más de una vez para diversas funciones (cf. 1 Co. 15:29, un versículo que también se refiere a algunas prácticas bautismales primitivas de las que no tenemos conocimiento)?
- *Imposición de manos*. Esto se refiere a un rito a través del cual el contacto humano acompaña o imparte autorización o empoderamiento divino (cf. 2 Ti. 1:6), pero podría practicarse por una variedad de razones: transmitir el don del Espíritu Santo a los creyentes (Hch. 8:17; 19:6); comisionar a los líderes (Hch. 6:6; 1 Ti. 5:22); sanar a los enfermos (Hch. 9:12; 28:8).
- *Resurrección de los muertos*. Todas las personas resucitarán a la vida nueva cuando Cristo regrese.
- *Juicio eterno*. Dios juzgará a toda la gente, y les concederá salvación o condenación (cf. He. 9:27; 10:26-27; 13:4).

canon: literalmente «regla» o «estándar»; usado por los grupos religiosos para referirse a un listado autoritativo de libros que son aceptados oficialmente como Escrituras.

conjetura, y probablemente una no muy buena. La carta en sí es anónima, y su estilo y teología característicos la distinguen de los escritos de Pablo. La Carta a los Hebreos, en realidad, tuvo dificultades para obtener aceptación como parte del canon cristiano debido a su anonimidad. Finalmente llegó a ser considerada como Escrituras por la fortaleza de factores intrínsecos (teología sana, presentación elocuente), pero la pregunta de «¿Quién escribió la Carta a los Hebreos?» ha seguido atrayendo el interés de intérpretes a lo largo de las épocas, como un gran caso no resuelto de detectives. Hay pistas, pero son inciertas. Y hay sospechosos: la historia de la interpretación ha provisto un largo listado de posibles autores, incluso el famoso elocuente Apolos (véase Hechos 18:24-25), el médico amado y supuesto evangelista Lucas (Col. 4:14), el compañero de viaje de Pablo, Bernabé (Hch. 13-14), o su colega que hacía tiendas, Priscila (Hch. 18:2-3) y el difunto obispo del siglo I, Clemente de Roma. El caso sigue abierto, y la mayoría de los eruditos actuales coincidiría con el veredicto al que llegó hace más de mil setecientos años Orígenes, un maestro prominente de la iglesia primitiva. Después de investigar el asunto, concluyó: «¿Quién escribió esta epístola? ¡Solo Dios sabe!» (se narra en *Historia de la Iglesia* 6.25.13 de Eusebio).

Sin embargo, probablemente podemos asumir que el autor de Hebreos era una persona de prominencia en la iglesia primitiva. Él (asumiendo que es un autor varón, aunque no es absolutamente seguro) conocía personas que habían conocido a Jesús (2:3), y estaba bien educado en cuanto a la retórica griega y a las Escrituras judías. El autor también conoce a los lectores personalmente y asume la obligación de hablarles con autoridad, aunque no parece que haya sido el fundador de su comunidad. De hecho, el autor piensa visitarlos pronto (13:19, 23), lo cual puede indicar que ejerce una función supervisora en la congregación, por encima de los líderes locales (13:7, 17, 24).

Ya que el autor y los lectores aparentemente pertenecen a una segunda generación de creyentes (2:3), y ya que ellos han sido creyentes por algún tiempo (5:12; 10:32), la carta generalmente se cree que fue escrita por lo menos cerca del año 50 (o más frecuentemente, cerca del 60). Con seguridad, tuvo que haberse escrito antes del año 90, ya que Clemente de Roma la conoce y la cita en una carta que fue escrita probablemente alrededor del año 96 (*1 Clemente* 36:1-5; cf. He. 1:3-5, 7, 13). Los esfuerzos por determinar una fecha más precisa, a menudo se centran en la pregunta de si Hebreos fue escrita antes o después del año 70, cuando el templo de Jerusalén fue destruido. Ya que la carta no menciona nunca el templo (y en su lugar usa el tabernáculo antiguo para todo su simbolismo de sacrificio), algunos eruditos razonan que el templo ya no era una institución viable, que había sido destruido. Pero otros sostienen que si el templo hubiera sido destruido, el autor seguramente habría mencionado eso para rematar su argumento de que el sistema judío de sacrificios entonces era obsoleto (8:13). Los lectores a veces observan que la carta se refiere a los sacrificios en el tiempo presente, como si todavía se ofrecieran (7:8; 8:3; 9:6-7, 9, 13; 13:11), pero esto no es tan concluyente como puede parecer al principio, ya que el idioma griego a veces usa el tiempo presente para describir hechos históricos. Tanto Josefo (*Antigüedades de los Judíos* 4.102-50, 151-87) como Clemente de Roma (*1 Clemente* 41) hablan de sacrificios en el tiempo presente en escritos producidos después de la destrucción del templo (y de cualquier manera, Hebreos en realidad se refiere a los sacrificios que se ofrecían en el tabernáculo antiguo). Aun así, a muchos eruditos sí les parece que el razonamiento de Hebreos 10:2 sugiere con alta probabilidad una fecha antes de 70: el argumento parece encender una insistencia de que ofrecer sacrificios (idénticos o similares a los que se ofrecían en el tabernáculo) todavía se llevaba a cabo en la época en la que se escribía esta carta.

Lo esencial es que sabemos menos de las circunstancias históricas de esta carta (si efectivamente es una carta) que de casi cualquier otro libro del Nuevo Testamento. Fue escrita por un cristiano desconocido, elocuente y probablemente prominente, a un grupo de cristianos judíos o gentiles de alguna ciudad (desconocida para nosotros, pero posiblemente Roma) entre 50 y 90

Cuadro 24.3

¿El primer cristiano platónico?

En el siglo IV a. e. c., el filósofo griego Platón introdujo un esquema de dos categorías de realidad que parece haber influido al autor de Hebreos. Platón argumentaba que el mundo de «las ideas» era el mundo más real y verdadero, y que el mundo físico en el que vivimos contiene solamente representaciones de esas ideas que son en un sentido menos reales y menos verdaderas.

Los judíos que estaban atraídos a esta noción frecuentemente la convertían en un contraste entre lo que era celestial y lo terrenal (aunque eso no es exactamente lo mismo). Los escritos de Filón de Alejandría, producidos alrededor del mismo tiempo que la Carta a los Hebreos, ilustran el platonismo judío. Filón leía Génesis 1:26-27 como una narración de la creación de la «idea» (o «forma ideal») de la humanidad, y Génesis 2:7 como una narración de la creación de una representación material de esta idea (un hombre físico formado del polvo de la tierra).

De igual manera, al autor de Hebreos a veces se le ha llamado «el primer cristiano platónico». Él argumenta que el tabernáculo judío solamente es «un diseño y una sombra» de un santuario celestial en el que Jesús ejerce su cargo como sumo sacerdote (8:5-6; cf. 9:23; 10:1). El santuario terrenal hecho por manos humanas solamente es una representación material del santuario celestial, más real, que no fue hecho por manos.

Obviamente, una salvación más verdadera y más real debe obtenerse en el santuario celestial que en el terrenal. Notablemente, Hebreos no denigra lo que es físico como malo o incorrecto: el contraste entre lo terrenal y lo celestial no está entre lo «malo» y lo «bueno» (como sería en el gnosticismo); está entre lo «bueno» y lo «mejor».

(posiblemente, pero no ciertamente, antes de 70). Sin embargo, el propósito de la composición es bastante claro: proclama la superioridad de Cristo como el Hijo divino de Dios y la superioridad de la fe en Cristo sobre todas las demás confesiones, especialmente la religión judía. Lo hace negativamente, para anticipar la apostasía (es decir, para persuadir a los cristianos de no abandonar su fe) y, positivamente, para animar la perseverancia apropiada para recibir el favor y los beneficios de Dios otorgados a los que son fieles. Semejante perseverancia se justifica a la luz de lo que el Hijo terrenal ha hecho para llevar a los creyentes al favor de Dios, y se sostiene a través de la intercesión que el Hijo exaltado sigue haciendo a favor de ellos.

Temas importantes de Hebreos

El cristianismo y el judaísmo

A medida que se desarrollaba el cristianismo, surgieron distintas ideas en cuanto a cómo esta fe nueva debía entenderse con relación a su progenitor, el judaísmo. En un extremo, parece que algunos cristianos han insistido en que el cristianismo era un subgrupo del judaísmo. Uno no podía ser cristiano sin ser judío. Los gentiles que llegaron a ser cristianos debían circuncidarse (convertirse en judíos) y cumplir todos los rituales judíos y sus normas tradicionales. Probablemente, Pablo estaba tratando con gente que pensaba de esa manera cuando escribió su carta a los Gálatas (véase «Trasfondo histórico» en el capítulo 16). Sin embargo, el extremo opuesto sostenía que el judaísmo era una religión falsa. El Dios judío era malo y había que rechazar las Escrituras judías. El cristiano del siglo II, Marción, favorecía esta opinión y también fue prominente entre los gnósticos (véase «En el horizonte: el gnosticismo» en el capítulo 1 y «Desarrollo del canon» en el capítulo 3). La Carta a los Hebreos sigue un curso entre estos enfoques, y hace énfasis en la continuidad del cristianismo con el judaísmo, en tanto que también hace énfasis en la supremacía del cristianismo sobre el judaísmo.

La continuidad de las religiones cristiana y judía es evidente en el hecho de que Dios, quien ahora ha hablado a través del Hijo, es el mismo Dios que habló a través de

---

Cuadro 24.4

Algo mejor

Un tema prominente en Hebreos es que en Jesucristo, Dios ha provisto «algo mejor» (11:40):

- Mejores cosas (6:9)
- Una esperanza mejor (7:19)
- Un pacto mejor (7:22; 8:6)
- Mejores promesas (8:6)
- Sacrificios mejores (9:23)
- Patrimonio mejor (10:34)
- Una patria mejor (11:16)
- Una mejor resurrección (11:35)
- Una mejor palabra (12:24)

---

los profetas judíos (1:1-2). Las Escrituras judías se citan de manera autoritativa en todo Hebreos como expresiones confiables de la voluntad y el plan de Dios (véase, p. ej., 1:5-12; 4:3, 7; 7:21; 8:8-12). De esta manera, Hebreos afirma que los cristianos y los judíos adoran al mismo Dios y leen la misma Biblia.

Sin embargo, Hebreos también insiste en que el cristianismo es superior al judaísmo en dos maneras sumamente significativas. Primero, Jesucristo es superior a todas las demás figuras de la historia ilustre de Israel, incluso Moisés (3:1-6), Josué (4:1-11), Aarón (4:14-5:10) y Leví (7:1-22). Es más glorioso que los ángeles (1:4-11; 2:5-18), y da una revelación superior que la de los profetas (1:1-3). Segundo, la salvación que Jesús trae es superior a la que Israel obtuvo a través del antiguo pacto (8:1-13). Él ofrece un sacrificio superior (10:1-18) en un tabernáculo superior (9:1-28) y se puede decir que salva a la gente «completamente» (7:25). Al hacer este

Figura 24.1. Cristo y los ángeles. ¿Por qué la Carta a los Hebreos hace énfasis en que Jesús debe ser exaltado sobre los ángeles (1:5-2:18)? Se han propuesto por lo menos tres respuestas:

- Algunos de los destinatarios a quienes estaba dirigida la carta podrían haber sido tentados a adorar a los ángeles (cf. Col. 2:18; Ap. 19:10; 22:9).
- Algunos de los destinatarios podrían haber mostrado una tendencia errónea a pensar en Jesús como un ángel.
- A los ángeles se les identifica en Hebreos como mediadores del pacto (2:2; cf. Gá. 3:19), y se dice que Jesús trae una salvación más grande a través de un pacto nuevo (8:6-13).

(Manu Sassoonian / Art Resource, NY)

planteamiento, el autor de Hebreos hace uso de dos tradiciones de pensamiento. Con términos que se apoyan en una comprensión casi rabínica de las Escrituras judías, afirma que Cristo provee el cumplimiento del nuevo pacto que el judaísmo histórico ha prometido (8:7-13). Con términos que se apoyan en el judaísmo helenista o la filosofía griega, afirma que Cristo ofrece la salvación verdadera y eterna, para la cual el judaísmo da una representación menor y terrenal (8:5-6; 9:23; 10:1).

Cristología

La Carta a los Hebreos dice: «Jesucristo es el mismo ayer y hoy y por los siglos» (13:8). La representación de quién es Jesucristo en la carta y su bosquejo de lo que Jesucristo significa para la humanidad son amplios y casi completos: mucho de lo que se afirma de Cristo en otros libros del Nuevo Testamento se encuentra aquí, pero esa información se complementa con elementos distintivos y matices particulares que han sido influyentes en la teología cristiana.

Hebreos habla de la preexistencia de Cristo (1:2; 10:5), de la encarnación (2:14-18; 10:5-7), de la muerte sacrificial (1:3; 2:9; 7:27), de la resurrección (1:3), de la intercesión celestial (7:23-25; cf. 2:18; 8:1-2) y del regreso para el juicio (9:27-28; 10:25). Los dos primeros elementos de esta lista (preexistencia y encarnación) expresan la idea de que la persona que ahora es conocida como Cristo existía como un ser divino (el Hijo de Dios) antes de llegar a ser un ser humano (véase también Jn. 1:1-2, 14; Fil. 2:5-7). El quinto elemento de la lista (intercesión celestial) se refiere a la noción de que Jesucristo está en el cielo actualmente, donde ora por sus seguidores de maneras que los apoyan y sostienen en la tierra (véase también Ro. 8:34; 1 Jn. 2:1).

Hebreos testifica de lo que llegaría a ser un dogma cristiano estándar en cuanto a «las dos naturalezas de Cristo»: hay que confesar a Jesucristo como completamente divino y completamente humano (véase el cuadro 24.5). A

Cuadro 24.5

El Cristo divino y humano de Hebreos

El Cristo divino

- Aquel a través de quien se crearon los mundos (1:2)
- La imagen (reflejo) de la gloria de Dios (1:3)
- La impresión exacta del mismo ser de Dios (1:3)
- Aquel que sostiene todas las cosas (1:3)
- Sentado a la diestra de Dios en gloria (1:3)
- Superior a los ángeles (1:4) quienes lo adoran (1:6)
- Sin pecado (4:15) y capaz de santificar a otros (2:11)
- Regresará a salvar a aquellos que lo esperan ansiosamente (9:28; 10:37)

El Cristo humano

- Una persona de carne y sangre, como todos los hijos de Dios (2:14; cf. 2:11)
- Llegó a ser como nosotros en todos los sentidos (2:17)
- Fue probado con lo que sufrió (2:18)
- Es capaz de compadecerse de (o identificarse con) nuestras debilidades (4:15)
- Ha sido probado (o tentado) en todo sentido, como nosotros (4:15)
- Hizo oraciones a Dios con fuerte clamor y lágrimas y sumisión reverente (5:7)
- Aprendió la obediencia a través del sufrimiento (5:8; cf. 2:10)
- Un ejemplo de perseverancia que otros pueden seguir (12:1-3)

Jesús en realidad se le iguala a Dios en Hebreos 1:8 (cf. Jn. 20:28; Tit. 2:13; véase el cuadro 4.5), y se dice que representa «la fiel imagen de lo que él [Dios] es» (1:3; cf. Col. 1:15; 2:9). Se presenta como el agente por medio del cual Dios creó los mundos y sostiene todas las cosas (cf. Jn. 1:3; 1 Co. 8:6; Col. 1:16-17). Algunos eruditos se han preguntado si esta representación de Cristo podría haber estado influenciada por los escritos judíos que personificaban la sabiduría como el agente de Dios. La Sabiduría de Salomón (un libro que pertenece a los escritos apócrifos o deuterocanónicos, véase «Los efectos del helenismo en el mundo del Nuevo Testamento» en el capítulo 2) dice que la sabiduría es «reflejo de la luz eterna, espejo sin mancha de la actividad de Dios e imagen de su bondad» (Sab. 7:25-26; cf. He. 1:3). En otra parte, la sabiduría se identifica como un agente activo en la creación (Pr. 8:22-23; Sab. 7:22; 9:9) y en la conservación continua del reino creado (Sab. 7:27; 8:1). De esta manera, se puede entender que Hebreos le aplica al Hijo lo que algunos escritos judíos le atribuían a la sabiduría.

Pero Hebreos también presenta a Jesús como total y profundamente humano, una persona que, al igual que otros seres humanos (2:11, 17-18), tuvo que haber

---

Cuadro 24.6

La perfección en Hebreos

La Carta a los Hebreos frecuentemente habla de perfección:

- A nosotros (los lectores) se nos anima a ir «adelante a la perfección» (6:1, RVR60).
- La esperanza de ser hechos perfectos no se cumplió ni para los héroes más fieles de la Biblia (11:40).
- Las reglas y los rituales religiosos no pueden hacer perfecta a la gente (7:11, 19; 9:9; 10:1).

¿Qué podemos hacer?

- Jesucristo es el «perfeccionador de nuestra fe» (12:2).
- El mismo Cristo fue hecho perfecto (2:10; 5:8-9; 7:28).
- Entonces, con una sola ofrenda (su muerte), Cristo hizo perfectos para siempre a los que son santificados por él (10:14).
- Cristo ha hecho perfectos ahora a los espíritus de los justos inscritos en el cielo (12:23), y nosotros esperamos ansiosamente unirnos a ellos (13:14).

La perfección que se visualiza aquí no es simple ni principalmente perfección moral; Jesús era sin pecado (4:15), pero todavía necesitó que se le hiciera perfecto. Más bien, la idea es consumación, gente que llega a ser todo lo que tenía que ser. La disciplina de aprender obediencia a través del sufrimiento contribuye al proceso de perfección aquí en la tierra (5:8-9; 12:11), pero esto no es más que una realización temporal de la salvación completa y más gloriosa que se ha logrado en el reino celestial.

Véase David Peterson, *Hebrews and Perfection: An Examination of the Concept of Perfection in the "Epistle to the Hebrews"* [Hebreos y la perfección: un examen del concepto de la perfección en la «Epístola a los Hebreos»] (Cambridge: Cambridge University Press, 1982).

Figura 24.2. Melquisedec. Esta representación de Melquisedec, el sacerdote que se le aparece a Abraham (Gn. 14:18-20), es del Altar de Verdun del monasterio Klosterneuburg en Austria, construido en 1181. (Erich Lessing / Art Resource, NY)

sido hecho perfecto o completo a través de la obediencia a Dios (2:10; 5:8). Además, esa obediencia era algo que tuvo que aprender (cf. Lucas 2:52), y la idea de que Jesús tuviera que aprender la obediencia (crecer en fidelidad a Dios) es única de Hebreos. El libro deja claro que Jesús no pecó (4:15), sin embargo, alega que un proceso prolongado de pruebas (4:15) y sufrimiento (5:7-9) llevó a Jesús a niveles progresivos de fidelidad que marcaron el crecimiento en obediencia y, finalmente, la perfección.

La humanidad de Cristo es significativa teológicamente en este libro porque:

- Ser humano le permite a Cristo sufrir y morir y, de esa manera, ofrecer un sacrificio final por el pecado y destruir el poder de la muerte (2:14-15; 7:27).
- Ser humano le permite a Cristo identificarse con los seres humanos en todo sentido, para poder ser capaz de compadecerse misericordiosamente con el débil y el descarriado (2:17; 4:15; cf. 5:1-2).
- Ser humano le permite a Cristo llegar a ser un ejemplo creíble para otros que sufren pruebas y tienen que perseverar como él lo hizo (12:1-3).

Jesús como el sumo sacerdote

Uno de los aspectos más impactantes de Hebreos es su identificación prominente de Jesús como sumo sacerdote (2:17; 3:1; 4:14; 5:5, 10; 6:20; 7:26; 8:1; 9:11; 10:21). Al principio, esa identificación puede parecer sorprendente, porque el Jesús histórico definitivamente no fue sacerdote y, efectivamente, parece que fue crítico de las prácticas del templo y estuvo en conflicto con el sacerdocio de Jerusalén (Mr. 11:15-18). El autor esquiva esto con un llamado a la figura poco conocida del Antiguo Testamento de Melquisedec (Gn. 14:18-20; Sal. 110:4). En la Biblia, se identifica a Melquisedec como un sacerdote siglos antes de que el orden hereditario del sacerdote levítico se estableciera; de esa manera, para el autor de Hebreos, Jesús puede ser un sacerdote no hereditario «según el orden de Melquisedec» (5:6, 10; 6:20; 7:17; cf. Sal. 110:4). Ya que Melquisedec llegó primero cronológicamente, debe ser considerado mayor que los sacerdotes levíticos posteriores; además, Abraham le pagó diezmo a Melquisedec, lo cual significa efectivamente que todos los descendientes de Abraham (incluso Leví y todos los sacerdotes levíticos) también le rindieron homenaje a Melquisedec (7:9-10). El hecho de que ni la genealogía ni la muerte de Melquisedec se reportan en la Biblia indica que el sacerdocio superior que él representa es eterno, que no tiene principio ni fin (7:3). ¿Qué mejor candidato podría haber para semejante sacerdocio que el Jesús preexistente y que vive eternamente?

Cuadro 24.7

Dos términos favoritos de Hebreos

Eterno

- Salvación eterna (5:9)
- Juicio eterno (6:2)
- Redención eterna (9:12)
- Espíritu eterno (9:14)
- Herencia eterna (9:15)
- Pacto eterno (13:20)

Celestial

- Llamado celestial (3:1)
- Don celestial (6:4)
- Santuario celestial (8:5)
- Cosas celestiales (9:23)
- Patria celestial (11:16)
- Jerusalén celestial (12:22)

La imagen de Jesús como «sacerdote» está casi ausente en cualquier otra parte del Nuevo Testamento; lo más cercano que llegamos a semejante pensamiento es Juan 17:19, donde Jesús se santifica para que otros también puedan ser santificados (véase también Jn. 10:36). El tema más común describe a Jesús no como sacerdote sino más bien como un animal de sacrificio (Jn. 1:29, 36; Ro. 3:25; 1 Jn. 2:2). Curiosamente, Hebreos no sustituye una imagen por otra, sino que las duplica, y nos proporciona una de las metáforas mixtas más asombrosas de todos los tiempos: Jesús es tanto el sacerdote como el sacrificio; él ofrece su propia sangre sin pecado, lo cual es obviamente un sacrificio mucho más grande que la sangre de ovejas o cabras (9:12-14; 10:4-10; 13:12). Además, lo hace en el santuario celestial superior y no en un tabernáculo terrenal (8:1-2; 9:24). Por lo que tenemos un mejor sacerdote que ofrece un mejor sacrificio, en un mejor santuario. El resultado es que el ministerio sacerdotal de Jesús ofrece una purificación del pecado de una vez por todas; no necesita que se repita nunca (9:25-26), y ya que la necesidad de sacrificios posteriores se ha erradicado, todo el sistema de sacrificios se considera obsoleto. Sin embargo, el ministerio de Jesús como sumo sacerdote continúa ya que él hace intercesión celestial por sus seguidores, y los apoya ante Dios con oración y súplica (7:25).

Reposo

La Carta a los Hebreos usa el concepto del «reposo divino» como imagen para la salvación (4:1-11). Primero, habla del «reposo» que Dios le prometió a Israel en las historias bíblicas de Moisés y Josué, el reposo que Israel iba a experimentar después del éxodo y la conquista de Canaán. La historia posterior ha dejado claro que este reposo no se recibió. Al citar Salmos 95:7-11, el autor de Hebreos dice que la razón fue porque los israelitas no escucharon la voz de Dios: fueron incrédulos (3:12, 19), rebeldes (3:16), desobedientes (4:6, 11) y duros de corazón (3:13, 15; 4:7). La importancia de escuchar la voz de Dios hoy día es exponencialmente mayor, porque el reposo que queda para el pueblo de Dios no es simplemente el de Canaán, es el reposo especial de Dios (4:9-11; cf. Gn. 2:2).

Pueblo peregrino

La carta a los Hebreos emplea un tema de peregrinaje para presentar a los cristianos como personas que están de viaje. Una posible razón para que el autor use el tabernáculo en lugar del templo en sus descripciones de los sacrificios israelitas es que funciona adecuadamente para este tema. El tabernáculo (que se describe en Éx. 25-27) era un espacio de adoración portátil, una carpa con cortinas y telones que colgaban de un marco de madera. Los israelitas lo cargaban con ellos, junto con el arca del pacto, que había sido

día de reposo: día de la semana apartado para adoración y descanso del trabajo normal.

colocada detrás de una cortina para simbolizar la presencia de Dios con el pueblo (cf. He. 6:19; 9:3; 10:20), y un altar en el que se podían ofrecer sacrificios (cf. He. 7:13; 9:4; 13:10). Pero, según Hebreos, la travesía del pueblo de Dios a la tierra prometida de Canaán fue solamente una representación temporal y terrenal del trayecto espiritual más grande del pueblo de Dios hacia una ciudad eterna de un país celestial (11:16). La gente que cree en Cristo está en este viaje supremo, y el autor de Hebreos da una letanía de ejemplos para que sus lectores los consideren cuando los problemas los asedien y la noción de regresar pase por sus mentes:

- El primer ejemplo, algo irónico, es su propia historia. Ellos han soportado batallas difíciles en tiempos previos y han demostrado que no son gente que retrocede y que está perdida; más bien, son gente que persevera y es salva (10:32-39).
- El segundo ejemplo es el testimonio de fe que dan los héroes de la Biblia que han soportado toda clase de sufrimiento y vergüenza en pura anticipación de lo que ahora, al fin, llega a ser una realidad (11:1-12:1).
- El tercero y más grande ejemplo es Jesús, para quien la alegría de la exaltación a la presencia de Dios fue suficiente para soportar hostilidades, sin cansarse ni perder la esperanza (12:2-3). Como alguien probado en todo sentido como nosotros (4:15), Jesús se estableció como «pionero» que puede guiar a los que están en el viaje que él ha completado (2:10; 12:2).

Sufrimiento y vergüenza

El peregrinaje cristiano que se describe en Hebreos está marcado por una evaluación paradójicamente positiva del sufrimiento y la vergüenza (12:4-13). A veces, Dios puede castigar a la gente a través del sufrimiento, pero Dios también enseña o prepara a la gente a través del sufrimiento. La experiencia de las pruebas puede servir para fortalecer el compromiso y para hacer progresar a los discípulos que siguen a Jesús en una expedición hacia la obediencia perfecta (2:10; 5:7-9; cf. Ro. 5:3-4; Stg. 1:2-3; 1 P. 1:6-7; 4:12-16). De esa manera, Hebreos puede animar a sus lectores a considerar cualquier pérdida de estatus o reputación social que hayan experimentado por su fe como una insignia representativa de honor. Ya que Dios disciplina al que favorece (12:5-6), esas pruebas pueden verse como una indicación de la aprobación de Dios.

vergüenza: condición negativa, implica desgracia e indignidad.

honor: la condición positiva que uno tiene a los ojos de las personas que uno considera importantes.

Advertencias severas en Hebreos

La Carta a los Hebreos también es notable por la intensidad de sus advertencias en contra de la apostasía, que parecen ir más allá de lo que se dice generalmente en las Escrituras o se confiesa en la iglesia. Tres pasajes sobresalen:

- Hebreos 6:4-6 dice que es imposible que los que han sido iluminados (que han llegado a la fe en Cristo) y luego han desertado sean restaurados al arrepentimiento.
- Hebreos 10:26-31 deja claro que los que persisten intencionalmente en el pecado, después de recibir el conocimiento de la verdad en Cristo, descubrirán que ningún sacrificio queda por esos pecados y, en efecto, sufrirán un castigo peor de fuego infernal que los que pecaron sin ese conocimiento.
- Hebreos 12:16-17 confirma la enseñanza que los apóstatas no pueden ser restaurados a la fe, y da la analogía de Esaú, que se arrepintió de haber renunciado a su primogenitura y luego buscó recuperar la bendición, solamente para darse cuenta de que su arrepentimiento fue rechazado y sus lágrimas se derramaron en vano.

La iglesia cristiana ha batallado con estos textos casi desde el tiempo que se escribieron. Algunos eruditos especulan que estos textos podrían haber surgido como un reflejo de la tradición de un «pecado imperdonable» que se menciona en las historias sinópticas de Jesús (Mt. 12:31-32; Lc. 12:10). Aun así, la afirmación de que los que desertan la fe no pueden ser perdonados o restaurados parece estar en conflicto con la enseñanza bíblica en otra parte (Mt. 18:12-14, 15, 21-22; Lc. 15; Jn. 6:39-40; 10:27-29; Gá. 6:1; Stg. 5:19-20; 1 P. 1:4-5; 2 P. 3:9; 1 Jn. 2:1), así como con la tradición del evangelio que los mismos apóstoles habían sido apóstatas, recuperados después de abandonar y negar a Jesús (p. ej., Mr. 14:50, 66-72; 16:7; cf. Lc. 22:31-34). También va en contra de numerosas doctrinas que varias iglesias y denominaciones sostienen (la justificación por gracia, la elección, la seguridad eterna).

Muchos intérpretes toman estos pasajes como ejemplos de hipérbole profética, una táctica retórica según la cual el vocero de Dios insiste en que la paciencia divina tiene que llegar a un fin, aunque, inevitablemente, resulta que Dios es más misericordioso de lo que cualquiera merezca (algo como esto parece informar el aparentemente absoluto, pero inevitablemente revocable, rechazo de Pablo de Israel en Hch. 13:46-47; 18:6; 28:25-28). De cualquier manera, esto es claro: se espera que los lectores de Hebreos reconozcan que «¡Terrible cosa es caer en las manos del Dios vivo!» (10:31; cf. 12:29); deben considerar lo que Jesucristo ha hecho por ellos y preguntar: «¿Cómo escaparemos si descuidamos una salvación tan grande?» (2:3).

Conclusión

Hemos observado unos cuantos problemas que los lectores cristianos han tenido con la Carta a los Hebreos con el paso de los años. El libro tardó en aceptarse en el canon, en parte porque era anónimo. No siempre ha sido apreciado a un nivel popular por su forma intelectual y contenido aparentemente misterioso. Sus amenazas de condenación en cuanto a la apostasía parecen ir demasiado lejos, y denuncia a los que reinciden de una manera que descarta cualquier posibilidad de recuperación. A esto podríamos agregar un par de inquietudes modernas: primero, un escrito dedicado a establecer la superioridad del cristianismo sobre el judaísmo no puede quedar bien con la gente en una era que hace énfasis en la tolerancia interreligiosa, en la cooperación y en el diálogo; segundo, intérpretes recientes han detectado un poco de tensión entre la afirmación de Hebreos de que el nuevo pacto de Dios a través de Cristo ha considerado obsoleto el antiguo pacto con Israel (8:13) y la insistencia de Pablo en que «las dádivas de Dios son irrevocables, como lo es también su llamado» (Ro. 11:29). A veces se piensa que la carta apoya la teoría del supersesionismo, la exaltación de los cristianos a expensas de los judíos, a quienes se cree que Dios ha rechazado.

Aun así, podemos notar las contribuciones positivas que Hebreos ofrece a la iglesia cristiana y a los creyentes individuales. Por encima de todo, su teología ha ayudado a definir las posturas ortodoxas sobre la identidad de Cristo y sobre el significado de su muerte y exaltación. Sin embargo, más allá de estas consideraciones doctrinales, el libro ha retenido un llamado especial para los cristianos que se consideran peregrinos dedicados a seguir a Jesús. Para muchos, llega a ser un manual para una expedición que los lleva «fuera del campamento» de la aceptación y respetabilidad social (13:13). Excluidos por sus familiares y vecinos, se encuentran en medio de una nueva comunidad compuesta de santos históricos (12:1), ángeles incógnitos (13:2) y compañeros desechados (10:32-34). Es una expedición marcada por batallas y sufrimiento (10:32), pero que se emprende con gozo (10:34; 12:2) y agradecimiento (12:28; 13:15). Para los que están convencidos de que no hay una «ciudad permanente» en la tierra (13:14), no hay cosa creada que no pueda ser y que no será estremecida (12:26-28), Jesús sigue siendo el pionero cuya vida, muerte y exaltación abren un camino a la eternidad.

25

Santiago

En uno de los poemas más famosos de la literatura americana, «The Road not Taken» [El camino que no tomé], Robert Frost escribe de dos caminos que «se dividen en un bosque amarillo» y reflexiona cómo su elección del camino menos transitado marcó «toda la diferencia» para su vida posterior. Este tema de caminos divergentes también figura en las enseñanzas de Jesús, donde se amplía la diferencia: el camino muy frecuentado a menudo lleva a destrucción, en tanto que el camino menos popular lleva a la vida (Mt. 7:13-14). Un escrito antiguo, la *Didaché* (*ca*. 100-120), se vale de este tema como su idea dominante: hay dos caminos (uno de vida, uno de muerte), y la gente debe decidir entre ellos. Nadie puede caminar en dos direcciones distintas a la vez; de igual manera, los creyentes no deben ser de «doble ánimo» en cuanto a qué camino quieren seguir (*Didaché* 2:4; 4:4).

La Carta de Santiago es el libro bíblico que más analiza este tema: presenta el cristianismo como una forma de vida (no solo como un sistema de creencias), y advierte a los cristianos del daño de ser «inconstantes» (1:8; 4:8), de tratar de mantener amistades simultáneas con Dios y con el mundo (4:4). Aunque es inequívocamente cristiano, el libro tiene un aire muy judío en él. Jesús se menciona por nombre solamente dos veces (1:1; 2:1; cf. 5:7-8), y no hay referencias a los efectos salvíficos de su muerte y resurrección, ni del don y obra del Espíritu Santo de Dios. En lugar de eso, hay mucho acerca de «qué hacer y qué no hacer» (59 verbos imperativos en solamente 108 versículos). El libro da una guía para seguir el camino a la vida (1:12) y evitar el camino que lleva a la muerte (5:19-20), y al hacerlo ofrece algo más: una consideración fundamental de la naturaleza de la fe (2:17-18, 26) y del carácter de la religión verdadera (1:27).

Generalidades

La carta comienza con un saludo que la identifica como correspondencia de Santiago a «las doce tribus que se hallan dispersas» (1:1). Luego ofrece unos consejos evangélicos rápidos sobre varios temas: las experiencias difíciles que prueban la fe de uno (1:2-4), la guía divina (1:5-8), el valor de la pobreza y el carácter efímero de las riquezas (1:9-11), cómo resistir la tentación (1:12-16), la generosidad de Dios (1:17-18), la ira (1:19-21), cómo actuar de acuerdo a la palabra de Dios (1:22-25), cómo controlar la lengua (1:26), y las características de la religión pura (1:27).

Luego, la carta presenta una serie de ensayos cortos sobre varios temas, algunos de los cuales ya han sido mencionados. Primero, Santiago discute cómo las actitudes y las prácticas que revelan parcialidad hacia los ricos violan el mandamiento real: «Ama a tu prójimo como a ti mismo» (2:1-13). Luego, sostiene que la fe se debe revelar o demostrar en acción, porque «la fe sin obras es muerta» (2:14-26, RVR60). Advierte a los que aspiran ser maestros (3:1), lo cual

---

Cuadro 25.1

Santiago y los otros hermanos de Jesús

Los Evangelios sinópticos relatan que Jesús tenía cuatro hermanos: Santiago, José, Judas y Simón, además, un número desconocido de hermanas, cuyos nombres también son desconocidos (Mr. 6:3). Ya que Santiago es el que se menciona primero, frecuentemente se cree que es el mayor de estos hermanos, aunque tal vez se menciona primero simplemente porque fue el que llegó a ser más conocido.

Los Evangelios indican que los hermanos de Jesús no «creían en él» durante el tiempo de su ministerio (Juan 7:5). En cierto momento, intentan llevárselo a la fuerza a casa para que deje de hacer y decir cosas que llevan a la gente a pensar que está «fuera de sí» (Mr. 3:21, 31-35). Incluso, el Evangelio de Juan presenta a Jesús en la cruz eligiendo a uno de sus discípulos para que cuide de su madre después de su muerte, lo cual parece como una afrenta para Santiago y sus otros hermanos (Jn. 19:25-27).

Después de la Pascua, las cosas cambiaron. Pablo menciona en 1 Corintios que el Jesús resucitado se le apareció a Santiago (1 Co. 15:7). El libro de Hechos indica que los hermanos de Jesús (¿todos ellos?) eran parte de la iglesia primitiva en Jerusalén (Hch. 1:14) y, aparentemente, estaban presentes para el gran acontecimiento el día de Pentecostés (Hch. 2:1-4). Un poco después, Santiago parece ser el líder de la iglesia en Jerusalén (Hch. 12:17; 21:18). Él preside el concilio apostólico que se describe en Hechos 15 y da un fallo autoritativo que espera que los cristianos de todas partes lo esparzan y acepten (Hch. 15:19-29; 21:25).

En Gálatas, Pablo también reconoce la importancia de Santiago como líder de la iglesia, aunque un poco a regañadientes (Gá. 1:19; 2:6, 9). Pablo difería tajantemente con las políticas de Santiago en cuanto a la importancia continua de ciertos distintivos de la identidad judía dentro de la comunidad cristiana (Gá. 2:11-14). Aun así, dedicó una porción considerable de su ministerio a supervisar una colecta para los cristianos de Jerusalén, donde Santiago era un líder reconocido (Ro. 15:25-29; 2 Co. 8-9).

lleva a una homilía sobre el poder de las palabras y la necesidad de que toda la gente controle lo que dice (3:2-12). Luego reflexiona en dos clases de sabiduría, la que es de Dios y la que es del mundo, y llama a sus lectores a arrepentirse de ser inconstantes en cuanto a estas filosofías incompatibles (3:13-4:10).

La carta concluye con otra serie de consejos evangélicos sobre varios temas: hablar mal en contra del prójimo (4:11-12); la arrogancia de la planificación humana (4:13-16); los pecados de omisión (4:17); condenación a los ricos (5:1-6); paciencia y aguante (5:7-11); hacer juramentos (5:12); oración y curación (5:13-18); y la restauración de los pecadores que han recaído (5:19-20).

Trasfondo histórico

El primer versículo de esta carta dice que fue escrita por «Santiago, siervo de Dios y del Señor Jesucristo» y dirigida a «las doce tribus que se hallan dispersas». Por consiguiente, la carta se le atribuye tradicionalmente a Santiago, hermano de Jesús, quien llegó a ser el líder de la iglesia de Jerusalén. Conocemos a esta persona por las historias del evangelio, el libro de Hechos y las

dispersión: típicamente, judíos (incluso los cristianos judíos) que vivían fuera de Palestina (sinónimo de «diáspora»), pero 1 Pedro parece que aplica el término a los gentiles.

El historiador judío Josefo relata que Santiago [Jacobo] fue asesinado en 62 (véase *Antigüedades de los judíos* 20.IX.1). Durante un ínterin entre los gobernadores romanos *in situ* (cuando «Festo había fallecido y Albino todavía estaba en camino»), el sumo sacerdote Anán II aprovechó la oportunidad de movilizarse en contra de aquellos que consideraba que eran «infractores». Convocó a los jueces del Sanedrín y entregó a Santiago y algunos otros para que fueran apedreados. Josefo observa que «los habitantes de la ciudad, más moderados y afectos a la ley, se indignaron». Además, Josefo sostiene que la acción fue juzgada como ilegal, y Anán II posteriormente fue removido por el nuevo procurador por esa razón. Una tradición cristiana posterior relatada por Clemente de Alejandría (siglo III), dice que Santiago fue asesinado al lanzarlo del pináculo del templo, pero generalmente este relato se considera como legendario.

Otras tradiciones acerca de Santiago hacen énfasis en su piedad judía tradicional y su devoción a la ley. Eusebio (siglo III) relata que recibió su apodo de «el Justo» porque vivió como nazareo, un asceta que estaba dedicado especialmente a Dios. Otra tradición que se repetía a menudo (relatada por Eusebio) sostiene que Santiago pasaba tanto tiempo orando en el templo que sus rodillas llegaron a tener tantos callos como los de un camello.

El apócrifo *Evangelio de Tomás* (siglo I ó II) contiene una afirmación abrumadoramente positiva de Santiago. En un pasaje curioso, los discípulos de Jesús le preguntan quién será su líder después de que él se hubiera ido; él responde: «iréis a Jacob [Santiago] el Justo, por quien llegaron a ser [fueron hechos] el cielo y la tierra» (*Evangelio de Tomás* 12).

Solo tenemos un poco de información acerca de los otros hermanos de Jesús. Pablo se refiere a ellos como misioneros cristianos, y observa específicamente que (a diferencia de él) ellos estaban casados y sus esposas frecuentemente los acompañaban (1 Co. 9:5). Judas es el supuesto autor de otra carta del Nuevo Testamento.

Jerónimo sobre la autoría de Santiago

Jerónimo, el erudito del siglo IV responsable de producir la Vulgata (una traducción de la Biblia al latín), indica que la autoría de Santiago fue debatida en su época, aunque parece que a él no le perturbó ese hecho.

> Santiago, el hermano del Señor... Escribió solamente una Epístola, una de las siete Epístolas católicas. Se dice que fue publicada por otro que se la atribuyó como autor, aunque poco a poco, con el tiempo, fuera reconocida como auténtica de su propia autoría, la de este apóstol Santiago.

San Jerónimo, *Sobre los hombres ilustres* (Sevilla: Editorial Apostolado Mariano), pp. 5-6. https://www.scribd.com/document/384966464/De-Viris-Illustribus-San-Jeronimo-pdf

referencias ocasionales en las cartas de Pablo. A veces se le llama «Santiago de Jerusalén» o «Santiago el Justo» (un sobrenombre que se usó ampliamente en relación con él en el cristianismo primitivo, por lo menos desde el siglo II). Actualmente, muchos cristianos y eruditos todavía son de la opinión de que Santiago escribió esta carta y la envió a los cristianos que vivían fuera de Palestina («en la dispersión»), pero fue cuestionada en la iglesia primitiva y ha seguido siendo debatida a lo largo de la historia. De cualquier manera, la carta puede vincularse a tres corrientes o tradiciones importantes que parecen haber influido sus ideas y estilo literario.

literatura sapiencial/tradición sapiencial: materiales bíblicos y otros materiales antiguos que se enfocan en las observaciones de sentido común acerca de la vida, los ejemplos incluyen los libros de Proverbios, Job y Eclesiastés.

Primera, la Carta de Santiago tiene mucho en común con la literatura sapiencial judía. Algunos ejemplos de esta literatura se encuentran en el Antiguo Testamento (Proverbios, Eclesiastés, Job), y se puede encontrar una gran coincidencia de temas entre Santiago y estos escritos. Incluso se pueden encontrar analogías más cercanas entre Santiago y otros ejemplos de literatura sapiencial judía, como los libros de Sirá y Sabiduría de Salomón, parte de lo que los protestantes llaman apócrifos y los católicos romanos llaman escritos deuterocanónicos (véase «Los efectos del helenismo en el mundo del Nuevo Testamento» en el capítulo 2). Al igual que estos escritos sapienciales, Santiago apela a lo que generalmente se llama «sentido común»: intenta razonar con sus lectores (2:14; 4:13; 5:1), y utiliza ejemplos e imágenes seculares que saca del mundo en general (p. ej., 3:3-4, 11). De esa manera, Santiago sostiene que el comportamiento que recomienda no es solo lo que Dios demanda sino también el curso de acción más sabio (3:13).

apócrifos: libros del Antiguo Testamento cuya condición como Escrituras se disputa entre los cristianos protestantes, católicos y ortodoxos orientales.

diatriba: estrategia retórica que se deriva de la filosofía griega, en la que un autor argumenta con un oponente imaginario proponiendo objeciones y luego respondiéndolas.

Segunda, la Carta de Santiago muestra muchas similitudes retóricas y de estilo con la literatura grecorromana, especialmente con aquellos escritos filosóficos que emplean la técnica literaria llamada «diatriba» [discurso hablado]. Santiago involucra a sus lectores en la conversación directa y los llama «ustedes», con un cambio ocasional a «nosotros», con el fin de contrastar (3:1) o para describir tendencias universales (3:3, 9). Hace un uso amplio de las preguntas retóricas (2:14, 21; 3:13; 4:1-5) y, a veces, parece que dialoga con un oponente imaginario, refutando afirmaciones que esa persona podría hacer (1:13; 2:18;

4:13), una característica común del estilo de diatriba que también Pablo adoptó en algunas de sus cartas.

Tercera, la Carta de Santiago se inspira más intensamente que cualquier otra carta del Nuevo Testamento en dichos de Jesús. Hay numerosos pasajes en Santiago que hacen eco de las palabras atribuidas a Jesús en los Evangelios sinópticos (particularmente dichos que se encuentran en el Sermón del Monte). Los eruditos que estudian estos paralelos generalmente llegan a la conclusión de que Santiago no cita directamente de los Evangelios (las palabras no son tan precisas); más bien, parece que tiene conocimiento independiente de muchas cosas que Jesús dijo. Sin embargo, es interesante que la carta, en realidad, no

---

Santiago y la tradición sapiencial

La Carta de Santiago exhibe estas características comunes de la literatura sapiencial.

Santiago trata de razonar con sus lectores

- Él usa expresiones como «ahora escuchen esto, ustedes que dicen...» (4:13) y «Ahora escuchen, ustedes» (5:1).
- Su carta está sazonada con palabras como «pues» y «por», que introducen razones para los puntos que aclara (1:3-4, 20, 23; 2:10-11, 13, 26; 3:1-2, 16; 4:14), y palabras como «por esto» y «así», que introducen conclusiones que se sacan de lo que ha dicho (1:21; 2:17, 23; 4:12, 17; 5:7, 16).
- A veces, Santiago les pide a sus lectores que consideren el beneficio o ganancia de sus acciones: «¿de qué sirve?» (2:14); «¿de qué servirá eso?» (2:16; véase también 1:16, 20, 26; 2:20, 26; 4:5).

Santiago usa imágenes seculares que saca del mundo en general

- Las olas del mar (1:6)
- El sol abrasador (1:11)
- El reflejo de un espejo (1:23-24)
- El freno de la boca de un caballo (3:3)
- El timón de un barco (3:4)
- El incendio forestal (3:5)
- La domesticación de animales (3:7)
- La fuente de agua (3:11)
- La higuera (3:12)
- La vid (3:12)
- El agua salada (3:12)
- La niebla que se desvanece (4:14)
- La temporada de lluvia para las cosechas (5:7)

De estas dos maneras, Santiago presenta su enseñanza como «sentido común»: aboga por el curso de acción más sabio, como sería obvio del razonamiento lógico y la observación de la naturaleza.

Figura 25.1. La analogía del espejo. Este panel de bajo relieve del monumento de una tumba del siglo II exhibe a una mujer que se arregla el cabello con la ayuda de un espejo antiguo (probablemente una hoja de bronce pulido). Santiago dice que la gente que «escucha la palabra, pero no la pone en práctica es como el que se mira el rostro en un espejo y, después de mirarse, se va y se olvida en seguida de cómo es» (1:23-24). La intención parece ser que un espejo revela la apariencia de uno en el momento en que uno, de hecho, lo mira; de igual manera, dice Santiago, las Escrituras hablan a algunas personas únicamente en el momento que ellas las leen (o escuchan). Los creyentes no deberían usar la Biblia de esa manera desdeñosa, sino deberían permitir que sus palabras den forma a sus vidas y conductas todo el tiempo. (The Bridgeman Art Library International)

nos dice nunca que Jesús hubiera dicho esas cosas; en lugar de eso, los dichos se presentan simplemente como enseñanza propia de Santiago en lugar de «citas de Jesús». ¿Por qué será eso? Una posibilidad es que el autor ha integrado tanto las ideas de Jesús en su enseñanza, que se inspira naturalmente en esas ideas cuando da consejo sin percepción consciente de que lo hace (cf. las palabras de Pablo en Ro. 12:14, que parece que reflejan la enseñanza de Jesús de Mt. 5:44, sin citar explícitamente a Jesús).

¿A quiénes pudo haber sido escrita esta carta? Santiago es el primero de siete escritos del Nuevo Testamento a los que tradicionalmente se les llama «cartas (epístolas) generales» o «cartas (epístolas) católicas», porque se ha dicho que fueron dirigidas a toda la iglesia y no a personas o congregaciones específicas (aquí la palabra *católica* simplemente significa «universal» o «general»). Efectivamente, después del primer versículo, la «carta» de Santiago no se parece mucho a una carta. No transmite noticias personales ni menciona a nadie por nombre; no hace ninguna referencia a situaciones específicas, pasadas o presentes; no hay indicio de la relación particular del autor con los lectores, ni de la razón para dirigirse a ellos. Y luego, cuando llegamos al final, descubrimos que no hay siquiera una conclusión formal ni una firma (cf. el final de 1 Juan). Consecuentemente, la mayoría de los intérpretes consideran Santiago como un tratado general o serie de homilías, en lugar de una carta en el sentido tradicional. Sin embargo, eso no significa que estuviera dirigida simplemente a «toda la gente en todo lugar» (ni incluso a todos los cristianos de todas partes). El autor tiene una «audiencia concreta» en mente, y lo indica al dirigir su obra a «las doce tribus que están dispersas» (1:1). Esa designación puede interpretarse de maneras distintas (véase el cuadro 25.4), pero la consideración de las influencias literarias de la carta, que se discutieron anteriormente, sugiere una audiencia de lectores cristianos que aprecian tanto la sabiduría judía como la retórica helenista.

Más allá de eso, las proyecciones en cuanto a las circunstancias históricas que dieron origen a la carta dependen de las decisiones en cuanto a su autor. Si la carta se le atribuye a Santiago de Jerusalén, entonces probablemente la envió a los cristianos dispersos debido a las persecuciones en el área (Hch. 8:1;

Cuadro 25.4

Las doce tribus que están dispersas

La Carta de Santiago está dirigida a «las doce tribus que están dispersas». ¿Qué significa eso? Para los cristianos, esos términos tenían niveles de significado tanto literales como metafóricos.

	Literales	Metafóricos
Doce tribus	Descendientes judíos de Abraham.	Cristianos que son el nuevo Israel, durante los doce apóstoles.
Dispersión	Judíos que viven fuera de Palestina.	Cristianos que viven en la tierra, apartados de su hogar en el cielo.

La mayoría de los eruditos cree que Santiago usa estas palabras de una manera que combina los sentidos literal y metafórico. La carta no fue escrita para judíos («las doce tribus» en un sentido literal) sino más bien para Cristianos (2:1). Aun así, pudo haber sido escrita para cristianos judíos (es decir, cristianos que pertenecen a las doce tribus literales), o, por lo menos, para cristianos que tienen una gran apreciación de su herencia judía. Y en cuanto a la dispersión, aunque se puede leer que la carta habla genéricamente a los cristianos que viven en cualquier parte de la tierra (en una diáspora del cielo), su aplicación original puede haber sido para cristianos que vivían fuera de Palestina, donde el movimiento de Jesús había comenzado.

Proposiciones acerca de Dios en la Carta de Santiago

La Carta de Santiago tiene que ver principalmente con enseñanza ética, pero los principios que propugna suponen una base teológica genérica. De esa manera, la carta también da varias proposiciones acerca de la naturaleza y el carácter de Dios.

- Dios da a todos, abundantemente y sin reprochar (1:5).
- Dios ha prometido la corona de la vida a los que le aman (1:12).
- Dios no puede ser tentado por el mal, y Dios no tienta a nadie (1:13).
- Dios es «el Padre que creó las lumbreras celestes, y que no cambia como los astros ni se mueve como las sombras» (1:17).
- Dios nos creó «mediante la palabra de verdad» (1:18).
- Dios favorece a los pobres (2:5).
- Dios es uno (2:19).
- Dios es el «Señor y Padre» y ha hecho a los humanos a la imagen de Dios (3:9).
- Dios responde las oraciones de los justos (4:2-3; 5:16-18).
- Dios anhela celosamente nuestra devoción espiritual (4:5).
- Dios se opone al orgulloso, pero le da gracia al humilde (4:6, 10).
- Dios se acerca a los que se acercan a él (4:8).
- Dios es tanto el dador de la ley como el juez, capaz de salvar y destruir (4:12).
- La voluntad de Dios triunfa sobre todos los planes humanos (4:13-15).
- Dios oye los clamores de los explotados y oprimidos (5:4).
- Dios es compasivo y misericordioso (5:11).
- Dios sana al enfermo y perdona pecados (5:15).

Frecuentemente, se observa que, aunque todos estos puntos son importantes para los cristianos, no son específicamente declaraciones cristianas. Estos también los confesarían los judíos (y, en cualquier caso, los deístas, los musulmanes y los seguidores de otras religiones).

En cuanto a Jesucristo, esta carta nos dice solamente que él es nuestro «glorioso Señor» (2:1; cf. 1:1) y que su venida (como juez) está cerca (5:7-9).

11:19), o a las congregaciones que habían sido establecidas por misioneros enviados desde Jerusalén. En cuanto a la fecha, esta carta podría haber sido escrita casi en cualquier tiempo antes de 62, cuando Santiago fue asesinado, pero una fecha a mediados de los años 50 podría tener más sentido, dadas las conexiones aparentes a ideas que se expresan en algunas de las cartas de Pablo que fueron escritas durante ese período. Si la carta no se le atribuye a Santiago de Jerusalén, determinar las circunstancias de su composición llega a ser algo imposible. Los eruditos que consideran la carta como pseudoepigráfica generalmente asumen que fue escrita unas cuantas décadas después de la muerte de Santiago, posiblemente en el período de 80-100, pero ellos mismos admiten que eso es incierto.

El propósito de la carta es dar consejo evangélico y exhortación pastoral a los creyentes que pudieran ser tentados a comprometer su fe por medio de la devoción al mundo.

exhortación pastoral: consejo motivado por el interés en el bienestar físico, emocional y espiritual de las personas por las que alguien se siente responsable.

Temas importantes de Santiago

Pruebas y tentaciones

La Carta de Santiago inicia con la declaración de que los lectores deberían considerarse «muy dichosos» cuando enfrentan pruebas de cualquier clase, ya que la prueba de su fe los ayuda a madurar (1:2-4). Unos cuantos versículos después, la carta pronuncia una bienaventuranza sobre cualquiera que soporte la tentación, y les promete la «corona de la vida» (1:12). Estos pensamientos están relacionados: en el texto griego, la misma palabra (*peirasmos*) se usa para lo que la NVI traduce como «pruebas» en 1:2 y «tentación» en 1:12. De esa manera, Santiago promueve la idea común de que la prueba de la fe es, en última instancia, beneficiosa para los creyentes, pero desarrolla ese concepto al aplicarlo específicamente a la clase de prueba que surge al resistir la tentación al pecado. La mayoría de los escritos que tratan con la prueba de la fe se centran en las pruebas externas, como las dificultades de la vida y, específicamente, las persecuciones que surgen como resultado de la fe (véase Ro. 5:3-4; He. 12:3-12; 1 P. 1:6-7). Santiago también concedería el beneficio de esas cosas, «diversas pruebas» (1:2; cf. 5:10-11), pero parece que está especialmente enfocado en las pruebas de la fe que surgen de dentro.

Santiago hace énfasis en que Dios no es la fuente de ninguna tentación al pecado (1:13; cf. Sir. 15:11-13). Más bien, «los propios malos deseos» de cada uno son los culpables (1:14), el corazón humano que es seducido por el placer (4:1-3) y la ambición egoísta (3:14, 16). Sin embargo, la persona que es tentada a pecar ve la tentación como una prueba: rendirse a la tentación da a luz al pecado, que cuando crece completamente da luz a la muerte (1:15). Pero los que se someten a Dios (4:7) y purifican sus corazones (4:8) hacen el descubrimiento gozoso de que el diablo huye de quienes lo resisten (4:7) y de que Dios se acerca a quienes se acercan a Dios (4:8). De esa manera, la tentación al pecado, aunque no viene de Dios, puede llegar a ser una prueba que, al igual que otras pruebas, ayuda a los creyentes hacia su meta de ser «perfectos e íntegros, sin que les falte nada» (1:4).

Sabiduría del cielo

La tradición sapiencial en la literatura judía frecuentemente se contrasta con la tradición profética, en el hecho de que la primera trata más de lo que se puede saber a través de la razón y la observación (lo que debería ser claro para todos), en tanto que la segunda presenta la verdad revelada («así dice el Señor…»). Sin embargo, esa distinción es algo simplista. La Carta de Santiago, que tiene mucho en común con la tradición sapiencial judía, está específicamente interesada en la «sabiduría que desciende del cielo» (3:17), es decir, la sabiduría que Dios tiene que dar (1:5). Esa sabiduría frecuentemente es compatible con

bienaventuranza: cualquier declaración de bendición divina (aunque el término ha llegado a estar asociado más específicamente con las bendiciones dadas por Jesús en Mt. 5:3-12 y Lc. 6:20-23).

lo que debería ser generalmente claro (ya que Dios es la fuente de toda verdad), pero también trasciende e incluso contradice las formas convencionales de pensamiento, que son impulsadas por la envidia y la ambición egoísta, y deberían desecharse como «terrenales, puramente humanas y demoníacas» (3:15, NTV).

El contenido de la sabiduría celestial es principalmente ético: cómo debe vivir la gente con relación a Dios y unos con otros. Esa sabiduría favorece la humildad (1:9; 4:10), la mansedumbre (1:21), la misericordia (2:13), la amabilidad (3:13), la paz (3:18) y la paciencia (5:7-8, 10), en tanto que condena las envidias y rivalidades y las jactancias (3:14-16). Promueve la resistencia en las pruebas (1:3-4; 5:11) y la fortaleza moral en medio de la tentación (1:12-16). Implica controlar la lengua (1:26; 3:5-10) y ser prontos para escuchar, lentos para hablar y lentos para la ira (1:19), a diferencia de maldecir a los que son hechos a la imagen de Dios (3:9-10) y de quejarse o hablar mal unos de otros (4:11; 5:9). Dios quiere que la gente ame a su prójimo (2:8), que cuide de los huérfanos y las viudas (1:27), que vista al desnudo y alimente al hambriento (2:14-15), y que evite tanto la atracción de las riquezas (1:9-11) como la tendencia de demostrar

---

Cuadro 25.6

El mandato supremo del amor

La Carta de Santiago no solamente contiene una enseñanza similar a los dichos de Jesús; también adopta la hermenéutica de Jesús, que sostiene que el amor es la clave para cumplir la ley de Dios y hacer la voluntad de Dios.

Jesús dijo que el amor a Dios y al prójimo son los mandamientos más grandes, aquellos de los cuales depende «toda la ley y los profetas» (Mt. 22:36-40; cf. Mr. 12:29-31; Lc. 10:25-28). Él resumió la ética con lo que ha llegado a ser conocido como la Regla de Oro: «traten ustedes a los demás tal y como quieren que ellos los traten a ustedes» (Mt. 7:12).

De igual manera, Santiago identifica «Ama a tu prójimo como a ti mismo» (Lev. 19:18) como «la ley suprema» (2:8), «que da libertad» (1:25; 2:12) y «la ley perfecta» (1:25). Ante la perspectiva de cumplir toda la ley, con todos sus puntos diversos, los creyentes hacen bien en concentrarse en este mandamiento (2:8-10).

Santiago interpreta aun más esta ley suprema en contexto. Parece que examinó la sección del Antiguo Testamento en la que aparece el mandamiento de amar al prójimo, y a sus exhortaciones morales agregó más de lo que esa parte de la Biblia dice.

- Levítico 19:12 prohíbe hacer juramentos falsos (cf. Stg. 5:12).
- Levítico 19:13 prohíbe retener el salario de los trabajadores (cf. Stg. 5:4).
- Levítico 19:15 prohíbe demostrar parcialidad a los ricos (cf. Stg. 2:1-12).
- Levítico 19:16 prohíbe las calumnias y hablar mal (cf. Stg. 4:11-12).
- Levítico 19:17 elogia la reprensión como una forma de reconciliación (cf. Stg. 5:20).
- Levítico 19:18a desincentiva la venganza y el ser rencorosos (cf. Stg. 5:9).
- Levítico 19:18b dice que se ame al prójimo como a sí mismo (cf. Stg. 2:8).

Véase Luke Timothy Johnson, *Brother of Jesus, Friend of God: Studies in the Letter of James* [Hermano de Jesús, amigo de Dios: Estudios en la Carta de Santiago] (Grand Rapids: Eerdmans, 2004), 123-35.

favoritismo a los ricos (2:1-9). Santiago resume «la sabiduría que desciende del cielo» en un versículo: «es ante todo pura, y además pacífica, bondadosa, dócil, llena de compasión y de buenos frutos, imparcial y sincera» (3:17).

Los lectores pueden observar que aquí no hay nada exclusivo de la enseñanza cristiana; muchas autoridades seculares también elogiarían este comportamiento. Pero Santiago sostiene que semejante estilo de vida requiere del conocimiento de Dios. Por ejemplo, las personas que saben que Dios es generoso y justo, son capaces de vivir desinteresadamente, de maneras que promuevan la cooperación y la paz (3:13-18); las personas que carecen de este entendimiento, inevitablemente aceptan el sistema del mundo de competencia, avaricia y lujuria, que, en última instancia, lleva a adulterio, asesinato y guerra (4:1-4). De esa manera, la sabiduría del cielo es una filosofía con base en la amistad con Dios, y, por el contrario, la amistad con el mundo es enemistad con Dios (1:8; 4:8; cf. Sir. 1:28): Las personas tratan de retener la amistad tanto con Dios como con el mundo, y abrazan la generosidad de Dios, en tanto que, al mismo tiempo, se esfuerzan por satisfacer sus propios intereses. Semejante inconstancia implica un compromiso poco entusiasta y un compromiso impropio de los que son verdaderamente sabios y entendidos (3:13).

La fe y las obras

La sección más reconocida de la Carta de Santiago es aquella en la que el autor se dirige a cualquiera que diga que «tiene fe, y no tiene obras» (véase 2:14, RVR60). Él responde insistiendo en que la fe sin obras es muerta (2:17, 26) y, efectivamente, afirmando que «a una persona se la declara justa por las obras, y no solo por la fe» (2:24). Esto parece ser una contradicción directa a la enseñanza de Pablo de que «todos somos justificados por la fe, y no por las obras que la ley exige» (Ro. 3:28; cf. Gá. 2:16). Santiago incluso se vale de un pasaje bíblico clave que Pablo empleó para aclarar su punto y lo interpreta de una manera que aclara el punto opuesto. Pablo dice que Abraham fue justificado por fe y no por obras porque «le creyó Abraham a Dios, y esto se le tomó en cuenta como justicia» (Ro. 4:3; Gá. 3:6; cf. Gn. 15:6). Santiago señala que Abraham no solamente le creyó a Dios; también actuó con base en esa creencia al ofrecer a su hijo, Isaac. De esa manera, Abraham fue justificado no solo por fe, sino más bien la fe «llegó a la perfección por las obras que hizo» (Stg. 2:22; cf. 2:24).

La mayoría de los teólogos coinciden en que aquí no hay un verdadero argumento. Parece que Pablo y Santiago están hablando sin escuchar al otro, y usan palabras como «justificación», «obras» y «fe» para dar a entender cosas distintas. Por ejemplo, Santiago quiere insistir en la necesidad de las «buenas obras» o actos de obediencia a Dios; Pablo está interesado en establecer que no hay necesidad de las «obras que la ley exige», por las que muchos eruditos creen que quiere dar a entender la circuncisión y otros requisitos rituales que les conceden a los judíos una posición privilegiada. Más aún, parece que Santiago piensa en la fe como un consentimiento intelectual, la acción de saber o creer que ciertas cosas son ciertas (véase Stg. 2:19). Para Pablo, la fe es una orientación radical hacia Dios que transforma todo el ser de uno y produce una «nueva creación» (2 Co. 5:17). La noción de la fe que no afecta las acciones (o estilo de vida) de uno, sería literalmente impensable para Pablo; él no dignificaría semejante fenómeno llamándolo «fe».

Es cierto que muchos intérpretes a lo largo de la historia (como es bien sabido, Martín Lutero) han pensado que Santiago y Pablo difieren uno del otro en este punto fundamental. Hoy día, se reconoce generalmente que muchas cosas en las cartas de Pablo indican que coincidiría con el punto que Santiago está tratando de aclarar (aunque pudiera haberlo expresado de manera distinta). El concepto de Pablo de «la fe que actúa mediante el amor» (Gá. 5:6) no es muy distinto a la noción de Santiago de la fe que «llegó a la perfección» por obras (Stg. 2:22). La insistencia de Pablo en que la fe sin amor no es nada (1 Co. 13:2) no es muy distinta a la declaración de Santiago de que la fe sin obras es muerta (Stg. 2:26). Y la afirmación de Pablo de que «Dios no considera justos a los que oyen la ley, sino a los que la cumplen» (Ro. 2:13) coincide bien con el llamado de Santiago a que los creyentes sean «hacedores de la palabra, y no tan solamente oidores» (Stg. 1:22, RVR60; cf. 1:23, 25; 4:11).

Dada la comparación anterior, ahora se cree que Santiago responde, no a Pablo sino, más probablemente, a un mal entendimiento de Pablo. Podría ser que el mismo Santiago hubiera malentendido a Pablo y trate de argumentar lo que él cree que Pablo está enseñando. O, ya que él no menciona a Pablo por nombre, podría ser que les esté respondiendo a otros que están usando las ideas o lemas de Pablo de maneras que el mismo Pablo no habría pretendido. O podría estar contendiendo en contra de un oponente imaginario, indicando lo que le diría a alguna persona hipotética que afirmara tener fe verdadera sin obras (2:14) (compare la respuesta hipotética de Pablo a una postura extraña en Ro. 6:1-4).

De cualquier manera, las palabras de Santiago deben leerse por sí solas y no deben evaluarse simplemente en función de su compatibilidad con las palabras de Pablo o de otros maestros. Lo que Santiago quiere promover es la consistencia de la fe y la acción, o, efectivamente, de las palabras (confesión verbal) y la conducta. Los cristianos deben practicar lo que predican (cf. Mt. 23:2-3), y tienen que considerar muy bien las implicaciones de los compromisos de su fe en cada aspecto de sus vidas en este mundo. Eso sería un punto importante, aunque Santiago simplemente se enfocara en la relación de la fe individual con la conducta personal. Sin embargo, la verdad es que parece que ya se trasladó a otro plano, a la consideración de lo que la fe de toda la comunidad tiene que decir acerca de sus responsabilidades sociales en el mundo en general (cf. Mt. 5:13-14).

Figura 25.2. Resista al diablo. Santiago da una receta sencilla para enfrentar las pruebas y las tentaciones: «Resistan al diablo, y él huirá de ustedes. Acérquense a Dios y él se acercará a ustedes» (4:7-8). (Bridgeman Images)

Los ricos y los pobres

La Carta de Santiago evidencia los temas gemelos de «preocupación por los pobres» y la «hostilidad hacia los ricos». Efectivamente, se hace más énfasis en estos temas en Santiago que en cualquier otro escrito del Nuevo Testamento, aparte de Lucas y Hechos, libros escritos por alguien que tenía una buena opinión del hombre Santiago y de la iglesia que él dirigía en Jerusalén. Al igual que esos escritos, la Carta de Santiago denuncia a las personas acaudaladas que alcanzan o conservan sus posiciones a expensas de otros. Los terratenientes ricos arrastran a los deudores a la corte y confiscan sus propiedades, o los obligan a ser esclavos (2:6). Los empleadores ricos explotan a sus obreros, y los defraudan con sus salarios, ya sea no pagándoselos en absoluto o no pagándoles lo que es justo (5:4). Estos insensatos viven con lujos y placer sin tomar en cuenta el juicio terrible de Dios: nadie quiere ser el ternero más gordo cuando el carnicero llega. Por lo que Santiago desafía con deleite irónico: «Ahora escuchen, ustedes los ricos: ¡lloren a gritos por las calamidades que se les vienen encima!… Lo que han hecho es engordar para el día de la matanza» (5:1, 5). En pasajes como este, la Carta de Santiago tiene menos en común con la tradición sapiencial judía que con los escritos proféticos del

Antiguo Testamento (cf. Is. 3:11-15; 5:8-10; 9:18-10:4; Am. 2:6-7; 5:11-12; 6:4-6; 8:5-6; Mi. 2:1-5).

Sin embargo, el tratamiento de este tema va más allá de la condenación de blancos fáciles (una clase alta corrupta e indiferente que oprime a los pobres sin misericordia). Santiago también recrimina a las congregaciones cristianas que demuestran parcialidad o favoritismo hacia las personas acaudaladas (2:1-4). Entonces, algunas personas ricas son personas religiosas que participan en las asambleas cristianas. En cuanto a esto, Santiago tiene unas cuantas cosas más que decir:

- Las riquezas no duran, y el rico no será rico para siempre (1:9-11; 4:13-14).
- La religión pura y sin mancha implica cuidar de las viudas y los huérfanos y mantenerse sin mancha del mundo (1:27).
- Dios «ha escogido a los que son pobres según el mundo para que sean ricos en la fe y hereden el reino» (2:5).

¿Qué, entonces, deben hacer los cristianos ricos? Deben jactarse «de su humilde condición» (1:10), es decir, enorgullecerse de perder su condición de «gente rica» y de llegar a ser gente de pocos medios y de circunstancias modestas. En pocas palabras, deben dar su dinero, usarlo para cuidar del necesitado y para servir a Dios, en lugar de gastarlo en ropa fina y anillos de oro (2:2), o de acumularlo para un futuro incierto. También, deben reevaluar sus prioridades para que sus planes de vida no tengan que ver con cómo ganar más dinero, sino más bien con cómo cumplir la voluntad de Dios (4:13-15).

La actitud de Santiago hacia los ricos está de acuerdo con la perspectiva general de su carta. Primero, los creyentes ricos podrían entenderse como un ejemplo excelente de los que son inconstantes: tratan de ser parte de la comunidad de Dios, pero todavía se aferran al sistema de valores del mundo. Segundo, la expectativa de Santiago de los ricos es simplemente que obedezcan el mandamiento supremo: «Ama a tu prójimo como a ti mismo», la ley por la que serán juzgados (2:8, 12; cf. 1:25). ¿Qué significa este mandamiento para la gente que tiene más de lo que necesita, cuando otros tienen menos? Para Santiago, la respuesta es obvia.

Finalmente, regresemos brevemente al pensamiento de que Dios ha escogido «a los que son pobres según el mundo para que sean ricos en la fe y hereden el reino» (2:5). Santiago va más allá de llamar al rico al arrepentimiento y al despojo; declara que Dios tiene una preferencia por los pobres, tanto en esta vida como en la siguiente. Esto significa, por lo menos, que Dios toma el lado de los pobres porque Dios es bondadoso y ayuda a los que tienen necesidad, y porque Dios es justo y defiende a los que son oprimidos. Además de esto, también parece que implica que los pobres son intrínsecamente más piadosos,

Los ricos y los pobres en Santiago

Los pobres

- De condición humilde (1:9)
- Huérfanos y viudas (1:27)
- Personas con ropa sucia o desnudas (2:2, 15)
- Los que carecen de alimento diario (2:15)
- Jornaleros a quienes se les defrauda con su salario (5:4)
- Deshonrados por los que demuestran parcialidad (2:3-4, 6, 9)
- Serán enaltecidos (1:9)
- Foco de atención en la religión pura y sin mancha (1:27)
- Los creyentes, cuya fe no está muerta suplirán las necesidades corporales (2:14-17)
- Dios los ha elegido para que sean ricos en fe (2:5)
- Herederos del reino prometido a los que aman a Dios (2:5)
- El clamor ha llegado a oídos del Señor Todopoderoso (5:4)

Los ricos

- Personas con anillos de oro y ropa fina (2:2)
- Reciben tratamiento preferencial incluso en la iglesia (2:3)
- Viven con lujos y placeres (5:5)
- Planifican para un año cómo hacer negocios y ganar dinero (4:13)
- Oprimen a otros y los arrastran a la corte (2:6)
- Blasfeman el nombre de Cristo (2:7)
- Defraudan a los trabajadores dándoles salarios injustos (5:4)
- Condenan y asesinan al justo, quien no se resiste (5:6)
- Desaparecerán como la flor del campo (1:10)
- Niebla que aparece por un rato y luego se desvanece (4:14)
- Deben jactarse en su condición humilde (1:10)
- Deben llorar y esperar las calamidades que se les vienen encima (5:1)
- Las riquezas se oxidarán y la polilla se comerá su ropa (5:2)
- El oro y la plata se oxidarán y sus cuerpos serán consumidos como fuego (5:3)
- Han engordado sus corazones en el día de la matanza (5:5)

es más probable que tengan un espíritu que responde a Dios con el amor y la devoción que Dios desea y recompensa (4:5; cf. 1:12; 2:5). Esto podría ser porque es menos probable que los pobres sean «inconstantes» (1:8; 4:8), que estén manchados por el mundo (1:27), o distraídos por los intereses materiales (4:2-4, 13-15). O podría ser simplemente que Dios les da a los pobres una medida adicional de fe, y los bendice con un don espiritual generoso, más precioso que cualquier objeto mundano de deseo (cf. 1:17; 4:3).

Conclusión

Tanto a la Carta de Santiago como a su autor titular les ha costado ganarse el respeto de la historia cristiana. Ha habido poca hostilidad directa; más frecuentemente, han enfrentado la ignominia de una «leve alabanza»: el hombre

El segundo discurso inaugural de Abraham Lincoln

El presidente Lincoln hizo alusión a Santiago 1:27 en lo que podría ser su segundo discurso más famoso (después del pequeño discurso en Gettysburg):

> Con malicia hacia nadie, con caridad para todos, con firmeza en lo correcto a medida que Dios nos la da para ver lo correcto, esforcémonos para terminar el trabajo que hacemos, para vendar las heridas de la nación, para cuidar de aquel que ha padecido la batalla y de su viuda y su huérfano, para hacer todo lo que pueda lograr y valorar una paz justa y duradera entre nosotros y con todas las naciones.

Él y la nación tenían en mente a las viudas y los huérfanos de los soldados caídos de la Guerra Civil.

El versículo completo en Santiago dice: «La religión pura y sin mancha delante de Dios nuestro Padre es esta: atender a los huérfanos y a las viudas en sus aflicciones, y conservarse limpio de la corrupción del mundo».

---

movimiento del evangelio social: movimiento entre los cristianos protestantes estadounidenses en la segunda mitad del siglo xix y principios del siglo xx, que afirmaban que la fidelidad al evangelio de Jesucristo requiere de trabajo en el área de reforma social, particularmente en cuanto a las condiciones de vida entre la clase trabajadora urbana.

teología de la liberación: un movimiento en la teología cristiana, desarrollado principalmente por católicos romanos latinoamericanos del siglo xx, que hace énfasis en la liberación de la opresión social, política y económica, como anticipación de la salvación final.

Santiago es un pilar «reconocido» de la iglesia, pero eso no necesariamente significa algo para Dios (tampoco para Pablo, en Gá. 2:6, 9); su carta contiene muchas cosas buenas, siempre que uno esté buscando «paja» en lugar de oro (como Martín Lutero). ¿Cómo habría respondido Santiago a esas evaluaciones? Tal vez se habría considerado dichoso al sufrir afrentas que seguramente producirían resistencia y lo entrenarían en humildad (1:2-4; 4:6; 5:11).

De cualquier manera, la Carta de Santiago ha entrado en acción de vez en cuando en la historia cristiana, y se le ha dado primer lugar en, por ejemplo, el movimiento del «evangelio social» del siglo xix y principios del siglo xx, y entre los teólogos de la liberación en el siglo xx. Puede ser en gran parte debido a Santiago que muchos teólogos ahora hablen no solo de *ortodoxia* («pensamiento correcto» o «doctrina correcta») sino también de *ortopraxis* («práctica correcta» o «comportamiento correcto»), y específicamente de la ortopraxis de la iglesia como un todo, de manera que trasciende las preocupaciones de la moral personal. También se debe en gran parte a Santiago que muchos teólogos hablen ahora de «la opción preferencial de Dios por los pobres», y discutan el motivo acompañante de la fe que se expresa a través de la acción social (y a veces política). La Carta de Santiago también ha sido valorada por varios movimientos de paz, por su perspectiva intensa en las razones del conflicto, la guerra y las contiendas (3:18-4:3).

La Carta de Santiago ha llegado a ser considerada cada vez más un libro de la iglesia: describe la vida práctica de una comunidad donde la gente ora unos por otros y confiesan sus pecados unos a otros (5:16), y donde la gente está comprometida con el ministerio social en beneficio de los afligidos (1:27). Es una comunidad donde los que sufren y los alegres se reúnen para oración y alabanza, un lugar donde se curan las enfermedades, se perdonan los pecados y se salvan las almas de la muerte (5:15, 20; cf. 1:21). La comunidad se compone de personas que aman al Señor (1:12; 2:5) y que están comprometidas a amar a su prójimo (2:8). Pero también son pecadoras (4:8; 5:16; cf. 1:21; 2:9-10; 3:9-10; 4:4, 17; 5:15, 19-20), personas que batallan con la tentación (1:12-16) y a veces ceden a la parcialidad (2:1-4, 9), al orgullo (3:14; 4:5-6, 13, 16), y a los antojos mundanos (4:1-3). Por lo tanto, todo el tono de la carta supone lectores que están dispuestos a la corrección, que tienen la semilla de Dios implantada en ellos (1:21), pero que quieren acercarse a Dios y experimentar el crecimiento e intimidad espiritual (4:5, 8). La carta está escrita para creyentes que verda-deramente quieran ser amigos de Dios (cf. 2:23), pero necesitan la clase de exhortación evangélica que el libro provee, si quieren evitar la inconstancia y vencer la tentación de ser amigos del mundo (4:4, 8).

evangélico, ca: relativo, o de acuerdo al evangelio cristiano y sus enseñanzas.

Finalmente, el llamado duradero de Santiago puede atribuirse a su realismo resuelto. En tanto que adopta los ideales más altos, el libro logra mantener sus pies sobre la tierra: insta a los creyentes a hacer todo lo posible para ponerle «freno a su lengua» (1:26), en tanto que reconocen lo terriblemente difícil que es eso (3:7-8). Esta es una característica atractiva de literatura sapiencial, evidente también en la *Didaché* (que se mencionó al inicio de este capítulo). Ese libro emplea todos los medios para implorar a los cristianos que sigan el camino correcto de cualquier manera posible, y luego, en cierto punto, simplemente concluye: «Si puedes llevar todo el yugo del Señor, serás perfecto; pero si no puedes, haz todo lo que puedas» (*Didaché* 6:2). De igual manera, Santiago insiste en que hay que resistir la tentación, y declara que el pecado lleva a la muerte (1:14-15), pero también reconoce que «todos fallamos mucho» (3:2). Por lo que los cristianos pecarán, y necesitan confesar sus pecados unos a otros (5:16) y dejar que sus líderes oren por ellos para que sus pecados puedan ser perdonados (5:15). Todos cometemos muchos errores, pero el camino que lleva a la vida no se recorre a solas (cf. 5:19-20).

26

1 Pedro

La esperanza del cielo ha sido un elemento básico en la música góspel de todas clases. Los cantos afroamericanos como «Swing Low, Sweet Chariot [Baja, dulce carroza]» y «Cuando los santos marchen ya» se enfocan en la perspectiva de dejar este mundo atrás por una vida mejor más allá. Uno de los clásicos de todos los tiempos de la música evangélica del sur de Estados Unidos es la canción «Este mundo no es mi hogar», escrita en 1946 por J. R. Baxter Jr. y grabada por el cuarteto The Stamps. A principios de la década de 1970, Larry Norman lanzó lo que a veces se considera como el primer álbum de rock cristiano, un disco que tenía el título provocador *Only Visiting This Planet* [Solo visito este planeta]. Quince años después, el grupo de rock un poco más secular U2 disfrutaba de un enorme éxito con una canción de tipo góspel llamada «*I Still Haven't Found What I'm Looking For* [Todavía no he encontrado lo que busco]». Su compositor, Bono, explicó que se basaba, en su convicción como cristiano, en que los anhelos del alma humana no se pueden satisfacer nunca con los placeres que este mundo terrenal ofrece.

El tema común en todas estas obras no es simplemente que «el cielo será grandioso», sino también que los cristianos que han puesto su esperanza en el cielo no pueden sentirse realmente en casa en la tierra. Históricamente, esta perspectiva ha sido especialmente significativa en los cristianos asediados por problemas y dificultades, particularmente cuando esas dificultades parece que no mejoran con su fe y hasta pueden llegar como resultado de esa fe. La carta conocida como 1 Pedro trata este tema con palabras que han inspirado a millones de creyentes que batallan a lo largo de las épocas.

Generalidades

La carta inicia con un saludo que identifica al autor como «Pedro, apóstol de Jesucristo» y designa a los lectores como «extranjeros dispersos», que habitan cinco regiones del Asia Menor (1:1-2). Continúa con una bendición elocuente de Dios, que lleva a un llamado a que los lectores se regocijen en la salvación que Dios les provee (1:3-9): han recibido un nuevo nacimiento y esperan su herencia gloriosa con esperanza, fe y amor, que no pueden ser empañados al sufrir pruebas temporales. Lo que los profetas predijeron ahora es una realidad, anunciada a través del evangelio (1:10-12). Por lo tanto, los lectores deben disciplinarse para vidas apropiadas al evangelio, vidas marcadas por santidad obediente, temor reverente, amor mutuo y crecimiento espiritual continuo, y no por los deseos y caminos fútiles de sus vidas anteriores (1:13-2:3). Su identidad como pueblo escogido de Dios ahora les permite ser edificados en una casa viva, para que Dios habite en ella (2:4-10).

El autor exhorta a los lectores como extranjeros y exiliados que se abstengan del mal y que se conduzcan honorablemente (2:11-12). Deben honrar al emperador, como alguien instituido por Dios (2:13-17). Se dan más instrucciones para los esclavos (2:18-25), las esposas (3:1-6) y los esposos (3:7). En general, deben conducirse de maneras que no atraigan la oposición, y deben considerar como bendición cualquier abuso que sufran por hacer el bien (3:8-17). De esa manera, siguen el ejemplo de Cristo, cuyo sufrimiento aseguró la salvación para los bautizados y condujo a una vindicación sobre todos los ángeles y poderes espirituales (3:18-22). Al ajustarse a esto, su intención debe ser vivir de una manera distintiva, como administradores de la gracia y los dones de Dios, listos para dar cuentas de sí mismos en el juicio final, que está cerca (4:1-11).

La siguiente sección de la carta parece que recapitula las exhortaciones previas en cuanto a la respuesta adecuada al sufrimiento (4:12-19). Los líderes no deben sorprenderse por el «fuego de la prueba» que los examina; en efecto, deben alegrarse en la medida que comparten el sufrimiento de Cristo y sufren de acuerdo a la voluntad de Dios. Luego, el autor habla como «anciano» para animar a los líderes de la iglesia a ejercer su cargo responsablemente y a instar a otros a someterse a su liderazgo (5:1-5). Exhorta a todos a la humildad y a estar firmes, y asegura a sus lectores que aunque su adversario el diablo esté al acecho, la liberación de Dios está cerca (5:6-11). La carta termina con saludos y una bendición (5:12-14).

Trasfondo histórico

Esta carta se presenta como escrita por el apóstol Pedro, uno de los doce discípulos originales de Jesús, quien ahora se considera a sí mismo como anciano de la iglesia (5:1). La envía desde Roma (llamada «Babilonia» en 5:13; cf. Ap. 17:1, 5) a los cristianos del Asia Menor (1:1).

Pedro es probablemente el más célebre de todos los discípulos de Jesús. Frecuentemente, se le llama «Simón» o «Simón Pedro» (pero Pablo lo llama «Cefas»), y se le menciona primero entre los doce (Mt. 10:2; Mr. 3:16; Lc. 6:14; Hch. 1:13). Figura prominentemente en muchas historias del evangelio (véase, p. ej., Mt. 14:22-33; Mr. 14:53-72). Pedro se distingue como alguien que va a tener una función característica en la iglesia después de la Pascua (Mt. 16:17-19; Lc. 22:31-32), y varias tradiciones bíblicas indican que el Señor resucitado se le apareció en privado (Lc. 24:34; 1 Co. 15:5; cf. Jn. 21:15-19). Pedro tiene una función principal en el ministerio de la iglesia primitiva que se describe en el libro de Hechos (véase Hch. 1-5; 8:14-25; 9:32-11:18; 12:1-19), y también se le menciona como misionero y «pilar de la iglesia» en las cartas de Pablo (1 Co. 9:5; Gá. 2:9). La tradición de la iglesia razonablemente confiable indica que Pedro fue martirizado en Roma bajo el emperador Nerón, alrededor de 64-68. No es de sorprender que numerosas obras pseudoepigráficas se produjeran a su nombre, incluso un *Evangelio de Pedro*, un *Hechos de Pedro* y un *Apocalipsis de Pedro*, ninguna de las cuales parece tener conexión alguna con el apóstol real ni fueron expresión de sus pensamientos. Muchos eruditos también ven la carta del Nuevo Testamento conocida como 2 Pedro como una obra pseudoepigráfica.

La Carta de 1 Pedro tiene una afirmación mayor de autenticidad. Los eruditos siguen divididos en cuanto a la pregunta de si es pseudoepigráfica. Muchos eruditos creen que esta carta en realidad podría haber sido escrita por el apóstol unos cuantos años antes de su martirio; otros sospechan que podría haber surgido de un círculo de los seguidores de Pedro que querían expresar sus ideas con una relevancia nueva, una década o dos después de su muerte. En cualquier caso, se considera que la carta expresa una «perspectiva petrina» asociada con Roma en la última tercera parte del siglo I.

Irónicamente, tal vez lo que es más notable en cuanto a esta «perspectiva petrina» es que parece que carece de cualquier cosa claramente distintiva. La ideología de 1 Pedro parece ser genéricamente expresiva del «cristianismo predominante», una fe integrada que provee una síntesis de numerosas corrientes de tradición: algunos elementos se pueden derivar del ministerio galileo de Jesús, otros de los intereses de la iglesia de Jerusalén, aun así, otros del testimonio teológico de Pablo. Los intérpretes han observado por mucho tiempo que casi cada versículo de 1 Pedro se puede leer como un pasaje paralelo de algún otro escrito del Nuevo Testamento (véase el cuadro 26.2). La carta también parece que se basa en numerosos materiales litúrgicos y catequéticos; está sazonada con trozos de himnos o credos (1:18-21; 2:21-25; 3:18-22), y parece que emplea convenciones homiléticas o apologéticas que han alcanzado un uso amplio

Cefas: palabra aramea que significa «roca», la forma griega de la cual es «Pedro»; el sobrenombre que Jesús le puso a Simón, uno de sus discípulos.

auténtico, ca: en las discusiones de autoría, «no pseudoepigráfico», es decir, escrito por la persona a quien se le atribuye una obra.

credo: declaración confesional que resume los artículos cruciales de la fe.

(p. ej., la discusión de 2:4-10 usa muchos de los mismos textos de las Escrituras que aparecen en Ro. 9:25-33; de igual manera, 5:5-9 da una secuencia de exhortaciones similares a Stg. 4:6-10).

Como una misiva apostólica desde Roma, 1 Pedro está dirigida específicamente a «los elegidos, extranjeros dispersos por Ponto, Galacia, Capadocia, Asia y Bitinia». Todas estas regiones están ubicadas en Asia Menor (lo que ahora es Turquía; véase el mapa 26.1), y probablemente se enumeran en el orden

---

Cuadro 26.1

El martirio de Pedro

La tradición cristiana sostiene que Pedro fue martirizado en Roma bajo el emperador Nerón, que fue ejecutado por crucifixión y, concretamente, que fue crucificado boca abajo.

El Evangelio de Juan registra una predicción de Jesús en cuanto a «la clase de muerte» con la que Pedro glorificaría a Dios: «Cuando seas viejo, extenderás las manos y otro te vestirá y te llevará a donde no quieras ir» (21:18-19). La referencia a las manos extendidas parece como una alusión a la crucifixión (aunque, en realidad, no a una crucifixión boca abajo).

Alrededor del año 96, el obispo Clemente escribe desde Roma: «Por causa de celos y envidia fueron perseguidos y acosados hasta la muerte las mayores y más íntegras columnas de la Iglesia... Pedro, que, por causa de unos celos injustos, tuvo que sufrir, no uno o dos, sino muchos trabajos y fatigas, y habiendo dado su testimonio, se fue a su lugar de gloria designado» (1 Clemente 5:2-4).* Alrededor de cien años después, Tertuliano declara que Nerón fue el responsable de las muertes de los apóstoles (Scorpiace, o Antídoto contra la mordedura del escorpión).[†] Él se refiere a Roma como una iglesia afortunada «¡donde Pedro soporta una pasión como la de su Señor!», refiriéndose probablemente, una vez más, a su crucifixión. (La muerte de Pablo fue como la de Juan el Bautista, porque fue decapitado).

La idea de que Pedro fue crucificado cabeza abajo en realidad viene del apócrifo Hechos de Pedro, una obra antojadiza del siglo II a la que los eruditos religiosos le dan generalmente poca credibilidad. Sin embargo, en este caso, la obra dedica varios párrafos a explicar por qué Pedro fue crucificado de esa manera: el mismo Pedro lo pidió porque transmitiría un simbolismo elaborado y esotérico igualar su muerte a la de un proceso de nacimiento, con un simbolismo que supuestamente rememora a Adán. Todo esto parece demasiado complicado y poco convincente, pero lleva a la pregunta de qué esperaba obtener el autor de esta obra con explicaciones tan inverosímiles. Muchos eruditos suponen que el autor nunca habría sacado a colación el tema en absoluto, a menos que hubiera algo que tuviera que explicarse.

En otra parte, el historiador romano Josefo sí observa que los soldados a veces se entretenían al crucificar a los criminales en distintas posiciones, como un medio de aumentar su humillación. De esa manera, es posible que los Hechos de Pedro no inventara este detalle acerca de la muerte de Pedro, sino más bien tratara (de alguna manera desesperada) de dar razones teológicas para algo que muchos cristianos sabían y les parecía traumático. De esa manera, la crucifixión boca abajo de Pedro podría considerarse como un acontecimiento histórico real que pasó sin mencionarse en fuentes anteriores, cuyos autores esperaban que el detalle pudiera olvidarse.

*Alfonso Ropero, Lo mejor de los padres apostólicos (Barcelona, España: Editorial Clie, 2004).
†Ante-Nicene Fathers, ed. A. Roberts and J. Donaldson, 10 vols. (1885-96; Repr., Grand Rapids, Eerdmans, 1986-89), 3:260.

en el que la carta fue entregada a ellos (aparentemente, llevada por Silvano; véase 5:12). Los romanos en realidad no distinguían entre «Ponto» y «Bitinia» (habiendo establecido una sola provincia que incorporaba las dos áreas), por lo que la terminología que se usa aquí, tal vez refleja territorios tradicionales en lugar de las designaciones políticas oficiales (impuestas). De cualquier manera, 1 Pedro parece haber sido compuesta como una «carta circular», dirigida a múltiples congregaciones (cf. Hch. 15:23-29; Col. 4:16).

¿Qué sabemos de las áreas a las que fue enviada 1 Pedro? Dos de las regiones son familiares para los estudiantes del Nuevo Testamento: Galacia es un área a la que Pablo también escribió una carta muy conocida; Asia es la provincia en la que Éfeso y Colosas estaban ubicadas. Pero no sabemos casi nada de la expansión del cristianismo en el Ponto, Capadocia o Bitinia. Curiosamente, el libro de Hechos dice que el Espíritu de Jesús en realidad le prohibió a Pablo y a su compañía llevar el evangelio a Bitinia (Hch. 16:7). Aun así, de una forma u otra, la fe se esparció en estas regiones, y cuando 1 Pedro se escribió, había iglesias que habían llegado a estar suficientemente bien establecidas como para tener ancianos a quienes se les pagaba salarios (véase 1 P. 5:1-2).

La descripción de los destinatarios como «extranjeros dispersos» es interesante, porque semejante lenguaje típicamente se usaba para describir a judíos que vivían fuera de Palestina (en la diáspora; véase «Los efectos del helenismo en el mundo del Nuevo Testamento» en el capítulo 2). La Carta de Santiago usa una descripción similar para referirse a los cristianos judíos que vivían fuera de Palestina (Stg. 1:1; véase el cuadro 25.4). Sin embargo, los destinatarios de

dispersión: típicamente, judíos (incluso los cristianos judíos) que vivían fuera de Palestina (sinónimo de «diáspora»), pero 1 Pedro parece que aplica el término a los gentiles.

Cuadro 26.2

Paralelos entre 1 Pedro y otros escritos del Nuevo Testamento

1:1	He. 11:13; Stg. 1:1	2:2-6	Ef. 2:18-22	3:1-6	1 Ti. 2:9-11
1:2	He. 12:24	2:5	Ro. 12:1	3:8-9	Ro. 12:16-17
1:3	Ef. 1:3	2:6-8	Ro. 9:32-33	3:9	Lc. 6:28; He. 12:17
1:3-5	Tit. 3:4-7	2:7	Mt. 21:42	3:14	Mt. 5:10
1:4	Mt. 6:20	2:9	Tit. 2:14; Ap. 1:6; 5:10	3:18	Ro. 6:10; Ef. 2:18; He. 9:28
1:6-7	Ro. 5:3-5; Stg. 1:2-3	2:10	Ro. 9:25		
1:10-12	Ef. 3:2-6	2:11	He. 11:13; Stg. 4:1	3:22	Ef. 1:20-22; Col. 2:15
1:12	Mt. 13:17	2:12	Mt. 5:16	4:8	Stg. 5:20
1:14	Ro. 12:2; Ef. 2:2-3	2:13-17	Ro. 13:1-7	4:10-11	Ro. 12:6-7
1:17	Lc. 11:2	2:16	Gá. 5:13	4:13	Mt. 5:10
1:20	Ef. 1:4	2:19-20	Lc. 6:32-33	4:14	Mt. 5:11; He. 13:13
1:22	Ro. 12:9-10	2:24	Ro. 6:2, 11; He. 10:10	5:2	Hch. 20:28
1:23-2:2	Stg. 1:10-11, 18-22	2:25	He. 13:20	5:4	He. 13:20
2:1	Ef. 4:25, 31; Tit. 3:1; Stg. 1:21	3:1	Ef. 5:22	5:5-9	Stg. 4:6-10

1 Pedro son casi seguramente cristianos gentiles: hay referencias frecuentes a su origen pagano (1:14, 18; 4:3-4) y una clara aseveración de que antes de su conversión ellos no eran pueblo de Dios (2:10). Los intérpretes concluyen que el lenguaje judío del exilio se aplica a estos creyentes metafóricamente (están en una diáspora de su verdadero hogar, la tierra prometida del cielo). Otras categorías judías también se les aplican (2:9), y la carta a veces usa «gentil» en un sentido no literal para dar a entender «pagano» o «no creyente» (2:12; 4:3). Los lectores cristianos de 1 Pedro pueden ser gentiles literales (en cuanto a identificación étnica), pero, aparentemente, ellos ya no se consideran gentiles; ahora se ven como parte de Israel, el pueblo escogido de Dios.

¿Por qué enviaría el apóstol Pedro (u otros que escribieran en su nombre) una carta desde Roma a los creyentes gentiles de esas provincias? Los propósitos principales de la carta se declaran claramente: animar a los lectores, testificarles en cuanto a lo que constituye «la verdadera gracia de Dios» y exhortarlos a que se mantengan firmes en esta gracia (5:12). De esa manera, el género de esta carta frecuentemente se describe como *parénesis*, una clase de enseñanza que busca motivar a la audiencia a vivir de acuerdo a lo que ellos ya saben que es verdadero. Pero podemos ir más adelante. Uno de los aspectos más notables de 1 Pedro es la referencia repetida al sufrimiento (1:6, 11; 2:19-21, 23; 3:14, 17-18; 4:1, 13, 15-16, 19; 5:1, 9-10). Sin duda, esto indica por qué los lectores

Mapa. 26.1. Asia Menor: Provincias a las que se dirige 1 Pedro

Silvano y Marcos en 1 Pedro

Dos de los colegas de Pablo parece que están asociados con la escritura de 1 Pedro.

- *Silvano.* La carta de Pedro debe ser entregada a las iglesias por Silvano. (5:12). Probablemente, sea el mismo Silvano (= Silas) a quien, según el libro de Hechos, le confiaron anteriormente la entrega de otra circular, después del concilio apostólico (véase Hch. 15:22-29). En otra parte del Nuevo Testamento, Silvano/Silas está vinculado muy estrechamente con Pablo (Hch. 15:40; 17:14-15; 18:5; 2 Co. 1:19), e incluso se le menciona como coautor de dos cartas paulinas (1 Ts. 1:1; 2 Ts. 1:1).
- *Marcos.* Pedro envía saludos a las iglesias de parte de Marcos, a quien se le identifica como «hijo» de Pedro (5:13). La última adjudicación generalmente se ha tomado de forma metafórica, y a este «Marcos» tradicionalmente se le ha identificado con Juan Marcos, cuya madre conoció a Pedro en Jerusalén (Hch. 12:11-12). Este Marcos, pariente de Bernabé (Col. 4:10), también había sido colega de Pablo por algún tiempo, pero Pablo llegó a estar insatisfecho con él y lo reemplazó con el mismísimo Silvano/Silas (véase Hch. 12:25; 15:37, 39; cf. 2 Ti. 4:11; Flm. 24).

necesitan la motivación que esta carta busca dar: están pasando por tiempos difíciles. Mucha atención se ha enfocado en este elemento del contexto de la carta. Los eruditos han intentado vincular la composición de 1 Pedro con alguna crisis conocida u ola de persecución que afectó a los creyentes del Asia Menor alrededor del tiempo en que esta carta se escribió. Sin embargo, en años recientes, la mayoría de los eruditos ha llegado a estar convencida de que la variedad de sufrimiento del que se habla en 1 Pedro es la exclusión social y el acoso general, y no una persecución de la iglesia, oficial o dirigida por el gobierno. Hasta donde sabemos, los cristianos del Asia Menor no sufrieron persecución promovida por el estado hasta el siglo II. Además, esta carta no menciona nunca la persecución *per se*; más bien, habla del sufrimiento como una experiencia común que debe considerarse como la suerte esperada de cualquiera que sea cristiano (4:12), en cualquier parte del mundo (5:9).

En cuanto a fecha, por un lado, si esta carta en realidad fue escrita por Pedro, fue compuesta probablemente de principios a mediados de la década de los años 60, después de que Pedro llegara a Roma, pero antes de que Nerón comenzara sus violentos ataques en contra de los cristianos (dadas las observaciones acerca del emperador en 2:13-14). O, podríamos decir que fue escrita después de que Pablo escribiera su carta a los romanos (ya que Pablo no incluye a Pedro entre las personas a quienes saluda en la ciudad, Pedro probablemente no estaba en Roma en esa época) pero antes de que Pablo fuera llevado a Roma bajo arresto domiciliario (ya que 1 Pedro no menciona a Pablo ni da ninguna actualización de su situación, Pablo probablemente no estaba en la ciudad en ese entonces). O, por otro lado, si 1 Pedro es pseudoepigráfica, podría haber sido escrita casi en cualquier momento en las últimas tres décadas del siglo I, aunque un tiempo antes de 89 podría parecer más probable (dadas las observaciones en

2:13-14), ya que allí es cuando Domiciano comenzó a descargar su hostilidad sobre los cristianos.

De cualquier manera, la carta se dirige a cristianos gentiles del Asia Menor que están sufriendo por su fe. Busca darles ánimo apostólico de un líder venerado, el apóstol Pedro, que sabe unas cuantas cosas acerca del sufrimiento (5:1) y quien puede testificarles acerca de la gracia de Dios y exhortarlos, con integridad, a que permanezcan firmes.

Temas importantes de 1 Pedro

Padecer abuso por Cristo

Varios textos de 1 Pedro se refieren al abuso que los líderes sufren. La mayoría de las referencias parece que implican «abuso verbal»: los cristianos son

Figura 26.1. El descenso de Cristo al infierno. Dos pasajes curiosos de 1 Pedro hablan de que Cristo predica a «a los espíritus encarcelados» y «a los muertos» (3:19-20; 4:6). Estas referencias dieron origen a la tradición cristiana de que Jesús descendió al infierno para rescatar las almas perdidas. A esta doctrina a veces se le llama «El descenso de Cristo a los infiernos». (The Bridgeman Art Library International)

difamados como si fueran malhechores (2:12; cf. 3:16) e injuriados por llevar el nombre de Cristo (4:14; cf. 4:16). En una cultura que priorizaba la honra y la vergüenza como valores sociales esenciales, semejante difamación se experimentaría como más que una simple molestia: estos cristianos han experimentado una pérdida de estatus y reputación social. En algunos casos, el abuso también podría haberse convertido en físico, como en el caso de los esclavos cristianos que eran golpeados por sus amos por hacer lo justo a los ojos de Dios (2:19-20). Sin embargo, aun aparte de semejante violencia, solamente la vergüenza social podría calificar como «fuego de la prueba» (4:12).

La raíz de este abuso parece estar relacionada con la identificación de la carta de sus lectores como «extranjeros y peregrinos» (2:11; cf. 1:1, 17). Su conversión a Cristo los ha llevado a cortar sus vínculos con asociaciones anteriores, por lo que han llegado a ser considerados como inadaptados o desviados sociales (4:3-4). Podrían haber sido vistos como impíos por rehusarse a reconocer a los dioses, como no patriotas por negarse a adorar al emperador, y como antisociales por evitar los diversos ritos y festividades que constituían la vida social en un mundo pagano.

A manera de consejo, 1 Pedro aclara varios puntos:

- Jesús predijo semejante sufrimiento para sus seguidores; los lectores no deben sorprenderse por eso ni pensar que han hecho algo malo que lo ocasionara (4:12; 5:9).
- Ese sufrimiento puede estar de acuerdo a la voluntad de Dios en el hecho de que Dios lo permite (3:17), pero no viene de Dios; es ocasionado por gente perversa y por el diablo (5:8).
- Dios cuida de los que sufren (5:7) y los protege (1:4-5).
- El tiempo de sufrimiento será corto (1:6; 5:10), porque el fin de todas las cosas está cerca (4:7; cf. 1:5).
- Los que han ocasionado sufrimiento serán derrotados y castigados (4:5, 17-18).
- Los que han soportado sufrimiento injusto serán bendecidos y recompensados (1:7, 11, 13; 2:19-20; 3:9, 14; 4:14; 5:4, 10).

Más allá de esas garantías, la carta anima a los lectores a adoptar una perspectiva particular hacia su sufrimiento.

Primero, ellos deben saber que las pruebas pueden ser un campo de prueba para la fe, que sirve para refinarla, así como los metales preciosos se purifican con el fuego caliente (1:6-7; cf. 4:1). Esta imagen del refinamiento de la fe (o carácter) era común en la literatura sapiencial judía (véase Prov. 17:3; Sab. 3:4-6; Sir. 2:5).

literatura sapiencial/tradición sapiencial: materiales bíblicos y otros materiales antiguos que se enfocan en las observaciones de sentido común acerca de la vida, los ejemplos incluyen los libros de Proverbios, Job y Eclesiastés.

Segundo, a un nivel más profundo, se insta a los lectores a entender lo que les está pasando como participar del sufrimiento de Cristo (4:13). A lo largo de la carta, a Jesús se le presenta constantemente como alguien que sufre (1:11, 19; 2:22-24; 3:18; 4:1), y se dice que el cristiano que sufre sigue sus huellas (2:21; cf. 3:17-18). Esta idea es común en los escritos cristianos (cf. Ro. 8:17; Fil. 3:10-11; 2 Ti. 2:11-12). Una implicación práctica es que los creyentes tienen que sufrir de la misma manera que Cristo lo hizo, de ese modo no buscan venganza en contra de sus enemigos (2:21-23; 3:9) y confían totalmente en Dios (2:23; cf. 1:13, 21; 2:19).

Finalmente, 1 Pedro también da a sus lectores dos sugerencias prácticas que podrían ayudarlos a hacer la vida más soportable para ellos:

1. La iglesia debe convertirse en una comunidad alternativa de apoyo, una familia sustituta llamada «la familia de Dios» (4:17; cf. Ef. 2:19; 1 Ti. 3:15). Se insta a los lectores a amarse y a honrarse unos a otros como una familia de creyentes (2:17; cf. 1:22; 3:8) y a considerar a los otros cristianos del mundo como hermanos y hermanas (5:9).

2. Los lectores deben comportarse respetuosamente, de maneras que «desmentirán» las acusaciones falsas que se hacen en contra de ellos (2:15-16; cf. 1:15-16). Deben tener el cuidado de no antagonizar con la oposición innecesariamente, pero deben demostrar con sus obras que su fe es genuina (2:12; 3:12) y estar preparados para dar defensa del evangelio que los sostiene cuando la ocasión se les presente (3:15-16). Deben demostrar que son distintos, de una manera positiva, que no solo han renunciado a esos aspectos de la vida pagana que a sus vecinos todavía les atrae (4:3-4), sino que se han deshecho de los vicios que más universalmente se consideran como indeseables (2:1; cf. 3:9). Deben concentrarse en conducirse honorablemente, para que los que los difaman vean sus obras honorables y sean avergonzados (3:16) o posiblemente se conviertan (2:12).

En pocas palabras, los que sufren abuso porque son cristianos no deben ser intimidados por semejante acoso (3:14) ni considerarlo una desgracia (4:16). Más bien, deben echar su ansiedad sobre Dios (5:7), darse cuenta de que el Espíritu de Dios está con ellos (4:14), poner su esperanza en lo que vendrá (1:13), y disciplinarse para una vida fiel, en lo que actualmente es un mundo peligroso (5:8).

Los cristianos como el nuevo Israel

En 1 Pedro se describe a los cristianos con terminología y categorías que tradicionalmente se usan para Israel. A los gentiles que creen en Jesús se les identifica como «linaje escogido, real sacerdocio, nación santa, pueblo que

Figura 26.2. El pecado del adorno personal. El autor de 1 Pedro advierte a los creyentes en contra del pecado del adorno personal: los peinados, la ropa de moda y las joyas son manifestaciones de vanidad (3:3).

pertenece a Dios» (2:9). Los creyentes cristianos también representan un templo nuevo, una casa espiritual para Dios compuesta de piedras vivas (creyentes individuales), donde los sacrificios aceptables a Dios se ofrecen a través de Jesucristo (2:5). La gente que ama a Jesús y cree en él está recibiendo la salvación de Dios prometida por los profetas de Israel (1:8-10). De hecho, las Escrituras judías fueron inspiradas por el Espíritu de Cristo y escritas para el beneficio de aquellos que creen en el evangelio cristiano (1:11-12).

El autor de 1 Pedro no explica un fundamento claro de por qué a los cristianos ahora debe considerárseles el nuevo Israel o el pueblo escogido de Dios. El pensamiento probablemente es que, debido a que Jesús es el Mesías judío, a la gente que cree en él y lo sigue se le lleva a la relación especial que Dios siempre

supersesionismo:
la idea o enseñanza de que los cristianos han reemplazado a los judíos como el pueblo escogido de Dios.

había tenido con el pueblo judío (independientemente de la identificación étnica). La carta no habla explícitamente de una transferencia de privilegios (de judíos a cristianos), sino que hace énfasis en la inclusión de los cristianos en las bendiciones de Israel. Sin embargo, muchos intérpretes han pensado que se implica esa transferencia, y 1 Pedro entonces se lee como un texto clave como apoyo del supersesionismo, la doctrina de que los cristianos han reemplazado o sustituido a los judíos como pueblo escogido de Dios.

Ya sea ese el caso, o no, por lo menos podemos afirmar que el énfasis de 1 Pedro no es la degradación del Israel tradicional (la suerte y destino de los judíos que no aceptan a Jesús no se menciona nunca), sino más bien el ascenso de otros: la gracia (1:10, 13; 4:10; 5:10, 12) y la misericordia (1:3; 2:10) de Dios han hecho que la salvación sea posible para todos, a través de la muerte y resurrección de Jesucristo (1:3, 11; 2:21-24; 3:18, 21). Y 1 Pedro también quiere hacer énfasis en que los cristianos han heredado las expectativas y responsabilidades de ser el pueblo de Dios, junto con los privilegios: al igual que el antiguo Israel, los que son llevados a Dios a través de Cristo (3:18) deben ser santos, porque Dios es santo (1:15-16; cf. Lev. 11:45).

elegidos, los: aquellos que Dios escogió, predestinados para la salvación o para algún propósito especial.

Finalmente, debemos observar que en 1 Pedro, a los cristianos se les presenta no simplemente como el nuevo Israel, sino específicamente como «dispersos» (1:1), es decir, como Israel en el exilio, o como Israel en la diáspora. Esta metáfora de dispersión es apropiada porque la situación de los lectores es tanto de peligro (1:6-7; 2:11-12, 15, 18-20; 3:13-4:6; 4:12-19; 5:8-9) como de privilegio (1:3-5, 9-12; 1:13-2:10). Los cristianos pueden ser los elegidos de Dios, escogidos, destinados y santificados (1:2; cf. 2:9), pero también son exiliados (1:1; cf. 1:17; 2:11). A un nivel práctico, la metáfora de la dispersión funciona de dos

exiliados: en la historia israelita, las personas judías que pasaron cincuenta años en Babilonia, después de que fueron deportadas de su tierra natal en 587 a. e. c. y antes de que a ellos (o a sus descendientes) se les permitiera regresar en 537 a. e. c.

Cuadro 26.4

Imágenes de la iglesia en 1 Pedro

- *La dispersión*—exiliados en la tierra, separados del verdadero hogar en el cielo (1:1, 17; 2:11)
- *El nuevo Israel*—una raza escogida y una nación santa (2:9; cf. Dt. 7:6; 10:15; Is. 43:20); el pueblo de Dios (2:9; cf. Éx. 19:5; Is. 43:21)
- *Un sacerdocio de todos los creyentes*—un sacerdocio santo (2:5); un sacerdocio real (2:9; cf. Éx. 19:6)
- *Un templo vivo*—una casa espiritual hecha de piedras vivas, donde se ofrecen los sacrificios espirituales (2:5; cf. 1 Co. 3:16)
- *Un rebaño de ovejas*—cuidado por pastores (= apacentadores) con Cristo como el pastor principal (2:25; 5:3-4; cf. Jn. 10:11; 21:15-19; Hch. 20:28; Is. 40:11; Ez. 34:12)
- *Una mujer*—«Su iglesia hermana aquí en Babilonia» (5:13, NTV), refiriéndose a una congregación individual como una mujer (literalmente: «la que está en Babilonia»; cf. 2 Jn. 1)

maneras específicas: (1) un peligro principal que los lectores enfrentan es la asimilación de la cultura que los rodea (la tentación que Israel enfrentó en la diáspora); y (2) el regreso del exilio a la tierra natal (en este caso, el peregrinaje cristiano de la tierra al cielo) implica un viaje de fe acompañado de muchas pruebas (como fue el de Israel de Babilonia a Palestina).

El bautismo y el crecimiento espiritual

En 1 Pedro, el bautismo se menciona con relación a la apelación o promesa a Dios que los creyentes hacen y a la salvación que reciben a través de la resurrección de Cristo (3:21). Muchos intérpretes han pensado que mucho más de la carta se puede relacionar con el tema general del bautismo, o, por lo menos, que su contenido podría ser específicamente significativo para los recién bautizados. El autor se dirige a sus lectores como personas que han iniciado una vida nueva (1:3, 23) y han adquirido una identidad nueva (1:21; 2:10, 25). Se les insta a que se disciplinen (1:13; 4:7; 5:8) para una forma de vida apropiada a esa identidad (1:15; 2:12). Ellos son como niños recién nacidos que solo han probado la bondad del Señor, pero que «crecerán en su salvación» si siguen siendo nutridos con la leche espiritual pura (2:2-3; contrasta con 1 Co. 3:2 y He. 5:12-13, donde supuestamente a los lectores maduros se les reprende por ser bebés que todavía necesitan leche). Los lectores de 1 Pedro son cristianos en proceso, o «en construcción», como lo implica la metáfora de ser edificados en una casa que todavía no está completa (2:4-5). Una palabra clave para esa gente es «esperanza» (1:3, 13, 21; 3:15): los lectores pueden mirar atrás a un pasado fútil y dudoso (1:4-5; 5:10), pero el presente es un tiempo de «esperanza viva» (1:3). Ya están recibiendo el resultado de su fe (1:9), y esto solo es el inicio de lo que Dios tiene para ellos (1:13).

bautismo: rito religioso que involucra el lavamiento simbólico con agua; a veces significa arrepentimiento, purificación o aceptación en la comunidad del pueblo de Dios.

Sumisión a las autoridades terrenales

En 1 Pedro 2:13-3:7 encontramos una *Haustafel* («tabla del hogar») bastante larga que se puede comparar con tablas similares en otra parte del Nuevo Testamento (Ef. 5:21-6:9; Col. 3:18-4:1; 1 Ti. 2:8-15; 5:1-2; 6:1-2; Tit. 2:1-10; véase el cuadro 17.5). Lo que es particularmente impactante en cuanto a esta tabla es su énfasis en la sumisión a las autoridades no cristianas: el emperador romano, los amos que no son creyentes, los esposos que no respetan el compromiso de sus esposas con la fe cristiana. Se dedica mucha atención a exhortar a los que carecen de poder social a que acepten la autoridad de los que la tienen (2:13, 18; 3:1); se le da relativamente poca atención a instruir a las personas que están en autoridad a ejercer el poder de manera responsable (p. ej., no hay instrucciones para los amos cristianos en cuanto al tratamiento de sus esclavos; cf. Ef. 6:9; Col. 4:1). Esto podría deberse, en parte, a la composición existente de

El vaso más frágil: Las mujeres y las esposas en 1 Pedro

Un pasaje de 1 Pedro instruye a los hombres a mostrar consideración a sus esposas, «dando honor a la mujer como a vaso más frágil» (3:7, RVR60). Ese lenguaje podría impactar a los lectores modernos como arcaico o desacertado. Las intenciones de Pedro podrían ser nobles, pero a la mayoría de las mujeres no les gusta que se hable de ellas como «vaso más frágil». En el mundo antiguo, por supuesto, semejante inferioridad se podría declarar, y frecuentemente se declaraba, sin controversia. Platón declara: «La mujer es en todo más débil que el varón» (La republica 5.455D).*

La expresión que se usa en 3:7 literalmente significa «vaso más débil». La palabra vaso (skeuos) proviene de la alfarería (cf. 2 Co. 4:7; 1 Ts. 4:4). El punto de Pedro parece ser que los hombres y las mujeres son como jarras de barro que sostienen el precioso regalo de Dios de la vida: los dos son frágiles, pero la vasija femenina tiende a ser aun más frágil. El único punto de comparación parece ser la fortaleza física, ya que los versículos anteriores (3:1-2) indican que las esposas pueden ser más fuertes que sus esposos de otras maneras (p. ej., espiritual, intelectual o moralmente). Por supuesto, las mujeres saludables a veces son físicamente más fuertes que los hombres menos saludables, pero el punto básico parece ser que los hombres típicamente deben ser corteses y considerados en cuanto a la carga de trabajo y otros asuntos que podrían tensar o dañar el cuerpo físico.

En un sentido más amplio, la referencia podría aplicarse al «poder social». Dentro de la sociedad romana, los hombres tenían ciertos derechos y privilegios que las mujeres no tenían. Pedro podría estar observando que los hombres, que frecuentemente son más fuertes físicamente que las mujeres, también poseen más poder en la sociedad. Dada esta situación (que él no bendice ni critica), insta a los hombres a que «sean comprensivos» con las mujeres y que las respeten como coherederas de la gracia de Dios. En otras palabras, los hombres deben ceder el poder a las mujeres, concediéndoles una igualdad en Cristo que no se reconoce en la sociedad en general. (cf. Gá. 3:28).

*Paul Shorrey, Plato in Twelve Volumes [Platón en doce volúmenes] (Cambridge, MA: Harvard University Press, 1969).

las comunidades cristianas a las que la carta se dirige (más esclavos que amos, más esposas que esposos). También podría ser que los puestos subordinados eran los que el autor consideraba como más semejantes a Cristo (2:21-24): los esclavos y las esposas reciben la mayor atención porque son los que todos los cristianos deben emular, humillándose a sí mismos en servicio abnegado (3:8; 5:2, 6).

Sin embargo, muchos eruditos sugieren otra explicación para la presentación descompensada: el autor cree que los cristianos necesitan demostrar que su fe no es una amenaza para el orden social. La religión cristiana tenía potencial para ser percibida como un movimiento social radicalmente subversivo. Al final del siglo I, el autor griego Plutarco declaró que «una mujer debe adorar y reconocer a los dioses a quienes su esposo aprecia, y solo a ellos» (*Advice on Marriage* [*Preceptos conyugales*] 19); las esposas cristianas estarían haciendo caso omiso de esa sabiduría convencional, como lo harían los esclavos cristianos en cuanto a los dioses de sus amos paganos. De esa manera, 1 Pedro insta a los creyentes a demostrarle al mundo que, aunque hay algunos asuntos en los que los cristianos no cederán, la religión, como regla general, no hace que la gente sea insubordinada, rebelde o insolente. La carta no trata con el asunto de la transformación social (crear una sociedad que sea más justa), sino que simplemente da consejo a los creyentes en circunstancias para las que la estructura jerárquica se da por sentada. Sin embargo, muchos críticos sociales han argumentado que la ocasión de 1 Pedro estimula a la acomodación de una manera que inevitablemente favorece el mantenimiento del *statu quo*. En la teología cristiana, la enseñanza de 1 Pedro sobre este tema generalmente se considera junto con otros textos bíblicos que dan perspectivas alternativas sobre el poder político y jerárquico (p. ej., Mr. 10:42-44; Jn. 15:18-19; Hch. 5:29; 1 Jn. 2:15-17; Ap. 13; 17-18).

Conclusión

La carta conocida como 1 Pedro nos ofrece una descripción impactante de la etapa final del desarrollo de la fe de una de las figuras más fascinantes de la historia del mundo. Desde cualquier punto de vista, el hombre Pedro es una figura asombrosa, un pescador galileo inculto que terminó siendo reverenciado y honrado por millones de personas durante más de dos mil años. La mayoría lo conoce como «San Pedro». Una de las iglesias más grandes y más imponentes tiene su nombre (la Basílica de San Pedro en la Ciudad del Vaticano, la parroquia del papa). Se le ha conmemorado con miles de esculturas, pinturas y vitrales, e incluso a un nivel popular tosco, se le asigna un papel en las bromas e historias como el hombre que está en las «puertas de perlas», determinando quién debe ser admitido al reino del cielo. ¿Cómo ocurrió eso? ¿Cómo llegó a ser una persona tan importante este simple pescador?

Uno de los aspectos más intrigantes del legado de Pedro es que incluso después de que había llegado a ser considerado un héroe y mártir, la iglesia conservó tradiciones que lo proyectan de una manera poco favorable. En las historias de los Evangelios, Pedro frecuentemente sale como un bufón impetuoso y demasiado confiado, como alguien que repetidas veces entiende las cosas mal. Él es quien trató de caminar en el agua y se hundió por el miedo y la duda (Mt. 14:28-31). Es el que se ganó la represión más aguda: «¡Aléjate de mí, Satanás!» (Mr. 8:33). Y, por supuesto, es el único de quien se recuerda que negó tres veces que siquiera sabía quién era Jesús (Mr. 14:66-72). La carta conocida

Posdata de 1 Pedro: Persecución en Bitinia-el Ponto

¿Qué pasó con los cristianos a quienes se dirige 1 Pedro? Alrededor de 112, Plinio el Joven, un gobernador romano le escribió al emperador Trajano en cuanto a la condición del cristianismo en Bitinia-el Ponto, dos de las áreas que se mencionan en 1 Pedro 1:1. La carta de Plinio da información en cuanto a las iglesias a las que se dirige 1 Pedro unas cuantas décadas después.

Por un lado, nos enteramos de que la iglesia de esta región ha seguido creciendo y prosperando. Plinio observa que «muchas personas de cada edad, cada rango y también de ambos sexos» estaban asociadas con la fe, y se queja de que «el contagio de esta superstición se ha extendido no solo a las ciudades sino también a las aldeas y granjas».

Por otro lado, es claro que el sufrimiento de los creyentes también ha aumentado, porque ahora experimentan persecución deliberada por instigación del estado romano. Plinio reporta:

> Entre tanto, he seguido el siguiente procedimiento con los que eran traídos ante mí como cristianos. Les pregunté si eran cristianos. A los que decían que sí, les pregunté una segunda y una tercera vez amenazándoles con el suplicio; los que insistían, ordené que fuesen ejecutados. No tenía, en efecto, la menor duda de que, con independencia de que confesasen, ciertamente esa pertinacia e inflexible obstinación debía ser castigada.
>
> Me fue presentado un panfleto anónimo conteniendo los nombres de muchas personas. Los que decían que no eran ni habían sido cristianos decidí que fuesen puestos en libertad, después que hubiese invocado a los dioses, indicándoles yo que habían de decir, y hubiesen hecho sacrificios con vino e incienso a una imagen tuya... y además hubiesen blasfemado contra Cristo, ninguno de cuyos actos se dice que se puede obligar a realizar a los que son verdaderos cristianos.
>
> Otros, denunciados por un delator, dijeron que eran cristianos, luego negaron, alegando que ciertamente habían sido, pero habían dejado de serlo.
>
> Por todo ello, consideré que era muy necesario averiguar por medio de dos esclavas, que se decía eran diaconisas, qué había de verdad, incluso mediante tortura. No encontré nada más que una superstición perversa y desmesurada.

Plinio el Joven, *Cartas*, trad. Julián González Fernández (Madrid: Editorial Gredos, 2005).

como 1 Pedro sirve como evidencia, casi irrefutable, de que esta historia tuvo un segundo acto. Exenta de jactancias, ofrece exactamente la clase de consejo sobrio que el mismo Pedro una vez necesitó escuchar: seguir a Jesús no garantiza una vida sin problemas, e incluso podría hacer que las cosas empeoren. Aun así, el miedo no es una respuesta útil o necesaria. Si el mismo Pedro escribió esta carta, entonces podemos suponer que había aprendido bien las lecciones;

si la carta es pseudoepigráfica, refleja, no obstante, la opinión unánime de los cristianos de segunda generación de que la propia trayectoria de fe de Pedro lo había llevado más allá de la duda y la negación. De cualquier manera, la carta presenta a Pedro como alguien que puede ser considerado como un fiel apóstol y anciano de la iglesia (1:1; 5:1), y tiene mucho que ofrecer a sus hermanos más jóvenes en la fe (cf. Lc. 22:31-32).

27

2 Pedro

El plagio se toma muy en serio hoy en día. Cualquier estudiante que copia segmentos largos del trabajo de alguien más y lo presenta como propio es muy probable que reciba una penalización severa. Sin embargo, en el mundo antiguo, los estándares eran distintos. Uno de los aspectos más interesantes de la carta del Nuevo Testamento conocida como 2 Pedro es que toma prestado mucho de otra carta del Nuevo Testamento, la que se le atribuye a Judas, el hermano de Jesús. Según la mayoría de los cálculos, cerca de diecinueve de los veinticinco versículos han sido reelaborados para que reaparezcan en alguna parte de 2 Pedro (véase el cuadro 27.1). Por supuesto, esto se observó en los tiempos antiguos, aunque entonces la mayoría de las autoridades pensó que Judas lo había tomado prestado de 2 Pedro, y no al revés. De cualquier manera, no parece que le hubiera molestado a nadie. La imitación verdaderamente podría haberse considerado como halago sincero.

Los estudiantes que quieren entender los escritos del Nuevo Testamento desde el punto de vista de su secuencia histórica podrían preferir leer la porción de Judas antes de leer esta. Sin embargo, no es necesario hacerlo, ya que los lectores originales de 2 Pedro probablemente no habrían conocido la Carta de Judas, o no habrían estado conscientes de que el autor que estaban leyendo había tomado prestado tan libremente de una composición anterior.

Generalidades

La Carta de 2 Pedro comienza con el saludo y la bendición tradicionales, y la identifica como mensaje del apóstol «Simón Pedro» a todos los creyentes que comparten su fe (1:1-2). El autor declara que Dios ha provisto creyentes con todo lo necesario para una vida piadosa, y los exhorta a sacar provecho de estas maneras fructíferas que confirmarán su elección (1:3-11). Su propia muerte está

Paralelos entre Judas y 2 Pedro

Judas		2 Pedro	
v. 4	Se han infiltrado entre ustedes	2:1	Encubiertamente introducían herejías
v. 4	Desde hace mucho tiempo han estado seña-lados para condenación	2:3	Desde hace mucho tiempo su condenación está preparada
v. 4	Cambian en libertinaje la gracia de Dios	2:2	Se difamará el camino de la verdad
v. 4	Libertinaje	2:2	Prácticas vergonzosas
v. 4	Niegan a Jesucristo	2:1	Al extremo de negar al mismo Señor
v. 6	Ángeles perpetuamente encadenados en oscuridad para el juicio	2:4	Ángeles en tenebrosas cavernas y reserván-dolos para el juicio
v. 7	Sodoma y Gomorra son un ejemplo	2:6	Sodoma y Gomorra se ponen como ejemplo
v. 7	Inmoralidad sexual	2:10	Corrompidos deseos
v. 8	Contaminan su cuerpo, desprecian la autori-dad y maldicen a los seres celestiales	2:10	Siguen los corrompidos deseos de la naturaleza humana y desprecian la autoridad del Señor
v. 9	El arcángel no se atrevió a pronunciar contra él un juicio de maldición	2:11	Los ángeles… no pronuncian contra tales seres ninguna acusación
v. 10	Maldicen todo lo que no entienden	2:12	Blasfeman en asuntos que no entienden
v. 10	Se corrompen como animales irracionales	2:12	Como animales irracionales, se guían única-mente por el instinto
v. 11	¡Ay de los que…!	2:14	¡Hijos de maldición!
v. 11	Se entregaron al error de Balám	2:15	Se han extraviado para seguir la senda de Balán
v. 11	Por ganar… se entregaron al error	2:15	El salario de la injusticia
v. 12	Convierten en parrandas las fiestas de amor	2:13	Son manchas (en sus comidas)
v. 12	Comiendo impúdicamente (rvr60)	2:13	Mientras comen… se recrean
v. 12	Nubes sin agua	2:17	Fuentes sin agua
v. 12	Nubes llevadas de acá para allá por los vientos	2:17	Niebla empujada por la tormenta
v. 13	Para quienes está reservada eternamente la más densa oscuridad	2:17	Para los cuales la más densa oscuridad está reservada para siempre
v. 16	Hablan con arrogancia y adulan a los demás	2:18	Pronunciando discursos arrogantes y sin sentido seducen
v. 17	Recuerden el mensaje anunciado anterior-mente por los apóstoles	3:2	Recuerden el mandamiento por medio de los apóstoles
v. 18	En los últimos tiempos habrá burladores que vivirán según sus propias pasiones	3:3	En los últimos días vendrá gente burlona que, siguiendo sus malos deseos, se mofará

cerca, y les escribe para que, después de haberse ido, puedan recordar esas cosas que ahora saben que son ciertas (1:12-15). Él fue testigo de la transfiguración de Jesús, lo cual confirma la verdad del poder y de la venida de Cristo, de lo que las profecías inspiradas por el Espíritu también atestiguan (1:16-21). El autor entonces anuncia que surgirán falsos maestros en la iglesia, caracterizados tanto por «herejías destructivas» como por «prácticas vergonzosas» (2:1-3a). Da una breve historia del juicio de Dios sobre los malvados para dejar claro que estos maestros falsos también serán condenados (2:3b-10a). Luego lanza un ataque feroz sobre los maestros y los describe como avaros, depravados morales que prometen libertad pero dan esclavitud (2:10b-22). El autor dice que escribe para recordarles a los lectores que se aferren a la tradición que los profetas y apóstoles les dieron (3:1-2). Luego, gira su atención a la segunda venida de Jesús, y disipa los argumentos que los mofadores usan para rechazar su relevancia (3:3-9) y exhorta a los lectores a vivir a la espera del juicio ardiente y de la salvación gloriosa que conllevará (3:10-13). La carta concluye con unas cuantas exhortaciones finales y una doxología a Jesucristo (3:14-18).

Trasfondo histórico

La carta del Nuevo Testamento conocida como 2 Pedro no deja duda de que debe leerse como correspondencia del apóstol Pedro (véase 1:1, 16-18), pero la mayoría de los eruditos del Nuevo Testamento cree que el libro es pseudoepigráfico, escrito bastante tiempo después de la muerte de Pedro. De hecho, muchos eruditos que son reacios a admitir que cualquier otro escrito del Nuevo Testamento podría ser pseudoepigráfico hacen una excepción en el caso de este libro.

Por lo menos hay tres razones para esto. Primero, los argumentos a favor de la pseudoepigrafía parece que son excepcionalmente fuertes (véase el cuadro 27.2). Segundo, la atribución de esta carta al apóstol Pedro no tiene el apoyo de la tradición de la iglesia (la carta ni siquiera se menciona en los escritos de la iglesia occidental hasta el siglo III, e incluso entonces se habla de ella como un «escrito discutido»). Tercero, muchos cristianos tienen menos problemas para aceptar esta carta como pseudoepigráfica por el tipo de obra que parece ser: la mayoría de los eruditos cree que esta carta emplea un género antiguo de literatura llamado «testamento».

¿Qué era un «testamento»? Básicamente, un testamento presentaba las palabras finales de alguna figura heroica, como un soliloquio en el lecho de muerte, que daba perspectiva sobre asuntos de pertinencia actual. Estos libros siempre era pseudoepigráficos, y eran populares, no porque los lectores creyeran que alguien en realidad había descubierto un mensaje de hacía mucho tiempo de una figura del pasado, sino porque, a veces, las obras en realidad parecía que sí captaban la esencia de lo que la persona heroica representaba, y expresaban lo que ella hubiera querido decir a la generación actual. Tenemos copias de numerosos testamentos, como el *Testamento de Moisés*, el *Testamento de Job*, los *Testamentos de los tres patriarcas* (Abraham, Isaac y Jacob), los *Testamentos de los doce patriarcas* (los doce hijos de Jacob) y muchos más. Los judíos leían ampliamente estos libros en el período del Segundo Templo y tanto los judíos como los gentiles en los primeros siglos de la era cristiana. Los eruditos han

testamento: género literario que da un relato ficticio, pero piadoso, de las últimas palabras de una persona, presentadas de una manera pertinente a las circunstancias presentes.

período del Segundo Templo: la era en la historia judía entre la dedicación del segundo templo de Jerusalén en 515 a. e. c. y su destrucción en 70 e. c.

¿Escribió Pedro 2 Pedro?

La mayoría de los eruditos creen que la carta que se llama «2 Pedro» fue un escrito pseudoepígrafo compuesto algunos años después de la muerte del apóstol Pedro. He aquí algunas razones por qué:

- No parece haber sido escrita por la misma persona que escribió 1 Pedro.
- Exhibe una dependencia de Judas, que ellos creen que fue escrita después (o cerca de) la época de la muerte de Pedro.
- Está escrita desde una perspectiva fuertemente helenista, inconsecuente con lo que se le podría atribuir a una persona de contexto judío palestino.
- Considera la segunda venida de Cristo como algo que no podría ocurrir en miles de años (3:8).
- Se remonta a la época de los apóstoles como una era sagrada del pasado (3:2, 4).
- Se refiere a las cartas de Pablo como una colección de escritos que está siendo interpretada como Escrituras (3:15-16).
- Busca tratar las preocupaciones de los cristianos una generación o más después de la muerte de Pedro.

Los eruditos que creen que Pedro sí escribió la carta rebaten estos puntos.

observado que 2 Pedro contiene los elementos clave de este género de literatura (véase el cuadro 27.3).

El único problema con ver 2 Pedro bajo estas condiciones es que los testamentos generalmente no se incorporaban con el formato de una carta. Aun así, la opinión dominante de la erudición del Nuevo Testamento es que 2 Pedro fue escrita como «un testamento en forma de carta». En efecto, la combinación de dos géneros (carta y testamento) puede ser lo que puso a 2 Pedro en problemas: debido a que se ve como una carta y no como testamento, su pseudonomía parecía una marca de falsificación, en lugar de un componente literario. Como resultado, a 2 Pedro le costó mucho más obtener la admisión al canon que a los libros que eran completamente anónimos (Hebreos). Incluso, enfrentó más resistencia que la similar Carta de Judas, que a los líderes de la iglesia no les gustó, casi de igual manera, pero de la cual no tuvieron razón para sospechar que fuera pseudoepigráfica (véase «Trasfondo histórico» en el capítulo 29).

prolépticamente: anacrónico pero anticipativo; se habla prolépticamente al hablar de una manera que tiene poco significado para las circunstancias presentes, pero llegará a ser más pertinente en otro tiempo y lugar.

Unos cuantos eruditos sí creen que 2 Pedro se puede considerar como una carta compuesta por el apóstol Pedro, escrita alrededor de 62-65, y enviada por él desde Roma a las mismas iglesias del Asia Menor a las que les había escrito 1 Pedro (véase 1 P. 1:1; cf. 2 P. 3:1). La suposición para 2 Pedro, entonces, es que Pedro sabía que su martirio estaba cerca (1:14) y quiso convocar a la lealtad de sus lectores con su legado, y advertirlos de una forma proléptica acerca de los futuros maestros herejes, quienes él sabía que llegarían a ellos (2:1). Este escenario toma todo en la carta al pie de la letra, pero entre los eruditos modernos del Nuevo Testamento esta es una posición muy minoritaria.

Más frecuentemente, 2 Pedro se considera como el último libro del Nuevo Testamento. El autor supone que sus lectores conocen las cartas de Pablo como un grupo o colección de escritos que se estudian, se interpretan y se malinterpretan como *Escrituras* dentro de la iglesia cristiana (3:15-16). De esa manera, los eruditos llegan a la conclusión de que 2 Pedro fue escrita en el siglo ii, posiblemente toda una generación después que cualquier otro libro del Nuevo Testamento. Una posición intermedia sostiene que la carta es pseudoepigráfica, pero que fue escrita un poco antes, alrededor de 80-100. Esto permite que hubiera sido escrita por un discípulo de Pedro, es decir, alguien que en realidad había conocido al apóstol y se sentía autorizado a hablar en su nombre.

Un propósito principal de la carta es advertir a los lectores acerca de los falsos maestros y contrarrestar los efectos de las «herejías destructivas» (2:1). Una comparación de 2 Pedro con Judas revela que la gente que esparce ideas peligrosas en ambos contextos parece que tienen varias cosas en común:

- Son miembros de la comunidad cristiana que se han desviado (2 P. 2:15, 21-22; Jud. 12).
- Funcionan a escondidas, de una forma que no demuestran respeto a las estructuras de autoridad (2 P. 2:1, 10; Jud. 4, 8).
- Sacan provecho de lo que hacen y entonces podrían estar controlados por el amor al dinero (2 P. 2:3; Jud. 11).
- Persuaden o halagan a la gente, y la engañan para que piense que en el fondo se interesan por ella (2 P. 2:14, 18; Jud. 16).
- Exhiben un estilo de vida que se caracteriza por una laxitud moral escandalosa (2 P. 2:10, 13; Jud. 8, 18).
- Tientan a la gente hacia el libertinaje, que muy bien podría implicar la explotación sexual (2 P. 2:2, 10, 14, 18; Jud. 7-8, 16).

Cuadro 27.3

2 Pedro como testamento

La carta del Nuevo Testamento conocida como 2 Pedro contiene los cuatro elementos clave de un testamento judío:

- Una persona heroica da un resumen de sus enseñanzas o ideas (1:3-11).
- El héroe anuncia que su muerte está cerca (1:14).
- El héroe insta a los lectores del testamento a recordar su mensaje después de que se haya ido (1:12-13, 15).
- El héroe predice lo que ocurrirá después de su muerte, y describe circunstancias que han llegado a ser una realidad para los lectores del testamento, y ofrece consejo de cómo sus ideas se aplicarán en esas circunstancias (2:1-3; 3:1-4).

El autor de 2 Pedro también agrega un par de acusaciones nuevas en cuanto a sus oponentes que van más allá de lo que se dice de los agitadores que se encuentran en Judas.

- Se burlan de la promesa de la venida de Cristo, y parece que rechazan a la ligera la noción de que Dios intervendrá en los asuntos del mundo o que traerá juicio (3:3-9).
- Parece que dependen de interpretaciones idiosincráticas de las Escrituras, y tergiversan las profecías del Antiguo Testamento y ciertos pasajes no claros de las cartas de Pablo, para buscar apoyo para sus ideas (1:20-21; 3:16).

Aunque se han hecho varias sugerencias, los eruditos no están seguros en cuanto a la identificación histórica de los maestros que se repudian en esta carta.

Figura 27.1. Pedro anciano y sabio. Pedro, quien una vez fue pescador conflictivo e impetuoso, llegó a ser considerado un anciano muy respetado del cristianismo. La carta conocida como 2 Pedro presenta su consejo experto como la antítesis de las innovaciones problemáticas. (The Bridgeman Art Library International)

Lo que es claro es que 2 Pedro trata el problema de los cristianos que viven en una sociedad pluralista. Los creyentes a quienes les habla esta carta están acostumbrados a contender con la corrupción de un mundo que está opuesto a Dios (1:4; 2:20; cf. 2:8), pero ahora el peligro para su fe llega de dentro de la comunidad en sí. Las ideas peligrosas que los falsos maestros presentan de una manera atractiva son una amenaza, no solo para las «personas inconstantes» y recién convertidas (2:14, 18), sino también para los creyentes más maduros, que son estables y están establecidos en la fe (1:12; 3:17).

En resumen, la carta conocida como 2 Pedro parece ser una comunicación de algún representante de un cristianismo ortodoxo, escrita a nombre de Pedro, para instar a los creyentes a aferrarse a la enseñanza apostólica tradicional, particularmente en cuanto a la escatología y la ética (1:12, 15; 3:1-2). El autor busca refutar el escepticismo en cuanto al regreso de Cristo y el juicio resultante

(1:16; 3:1-4, 9), y anima a sus lectores a esforzarse por la verdadera piedad que debe ser la característica de todos los creyentes genuinos (1:3-18). Al hacerlo, la carta afirma explícitamente que no ofrece nada nuevo: la meta es simplemente recordar a los creyentes lo que ya saben (1:12), para que no pierdan su estabilidad (3:17).

Temas importantes de 2 Pedro

La tardanza de la parusía

Cuando Jesús no regresó tan pronto como se esperaba, muchos cristianos tal vez hicieron la pregunta que 2 Pedro les atribuye a los escarnecedores: «¿Qué hubo de esa promesa de su venida?» (3:4). La respuesta de la carta es triple: (1) la promesa del regreso de Cristo no se deriva de mitos especulativos (1:16), sino más bien se basa en las experiencias reales de los apóstoles, de gente digna de confianza como Pedro, quien vio a Jesús transfigurado ante él, en lo que esencialmente fue una vista previa de la parusía (1:17-18); (2) el cumplimiento de la promesa parece ser lento en llegar solamente cuando se ve desde un punto de vista humano, pero, «para el Señor un día es como mil años, y mil años como un día» (3:8); y (3) la razón por la que Jesús no ha regresado todavía es que Dios es misericordioso y quiere darle a más gente la oportunidad para arrepentirse (3:9). Este último punto lleva a la conclusión asombrosa de que las personas pueden acelerar el tiempo: los lectores deben imaginar que Cristo quiere regresar, pero está reacio a hacerlo cuando eso conllevaría condenación para tantos. Si los cristianos se empeñan en el evangelismo, y si se lleva a más personas a la piedad que se origina al conocer a Cristo (1:3), entonces, en efecto, la parusía podría llegar.

La certidumbre del juicio

Aparentemente, los falsos maestros razonaban que si Cristo no iba a regresar (por lo menos, no pronto), no tenían que temerle al juicio divino (3:3-4). Para contrarrestar esto, el autor cita precedentes

Cuadro 27.4

La higuera estéril: Extracto de un sermón de John Bunyan

John Bunyan (autor del *Progreso del peregrino*) predicó un sermón en 1673 sobre Lucas 13:6-9, e hizo énfasis en los límites de la tolerancia de Dios, un tema prominente en 2 Pedro.

> Higuera estéril, ¿puedes oír?
> el hacha está colocada en tus raíces,
> el Señor Jesús le pide a Dios que te salve;
> ¿Ha estado cavando él a tu alrededor?
> ¿Te ha estado abonando?
> Oh, higuera estéril, ahora has llegado al punto;
> que si no llegas a ser buena,
> si después de que absorbas el abono
> del evangelio de manera atenta,
> y si le das fruto a Dios... ¡Bien!
> Pero si no, el fuego es lo último.
> ¡Fruto o el fuego!
> ¡Fruto o el fuego, higuera estéril!

bíblicos que muestran que Dios sí interviene violentamente en la historia (2:4-6). De hecho, Dios destruyó el mundo con anterioridad, en la época del diluvio (2:5; 3:5-6), y lo hará otra vez. Sin embargo, esta vez el fin llegará con fuego (3:7, 10-12). Este juicio destructivo será seguido por una recreación positiva de un nuevo cielo y una nueva tierra (3:13; cf. Ap. 21:1), porque Dios no solo castiga al injusto sino que también rescata al piadoso (2:9). Aun así, el punto enfático de esta carta es que habrá rendición de cuentas, y eso significa que los impíos serán condenados (2:9-10; 3:7, 16), incluso los falsos maestros y sus seguidores (2:1, 3, 12, 17).

La piedad

La agresión a las falsas enseñanzas en 2 Pedro está dentro del marco de un llamado a que los cristianos crezcan en la piedad, es decir, que encaminen vidas agradables a Dios. El problema, según esta carta, es que el mundo es un lugar oscuro (1:19); ha sido corrompido por la lujuria (1:4) y está caracterizado por el libertinaje y la anarquía (2:7-8). Aun así, es posible escapar de esta corrupción (1:4) y tener una vida virtuosa (1:5-9). ¿Cómo? La carta afirma que el poder de Dios da todo lo necesario para la vida y la piedad, y que se tiene acceso a esto a través del conocimiento de Dios (1:2-3). De esa manera, Pedro propone una conexión estrecha entre saber y hacer, entre la ortodoxia y la ortopraxis, entre la teología (creencias, doctrina, ideología) y la ética (comportamiento, conducta, práctica).

La carta quiere hacer énfasis tanto en la posibilidad de crecimiento como en el peligro de recaer. Por un lado, los que retroceden, que escapan de la corrupción del mundo solo para ser derrotados por ella otra vez, están en una condición peor que si nunca hubieran conocido el camino de la rectitud (2:20-21). Por otro lado, los que avanzan hacia adelante llegarán a ser partícipes de la naturaleza divina (1:4), lo cual probablemente quiere decir que poseerán la inmortalidad y la perfección moral atribuible a Dios (cf. 3:14). El punto parece ser que los cristianos pueden tener vidas rectas ya en este mundo lleno de corrupción, y pueden crecer en la gracia y conocimiento de Dios, en tanto que esperan los cielos nuevos y la tierra nueva, donde «habita la justicia» (3:13).

Conclusión

era posapostó-lica: el período relacionado con la primera o segunda generación, después de las muertes de los primeros seguidores de Jesús.

La Carta de 2 Pedro frecuentemente se valora como un testigo de la vida en desarrollo de la iglesia cristiana, mientras se desplazaba hacia la era posapostólica. Vemos una iglesia que busca una manera de definir lo que es aceptable y lo que no lo es. Las Escrituras pueden proveer el estándar para hacer esas determinaciones, pero las Escrituras tienen que interpretarse apropiadamente

(1:20-21; 3:16). De igual manera, la tradición apostólica puede dar alguna base para definir lo que es ortodoxo (1:1; 3:2), pero esto supone una clara comprensión de lo que el apóstol enseñó. La historia de la iglesia finalmente revelaría que la mayoría de los grupos cristianos hacen la afirmación de que sus enseñanzas son bíblicas y apostólicas (incluso los grupos con opiniones ampliamente divergentes, y unos que son etiquetados como «herejes»). Con el paso del tiempo, la mayoría de las sectas cristianas diseñaron estrategias para evaluar la aceptabilidad de ideas o comportamientos: desarrollaron jerarquías de liderazgo autorizadas para hacer esas determinaciones, y adoptaron credos o declaraciones confesionales definitivas de lo que se consideraba normativo. En 2 Pedro obtenemos una imagen instantánea de una iglesia en la que esas medidas no han sido implementadas completamente. De esa manera, la batalla en contra de la herejía percibida no es de arriba abajo, sino de abajo arriba: el autor de 2 Pedro no trata de silenciar a los maestros al emitir declaraciones oficiales y autoritativas, sino que, en lugar de eso, hace su llamado a la audiencia de ellos. Algo que esta imagen instantánea revela, en este momento de la historia de la iglesia, es que el mantenimiento de la ortodoxia era más un asunto de persuasión que de declaración.

tradición apostólica: materiales orales o escritos que se cree que tienen una conexión estrecha con Jesús, con sus discípulos originales o con el misionero Pablo, o que se cree que son congruentes con lo que esas personas enseñaron.

28

Las cartas juaninas:
1 Juan, 2 Juan, 3 Juan

«Dios es amor». Casi todos saben que la Biblia enseña eso. Algunas personas piensan que se encuentra en cada libro de la Biblia y en prácticamente cada página. Pero solo dos veces aparece en la Biblia y dice: «Dios es amor», y ambos casos están en el mismo libro: la primera de tres cartas atribuidas a Juan (1 Juan 4:8, 16).

¿Qué significa decir que Dios es amor? No significa que Dios y el amor sean exactamente lo mismo, así como decir «Dios es luz» (1 Jn. 1:5) no significa que Dios y la luz sean lo mismo. Aún así, significa algo más que solo decir «Dios ama» o «Dios es amoroso». El amor no es solamente uno de los comportamientos o características de Dios; el amor es un atributo que define a Dios, una cualidad suprema que siempre debe tomarse en cuenta. El amor es el motivo de todo lo que Dios dice y hace, las palabras duras como las amables, los actos de juicio y castigo así como los actos de salvación y misericordia.

Al principio, las cartas juaninas pueden parecer un escenario extraño para que se desarrolle semejante conocimiento, porque fueron escritas en medio de conflicto y desavenencia. Aun así, allí está: el conocimiento fundamental de que «Dios es amor» se encuentra en el corazón de estas cuatro letras. Se presentó originalmente como un punto focal en una crisis, y para muchos en la iglesia cristiana (que nunca ha carecido de crisis), ha permanecido desde entonces.

Generalidades

1 Juan

La carta inicia con un prólogo que fundamenta la «Palabra de vida» que ofrece en las experiencias personales del autor o autores (1:1-4, NTV). El mensaje de la carta se introduce con un contraste entre caminar en la oscuridad y caminar en la luz de Dios (1:5-2:2). El amor de Dios se perfecciona en los que obedecen los mandamientos de Dios, especialmente el mandamiento de amarse unos a otros (2:3-11). Después de un oráculo poético para varios grupos de la comunidad (2:12-14), la carta ofrece una súplica conmovedora para que sus lectores no amen el mundo (2:15-17).

El autor distingue a sus lectores, que conocen la verdad, de los «anticristos» que han dejado la comunidad (2:18-27). Se anima a los lectores a fijar su esperanza en la venida de Jesús (2:28-3:3). Se hace una delineación clara entre los hijos de Dios y los hijos del diablo (3:4-10), y entre la gente que odia a sus compañeros creyentes y la gente que tiene el amor de Dios en ellos (3:11-24). El autor propone dos evidencias para identificar a los falsos profetas: no confiesan que Jesús vino en carne, y no ponen atención a la tradición que se ha conservado desde el principio (4:1-6). Luego, el autor regresa a su punto principal: el amor es la característica y la fuente de una relación genuina con Dios (4:7-21). Hace énfasis en que la fe victoriosa acepta varios testimonios de Jesús y lleva a una vida que se vive en él (5:1-13). En conclusión, el autor insta a los lectores a orar confiadamente por otros (5:14-17), y luego da una serie de proclamaciones finales (5:18-20) y una advertencia final en contra de la idolatría (5:21).

2 Juan

El saludo identifica la carta como del «anciano» a «la señora elegida y a sus hijos» (vv. 1-2, RVR60). El anciano comienza resaltando la fidelidad que algunos han demostrado (v. 4). Insta a sus lectores a amarse unos a otros y a guardar los mandamientos de Dios (vv. 5-6). Luego les advierte que se cuiden de los anticristos engañosos y los insta a que no reciban a nadie que falle en seguir las enseñanzas de Cristo (vv. 7-11). Expresa la esperanza de visitarlos pronto y envía saludos de su «hermana, la elegida» (vv. 12-13, RVR60).

3 Juan

La carta comienza con un saludo del «anciano» a un hombre querido que se llama «Gayo» (v. 1). El anciano hace una oración por la salud de Gayo (v. 2) y lo elogia por ser hospitalario con los misioneros (vv. 3-8). Luego, censura a un líder de la iglesia, Diótrefes, quien agresivamente ha negado el apoyo a esos

Elogios para 1 Juan

La carta del Nuevo Testamento de 1 Juan ha sido un libro favorito de la Biblia para muchas personas notables a lo largo de la historia.

- Agustín: «Este libro es muy dulce para cada corazón cristiano saludable que saborea el pan de Dios, y constantemente debería estar en la mente de la iglesia santa de Dios».
- Martín Lutero: «Esta es una epístola sobresaliente. Puede animar los corazones afligidos… nos describe a Cristo de una manera bella y cuidadosa».
- John Wesley: «¡Qué compendio tan claro, completo y profundo de cristianismo genuino!».

misioneros, rechazando la autoridad del anciano (vv. 9-10). Finalmente, insta a Gayo a que evite el mal y que haga el bien, luego da un breve testimonio de un hombre muy respetado llamado «Demetrio» y concluye con planes de viaje y saludos (vv. 11-15).

Trasfondo histórico

En las Biblias en español, estos tres libros se nos han etiquetado muy bien: «La Primera Carta de Juan», «La Segunda Carta de Juan» y «La Tercera Carta de Juan». De este modo, las tres son cartas, las tres fueron escritas por alguien llamado «Juan», y se presentan en un orden definido (primera, segunda, tercera). Por supuesto, estos títulos se agregaron mucho después, para nuestra conveniencia, y uno no tiene que indagar mucho para ver que hay poco en estos libros que justifiquen sus títulos. Por un lado, el libro llamado «1 Juan» no parece ser una carta: no comienza ni termina como una carta, ni tiene un remitente ni un destinatario. Parece ser un tratado o discurso. Además de eso, ninguna de las tres «cartas» (las llamaremos así) indica que sea de Juan: la primera es anónima, y las últimas dos son de alguien que se llama «el anciano» (2 Jn. 1; 3 Jn. 1). Y, finalmente, no hay prácticamente nada en estos libros que indique la secuencia u orden en el que pudieron haber sido escritos (excepto, posiblemente, por el comentario de 3 Jn. 9).

Así que, ¿de dónde vienen los títulos? En la iglesia primitiva, las obras llegaron a ser atribuidas al apóstol Juan, el discípulo de Jesús. Esto puede basarse en dos consideraciones: (1) el lenguaje, el estilo y la perspectiva de las tres cartas son similares a los de nuestro cuarto Evangelio, lo cual lleva a muchos a creer que los cuatro libros tuvieron el mismo autor; y (2) el autor de ese Evangelio había llegado a ser identificado como el apóstol Juan, con base en los versículos que indican que algo de su material había sido puesto por escrito por «el discípulo a quien Jesús amaba» (Jn. 21:24) (para una discusión de por qué la gente pensaba que el discípulo amado podría ser Juan, véase «Trasfondo histórico» en el

discípulo amado: seguidor de Jesús no identificado, cuyo testimonio escrito se dice que fue incorporado al Evangelio de Juan (21:20, 24).

capítulo 9). Nadie sabía nada del orden en el que fueron escritos estos libros, por lo que las tres «cartas» simplemente se organizaron y enumeraron según su longitud, de la más larga a la más corta.

Muchos eruditos modernos sostienen que esta interpretación de la evidencia todavía se sostiene, pero la mayoría la enmiendan levemente. Para comenzar, la opinión dominante hoy día es que el Evangelio de Juan fue producido en etapas: el apóstol Juan pudo haber sido responsable del «primer borrador» de ese Evangelio, pero otros lo ampliaron y editaron. Consecuentemente, las similitudes estilísticas entre las cartas juaninas y el Evangelio de Juan se toman como un indicio de que el autor de las cartas pudo haber sido uno de los editores posteriores del Evangelio en lugar del mismo autor Juan. Una teoría popular sostiene que las cartas pudieron haber sido escritas por una persona de la historia de la iglesia conocida para nosotros como «Juan el Anciano».

Según Eusebio, Juan el Anciano fue discípulo del apóstol Juan y miembro de su congregación, aparentemente, a los dos se les confundía en tradiciones posteriores. Ya que el autor de 2 Juan y 3 Juan se llama a sí mismo «el anciano», la mayoría de los eruditos piensan que tiene más sentido identificar a ese autor con Juan el Anciano en lugar del hombre conocido más comúnmente como Juan el apóstol. Y, si Juan el Anciano escribió esas dos cartas, entonces probablemente escribió también 1 Juan, y también pudo haber sido uno de los autores/editores finales del Evangelio de Juan.

Lo que parece seguro es que la voz que está detrás de 1 Juan, 2 Juan y 3 Juan está impregnada del lenguaje y teología del Evangelio de Juan. Además, es una voz que habla tanto pastoral como autoritativamente, esperando que los

---

Cuadro 28.2

Similitudes entre las cartas juaninas y el Evangelio de Juan

- Luz y oscuridad (1 Jn. 1:5-7; 2:9-11; cf. Jn. 8:12; 12:46)
- Unidad del Padre y el Hijo (1 Jn. 1:3; 2:22-24; 2 Jn. 9; cf. Jn. 5:20; 10:30, 38; 14:10)
- Referencias a «la verdad» (1 Jn. 2:21; 3:19; 2 Jn. 1; 3 Jn. 3, 8; cf. Jn. 8:32; 18:37)
- Uso de *paraklētos*, «Paracleto» (1 Jn. 2:1; Jn. 14:16, 26; 15:26; 16:7)
- Ser odiados por el mundo (1 Jn. 3:13; cf. Jn. 15:18-19; 17:13-16)
- Dios envía a Cristo al mundo por amor (1 Jn. 4:9; cf. Jn. 3:16)
- Jesús viene en carne (1 Jn. 4:2; 2 Jn. 7; cf. Jn. 1:14)
- Cristo entrega su vida por otros (1 Jn. 3:16; cf. Jn. 10:11, 15, 17-18; 15:12-13)
- Ser nacidos de Dios (1 Jn. 2:29; 3:9; cf. Jn. 1:13; 3:3-8)
- Conocer a Dios (1 Jn. 2:3-5, 13-14; 3:1, 6; 4:6-8; cf. Jn. 1:10; 8:55; 14:7; 16:3)
- Permanecer en Dios/Cristo (1 Jn. 2:6, 27-28; 3:6, 24; 4:13-16; cf. Jn. 6:56; 15:4-10)
- El nuevo mandamiento y el antiguo (1 Jn. 2:7; 2 Jn. 5; cf. Jn. 13:34)
- Amarse unos a otros (1 Jn. 2:27-28; 3:11, 23; 2 Jn. 5; cf. Jn. 13:34; 15:12)
- Agua y sangre (1 Jn. 5:6-8; cf. Jn. 19:34-35)
- Que el gozo pueda ser completo (1 Jn. 1:4; 2 Jn. 12; cf. Jn. 15:11; 16:24; 17:13)

lectores reconozcan que les proporciona una declaración confiable del mensaje que ha sido proclamado «desde el principio» (1 Juan 1:1).

La mayoría de los intérpretes creen que las tres cartas fueron escritas alrededor del mismo tiempo y probablemente después del Evangelio (o por lo menos después de un tiempo en el que el Evangelio estaba casi en su forma final). Según la mayoría de las apreciaciones, esto las colocaría en alguna parte de los años 90 (para una discusión de una fecha probable para el Evangelio de Juan, véase «Trasfondo histórico» en el capítulo 9). De cualquier manera, las cartas presuponen un escenario en el que una cantidad de «iglesias en hogares» de distintas localidades se relacionan entre sí, a través de amistad, hospitalidad y apoyo mutuos. El anciano (2 Jn. 1; 3 Jn. 1), Gayo (3 Jn. 1) y Diótrefes (3 Jn. 9) aparentemente son líderes de iglesias de comunidades vecinas.

La ocasión de las tres cartas es el desencadenamiento de conflicto y cisma en esta red de iglesias. Las cartas hablan de «engañadores» (2 Jn. 7), «mentirosos» (1 Jn. 2:4, 22; 4:20), «falsos profetas» (1 Jn. 4:1) y «anticristos» (1 Jn. 2:18, 22; 4:3; 2 Jn. 7), por lo menos, algunos de los cuales deben identificarse con antiguos miembros de la iglesia que se han ido de la comunidad dominante (1 Jn. 2:19), pero que continúan buscando convertidos de su punto de vista (2 Jn. 7-11). Las cartas no dan ninguna descripción de lo que estos separatistas creen, pero podemos obtener algunas pistas al observar lo que las cartas condenan o elogian.

Por un lado, estas cartas hablan muy negativamente de la gente que:

- Afirma que no tiene pecado (1 Jn. 1:8-10).
- Afirma conocer a Dios pero desobedece los mandamientos de Dios (1 Jn. 1:6; 2:4).
- Afirma amar a Dios pero no ama a sus hermanos y hermanas (1 Jn. 2:9, 11; 3:10-18; 4:8, 20).
- Ama el mundo o las cosas que son mundanas (1 Jn. 2:15-16; 4:5; 5:19).
- Niega que Jesús es el Cristo (1 Jn. 2:22).
- Niega que Jesús ha venido en carne (2 Jn. 7).
- Niega al Padre y al Hijo (1 Jn. 2:22-23).
- No confiesa a Jesús (1 Jn. 4:3).
- No permanece en las enseñanzas de Jesús (2 Jn. 9-11).

Por otro lado, hablan positivamente de la gente que:

- Confiesa que Jesús ha venido en carne (1 Jn. 4:2).
- Confiesa que Jesús es el Hijo de Dios (1 Jn. 4:15; 5:5, 10, 13).
- Afirma que Jesucristo vino con agua y sangre, no solamente con agua (1 Jn. 5:6).

Algunas de estas observaciones podrían ser comentarios generales que no tienen nada que ver con el cisma que ha ocurrido, pero la mayoría de los eruditos cree que es lógico asumir que los separatistas exhibían algunas de las tendencias que se condenan (y fallaron en exhibir las que se elogian).

Muchos eruditos también piensan que los separatistas creían que estaban derivando ideas del Evangelio de Juan en sí (o, por lo menos de las tradiciones de la comunidad que habían sido, o estaban siendo incorporadas a ese Evangelio). Eso no es difícil de imaginar. Sabemos, por ejemplo, que los gnósticos del siglo II apreciaban el Evangelio de Juan, y lo interpretaban un tanto selectivamente, de maneras que apoyaban sus ideas. Juan presenta a Jesús como una figura divina que viene del cielo a la tierra y revela secretos del reino divino y cómo entrar a él (Jn. 3:1-15); su enseñanza transmite conocimiento que libera a la gente (Jn. 8:32). Estos puntos, por lo menos, eran completamente compatibles con el gnosticismo (véase «En el horizonte: el gnosticismo» en el capítulo 1). De una forma similar, los separatistas asociados con las cartas juaninas pudieron haber tratado de justificar ideas que se condenan en las tres cartas, con base a una interpretación rival del Evangelio de Juan (que resalta ciertos pasajes, e ignora otros). Tal vez enseñaban cosas como las siguientes:

- El preexistente Logos e Hijo de Dios entran al mundo como luz (Jn. 1:1-3), no como carne y sangre humanas reales (cf. 1 Jn. 4:2; 2 Jn. 7; pero véase también Jn. 1:14);
- La salvación es el resultado de que Dios enviara al Hijo al mundo (Jn. 3:16), no de la presencia o muerte terrenal de Jesús (cf. 1 Jn. 4:10; pero véase también Jn. 1:29);
- La gente se libra de la condenación al creer en el Hijo (Jn. 3:17), no al cumplir mandamientos (cf. 1 Jn. 1:6; 2:4; pero véase también Jn. 14:21).

Hay algunos indicios de que los separatistas se consideraban «progresistas», que empujaban a la iglesia a «ir más allá» de la enseñanza original de Cristo para adoptar una revelación nueva (2 Jn. 9). Las cartas juaninas, en cambio, llaman a todos sus lectores a volver a lo que han escuchado «desde el principio» (1 Jn. 1:1; 2:7, 14; 3:11; 2 Jn. 5-6). Tal vez los separatistas afirmaban ser inspirados por el Espíritu quien, según el Evangelio de Juan, continuarían enseñando a la gente verdades nuevas cuando estuvieran listos para recibirla (Jn. 16:12-13); como respuesta a esa afirmación, 1 Juan insiste en que deben someter a prueba esos «espíritus» (1 Jn. 4:1-3), porque solo hay un «Espíritu de verdad» (cf. Jn. 14:17; 15:26; 16:13, RVR60) pero también un «espíritu del engaño» (1 Jn. 4:6).

El propósito de las tres cartas es tratar con algunas de las repercusiones de ese conflicto y cisma en la iglesia. La situación histórica inmediata para cada carta se puede describir como sigue:

- *1 Juan* da consejo general y ánimo para beneficio de los que se han que-dado en la comunidad, y les da consejos y guía para el tiempo difícil. Tienen que trabajar en equipo ahora como nunca antes, apoyándose mutuamente en amor.
- *2 Juan* se dirige a una iglesia local, a cierta distancia de la comunidad principal, y advierte a la congregación de que los misioneros del grupo cismático pueden llegar a ellos, por lo que les aconseja que no se les debe dar hospitalidad ni audiencia a esas personas (2 Jn. 10).
- *3 Juan* da una carta de recomendación a favor de un misionero de la comunidad del anciano, un hombre llamado «Demetrio» (3 Jn. 12). El anciano era Gayo, el destinatario de la carta, para que acogiera a De-metrio, algo que ha hecho con otros misioneros en el pasado (3 Jn. 5-8). Sin embargo, esta sencilla petición se complica con el hecho de que un líder de una iglesia cercana, Diótrefes, trata de prohibir que cualquiera haga eso.

No hay forma segura de saber qué carta se escribió primero, segundo o ter-cero. Una propuesta atractiva sugiere que 1 Juan se había desarrollado como un tratado para ayudar a las congregaciones de la tradición juanina a tratar con las repercusiones del cisma y que, como tal, se enviaron múltiples copias a diferentes congregaciones. Según esta teoría, 2 Juan podría ser la «carta de presentación» que acompañaba este tratado (1 Juan) cuando fue enviada a una iglesia en particular, tal vez la que dirigía Gayo, y 3 Juan podría ser la nota personal para Gayo que el anciano redactó para que acompañara las otras dos piezas de correspondencia (cf. 3 Jn. 9). Entonces, lo que tenemos en nuestro Nuevo Testamento es esencialmente un «paquete de tres cartas» que una igle-sia recibió, similar a otros paquetes que pudieron haber sido enviados a otras iglesias. (Véase Luke Timothy Johnson, *The Writings of the New Testament:*

Cuadro 28.3

¿Quién es la señora elegida?

La segunda de las cartas juaninas está dirigida explícitamente a «la señora elegida y a sus hijos» (2 Jn. 1, rvr60). ¿Quién era esta persona? ¿Había alguna mujer prominente en la igle-sia primitiva a quien se le escribió esta carta?

Algunos intérpretes han pensado que la «señora elegida» podría ser la dirigente de la iglesia en un hogar, similar a las iglesias que aparentemente dirigen Gayo (3 Jn. 1), Diótrefes (3 Jn. 9) y el mismo anciano.

Sin embargo, la opinión más común es que la «señora elegida» es una expresión meta-fórica para la iglesia en sí: la señora es la iglesia de alguna área vecina en particular, y sus hijos son los miembros de esa iglesia. Como apoyo a esta interpretación, los eruditos ob-servan que el anciano parece referirse a su propia iglesia como la «hermana» de la señora (2 Jn. 13).

An Interpretation [Los escritos del Nuevo Testamento: una interpretación], rev. ed. [Minneapolis: Fortress, 2002], 561-65.)

Temas importantes de las cartas juaninas

La humanidad de Cristo

Las cartas juaninas hacen énfasis en la realidad e importancia de la humanidad de Jesús. El prólogo de 1 Juan recuerda las primeras palabras del Evangelio de Juan a través de su uso de las palabras «en el principio» (1 Jn. 1:1; cf. Jn. 1:1). Pero hay una diferencia: en el Evangelio, «el principio» se refiere al inicio del tiempo, antes de que los cielos y la tierra fueran creados (cf. Gn. 1:1; pero véase también 1 Jn. 2:13-14); en la carta, se refiere a la vida y ministerio de Jesús, quien era una persona real, un hombre que podía ser oído, visto y tocado (1 Jn. 1:1-3; cf. 2:7, 24; 3:11). Este énfasis en la realidad física de Jesús seguramente establece el escenario para la afirmación posterior de que solo los espíritus que confiesan que «Jesucristo ha venido en cuerpo humano» son de Dios (1 Jn. 4:2-3). En el Evangelio de Juan, algunas personas pensaban que como Jesús era un ser humano, no podía ser realmente divino (6:42). Ahora parece que la misma lógica se ha aplicado al revés: algunas personas creen que como Jesús era un ser divino, no podía ser realmente humano, una opinión que los teólogos llaman docetismo. Aun así, las cartas hacen énfasis en la humanidad de Jesús sin dar ninguna base para su divinidad: su identificación con Dios sigue siendo tan estrecha en 1 Juan que frecuentemente es imposible decir si los pronombres se refieren a «Dios» o a «Jesús» (1:9-10; 2:3-6, 27-28; 3:23-24; 4:17). Con el tiempo, la mayoría de las iglesias cristianas apoyarían una doctrina de las «dos naturalezas de Cristo», e insistían en que Jesucristo era «completamente divino» y «completamente humano», de una manera compatible con lo que se presenta en los escritos juaninos.

La expiación

Un aspecto de la humanidad de Cristo que se enfatiza en estas cartas es la importancia de su muerte para la salvación (véase 1 Jn. 2:2; 3:16; 4:10; cf. 1:9). Una explicación para la afirmación curiosa de que Jesucristo vino por agua y sangre y no solo por agua (1 Jn. 5:6) es que el autor quiere hacer énfasis en la importancia del bautismo y crucifixión de Cristo ante algunos que tuvieron que haber pensado que solo su bautismo era importante. Específicamente, 1 Juan se refiere a la muerte de Jesús como un *hilasmos* (traducido como «sacrificio» por la NVI). El significado de esta palabra, que se usa en 1 Juan 2:2; 4:10, se disputa mucho: podría significar ya sea «propiciación» (aplacar a un Dios ofendido) o

propiciación: término usado en las discusiones de la expiación, para describir la muerte de Cristo como un acto que aplaca la ira de un Dios ofendido por el pecado humano..

Figura 28.1. Lo que hemos tocado. Las cartas juaninas insisten en que Jesucristo vino a la tierra como un ser de carne y hueso al que se podía tocar (1 Jn. 1:1; 4:2-3; 2 Jn. 7). Esta pintura del siglo XVI ilustra una historia del Evangelio de Juan que puntualiza algo similar: el discípulo Tomás tiene que tocar a Jesús con sus manos para estar convencido de que Jesús no es espíritu ni fantasma (20:24-28). (The Bridgeman Art Library International)

«expiación» (limpiar o retirar deshonra). Por siglos, los exégetas han diferido en cuanto a qué significado se pretende, y los teólogos han formulado distintas concepciones de la teoría de la expiación como consecuencia.

El pecado

En 1 Juan percibimos una tensión innegable entre la realidad del pecado y el ideal de no pecar. Por un lado, la persona que permanece en Cristo no peca (3:6), y los que han nacido de Dios no son capaces de pecar (3:9); por otro lado, los que dicen que no tienen pecado se engañan a sí mismos y hacen que Dios sea mentiroso (1:8, 10). ¿Cómo pueden ser ciertas ambas cosas? De igual manera, 1 Juan sostiene que la gente que peca no conoce a Dios y es del diablo (3:8), pero entonces, también parece reconocer el pecado como típico de la experiencia cristiana, y exhorta a los creyentes a confesar sus pecados (1:9; cf. 2:1-2; 5:16).

expiación: limpieza o extracción de la contaminación, se usa en la discusión de expiación para describir los efectos de la muerte de Cristo, como el cubrimiento o retiro del pecado humano.

Se han dado numerosas explicaciones para esta paradoja: tal vez el autor quiere decir que los que «continúan en pecado voluntariamente» no permanecen en Cristo y no son nacidos de Dios. O quizá su punto es que la persona que peca no «ha nacido de Dios» o «no ha permanecido en Cristo» en ese momento, es decir, en el momento de pecar. Muy frecuentemente, los eruditos asumen que el punto es retórico, no lógico: el autor quiere motivar a sus lectores a buscar una vida sin pecado, en tanto que también reconoce pragmáticamente que los pecados que se comenten deben reconocerse (véase 2:1).

De cualquier manera, el tema del «pecado» en 1 Juan se complica por una extraña referencia al «pecado de muerte» (RVR60) o «pecado que lleva a la muerte» (NVI): se instruye a los lectores a no orar por alguien que cometa semejante pecado (5:16-17). Esto podría significar que es inapropiado orar por los que han muerto en sus pecados (una vez que estén físicamente muertos), pero la mayoría de los intérpretes entienden que la referencia es al pecado que lleva a la muerte espiritual. ¿Es la referencia, entonces, a los pecados que son específicamente serios (p. ej., idolatría [cf. 5:21], o negar a Cristo [cf. 2:22])? ¿O a pecados que son voluntarios y persistentes? ¿O a cuáles? Las teorías abundan sin una conclusión clara.

El amor

El autor de 1 Juan resume la expectativa y las demandas de Dios con un solo mandamiento de dos partes: «Que creamos en el nombre de su Hijo Jesucristo, y que nos amemos unos a otros» (3:23; cf. Mt. 22:36-40; Mr. 12:28-31; Lc. 10:25-28). La exhortación de «amarse unos a otros» se repite siete veces en estas cartas (1 Jn. 3:11, 14, 23; 4:7, 11, 12; 2 Jn. 5; véase también 1 Jn. 3:10, 18; 4:8, 19, 20-21; 5:2). Las cartas no dan una descripción detallada de lo que implica ese amor (como lo hace Pablo en 1 Co. 13:4-8), pero parece que tres puntos sobresalen:

- Las personas se aman mutuamente cuando cumplen los mandamientos de Dios (1 Jn. 5:2-3). Los mandamientos especifican lo que significa amar, por lo que la gente que obedece los mandamientos de Dios practica el amor. Esta es una razón por la que el «mandamiento nuevo» de amarse mutuamente realmente es un mandamiento antiguo (1 Jn. 2:7; 2 Jn. 5).
- Las personas se aman mutuamente cuando imitan a Dios (1 Jn. 4:9-11) y cuando imitan a Jesús (1 Jn. 3:16). La gente ama como Dios (1 Jn. 4:11-12) cuando vive como Jesús, anda como él anduvo (1 Jn. 2:6, RVR60) y entrega su vida por otros como él entregó su vida por ellos (1 Jn. 3:16).
- Las personas se aman mutuamente cuando usan sus recursos materiales para proveer para los hermanos y hermanas que tienen necesidad (1 Jn.

3:17). Este es el único ejemplo concreto que las cartas dan para lo que significa mostrar amor a otro miembro de la comunidad; de esta manera, sobresale como un asunto de especial importancia.

Más allá de esto, debemos observar que la ética de amor de esta comunidad se basa sólidamente en su teología: las cartas enseñan que tanto la posibilidad como la necesidad de amarse mutuamente tienen su origen en Dios, quien *es* amor (1 Jn. 4:8, 16) y quien toma la iniciativa *en* el amor (1 Jn. 4:10, 19). Todo el amor es de Dios (1 Jn. 4:7), por lo que «conocer a Dios» y «amarse mutuamente» van juntos. Nadie puede amar sin conocer a Dios (1 Jn. 4:7), y nadie puede conocer a Dios sin amar (1 Jn. 4:8).

En una línea levemente distinta, muchos lectores no pueden dejar de observar que el énfasis de estas cartas está en amarse «unos a otros», es decir, a

Figura 28.2. Ámense unos a otros. Esta pintura contemporánea, *Campos de perdón*, imagina un mundo en el que todos practican la ética de 1 Juan 4:7. (The Bridgeman Art Library International)

«hermanos y hermanas» y a otros miembros de la comunidad de fe. No se dice nada acerca de amar al prójimo, mucho menos de amar a los enemigos (cf. Mt. 5:44; Lc. 6:27). De hecho, 2 Juan 10 emite una fuerte prohibición en contra de recibir (¡e incluso saludar!) a cualquiera cuya enseñanza contradiga la del anciano, *eso* no parece muy amoroso. También, a los miembros de la comunidad se les instruye que no amen al mundo (1 Jn. 2:15). La explicación usual para este enfoque estrecho en amarse «unos a otros» es que estas cartas reflejan solo un aspecto de una iglesia en medio de una crisis: la necesidad inmediata es fortalecer los vínculos internos. Para esta iglesia, ahora mismo, contener la crisis actual y prevenir el esparcimiento de una herejía divisiva se considera una prioridad más alta que mantener el diálogo o incluso las relaciones civiles con los herejes.

Conflicto y cisma

Ya que estas cartas parecen ser productos de la crisis de una iglesia, frecuentemente se les examina por lo que revelan acerca de la dinámica del conflicto de la iglesia. En particular, 2 y 3 Juan parece que están interesadas en establecer límites dentro de una comunidad dividida. En el centro del problema podría haber una disputa doctrinal, un desacuerdo por algo tan serio que el anciano está preparado para afirmar que los que tienen la enseñanza equivocada no tienen a Dios (2 Jn. 9). Pero aparte de los asuntos teológicos (tan importantes como puedan ser), parece que hay luchas de poder dentro de la iglesia que llegan a un punto crítico en cuanto a asuntos de hospitalidad. En 2 Juan, el anciano establece una política de que las iglesias no deben dar alojamiento ni alimentación a los visitantes que representan la facción cismática (v. 10). Los que sí den esa hospitalidad, aunque no estén de acuerdo con la enseñanza de ese grupo, participan de las obras malas de estos engañadores (v. 11; cf. v. 7).

Cuadro 28.4

Dualismo en 1 Juan

La estructura de 1 Juan está impregnada de lenguaje que describe energéticamente las alternativas opuestas; siempre se trata de «ya sea/o», no de «ambos/y».

- Luz o tinieblas (1:5-7; 2:8-9)
- Verdad o falsedad (1:6; 2:4, 21, 27; 4:6)
- Iglesia o mundo (2:15; 3:1, 13; 4:3-5; 5:19)
- Vida o muerte (3:14)
- Amor u odio (4:20)
- Hijos de Dios o hijos del diablo (3:8-10)

¡Nunca se unirán las dos cosas!

Semejante política implica una negación de neutralidad, y esto se ve más adelante en 3 Juan, donde parece que el anciano recibe un poco de su propia medicina: descubrimos ahora que hay una iglesia dirigida por Diótrefes que ha instituido una política de «no hospitalidad» en cuanto a los representantes de la comunidad del anciano. De manera significativa, el anciano no identifica a Diótrefes como uno de los separatistas ni como alguien que se aferra a alguna doctrina falsa. Más bien, parece que Diótrefes favorece un enfoque de «maldición para las dos casas» en esta controversia: su iglesia se rehúsa a recibir representantes de cualquier lado. Pero el anciano atribuye las acciones de Diótrefes a disfunciones personales: dice que a Diótrefes le gusta ponerse a sí mismo en primer lugar y que tiene problemas para reconocer la autoridad (v. 9). De esta forma, desde la perspectiva del anciano, Diótrefes no mantiene la neutralidad sino más bien explota la controversia para realzar su propia posición como líder de lo que ahora será una iglesia independiente. De cualquier manera, no puede haber neutralidad. El anciano ve las cosas en línea con las palabras que Jesús expresó en medio del conflicto: «El que no está de mi parte está contra mí» (Mt. 12:30). Esta es una perspectiva muy distinta a la que expuso Jesús en tiempos más alegres: «El que no está contra nosotros está a favor de nosotros» (Mr. 9:40).

Podríamos preguntarnos cómo es que las cosas empeoraron de esta forma en una comunidad organizada en torno a un evangelio que hace hincapié en la amistad (Jn. 15:13-15), en el servicio humilde (Jn. 13:14-15) y en el amor mutuo (Jn. 13:34; 15:12). Definitivamente, la crisis tuvo que haber probado su sentido de identidad, por hablar de comprometer su testimonio con los extraños (véase Jn. 13:35). Dadas las circunstancias, es algo extraordinario que 1 Juan esté tan libre de polémica (cf. Jud.; 2 P. 2). A pesar de lo que ha ocurrido, el autor está confiado y gozoso (1 Jn. 3:21; 5:14; 3 Jn. 4). No ofrece (aquí) ningún ataque personal sobre los separatistas, ni siquiera busca refutar la postura de ellos. En lugar de eso, el enfoque está en aquellos que permanecen con la iglesia, afirmándolos de maneras que restablecerán su autoestima espiritual y llamándolos a recordar lo que los hace ser quienes son. Hay un énfasis inusualmente fuerte en la intimidad de su relación con Dios, y esto se consigue de una manera recíproca: los lectores permanecen en Dios o Cristo (1 Jn. 2:6, 24, 27-28; 3:6, 24; 4:13, 15-16; cf. 2:10; 4:16) y Dios permanece en ellos (1 Jn. 3:24; 4:12-13, 15-16; cf. 2:14, 24, 27; 3:9; 2 Jn. 2). Sobre todo, los lectores deben darse cuenta de cuánto Dios los ama (1 Jn. 4:8-11, 16). Luego, solo tienen que dejar que el amor de Dios se perfeccione en ellos (1 Jn. 2:5; 4:12; 17-18) y amarse unos a otros, no solo de palabra o en discursos, sino de verdad y con acciones (1 Jn. 3:18). Cuando esto ocurra, el gozo del autor será completo (1 Jn. 1:4).

Afirmación en 1 Juan

El autor de 1 Juan afirma a sus lectores, y les asegura que ellos están bien y que disfrutan de una condición positiva ante Dios.

- A ellos se les ha revelado la palabra de vida (1:1-2).
- Tienen un Abogado con el Padre, Jesucristo (2:1).
- Han asimilado la verdad del mandamiento nuevo (2:8).
- Han recibido perdón de pecados (2:12).
- Conocen al Padre, el que es desde el principio (2:13-14).
- Han vencido al maligno (2:13-14).
- Son fuertes y la palabra de Dios permanece en ellos (2:14).
- Han sido ungidos con el Santo y conocen la verdad (2:20-21).
- No necesitan que nadie les enseñe (2:27).
- Ya son hijos de Dios, y van a ser semejantes a Cristo (3:1-2; 5:19).
- Tienen a Cristo que mora en ellos, y él les ha dado el Espíritu (3:24; 4:13).
- Son hijos de Dios y han conquistado los espíritus del anticristo (4:3-4, 6).
- En ellos mora alguien que es mayor que el que está en el mundo (4:4).
- Han experimentado el amor que se perfecciona entre ellos (4:17).
- Tienen la fe que conquista al mundo (5:4).
- Creen en el nombre del Hijo de Dios (5:13).
- Tienen vida eterna (5:13).
- Tienen confianza ante Dios en oración (5:14-15).
- Se les ha dado entendimiento para conocer a Dios (5:20).
- Están con el Dios que es verdadero, a través de su Hijo, Jesucristo (5:20).

Conclusión

El historiador de la iglesia, Eusebio (*ca.* 311), describe lo que considera «una historia memorable» en cuanto al apóstol Juan, una historia que también cuenta Ireneo (*ca.* 180), quien afirma haberla recibido de Policarpo (*ca.* 69-155):

> Un día, Juan el apóstol entró a un balneario para darse un baño, pero cuando descubrió que Cerinto estaba dentro, saltó del lugar y corrió hacia la puerta, ya que no podía soportar estar bajo el mismo techo. Instó a sus compañeros a hacer lo mismo, y exclamó: «Salgamos de aquí, por temor de que el lugar se desplome, ahora que Cerinto, el enemigo de la verdad, está dentro» (Eusebio, *Historia de la iglesia* 3.28.6; 4.14.6).

Getsemaní: el lugar de un huerto en el monte de los Olivos, justo en las afueras de Jerusalén; el lugar donde Jesús fue arrestado (Mr. 14:32-52; Jn. 18:1-14).

Esta anécdota probablemente no es histórica, pero sí llegó a ser una «leyenda urbana» popular en la iglesia primitiva. Una versión tiene a Juan huyendo desnudo del balneario, como el hombre que huyó de Getsemaní en Marcos 14:51-52.

La historia capta un aspecto del hombre que probablemente fundó la comunidad con la que las cartas juaninas están relacionadas: se le recordaba como alguien que tomaba muy en serio la herejía o la falsa doctrina. Esto es cierto de las cartas juaninas. Pero la historia también relata una reacción motivada por el miedo, y eso no suena como el autor de estas cartas en absoluto. La postura que se toma en las cartas juaninas es que «el amor perfecto echa fuera el temor» (1 Jn. 4:18). Uno no debe recibir al engañador (2 Jn. 10), ¡pero no hay necesidad de huir del balneario!

29

Judas

Si Jesús hubiera escrito su Sermón del Monte para una clase de redacción en español, probablemente lo habría recibido de vuelta marcado con tinta roja. En determinado momento, le dice a la gente que tenga cuidado de los falsos profetas que son como lobos con piel de oveja, y agrega: «por sus frutos los conocerán» (Mt. 7:15-16). Esto es lo que los gramáticos llaman metáfora mixta: los lobos no dan fruto, los árboles sí.

Aun así, el punto de Jesús era bastante claro, y la breve Carta de Judas, que pudo haber sido escrita por su hermano menor, podría leerse como un comentario sobre este punto exacto. La carta tiene que ver con advertir a la gente acerca de los intrusos peligrosos que se han infiltrado en las iglesias, gente que parece ser cristiana pero no lo es (v. 4). Estos intrusos probablemente eran personas cuyas doctrinas e ideas Judas habría rechazado, pero la carta no da una refutación clara de qué enseñaban o creían los cristianos falsos. En lugar de eso, el acento está en cómo vivían: su comportamiento los delata.

Judas es una carta difícil en muchos aspectos. Contiene unos cuantos pasajes poco claros y algunas referencias extrañas a materiales no bíblicos. En algunos lugares, nuestros mejores manuscritos griegos difieren unos con otros, por lo que ni siquiera podemos estar seguros de lo que la gente decía originalmente (véase, p. ej., las notas al pie de página de los vv. 5, 12, 22-23 de la NTV). Aun así, al igual que con el Sermón del Monte, el punto principal que Judas quiere indicar es: cuídense de los lobos con piel de oveja, ¡por sus frutos los conocerán!

Sermón del Monte: nombre tradicional que se le dio a las enseñanzas de Jesús de Mateo 5-7; incluye material bien conocido como las Bienaventuranzas, el Padre Nuestro y la Regla de Oro.

Generalidades

La carta comienza con un saludo y una bendición que la identifica como un mensaje de Judas, el hermano de Santiago, a los que son «guardados por Jesucristo»

(vv. 1-2). El autor explica que la intrusión de personas impías que pervierten la gracia de Dios con el libertinaje ha hecho necesaria una carta que defienda la fe ortodoxa (vv. 3-4). Recita un listado de ocasiones en las que Dios castigó a los malvados en el pasado (vv. 5-7) y promete que los «soñadores» actuales que «blasfeman de las potestades superiores», de igual manera serán destruidos (vv. 8-10, RVR60). Pronuncia un «¡Ay!» o maldición sobre ellos en un lenguaje lleno de invectiva e ilustrado con alusiones a diversos escritos judíos (vv. 11-16). La carta concluye con exhortaciones a la fidelidad (vv. 17-23) y una doxología a Dios, quien es capaz de evitar que la gente caiga (vv. 24-25).

Trasfondo histórico

El nombre griego *Ioudas* se traduce diversamente como «Judas» o «Judá» en las Biblias en español, y nos enteramos de varias personas que tenían ese nombre. Sin embargo, al autor de esta carta casi siempre se le relaciona con el Judas a quien se le identifica en los Evangelios como uno de los cuatro hermanos de

---

Cuadro 29.1

El uso de escritos apócrifos

La Carta de Judas toma de los escritos judíos textos que ni los judíos ni los cristianos consideran como Escrituras canónicas.

1. Judas hace alusión a una historia que se encuentra en *1 Enoc*, según la cual, a los ángeles que se unieron con mujeres terrestres para producir una raza de gigantes (se relata en Gn. 6:1-4), Dios los encarceló para el día del juicio (v. 6; cf. *1 Enoc* 6-8).
2. Judas cita de *1 Enoc* de una manera que indica que él considera las profecías del libro como confiables y verdaderas (vv. 14-15; cf. *1 Enoc* 1:9).
3. Judas se refiere a una historia en la que el arcángel Miguel tuvo una disputa con el diablo sobre quién debería tomar posesión del cuerpo de Moisés (v. 9).

El libro de *1 Enoc* es un escrito judío apócrifo del siglo III a. e. c.; su contenido también podría suponerse en 1 Pedro 3:18-20. El cuento acerca del cuerpo de Moisés no se narra en ninguna literatura disponible para nosotros, pero Clemente de Alejandría (*ca.* 150-215) y varios de los primeros eruditos cristianos sostienen que se narraba en una obra judía llamada *La ascensión de Moisés*, que existía en su época. La mayoría de los eruditos contemporáneos cree que este escrito probablemente formaba parte de una obra judía conocida para nosotros como *El testamento de Moisés*; nuestros manuscritos de la segunda obra están incompletos, y la historia a la que Judas se refiere pudo haber estado en la parte que desapareció.

Ni *1 Enoc* ni *La ascensión de Moisés* pertenecen al Antiguo Testamento, ni son parte de la colección de libros que los protestantes llaman apócrifos, algunos de los cuales los católicos romanos y los cristianos ortodoxos orientales consideran como un canon secundario. Hoy día, la dependencia de Judas en estos libros generalmente se ve como un vestigio curioso de una época en la que el concepto del canon todavía estaba en proceso de cambio.

Figura 29.1. Arrebatando almas del infierno. Para el autor de Judas, rescatar a aquellos que han caído víctimas de las falsas enseñanzas es un asunto serio (vv. 22-23). (The Bridgeman Art Library International)

Jesús (Mt. 13:55; Mr. 6:3). Otro de los hermanos de Jesús, Santiago, llegó a ser el líder de la iglesia en Jerusalén (véase Hch. 12:17; 15:13-21; 1 Co. 15:7; Gá. 1:19; 2:9), y también tenemos una carta en el Nuevo Testamento que se le atribuye a él (véase el cuadro 25.1). Según los Evangelios, los hermanos de Jesús no creían en él durante su tiempo en la tierra (Mr. 3:21; Jn. 7:1-5). Sin embargo, llegaron a la fe después de la resurrección (Hch. 1:14). Por lo menos dos de ellos llegaron a ser misioneros, acompañados de sus esposas en sus viajes (1 Co. 9:5). Parece probable que Judas fuera uno de ellos. De cualquier manera, aunque Judas no obtuvo el mismo nivel de renombre que Santiago, la mera existencia de esta carta indica que su nombre tenía un poco de peso en ciertos círculos. Un reporte histórico indica que sus nietos todavía eran líderes de iglesias en Palestina hacia el final del siglo I (Eusebio, *Historia de la iglesia* 3.19-20).

Aun así, muchos eruditos considerarían que todo esto es irrelevante. Consideran que Judas es una carta pseudoepigráfica, escrita por algún cristiano de segunda generación que quería que sus palabras fueran consideradas como parte del legado de la Sagrada Familia. Argumentan que el autor escribe en un estilo helenista sofisticado y se remonta a la época apostólica como una era del pasado (v. 17). Pero varios factores también se pueden citar como apoyo a una fecha más temprana, como la creencia del autor de que está viviendo en los últimos tiempos (v. 18) y su uso de las tradiciones judías no bíblicas (vv. 6, 9, 14-15). La pregunta continúa en disputa, pero en años recientes un número de eruditos cada vez más grande ha estado dispuesto a conceder la posibilidad de que esta carta en realidad fue escrita por Judas el hermano de Jesús (probablemente con la ayuda de un amanuense).

La fecha propuesta de la carta frecuentemente se vincula con las decisiones en cuanto a la autoría: si es de Judas, probablemente habría sido escrita en cualquier tiempo de la segunda mitad del siglo I, si es pseudoepigráfica, probablemente fue escrita en algún tiempo entre 80 y 120. No hay nada en su contenido que nos permita determinar esto con seguridad.

De cualquier manera, la Carta de Judas se dirige a una audiencia que se identifica teológicamente y no geográficamente: «a los que son amados por Dios el Padre, guardados por Jesucristo» (v. 1). Para algunos intérpretes, esto significa que la carta no fue diseñada para ninguna iglesia en particular o grupo de iglesias. Sin embargo, la mayoría cree que se trata de una crisis en particular: los cristianos falsos (llamados «ciertos individuos» en el v. 4) están ocasionando estragos en alguna parte de la iglesia (no sabemos dónde), y la Carta de Judas no se anda con miramientos para condenar a esos agitadores.

Se investiga bastante para determinar quiénes eran estos agitadores y qué hicieron que fuera tan ofensivo. Aunque Judas dice que «niegan a Jesucristo, nuestro único Soberano y Señor», la gente que tiene en mente casi seguramente afirma ser cristiana (véase vv. 4, 12). Muy probablemente, el punto es que aunque estos agitadores no niegan a Cristo abiertamente, sus palabras y obras tienen el efecto de que sí lo hacen. (Para un listado de atributos que los oponentes de Judas compartían con las personas a las que se ataca en 2 Pedro, véase «Trasfondo histórico» en el capítulo 27).

A los intrusos se les describe con varios insultos coloridos:

- «Animales irracionales» (v. 10)
- «Nubes sin agua, llevadas por el viento» (v. 12)
- «Estrellas fugaces, para quienes está reservada eternamente la más densa oscuridad» (v. 13)
- «Árboles que no dan fruto cuando deberían darlo; están doblemente muertos, arrancados de raíz» (v. 12)
- «Violentas olas del mar, que arrojan la espuma de sus actos vergonzosos» (v. 13)

También nos enteramos de que «se dejan llevar por sus propios instintos» (v. 19), que son «pecadores impíos» (v. 15) y «no tienen el Espíritu» (v. 19). Son «criticones» (v. 16) y «burladores» (v. 18); «refunfuñadores» (v. 16) y adulan a la gente (v. 16); y son inmoderados en cuanto a sus propias lujurias (vv. 16, 18). Sin embargo, todo esto es invectiva generalizada; comprendemos fácilmente que los agitadores son gente mala que exhibe muchos vicios, pero nos gustaría saber si hay alguna filosofía particular o falla que los hizo ser de esa manera. Aunque se han presentado muchas propuestas, ninguna ha predominado.

De cualquier manera, la presencia de esa gente en la comunidad ha demostrado ser divisiva (v. 19), lo cual implica que los intrusos han buscado apoyo de algunos de los miembros de la iglesia. De hecho, la mayoría de los eruditos cree que por lo menos algunos de estos agitadores se presentan como maestros en la iglesia. Podrían ser profetas itinerantes que viajan de iglesia en iglesia haciendo convertidos y cobrando honorarios por sus servicios (véase v. 11; cf. v. 16 con Ro. 16:18). De esa manera, el asunto no es simplemente tratar con cristianos disidentes que fallan en vivir como deberían hacerlo; más bien, esta gente promueve activamente un entendimiento de la fe que apoya su estilo de vida espantoso. La Carta de Judas busca tratar esta crisis. Su propósito se afirma claramente: hacer un llamado a los lectores a luchar por la fe que les fue entregada por los apóstoles (vv. 3, 17-18).

Temas importantes de Judas

La certidumbre del juicio

El primer asunto y más importante que Judas quiere decir es que el destino de los creyentes falsos está sellado: fueron designados hace mucho tiempo para condenación (v. 4). El juicio de Dios sobre ellos es inevitable (vv. 13-15). Para subrayar este punto, les recuerda a sus lectores cómo Dios ha juzgado a los pecadores infames del pasado (véase el cuadro 29.2). La cantidad actual de agitadores pertenecen a la misma lista y, de igual manera, están destinados al fuego eterno (v. 7) o a la oscuridad profunda (v. 13). Judas no hace ningún intento de discutir con sus oponentes. Ni siquiera los llama al arrepentimiento.

Así como un profeta del Antiguo Testamento, simplemente pronuncia un «¡Ay!» en contra de ellos, y sanseacabó. Por supuesto, la iglesia debe tener una actitud misericordiosa hacia todos los pecadores, pero en el caso de estos creyentes falsos, esa misericordia debe ejercerse con cautela; la preocupación mayor es rescatar a los que podrían llegar a estar bajo la influencia de ellos (vv. 22-23).

La fe apostólica

La declaración positiva en Judas es que los lectores sean edificados en su «santísima fe» (v. 20), que es la fe que se le ha confiado a los santos de «una vez por todas» (v. 3; cf. Hch. 2:42; Ro. 6:17; 1 Ti. 4:6; 2 Ti. 1:13; 4:3; Tit. 1:9). Judas cree que la tradición recibida por los apóstoles es suficiente y no necesita complemento; sus lectores simplemente tienen que recordar esas cosas de las que ya se les ha informado (vv. 5, 17). De esa manera, la innovación se puede igualar a las dudas (v. 22) o incluso a la negación de Cristo (v. 4). No hay necesidad de innovación, además, debido a que todas las cosas se han tomado en cuenta; incluso la crisis actual fue predicha por los apóstoles, quienes dijeron que aparecerían agitadores en los últimos días (vv. 17-18; cf. Hch. 20:29-30; 1 Ti. 4:1; 2 Ti. 3:1-9).

Judas no da un resumen ni descripción de la tradición de fe que él elogia, pero entendemos en la carta que implica la identificación con Dios como Padre y Salvador (vv. 1, 25), con Jesucristo como Amo y Señor (v. 4) y con el Espíritu Santo (v. 20; cf. v. 19). Estas relaciones son posibles a través de la gracia de Dios y la misericordia de Jesucristo (vv. 4, 21), pero esa gracia no debe explotarse como una excusa para los desenfrenos. En efecto, se asume cierta sinergia para la relación divina-humana: Dios es capaz de evitar que la gente caiga (v. 24), y Dios sí hace eso (v. 1), pero la gente también tiene que hacer cosas para mantenerse en el amor de Dios (v. 21). Finalmente, la fe apostólica tiene un fuerte componente escatológico: los creyentes esperan ansiosamente la vida eterna (v. 21) sin olvidar la perspectiva del castigo eterno (vv. 13-15).

escatología: estudio o enfoque en las «últimas cosas», como el regreso de Cristo, el juicio final, u otros fenómenos asociados con el fin de los tiempos.

Conclusión

Judas es una carta polémica. Emplea la retórica severa, cargada de amenazas, insultos y observaciones derogatorias. Si es desagradable leerla, podría ser porque trata un tema desagradable: la capacidad de la religión de hacer un gran daño. El autor está convencido de que sus lectores están siendo lastimados. No solo se les está convenciendo a adoptar ideas equivocadas; sino también están siendo engañados y explotados por personas que solo pretenden tener los intereses de los lectores en consideración (v. 16). Esto explica por qué Judas no puede adoptar una actitud de «permitan que todos crean lo que quieran creer».

Él escribe por necesidad (v. 3), impulsado por una preocupación apasionada por rescatar a quienes cree que están en peligro, arrebatarlos del fuego, por así decirlo (v. 23).

La Carta de Judas recibió, en cierto modo, una segunda vida en la iglesia cuando, aparentemente, el autor de 2 Pedro la consultó y la usó como fuente para su propia composición. En efecto, los estudiantes que se han familiarizado con Judas y luego continúan y leen 2 Pedro, inevitablemente experimentan un *déjà vu* a medida que las palabras, los ejemplos y las referencias bíblicas de una carta son empleados una y otra vez en la otra (véase el cuadro 27.1). Esto nos dice que el problema que Judas abordó no fue un incidente aislado: los cristianos siguieron batallando con la pregunta de en qué voces se debe confiar dentro de la iglesia, y con la pregunta relacionada de cómo definir los criterios según los cuales se deben determinar las distintas expresiones de fe.

30

Apocalipsis

¡Ángeles que tocan trompetas! ¡Monstruos que surgen de las profundidades! ¡Lagos de fuego y ríos de sangre! Ah, sí, el libro de Apocalipsis. No hay nada igual en ninguna otra parte del Nuevo Testamento. Definitivamente es el único libro que presenta dragones (9:3-11) y caballos voladores (6:2-8; 19:11-12).

Apocalipsis es un libro para despertar los sentidos. No es frecuente que la Biblia nos diga de qué color son las cosas, pero aquí todo es rojo, púrpura, amarillo, azul, verde, dorado. También es un libro ruidoso, que retumba con el estruendo de batalla y el choque del trueno. La tierra hace eco con el gemido de los condenados; el cielo suena con canciones y gritos de los salvos. ¡Y esas trompetas! No hay apenas un momento de tranquilidad. No, espere, hay mil años de paz, pero solo en tres versículos (20:4-6), y luego todo el infierno se desata (literalmente). El simbolismo es fantástico: edificios y muebles hechos de piedras preciosas, y una colección de criaturas como algo que el Dr. Seuss habría pensado después de una noche en vela, leyendo a Stephen King: las langostas usan armadura como los caballos (9:7-9), y los caballos tienen serpientes por colas (9:19). ¿Y qué es esa cosa que es parte leopardo, parte oso y parte león pero que vive en el mar (13:1-2)?

En un sentido, «interpretar» este libro es malinterpretarlo, porque frecuentemente el llamado es a la imaginación; es un libro que debe experimentarse, no explicarse. ¿Podría captarse alguna vez el impacto de su simbolismo visual en ilustraciones literales (13:1; 17:3)? ¿De qué manera, exactamente, se ve un león como un cordero (5:5-6)?

Así, como rara vez los chistes son divertidos cuando se tienen que explicar, Apocalipsis puede perder algo de su fuerza cuando se tiene que interpretar. Por supuesto, la erudición moderna nos permite entender algunas cosas sobre este libro que los lectores generalmente pasan por alto. Pero vale la pena observar que, a lo largo de la historia, Apocalipsis ha demostrado ser uno de los libros más populares de la Biblia entre la gente que carece de educación formal (mucho menos teológica), especialmente entre los que pertenecen a clases económicas más bajas o a los grupos sociales marginados. ¿Por qué? ¿Qué obtienen (estos lectores no instruidos) de este libro? O, para hacer la pregunta más amplia: ¿Por qué Apocalipsis funciona tan bien para algunas personas y no funciona en absoluto para otras?

Generalidades

Este libro comienza con un título extendido y una bienaventuranza para su lector (1:1-3). Después de un saludo similar a aquellos con los que comienzan muchas cartas del Nuevo Testamento (1:4-8), Juan, en la isla de Patmos, relata que recibió una revelación cuando estaba «en el Espíritu en el día del Señor» y que fue guiado a escribir esto en un libro y a enviarlo a siete iglesias (1:9-11).

Lo primero que ve es una imagen espectacular del Hijo del Hombre (1:12-20), que le dicta siete cartas, mensajes específicos para cada una de las iglesias (capítulos 2-3).

Después de tomar nota de estas cartas, Juan ve una puerta abierta en el cielo, y es llevado arriba al mismo reino celestial. Allí, contempla el trono de Dios, ángeles y otras criaturas asombrosas (capítulo 4). El que está sentado en el trono divino sostiene un rollo con siete sellos, y hay una búsqueda para encontrar quién es digno de abrir este rollo. El único digno es el León de Judá, quien resulta que no se ve como un león sino como un cordero que ha sido sacrificado (capítulo 5).

Uno por uno, este Cordero abre los sellos del rollo, y mientras lo hace, unas catástrofes azotan la tierra hasta que, con el sexto sello, las estrellas caen del cielo y el mismo cielo se enrolla como un rollo y desaparece (capítulo 6). Entonces los ángeles intervienen para garantizar la seguridad de los fieles de Dios: 144.000 personas de Israel que están marcadas por protección, y Juan ve una multitud innumerable de personas, con túnicas blancas, de todas las naciones, que son llevadas ante el Cordero (capítulo 7). El cordero abre el séptimo sello, lo cual inicia una media hora de silencio en el cielo (8:1).

Siete ángeles aparecen, cada uno con una trompeta, y a medida que se tocan estas trompetas, más desastres azotan la tierra (capítulos 8-9). Pero después de la sexta trompeta, hay un breve interludio: un ángel aparece con un pequeño rollo, y grita con el sonido de siete truenos. A Juan se le dice que selle lo que dijeron los siete truenos y que no lo escriba, y se le da el rollo para que se lo coma; sabe dulce pero hace que su estómago esté amargo (capítulo 10). Entonces toma unas medidas en el cielo y se le habla de dos testigos que vendrán a la tierra, serán martirizados, resucitarán y se los llevarán al cielo. Finalmente, el

Figura 30.1. El ejército celestial. Apocalipsis habla de ángeles en combate en el cielo y en la tierra (p. ej. 12:7-9; 14:15-20), aquí se describe en una pintura del artista italiano del siglo xiv, Guariento. (The Bridgeman Art Library International)

séptimo ángel toca la séptima trompeta, y el templo de Dios en el cielo se abre entre gritos de alabanza (capítulo 11).

Grandes portentos aparecen en el cielo: una mujer cósmica embarazada y un dragón rojo, que resulta ser Satanás. La guerra estalla mientras Miguel el arcángel dirige a las fuerzas celestiales para derrotar a Satanás (capítulo 12). En la tierra, una serie de bestias blasfeman a Dios, oprimen a los santos e insisten en la adaptación a los caminos idólatras (capítulo 13). Los ángeles hacen un llamado a los santos a soportar esta tribulación, y Juan presencia una visión del Hijo del Hombre que siega en la tierra con una enorme hoz; la ira de Dios llega poderosamente sobre la tierra, como se evidencia con un horrible río de sangre (capítulo 14). Aparecen siete ángeles con siete tazones, y cada tazón lleva una terrible plaga a la tierra (capítulos 15-16).

A Juan se le invita a presenciar el juicio de una «gran prostituta», que se identifica como la ciudad de Babilonia. Su caída se lamenta en la tierra pero se celebra en el cielo (capítulos 17-18). En medio de grandes cánticos de alabanza, entonces Juan ve el cielo abierto, y un jinete que se llama «Fiel y Verdadero» llega en un caballo blanco para iniciar una victoriosa guerra final en contra de todos los reyes de la tierra. La carne de esos reyes se consume en un banquete grotesco pero espectacular, y las bestias responsables de la tribulación que se mencionaron antes son arrojadas al lago de fuego (capítulo 19). Satanás es encarcelado y a los que demostraron ser fieles en las pruebas anteriores se les permite reinar con Cristo en la tierra por mil años. Después de ese tiempo, Satanás es liberado para una batalla final, y luego es lanzado al lago de fuego para ser atormentado para siempre (capítulo 20).

Entonces Juan ve un cielo nuevo y una tierra nueva, y una nueva Jerusalén que baja del cielo. Concluye su libro con una visión estremecedora del paraíso: puertas de perlas y calles de oro, y una ciudad en la que no hay temor, ni dolor, ni problemas de ninguna clase (capítulos 21-22).

¿Qué clase de libro es este?

¿Qué debemos pensar de semejante libro? Los eruditos a veces dicen que Apocalipsis comparte las características de tres clases distintas de literatura.

Primero, el libro es algo parecido a una *carta*. Comienza (1:4-8) y termina (22:21) como una carta, y se supone que debe enviarse a siete iglesias (1:11). Tal vez este libro fue compuesto como una «carta circular», para que se distribuyera y leyera en congregaciones particulares, como algunas cartas de Pablo (Col. 4:16). Si así es, entonces algo del contenido podría aplicarse a situaciones específicas de esas iglesias, o estar destinado a abordar preguntas que los miembros de esas iglesias estaban haciendo.

Segundo, el libro se presenta como *profecía* (1:3; 22:7, 10, 18-19). Se espera que el lector «haga caso» de las palabras de este libro, lo cual implica que el mensaje es algo que se puede obedecer, un llamado al arrepentimiento, tal vez, o una exhortación a la perseverancia. En cierto sentido, el libro se puede comparar a los escritos de ciertos profetas del Antiguo Testamento que también afirmaron estar transmitiendo comunicaciones directas de Dios, y que a veces lo hacían a través de lenguaje simbólico o relatando experiencias visionarias (véase Ezequiel, Zacarías y especialmente Daniel). Los profetas frecuentemente anunciaban lo que Dios estaba por hacer, y detallaban bendiciones y desgracias que iban a ocurrirle a la gente cuando Dios actuara (suponiendo que todo continuara en su curso actual; un ejemplo en el que un cambio en el curso permitió que el juicio predicho se evitara es Jonás). En la medida que el Apocalipsis se lee como profecía, su contenido puede considerarse como una serie de exhortaciones o advertencias coloridas acerca de lo que ocurrirá cuando los propósitos de Dios se cumplan.

Tercero, el libro tiene mucho en común con un género de literatura conocido como *apocalipsis*. Esta clase de escrito no es muy conocida hoy día, pero era popular en la época en la que se produjo Apocalipsis. Como resultado de descubrimientos arqueológicos en el último siglo, ahora tenemos copias de numerosos apocalipsis que judíos y cristianos leían en los pocos siglos antes y después de la época de Jesús. Estos libros son distintos a Apocalipsis en ciertas maneras, pero sí exhiben algunas similitudes marcadas (véase el cuadro 30.1). Típicamente, narran visiones divinas o trascendentales que se le conceden a un vidente y luego son interpretadas por ángeles u otros seres espirituales. Como en Apocalipsis, el vidente a veces es transportado a un reino celestial o espiritual para describir lo que se ve allí. El simbolismo es prominente y el contenido de las visiones frecuentemente involucra criaturas extrañas, espectáculos fantásticos y acontecimientos misteriosos, similares a los que se encuentran en Apocalipsis. Esos libros tienden a ser *dualistas* en su perspectiva, lo cual significa que describen un universo donde hay distinciones claras entre el bien y el mal; la historia pone ángeles en contra de demonios o santos en contra de pecadores, con poco lugar para ambigüedad. Y los temas de esas obras típicamente son asuntos de importancia cósmica: el fin del mundo, la derrota del mal, la vindicación de los justos.

Muchos eruditos creen que algunos aspectos complicados de Apocalipsis se pueden entender mejor a la luz de lo que los lectores originales del libro habrían sabido de «cómo leer un apocalipsis». Por ejemplo, algunos eruditos sostienen que los apocalipsis frecuentemente empleaban visiones de una manera concurrente en lugar de consecutiva, y que los lectores sabían que las visiones eran más caleidoscópicas que cronológicas. Si eso es cierto de Apocalipsis, entonces podría ser un error considerar que las distintas visiones del libro presentan escenarios que ocurrirán uno tras otro en el fin de los tiempos. Más bien, las diferentes visiones del libro podrían ofrecer descripciones repetidas de los mismos acontecimientos. Eso explicaría cómo podría parecer que el mundo llega a un final en el capítulo 6, y aun así describir que todavía experimenta varios cataclismos en el capítulo 8, o por qué parece que los justos de Dios se reúnen en el cielo en el capítulo 9 solo para describir que sufren persecución

literatura apocalíptica: el género de literatura bastante simbólica que exhibe características literarias distintivas y afirma revelar la verdad acerca del mundo, como se ve desde una perspectiva dualista y determinista. Véase «idea apocalíptica».

dualismo: la tendencia de separar los fenómenos en categorías notablemente opuestas, con poco espacio para algo en medio (p. ej., considerarlo todo ya sea como «bueno» o «malo»).

Algunas características comunes de los apocalipsis

- Seudónimo.
- Dirigidos a personas que experimentan sufrimiento y persecución.
- Buscan motivar fidelidad en un tiempo de crisis.
- Uso fuerte de simbolismo, incluso números y colores.
- Participación con seres etéreos, como ángeles y demonios.
- Colección rara de criaturas fantásticas.
- Visiones espirituales o sobrenaturales, frecuentemente interpretadas por otros seres sobrenaturales.
- Sueños portentosos que también tienen que ser interpretados.
- Viajes místicos del plano terrenal a un reino celestial o espiritual.
- Reseña de la historia con culminación final vinculada a la era presente.
- Secretos revelados acerca de transformaciones cósmicas inminentes.
- Predicción de catástrofes cósmicas.
- Ambientes y elementos litúrgicos, como altares, templos, himnos.
- Revelación del carácter verdadero pero oculto de las circunstancias actuales.
- Perspectiva radicalmente dualista: distinción clara del bien y del mal sin ambigüedad.
- Visión determinista de la historia: todo procede de acuerdo a un plan divino predeterminado.
- Predicción pesimista del mundo como está: las cosas irán de mal en peor.
- La esperanza de un remanente favorecido está en la intervención divina radical.

en la tierra en el capítulo 13. La única historia básica de juicio y salvación se cuenta una y otra vez a través de visiones que usan distintos símbolos o imágenes para describir los mismos acontecimientos.

¿Cómo se debe leer este libro?

Probablemente no haya otro libro en la Biblia para el que la división entre la interpretación erudita y recepción popular sea tan amplia como lo es con el libro de Apocalipsis. Los eruditos frecuentemente se enfocan en determinar lo que el libro de Apocalipsis significó para sus lectores del siglo I, en tanto que a un nivel popular, Apocalipsis se toma como un anteproyecto para entender o predecir acontecimientos que se llevan a cabo en el mundo de hoy. Estas tendencias sí tienen sus excepciones, pero hacen surgir la pregunta fundamental de lo que el libro de Apocalipsis pretende comunicar y lo que un método básico para entender este libro debe suponer.

Con el paso de los años, los cristianos interesados en entender Apocalipsis han adoptado tres enfoques:

- *Histórico*. El libro se entiende con referencia al tiempo y el lugar en el que se escribió. Su propósito principal era hacer saber lo que realmente estaba ocurriendo en el mundo en esa época.

Figura 30.2. Impresiones. Al libro de Apocalipsis frecuentemente se lo compara con el arte abstracto o no representativo, en el que los colores y las formas crean impresiones para disparar la imaginación. El artista ruso Wassily Kandisky dijo que esta pintura, *Estudio para la improvisación V*, fue inspirada por Apocalipsis. Las audiencias y los críticos frecuentemente han visto imágenes específicas en ella: al lado izquierdo hay una cruz con una multitud de personas reunidas debajo de ella; justo detrás de la cruz está una figura de Cristo, vista desde atrás (su cabeza, en la parte de arriba, es azul, está vestido de rojo y tiene una mano blanca), arrodillada ante Cristo está una mujer con un cuerpo anaranjado y cabello azul —probablemente representa a la iglesia—; en el extremo superior derecho, dos de los cuatro jinetes del Apocalipsis huyen de la venida de Cristo. Ya sea que usted vea las imágenes o no, el libro de Apocalipsis funciona de una manera atractiva pero confusa: al principio, un *collage* de imágenes absurdas puede ofrecer, en una reflexión posterior, impresiones que comienzan a tener sentido. (Bridgeman Images)

- *Idealista*. El libro se entiende con referencia a temas y símbolos universales. Su propósito principal era proveer entendimiento espiritual que fuera significativo para cada tiempo y lugar.
- *Futurista*. El libro se entiende con referencia a tiempos y lugares después de su composición. Su propósito principal era predecir lo que llegará a ocurrir en generaciones aún por venir.

Figura 30.3. Una carta para un ángel. Esta ilustración del siglo x de España representa a Juan entregándole una carta «al ángel de la iglesia de Éfeso» (2:1), una carta que le fue dictada por «alguien semejante al "Hijo del Hombre"» (1:12-20). En algún momento de la historia del arte, un lector distraído le dio a la ilustración un nombre oficial que entiende esto al revés: «El ángel le da a Juan la carta para la iglesia de Éfeso». (Bridgeman Images)

Para ilustrar cómo estos métodos llevan a interpretaciones divergentes o contrarias, apliquémoslos a un par de ejemplos.

Primer ejemplo: Las siete cartas

Apocalipsis 2-3 presenta siete cartas dictadas por Jesús a los ángeles o mensajeros de siete iglesias. ¿Cómo se deben entender estas cartas?

El enfoque *histórico* ve las cartas como correspondencia real, dirigida a iglesias que existieron en el Asia Menor en ese tiempo. Los arqueólogos han excavado algunas de las ciudades donde estas iglesias estaban ubicadas, y los eruditos han buscado documentar y aclarar los problemas o incidentes específicos que se mencionan en las cartas, como el martirio de Antipas (2:13) y la herejía de los nicolaítas (2:6, 15).

El enfoque *idealista* trata las cartas como un consejo genérico a siete tipos de iglesias que podrían encontrarse en cualquier época: una «iglesia de Tiatira» está entregada a una corrupción crasa (2:18-19), y en una «iglesia de Laodicea» la gente carece de celo (3:14-22).

El enfoque *futurista* puede entender que estas cartas representan la descripción de Cristo de lo que en ese entonces todavía eran épocas futuras para la historia de la iglesia. Un escenario popularizado por la Biblia de referencia Scofield (1909) identificó esas áreas como: (1) la iglesia apostólica fiel (Éfeso); (2) la iglesia posapostólica perseguida (Esmirna); (3) la iglesia mundana de la época de Constantino (Pérgamo); (4) la iglesia corrupta medieval (Tiatira); (5) la iglesia ortodoxa reformada (Sardis); (6) la primitiva iglesia misionera estadounidense (Filadelfia) y (7) la tibia iglesia moderna (Laodicea).

Segundo ejemplo: El número de la bestia

Apocalipsis 13:18 nos dice que la bestia que oprime a los fieles de Dios tiene «el número de una persona», y este número es 666, o en algunos manuscritos griegos, 616. ¿Qué significa eso?

Las interpretaciones *históricas* generalmente toman los números como referencia a Nerón, el emperador romano famoso por perseguir cristianos. Su nombre se escribía «Caesar Neron» o, a veces, «Caesar Nero». En hebreo, las letras del alfabeto también sirven como números (un sistema llamado «gematría»), y cuando «Caesar Neron» se escribe en hebreo, las letras tienen un valor numérico igual a 666, en tanto que las letras hebreas para «Caesar Nero» tienen un valor de 616. Otros eruditos han observado una conexión alternativa a otro emperador, Domiciano: el valor numérico de las letras griegas que aparecía en ciertas monedas que llevaban su inscripción también llegaba a un total de 666. Véase el cuadro 30.2.

Las interpretaciones *idealistas* generalmente toman el número como un símbolo para alguien sumamente malvado. Así como el número «siete» representa lo que es puro o perfecto, el número «seis» simboliza la impureza o imperfección. Un triple seis es «triplemente malo» (constantemente se queda corto), y cualquiera que repetidas veces falla o se opone a Dios puede decirse que se ha ganado este número.

Las interpretaciones *futuristas* generalmente asumen que el número es un código para alguna persona malvada que va a venir al mundo al final del tiempo. Esos lectores a veces escudriñan los nombres, las direcciones, los números telefónicos y otros datos pertenecientes a candidatos potenciales para determinar si alguien del mundo moderno puede estar asociado con el número de la bestia (véase el cuadro 30.3).

Gematría

La práctica de la gematría consiste en asignar un valor numérico a una palabra o frase, al sumar los valores de las letras individuales. Esto se puede hacer en hebreo y en griego, donde las letras del alfabeto también pueden servir como números. En griego, los símbolos con el valor 6 y 90 no se usaron como letras en el Nuevo Testamento.

Letras hebreas

1 = א	5 = ה	9 = ט	40 = מ	80 = פ	300 = ש
2 = ב	6 = ו	10 = י	50 = נ	90 = צ	400 = ת
3 = ג	7 = ז	20 = כ	60 = ס	100 = ק	
4 = ד	8 = ח	30 = ל	70 = ע	200 = ר	

Letras griegas

A α = 1	F ϝ = 6	K κ = 20	O o = 70	T τ = 300	Ω ω = 800
B β = 2	Z ζ = 7	Λ λ = 30	Π π = 80	Y υ = 400	
Γ γ = 3	H η = 8	M μ = 40	Q ϙ = 90	Φ φ = 500	
Δ δ = 4	Θ θ = 9	N ν = 50	P ρ = 100	X χ = 600	
E ε = 5	I ι = 10	Ξ ξ = 60	Σ σ = 200	Ψ ψ = 700	

En el mundo romano, la gematría llegó a ser la base para acertijos, bromas y juegos.

- El grafiti de una pared de Pompeya dice: «Amo a aquella cuyo número es 545».
- Como broma política, Suetonio (*Nerón* 39) indica que el nombre «Nerón» (Νέρων) y la frase «mató a su propia madre» (ἰδίαν μητέρα ἀπέκτεινε) tienen el mismo valor numérico (1 005) cuando se escriben en griego. Esto era pertinente porque se rumoraba que el emperador había asesinado a su madre.

En el cristianismo y en el judaísmo, la gematría podía dar una base para el simbolismo religioso.

- Los rabinos observaron que «Eliezer» (אליעזר), el nombre del sirviente favorito de Abraham (Gn. 15:2), tiene el valor numérico de 318, que es el número total de sirvientes que se mencionan en Génesis 14:14. De esa manera, Eliezer era igual a todo el resto de los sirvientes juntos.
- Las letras hebreas del nombre «David» (דוד) suman 14, por lo que a ese nombre se le podía otorgar importancia mesiánica: el Mesías iba a ser Hijo de David. Probablemente por eso es por lo que el Evangelio de Mateo señala que la genealogía de Jesús puede dividirse en tres grupos de catorce generaciones (Mt. 1:17).
- Las letras griegas del nombre «Jesús» (Ἰησοῦς) suman 888, lo cual parecía importante a algunos de los primeros cristianos: ocho sobrepasa al siete (el número de la perfección) y predice una «nueva creación», más allá de lo que Dios hizo en los primeros siete días (Gn. 1:1-2:3).

Muchos eruditos creen que la gematría tiene la clave para resolver el acertijo del 666, el número que se le atribuye a la bestia de Apocalipsis 13:18. Véase el cuadro 30.3.

En cuanto a estos tres enfoques básicos para Apocalipsis (histórico, idealista, futurista), debemos observar que el uso de un enfoque en algún tiempo no descarta la preferencia de un enfoque distinto en otro tiempo. Muchas interpretaciones populares de Apocalipsis ven un cambio en 4:1, de «mensajes a la iglesia primitiva» a «visiones para la iglesia del fin de los tiempos». Por consiguiente, esas interpretaciones podrían adoptar un enfoque histórico para interpretar las siete letras (que están antes de 4:1), pero adoptan un método futurista o idealista cuando se trata de resolver el número de la bestia (que está después de 4:1).

¿Quién podría tener el número 666?

La mayoría de los eruditos bíblicos cree que el número de la bestia, que se da como 666 en Apocalipsis 13:8 (o 616 en algunos manuscritos), emplearon el sistema de gematría (véase el cuadro 30.2) para designar a un hostil emperador romano:

- Una ortografía popular del nombre del emperador Nerón suma 666 cuando se escribe en hebreo (קסר נרון = Caesar Neron). Otra ortografía (קסר נרו = Caesar Nero) suma 616, una interpretación variante del número de la bestia que se encuentra en algunos manuscritos del Apocalipsis.
- Una designación para el emperador Domiciano que a veces aparecía en las monedas griegas también suma 666: A. Kαι. Domet. Seb. Ge. (abreviatura de Autokratōr Kaisar Dometianos Sebastos Germanikos = Emperador César Domiciano Augusto Germánico).

Pero los lectores bíblicos, a lo largo de la historia, han buscado determinar si podría haber alguien en su mundo contemporáneo que lleve el número de la bestia. En el siglo II, el Obispo Ireneo advirtió a la iglesia que fuera cautelosa de cualquiera llamado «Evanthas», «Lateinos» o «Teitan», porque las letras de esos nombres en griego igualaban a la suma fatídica. Posteriormente, en el siglo XIII, algunos franciscanos observaron que el nombre griego del Papa Benedicto XI (benediktos) lo hacían sospechoso por la misma razón. Algunos cristianos protestantes del siglo XXI, de igual manera, sembrarían dudas en el Papa Benedicto XVI.

Pero ¿por qué tendría que ser en hebreo o griego el nombre? Los sistemas de gematría también existen en inglés: se observó en la década de 1960 que «Kissingen» (el secretario de estado del presidente Richard Nixon) es un nombre que iguala al 666 en la gematría en inglés.

En años recientes, los cazadores de la bestia han puesto a trabajar computadoras con ese problema, y el grupo de bestias potenciales ahora incluye fenómenos, además de nombres propios. Palabras o frases cuyas letras producen el número siniestro (de acuerdo a la gematría en inglés) incluyen «computen» «New York», «US of America» y «SS Numben».

También se pueden hacer conjeturas sin ninguna evocación a la gematría. Al presidente estadounidense Ronald Wilson Reagan alguna vez se le identificó como candidato a la bestia, simplemente porque tenía seis letras en cada uno de sus tres nombres, y luego, después de que se retiró de la presidencia se trasladó a una casa ubicada en 666 St. Cloud Road (su esposa después hizo que la dirección se cambiara a 668).

Finalmente, ya que una «w» en inglés es equivalente a la letra hebrea vav, que tiene un valor numérico de seis, algunos expertos se han preguntado si «www» no es solo otra forma de escribir 666, en cuyo caso la bestia podría ser la internet.

En el mundo académico, los eruditos bíblicos han tratado de fundamentar sus conclusiones en cuanto al mejor acercamiento a Apocalipsis, con base a lo que han aprendido del género del libro (que se discutió anteriormente). Frecuentemente, concluyen con tres cosas: (1) en la medida que el libro de Apocalipsis sea como una carta, debe leerse como una comunicación proyectada en esencia para gente de la época en la que fue escrita (no principalmente para la gente que nació mucho después que cuando se escribió); (2) en la medida que Apocalipsis sea una profecía, debe también entenderse que trata las circunstancias actuales de sus lectores originales, ya que es lo que la profecía típicamente hace: como la mayoría de los profetas, el autor de Apocalipsis revela cosas del futuro, no para que la gente en una época posterior tenga una guía para esos eventos cuando ocurran, sino más bien para que las revelaciones afecten las actitudes y comportamiento de la gente en su propia época; y (3) en la medida en que Apocalipsis sea un apocalipsis, debe leerse como un libro que emplea lenguaje simbólico imaginario para transmitir verdad general acerca de Dios y el mundo, en lugar de un libro que trata de dar predicciones detalladas en cuanto a eventos futuros específicos.

Por consiguiente, hay una preferencia clara en la erudición académica para las lecturas históricas de este libro, con un poco de concesión para la aplicación idealista. Las lecturas futuristas generalmente se desacreditan en los círculos académicos, aunque siguen siendo muy populares en la iglesia y en la sociedad como un todo. Sin embargo, para evitar la exageración debemos observar que la mayoría de los eruditos sí conceden que el libro de Apocalipsis pretende presentar lo que ocurrirá al final del tiempo en un sentido amplio y general. Lo que ellos objetan son las interpretaciones futuristas detalladas, que tratan de alinear las referencias de Apocalipsis con gente o acontecimientos específicos del mundo moderno. La mayoría de los eruditos sostienen que esas interpretaciones son incompatibles con la intención del libro, con base en una premisa de que no debemos entender el libro de maneras en las que sus lectores originales no lo entenderían (ni habrían podido entenderlo).

El autor de Apocalipsis dice que va a revelar «lo que sin demora tiene que suceder» (1:1). Por consiguiente, la mayoría de los eruditos piensa que el autor creía que el escatón llegaría durante su tiempo de vida, o por lo menos durante el tiempo de vida de sus lectores. Esta perspectiva concuerda con la preferencia académica de situar el libro en su contexto original, pero hace surgir preguntas teológicas en cuanto a la importancia continua del libro para la gente que sabe que sus portentos más significativos, de hecho, no ocurrieron. Dicho simplemente, a los cristianos del siglo i se les aseguró que muchas cosas se llevarían a cabo «pronto», que dos mil años después, todavía no han ocurrido. Una sugerencia en cuanto a cómo pueden los cristianos resolver este dilema la encontramos en 2 Pedro 3:8.

A todas luces, Apocalipsis puede ser uno de los libros más complicados y desorientadores de la Biblia. Los que tratan de tomarlo como una proyección bastante literal de «las cosas por venir» todavía terminan en desacuerdo en cuanto a cómo interpretar el calendario escatológico (véase el cuadro 30.4). Y los que entienden Apocalipsis como una proclamación para los lectores de su propia época todavía acaban batallando para descubrir qué mensajes se estaban transmitiendo y por qué el autor eligió ese medio como manera de transmitirlos. Además, aunque todos coinciden en que el libro de Apocalipsis es bastante simbólico, los lectores no siempre coinciden en cuanto a *qué* elementos del libro son simbólicos. ¿Quería Juan que sus lectores creyeran que el cielo realmente tiene puertas de perlas y calles de oro (21:21)? ¿Y qué del reino milenial con Cristo (20:6)? ¿Es esto algo que Juan quiere que sus lectores crean que ocurrirá literalmente en la tierra, o es más bien una forma figurada de describir un triunfo final de la paz y la justicia?

Trasfondo histórico

Apocalipsis no pretende haber sido escrito por alguna famosa figura religiosa del pasado distante, a diferencia de la mayoría de los apocalipsis. La persona responsable de este libro se identifica como un cristiano llamado «Juan», que estaba en la isla de Patmos «por causa de la palabra de Dios y del testimonio de Jesús» (1:9). La referencia anterior probablemente indica que él fue desterrado del continente por testificar de su fe y enviado al exilio a esa isla. Pero ¿quién es esa persona? En una línea popular, frecuentemente se le ha identificado con el apóstol Juan, que fue uno de los doce discípulos de Jesús. Sin embargo, las autoridades de la iglesia primitiva cuestionaban esta opinión considerablemente, y la mayoría de los eruditos modernos no creen que se pueda sostener. La mayoría de los intérpretes hoy día simplemente ven al autor de Apocalipsis como un profeta cristiano llamado «Juan», que de otra manera es desconocido para nosotros.

Sin embargo, los eruditos sí buscan suponer ciertos hechos acerca del autor del libro en sí. Está empapado del Antiguo Testamento y familiarizado con el simbolismo y estilo de los apocalipsis judíos. En efecto, este Juan (quienquiera que fuera) parece que escribe griego como alguien cuyo idioma natal fuera hebreo o arameo. Por lo que se sugiere frecuentemente que (al igual que el apóstol) era un cristiano judío de Palestina que emigró al Asia Menor en algún momento durante o después de la guerra judía con Roma. Ya que parece que asume que las iglesias en esa parte del mundo lo considerarán profeta (1:3; 22:7, 10, 18-19), pudo haber trabajado en esas iglesias en calidad similar a la del profeta itinerante Ágabo, que se menciona en Hechos 21:10-11. Con el tiempo, acabó en la isla de Patmos, probablemente exiliado del continente por las autoridades políticas.

Palabra de Dios: proclamación que expresa lo que Dios quiere decir; a veces las Escrituras (como registro escrito de lo que Dios quiere decir); en Juan 1, a Jesucristo se le identifica como la Palabra de Dios hecha carne.

Milenio, tribulación, rapto

En Apocalipsis 20:1-10, Juan tiene una visión en la que Satanás está atado y algunos mártires cristianos resucitan. Los santos fieles reinan con Cristo por mil años, y luego Satanás es liberado, pero solo para ser lanzado al lago de fuego después de una batalla final.

Durante los siglos, los cristianos han adoptado varias posturas en cuanto a qué significa esta visión del «milenio».

- *Premilenialismo*. Cristo regresa antes del milenio: sus santos fieles gobiernan con él en la tierra por mil años después de la segunda venida, pero antes del juicio final y del establecimiento del reino nuevo.
- *Posmilenialismo*. Cristo regresa después del milenio: sus santos fieles evangelizarán exitosamente al mundo y lo gobernarán con paz por mil años, antes de la segunda venida de Cristo.
- *Amilenialismo*. Cristo regresa sin ningún milenio literal: sus santos fieles experimentan la victoria espiritual simbolizada en Apocalipsis como un triunfo equivalente a un reino de mil años.

Los premilenialistas adoptan un enfoque futurista para interpretar Apocalipsis, y a veces tratan de relacionar su entendimiento del libro con otros dos eventos escatológicos: la *tribulación* (un período de siete años de lamentos que se cree que se describen en Ap. 6-9 y se mencionan específicamente en Dn. 9:27; Ap. 11:2-3) y el *rapto* (una retirada milagrosa de los fieles de Dios de la tierra, se cree que se menciona en Mt. 24:40-41; 1 Ts. 4:15-17; Ap. 4:1). De esta manera, el premilenialismo produce subcategorías:

- *Pretribulacionismo*. El rapto vendrá antes del inicio de la tribulación (por lo que los infieles que se quedan recibirán un llamado de atención en cuanto a lo que está por venir).
- *Midtribulacionismo*. El rapto vendrá en algún punto medio durante la tribulación (por lo que los fieles pueden considerar cualquier inicio de calamidades terribles como una posible señal de que el rapto está cerca).
- *Postribulacionismo*. El rapto vendrá después de la tribulación, en el tiempo de la segunda venida de Jesús (por lo que hasta los fieles deben esperar soportar sufrimiento antes del regreso de Cristo).

¿Cuándo se escribió Apocalipsis? La teoría dominante lo coloca durante el reinado del emperador romano Domiciano (81-96), muy probablemente hacia el final de ese período. Esa fue la opinión de la iglesia primitiva, como se refleja en los testimonios de Ireneo, Tertuliano, Clemente de Alejandría y Orígenes. El período también encaja con los intereses que se tratan en el libro: Domiciano se refería a sí mismo como a un dios, y demandaba adoración al emperador de una manera similar a la que se le atribuye a «la bestia» en Apocalipsis (13:4). Sin embargo, no se sabe que Domiciano hubiera infligido la clase de persecución violenta sobre los cristianos que es prominente en este libro (2:10, 13; 6:9; 17:6; 18:24; 20:4). El emperador Nerón (54-68) fue más famoso en ese sentido, y algunos eruditos creen que las conexiones con él también se pueden encontrar (como la interpretación de 666 como la cifra para «Caesar Neron» que se menciona anteriormente). ¿Significan esas conexiones que el libro pudo haber sido escrito antes, durante el reinado de Nerón? Posiblemente. O, tal vez, el libro simplemente quiere presentar a Domiciano como un «segundo Nerón». Algunos eruditos toman la referencia a la bestia que se recuperó de una herida mortal (13:3) como un indicio de que Domiciano es «*Nero redivivus*»: todos pensaron que la bestia se

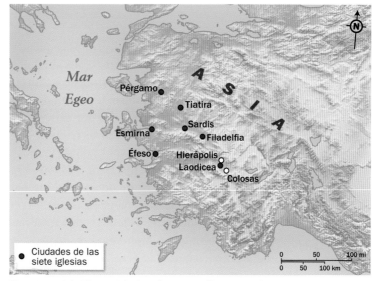

Mapa 30.1. Asia Menor: Iglesias a las que se dirige Apocalipsis

había ido cuando Nerón murió, pero ahora ha vuelto. La discusión continúa, pero el acercamiento más común hoy día es fechar Apocalipsis alrededor de 95, durante el reinado de Domiciano. Una sugerencia popular acepta esta fecha, pero sostiene que nuestra versión del libro podría ser una «segunda edición», una expansión de una obra anterior que era del tiempo de Nerón.

Juan recibió las visiones de Apocalipsis en la isla de Patmos y las envió a las siete iglesias del Asia Menor (ahora la Turquía occidental; véase el mapa 30.1): Éfeso, Esmirna, Pérgamo, Tiatira, Sardis, Filadelfia y Laodicea. Nuestro Nuevo Testamento también contiene una «carta de Pablo» a los Efesios y menciona una carta de Pablo a Laodicea (véase Col. 4:13-16). A principios del siglo II (probablemente apenas quince años después del Apocalipsis), Ignacio de Antioquía escribió cartas a las iglesias de Filadelfia, Esmirna y Laodicea. El libro de Hechos hace mención de Tiatira (16:14) y contiene historias coloridas acerca del primer trabajo misionero en Éfeso (18:18-20:1).

Todas estas ciudades estaban ubicadas en la provincia romana de Asia, es decir que todas eran parte del Imperio romano. Estaban un poco distantes de la capital en sí, pero seguían dependiendo de esa ciudad por estabilidad y prosperidad. La lealtad a Roma era intensa, ya que las poblaciones generales de esas ciudades competían por la atención y el favor romanos. Por ejemplo, Éfeso y Pérgamo eran rivales por el honor de ser llamadas *neokoros* («vigilantes del templo»), la ciudad responsable de supervisar la adoración al emperador en toda la provincia. En más de una ocasión, esta designación oficial fue retirada de una de estas dos ciudades y se le concedió a la otra, con cambios acompañantes en fortuna y prestigio. Y, por supuesto, la afirmación principal de fama de Éfeso era su magnífico templo a la diosa romana Artemisa (véase Hch. 19:23-41).

¿Cómo era la vida para los grupos pequeños (pero crecientes) de cristianos en esas ciudades? Muchos cristianos sin duda eran vistos como desleales y antipatriotas por despreciar las mismas cosas que la mayoría de la gente consideraba que eran los emblemas del orgullo local y honra nacional. También eran considerados antisociales por evitar los banquetes, los festivales y las distracciones públicas que eran las cosas de la vida de la gente ordinaria. Y se les consideraba irreligiosos por rehusarse incluso a reconocer (mucho menos a propiciar) a los reyes, cuyo favor era considerado esencial para la protección y prosperidad continuas. En pocas palabras, había tensión entre los cristianos y la población general, y parece que muchos creyentes habían sufrido como resultado. Algunos eran víctimas de violencia, hasta el punto de la muerte. Otros tuvieron que sobrellevar la realidad de ser avergonzados en público, en una cultura en la cual la desgracia social frecuentemente se consideraba como un destino peor que la muerte. Y muchos tuvieron que soportar penalizaciones y discriminación que llevaron a dificultades económicas. Por ejemplo, a los cristianos pudo habérseles evitado unirse a diversos gremios comerciales en los que la membresía era muy esencial para el éxito en los negocios, o para avanzar en la profesión que habían escogido.

El libro de Apocalipsis refleja que, además de tener problemas con la sociedad romana en general, los cristianos de estas iglesias parecen haber tenido malas relaciones con los judíos de las sinagogas locales (2:9; 3:9). E incluso dentro de la iglesia cristiana, no todo estaba bien: algunas personas que se llamaban cristianas abogaban por ideas y prácticas que el libro de Apocalipsis considera aborrecibles. Aunque no sabemos con seguridad quiénes eran los seguidores de Balám (2:14) o Jezabel (2:20), parece probable que eran cristianos que habían adoptado una postura complaciente hacia el ambiente romano. De esa manera, algunos maestros o profetas de estas iglesias, aparentemente, les decían a las personas que simplemente «se relajaran» y que «siguieran la corriente»: cooperen con las autoridades y aprendan a adaptarse; descifren cómo funciona el mundo y traten de encajar; dejen que la religión emergente del cristianismo desarrolle una compatibilidad con la cultura que la haga más atractiva a la sociedad como un todo.

Figura 30.4. El César divino. Esta moneda romana muestra al emperador Domiciano sentado sobre la tierra como su trono, con siete estrellas alrededor de sus manos abiertas. En la inscripción dice: «Al César divino». El libro de Apocalipsis presenta a Jesucristo como el gobernante divino de la tierra y lo describe sosteniendo siete estrellas en su mano (1:16).

El propósito declarado del libro de Apocalipsis es revelar lo «que sin demora tiene que suceder» (1:1). Trata de hacerlo de maneras que (1) inspiren confianza en aquellos cuya obediencia a Dios puede demostrar ser costosa; (2) provoquen indignación hacia los que desafían a Dios y promueven la injusticia; (3) provoquen arrepentimiento por parte de los que se han acomodado demasiado; e (4) inspiren alabanza a Dios de los que se dan cuenta de que el Señor de la historia es digno de su confianza.

Temas importantes de Apocalipsis

Revelación

La palabra *apokalypsis* (que se traduce como «revelación» en 1:1) significa literalmente «quitar el velo». El libro de Apocalipsis busca retirar un velo y mostrarles a los cristianos la verdad acerca de Dios y la verdad acerca del mundo en el que viven. Por consiguiente, el mensaje del libro es tanto negativo como positivo, un oráculo de condenación impregnado de una promesa de esperanza.

La corrupción de la sociedad humana

Apocalipsis les muestra a los creyentes cómo es su mundo en realidad, y no es un cuadro bonito. En el capítulo 17, Juan contempla una visión de una mujer que es «aquella gran ciudad que tiene poder de gobernar sobre los reyes de la tierra» (17:18). Los eruditos identifican esta ciudad como Roma: la mujer se sienta en siete montañas (17:9), así como Roma fue construida sobre siete colinas, y también está sentada en muchas aguas (17:1), así como Roma fue legendaria por su control de los mares. Está adornada con joyas y vestida con lino fino (17:4), de una manera emblemática de la gran prosperidad de Roma. Pero aunque esta mujer parece rica y poderosa, no es una figura para ser envidiada; ella es, de hecho, una prostituta ebria, sostenida por un monstruo, cubierta de blasfemias, saciada con la sangre de los mártires y los santos (17:1-6). Un destino terrible le espera, y cuando llegue, ella recibirá solamente sus desiertos (17:15-16). De esa manera, un mensaje prominente de Apocalipsis es que el imperio poderoso y próspero no es lo que parece ser: cuando al imperio se le quita el velo, queda expuesto como una realidad corrupta y horrible a la que los creyentes deben renunciar y aborrecer.

Algunos teólogos se quejan de que la perspectiva de Apocalipsis de la sociedad humana es demasiado pesimista, y sugieren que esta percepción extrema sea equilibrada con impresiones más positivas o neutrales sobre el mundo político en otra parte de las Escrituras (p. ej., Ro. 13:1-7; 1 P. 2:13-17). Pero, de igual manera, Apocalipsis se considera mucho como una obra que toma en serio el poder y la naturaleza del pecado, y presenta la perversidad no solo como una inmoralidad personal, sino más bien como un mal sistémico e injusticia social (véase especialmente el capítulo 18). En cuanto a esto, generalmente se reconoce que Apocalipsis ofrece la crítica política más prolongada de una «sociedad enemiga de Dios» cuando usa su poder para esclavizar a otros, cuando llega a ser próspera haciendo a otros pobres, cuando se deleita en la adulación de sí misma, o cuando llega a ser arrogante en cuanto a la justicia, ignorando el

mal sistémico: el mal que surge de, o se manifiesta en las estructuras dentro de la sociedad humana, supone una dimensión corporativa que trasciende la maldad individual.

sufrimiento del inocente y permitiendo o perpetrando la violencia en contra del justo. Y, en un sentido básico, una sociedad enemiga de Dios es la que afirma para sí las prerrogativas de autoridad y poder que solo le pertenecen a Dios.

El juicio de Dios

Apocalipsis describe a la sociedad humana bajo el juicio de Dios, que es inminente, final y absoluto. A los lectores se les asegura que cualquier problema que les venga a los que desprecian la corrupción de este mundo será de consecuencia mínima, comparado con este juicio divino; su experiencia actual de tribulación temporal demostrará ser nada, comparada con lo que los ángeles de Dios distribuyan. Esto, entonces, es la crisis real, lo cual requiere su completa atención. Las visiones de Apocalipsis alertan a los creyentes de esta verdadera crisis, para que no comprometan su fidelidad de maneras que podrían librarlos de problemas menores hoy día, solo para garantizarles un juicio más severo de Dios en el futuro cercano.

Dios controla el futuro

Apocalipsis no solo expone la corrupción del mundo y sus sistemas de poder; también retira el velo del cielo para revelar quién está verdaderamente en control de la historia. Al hacerlo, provee una proclamación final de confianza y esperanza. Solo Dios es el Señor de la historia, por lo que las fuerzas del mal no prevalecerán. El sufrimiento es solamente temporal, porque Dios está preparando un mundo nuevo en el que toda aflicción e injusticia desaparecerán: Dios morará con el pueblo de Dios y «enjugará toda lágrima de los ojos. Ya no habrá

Cuadro 30.5

Las uvas de la ira

¿Se ha preguntado alguna vez acerca del título de la novela de John Steinbeck de 1939, *The Grapes of Wrath* [Las uvas de la ira]? El libro trata de las dificultades de los agricultores arrendatarios durante la Gran Depresión, pero ¿qué exactamente son «las uvas de la ira»?

El título del libro fue inspirado en una línea de «The Battle Hymn of the Republic [El himno de batalla de la República]», compuesto por la abolicionista Julia Ward Howen en 1861:

Mis ojos han visto la gloria de la venida del Señor: está aplastando la viña donde se guardan las uvas de la ira.

Pero esa línea en sí tiene poco sentido, a menos que uno se dé cuenta de que es una alusión a Apocalipsis 14:19:

El ángel pasó la hoz sobre la tierra, recogió las uvas y las echó en el gran lagar de la ira de Dios.

El versículo bíblico describe el juicio divino impartido sobre los que han oprimido y explotado a otros: ellos mismos serán oprimidos por el ángel vengador de Dios. La visión del día de juicio como una cosecha final horrible trae a la memoria las palabras de Jesús en Mateo 13:24-30, 36-43.

muerte, ni llanto, ni lamento ni dolor» (21:4). En efecto, Apocalipsis no solo predice que esto ocurrirá; también afirma que esta victoria sobre el mal ya se ha obtenido a través de la muerte y resurrección de Jesucristo (5:9-10). La verdad que este libro revela es que lo que está ocurriendo en la tierra actualmente y lo que pronto se llevará a cabo no son sino el desarrollo de acontecimientos para los cuales ya se ha determinado el resultado final. Aquellos a quienes Jesús ha amado y ha liberado de sus pecados con su sangre (1:5) son capaces de presenciar el desarrollo de tiempos preocupantes sin rendirse a la desesperación, porque saben cómo termina la historia. La iglesia, por consiguiente, llega a ser una comunidad de profetas (19:10; 22:9), con poder para hablar y vivir para aquel que, como saben, ya está gobernando en el cielo.

Adoración

Finalmente, Apocalipsis responde la pregunta «¿Quién es digno de alabanza?». Ningún poder terrenal, independientemente de lo grande que sea, sino solo Dios y el Cordero son dignos de recibir «el poder, la riqueza y la sabiduría, la fortaleza y la honra, la gloria y la alabanza» (5:12; cf. 4:11). Por esa razón, todo el libro de Apocalipsis está enlazado con cantos de adoración e himnos de alabanza (1:5-6; 4:8, 11; 5:9-14; 7:10-12; 11:15-18; 12:10-12; 15:3-4; 16:5-7; 19:1-8). A pesar de su descripción lúgubre de la injusticia en un mundo corrupto, Apocalipsis sigue siendo un libro optimista. En el análisis final, es una invitación irónica al gozo.

Conclusión

El libro de Apocalipsis frecuentemente ha creado problemas para los teólogos de la iglesia, quienes no siempre han sabido cómo interpretarlo. Fue el único libro del Nuevo Testamento del que Juan Calvino no escribió un comentario. Y Martín Lutero admitió libremente: «Mi espíritu no se puede acomodar a este libro». Aun así, ha sido un regalo para los artistas y poetas. Pieter Bruegel, William Blake, Salvador Dalí e innumerables otros han sido inspirados por su simbolismo fantástico, y ningún otro libro del Nuevo Testamento ha contribuido tan generosamente a la himnodia y liturgia de la iglesia. A un nivel insensatamente popular, sigue alimentando todo, desde literatura barata, óperas de *rock* cristiano, hasta películas de terror de Hollywood. Apocalipsis ha demostrado ser un libro que dispara la imaginación, que lleva a los lectores más allá de sí mismos. Expande nuestros horizontes, espacial y temporalmente: viajamos de la tierra al cielo, y del presente al futuro, siempre sin saber exactamente qué significa la experiencia, excepto que Dios, aquí en el libro final de la Biblia, como en todas las cosas, tiene la última palabra.

Glosario

a. e. c. abreviatura que significa «antes de la era común»; en los estudios académicos a. e. c. se usa típicamente para fechas en lugar de a. C. («antes de Cristo»).

Abba palabra aramea para «Padre» que Jesús usa, por lo que algunos de sus seguidores la emplean (Gá. 4:6).

acertijo sinóptico/problema sinóptico el interrogante de la relación literaria entre los Evangelios sinópticos, por ejemplo, cuáles usan uno o más de los otros como fuente.

actos del mismo sexo término ambiguo que se puede referir a actos en los que participaban los homosexuales, o a actos sexuales en los que participaban personas del mismo sexo, independientemente de que fueran homosexuales.

actos homosexuales término que, cuando se usa precisamente se refiere a los actos sexuales en los que participan los homosexuales, pero cuando se usan de manera imprecisa se puede referir a actos sexuales en los que participan las personas del mismo sexo, independientemente de que sean homosexuales. Véase «actos del mismo sexo».

acueducto conducto artificial para llevar agua desde una distancia, generalmente por medio de la gravedad.

ad hominem atacar el carácter del oponente en lugar de tratar sus argumentos.

adivinación cualquier práctica usada para discernir la voluntad de los seres divinos o para predecir el futuro.

agüero campo de la ciencia o brujería dedicado a discernir el futuro, específicamente a través de la observación de aves; el término también se usa más generalmente para referirse a la adivinación por otros medios (oráculos, médiums, observación de estrellas, etc.).

alegoría una clase de lenguaje figurado en el que los elementos o personajes que forman una historia denotan conceptos u otros entes en el mundo real; por ejemplo, la parábola del sembrador es una alegoría porque la semilla simboliza la palabra de Dios y los cuatro tipos de terreno simbolizan las distintas personas que escuchan la palabra de Dios.

amanuense secretario o escriba cualificado que escribe cartas para otras personas.

amilenialismo la creencia o doctrina de que Cristo regresará sin ningún milenio literal: sus santos fieles experimentarán una victoria espiritual (simbolizada en Apocalipsis como un triunfo equivalente a un reinado de mil años).

análisis de la composición el estudio de cómo las unidades están organizadas en un libro particular, orden o ubicación, secuencia y arreglo estructural.

análisis de la enmienda el estudio de las alteraciones que el autor probablemente hacía al texto fuente, adiciones, omisiones y otros cambios que revelan las prioridades y preferencias del autor.

anciano un tipo de líder de la iglesia primitiva, cuyo nivel de autoridad y obligaciones exactas probablemente variaban en distintos contextos. Véase «obispo»; «diácono».

animismo creencia en la existencia de espíritus que pueden poseer a las personas, animales y otros entes (árboles, arroyos, rocas, etc.).

anticristo en un sentido general, cualquiera que se opone a Cristo y sus seguidores (1 Jn. 2:18); específicamente, un enemigo final de Cristo que aparecerá al final de los tiempos.

antítesis seis declaraciones de Jesús en Mateo 5:21-48 en las que declara su propia opinión de y en contra de lo que la gente «ha oído y dicho».

antropología cultural disciplina académica que busca entender una cultura (y su literatura) por medio de la comparación con lo que se sabe de otras culturas.

apocalipticismo la cosmovisión religiosa que combina una perspectiva dualista radical (distinción clara entre el bien y el mal) con una perspectiva de la historia determinista (la idea de que todo se desarrolla de acuerdo a un plan divino).

apócrifos libros del Antiguo Testamento cuya condición como Escrituras se disputa entre los cristianos protestantes, católicos y ortodoxos orientales; en su mayor parte, son escritos que fueron incluidos en la Septuaginta pero no en la Biblia hebrea.

apostasía el abandono o renuncia de la fe religiosa.

apóstol «uno que es enviado» (*apostolos*); se usa para ciertos líderes entre los primeros seguidores de Jesús, especialmente los doce discípulos y Pablo. Véase «discípulo».

apostólico, ca que tiene que ver con los primeros seguidores de Jesús o del apóstol Pablo; los escritos apostólicos fueron producidos por personas que conocieron a Jesús o Pablo (o, por lo menos, escritos que están en línea con el pensamiento de esas personas).

arameo idioma semítico, similar al hebreo, que fue la lengua natal de Jesús y de muchos otros judíos que vivían en Palestina durante el período del Nuevo Testamento.

Areópago montaña de Atenas donde Pablo predicó a los filósofos paganos, según Hechos 17:16-34.

arqueología el estudio de la historia y prehistoria humana a través de la excavación de lugares y el análisis de artefactos y otros restos físicos.

ascensión el acontecimiento en el que Jesucristo dejó la tierra física y ascendió al cielo, como se narra en Lucas 24:50-51 y Hechos 1:9.

asceta estricto o severo religiosamente, en especial en cuanto a la abnegación o renuncia de los placeres mundanos.

asmoneos gentilicio de los rebeldes judíos que dirigieron una revuelta exitosa en contra de los sirios en 167 a. e. c. Véase «macabeos».

asunto pastoral el bienestar físico, emocional y espiritual de las personas por las que alguien se siente responsable.

atar (una ley) discernir la voluntad de Dios al determinar que un mandamiento se aplica a una situación que no trata explícitamente.

auténtico, ca en las discusiones de autoría, «no pseudoepigráfico», es decir, escrito por la persona a quien se le atribuye una obra.

autor seudónimo autor que usa un seudónimo (nombre ficticio); el autor de un escrito pseudoepigráfico.

autoría de aprendiz la situación en la que el autor muere y las personas que han sido autorizadas previamente a hablar por ese autor siguen haciéndolo al producir materiales bajo el nombre del autor.

autoría delegada situación en la que el autor describe el contenido básico de un escrito proyectado a un amanuense, quien entonces produce el escrito para que el autor lo apruebe.

autoría literal situación en la que el autor produce un documento al escribirlo literalmente con sus propias manos.

autoría póstuma la situación en la que el autor termina o produce una composición que un mentor tenía la intención de escribir, y la envía póstumamente a nombre del autor.

autoridad apostólica en las cartas de Pablo, la afirmación de que el autor tiene el poder y la responsabilidad de instruir, exhortar y disciplinar a las personas que fueron llevadas a la fe a través de su ministerio.

Ave María la oración o himno clásico que se usa en la iglesia católica romana; sus palabras se basan en la aclamación de María por parte de Elisabet en Lucas 1:42-45.

banquete de amor término que se usa para la Santa Cena en la iglesia primitiva. Véase Judas 12.

bautismo rito religioso que involucra el lavamiento simbólico con agua; a veces significa arrepentimiento, purificación o aceptación en la comunidad del pueblo de Dios.

Beelzebú versión levemente corrupta del nombre hebreo para un dios filisteo (1 R. 1:2); el término se usa como otro nombre para Satanás en el Nuevo Testamento (Mt. 10:25; 12:24).

bendición buenos deseos que se expresan frecuentemente en la conclusión de un documento o servicio de adoración.

Benedictus himno que se encuentra en Lucas 1:67-79, que expresa las palabras de Zacarías al oír que sería el padre de Juan el Bautista.

benefactor en una relación de patrón-cliente, la parte poderosa que da beneficios a otros y a quien se le debe servicio, lealtad y gratitud.

beso santo saludo ritual que se practicaba en las liturgias cristianas primitivas, en las que los hombres y las mujeres se besaban en los labios (como era común), no solo las personas del mismo sexo, sino también las personas de otro sexo, con la idea de que todos los creyentes eran hermanos y hermanas en Cristo.

bien limitado en economía, la creencia de que el dinero y las cosas que el dinero puede comprar son finitas, hasta el punto de que la adquisición de riqueza o recursos de algunos requiere de disminución de recursos de otros.

bienaventuranza cualquier declaración de bendición divina (aunque el término ha llegado a estar asociado más específicamente con las bendiciones dadas por Jesús en Mt. 5:3-12 y Lc. 6:20-23).

Bienaventuranzas las bendiciones que Jesús dio en Mateo 5:3-13 y Lucas 6:20-23.

Boanerges «hijos del trueno» en arameo; el sobrenombre que Jesús les puso a dos de sus discípulos, los hermanos Jacobo y Juan (Mr. 3:17).

canon literalmente «regla» o «estándar»; usado por los grupos religiosos para referirse a un listado autoritativo de libros que son aceptados oficialmente como Escrituras.

cartas (epístolas) generales siete cartas que tradicionalmente se cree que fueron escritas a la iglesia «en general», y no a congregaciones individuales específicas: Santiago, 1 Pedro, 2 Pedro, 1 Juan, 2 Juan, 3 Juan, Judas. También se les llama las «cartas (epístolas) católicas».

cartas (epístolas) católicas Véase «cartas (epístolas) generales».

cartas (epístolas) de la prisión las cinco cartas atribuidas a Pablo que se dice que fueron escritas desde la cárcel: Efesios, Filipenses, Colosenses, 2 Timoteo, Filemón. También se las llama «cartas (epístolas) del cautiverio».

cartas (epístolas) del cautiverio Véase cartas de la prisión.

cartas (epístolas) pastorales las tres cartas dirigidas a los tres colegas de Pablo, a quienes se les confió el liderazgo pastoral de las iglesias: 1 Timoteo, 2 Timoteo, Tito.

cartas auténticas (de Pablo) las siete cartas atribuidas a Pablo que casi todos los eruditos del Nuevo Testamento afirman que en realidad fueron escritas por él: Romanos, 1 Corintios, 2 Corintios, Gálatas, Filipenses, 1 Tesalonicenses, Filemón.

cartas deuteropaulinas cartas atribuidas a Pablo que se cree que fueron escritas después de la muerte de Pablo, por personas que se creían cualificadas para dirigirse a la iglesia a nombre de Pablo, también se les llama las «cartas discutidas de Pablo».

cartas discutidas de Pablo las seis cartas atribuidas a Pablo que muchos eruditos del Nuevo Testamento creen que son pseudepigráficas: Efesios, Colosenses, 2 Tesalonicenses, 1 Timoteo, 2 Timoteo, Tito; también llamadas las «cartas deuteropaulinas».

católico, ca «general» o «universal»; en los estudios religiosos, la frase «iglesia católica» no se refiere a la Iglesia Católica Romana, sino más bien a los cristianos de todo el mundo.

Cefas palabra aramea que significa «roca», la forma griega de la cual es «Pedro»; el sobrenombre que Jesús le puso a Simón, uno de sus discípulos.

centurión oficial del ejército romano, típicamente a cargo de cien soldados.

cinismo el sistema filosófico que hacía énfasis en la autenticidad radical, el repudio de la vergüenza, la sencillez en el estilo de vida y el deseo de poseer solo lo que se obtiene natural y gratuitamente.

circuncisión el procedimiento quirúrgico que retira el prepucio del pene; en la tradición judía, el rito se ve como una señal del pacto que Dios hizo con Israel.

clero líderes que son ordenados oficialmente o que están autorizados para realizar funciones religiosas.

cliente en una relación de patrón-cliente, la persona que carece de poder, de quien se espera que responda al benefactor con gratitud, lealtad y servicio.

códigos de pureza reglas derivadas de la Torá que especificaban lo que era «puro» o «impuro» para el pueblo judío, y les permitía vivir de maneras que los marcaría como distintos de la población general.

colecta para Jerusalén esfuerzo de recaudación de fondos dirigido por el apóstol Pablo entre los creyentes gentiles a favor de los creyentes judíos en Jerusalén (véase Hch. 11:29-30; 24:17; Ro. 15:25-27; 1 Co. 16:1-4; 2 Co. 8-9; Gá. 2:10).

comida de ídolos comida disponible para consumir, que se había usado en un sacrificio a un dios o ídolo pagano; en la sociedad romana, esto incluía mayormente comida que se vendía en el mercado.

concilio apostólico la reunión de líderes de la iglesia primitiva para discutir la aceptación de gentiles a la nueva comunidad de fe (Hch. 15); también llamado «concilio de Jerusalén».

concilio de Jerusalén reunión de líderes de la iglesia primitiva para discutir la aceptación de gentiles en la nueva comunidad de fe (Hch. 15); también llamado «concilio apostólico».

credo declaración confesional que resume los artículos cruciales de la fe.

Cristo «el ungido»; el hombre conocido como «Jesús el Cristo» finalmente llegó a ser llamado simplemente «Jesucristo». Véase «Mesías».

Cristo cósmico el entendimiento exaltado del Cristo resucitado como creador y soberano del universo.

Cristo crucificado el foco principal de la predicación de Pablo según 1 Corintios 1:22-24; 2:1-2; la frase parece ser abreviatura de lo que los teólogos llaman la «teología de la cruz» (*theologia crucis*).

cristología la rama de la teología que se enfoca en la persona y la obra de Jesucristo, que se entiende como una figura divina eterna. Véase «Estudios del Jesús histórico».

crítica de la narración el enfoque académico que se basa en el análisis de la literatura moderna, para determinar los efectos que se espera que las historias bíblicas tengan en sus lectores.

crítica de la recepción el acercamiento académico que se enfoca en cómo los lectores pueden entender los textos, quienes los usan en distintos contextos.

crítica de la redacción el acercamiento académico que trata de discernir las intenciones de los autores al analizar cómo organizaron y editaron los textos fuente.

crítica de las formas método académico que intenta clasificar los materiales literarios por tipo o género, e identificar los propósitos para los cuales esos materiales fueron generalmente destinados.

crítica de las fuentes enfoque académico que trata de identificar y a veces reconstruir los materiales que los autores bíblicos usaron para componer sus documentos.

crítica feminista el enfoque académico que busca entender los textos desde una perspectiva feminista.

crítica histórica ampliamente, estudio académico que trata con los asuntos pertinentes a la composición histórica de un escrito (autor, fecha y lugar de escritura, audiencia proyectada, etc.); cada vez más, el término se usa más precisamente para referirse a las investigaciones concernientes a lo que se puede verificar como datos históricos auténticos, de acuerdo a criterios aceptados de ese análisis.

crítica ideológica el campo de estudio académico que explora cómo se entienden los textos cuando se leen desde perspectivas ideológicas particulares (p. ej., feminista, evangélica, jungiana, marxista).

crítica mujerista el enfoque académico que busca entender los textos desde la perspectiva de las mujeres latinoamericanas.

crítica poscolonial el campo del estudio académico que busca leer textos desde la perspectiva de la gente marginada y oprimida.

crítica retórica el acercamiento académico que se enfoca en las estrategias empleadas por los autores bíblicos para cumplir propósitos particulares.

crítica sociológica acercamientos académicos que se basan en las ciencias sociales para analizar documentos del Nuevo Testamento a la luz de los fenómenos que caracterizaban al mundo social en el que se produjeron.

crítica textual el estudio académico de los manuscritos disponibles que intenta determinar la interpretación más confiable de un documento, para el cual no se ha conservado un original.

crucifixión forma romana de ejecución por la que a la persona condenada se le sujetaba a una estaca de madera y se le dejaba que tuviera una muerte lenta y tortuosa.

cuestiones confesionales asuntos de fe pertinentes a grupos o denominaciones religiosos particulares.

declaraciones confesionales declaraciones sobre asuntos de fe pertinentes a grupos o denominaciones religiosos particulares.

deconstrucción método empleado por los críticos bíblicos posmodernos para demostrar que las interpretaciones de los textos se basan en los criterios subjetivos y, de esa manera, no poseen una pretensión intrínseca de autenticidad.

Demiurgo en el gnosticismo, la deidad mala, o por lo menos inferior, responsable de crear el mundo con la materia.

demonio espíritu malo (o «impuro»), capaz de poseer a las personas y de incapacitarlas con alguna clase de enfermedad o incapacidad. Véase «exorcismo».

denario moneda romana de plata, igual al típico salario por un día de trabajo.

desatar (una ley) discernir la voluntad de Dios al determinar que un mandamiento, en tanto que sea válido, no se aplica a una situación en particular.

diácono tipo de líder de la iglesia primitiva, cuyas obligaciones exactas no son claras; la palabra significa «uno que sirve» (*diakonos*), y a veces se usaba para un mesero. Véase «obispo»; «anciano».

día de reposo día de la semana apartado para adoración y descanso del trabajo normal; para los judíos, el día de reposo es el último día de la semana (sábado); para la mayoría de los cristianos es el primer día (domingo).

diáspora judíos que vivían fuera de Palestina; también «dispersión».

Diatessaron armonía de los Evangelios producida por el cristiano sirio del siglo II Tatiano; combinaba material de los cuatro Evangelios en una narración continua, y eliminaba la necesidad de evangelios separados.

diatriba estrategia retórica que se deriva de la filosofía griega, en la que un autor argumenta con un oponente imaginario proponiendo objeciones y luego respondiéndolas.

Dichos de «Yo soy» pasajes en el Evangelio de Juan en los que Jesús se describe a sí mismo con metáforas (6:35, 51; 8:12; 9:5; 10:7, 9, 11, 14; 11:25; 14:6; 15:1, 5).

dictado situación en la que el autor dicta un escrito casi palabra por palabra a un amanuense.

Diolkos camino pavimentado cerca de Corinto en el período romano, por el que podían desplazar las embarcaciones sobre tierra entre los mares Adriático y Egeo.

discípulo «uno que aprende» (*mathētēs*); usado ampliamente para cualquiera que sigue a Jesús, y más específicamente para alguien que pertenece al grupo elegido de seguidores íntimos (los «doce discípulos»). Véase «apóstol».

discípulo amado seguidor de Jesús no identificado, cuyo testimonio escrito se dice que fue incorporado al Evangelio de Juan (21:20, 24); la tradición ha asociado a esta persona con el apóstol Juan, uno de los doce discípulos de Jesús.

discurso de despedida en el Evangelio de Juan, el discurso final que dio Jesús la noche de su arresto (capítulos 13-16).

discurso de la comunidad el discurso de Jesús de Mateo 18 que trata de la vida en la iglesia, el perdón y la disciplina.

discurso de las parábolas discurso de Jesús en Mateo 13, que consiste principalmente en parábolas y trata de misterios del reino del cielo.

discurso escatológico discurso que Jesús dio en Mateo 24-25 que trata del fin de los tiempos, la segunda venida y el juicio final.

discurso misionero el discurso de Jesús de Mateo 10 que trata de la misión, persecución y fidelidad radical.

dispersión típicamente, judíos (incluso los cristianos judíos) que vivían fuera de Palestina (sinónimo de «diáspora»), pero 1 Pedro parece que aplica el término a los gentiles.

docetismo la creencia de que Jesús en realidad no era un ser humano sino solo parecía serlo.

doctrina la creencia o conjunto de creencias reconocidas que una iglesia cree y enseña.

Domingo de Ramos el día, una semana antes de la Pascua, en el que Jesús entró a Jerusalén montado en un burro, para la aclamación de las multitudes que agitaban palmas (véase Jn. 12:12-15).

dominios seres espirituales poderosos (Ef. 1:21; Col. 1:16).

dones espirituales manifestaciones del Espíritu Santo activadas por Dios en las vidas de las personas para el bien común.

dos naturalezas de Cristo la doctrina cristiana de que Jesucristo era de manera simultánea completamente divino y completamente humano.

doxología himno o grupo de palabras que expresa alabanza a Dios.

dualismo la tendencia de separar los fenómenos en categorías notablemente opuestas, con poco espacio para algo en medio (p. ej., considerarlo todo ya sea como «bueno» o «malo»).

e. c. abreviatura que significa «era común»; en los estudios académicos, e. c. se usa típicamente para las fechas en lugar de d. C. («después de Cristo»).

echar suertes práctica semejante a una «lotería», que se usaba para elegir a una persona para determinada tarea: las «suertes» eran piedras marcadas, similares a los dados (véase Hch. 1:26).

eclesiología creencias e ideas acerca de la naturaleza y función de la iglesia, o de la comunidad cristiana en general.

edad apostólica el período entre la crucifixión de Jesús y las muertes de sus primeros seguidores.

edad posapostólica el período relacionado con la primera o segunda generación, después de las muertes de los primeros seguidores de Jesús.

elección en teología, la noción o doctrina de que la gente puede ser elegida por Dios para salvación o algún destino predeterminado.

elegidos, los aquellos que Dios escogió, predestinados para la salvación o para algún propósito especial.

Emanuel nombre hebreo que significa «Dios con nosotros»; se usó por primera vez en Isaías 7:14, y posteriormente se aplicó a Jesús en Mateo 1:23. A veces se escribe como «Imanuel».

encarnación la doctrina cristiana de que Dios llegó a ser humano en la persona de Jesucristo.

epicureanismo sistema filosófico que hacía énfasis en el libre albedrío, el destino cuestionable, y animaba la obtención del verdadero placer, a través de la evasión de la ansiedad, la concentración en el presente y el disfrute de todas las cosas con moderación.

epifanía manifestación de la divina verdad o presencia.

escatología estudio o enfoque en las «últimas cosas», como el regreso de Cristo, el juicio final, u otros fenómenos asociados con el fin de los tiempos.

escatología realizada la creencia de que las bendiciones y los beneficios típicamente asociados con el fin de los tiempos se pueden experimentar como una realidad presente.

escribas profesionales judíos hábiles para enseñar, copiar e interpretar la ley judía; estrechamente relacionados con los fariseos.

escritos deuterocanónicos término que usan principalmente los católicos romanos, con referencia a once de los quince libros que los protestantes llaman «apócrifos»; los libros son, de ese modo, considerados como un «canon secundario», parte de las Escrituras, pero distintos de los escritos del Antiguo y del Nuevo Testamento.

Escrituras los escritos sagrados de una religión, se cree que fueron inspiradas por Dios y se consideran como autoritativas para la fe y práctica.

esenios judíos ascetas, separatistas que vivían en comunidades privadas; probablemente debe identificárseles con el grupo que vivió en Qumrán y conservó la biblioteca de manuscritos conocidos como los Rollos del Mar Muerto.

espíritu inmundo demonio, ser espiritual que habita en las personas y las hace estar enfermas o discapacitadas.

espíritus elementales del universo término genérico para los seres espirituales poderosos (Col. 2:8, 20).

estoicismo sistema filosófico que hacía énfasis en la obtención de virtud a través de la aceptación del destino, con base en la noción de que todas las cosas son predeterminadas y que hay lógica para todo lo que transpira en el universo.

estudios del Jesús histórico la rama de la investigación histórica que se enfoca en la vida y obra del hombre Jesús, hasta el punto de que esto pueda reconstruirse con las fuentes disponibles. Véase «cristología».

eucaristía de una palabra griega que significa «acción de gracias»; la comida ritual que practican los cristianos de una manera que conmemora la última cena con sus discípulos; también llamada «Santa Cena» y «Sagrada Comunión».

eunuco hombre castrado; frecuentemente un devoto religioso (Mt. 19:12) o sirviente de una corte real (Hch. 8:27).

evangélico, ca relativo, o de acuerdo al evangelio cristiano y sus enseñanzas.

Evangelio de señales según algunas teorías, un libro desaparecido que contiene historias de milagros numeradas que pudieron haber servido como fuente para el Evangelio de Juan.

evangelio literalmente «buena noticia» (*evangelion*); la palabra se usó primero para describir el contenido esencial de la proclamación cristiana y, posteriormente, se les aplicó a los libros que presentan relatos semibiográficos de Jesús («los Evangelios»).

Evangelios sinópticos los Evangelios de Mateo, Marcos y Lucas, así llamados por su contenido traslapado que permite que se vean como libros que dan relatos paralelos.

evangelista en los estudios del Nuevo Testamento, el autor de cualquiera de los cuatro Evangelios: Mateo, Marcos, Lucas y Juan son los cuatro evangelistas.

excomunión la práctica de expulsar a las personas incorregibles de la iglesia, llamadas así porque a la persona excluida ya no se le permite tener comunión, participar de la Santa Cena.

exégesis el estudio académico de la Biblia con énfasis en la explicación de los textos usando diversos métodos académicos (llamados «métodos exegéticos»).

exhortación pastoral consejo motivado por el interés en el bienestar físico, emocional y espiritual de las personas por las que alguien se siente responsable.

exiliados en la historia israelita, las personas judías que pasaron cincuenta años en Babilonia, después de que fueron deportadas de su tierra natal en 587 a. e. c. y antes de que a ellos (o a sus descendientes) se les permitiera regresar en 537 a. e. c.

exorcismo la acción de expulsar un demonio de una persona o cosa, por consiguiente, se libera al ente poseído del control o influencia del espíritu maligno o impuro.

expiación Limpieza o extracción de la contaminación, se usa en la discusión de *expiación* para describir los efectos de la muerte de Cristo, como el cubrimiento o retiro del pecado humano. Véase «propiciación».

falsificación situación en la que los autores producen escritos bajo el nombre de una persona prominente, para presentar a esa persona como seguidora de sus propias ideas.

fariseos uno de los principales grupos judíos, activos durante el período del Segundo Templo; los fariseos estaban generalmente relacionados con sinagogas y le daban un gran valor a la fidelidad a la Torá; la mayoría de los rabinos y muchos escribas eran fariseos.

fe (como verbo) a veces, una fuerte creencia en Dios o en las doctrinas religiosas; más frecuentemente, la orientación de completa confianza y seguridad en Dios que transforma la vida y el ser.

fertilidad la habilidad de producir descendencia; se usa con los humanos capaces de concebir hijos, o con los campos capaces de producir cosechas.

ficticio semejante a la ficción; se dice que los Evangelios son «narraciones ficticias» porque aún cuando narran acontecimientos históricos, lo hacen en un estilo literario que se relaciona más de cerca con la ficción.

filacteria una pequeña caja que contenía textos de las Escrituras que los judíos piadosos portaban en la frente o en el brazo izquierdo, como obediencia a Éxodo 6:8; 11:18.

filosofía posmoderna el enfoque relativista a la vida y pensamiento que niega los absolutos y la objetividad.

fragmento muratoriano el documento de la última parte del siglo II que enumera qué escritos del Nuevo Testamento eran considerados Escrituras en esa época.

fruto del Espíritu nueve características morales que Pablo enumera en Gálatas 5:22-23, y sostiene que el Espíritu de Dios las produce en el creyente: amor, alegría, paz, paciencia, amabilidad, bondad, fidelidad, humildad y dominio propio.

fuente Q según la hipótesis de dos fuentes, la colección desaparecida de los dichos de Jesús que se usó como fuente para los Evangelios de Mateo y Lucas.

gematría la práctica de asignarle un valor numérico a una palabra o frase al sumar los valores de las letras individuales; esto funciona en hebreo y griego, donde las letras del alfabeto también pueden ser números.

género tipo o forma de literatura (p. ej., poesía, carta, narrativa).

gentil persona que no es judía.

Getsemaní el lugar de un huerto en el monte de los Olivos, justo en las afueras de Jerusalén; el lugar donde Jesús fue arrestado (Mr. 14:32-52; Jn. 18:1-14).

Gloria in Excelsis el himno litúrgico que se usa en muchas iglesias, con base en el canto del ángel de Lucas 2:14.

glorificación el entendimiento de la actividad salvadora de Dios, según la cual, a través de Cristo, la gente comparte en la gloria de Dios (Ro. 8:18, 21, 30; 1 Ts. 2:12).

glosolalia Véase «hablar en lenguas».

gnosticismo movimiento o perspectiva religiosa que consideraba el «espíritu» como fundamentalmente bueno y la «materia» como fundamentalmente mala.

Gólgota palabra aramea que significa «calavera»; el nombre del lugar donde Jesús fue crucificado.

gracia el favor gratuito e inmerecido de Dios, como se manifiesta en la salvación de pecadores y el otorgamiento de las bendiciones no merecidas.

Gran Comisión nombre tradicional otorgado a las palabras finales del Evangelio de Mateo, donde Jesús les dice a sus discípulos que vayan a hacer discípulos de todas las naciones y les promete estar con ellos siempre (Mt. 28:18-20).

gran omisión en los estudios de Lucas, la referencia a Marcos 6:45-8:20, que no tiene paralelo en el Evangelio de Lucas. Véase «pequeña omisión».

hablar en lenguas el fenómeno por el que el Espíritu capacita a una persona para que hable en idiomas conocidos que el hablante no ha aprendido nunca (p. ej., Hch. 2:4-8), o en idiomas extáticos, incomprensibles para cualquiera que no posee el don de interpretación (p. ej., 1 Co. 14:26-28). También llamado «glosolalia».

Hades el inframundo, o lugar donde moran los muertos; en el Nuevo Testamento, a veces parece ser sinónimo del infierno.

Haustafel término alemán (plural, *Haustafeln*) que se usa frecuentemente en los estudios bíblicos para la «tabla del hogar», de responsabilidades en la familia (véase Ef. 5:21-6:9; Col. 3:18-4:1; 1 Ti. 2:8-15; 5:1-2; 6:1-2; Tit. 2:1-10; 1 P. 2:13-3:7).

hechos proféticos exhibiciones públicas poco convencionales con el propósito de revelar algo que Dios desea comunicar.

helenismo conjunto de ideales que caracterizaban la cultura, costumbres, filosofía y modos de pensamiento griegos y romanos.

helenista afectado por el helenismo, es decir, la influencia de la cultura, costumbres, filosofía y modos de pensamiento griegos y romanos. Por ejemplo, se decía que la gente judía estaba «helenizada» cuando adoptaba las costumbres grecorromanas o llegaba a creer proposiciones derivadas de la filosofía griega.

herejía falsa enseñanza, o enseñanza que no se conforma a los estándares de una comunidad religiosa.

hermenéutica reflexión filosófica sobre el proceso de la interpretación bíblica, incluso la consideración de cuál debería ser la meta de la interpretación, de las distintas maneras en las que se podrían considerar los pasajes bíblicos como significativos y otras formas en las que se les atribuye autoridad a los textos bíblicos.

herodianos seguidores de Herodes; en el Nuevo Testamento, el término probablemente se refiera a un partido judío que favorecía al gobernante romano.

himno colosense el pasaje poético de Colosenses 1:15-20 que exalta a Cristo como la imagen del Dios invisible, el gobernante del universo y el que reconcilia todas las cosas en el cielo y en la tierra.

himno de Cristo el pasaje poético de Filipenses 2:6-11 que describe a Cristo como el que era en forma de Dios, pero que se humilló a sí mismo para llegar a ser humano y morir en una cruz.

hipótesis de dos Evangelios solución minoritaria al acertijo/problema sinóptico, que sugiere que Mateo fue escrito primero, Lucas usó Mateo y Marcos usó tanto Mateo como Lucas (eliminando la necesidad de la fuente Q). También se le llama la «hipótesis de Griesbach».

hipótesis de dos fuentes la propuesta dominante que ofrece una solución al acertijo/problema sinóptico: Marcos fue escrito primero, Mateo y Lucas hicieron uso de una copia de Marcos, y también cada uno hizo uso de una fuente desaparecida, llamada Q. Véase «hipótesis de las cuatro fuentes».

hipótesis de Griesbach Véase la «hipótesis de dos Evangelios».

hipótesis de las cuatro fuentes variación de la hipótesis de las dos fuentes, que sugiere que tanto Mateo como Lucas no solo hicieron uso de Marcos y Q, sino que también usaron separadamente texto fuente llamado «M» y «L».

historia de pronunciamiento en los Evangelios, la anécdota que se crea para conservar la memoria de algo que Jesús dijo.

historiografía «el escrito de la historia», una obra escrita que da una particular representación de la historia.

hombre de maldad, el según 2 Tesalonicenses, el enemigo supremo de Cristo que aparecerá al fin de los tiempos (2:3-12), posiblemente ha de identificarse con el anticristo de 1 Juan 2:18 (cf. 1 Jn. 2:22; 4:3; 2 Jn. 7) o con la bestia de Apocalipsis 11:7; 13:1-18.

honor la condición positiva que uno tiene a los ojos de las personas que uno considera importantes. Véase «vergüenza».

humildad la cualidad de buscar conscientemente lo que es mejor para otros y no lo que es mejor para uno mismo.

ideas apocalípticas ideas influenciadas por un pronóstico pesimista para el mundo en general, combinadas con una perspectiva optimista de un remanente favorecido, que será rescatado del mundo maligno a través de algún acto inminente de intervención divina.

imágenes paganas imágenes relacionadas con la gente a la que los judíos y cristianos consideraban como paganos (gentiles no convertidos).

Imanuel Véase «Emanuel».

inclusio recurso literario en el que se usan expresiones paralelas al principio y al final de una unidad literaria.

inmortalidad del alma la idea de la filosofía griega de que cada persona tiene un alma que sigue viviendo después de que su cuerpo muere.

insula edificio común en las ciudades romanas, en el que el piso de arriba consistía en una vivienda y el piso de abajo en tiendas que se abrían hacia la calle.

intercalación recurso literario en el que una historia o narración está insertada en medio de otra.

intercesión divina el concepto o doctrina de que el Jesús resucitado (que ahora está en el cielo) ora a Dios por los seres humanos.

Janucá festival judío de ocho días que conmemora la rededicación del templo judío en 164 a. e. c., después de que lo hubiera profanado Antíoco Epífanes; también se le llama «Fiesta de la Dedicación» y «Fiesta de las Luces».

Jesús antes de la Pascua el Jesús terrenal, que vivió físicamente en la tierra por algún tiempo. También se le llama «Jesús terrenal».

Jesús después de la Pascua el Jesús exaltado, que vive en el cielo e interactúa espiritualmente con sus seguidores a través de la fe. También se le llama el «Jesús exaltado».

Jesús exaltado a diferencia del «Jesús terrenal», esta es la figura divina que mora en el cielo e interactúa espiritualmente con sus seguidores a través de la fe. También se le llama «Jesús después de la Pascua».

Jesús histórico la figura de Jesús que surge de un análisis de fuentes, de acuerdo a los principios aceptados generalmente de la ciencia histórica.

Jesús terrenal a diferencia del «Jesús exaltado», este es el hombre Jesús que vivió físicamente en la tierra por algún tiempo. También se le llama el «Jesús antes de la Pascua».

judaísmo del Segundo Templo término general para la diversa cultura, práctica y creencias del pueblo judío durante el período del Segundo Templo (515 a. e. c.-70 e. c.).

judaísmo término general para los sistemas y creencias religiosas del pueblo judío; en la época de Jesús, había variedades del judaísmo, aunque todas ellas tenían ciertas ideas y prácticas fundamentales en común.

judaizante término que a veces usan los eruditos para describir a los cristianos que insistían en que los cristianos gentiles se circuncidaran y cumplieran otras prácticas que tradicionalmente habían identificado a los judíos como el pueblo del pacto de Dios.

justicia de Dios en los escritos de Pablo, la cualidad esencial de Dios que abarca justicia, fidelidad, amor y generosidad, que Dios imparte misericordiosamente a otros a través de la fe, en tanto que también los considera como ya justos en Cristo.

justificación el acto de ser colocado en una relación correcta con Dios.

justificación por fe término usado de manera intercambiable con «justificación por gracia» (dependiendo de si uno quiere hacer énfasis en la gracia del dador, o en la fe con la que se recibe el regalo).

justificación por gracia la idea o doctrina de que Dios ha actuado misericordiosamente a través de Jesucristo, de una manera que permite que la gente arregle las cosas con Dios a través de la fe (es decir, al confiar en el favor misericordioso e inmerecido de Dios).

justificación, efectiva la noción de que, debido a Cristo, Dios imparte justicia a los pecadores, y los transforma para que ellos puedan ser capaces de agradar a Dios de maneras que no serían posibles en caso contrario.

justificación, imputada la noción de que, debido a Cristo, Dios considera a las personas justas: a la gente se le considera justa aunque siga batallando y fallando para vivir como Dios quiere.

lavamiento de los pies acción de lavar los pies de otra persona que, en la iglesia cristiana primitiva llegó a ser una práctica ritual que simboliza el servicio.

legión la unidad de tres mil a seis mil soldados del ejército romano.

lenguas, hablar en Véase «hablar en lenguas».

ley «la ley de Moisés» o cualquier regulación que el pueblo judío entendía que delineaba la fidelidad a Dios en relación con el pacto que Dios había hecho con Israel.

libro de gloria la segunda mitad del Evangelio de Juan (13:1-20:31), llamado así porque trata de la última semana de la vida de Jesús, cuando el tiempo de que Jesús fuera «glorificado» había llegado (17:1).

libro de señales la primera mitad del Evangelio de Juan (1:19-12:50), llamado así porque narra historias de cosas extraordinarias que Jesús hace, que repetidamente se llaman «señales».

literatura apocalíptica el género de literatura bastante simbólico que exhibe características literarias distintivas y afirma revelar la verdad acerca del mundo, como se ve desde una perspectiva dualista y determinista. Véase «idea apocalíptica».

literatura sapiencial/tradición sapiencial materiales bíblicos y otros materiales antiguos que se enfocan en las observaciones de sentido común acerca de la vida, los ejemplos incluyen los libros de Proverbios, Job y Eclesiastés.

Logos en la filosofía griega, la palabra que se refiere a la verdad o razón suprema; en el Evangelio de Juan, el término se usa para el ente divino eterno que adquiere cuerpo para llegar a ser el Jesucristo humano (véase Jn. 1:1-4, 14; la mayoría de las Biblias en español traducen *logos* como «Palabra»).

macabeos literalmente, «martillos»; el sobrenombre que se les dio a los rebeldes judíos que dirigieron una revuelta exitosa en contra de los sirios en 167 a. e. c. Véase «asmoneo».

Magníficat himno en Lucas 1:46-55, que expresa las palabras de María al escuchar que daría a luz a Jesús.

magos astrólogos o brujos relacionados con la religión persa.

mal sistémico el mal que surge de, o se manifiesta en las estructuras dentro de la sociedad humana, supone una dimensión corporativa que trasciende la maldad individual.

mala interpretación tema literario, prominente en el Evangelio de Juan, según el cual los personajes no entienden por qué toman literalmente las palabras que tienen el propósito de que se entiendan simbólicamente.

manuscrito en los estudios bíblicos, un documento antiguo, escrito a mano, que contiene un libro o porción de la Biblia.

material L material que se encuentra solamente en el Evangelio de Lucas, lo cual significa que Lucas no lo sacó del Evangelio de Marcos, ni de la fuente Q, sino de una variedad de otras fuentes desconocidas.

material M material que se encuentra solamente en el Evangelio de Mateo, que significa que Mateo no lo sacó del Evangelio de Marcos ni de la fuente Q, sino de una variedad de otras fuentes desconocidas.

mayordomía cuidar lo que le pertenece a otro; en el cristianismo, el término frecuentemente se refiere a cuidar de la tierra, o al uso del tiempo, de los talentos o de las posesiones. Véase «mayordomo».

mayordomo la persona que cuida las cosas que le pertenecen a otra; teológicamente, los seres humanos son mayordomos de todo lo que le pertenece a Dios. Véase «mayordomía».

mención de cumplimiento una categoría de la crítica de las formas para una declaración que alguna cosa ha ocurrido para cumplir lo que fue profetizado en las Escrituras (p. ej., Mt. 2:15).

Mesías palabra aramea que significa «el ungido»; designaba a un liberador prometido y esperado del pueblo judío. Véase «Cristo».

midtribulacionismo un subconjunto del premilenialismo, según el cual habrá un rapto en algún tiempo medio de la tribulación (por lo que los fieles pueden considerar cualquier inicio de terribles calamidades como una posible señal de que el rapto está cerca).

milenio período de mil años; Apocalipsis 20:1-8 habla de un milenio durante el cual Cristo gobernará después de que Satanás haya sido derrotado.

misión gentil el esfuerzo intencional de Pablo y otros seguidores judíos de evangelizar a los no judíos, proclamando el evangelio de Cristo a los paganos y convirtiéndolos a lo que llegaría a ser conocida como la religión cristiana.

Misná colección de discusiones rabínicas en cuanto a la interpretación de la ley de Moisés; la Misná forma una parte importante del Talmud judío.

misterio en el mundo bíblico, algo escondido que puede conocerse solamente si y cuando Dios lo revela.

místicos practicantes del misticismo; la tradición cristiana en la que los creyentes buscan la unión con Dios a través de la oración y la contemplación, de una manera que trasciende la explicación intelectual.

monoteísmo la creencia de que solamente hay un Dios; comparado al «politeísmo».

movimiento del evangelio social movimiento entre los cristianos protestantes estadounidenses en la segunda mitad del siglo XIX y principios del siglo XX, que afirmaban que la fidelidad al evangelio de Jesucristo requiere de trabajo en el área de reforma social, particularmente en cuanto a las condiciones de vida entre la clase trabajadora urbana.

mundo grecorromano tierras y cultura alrededor del mar Mediterráneo durante el período de Alejandro el Grande hasta Constantino (aproximadamente 300 a. e. c. a 300 e. c.).

narración de la infancia los dos primeros capítulos, ya sea de Marcos o Lucas, que narran acontecimientos relacionados con el nacimiento y crianza de Jesús.

neōkoros «vigilante del templo»; la ciudad nombrada para ser la sede oficial del culto imperial, a cargo de las festividades y rituales que honraban y adoraban al emperador.

nivel de subsistencia estándar de vida que permite que se sobreviva, aunque sin ningún sobrante y con poco margen.

nueva creación el entendimiento de la actividad salvadora de Dios, de acuerdo a la cual, a través de Cristo, a la gente se le da vida nueva en una época nueva que ya ha comenzado (véase 2 Co. 5:17; Gá. 2:20; 6:15).

nueva perspectiva sobre Pablo postura académica que sostiene que el punto del énfasis de Pablo en la «justificación por gracia aparte de las obras de las leyes» era afirmar que la gente rectifica las cosas con Dios a través de la gracia divina, y no al cumplir los códigos legales que marcaban a Israel como el pueblo escogido de Dios.

Nunc Dimittis himno litúrgico que se usaba en muchas iglesias, con base en el canto de Simeón de Lucas 2:29-32.

obediencia de fe concepto de la teología de Pablo (Ro. 1:5) que indica que la gente no solo es aceptada por Dios como justa por su fe, sino que es transformada por medio de la fe, para que sea capaz de agradar a Dios de maneras que no sería posible en caso contrario.

obispo «supervisor» (*episkopos*); una clase de líder de la iglesia primitiva, tal vez análogo a un pastor hoy día. Véase «diácono»; «anciano».

obras de la ley (1) actos meritorios de hazañas humanas (cumplir mandamientos, hacer buenas obras, etc.); (2) señales del pacto que identifican a los judíos como pertenecientes a la nación escogida de Dios (la circuncisión, guardar el día de reposo, las restricciones alimenticias, etc.).

oráculo la persona, generalmente femenina, capaz de recibir mensajes de los dioses, como respuesta a solicitudes particulares, incluso preguntas acerca del futuro; el término también se usa para el lugar donde se dan esos mensajes, y para el mensaje en sí.

ortodoxia «pensamiento correcto» o doctrina correcta.

ortopraxis «práctica correcta» o comportamiento correcto.

ostraca fragmentos de cerámica, a veces se usaban como pequeñas tablillas para escribir.

pacto en la Biblia, un acuerdo o pacto entre Dios y los seres humanos que establece los términos de su relación continua.

pagano, a religión y cultura grecorromana como se veían desde la perspectiva de los judíos y cristianos, quienes tendían a relacionar lo que era «pagano» con las creencias religiosas erradas y el estilo de vida inmoral.

paganos gentiles no convertidos, los judíos y los cristianos frecuentemente los relacionaban con la idolatría, el politeísmo, las creencias religiosas erradas y un estilo de vida inmoral.

Palabra de Dios proclamación que expresa lo que Dios quiere decir; a veces las Escrituras (como registro escrito de lo que Dios quiere decir); en Juan 1, a Jesucristo se le identifica como la Palabra de Dios hecha carne.

palabras de la cruz siete dichos de Jesús que pronunció durante su crucifixión (véase Mr. 15:34 [Mt. 27:46]; Lc. 23:34, 43, 46; Jn. 19:26-27, 28, 30).

papiro tipo de material para escribir, barato pero quebradizo, hecho de fibras de plantas.

par en literatura, duplicación de referencias.

parábola historia o dicho figurado que transmite una verdad espiritual a través de la referencia a fenómenos rutinarios y terrenales.

Paracleto término para el Espíritu Santo que se usa en el Evangelio de Juan y en 1 Juan, frecuentemente se traduce en las Biblias en español como «Consolador», «Consejero», «Abogado» o «Ayudador».

parénesis una clase de enseñanza que busca motivar o persuadir.

parenético, ca que contiene consejo, o exhortaciones destinadas a motivar o persuadir.

participación el entendimiento de justificación según el cual la gente de fe está unida con Cristo a través del bautismo, y participa de su muerte y, finalmente, de su resurrección.

parusía la segunda venida de Cristo.

pasajes de «nosotros» textos del libro de Hechos en los que el autor usa la primera persona en plural en su narración, indicando que se encontraba con Pablo y otros en ese momento.

pasión en la teología cristiana, término para el sufrimiento y muerte de Jesucristo.

patrón el benefactor en una relación de patrón-cliente; la parte poderosa que le da beneficios a los demás.

Pax Romana frase latina que significa «paz romana»; el período de trescientos años (que incluye la era del Nuevo Testamento) durante el cual el Imperio romano ejerció tal dominio dentro de su área geográfica que la guerra con otras naciones fue limitada.

pecado cualquier acción, pensamiento, palabra o condición que está en contra de la voluntad de Dios.

pecado original el concepto o doctrina de que toda la humanidad está perdida en pecado por una naturaleza pecaminosa inherente, dejado en herencia a causa de la transgresión de Adán.

Pentateuco los primeros cinco libros de la Biblia: Génesis, Éxodo, Levítico, Números, Deuteronomio.

Pentecostés el festival judío de la cosecha en el que, según Hechos 2, el Espíritu Santo bajó sobre 120 de los primeros seguidores de Jesús, los empoderó para la misión e hizo que ellos hablaran en lenguas.

pequeña omisión en los estudios de Lucas, una referencia a Marcos 9:41-10:12, que no tiene paralelo en el Evangelio de Lucas. Véase la «gran omisión».

período del Segundo Templo la era en la historia judía entre la dedicación del segundo templo de Jerusalén en 515 a. e. c. y su destrucción en 70 e. c.

persecución el programa o campaña para exterminar, ahuyentar o subyugar a la gente, con base en su membresía a un grupo religioso, étnico o social.

pitagorismo la orientación que hacía énfasis en el valor del razonamiento inteligente, de la memoria y de la honestidad radical, todo en servicio de una búsqueda por obtener armonía de ideas, y de cuerpo y alma.

platonismo la orientación que hacía énfasis en la realidad de un mundo trascendental de «ideales», que está detrás de todo lo que es físico o terrenal.

poderes (gobiernos) y autoridades seres espirituales poderosos que ejercen su influencia en una dimensión que no es perceptible para los sentidos humanos.

poderes cósmicos seres espirituales, tal vez asociados con las estrellas y otros cuerpos celestiales (Ef. 6:12).

politeísmo la creencia de que hay múltiples dioses. Compárese con «monoteísmo».

polivalencia significados múltiples; la capacidad de que un texto signifique distintas cosas, para distintas personas o distintos contextos.

posmilenialismo la creencia o doctrina de que Cristo regresará después del milenio: sus santos fieles evangelizarán exitosamente al mundo y lo gobernarán con paz por mil años antes de la segunda venida de Cristo.

postribulacionismo subgrupo del premilenialismo, según el cual el rapto vendrá después de la tribulación, en el tiempo de la segunda venida de Jesús (así que, hasta los fieles deben esperar soportar sufrimiento antes del regreso de Cristo).

predestinación el concepto o doctrina de que algunos o todos los acontecimientos son predeterminados por Dios, o que los destinos de las personas y naciones, de igual manera, pueden estar predeterminados.

preexistencia la doctrina cristina de que la persona conocida como Jesucristo existía (como el Hijo de Dios) antes de que llegara a ser el hombre Jesús que vivió y murió en la tierra.

prefecto en el Imperio romano, el magistrado o alto funcionario cuyos deberes y nivel de autoridad variaban en contextos distintos.

premilenialismo la creencia o doctrina de que Cristo volverá antes del milenio: sus santos fieles gobernarán con él en la tierra por mil años, después de la segunda venida, pero antes del juicio final y del establecimiento del nuevo reino.

presente histórico en gramática, el uso del tiempo presente para describir una acción que ocurrió en el pasado; un fenómeno común en el Evangelio de Marcos.

pretorio cuartel general de un gobernador o general romano.

pretribulacionismo subgrupo del premilenialismo según el cual habrá un rapto antes del inicio de la tribulación (así que, los infieles que se queden recibirán un llamado de atención en cuanto a lo que está por venir).

primicia término agrícola para la producción que se recoge al principio de la época de la cosecha; a Jesús se le llama las «primicias de la resurrección» porque se cree que su resurrección precede y anticipa la resurrección general de todos.

prioridad marcana la teoría de que el Evangelio de Marcos fue escrito primero y fue usado como fuente tanto para Mateo como para Lucas.

procónsul gobernador nombrado por el senado romano para administrar una provincia por un año.

procurador gobernador nombrado por el emperador romano para administrar una provincia por un período indefinido.

prolépticamente anacrónico pero anticipativo; se habla prolépticamente al hablar de una manera que tiene poco significado para las circunstancias presentes, pero llegará a ser más pertinente en otro tiempo y lugar.

propiciación término usado en las discusiones de la expiación, para describir la muerte de Cristo como un acto que aplaca la ira de un Dios ofendido por el pecado humano. Véase «expiación».

pseudoepigrafía «atribución falsa»; en los estudios del Nuevo Testamento, la práctica de los autores antiguos que atribuían sus propios escritos a otras personas, como un maestro respetado o líder prominente de la iglesia que había influenciado su pensamiento.

pseudoepigrafía honorable la situación en la que la gente produce escritos a nombre de una persona prominente (probablemente fallecida) como un tributo a la influencia que esa persona tiene en el pensamiento de ellos.

seudónimo nombre ficticio usado por el autor en lugar de su verdadero nombre; se puede decir que el autor de un escrito pseudoepigráfico usa un nombre como «Pablo», «Pedro» o «Santiago» como seudónimo.

ptolomeos familia dinástica egipcia que gobernó Palestina durante los años 320-198 a. e. c. Véase «seléucidas».

quiasma estrategia de organización para hablar o escribir, que ordena los elementos en un patrón de «a, b, b, a», por ejemplo: «luz y oscuridad, oscuridad y luz».

Qumrán lugar en Palestina, cerca del Mar Muerto, donde se cree que los esenios tenían su comunidad monástica; los Rollos del Mar Muerto se descubrieron allí.

rabinos maestros judíos, muchos de los cuales tenían discípulos o seguidores; estrechamente asociados con los fariseos.

rapto el milagroso retiro de la tierra de los fieles de Dios, se cree que se hace referencia a él en Mateo 24:40-41; 1 Tesalonicenses 4:15-17; Apocalipsis 4:1.

reconciliación comprensión de la actividad salvadora de Dios según la cual, a través de Cristo, la gente es colocada en una correcta relación con Dios y unos con otros (Ro. 5:10-11; 2 Co. 5:18-19).

redención término teológico que se deriva del comercio (donde significa «compra» o «volver a comprar»); relacionado con el concepto de que la salvación humana fue costosa para Dios, que requirió la muerte de Jesús.

Reforma Protestante movimiento religioso del siglo XVI que buscó reformar la Iglesia Católica Romana y que llevó al establecimiento de las iglesias protestantes.

Reforma Véase «Reforma Protestante».

Regla de oro nombre tradicional que se le dio a las palabras de Jesús en Mateo 7:12: «Así que en todo traten ustedes a los demás tal y como quieren que ellos los traten a ustedes».

reino de Dios/reino del cielo frases que se usan para describir el fenómeno de que Dios gobierna, donde y cuando eso pueda ser; a veces las frases se refieren a una manifestación más precisa del reino de Dios, por ejemplo, «en el cielo» o «al final del tiempo».

relación patrón-cliente el sistema social según el cual la gente con poder es benefactora de los que carecen de poder, de quienes se espera que respondan con gratitud, servicio y lealtad.

religiones de misterio sectas religiosas populares que florecieron durante la era helenista y que tendían a mantener sus doctrinas y prácticas en secreto de las personas ajenas.

rescate la redención de un prisionero o esclavo por un precio; o, en el judaísmo, la ofrenda de un sacrificio sustituto.

resurrección generalmente, vida después de la muerte; más específicamente, la entrada después de la muerte de Jesús o sus seguidores a una existencia nueva, transformada, en la que vivirán para siempre.

revelación en teología, la divulgación (generalmente por Dios) de las cosas que no podrían ser conocidas de otra manera. Véase «misterio».

Rollos del Mar Muerto la colección de documentos judíos que fueron copiados y conservados entre 250 a. e. c. y 70 e. c. Véase «esenios», «Qumrán».

sacerdotes en el judaísmo del Segundo Templo, la gente autorizada para supervisar el sistema sacrificial en el templo de Jerusalén; estrechamente relacionados con los saduceos.

sacramento acción ritual (como el bautismo o la Sagrada Comunión) por el que se cree que Dios da beneficios divinos.

sacrificio en el judaísmo del Segundo Templo, la ofrenda de algo valioso (p. ej., cosechas del campo o un animal del propio rebaño) como expresión de adoración.

saduceos uno de los grupos judíos más importantes durante el período del Segundo Templo; los saduceos estaban estrechamente relacionados con el templo de Jerusalén y se interesaban en mantener el sistema de sacrificios; parecía que la mayoría de los sacerdotes eran saduceos.

Sagrada Comunión la comida ritual que celebran los cristianos, de manera que conmemora la última cena de Jesús con sus discípulos; también se le llama «Eucaristía» y «Santa Cena».

salutación (saludo) una frase más o menos formulista que se usaba para iniciar una carta («saludos» o «gracia y paz»); frecuentemente identifica al autor y a los destinatarios proyectados.

salvación acción de Dios por la que los seres humanos son librados del poder y las consecuencias del pecado.

samaritanos pueblo semita que vivía en Samaria en la época de Jesús y afirmaba ser el verdadero Israel, descendientes de las tribus que fueron llevadas en cautiverio por los asirios.

Sanedrín organismo gobernante del pueblo judío durante el tiempo de la ocupación romana; compuesto del sumo sacerdote, los sacerdotes principales y otros líderes judíos poderosos, al Sanedrín se le concedía autoridad en asuntos de legislación que no requerían participación romana directa.

Santa Cena la comida ritual que los cristianos practicaban de manera que conmemoraba la última cena de Jesús con sus discípulos; también se le llama «Eucaristía» y «Sagrada Comunión».

santificación el acto o proceso de ser hecho santo o sin pecado.

santos gente que es santa; algunos escritores del Nuevo Testamento usan la palabra como un sinónimo virtual para «cristianos», para referirse a aquellos quienes, a través de la fe, han sido hechos santos a los ojos de Dios.

secreto mesiánico en los estudios bíblicos, término empleado para describir el tema del Evangelio de Marcos, de acuerdo al cual la identidad de Jesús parece estar misteriosamente cubierta de misterio.

seguridad eterna la idea o doctrina en algunas tradiciones cristianas de que quienes encuentran la salvación a través de Jesucristo no pueden perder nunca esa salvación.

seléucidas familia dinástica siria que gobernó Palestina durante los años 198-167 a. e. c. Véase «ptolomeos».

señales en el Nuevo Testamento, frecuentemente el término para milagros, porque demuestran una manifestación de poder sobrenatural y, a veces, revelan alguna verdad acerca de Dios; se usa especialmente en el Evangelio de Juan.

señales y maravillas hechos espectaculares (milagros) realizados por personas que acceden al poder sobrenatural divino o demoníaco.

Septuaginta traducción griega del Antiguo Testamento, producida durante los últimos tres siglos a. e. c. La Septuaginta (que se abrevia «LXX») incluye quince libros adicionales que los protestantes llaman «apócrifos» (los católicos romanos clasifican a once de ellos como «escritos deuterocanónicos»).

Sermón de la Llanura nombre tradicional que se le dio a las enseñanzas de Jesús en Lucas 6:20-49; da paralelos de algo del material que se encuentra en el mejor conocido Sermón del Monte (Mt. 5-7).

Sermón del Monte nombre tradicional que se le dio a las enseñanzas de Jesús de Mateo 5-7; incluye material bien conocido como las Bienaventuranzas, el Padre Nuestro y la Regla de Oro.

Shemá la afirmación central de la fe judía. Se basa en Deuteronomio 6:4-9; 11:13-21; Números 15:37-41, se recitaba a diario. *Shemá* es la palabra hebrea para «¡Escuchen!».

sinagoga congregación de judíos que se reúnen para la adoración, oración y estudio bíblico, o el lugar donde se reúnen con esos objetivos.

sincretismo la combinación o fusión de distintas creencias, y perspectivas religiosas o culturales.

Sitz im Leben «situación en la vida» en alemán; en los estudios bíblicos, situación en la que un texto bíblico habría sido significativo para la iglesia primitiva (p. ej., la adoración litúrgica, la instrucción catequética).

suertes Véase «echar suertes».

superapóstoles oponentes de Pablo en Corinto, se discute en 2 Corintios; aparentemente eran retóricamente dotados y afirmaban que las habilidades y éxitos los distinguían como líderes más conmemorables que Pablo.

supersesionismo la idea o enseñanza de que los cristianos han reemplazado a los judíos como el pueblo escogido de Dios.

sustitución entendimiento de la expiación o justificación, según el cual, Jesús murió en la cruz para asumir el castigo del pecado que los humanos merecían debidamente.

tabernáculo santuario-carpa portátil que albergaba el arca del pacto y se usaba como el lugar central de adoración para los israelitas antes de la construcción del templo de Jerusalén.

Talmud colección de sesenta y tres libros (incluso la Misná) que contiene la ley judía civil y canónica, con base en las interpretaciones de las Escrituras.

tardanza de la parusía en los estudios teológicos, término usado para el problema que enfrentan los cristianos de segunda generación, que tuvieron que enfrentar el hecho de que Jesús no había regresado a sus seguidores (originales) como se esperaba.

tárgumes paráfrasis arameas de las Escrituras, se usaban ampliamente en Palestina, entre los judíos que ya no sabían hebreo.

temerosos de Dios gentiles que simpatizaban con la teología y moral judía, participaban de alguna manera en la cultura y adoración, pero sin una conversión completa.

teología de la cruz la forma de entender el evangelio que ve la fe en Cristo como una inmersión en la vida de servicio y sacrificio, caracterizada por la vulnerabilidad y el reconocimiento de los fracasos propios. «Véase «teología de la gloria».

teología de la gloria la forma de entender el evangelio que ve la fe en cristo como el medio de superación personal, éxito y la obtención de poder. Véase «teología de la cruz».

teología de la liberación un movimiento en la teología cristiana, desarrollado principalmente por católicos romanos latinoamericanos del siglo xx, que hace énfasis en la liberación de la opresión social, política y económica, como anticipación de la salvación final.

teoría de Farrer solución minoritaria al acertijo/problema sinóptico que elimina cualquier necesidad de postular una fuente Q: Marcos se escribió primero, Mateo usó Marcos como fuente; y Lucas usó tanto Marcos como Mateo.

teoría de Galacia del norte la teoría de que Pablo escribió su carta a los Gálatas, a las iglesias que fundó en su segundo viaje misionero en el norte del Asia Menor central. Véase la «teoría de Galacia del sur».

teoría de Galacia del sur la teoría de que Pablo escribió su carta a los Gálatas a iglesias del sur del Asia Menor, antes del concilio de Jerusalén. Véase «teoría de Galacia del norte».

teoría de la segunda carrera en los estudios paulinos, la noción de que el apóstol fue liberado del cautiverio en Roma y continuó haciendo cosas que no se narran en el

Nuevo Testamento, antes de ser capturado de nuevo y ejecutado más tarde de lo que se ha pensado tradicionalmente.

testamento (1) relato escrito de un pacto, en este sentido es que las partes de la Biblia se llaman «Antiguo Testamento» y «Nuevo Testamento»; (2) género literario que da un relato ficticio, pero piadoso, de las últimas palabras de una persona, presentadas de una manera pertinente a las circunstancias presentes.

tetrarca gobernante de la cuarta parte de una provincia o región.

theios anēr «hombre divino»; persona que se cree que tiene un vínculo especialmente estrecho con el reino espiritual y, típicamente, alguien a quien se le atribuyen milagros.

theologia crucis Véase «teología de la cruz».

theologia gloriae Véase «teología de la gloria».

Torá la ley de Moisés, como se encuentra en el Pentateuco; o, frecuentemente, sinónimo de «Pentateuco» (refiriéndose, entonces, a los primeros cinco libros de la Biblia hebrea).

tradición apostólica materiales orales o escritos que se cree que tienen una conexión estrecha con Jesús, con sus discípulos originales o con el misionero Pablo, o que se cree que son congruentes con lo que esas personas enseñaron.

tradición oral material que se transmite de boca en boca; los primeros cristianos dependieron de la tradición oral, así como de las fuentes escritas cuando escribieron los Evangelios.

transfiguración el acontecimiento que se narra en los Evangelios sinópticos, en el que la apariencia física de Jesús se altera momentáneamente para permitirles a los discípulos un vistazo de su gloria celestial (Mt. 17:1-8; Mr. 9:2-8; Lc. 9:28-36).

transformación la comprensión de la actividad salvadora de Dios según la cual, a través de Cristo, la gente es transformada para que demuestre o personifique la imagen de Dios (Ro. 12:2; 2 Co. 3:18).

tríada un conjunto de tres.

tribulación período de siete años de aflicciones que se describen en Apocalipsis 6-9 y especialmente se mencionan en Daniel 9:27.

Trinidad la doctrina cristiana de que Dios es «tres en uno», y que existe como un solo Dios, pero también como tres personas: Padre, Hijo y Espíritu Santo.

ubicación social la identidad social de la persona, en cuanto a factores como edad, sexo, raza, nacionalidad, clase social y estado civil.

Última Cena la última comida de la Pascua que Jesús comió con sus discípulos la noche que fue arrestado; el contexto que dio origen a las celebraciones cristianas de la Santa Cena (Eucaristía, Sagrada Comunión).

variante en la crítica de texto, otra interpretación de un texto, apoyada por algunos manuscritos.

vergüenza condición negativa, implica desgracia e indignidad. Véase «honor».

Vía Egnatia camino construido por los romanos en el siglo II a. e. c.; atravesaba las provincias romanas de Ilírico, Macedonia y Tracia, y recorría el territorio que ahora es parte de la Albania moderna, la República de Macedonia, Grecia y la Turquía europea.

viaje a Jerusalén una sección larga de Evangelio de Lucas (9:51-19:40) que presenta historias y enseñanza de Jesús, cuando él y sus discípulos viajan de Galilea a Jerusalén.

vida eterna en términos bíblicos, la vida que es interminable, tanto cualitativa como cuantitativamente; vida llena de un valor y significado que ya comenzó, que continuará después de la muerte y que durará para siempre.

viuda mujer cuyo esposo ha muerto; también un cargo en la iglesia que honraba a las mujeres mayores que no tenían cónyuge ni familia, y les proveían de cuidados a cambio de sus oraciones y consejo espiritual.

Vulgata traducción al latín de la Biblia, producida por Jerónimo en el siglo IV; prácticamente era la única Biblia que se usó en el cristianismo occidental por más de mil años.

Wirkungsgeschichte «historia de la influencia» en alemán; la disciplina académica que documenta y explica cómo los textos se han interpretado a lo largo de la historia.

zelotes judíos radicales que se oponían a los romanos y abogaban por la rebelión armada en contra de las fuerzas romanas.

Créditos del arte

Prefacio: **Portada** *Cruz 2* (2012) por Kume Bryant. **Capítulo 1: Portada** *Cristo ante Poncio Pilato* (1985) por Tamas Galambos. Galería Nacional Húngara. Bridgeman Images. **1.1** *Salomé* (1974) por Romare Howard Bearden. Museo de Arte Morris. La compra se hizo posible por El Fondo de Adquisiciones Passailaigue. Bridgeman Images. **1.2** *El dios arcaico de los arbustos y árboles pequeños* (2009) por Gerhard Gronefeld. Colección privada. Bridgeman Images. **Capítulo 2: Portada** *Cristo el estudiante* por Mickey Mc-Grath. **2.3 Éxtasis** por Randy Zucker. **Capítulo 3: Portada** La Santa Biblia pintada en vitral. Foto por Godong/UIG. Bridgeman Images. **3.1** *Hermano Isnardo de Vicenza* (1325) por Tommaso da Modena. Seminario episcopal, la Sala de reunión de los dominicos, Treviso. Bridgeman Images. **3.2** Un rabino enseñando a dos niños (siglo xx) por Dora Holzhandler. Galería RONA. Bridgeman Images. **Capítulo 4: 4.1** *Músicos Tarahumaras* por Lalo García. **4.2** Basílica de la anunciación. Foto por Godong/UIG. Bridgeman Images. **4.4** *Cristo en gloria*. De Agostini Picture Library. G. Dagli Orti. Bridgeman Images. **Capítulo 5: Portada** *Símbolos del evangelista* (1997) por Manolis Grigoreas.

Malvagallery.com. **5.1** *Jesús echando fuera el espíritu inmundo* (siglo x). Hessisches Landesmuseum Darmstadt. The Bridgeman Art Library International. **Capítulo 6: Portada** *San Mateo*. Biblioteca Nacional de Austria, Viena. The Bridgeman Art Library International. **6.1** *Los tres magos*. Abadía de Keur Moussa, Thies, Senegal. Foto por Godong/UIG. Bridgeman Images. **Capítulo 7: Portada** «1 fol.60v» de los *Evangelios de Ebbo* (816-835) por la Escuela Francesa. Bibliotheque Municipale Epernay. Giraudon. The Bridgeman Art Library International. **7.1** *Mujeres que llegan a la tumba* por la Galería He Qi. He Qi. **Capítulo 8: Portada** «Ms 4 fol.101v San Lucas» del *Evangelio de San Riquier* (siglo IX) por la Escuela Francesa. Bibliotheque Municipale, Abbeville. The Bridgeman Art Library International. **8.1** Comunidad ecuménica de Taizate en Francia. Foto por Godong/UIG. Bridgeman Images. **8.3** *Caminata en el parque* (1989) por Laila Shawa. Colección privada. The Bridgeman Art Library International. **Capítulo 9: Portada** *San Juan el apóstol* por Mickey McGrath. **9.1** *El milagro de Caná*, pintura en una iglesia. Foto por Godong/UIG. Bridgeman Images. **9.2** *Cristo de San Juan* de la Cruz (1951) por Salvador Dali. Galería de Arte y Museo, Kelvingrove, Glasgow. © Glasgow City Council. The Bridgeman Art Library International. **9.3** *La resurrección de Lázaro* (1970) por Sadao Watanabe. Colección privada. Foto © Boltin Picture Library. The Bridgeman Art Library International. **Capítulo 10: Portada** *El despertar* (1996) por Peter Davidson. Colección privada. Bridgeman Images. **10.1** María y los apóstoles. Foto por Godong/UIG. Bridgeman Images. **10.2** *Pablo, Silas y Timoteo* (siglo XIX) por la Escuela Francesa. Colección privada. © Look and Learn. Bridgeman Images. **Capítulo 11: Portada** *San Pablo el apóstol* (siglo XVII) por Claude Vignon. Galleria Sabauda. Alinari. The Bridgeman Art Library International. **11.2** Fresco de una chica leyendo (1st c). Museo Archeologico Nazionale. Ken Welsh. Bridgeman Images. **Capítulo 12: Portada** *San Pablo* (2001) por Manolis Grigoreas. Malva Gallery. **12.1** «Ms 558 f.21v», detalle de un misal (década de 1430) por Fra Angelico. Museo di San Marco dell'Angelico. The Bridgeman Art Library International. **12.3** *San Pablo* (1468) por Marco Zoppo. Museo Ashmolean, Universidad de Oxford. Bridgeman Images. **Capítulo 13: Portada** «La crucifixión», un detalle de la *Pintura de la Pascua* (1994) por Laura James. Colección privada. The Bridgeman Art Library International. **13.1** *Eva y Jesús* (1990) por Albert Herbert. Colección privada. England & Co. Gallery, Londres. The Bridgeman Art Library International. **Capítulo 14: Portada** *El Señor resucitado* por He Qi. Galería He Qi. **14.1** *Reunión de cuáqueros en Jordania 2* (1993) por Ron Waddams. Colección privada. The Bridgeman Art Library International. **14.2** *Alabando al Altísimo* (1992) Bernard Stanley Hoyes. Colección privada. Bridgeman Images. **Capítulo 15: Portada** *Crucifixión* (1999) por Craigie Aitchison. Colección privada. The Bridgeman Art Library Inter-

national. **15.1** Crucifixión (1970) por Sadao Watanabe. Colección privada. Foto © Boltin Picture Library. The Bridgeman Art Library International. **15.2** San Pablo escapa de Damasco en un canasto (siglos XII/XIII) mosaico. Art and Architecture Collection Ltd. The Bridgeman Art Library International. **Capítulo 16: Portada** *San Pablo el apóstol* (siglo XIV) por Martino de Bartolomeo. © York Museums Trust. The Bridgeman Art Library International. **16.1** Papiro que describe la circuncisión, relieve reconstruido de una mastaba funeraria privada de Ankh-ma-Hor. De Agostini Picture Library. Bridgeman Images. **16.2** SS. *Pedro y Pablo abrazándose* (siglo XII) por la Escuela Bizantina. The Bridgeman Art Library International. **Capítulo 17: Portada** *Arriba de la aldea* (1999) por Peter Davidson. Colección privada. Bridgeman Images. **Capítulo 18: Portada** *La crucifixión* (1910) por Odilon Redon. Musee d'Orsay. Giraudon. The Bridgeman Art Library International. **18.2** Figura negra panatenaica que representa una carrera pedestre (siglo V). Musee Municipal Antoine Vivenel. Giraudon. The Bridgeman Art Library International. **Capítulo 19: Portada** *Ícono de la resurrección* (siglo XX) por Sophie Hacker. Cotgrave Church. The Bridgeman Art Library International. **19.1** *Adán y Eva* (1962) por Suad Al-Attar. Colección privada. **19.2** «Fol.44v» del *Codex de Predis* (siglo XV) por la Escuela Italiana. Biblioteca Reale di Torino. Alinari. The Bridgeman Art Library International. **Capítulo 20: Portada** *Ícono de la resurrección*. Foto por Godong/UIG. Bridgeman Images. **20.2** *El pintor de Uruapan* (1930) por Alfredo Ramos Martínez. © The Alfredo Ramos Martínez Research Project, reproducido con permiso. Foto © Christie's Images. Bridgeman Images. **Capítulo 21: Portada** *Cristo en gloria con los santos* (1660) por Mattia Preti. Museo Nacional Del Prado. The Bridgeman Art Library International. **21.1** «Fol.154r» del *Códice de Predis* (siglo XV) por la Escuela Italiana. Biblioteca Reale di Torino. Alinari. The Bridgeman Art Library International. **21.2** «La predicación del anticristo» detalle de *Cristo y el diablo*, de la Capilla de la Madonna di San Brizio (1499-1504) por Luca Signorelli. Duomo di Orvieto. The Bridgeman Art Library International. **Capítulo 22: 22.1** Timoteo con su madre y su abuela. Foto por Bill Forbes. St. Mildred's Church. HIP. Art Resource, NY. **22.2** *No tengan miedo* (1999) por Xavier Cortada. Colección privada. Bridgeman Images. **Capítulo 23: Portada** *Jesús muere en la cruz–estación 12* (2005) por Penny Warden. Catedral de Blackburn. The Bridgeman Art Library International. **23.2** «José es vendido por sus hermanos» de un libro de Fotos Bíblicas (1250) por William de Brailes. Musee Marmottan Monet. Bridgeman Images. **Capítulo 24: Portada** *La bendición de Cristo* (siglos X-XII). Museo Lazaro Galdiano. Giraudon. The Bridgeman Art Library International. **24.1** *Cristo y los ángeles* (siglo XX) por A. Bazile. Collection Manu Sassoonian. Art Resource, NY. **24.2** *El sacrificio de Melquisedec* (1181) por Nicholas of Verdun. Erich Lessing. Art Resource, NY. **Capítulo 25: 25.1** Bajo relieve de una peluquera (siglo II). Rheinisches Landesmuseum. The Bridgeman Art Library International. **25.2** Tapiz en la Abadía de Saint-Pierre de Solesmes. Foto por Godong/UIG. Bridgeman Images. **Capítulo 26: Portada** *San Pedro*, panel lateral del altar de la iglesia de San Pere, Oros (siglo XIII) por la Escuela Española. Museu Nacional d'Art de Catalunya. Giraudon. The Bridgeman Art Library International. **26.1** «Descenso de Cristo al infierno» un detalle de *La pintura de la Pascua* (1994) por Laura James. Colección privada. The Bridgeman Art Library International. **Capítulo 27: 27.1** «San Pedro» detalle de *Sant'Emidio polyptych* (1473) por Carlo Crivelli. Catedral Ascoli Piceno. The Bridgeman Art Library International. **Capítulo 28: Portada** *Cristo en el trono* (siglo XII) por la Escuela Rusa. Colección privada. Foto © Boltin Picture Library. Bridgeman Images. **28.1** *La incredulidad de Santo Tomás* (siglo XVII) por Giovanni Francesco Barbieri. Museos y Galerías del Vaticano. The Bridgeman Art Library International. **28.2** *Campos de perdón* (siglo XX) por Fred Yates. Colección privada. The Bridgeman Art Library International. **Capítulo 29: Portada** *Juicio* (siglo XIII) por el Maestro of Soriguerola. Arte catalán. De Agostini Picture Library. G. Dagli Orti. Bridgeman Images. **29.1** «El último juicio» detalle de *El infierno condenado* (siglos XI-XII) por la Escuela Veneto-bizantina. Catedral de Santa Maria Asunta. Cameraphoto Arte Venezia. The Bridgeman Art Library International. **Capítulo 30: 30.1** *El ejército celestial* (siglo XIV) por Ridolfo di Arpo Guariento. Museo Cívico, Padua. Alinari. The Bridgeman Art Library International. **30.2** *Estudio por la improvisación V* (1910) por Vasily Kandinsky. Instituto de Arte de Mineápolis. Regalo de Bruce B. Dayton. Bridgeman Images. **30.3** España: El ángel le da a Juan la carta para la iglesia de Éfeso. Apocalipsis II. De la versión del Apocalipsis del Beato de El Escorial (siglo X). Fotos de la Historia. Bridgeman Images. **Créditos del arte: Portada** *La cruz celestial* (2007) por Lee Davis.

Índice